에듀윌과 함께 시작하면,
당신도 합격할 수 있습니다!

대학 진학 후 진로를 고민하다 1년 만에
서울시 행정직 9급, 7급에 모두 합격한 대학생

용기를 내 계리직공무원에 도전해
4개월 만에 합격한 40대 주부

직장생활과 병행하며 7개월간 공부해
국가공무원 세무직에 당당히 합격한 51세 직장인까지

누구나 합격할 수 있습니다.
시작하겠다는 '다짐' 하나면 충분합니다.

마지막 페이지를 덮으면,

**에듀윌과 함께
공무원 합격이 시작됩니다.**

KB093783

eduwill

누적판매량 258만 부 돌파!
66개월 베스트셀러 1위 공무원 교재

7·9급공무원 교재

기본서
(국어/영어/한국사)

기본서
(행정학/행정법총론)

단원별 기출&예상 문제집
(국어/영어/한국사)

단원별 기출&예상 문제집
(행정학/행정법총론)

9급공무원 교재

기출문제집
(국어/영어/한국사)

기출문제집
(행정학/행정법총론/사회복지학개론)

기출PACK
공통과목(국어+영어+한국사)

실전동형 모의고사
(국어/영어/한국사)

7급공무원 교재

민경채 PSAT 기출문제집

7급 PSAT 기출문제집

국어 집중 교재

매일 기출한자(빈출순)

국어 문법 단권화 요약노트

영어 집중 교재

빈출 VOCA

매일 3문 독해(4주 완성)

빈출 문법(4주 완성)

한국사 집중 교재

한국사 흐름노트

계리직공무원 교재

기본서
(우편일반/예금일반/보험일반)

기본서
(컴퓨터일반·기초영어)

단원별 기출&예상 문제집
(우편일반/예금일반/보험일반)

단원별 기출&예상 문제집
(컴퓨터일반·기초영어)

군무원 교재

기출문제집
(국어/행정법/행정학)

파이널 적중 모의고사
(국어+행정법+행정학)

더 많은
공무원 교재

1초 합격예측
모바일 성적분석표

1초 안에 '클릭' 한 번으로 성적을 확인하실 수 있습니다!

활용 GUIDE	실시간 성적분석 방법!
	STEP 1 → STEP 2 → STEP 3
	QR 코드 스캔 / 모바일 OMR 입력 / 자동채점 & 성적분석표 확인

STEP 1

QR 코드 스캔

- 교재의 QR 코드를 모바일로 스캔 후 에듀윌 회원 로그인
- QR 코드 하단의 바로가기 주소로도 접속 가능

STEP 2

모바일 OMR 입력

- 회차 확인 후 '응시하기' 클릭
- 모바일 OMR에 답안 입력
- 문제풀이 시간까지 측정 가능

STEP 3

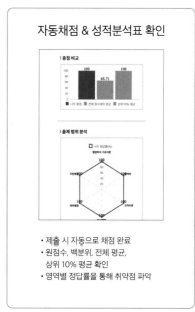

자동채점 & 성적분석표 확인

- 제출 시 자동으로 채점 완료
- 원점수, 백분위, 전체 평균, 상위 10% 평균 확인
- 영역별 정답률을 통해 취약점 파악

※ 본 서비스는 에듀윌 공무원 교재(연도별, 회차별 문항이 수록된 교재)를 구입하는 분에게 제공됨.

공무원,
에듀윌을 선택해야 하는 이유

합격자 수 수직 상승
2,100%

2017년

2022년

명품 강의 만족도
99%

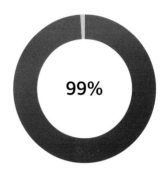

99%

베스트셀러 1위
66개월(5년 6개월)

공무원

5년 연속 공무원 교육
1위

eduwill

1위 에듀윌만의
체계적인 합격 커리큘럼

원하는 시간과 장소에서
온라인 강의

① 업계 최초! 기억 강화 시스템 적용
② 과목별 테마특강, 기출문제 해설강의 무료 제공
③ 초보 수험생 필수 기초강의와 합격필독서 무료 제공

쉽고 빠른 합격의 첫걸음 합격필독서 무료 신청

최고의 학습 환경과 빈틈 없는 학습 관리
직영학원

① 현장 강의와 온라인 강의를 한번에
② 확실한 합격관리 시스템, 아케르
③ 완벽 몰입이 가능한 프리미엄 학습 공간

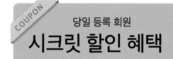

합격전략 설명회 신청 시 당일 등록 수강 할인권 제공

친구 추천 이벤트

"친구 추천하고 한 달 만에
920만원 받았어요"

친구 1명 추천할 때마다 현금 10만원 제공
추천 참여 횟수 무제한 반복 가능

※ "a*o*h****" 회원의 2021년 2월 실제 리워드 금액 기준
※ 해당 이벤트는 예고 없이 변경되거나 종료될 수 있습니다.

친구 추천 이벤트
바로가기

실패율 Zero! 따라만 해도 5회독 가능!

구분	PART	CHAPTER	1회독	2회독	3회독	4회독	5회독
문법	현대 문법	언어와 국어	1–2	1	1	1	1
		음운론	3–4	2	2		
		형태론	5–6	3–4	3	2	2
		통사론	7–8	5–6	4	3	
		의미론과 화용론	9–10	7	5		
	어문 규정	한글 맞춤법	11–12	8	6	4	3
		문장 부호	13	9			
		표준 발음법	14	10	7	5	
		국어의 로마자 표기법과 외래어 표기법	15	11	8		
	고전 문법	국어사	16	12	9	6	4
		훈민정음과 고전 문법	17–18	13			
	언어 예절과 바른 표현	언어 예절	19	14	10	7	5
		바른 표현	20	15			
			20일 완성	**15일 완성**	**10일 완성**	**7일 완성**	**5일 완성**

승자는 시간을 관리하며 살고, 패자는 시간에 쫓기며 산다.
— J. 하비스 —

구분	PART	CHAPTER	1회독	2회독	3회독	4회독	5회독
문법	현대 문법	언어와 국어					
		음운론					
		형태론					
		통사론					
		의미론과 화용론					
	어문 규정	한글 맞춤법					
		문장 부호					
		표준 발음법					
		국어의 로마자 표기법과 외래어 표기법					
	고전 문법	국어사					
		훈민정음과 고전 문법					
	언어 예절과 바른 표현	언어 예절					
		바른 표현					

승자는 시간을 관리하며 살고, 패자는 시간에 쫓기며 산다.
– J. 하비스 –

___일 완성 ___일 완성 ___일 완성 ___일 완성 ___일 완성

시작하는 방법은
말을 멈추고
즉시 행동하는 것이다.

– 월트 디즈니(Walt Disney)

2025
에듀윌 9급공무원
기본서

국어 문법

2025년,
공무원 시험이 달라집니다.

9급공무원 시험,
국어·영어 과목의 대대적 개편

국어·영어 과목 출제기조,
지식암기 위주에서 **현장 직무 중심으로**

민간 채용과의 호환성 강화하여
시험 준비 부담 감소

인사혁신처 설명 영상
바로 가기 ▶

지식암기형 문제
출제 지양

민간 채용 시험과
호환성 강화

종합적 사고력과
실용적 능력 평가

국어

"기본적인 국어 능력과 사고력 검증에 초점"

- 배경지식 없이도 지문 속의 정보를 활용해 풀 수 있는 문제

- 지식을 암기해야 풀 수 있는 문제 출제 지양

- 추론력, 비판력, 논리 추론형 문제로 사고력 검증

- 민간기업 직무적성검사, 직업기초능력평가(NCS), 수능과 유사한 유형

영어

"실제 업무수행에 필요한 실용적인 영어 능력 검증"

- 실제 활용도가 높은 어휘와 어법 위주의 출제

- 문제 유형 및 영역별 출제 비율 변화로 암기와 문법에 대한 부담 감소

- 이메일, 동료 간 메신저 대화 형태의 생활영어 문항 출제

- 안내문, 민원 제기 등 업무와 관련된 소재를 활용

- 텝스(TEPS), 토익(TOEIC) 등 민간 어학시험, 수능과 유사한 유형

암기 부담↓, 시험 준비 부담↓
공무원 시험이 쉬워집니다.

달라지는 **국어 시험,**
이렇게 준비하면 쉬워집니다.

**이렇게
달라집니다.**
❶ 기존의 시험과 큰 틀에서는 크게 다르지 않습니다.
❷ 지문의 난도가 올라가고 선택지의 근거를 추론하는 문제의 비중이 높아집니다. 즉 기존보다 어려워집니다.
❸ 다양한 영역의 지문이 활용될 예정입니다.

**이렇게
학습하세요.**
❶ 독해력을 올리는 것이 가장 중요합니다.
❷ 지문에 맞는 독해 접근법과 문제 유형에 맞는 풀이 방법을 익혀야 합니다.
❸ 비문학 문제를 꾸준히 풀어 보며 독해 연습을 많이 해야 합니다.

인사혁신처 예시문제

다음 글에 대해 평가한 내용으로 가장 적절한 것은?

> 영국의 유명한 원형 석조물인 스톤헨지는 기원전 3,000년경 신석기시대에 세워졌다. 1960년대에 천문학자 호일이 스톤헨지가 일종의 연산장치라는 주장을 하였고, 이후 엔지니어인 톰은 태양과 달을 관찰하기 위한 정교한 기구라고 확신했다. 천문학자 호킨스는 스톤헨지의 모양이 태양과 달의 배열을 나타낸 것이라는 의견을 제시해 관심을 모았다.
>
> 그러나 고고학자 앳킨슨은 그들의 생각을 비난했다. 앳킨슨은 스톤헨지를 세운 사람들을 '야만인'으로 묘사하면서, 이들은 호킨스의 주장과 달리 과학적 사고를 할 줄 모른다고 주장했다. 이에 호킨스를 옹호하는 학자들이 진화적 관점에서 앳킨슨을 비판하였다. 이들은 신석기시대보다 훨씬 이전인 4만 년 전의 사람들도 신체적으로 우리와 동일했으며 지능 또한 우리보다 열등했다고 볼 근거가 없다고 주장했다.
>
> 하지만 스톤헨지의 건설자들이 포괄적인 의미에서 현대인과 같은 지능을 가졌다고 해도 과학적 사고와 기술적 지식을 가지지는 못했다. 그들에게는 우리처럼 2,500년에 걸쳐 수학과 천문학의 지식이 보존되고 세대를 거쳐 전승되어 쌓인 방대하고 정교한 문자 기록이 없었다. 선사시대의 생각과 행동이 우리와 똑같은 식으로 전개되지 않았으리라는 점은 매우 중요하다. 지적 능력을 갖췄다고 해서 누구나 우리와 같은 동기와 관심, 개념적 틀을 가졌으리라고 생각하는 것은 잘못이다.

① 스톤헨지가 제사를 지내는 장소였다는 후대 기록이 발견되면 호킨스의 주장은 강화될 것이다.
② 스톤헨지 건설 당시의 사람들이 숫자를 사용하였다는 증거가 발견되면 호일의 주장은 약화될 것이다.
③ 스톤헨지의 유적지에서 수학과 과학에 관련된 신석기시대 기록물이 발견되면 톰슨의 주장은 강화될 것이다.
④ 기원전 3,000년경 인류에게 천문학 지식이 있었다는 증거가 발견되면 앳킨슨의 주장은 약화될 것이다.

해설 ④ 2문단을 보면 앳킨슨은 스톤헨지를 세운 사람들을 '야만인'으로 묘사하며 이들이 과학적 사고를 할 줄 모른다고 주장했다. 따라서 스톤헨지가 세워졌던 기원전 3,000년경 인류에게 천문학 지식과 같은 과학적 지식이 있었다는 증거가 발견되면 앳킨슨의 주장은 약화될 수밖에 없을 것이다.

① 호킨스의 주장과 제사를 연관 지을 만한 내용은 찾기 어렵다.

② 1문단을 보면 호일은 스톤헨지가 일종의 연산장치라는 주장을 하였으므로, 스톤헨지 건설 당시의 사람들이 숫자를 사용하였다는 증거가 발견되면 호일의 주장은 강화될 것이다.

③ 3문단을 보면 글쓴이는 스톤헨지 건설 당시의 사람들이 우리와 같은 과학적, 기술적, 개념적 틀을 갖지 못하였다고 생각하므로, 스톤헨지 유적지에서 수학과 과학에 관련된 신석기시대 기록물이 발견되면 글쓴이의 주장은 약화될 것이다.

정답 ④

문법

이렇게 달라집니다.
❶ 단순 지식형 문제에서 지문형 문제로 바뀝니다.
❷ 암기를 얼마나 잘해 두었느냐가 아니라 문법 지문을 얼마나 잘 이해하며 읽을 수 있느냐가 중요합니다.
❸ 잡다하고 세부적인 내용보다는 큰 개념, 문법 용어 등이 중요합니다.

이렇게 학습하세요.
❶ 암기는 지양하고 중요한 문법 이론, 문법 용어 들을 잘 익혀야 합니다.
❷ 문법 지문 독해 연습을 많이 해야 합니다.
❸ 문제를 많이 풀며 문법 문제 유형에 익숙해져야 합니다.

인사혁신처 예시문제

다음 글에서 추론한 내용으로 적절하지 <u>않은</u> 것은?

> '밤하늘'은 '밤'과 '하늘'이 결합하여 한 단어를 이루고 있는데, 이처럼 어휘 의미를 띤 요소끼리 결합한 단어를 합성어라고 한다. 합성어는 분류 기준에 따라 여러 방식으로 나눌 수 있다. 합성어의 품사에 따라 합성 명사, 합성 형용사, 합성 부사 등으로 나누기도 하고, 합성의 절차가 국어의 정상적인 단어 배열법을 따르는지의 여부에 따라 통사적 합성어와 비통사적 합성어로 나누기도 하고, 구성 요소 간의 의미 관계에 따라 대등합성어와 종속합성어로 나누기도 한다.
>
> 합성 명사의 예를 보자. '강산'은 명사(강) + 명사(산)로, '젊은이'는 용언의 관형사형(젊은) + 명사(이)로, '덮밥'은 용언 어간(덮-) + 명사(밥)로 구성되어 있다. 명사끼리의 결합, 용언의 관형사형과 명사의 결합은 국어 문장 구성에서 흔히 나타나는 단어 배열법으로, 이들을 통사적 합성어라고 한다. 반면 용언 어간과 명사의 결합은 국어 문장 구성에 없는 단어 배열법인데, 이런 유형은 비통사적 합성어에 속한다. '강산'은 두 성분 관계가 대등한 관계를 이루는 대등합성어인데, '젊은이'나 '덮밥'은 앞 성분이 뒤 성분을 수식하는 종속합성어이다.

① 아버지의 형을 이르는 '큰아버지'는 종속합성어이다.
② '흰머리'는 용언 어간과 명사가 결합한 합성 명사이다.
③ '늙은이'는 어휘 의미를 지닌 두 요소가 결합해 이루어진 단어이다.
④ 동사 '먹다'의 어간인 '먹'과 명사 '거리'가 결합한 '먹거리'는 비통사적 합성어이다.

해설 ② '흰머리'는 '흰 + 머리'의 구성이다. 이때 '흰'은 용언 '희다'의 관형사형이 된다. 따라서 용언의 어간이 아니다.

① 지문을 보면 앞 성분이 뒤 성분을 수식하는 경우가 종속합성어라고 언급하고 있다. 따라서 '큰아버지'는 '큰'이 '아버지'를 수식하는 경우에 해당하므로 종속합성어이다.

③ 지문에서 합성 명사의 예로 '젊은이'를 제시하고 있다. 따라서 '늙은이' 역시 합성어에 해당한다는 것을 알 수 있다. 그리고 1문단을 보면 어휘 의미를 띤 요소끼리 결합한 단어를 합성어라고 한다고 언급하고 있다. 따라서 '늙은이'는 어휘 의미를 지닌 두 요소가 결합해 이루어진 단어라는 것을 알 수 있다.

④ 2문단을 보면 용언 어간과 명사의 결합은 국어 문장 구성에 없는 단어 배열법이고 이는 비통사적 합성어에 속한다고 언급하고 있다. 따라서 동사 '먹다'의 어간인 '먹-'과 명사 '거리'가 결합한 '먹거리'는 비통사적 합성어에 해당한다.

정답 ②

논리형

이렇게 달라집니다.

❶ 그동안 출제되지 않았던 새로운 유형이어서 낯설게 느낄 수 있습니다.

❷ NCS, PSAT 등에서 주로 출제되던 유형으로, 문제에서 주어지는 조건을 이용하여 논리적으로 맞는 것을 찾는 유형입니다.

이렇게 학습하세요.

❶ 기본적인 논리학 지식을 익혀야 합니다.

❷ 문제를 많이 풀어 보며 유형에 익숙해지는 것이 가장 중요합니다.

인사혁신처 예시문제

다음 진술이 모두 참일 때 반드시 참인 것은?

- 오 주무관이 회의에 참석하면, 박 주무관도 참석한다.
- 박 주무관이 회의에 참석하면, 홍 주무관도 참석한다.
- 홍 주무관이 회의에 참석하지 않으면, 공 주무관도 참석하지 않는다.

① 공 주무관이 회의에 참석하면, 박 주무관도 참석한다.

② 오 주무관이 회의에 참석하면, 홍 주무관은 참석하지 않는다.

③ 박 주무관이 회의에 참석하지 않으면, 공 주무관은 참석한다.

④ 홍 주무관이 회의에 참석하지 않으면, 오 주무관도 참석하지 않는다.

해설 'A면 B이다.'라는 명제가 주어질 때 이 명제가 참이라면 'B가 아니면 A가 아니다.'라는 진술은 항상 참이 된다. 이처럼 후건을 부정하여 전건을 부정하는 것을 '대우'라고 한다. 명제가 참이라면 대우는 항상 참이 된다.

제시된 진술과 대우를 이용하여 조건을 정리해 보면 다음과 같다.

- 오 주무관이 회의에 참석하면, 박 주무관도 참석한다.

- 박 주무관이 회의에 참석하지 않으면, 오 주무관도 참석하지 않는다.
- 박 주무관이 회의에 참석하면, 홍 주무관도 참석한다.
- 홍 주무관이 회의에 참석하지 않으면, 박 주무관도 참석하지 않는다.
- 홍 주무관이 회의에 참석하지 않으면, 공 주무관도 참석하지 않는다.
- 공 주무관이 회의에 참석하면, 홍 주무관도 참석한다.

따라서 '홍 주무관이 회의에 참석하지 않으면, 박 주무관도 참석하지 않는다. 박 주무관이 회의에 참석하지 않으면, 오 주무관도 참석하지 않는다.'는 것을 알 수 있다.

① 공 주무관이 회의에 참석하면, 홍 주무관도 참석하는 것은 확실히 알 수 있다. 하지만 박 주무관이 참석하는지는 확실히 알 수 없다.

② 오 주무관이 회의에 참석하면, 박 주무관도 참석한다. 박 주무관이 회의에 참석하면 홍 주무관도 참석한다. 따라서 홍 주무관이 참석하지 않는다는 진술은 바르지 않다.

③ 박 주무관이 회의에 참석하면, 홍 주무관도 참석하는 것은 알 수 있다. 하지만 공 주무관이 참석하는지는 정확히 알 수 없다.

정답 ④

출제기조 개편,
빠른 합격의 기회입니다.

변화하는 공무원 시험 트렌드 맞춤 기본서

안녕하세요. 에듀윌 국어 강사 배영표입니다.

저는 수험생 분들께 공무원 국어 시험은 변할 수밖에 없고, 변해야 한다고 항상 강조해 말씀을 드려 왔습니다. 기존의 암기형 시험으로는 공무원 임용 후보자들의 진정한 언어 능력을 평가할 수 없을 뿐만 아니라 점점 더 엘리트화되고 있는 공무원 집단의 눈높이를 맞출 수도 없기 때문입니다.

이제 제가 항상 강조하여 말씀드리던 그 변화가 본격적으로 시작되려 합니다. 2025년 시험부터는 그동안 유지되던 암기 위주의 공무원 국어의 큰 틀이 사라지고 진정한 독해, 논리 위주의 시험이 시작됩니다. 오랜 기간 문법, 비문학, 문학, 어휘, 한자의 틀을 유지하던 출제 영역이 2025년 시험부터는 문법, 비문학, 논리형으로 바뀌게 됩니다.

각 영역의 변화는 다음과 같습니다.

문법

그동안 출제되던 암기 위주의 문제에서 지문을 활용한 논리, 이해, 적용 위주의 문제로 변화합니다. 따라서 문법에 대한 잡다한 지식을 공부하던 방식에서 문법과 관련된 지문을 읽어 낼 수 있는 능력을 키우는 방식으로 공부 방향이 변해야 합니다.

비문학

기존에도 약 10문제 정도 출제되어 출제 영역 중 가장 많은 비중을 보이던 영역이지만 2025년 시험부터는 이 비중이 약 14문제 정도로 더욱 늘어날 예정입니다. 이러한 변화로 한 시험에서 매우 다양한 유형의 비문학 문제가 출제될 것으로 예상됩니다. 게다가 비문학 문제의 비중 증가는 곧 문제를 풀 때 소요되는 시간의 증가를 의미하므로 시간적으로 매우 속박한 시험이 될 것으로 예상됩니다. 따라서 단순히 비문학 문제를 읽고 풀며 연습만 하던 공부 방식에서 문제 유형에 맞는 정확한 독해법을 배우고 시간을 단축하는 연습을 많이 하는 방식으로 공부 방향이 변해야 합니다.

논리형

기존 시험에서는 보기 어려웠던 유형으로 주로 PSAT, NCS 시험 등에서 출제되는 유형입니다. 2025년 시험부터는 공무원 9급 시험에서도 이 유형이 여러 문제가 출제될 예정입니다. 이 유형은 형식논리학 이론과 관련된 문제 유형입니다. 따라서 주요 논리학 이론을 먼저 공부하고 공부한 이론을 문제에 적용하는 연습을 꾸준히 해야 실력이 느는 유형입니다. 처음 접할 때는 다소 낯설고 부담스러울 수 있는 유형이지만 문제 유형 자체가 매우 다양하지는 않으므로 충분히 익숙해질 수 있는 유형입니다.

수험생분들께 꼭 드리고 싶은 말씀이 있습니다.

인사혁신처에서 2023년 하반기에 2025년부터 시험을 개편하겠다고 기습적으로 예고하며 일명 가이드 문제를 20문제 제시해 주었습니다. 2025년 시험부터는 이렇게 바뀔 것이라며 여기저기에서 마치 확정된 유형인 것처럼 말들이 많지만 사실 2025년 시험을 예상하고 가늠해 볼 수 있는 자료는 고작 20문제가 전부입니다. 이는 2025년 시험과 관련된 그 어떤 정확한 예상은 아직 하기 어렵다는 것을 의미합니다.

따라서 마치 가이드 문제가 2025년 시험의 전부인 것처럼 성급한 일반화의 오류를 범해서는 안 될 것입니다.

당연히 가이드 문제를 기반으로 공부 계획을 세우고 준비를 해야 합니다. 다만 그것에서 있을 수 있는 변칙까지 고려한 대비가 필요합니다. 개편된 시험이 몇 년 진행되어 시험 출제 유형이 온전히 자리를 잡을 때까지는 융통성 있는 접근만이 시험 관련 리스크를 줄일 수 있는 가장 좋은 방법이라는 것을 우리 수험생 분들은 꼭 기억해 둘 필요가 있습니다.

마지막으로 출판을 허락해 주신 에듀윌에 감사의 인사를 전합니다. 그리고 긴 시간 동안 저보다 훨씬 더 많이 고생해 주신 에듀윌 공무원출판팀에 가장 큰 감사의 인사를 전합니다. 항상 지식적으로 부족함을 메워 주시는 미르마루 연구 선생님, 바쁘신 중에도 힘든 일도 마다 않고 도와주시는 경태형 연구 실장님께도 깊은 감사의 인사를 전합니다.

감사합니다.

2024년 7월

국어 강사 배영표

이 책의 구성

유형별 구성

문법

2025 출제기조 전환 분석

2025년부터 국어 과목의 출제기조가 어떻게 바뀌는지, 어떻게 학습하고 대처해야 하는지 빠르게 파악할 수 있도록 교재 앞쪽에 코너를 구성하였다.

문법

'문법'은 현대 문법, 어문 규정, 고전 문법, 언어 예절과 바른 표현으로 구성하였다. 2025년부터는 문법을 소재로 한 지문이 출제되므로, 변경된 유형을 충분히 연습할 수 있도록【출제 예상지문】를 수록하였다.

또한【개념 적용문제】에서 앞서 배운 내용을 문제에 적용하는 연습을 할 수 있도록 하였다. 특히 NCS/수능 기출문제를 다수 수록하여 변화된 출제기조에 완벽히 적응할 수 있도록 구성하였다.

개념 > 개념 확인문제

어휘

필수 어휘 & 시지성이 PDF

2025년부터 전환되는 출제기조에 따라 꼭 알아두어야 할 필수 어휘와 사자성어만 선별하여 PDF로 제공한다. 어휘 분야는 출제 가능성이 높은 동음이의어와 다의어를 선별하여 구성하였다. 사자성어의 경우, 사자성어 풀이와 유사 사자성어를 수록하여 효율적으로 암기할 수 있도록 구성하였다.

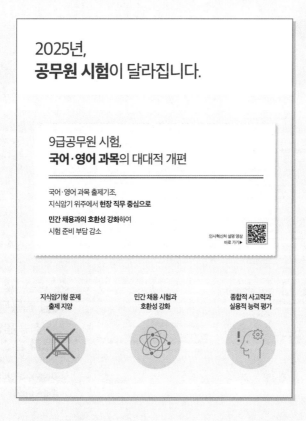

2025 출제기조 전환 분석

2025년부터 변경되는 출제기조 방향을 소개하고, 국어 과목의 출제기조가 세부적으로 어떻게 변경되는지, 어떻게 학습하고 대처해야 하는지 빠르게 파악할 수 있도록 교재 앞쪽에 코너를 구성하였다.

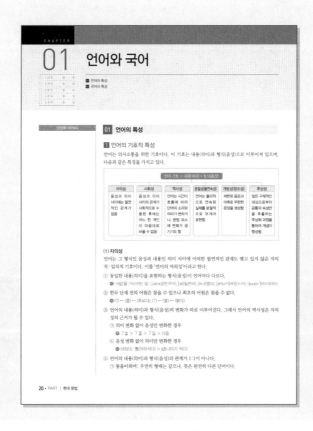

최신 출제경향을 반영한 개념

학습효과를 높일 수 있도록 개념을 체계적으로 배열하였고, 2025년부터 새롭게 추가되는 신유형을 반영하였다.

▶ Daily 회독체크표: 챕터마다 회독체크와 공부한 날을 기입할 수 있다.
▶ 더 알아보기: 더 깊게 또는 참고로 알아두면 좋을 내용을 담았다.

이 책의 구성

파트별 문제풀이

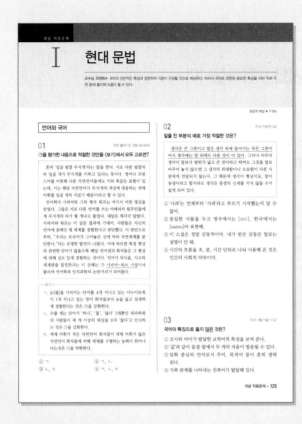

개념 적용문제

신유형을 반영한 문제 풀이로 문제 적용력 향상!

최신 공무원 기출문제와 수능 및 NCS 기출 문제를 수록하여 개념이 어떻게 출제되는지, 유형은 어떠한지 파악할 수 있도록 하였다.

회독플래너
회독 실패율 ZERO!

실패율 없이 회독을 할 수 있도록 5회독플래너를 제공한다. 앞면에는 회독의 방향을 잡을 수 있도록 가이드라인을 제시하였고, 뒷면에는 직접 공부한 날짜를 매일 기록하여 누적된 회독 횟수를 확인할 수 있도록 하였다.

▶ [앞] 회독플래너
▶ [뒤] 직접 체크하는 회독플래너

필수 어휘 & 사자성어 PDF
새로운 출제기조를 반영하여
필수 어휘 & 사자성어만 선별!

2025년부터 전환되는 출제기조에 따른 필수 어휘와 사자성어를 선별하여 효율적으로 암기할 수 있도록 구성하였다.

※ 다운로드 방법: 에듀윌 도서몰(book. eduwill.net) 접속 → 도서자료실 → 부가학습자료에서 다운로드 또는 좌측 QR코드를 통해 바로 접속

이 책의 차례

01 언어와 국어

☐ 1 회독 　월　일
☐ 2 회독 　월　일
☐ 3 회독 　월　일
☐ 4 회독 　월　일
☐ 5 회독 　월　일

01 언어의 특성
02 국어의 특성

단권화 MEMO

01 언어의 특성

1 언어의 기호적 특성

언어는 의사소통을 위한 기호이다. 이 기호는 내용(의미)과 형식(음성)으로 이루어져 있으며, 다음과 같은 특징을 가지고 있다.

언어 기호 = 내용(의미) + 형식(음성)					
자의성	**사회성**	**역사성**	**분절성(불연속성)**	**개방성(창조성)**	**추상성**
음성과 의미 사이에는 필연적인 관계가 없음	음성과 의미 사이의 관계가 사회적으로 수용된 후에는 어느 한 개인이 마음대로 바꿀 수 없음	언어는 시간의 흐름에 따라 단어의 소리와 의미가 변하거나, 문법 요소에 변화가 생기기도 함	언어는 물리적으로 연속된 실체를 분절적으로 쪼개어 표현함	제한된 음운과 어휘로 무한한 문장을 생성함	많은 구체적인 대상으로부터 공통의 속성만을 추출하는 추상화 과정을 통하여 개념이 형성됨

(1) 자의성

언어는 그 형식인 음성과 내용인 의미 사이에 어떠한 필연적인 관계도 맺고 있지 않은 자의적·임의적 기호이다. 이를 '언어의 자의성'이라고 한다.

① 동일한 내용(의미)을 표현하는 형식(음성)이 언어마다 다르다.

　　예 '사랑'을 가리키는 말: [saraŋ](한국어), [ai](일본어), [lʌv](영어), [amuːʀ](프랑스어), [ljubóv'](러시아어)

② 한두 단계 전의 어원은 찾을 수 있으나 최초의 어원은 찾을 수 없다.

　　예 (?) ← (풀) ← (푸르다), (?) ← (불) ← (붉다)

③ 언어의 내용(의미)과 형식(음성)의 변화가 따로 이루어진다. 그래서 언어의 역사성은 자의성의 근거가 될 수 있다.

　　㉠ 의미 변화 없이 음성만 변화한 경우

　　　　예 ᄀᆞᅀᆞᆯ > ᄀᆞ올 > ᄀᆞ을 > 가을

　　㉡ 음성 변화 없이 의미만 변화한 경우

　　　　예 어리다: 愚(어리석다) > 幼(나이가 적다)

④ 언어의 내용(의미)과 형식(음성)의 관계가 1:1이 아니다.

　　㉠ 동음이의어: 우연히 형태는 같으나, 뜻은 완전히 다른 단어이다.

ⓒ 다의어: 두 가지 이상의 뜻을 가진 단어로, 다의어는 중심 의미와 주변 의미로 이루어지며, 그 어원이 동일하다.

ⓒ 이음동의어: 소리는 다르나 뜻이 같은 단어이다.

　　예 죽다 – 사망하다 – 숨지다

ⓒ 유의어: 형태는 다르나 뜻이 서로 비슷한 단어이다.

　　예 기쁨 – 환희

⑤ 의성어와 의태어의 경우 소리와 의미의 관계가 필연적인 것처럼 보이지만 그 사이에 유연성은 있으나 필연성은 없다.

　　예 [꼬끼오](한국어), [고케고꼬](일본어), [커커두둘두](영어), [꼬꼬리꼬](프랑스어), [키케리키](독일어)

(2) 사회성

언어 기호는 같은 언어 사회 내에서 특정한 의미를 특정한 말소리로 나타내자는 약속의 결과물이다. 따라서 이러한 약속이 한번 언중에게 수용되면 개인이 마음대로 바꿀 수 없다. 이를 '언어의 사회성'이라고 한다.

　　예 한 개인이 '법(法)'을 [밥]이라고 발음하거나 '발(足)'을 [발:]로 발음하는 것은 통용될 수 없다.

(3) 역사성

언어 기호가 비록 그 사회 구성원의 약속으로 성립된 관습이라 하더라도 고정불변하는 것은 아니다. 오랜 세월이 흐르면서 소리와 의미가 변하거나 문법 요소에 변화가 생기는 등 언어에 변화(신생, 성장, 사멸)가 일어나는데, 이를 '언어의 역사성'이라고 한다.

① 신생: 새로운 말이 만들어지는 것을 말한다.

　　예 인터넷, 인공위성, 컴퓨터, 원자로, 인공 지능

② 성장: 의미나 형태가 변화하는 것을 말한다.

의미 변화	확장	세수(洗手): 손을 씻다 > 손과 얼굴을 씻다
	축소	중생(衆生): 모든 생명체 > 사람
	이동	어리다: 어리석다[愚] > 나이가 적다[幼]
형태 변화		ᄆ 숨 > 마음, 바ᄅ> 바다, 거우루 > 거울

③ 사멸: 시간이 지나 과거에 사용되던 말이 없어지는 것을 말한다.

　　예 즈믄(천, 千), ᄀ 룸(강, 江), 녀름짓다(농사짓다)

(4) 분절성(불연속성)

세상의 사물은 특별한 경계선을 가지고 있지 않음에도 불구하고 언어에서는 경계를 구분하여 표현하는데, 이를 '언어의 분절성'이라고 한다.

① 언어의 분절성: 연속적으로 이루어진 세계를 불연속적인 것으로 끊어서 표현한다.

　　예 • 무지개: 실제 무지개는 색깔 사이의 경계가 분명하지 않다. 하지만 우리는 그것과 상관없이 무지개 색깔을 일곱 가지로 나누어서 표현한다.
　　　• 얼굴: 정확한 구획(區劃)이 정해져 있지 않은 얼굴을 '뺨, 턱, 이마' 등으로 나누어 표현한다.
　　　• 방위: 방위의 경계는 실제로 연속된 공간이지만 우리는 이를 동, 서, 남, 북으로 나누어 그 경계를 구분한다.

② 기호의 분절성: 실제로는 연속적으로 발음되는 말소리를 자음과 모음으로 나누고, 이를 음절, 형태소, 단어, 어절, 문장 등으로 묶어서 인식한다.

　　예 개나리: '개나리'라는 단어는 '개, 나, 리'(3음절), 'ㄱ, ㅐ, ㄴ, ㅏ, ㄹ, ㅣ'(6음소)로 이루어진다. 하지만 이 소리를 물리학적 관점에서 보면 그 경계가 분명하지 않다.

■ 언어의 유연성

• 의성어, 의태어. '노루발(생김새가 노루의 발을 닮았기 때문)', '초롱꽃(생김새가 초롱을 닮았기 때문)' 등의 경우 내용과 형식 사이에 어느 정도 일정한 관계가 성립한다. 이러한 특성을 언어의 유연성이라고 한다.

• 의성어, 의태어는 언어의 자의성으로 설명되지만 언어의 유연성이 존재하여 다른 단어와 비교했을 때 자의성의 정도가 약하다.

(5) 개방성(창조성)

언어를 사용하는 우리는 제한된 음운이나 어휘를 가지고 무한한 문장을 만들어 사용할 수 있고, 처음 들어 보는 문장을 이해할 수 있다. 이러한 언어의 성질을 '개방성' 또는 '창조성', '열린 생산성'이라고 한다.

① 길이와 수에 제한 없이 무한에 가까운 문장을 만들 수 있다.

> 예 원숭이 엉덩이는 빨개, 빨가면 사과, 사과는 맛있어……

② 무한한 단어를 만들어 무한한 정보를 전달할 수 있다. 이것은 언어로 말미암아 인간의 사고(思考)가 미치는 범위에 제한이 사라지게 되었음을 의미한다. 즉, 상상하는 사물이나 관념적이고 추상적인 개념을 모두 표현할 수 있다.

> 예 용, 봉황새, 해태, 유토피아, 희망, 사랑, 평화, 위기, 우정 등

■ 고유 명사의 추상성
고유 명사는 지시 대상이 단 하나이기 때문에 공통적인 속성을 뽑아내는 과정, 즉 추상화의 과정을 거치지 않는다.

(6) 추상성

① 서로 다른 개별적이고 구체적인 대상으로부터 공통적인 요소를 뽑아 일반적인 것으로 파악하는 언어적 특성을 '추상성'이라고 한다. 그 공통적인 요소는 다른 대상에는 없는 한 대상만의 본질적 속성이어서 다른 사물과 확연히 구분된다. 이러한 과정을 통해 개념이 형성된다.

> 예 빨강, 주황, 노랑, 초록, 파랑, 남색, 보라 → 색깔(추상성)

② 추상화 과정에서는 대상을 한 번만 묶어 표현하는 것이 아니라 묶인 것을 다시 묶기도 한다.

> 예 • 냉이 → 풀 → 식물
> • 개나리 → 꽃 → 식물

더 알아보기 　언어의 도상성

'언어의 도상성'은 언어의 형식(음성)이 내용(의미)을 바탕으로 만들어진 결과물이라는 말로, 형식과 내용 둘 사이의 유사성을 전제하는 개념이다.

양적 도상성	언어의 형식이 내용의 언어적 재료의 양과 비례하는 경우 예 복수나 복합어(합성어, 파생어)의 경우 단수나 단일어보다 일반적으로 길이가 길다.
순서적 도상성	시간적, 순서적 선후 관계가 언어의 형식에 영향을 주는 경우 예 문답(問答)의 경우 먼저 묻고 그다음 답해야 하므로 '답문(答問)'보다는 '문답(問答)'이 더 자연스럽다.
거리적 도상성	개념의 가까운 정도가 언어의 형식에 영향을 주는 경우 예 '아버지와 할아버지', '어머니와 할머니'의 경우 가까운 정도가 둘의 결합 방식에 영향을 주고 있음을 알 수 있다.

출제 예상지문 　언어 기호의 특성[1]

　기호로서 언어가 갖는 특성에는 자의성, 사회성, 역사성, 분절성, 그리고 추상성 등이 있다.

　첫째, 언어 기호는 자의성(恣意性, arbitrariness)을 지니고 있다. 자의성이란 기호의 형식과 내용 간에 필연성을 찾을 수 없다는 것을 말한다. 자의적 기호는 형식을 통해서 내용을 유추할 수도 없고 내용을 통해서 형식을 유추할 수도 없는데, 양자의 관계는 사회적 관습에 따라 규정된다. 언어 기호의 자의성은 다음 네 가지 측면에서 증명될 수 있다. 먼저, 단어의 의미에 대한 형식은 언어마다 다르다는 점이다. 예를 들어 '家(가)'라는 개념은 한국어에서는 '집', 영어에서는 '하우스(house)', 이탈리아어에서는 '까사(casa)', 프랑스어에서는 '메종(maison)', 핀란드어에서는 '탈로(talo)', 러시아어에서는 '돔(dom)'으로 관습화되어 있다. 언어의 역사적 변화도 언어 기호가 자의적이라는 증거가 된다. 만약 기호의 형식과 내용이 지니는 관계가 필연적으로 맺어져 있다면 단어의 형태나 의미에 변화가 일어나지 않겠지만, 실제로 단어는 시간이 변화함에 따라 다양한 방식으로 변화를 수반하게 된다(기호의 역사성 참조). 동음이의어의 존재 역시 언어 기호의 자의성에 대한 증거가 된다. 예를 들어, '차다'라는 형태와 그 의미의 관계가 필연적으로 맺어져 독점적이라면 '(공을) 차다[蹴(축)], (날씨가) 차다[寒(한)], (노리

개를) 차다[佩(패)], (달이) 차다[滿(만)]'와 같은 동음이의어의 존재가 불가능할 것이다. 마지막으로, 유의어의 존재도 언어 기호의 자의성에 대한 증거가 된다. 예를 들어, '메아리'라는 형태와 그 의미가 필연적인 관계로 맺어져 독점적이라면, '산울림'이라는 유의어가 공존할 수 없을 것이다.

둘째, 언어 기호는 사회성(社會性)을 지니고 있다. 언어 기호의 내용과 형식이 자의적으로 결합되었다고 해서, 누구나 그 관계를 마음대로 고치거나 없애거나 새로 만들 수 있는 것은 아니다. 한 언어 사회에서 어떠한 말소리에 어떠한 의미가 맞붙어서 그것이 그 언어 사회의 구성원들에게 인정을 받고 관습적으로 그 사회에 통용되어 있으면 그 사회의 모든 사람은 이에 따르지 않을 수 없는데, 이것을 언어 기호의 사회성이라고 한다. 따라서 언어 기호는 자의성을 가지는 동시에 사회 구성원에게 강제적이고 구속적인 면인 사회성을 함께 가지고 있다.

셋째, 언어 기호는 역사성(歷史性)을 지니고 있다. 언어 기호는 시간이 흐름에 따라 변화하기도 하는데, 이를 언어 기호의 역사성이라고 한다. 예를 들어 'ᄆᆞᄉᆞᆯ'이 '마을'로 소리가 바뀌거나, '어리다'가 '어리석다[愚(우)]'에서 '나이가 적다[幼(유)]'로 의미가 바뀐 것은 언어 기호의 역사성에서 말미암은 것이다.

넷째, 언어 기호는 분절성(分節性)을 지니고 있다. 자연 현상은 특별한 경계선이 없이 연속적으로 존재하지만 언어는 이를 구분하여 표현하는데, 이를 언어의 분절성이라고 한다. 예를 들어, '무지개'는 본질적으로 명확한 경계선을 가지고 있는 것이 아니라 연속적인 스펙트럼으로 존재한다. 그러나 우리는 '무지개'를 일곱 가지 색깔로 분절하여 파악한다. 또한 사람의 말소리는 동물의 울음소리와 달리 일정한 수의 단음이나 단어로 분석된다는 점에서 분절성을 지닌다. 예를 들어 '애국심(愛國心)'이라는 개념을 우리는 '나라를 사랑하는 마음'으로 표현한다. 이 말은 각각 일정한 의미가 있는 '나라, 를, 사랑하다, 마음'이라는 네 단위로 분절된다. 따라서 이 네 단위의 결합이 '애국심'이라는 개념을 표현하는 것이다. 그러나 동물의 외침은 어떤 상황을 표현한다 하더라도 그것은 한 덩어리이지 이처럼 몇몇 단위로 분절되지 않는다.

다섯째, 언어 기호는 추상성(抽象性)을 지니고 있다. 언어 기호의 대표적 유형인 단어는 다양한 방식의 추상화 과정을 거쳐 형성된 개념을 전달한다. 예를 들어, '나무'라는 단어는 '소나무, 밤나무, 낙엽송…' 등 그 대상의 범위가 매우 다양한데, 다른 종류의 나무와의 차이점에 주목하지 않은 채 수많은 나무의 공통 속성을 뽑아내는 추상화 과정을 통해서 형성된 것이다. 따라서 언어 기호는 개념과 관련하여 그 자체로 추상성의 속성을 지니고 있다.

2 언어의 기능

담화는 화자, 청자, 상황, 메시지로 구성되는데, 이러한 구성 요소 간의 상호 관계에 의해 여러 가지 기능을 가진다.

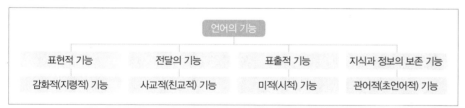

① **표현적(表現的) 기능**: 화자가 현실 세계에 대한 자신의 사실적 판단이나 심리적 감정을 언어로 표현하는 기능을 말한다.
- 예 • 내 몸무게는 70kg이다. (사실적 판단)
  • 넌 볼수록 재미있는 친구야. (지시 대상에 대한 화자의 태도)
  • 철수는 영희를 좋아하는 것 같지 않다. (판단에 대한 확신의 표현)
  • 나는 고 3 때 견디기 어려웠다. (화자의 감정)

② **전달의 기능**: 주제에 관한 객관적인 정보나 사실을 전달하는 기능을 말한다. 주로 공공 기관의 안내, 뉴스, 신문 등이 전달의 기능을 갖는다.
- 예 2023년 국가직 9급 시험일은 4월 8일이다.

③ **표출적(表出的) 기능**: 언어를 의식하지 않고 거의 본능적으로 사용하는 것으로, 감탄사가 대표적이다. 표현 의도와 전달 의도가 없어서 기대하는 반응도 있기 어렵다.
- 예 "엄마야!" / "에구머니나!"

④ **지식과 정보의 보존 기능**: 언어를 통해 지식과 정보를 축적하고 보존하는 기능으로, 언어의 전달 기능, 과정과 목적이라는 측면에서 밀접한 관계를 갖는다. 정보의 보존에 있어 문자가 주를 이루던 과거와 달리, 현대에 와서는 그 보존의 영역이 넓어졌다.

> 예 서적, 방송, CD

⑤ **감화적(感化的) 기능(지령적 기능)**: 청자로 하여금 특정 행동을 하게 하는 기능을 말한다. 청자에게 감화 작용을 하여 실제 행동에 옮기도록 한다는 점에서 표현적 기능과 다르다.

> 예 • 밥 먹어라. (명령)
> • 열심히 공부하자. (청유)
> • 빨리 못 가겠니? (반어 의문)
> • 기타: 표어, 유세, 광고, 속담, 격언, 표지판 문구 등

⑥ **사교적(社交的) 기능(친교적 기능)**: 언어를 통해 친밀한 관계를 확인하는 행위로서, 원만한 사회생활을 유지하는 데 필요한 기능이다. 발화의 형식적 의미보다는 발화 상황과 밀접한 관계를 맺는다. 대표적인 예로 인사말이 있다.

> 예 안녕히 주무셨습니까? / 좋아 보이시네요.

⑦ **미적(美的) 기능(시적 기능)**: 화자가 말을 할 때 그 말을 아름답게 하려는 노력을 의미한다. 즉, 말의 미적 효과에 관심을 갖는 기능을 말한다. 주로 문학 작품에서 중시된다.

> 예 • 내 마음은 호수요
> • 순이와 바둑이: '바둑이와 순이'라고 해도 의미상 아무 상관이 없으나 일반적으로 음절 수가 적은 단어를 먼저 말해야 말이 더 부드럽다. 즉, 미적 기능이 살아나게 된다.

⑧ **관어적 기능(초언어적 기능)**: 언어와 언어끼리 관계하는 기능으로, 말을 통해 새로운 말을 학습하고 지식을 증진하는 기능을 말한다.

> 예 • '춘부장'은 남의 아버지를 높여 이르는 말이다.
> • '물'은 일상어이나, 'H$_2$O'는 전문어이다.

3 언어와 사고

① **언어 우위론적 관점**: 사고는 언어라는 그릇 속에 담기기 전에는 불분명하고 불완전한 것이며 사고가 언어로 표현될 때 비로소 사고는 분명하게 그 모습을 드러내게 된다는 견해이다. 즉, 언어로 명명해야만 인식할 수 있다는 관점이다.

> 예 • 우리 국어에서 청색, 초록색, 남색을 구별하지 않고 모두 '푸르다' 혹은 '파랗다'라고 표현하는 경우가 많다 보니 아이들이 이 세 가지 색을 구별하지 못하는 경우
> • 실제 무지개의 색을 쉽게 변별할 수 없지만 7가지 색으로 구분하는 경우

② **사고 우위론적 관점**: 어린이들을 통해 알 수 있듯이 지각이나 사고가 먼저 발달한 후에 언어 발달이 이루어진다는 견해이다. 즉, 언어로 명명하는 과정이 없더라도 사고는 존재할 수 있다는 관점이다.

> 예 • 좋아하는 이성 친구에게 자신의 마음을 표현하고 싶은데 적당한 말이 떠오르지 않는 경우
> • 공무원 시험에 합격했을 때의 기쁜 마음이 말이나 생각으로는 설명이 안 되는 경우

③ **언어와 사고가 상호 보완적이라는 견해**: 어린이들의 경우도 언어를 통해 사고력이 향상되면 복잡한 문장을 사용할 수 있게 되어 언어 능력이 발달한다. 이처럼 언어와 사고는 일방통행이 아닌 상호 보완적인 관계라는 견해이다.

02 국어의 특성

1 국어의 범주

(1) 계통상: 알타이 어족

국어는 몽골어, 만주-퉁구스어, 튀르크어와 함께 알타이 어족에 속한다고 본다.

(2) 형태상: 첨가어(添加語), 교착어(膠着語)

언어의 형태적 유형의 하나로, 실질적인 의미를 가진 단어 또는 어간에 문법적인 기능을 가진 요소가 차례로 결합함으로써 문장 속에서의 문법적인 역할이나 관계의 차이를 나타내는 것을 말한다. 한국어, 터키어*, 일본어, 핀란드어 등이 첨가어(교착어)에 속한다.

＊터키어
'튀르키예어'의 영어 이름

> **더 알아보기** 언어의 형태적 분류
>
> 1. **교착어(agglutinative language)**
> 단어가 활용될 때 단어의 어간과 어미가 비교적 명백하게 분리되는 언어이다. 우리에게 친숙한 예로 당연히 한국어를 들 수 있으며, 그 패턴은 고등학교 국어 시간에 배우는 형태소 분석을 이해하면 쉽게 파악된다. 대체로 하나의 형태소는 하나의 문법적인 기능을 한다. 교착어는 첨가어라고도 하며 한국어, 터키어, 일본어, 핀란드어 등이 교착어에 속한다. 영어의 경우 복수형 접미사 '-s'나 과거형 접미사 '-(e)d' 등에서 교착어적인 모습도 가지고 있음을 알 수 있다.
> 예 한국어: 아버지는 나귀 타고 장에 가신다. → 아버지/는(조사) 나귀 타(어간)/고(어미) 장/에(조사) 가(어간)/시(선어말 어미)/ㄴ(선어말 어미)/다(어말 어미)
> 2. **굴절어(inflectional language)**
> 굴절어는 단어의 활용 형태가 단어 자체의 변형으로 나타나는 언어로, 어간과 접사(접사적 역할을 하는 형태소)가 쉽게 분리되지 않는 형태를 보인다. 따라서 어휘 자체에 격, 품사 등을 나타내는 요소가 포함되어 있다. 대표적인 것은 인도·유럽 어족이다.
> 예 영어: sing-sang-sung, He(3인칭 주격), loves(3인칭 동사), you(2인칭 목적격)
> 3. **고립어(isolating language)**
> 문법적인 형태를 나타내는 어형 변화나 접사가 거의 없고, 어순과 위치만으로 문법적인 관계를 나타내는 언어이다. 중국어가 대표적이며, 중국·티베트 어족에 속하는 중국어, 티베트어, 미얀마어가 고립어에 속한다고 알려져 있다.
> 예 중국어: 我愛你 → 나 사랑해 너

2 국어의 특질

(1) 음운상의 특질

① 국어의 자음 중 파열음 'ㄱ, ㄷ, ㅂ'과 파찰음 'ㅈ'은 '예사소리(평음), 된소리(경음), 거센소리(격음)'가 대립하는 3중 체계, 즉 삼지적 상관속을 이룬다.

> 예 • 예사소리(평음): ㄱ, ㄷ, ㅂ, ㅈ
> • 된소리(경음): ㄲ, ㄸ, ㅃ, ㅉ
> • 거센소리(격음): ㅋ, ㅌ, ㅍ, ㅊ
> • 불-뿔-풀

② 유음 'ㄹ'의 특성: 설전음 [r]과 설측음 [l]의 구별이 분명하지 않다. 우리말의 유음 'ㄹ'은 음절의 끝소리 자리나 자음 앞에서는 [l]로 실현되며, 음절의 첫소리나 모음 앞 또는 유성 자음을 포함하는 유성음 사이에서는 [r]로 실현된다. 그러나 국어에서는 'ㄹ'을 [l]과 [r]로 특별히 구분하여 인식하지 않는다. 즉, 우리말에서 [l]과 [r]은 서로 다른 음운이 아니라 단지 'ㄹ'의 변이음(變異音)일 뿐이다.

> 예 '칼과'에서 'ㄹ': [l], '칼이'에서 'ㄹ': [r]

③ 두음 법칙

㉠ 영어와 달리 우리말에서는 첫소리에 둘 이상의 자음(어두 자음군)이 오는 것을 꺼린다. 단, 과거에는 어두 자음군이 올 수 있었다.

> 예 spring → 스프링, 때(時) → 때, 뽈(米) → 쌀

㉡ 어두에 'ㄹ'이 오는 것을 꺼린다. 이때 'ㄹ'은 'ㄴ'으로 변한다.

> 예 락원 → 낙원, 로인 → 노인

㉢ 어두의 'ㄴ'은 'ㅣ' 또는 반모음 'ㅣ[j]' 앞에 오는 것을 꺼린다.

> 예 녀자 → 여자, 력도 → 녁도 → 역도

④ **음절의 끝소리 규칙**: 음절의 끝에 받침으로 특정한 자음(ㄱ, ㄴ, ㄷ, ㄹ, ㅁ, ㅂ, ㅇ)만이 오는 규칙을 '음절의 끝소리 규칙'이라고 한다. 'ㄱ, ㄴ, ㄷ, ㄹ, ㅁ, ㅂ, ㅇ' 이외의 자음들은 음절의 끝에 오게 되면 이것들 중 하나로 바뀐다. 예를 들어, '잎'은 'ㅍ'이 음절의 끝소리 규칙에 의해 'ㅂ'으로 바뀌어 [입]으로 소리 난다. 그 외에 '옷[온], 있고[읻꼬], 꽃[꼳], 부엌[부억], 밖[박]' 등도 모두 음절의 끝소리 규칙을 보여 주는 예이다.

⑤ **모음 조화**: 양성 모음은 양성 모음끼리만 어울리고, 음성 모음은 음성 모음끼리만 어울리는 현상을 '모음 조화'라고 한다. '모음 조화'는 일종의 모음 동화 규칙으로, 언어의 다음절어(多音節語) 안에서, 혹은 어간·어근 형태소가 어미·접사 형태소들과 결합할 때 그에 포함되는 모음들이 일정한 자질을 공유하는 것을 말한다.

> 예 반짝반짝, 번쩍번쩍, 잡아, 먹어

⑥ 음상(音相)의 차이로 인해 어감이 변하며 심지어 낱말의 뜻이 분화되기도 한다.

㉠ **자음의 경우**: '예사소리 → 된소리 → 거센소리'로 갈수록 강한 느낌이 난다.

> 예 뚱뚱하다 → 퉁퉁하다, 빙빙 → 삥삥 → 핑핑

㉡ **모음의 경우**: 양성 모음이 음성 모음에 비하여 '작고, 날카롭고, 가볍고, 경쾌하고, 밝은' 느낌을 준다.

> 예 방글방글 – 벙글벙글, 졸졸 – 줄줄, 살살 – 슬슬, 옴찔 – 움찔

㉢ 음상의 차이는 어감을 다르게 하는 데 그치지 않고, 낱말의 뜻을 분화시키는 작용도 한다.

> 예 덜다[減] – 털다[拂], 뛰다[躍] – 튀다[彈], 맛(음식 따위를 혀에 댈 때 느끼는 감각) – 멋(차림새, 행동, 됨됨이 따위가 세련되고 아름다움), 살(연령) – 설(설날)

출제 예상지문 음운의 특질[2)]

국어의 주요한 음운적 특질에는 다음과 같은 것들이 있다.

첫째, 국어 자음은 'ㄱ, ㄲ, ㅋ', 'ㄷ, ㄸ, ㅌ', 'ㅂ, ㅃ, ㅍ', 'ㅈ, ㅉ, ㅊ'에서 보듯이 예사소리, 된소리, 거센소리의 삼중 체계로 이루어져 있다. 이것은 영어의 'k, g', 't, d', 'p, b'의 이중 체계나 산스크리트어의 'k, kh, g, gh', 't, th, d, dh', 'p, ph, b, bh'의 사중 체계와 대조되는 두드러진 특징이다. 국어에서 '불–뿔–풀, 달–딸–탈'의 쌍 각각이 변별되는 것은 자음의 삼중 체계에 의해서이다.

둘째, 국어에는 다른 언어에 비해 마찰음이 많지 않다. 국어의 마찰음에는 'ㅅ, ㅆ, ㅎ'의 세 가지가 있는 데 비해, 영어에는 'f, v, θ, ð' 등이 더 있다. 이와 관련하여, 국어에는 마찰음의 수가 파열음의 수보다 적은 데 비해 영어를 비롯한 인구어(印歐語)는 그 반대이다.

셋째, 국어는 첫소리의 자음에 제약이 있다. 즉 영어의 경우 'tree'나 'strike'와 같이 첫소리에 둘 이상의 자음이 올 수 있지만, 국어에서는 첫소리에 둘 이상의 자음이 올 수 없으므로 이들을 풀어서 '트리'나 '스트라이크'로 나누어 발음한다. 또한 첫소리에 'ㄹ'이나 'ㄴ'이 오지 못하기 때문에, '로인(老人)'을 '노인'으로, '녀성(女性)'을 '여성'으로 발음한다.

넷째, 국어의 자음들은 음절 끝 위치에서 완전히 파열되지 않는다. 예를 들어, '밭'이 [받]으로 발음되고 '꽃'이 [꼳]으로 발음되는 것과 같이 파열음이 음절 끝 위치에 올 경우 터뜨림의 단계를 거치지 않고 닫힌 상태로 발음된다.

다섯째, 국어는 음절의 끝소리에 하나의 자음만 발음된다. 예를 들어, '흙'이 [흑]으로, '값'이 [갑]으

로 발음되는 현상이 있다.

　여섯째, 국어는 모음 조화 현상이 있다. 예를 들어, '앉아 ~ 얹어', '졸졸 ~ 줄줄', '아장아장 ~ 어정어정' 등에서 보듯이, 용언의 어간과 어미의 결합에서나 의성어·의태어에서 양성 모음(ㅏ, ㅗ)은 양성 모음끼리, 음성 모음(ㅓ, ㅜ)은 음성 모음끼리 어울린다.

(2) 어휘상의 특질
① 기원전 3세기경 한자어의 유입을 시작으로 오늘날 국어의 어휘는 고유어, 한자어, 외래어의 삼중 체계를 가지고 있다.
② 윗사람과 아랫사람의 구별이 분명했던 사회 구조와 문화의 영향으로 높임법이 발달해 있다.
　예 '하십시오/하오', '하게/해라', '자다/주무시다', '주다/드리다'
③ 고유어 중 색채어와 감각어가 풍부하게 발달해 있다. 또한 이러한 감각어는 정서적 유사성(類似性)에 의해 비유 표현으로까지 전용(轉用)되어 일반 언어생활에서 애용되기도 한다.
　예 • 노란색을 나타내는 색채어: 노랗다, 노르께하다, 노르끄레하다, 노르무레하다, 노르스름하다, 노릇하다, 노릇노릇하다, 누릇누릇하다, 싯누렇다 등
　　• 감각어: 그 사람은 '짜다, 싱겁다, 가볍다.', 그 사람은 입이 '가볍다, 무겁다.'
④ 의성어와 의태어 같은 음성 상징어가 발달해 있다. 상징어란 주로 소리, 동작, 형태를 모사(模寫)한 단어로, 구체적이고 감각적인 표현 수단이며 음상의 차이에 의해 다양하게 분화될 수 있다.
　예 • 의성어: 우당탕, 퍼덕퍼덕
　　• 의태어: 아장아장, 엉금엉금

(3) 구문상의 특질
① 교착어적(膠着語的) 성질로 인해 조사, 어미가 발달해 있다.
② 조사와 어미는 뜻을 덧붙이거나 표현을 더 섬세하게 하는 문체적 효과가 있다.
　예 철수는 밥을 먹는다. / 철수도 밥을 먹는다. / 철수까지 밥을 먹는다.

(4) 어순상의 특질
① 국어에서는 화자의 결론을 맨 끝에 진술한다.

> • 국어: 주어 + 목적어 + 서술어
> • 영어: 주어 + 서술어 + 목적어
>
> 국어는 이러한 어순상의 특성으로 인해 청자를 끝까지 잡아 놓을 수 있다는 장점이 있으나 비판적인 사고가 다소 어려울 수 있다는 단점이 있다. 반면, 영어의 경우 청자가 비판적으로 들을 수 있다는 장점이 있으나 청자를 끝까지 붙들어 두는 긴장감이 다소 부족할 수 있다는 단점이 있다.

② 수식어가 피수식어 앞에 온다.
③ 주어가 생략되는 경우가 많고, 주어가 둘 이상 나열될 수도 있다.
　예 • "(너는) 밥 먹었니?" – "응, (밥을) 먹었어."
　　• '토끼가 발이 작다.': 서술어는 '작다' 하나인 반면, 주격 조사가 결합된 주어는 '토끼'와 '발' 두 개다.
④ 문법적인 성(性, gender)의 구별이 없고, 단수·복수의 개념이 명확하지 않다.

더 알아보기 　국어의 분류

1. 국어 어휘의 대표적인 기준: 어종(語種), 품사, 의미
2. 집합의 성격에 따른 구분

개방 집합	어휘를 구성하는 단어들이 유동적인 것 ◉ 한국어의 어휘, 새말
폐쇄 집합	어휘를 구성하는 단어들이 고정된 것 ◉ 김소월의 시어, 소설 「배따라기」의 어휘

3. 체계에 따른 구분

어종에 따라	'고유어, 한자어, 외래어'의 삼중 체계
품사에 따라	명사, 대명사, 수사, 조사, 동사, 형용사, 부사, 관형사, 감탄사

출제 예상지문 　어휘의 특질[3]

　국어의 주요한 어휘적 특질에는 다음과 같은 것들이 있다.

　첫째, 국어의 어휘는 고유어, 한자어, 서구 외래어, 그리고 그 혼합 형태로 구성되어 있다. 그중 한자어를 비롯한 외래어의 비중이 70%가량을 차지하는데, 전통적으로 한자어의 비중이 우세하여 고유어가 위축되어 왔으며, 최근에는 서구 외래어가 증가되고 있다. 그 결과 고유어와 한자어, 그리고 서구 외래어 간에는 '탈-가면-마스크, 집-가옥-하우스, 아내-처-와이프'와 같이 유의어의 위상적 대립이 형성되어 있다.

　둘째, 고유어의 조어 과정에서는 '배의성(配意性, motivation)'에 의지하는 경향이 현저하다. 이것은 기본어의 복합에 의한 합성이나 파생의 이차적인 조어법이 발달된 것을 가리킨다. 예를 들어, '손'과 '목'이 합하여 '손목'이라는 단어가 형성되며, '눈'과 '물'이 합하여 '눈물'이 된다. 대조적으로 영어의 경우에는 '손목'을 'hand-neck', '눈물'을 'eye-water'라고 하지 않고 'wrist', 'tear'라는 별개의 단어를 사용한다. 또한 붉은 계열의 색채어에 대해 영어에서는 'red, pink, scarlet', 중국어에서는 '赤(적), 紅(홍), 朱(주), 丹(단), 紫(자)'와 같이 별개의 단어가 사용되는 반면, 국어에서는 '붉다'라는 기본어를 중심으로 '불그스레하다, 불그스름하다, 불그죽죽하다, 발갛다, 빨갛다, 검붉다' 등의 파생어나 합성어가 형성된다.

　셋째, 고유어에는 상징어가 발달되어 있다. 상징어는 '풍덩풍덩-풍덩풍덩'과 같은 의성어, '달랑달랑-덜렁덜렁'과 같은 의태어를 포괄하는데, 특히 의태어에 대한 상징이 주목된다. 상징어의 음성상징은 양성 모음과 음성 모음 간에 대립적 가치를 갖는데, 'ㅏ, ㅗ, ㅐ' 등의 양성 모음은 가볍고, 밝고, 맑고, 작고, 빠른 느낌과 긍정적 의미 가치를 지니는 데 비하여 'ㅓ, ㅜ, ㅔ' 등의 음성 모음은 무겁고, 어둡고, 흐리고, 크고, 느린 느낌과 부정적 의미 가치를 지닌다. 음성 상징은 모음뿐만 아니라 자음에도 나타난다. 예를 들어, '감감하다-깜깜하다-캄캄하다'에서 된소리나 거센소리가 예사소리에 비해서 강도가 높은 것을 나타낸다.

　넷째, 고유어에는 감각어가 발달되어 있다. 색채어의 경우 '희다, 검다, 붉다, 푸르다, 누르다'와 같은 오색을 중심으로 '하양, 검정, 빨강, 파랑, 노랑', '하얗다, 거멓다, 빨갛다, 파랗다, 노랗다' 등의 다양한 파생어가 형성된다. 미각어의 경우 '달다, 짜다, 맵다, 쓰다, 시다, 떫다'와 같은 여섯 가지 기본 미각어를 중심으로 '달짝지근하다, 달콤하다, 새콤달콤하다' 등의 다양한 파생어가 형성되며, 온도어의 경우 '덥다/뜨겁다, 춥다/차갑다, 따뜻하다/뜨뜻하다, 서늘하다/미지근하다' 등을 중심으로 수많은 파생어가 존재한다.

　다섯째, 국어에는 친족어가 발달되어 있다. 예를 들어, '아버지'에 대해서 '아빠, 아버님, 가친, 선친, 춘부장, 선대인' 등의 다양한 어휘가 존재하며, 영어의 'uncle'에 해당하는 '백부, 숙부, 큰아버지, 작은아버지, 아저씨, 외삼촌, 이모부, 고모부' 등이 지칭 대상에 따라 분화되어 있으며, 영어의 brother, sister'에 해당하는 어휘도 '형님/오라버니, 누나/언니, 동생, 아우, 누이' 등으로 분화되어 있다.

3 순화어

국어 순화란 우리말을 다듬는 일을 말하며, 순화 대상어를 가능한 범위에서 토박이말로 재정리하는 것이다.

순화 대상어는 다음과 같다.

① 어려운 말은 쉬운 말로 순화한다.

예 그 물건은 <u>가가호호</u> 없는 집이 없었다. → 그 물건은 <u>집집마다</u> 없는 집이 없었다.

② 어법에 맞지 않는 표현을 어법에 맞게 순화한다.

예 <u>저희 나라</u> → <u>우리나라</u>

③ 비속어를 순화한다.

예 <u>해골 굴리지</u> 마라. → <u>잔꾀를 부리지</u> 마라.

④ 가능한 범위 내에서 외래어, 외국어를 토박이말이나 한자어(우리식)로 순화한다.

예 우리 <u>서클</u>에서 이번에 공연을 한다. → 우리 <u>동아리</u>에서 이번에 공연을 한다.

⑤ 직업이나 장애인에 대한 편견, 비하의 표현을 순화한다.

예 • 휴가 나온 <u>군바리</u>가 참 많다. → 휴가 나온 <u>군인</u>이 참 많다.
　　• 그의 아버지는 <u>장님</u>이다. → 그의 아버지는 <u>시각 장애인</u>이다.

⑥ 성차별적 표현이나 인종 차별적 표현을 순화한다.

예 • 학교에 <u>학부형</u>들이 많이 모였다. → 학교에 <u>학부모</u>들이 많이 모였다.
　　• 이태원에 <u>코쟁이</u>들이 많다. → 이태원에 <u>서양 사람</u>들이 많다.

더 알아보기 　순화어 목록

1. 주요 순화어

순화어	순화 대상어	순화어	순화 대상어
댓글	리플	해안 유원지	마리나
참살이	웰빙	흥행 수익	박스 오피스
안전문	스크린 도어	최상위연맹	빅 리그
그림말	이모티콘	맨주먹 정신	헝그리 정신
① 다걸기, ② 집중	올인	겹벌이, 겸업	투잡
힘내자!, 아자	파이팅	상표경쟁력	브랜드 파워
누리꾼	네티즌	~ 의혹사건	~ 게이트
자동길	무빙워크	쪽지창	메신저
은행연계보험	방카쉬랑스	무점포 사업, 재택 사업자	소호
임무, 중요 임무	미션	현실공간	오프라인
맵시가꿈이	스타일리스트	민원 도우미	옴부즈맨
붙임쪽지	포스트잇	상처 치료, 상처 치료약	드레싱
청백리 마당	클린 센터	통제탑, 지휘 본부	컨트롤 타워
길도우미, 길안내기	내비게이션	대안시장	블루오션
혼합형	하이브리드	선발쾌투	퀄리티 스타트
직선치기, 길게치기, 몰아가기	드라이브	자가 촬영	셀프카메라
품재기	후카시	개인용 컴퓨터	퍼스컴

순화어	순화 대상어	순화어	순화 대상어
자백감형제, 자백감형제도	플리 바게닝	어르신 도우미, 경로 도우미	실버시터
대중명품	매스티지	어울모임	교례회
후보 지명	노미네이트	대중명곡	스탠더드 넘버
체험 판매장	플래그십 스토어	① 부호, ② 성향	코드
빛가림	선팅	중간구원	홀드
자활꿈터	그룹홈	하늘채	펜트하우스
직전우승팀, 전대회우승팀	디펜딩 챔피언	과립즙	퓌레
맛보기 프로그램, 시험 프로그램	파일럿 프로그램	~번째 이야기	시즌 ~
상징 노래	로고송	다시보기, 다시보기 서비스	브이오디 서비스 (VOD 서비스)
채 한 벌	풀 세트	조난 신호, 구조 요청	에스오에스(SOS)
소수취향	컬트	출장밥상	케이터링
옷차림 약속	드레스 코드	맛보기묶음	샘플러
손수 제작	다이(디아이와이, DIY)	길거리그림	그라피티
활동복	캐포츠	필수품	머스트 해브
눈그늘	다크서클	① 도움말, ② 봉사료	팁
머릿결영양제	트리트먼트	① 가리개, ② 정보 가림	블라인드
동반 관계	파트너십	누리 검색, 웹 검색, 인터넷 검색	웹서핑
명인강좌	마스터클래스	고품질	레퍼런스
① 맞대결, 대진, ② 일대일	매치업	냉혹기법	하드보일드
각색실화	팩션	사랑구도	러브 라인
인격 표지권	퍼블리시티권	동물 찻길 사고, 동물 교통사고	로드킬
산학협력지구, 연합지구, 협력지구	클러스터	① 등장인물, 인물, ② 특징물	캐릭터
(장면) 갈무리, 화면 담기	캡처	기억상자	타임캡슐
반짝할인	타임 서비스	맵시꾼	패셔니스타
전망 쉼터, 하늘 쉼터	스카이라운지	시청각설명(회)	프레젠테이션
상품권 제도, 이용권 제도	바우처 제도	물놀이 공원	워터파크
참여형 소비자	프로슈머	보기창	뷰파인더
우편 광고, 우편 광고물	디엠(DM)	조립모형, 조립장난감	플라모델
문예후원, 예술후원	메세나	실사모형	디오라마
도막 광고	스폿 광고*	줄거리판 이야기판	스토리보드
여정영화	로드 무비	숫자넣기	스도쿠
맞춤전술, 각본전술	세트 피스/세트 플레이	뜨락정원	성큰 가든
중추인물	키맨	기념 손찍기	핸드 프린팅
여론몰이	언론 플레이	다목적꽂이	크레이들
금기	터부		

*스폿 광고의 오표기
스팟 광고(×), 스파트 광고(×), 스포트 광고(×)

순화어	순화 대상어	순화어	순화 대상어
자료 보관소, 자료 저장소, 기록 보관, 자료 전산화	아카이브	기대주	영건
거품크림	휘핑	행복결말	해피엔딩
손수제작물, 손수저작물	유시시(UCC)	광고창작자	크리에이터
금융얌체족	체리피커	손질상품	리퍼브
기름뭉치	오일볼	폐쇄회로 텔레비전 (티브이)	시시티브이 (CCTV)
불빛축제, 불빛잔치, 불빛조명시설	루미나리아	마루지, 상징물, 상징건물, 대표건물	랜드마크
꿈의 낙원	샹그릴라	주요 쟁점	핫이슈
기품	오라, 아우라	조리법	레시피
결지방	마블링	댓글나눔터	마이크로 블로그
받아막기	디그	(담당) 지도자	멘토
가늠터, 시험장, 시험(무)대	테스트베드	알림창	팝업 창
환경친화주부, 친환경주부	에코맘	① 상징, 상징물, ② 그림 단추	아이콘
백지상태, 원점	제로 베이스	구설(수) 홍보	노이즈 마케팅
역사교훈여행	다크 투어리즘	부실음식(식품)	정크푸드
폐쇄은둔족	히키코모리	짝 차림	커플룩
아래차로	언더패스	뒤풀이공연	갈라쇼
감각세대	아티젠	모닥불놀이	캠프파이어
자기가치 개발족	예티족	결함보상, 결함보상제	리콜
놀이식 교육, 놀이학습	에듀테인먼트	치명적 약점	아킬레스건
통신 예절	모티켓	직장인 엄마, 일하는 엄마	워킹맘
골방누리꾼	마우스 포테이토	손뼉맞장구	하이파이브
자유벌이족	프리터족	대리주차	발레파킹
계발형 직장인	샐러던트	(아이) 안전의자	카시트
예술감각상품	데카르트 마케팅	어울가게	숍인숍
이용실적점수	마일리지	눈속임짓	할리우드 액션
알뜰개성족	프라브족	지도층 의무	노블레스 오블리주
끝자막, 맺음자막	엔딩 크레디트	체험평가자	테스터
(원작) 재구성	리메이크	맵시꽃	코르사주
사기 전화	보이스피싱	각자내기	더치페이
여가 활용 기술, 여가 활용 방법	휴테크	칠판펜	보드마커
교사 의존 학생	티처보이	누리 소통망 (서비스), 사회 관계망 (서비스)	소셜 네트워크 서비스 (SNS)
원정구매족	쇼플러	원격 근무	스마트 워크
작명가, 이름설계사	네이미스트	열린 장터(시장)	오픈 마켓
결혼설계사	웨딩플래너	지붕창	선루프
정치철새교수	폴리페서	모둠전원꽂이	멀티탭

순화어	순화 대상어	순화어	순화 대상어
늑장졸업족	엔지족(NG족)	공동 할인구매	소셜 커머스
입방아거리	가십거리	자체 기획 상품	피엘 상품(PL 상품)
① 꾸러미 상품, ② 기획 상품	패키지 상품	신제품 발표회	론칭쇼
맴돌이곡	후크송	악덕 소비자	블랙 컨슈머
관광취업	워킹 홀리데이	책 낭독자	북텔러
정보 무늬	큐아르 코드(QR 코드)	소리 책, 듣는 책	오디오북
친환경살이	로하스	곁들이찬	쓰키다시
친환경운전	에코드라이브 (에코드라이빙)	맑은탕, 싱건탕	지리
끝장승부	치킨게임	맛가루	후리카케
싹쓸이	올킬	착한 해커	화이트 해커
무리하다	오버페이스하다	새싹기업, 창업초기기업	스타트업
커피전문가	바리스타	대중투자	크라우드펀딩
무표정	포커페이스	옥상정원	그린루프
본보기(상)	롤 모델	대정전	블랙아웃
모두갖춤	풀옵션	에너지자급주택	제로에너지하우스
분장놀이	코스프레	초단열주택	패시브 하우스
비침옷	시스루	계절마감, 계절할인	시즌오프
열린가격제	오픈 프라이스제	(하나에) 하나 더	원 플러스 원
사고후유(정신)장애	트라우마	매력상품	잇 아이템
일치율	싱크로율	뜨는곳, 인기명소	핫 플레이스
추가시간	인저리 타임	손톱미용사	네일 아티스트
생생예능	리얼 버라이어티	육아설계사	베이비 플래너
따름벗	팔로잉	야외활동 지도자	아웃도어 인스트럭터
딸림벗	팔로어	문신사	타투이스트
① 본따르기, 견주기, ② (컴퓨터) 성능시험	벤치마킹	문자결제사기	스미싱
앞선 사용자	얼리 어답터	식별무늬	워터마크
미국형 주택담보대출	모기지론	사이트금융사기	파밍
녹색소비자	그린슈머	전자금융사기	피싱
멋글씨, 멋글씨 예술	캘리그래피	의료관광호텔	메디텔
새활용	업사이클(링)	전속매장	브랜드숍
포장구매, 포장판매, 사 가기	테이크아웃	반짝매장	팝업 스토어
참공약	매니페스토	색깔먹거리, 색깔식품	컬러푸드
누리집지	앱진	먹거리나눔터	푸드뱅크
내집빈곤층	하우스푸어	맨손음식	핑거푸드
근로빈곤층	워킹푸어	(노면) 살얼음	블랙 아이스
수행매니저	로드매니저	노면 홈, 도로 파임, 노면 구멍	포트 홀
① 촬영 기록자, ② 구성작가	스크립터	길반짝이	(도로)표지병

순화어	순화 대상어	순화어	순화 대상어
자작가수	싱어송라이터	연결로	램프(ramp)
깜짝출연(자)	카메오	길말뚝	볼라드
검정먹거리	블랙푸드	복합동력차	하이브리드카
뼈째회	세고시	주훈련장, 근거지	베이스캠프
위안음식	솔푸드	코치진	코칭 스태프
책길잡이	북마스터	(팀)전담의사, (팀)전속의사, 팀주치의	팀닥터
책돌려보기	북크로싱	(정보) 추천 서비스	큐레이션 서비스
쳐내다	펀칭하다	무인기	드론
대형 (갖추기), 진형 (갖추기)	포메이션	즉시퇴출(제)	원 스트라이크 아웃(제)
생각그물	마인드맵	곁들이	사이드 메뉴
야외활동차림	아웃도어 룩	노화 방지	안티에이징
(전화) 회신서비스	콜백 서비스	음성 안내(기)	오디오 가이드
해독 (요법)	디톡스	요점 교습	원 포인트 레슨
공유 주택	셰어 하우스	급변점	티핑 포인트
일일 강좌	원데이 클래스	판촉, 홍보, 흥행(사)	프로모션
함몰 구멍, 땅꺼짐	싱크홀	누리꾼 예절	네티켓
덮지붕	캐노피	행운권 추첨	러키 드로
고강도 복합 운동	크로스핏	전사편(前史篇)	프리퀄
일대일 맞춤운동	피티/퍼스널 트레이닝	주민 회의	타운홀 미팅
생활 원예	가드닝	사륜 오토바이	에이티브이(ATV)
친환경 가방	에코백	금융 기술 (서비스)	핀테크
통컵	텀블러	① 선수명단, 진용, 순번, ② 출연진, ③ 제품군	라인업
벼룩시장	플리마켓	거리 공연	버스킹
허벅지뒷근육*, 허벅지뒤힘줄*	햄스트링	개인 간 (공유)	피투피(P2P)
(정량) 공급기	디스펜서	산중 노숙	비바크
방향기	디퓨저	기업 간 거래	비투비(B2B)
국민 경선(제)	오픈 프라이머리	기업·소비자 거래	비투시(B2C)
유행 선도자	트렌드 세터	마중그림	섬네일
정원 결혼식	하우스 웨딩	유아 수레	왜건
소망 목록	버킷 리스트	보상 환급	페이백
몸싸움, 집단 몸싸움, 선수단 몸싸움	벤치 클리어링	흥행 보수	러닝 개런티
명품 조연	신스틸러	외벽 영상	미디어 퍼사드
개방형 주방	오픈 키친	선집	컴필레이션
범죄분석가/범죄분석	프로파일러/프로파일링	네발 방파석	테트라포드
승차 구매(점)	드라이브스루	정밀 모형	피겨
뽁뽁이	에어캡	시연회	데모데이
일회용 비밀번호	오티피(OTP)	(화장) 지움액	리무버

*허벅지뒷근육
근육을 가리킬 때
*허벅지뒤힘줄
힘줄을 가리킬 때

순화어	순화 대상어	순화어	순화 대상어
전면 지붕창	파노라마 선루프	고객 만족	시에스(CS)
배낭 도보 어행	백패킹	둥지 내몰림	젠트리피케이션
정보 가림 평가	블라인드 테스트	담음새	플레이팅
파생작	스핀 오프	전자 잠금장치	디지털 도어록
대표 상품	시그니처 아이템/ 시그너처 아이템	공식 매장	공식 스토어
정보 그림	인포그래픽	(대회) 유산	레거시
공기 세척기	에어 와셔	경기장, 행사장	베뉴
가열대	쿡톱	협력사	파트너사
옥상	루프톱	시험 경기, 시험 행사	테스트 이벤트
일광욕 의자	선베드	전망, 보임	뷰
(전용) 수영장 빌라	풀빌라	호수 전망	레이크 뷰
어린이 공간	키즈존	산 전망	마운틴 뷰
어린이 제한 공간	노키즈존	도시 전망	시티 뷰
거리 보기	로드뷰	바다 선방	오션 뷰
작은 결혼식	스몰 웨딩	건식 숙성	드라이 에이징
쾌적함, 편의 물품	어메니티	습식 숙성	웨트 에이징
그룹 운동	그룹 엑서사이즈	(정보) 가림 채용	블라인드 채용
미공개 장면(영상)	비하인드 컷	짬 즐김 문화, 짬 소비문화	스낵 컬처
조회 수 조작	어뷰징	행사 효과	컨벤션 효과
언론 시연회	프레스 콜	수제맥주	크래프트 맥주
밥상모임	소셜 다이닝	집 꾸미기	홈 퍼니싱
팬 상품	구즈/굿즈	규제 유예 (제도)	규제 샌드박스
(도서) 되사기	바이백 (서비스)	최소 규제	네거티브 규제
전자책	이북	가치 사슬	밸류 체인
총괄 안내(인)	콘시어지	약자 (효과)	언더독 (효과)
재고 할인 (판매)	클리어런스 세일	가정 간편식	에이치엠아르(HMR)
매장 광고	피오피(P.O.P)	국면 전환자, 국면 전환 요소	게임 체인저
투자 설명회	로드 쇼	탈진 증후군	번아웃 증후군
1인 전동차	스마트 모빌리티/ 퍼스널 모빌리티	장기 호황	슈퍼 사이클
결정적 증거	스모킹 건	영향력자	인플루언서
공개 소스, 공개 자료	오픈 소스	모둠 접시	플래터

2. 일본어식 표현의 순화어

순화어	순화 대상어	순화어	순화 대상어
덧셈, 뺄셈, 곱셈, 나눗셈	가감승제	풍로, 화로	곤로
임시 건물	가건물	감색, 감청색	곤색
임시 계약	가계약	본성, 심지	곤조
임시 등기	가등기	콘크리트, 양회 반죽	공구리
가짜	가라	돌려 봄	공람
녹음 반주 (노래방)	가라오케	지난해	과년도

순화어	순화 대상어	순화어	순화 대상어
치료, 고침, 병 고침	가료	낡은 모양, 구형	구가타
임시 압류	가압류	단체, 클럽	구락부
가위표	가케표	계좌	구좌
(깡통) 따개, 통조림 따개	간즈메	머리말	권두언
대지 건물 비율	건폐율	사환, 사동	급사
닮, 올림	게양	상중	기중
수습	견습	빛나는 별	기라성
찾기 딱지, 분류 딱지	견출지	흠, 흠집	기스
이어달리기	계주	① 생천, ② 옷감	기지
신고	계출	얼차려, 기넣기, 벌주다, 정신차리게 하다	기합
잔, 컵	고뿌	부하	꼬붕
둔치	고수부지	금귤, 동귤	낑깡
선임(자), 선참(자)	고참	민소매	나시
다짐, 다진 양념	다대기	명세	내역
① 구슬, 알, ② 전구, ③ 당구	다마	갓길	노견
예삿일, 흔한 일	다반사	품삯	노임
채비, 단속	단도리	팔 물건, 팔 것	매물
닭볶음탕	닭도리탕	판매장	매장
당황	당혹	통속극	멜로드라마
큰새우, 왕새우	대하	내년, 다음 해	명년
나사돌리개, 드라이버	도라이바	일바지, 왜바지	몸뻬
변압기, 트랜스	도란스	귤, 밀감, 감귤	미깡
모두, 합계	도합	대지	부지
머리뼈	두개골	분배, 노늠, 노느매기	분빠이
물방울 (무늬)	땡땡이 (무늬)	매각, 팔아 버림	불하
본전치기	똔똔	몰상식	비상식
둥근 거리, 로터리	로타리	구멍, 펑크	빵꾸
손수레	리야카	샐러드	사라다
보온병	마호병	선지급	선불
목도리, 머플러, 소음기	마후라/머플러	나루(터)	선착장
지움, 지워 없앰	말소	어묵	오뎅
송년회, 송년모임	망년회	외투	오바
감상적이다	센치하다	우두머리, 두목, 책임자	오야붕
하늘색, 하늘 빛깔	소라색	나무젓가락	와리바시
곰보빵	소보로빵	고추냉이	와사비
절차, 순서	수속	왔다갔다	왔다리갔다리
초밥	스시	이쑤시개	요지
싫증 남	식상	가락국수	우동
단골 장기, 단골 노래	십팔번	운전사, 운전기사	운전수

순화어	순화 대상어	순화어	순화 대상어
붕장어	아나고	융통, 여유(분)	유도리
장식불, 액세서리, 노리개	악세사리	뒷보증	이서
거둬 감	압수	참여, 참관	입회
누름못	압정	원앙부부	잉꼬부부
깨끗이, 산뜻이, 깔끔히	앗사리	지퍼	자꾸(← 잣쿠)
팥빵	앙꼬빵	그레이프프루트	자몽
진액, 농축액	엑기스	① 잔액, ② 잔량	잔고
노자	여비	남은 밥, 음식 찌꺼기	잔반
거간(꾼)	중매인	시간 외 일	잔업
우묵모자	중절모자	모음, 모아 쌓음	적립
선전지, 낱장 광고	지라시	붉은 조류	적조
몫	지분	책 매기	제본
① 초마면, ② 뒤섞기	짬뽕	마침표	종지부
압류, 잡아 둠	차압	(물건) 없음	품절
뽑아냄	차출	덜이	할인
운동복	추리닝	웃돈, 추가금	할증료
출생률	출산율	현장 식당	함바
무름, 철회, 취소	취하	가는 곳	행선지
집 배달, 문 앞 배달	택배	괴질, 콜레라	호열자
증기탕	터키탕	순조	호조
안전모	화이바/파이버	행성	혹성
돌려 보기	회람	후 지급	후불

3. 어려운 한자 순화어

형광펜 표시는 기출 어휘를 포함한 우선순위 순화어입니다.

순화어	순화 대상어	순화어	순화 대상어
집집마다	가가호호	잘못 낸, 잘못 낸 세금(돈)	과오납
검사물	가검물	내어 줌	교부
웃돈	가전	도랑	구거
임시 처분	가처분	똑같이 나눔	균분
이간질	간언	계속 근무하다	근속하다
뉘우치다	개전	마침내	필경
뜯다, 열어 보다	개피하다	속이다	기망하다
교통비, 차비	거마비	이름을 적고 도장을 찍음	기명날인
확인 도장	검인	기부 받음	기부 채납
싣다, 써 붙이다, 기재하다	게기하다	장부에 적다	기장하다
굳기, 굳음새	경도	맨눈 시력	나안 시력
맡기다	공탁하다	어려운 빛을 나타내다	난색을 표명하다
원물(元物)로부터 생기는 경제적 수익	과실	안비탈	내사면
사재기	매점	은밀히 조사하다	내사하다
이익을 얻음, 수혜, 덕을 봄	몽리	농지	농경지

순화어	순화 대상어	순화어	순화 대상어
수혜자	몽리자	전세	대절
손도장	무인	빌려준 이	대주
아닌 게 아니라	미상불	빈틈없이 하다	만전을 기하다
미리	미연에	파는 사람	매도인
비탈면, 비탈쪽	법면	사는 사람	매수인
비탈 보호	사면 보호	길들이기	순치
맞계산, 엇셈	상계	잠금장치	시건장치
정한 날짜	소정기일	설명서	시방서
이른바	소위	늘, 항상	시종
태워 없앰	소훼	깊이 팜	심굴
보냄	송달	넘겨줌	양도
새롭게 하다	쇄신하다	굳히기	양생
권한을 줌	수권	넘겨받음	양수
순서, 차례	수순	넘겨주다	양여하다
맡아 처리함	장리	형량 결정	양형
심음	재식	말을 할 때마다	언필칭
소송	쟁송	총면적	연면적
법에 걸리다	저촉되다	잘못 읽기	오독
알맞게 처리, 적절한 조치	적의조치	두메산골	오지
쌓기, 싣기	적하	버리고 돌보지 않다, 내버려두다	위기하다
논밭	전답	감추다, 숨기다	은닉하다
오로지 혼자 함	전행	숨김	은비
진취적, 적극적	전향적	다음 해	익년
불 켜지다	점등되다	참고 견딤	인용
눈여겨보다	주시하다	물을 끌어들임	인수
세금을 무겁게 매김	중과세	자금 능력	자력
받다	징구하다	첫방문	초도 순시
알다	지득하다	손대지 마시오	촉수 엄금
윷놀이	척사	독촉	최고
말을 덧붙임	첨언	숨지게 하다	치사하다
게으름	해태	부숨	파훼
융숭한 대접	향응	헐뜯고 깎아내리기	폄훼
꽃 재배지	화훼 단지	막힘	폐색
부족, 흠, 모자람	흠결	임신	포태
잘못, 흠	하자	마치다	필하다

4. 직업 · 장애인을 비하하는 표현의 순화어

순화어	순화 대상어	순화어	순화 대상어
간호사	간호원	가두 신문 판매원	신문팔이
구두 미화원	구두닦이	지체 장애인	앉은뱅이, 절름발이

순화어	순화 대상어	순화어	순화 대상어
군인	군바리	우편집배원	우체부
청각 장애인	귀머거리	운전사	운전수
연예인	딴따라	지적 장애인	저능아
막노동자	막노동꾼	역술가	점쟁이
시각 장애인	맹인, 소경, 장님	정신 장애인	정신병자
나환자, 한센인	문둥이	집행관	집달리
이른둥이	미숙아	경찰관	짭새
언어 장애인	벙어리, 언청이	환경미화원	청소부
봉급생활자	봉급쟁이	가사 도우미	파출부
세무 공무원	세리	화가	환쟁이
경비원	수위		

5. 성·인종 차별 표현의 순화어

순화어	순화 대상어	순화어	순화 대상어
흑인	검둥이	첫 작품	처녀작
권력의 앞잡이	권력의 시녀	서양 사람	코쟁이
고 ○○○ 씨의 부인	미망인	새터민	탈북자
살구색	살색	혼혈인	튀기
작가	여류 작가	하느님의 자녀	하느님의 아들
경찰	여경	학부모	학부형
중국 동포	조선족		

02 음운론

01 말소리

1 음향과 음성

(1) 음향

자연에 존재하는 대부분의 소리를 '음향'이라고 한다. 바람 소리, 파도 소리, 동물의 소리 등이 자연의 소리인 음향인 셈인데, 음향은 사람의 '음성'과 달리 비분절적인 소리라는 특징을 가진다.

(2) 음성

'음성'이란 인간의 발음 기관*을 통하여 만들어진 물리적인 소리로, 말을 만드는 데 활용되는 분절적인 소리를 말한다. '언어음'이라고도 한다. 음성은 사람에 따라 다르며, 같은 사람이라 하더라도 때와 장소, 상황에 따라 약간씩 다르게 발음된다. 음성은 음절상의 위치에 따라서도 다르게 실현된다.

ⓔ '가곡'이라는 단어에는 'ㄱ'이 세 번 쓰인다. 이때 'ㄱ'은 표기상으로는 동일하지만 음성학적으로는 각 위치에 따라 다른 소리로 실현된다.

＊발음 기관
허파에서 나온 공기가 입 밖으로 나오는 동안 말소리를 만드는 데 관여하는 일체의 기관을 말한다. 조음 기관이라고도 한다.

❚ 음향과 음성의 비교

음향(소리)	음성
• 자연에 존재하는 대부분의 비분절적인 소리 • 사람의 입에서 나는 소리 중 울음소리, 기침 소리, 재채기 등	• 발음 기관을 통하여 나오는 말소리 • 물리적인 다양성, 구체적인 실체가 있는 소리 • 발음하는 사람과 때에 따라 다르게 나는 소리 • 자음과 모음으로 분리할 수 있는 분절적 성질의 소리 • 어떤 소리가 말의 뜻을 분화시키는 변별적 자질은 없음

2 음운과 음절

(1) 음운

각각의 개별적인 음성일지라도, 사람들이 머릿속에서 같은 소리로 인식하는 추상적인 말소리를 '음운'이라고 한다. 음운은 말의 뜻을 변별해 주는 소리의 최소 단위로, 의미를 분화하는 기능을 한다. 다시 말해, 한 언어에서 어떤 음이 의미를 변별하여 주는 기능을 할 때, 이 음을 '음운'이라고 한다. 가령, '국'과 '묵'은 'ㄱ'과 'ㅁ'의 차이로 뜻이 변별되는데, 이렇게 뜻을 변별하는 'ㄱ'과 'ㅁ'이 음운인 것이다. 음운은 언어마다 다르며, 따라서 한 언어 내에서 음운의 수는 한정되어 있다.

'음운'은 '음소'와 '운소'를 합친 말로, 각각의 특징은 다음과 같다.

① 분절 음운(음소): 절대적이고 독립적으로 실현되면서 의미 분화를 일으키는 음운을 '분절 음운'이라고 한다. 자음과 모음이 이에 해당한다.

자음	19개	ㄱ, ㄴ, ㄷ, ㄹ, ㅁ, ㅂ, ㅅ, ㅇ, ㅈ, ㅊ, ㅋ, ㅌ, ㅍ, ㅎ, ㄲ, ㄸ, ㅃ, ㅆ, ㅉ	
모음	21개	단모음(10개): ㅏ, ㅐ, ㅓ, ㅔ, ㅗ, ㅚ, ㅜ, ㅟ, ㅡ, ㅣ	
		이중 모음(11개): ㅑ, ㅒ, ㅕ, ㅖ, ㅘ, ㅙ, ㅛ, ㅝ, ㅞ, ㅠ, ㅢ	

② 비분절 음운(운소): 의미 분화를 일으키기는 하지만 스스로 실현되지는 못하고 분절 음운에 덧붙어 실현되는 음운을 '비분절 음운'이라고 한다. 비분절 음운은 음절 전체에 영향을 미치며, 소리의 길이(장·단음), 고저(성조), 세기(억양) 등이 이에 해당한다.

장음(長音)과 단음(短音)	낱말을 이루는 소리 가운데 본래 다른 소리보다 길게, 또는 짧게 내는 소리 예 눈[眼]−눈:[雪], 말[馬]−말:[言語], 밤[夜]−밤:[栗]
성조(聲調)	음의 높낮이 예 중국어의 사성 등
억양	음(音)의 상대적인 높이를 변하게 하는 것 또는 그런 변화 예 음절 억양, 단어 억양, 문장 억양 등

출제 예상지문 **음성과 음운**[4]

　말소리는 두 개의 차원에 존재한다. 하나는 실제로 있는 그대로의 물리적인 차원이고 다른 하나는 그 말을 쓰는 사람들이 심리적으로 인식하는 차원이다. 예를 들어, [p]와 [b]는 물리적으로는 분명히 다른 소리이다. [p]는 양순 무성 파열음이고 [b]는 양순 유성 파열음이다. 그런데 영어를 모국어로 쓰는 사람들은 이 두 소리의 다름을 쉽게 알아차리는 데 반해 우리 한국 사람들은 이 두 소리의 다름을 쉽게 알지 못하고 하나의 소리처럼 받아들인다. 그 이유는 영어에서는 이 두 소리가 같은 음성 환경에 나타나서 이들의 다름에 의해 분화된 낱말쌍이 존재하지만, 우리말에는 이 두 소리가 절대로 같은 음성 환경에 나타나지 않고 따라서 이들의 다름에 의해 분화된 낱말쌍이 존재하지 않기 때문이다. 예를 들어, 영어의 'peach[pi:tʃ](복숭아)'와 'beach[bi:tʃ](해변)'는 낱말의 첫머리 자리에 놓인 두 자음 [p]와 [b] 때문에 서로 다른 낱말이 되었다. 이에 반해 우리말은 '바보[pabo]'에서 보듯이 [p]는 낱말의 첫머리 자리에 올 수 있지만 [b]는 유성음 사이에만 쓰일 수 있기 때문에 이들의 다름에 의해 분화된 낱말쌍이 존재하지 않는다. 즉, 우리말에서 자음 [p]와 [b]는 낱말의 뜻을 구분하는 구실을 하지 않으며, 따라서 우리나라 사람들은 이 두 소리의 다름을 인식할 수도 없고 그럴 필요도 없는 것이다.

> **변이음과 상보적 분포**
> 　우리말에서 [p]와 [b]는 하나의 음소 /ㅂ/인데 앞뒤의 음성 환경에 따라 [p]로 실현되기도 하고 [b]로 실현되기도 하는 것이다. 이 경우 [p]와 [b]를 음소 /ㅂ(p)/의 변이음(allophone)이라고 한다. 영어에서는 각각 다른 음소의 자격을 가지는 [l]과 [r]도 우리말에서는 음소 /ㄹ/의 변이음일 뿐이다. 위에서 보듯이, 한 음소의 변이음들은 서로 나타날 수 있는 환경이 겹칠 수가 없는데 이런 분포 관계를 배타적 분포 혹은 상보적 분포라고 한다.

　음운론에서는 물리적인 상태의 말소리를 음성이라고 하고 모국어 화자가 인식하고 있는 말소리를 음운이라고 한다. 영어에서는 [p]와 [b]가 각각 음운의 자격을 가지지만 우리말에서는 이 두 소리는 하나의 음운이다. 모국어 화자의 머릿속에는 음성이 아닌 음운의 목록이 저장되어 있다고 할 수 있다. 음운론에서 말소리를 분석하여 그 언어에서 음운의 자격을 가지는 말소리를 가려내는 작업을 음소 분석(音素分析, phonemic analysis)이라고 한다.

(2) 음절

'음절'이란 발음할 때 한번에 낼 수 있는 소리의 단위, 또는 한 뭉치로 이루어진 소리의 덩어리를 말한다. 즉, 말소리의 단위를 '음절'이라 한다.
음절의 특징은 다음과 같다.

① 음절의 중심을 이루는 모음을 중성(가운뎃소리), 그 앞의 자음을 초성(첫소리), 그 뒤의 자음을 종성(끝소리)이라고 한다.

② 국어에서 음절의 수는 모음의 수와 일치한다. 그 이유는 모음이 있어야만 음절을 이룰 수 있기 때문이다. 그래서 국어의 경우 모음을 '성절음*'이라고도 부른다.

③ 국어의 음절 구조: 모음 단독, 모음+자음, 자음+모음, 자음+모음+자음

> **예** • '모음 단독' 음절: 아, 야, 어, 여 ……
> • '모음+자음' 음절: 악, 안, 을 ……
> • '자음+모음' 음절: 가, 나, 다, 라 ……
> • '자음+모음+자음' 음절: 강, 산, 달 ……

단권화 MEMO

*성절음
한 음절을 이루는 데 중심이 되는, 울림도가 가장 큰 소리를 뜻한다. 단독으로 음절을 이룰 수 있는 '모음'을 지칭한다고 보면 된다.

02 국어의 음운 체계

1 자음

목이나 입안의 어떤 자리가 완전히 막히거나 좁아져서 허파에서 나오는 공기의 흐름이 장애를 받으며 나는 소리를 '자음'이라 한다.
자음은 모두 19개이다.

▌국어의 자음 체계: 19개

조음 방법		조음 위치 ＼ 소리의 세기	입술소리 (양순음)	혀끝소리 (잇몸소리, 치조음)	센입천장소리 (경구개음)	여린입천장소리 (연구개음)	목청소리 (후음)
안울림 소리	파열음	예사소리	ㅂ	ㄷ		ㄱ	
		된소리	ㅃ	ㄸ		ㄲ	
		거센소리	ㅍ	ㅌ		ㅋ	
	파찰음	예사소리			ㅈ		
		된소리			ㅉ		
		거센소리			ㅊ		
	마찰음	예사소리		ㅅ			ㅎ
		된소리		ㅆ			
울림 소리	비음		ㅁ	ㄴ		ㅇ	
	유음			ㄹ			

(1) 성대의 울림 여부에 따른 분류

① **안울림소리(무성음):** 발음할 때 입안이나 코안에서 울림이 일어나지 않는 소리를 말한다. 'ㄴ, ㄹ, ㅁ, ㅇ' 외의 모든 자음이 안울림소리에 해당한다.

> **예** ㄱ, ㄷ, ㅂ, ㅅ, ㅈ, ㅊ, ㅋ, ㅌ, ㅍ, ㅎ, ㄲ, ㄸ, ㅃ, ㅆ, ㅉ

② **울림소리(유성음):** 발음할 때 입안이나 코안에서 울림이 일어나는 소리를 말한다. 모든 모음이 울림소리이며, 자음은 'ㄴ, ㄹ, ㅁ, ㅇ'만 울림소리에 해당한다.

(2) 조음 방법(소리 내는 방법)에 따른 분류

① **파열음:** 공기의 흐름을 일단 막았다가 그 막은 자리를 터뜨리면서 내는 소리를 말한다. 일단 막은 것을 강조하여 정지음 또는 폐쇄음이라고도 한다. **예** ㅂ, ㅃ, ㅍ / ㄷ, ㄸ, ㅌ / ㄱ, ㄲ, ㅋ

■ **변이음**
동일 음운이라도 나타나는 자리에 따라 다른 음성으로 실현되는 것을 '변이음'이라고 한다. 예를 들어, 'ㅂ, ㄷ, ㄱ, ㅈ'은 안울림소리이지만 울림소리와 울림소리 사이에 올 경우 울림소리로 발음된다. 변이음은 음운으로 변별되지 않는다.

■ **삼지적 상관속**
파열음과 파찰음은 각각 예사소리(평음), 된소리(경음), 거센소리(격음)로 나누어져 소위 삼지적 상관속을 이룬다. 마찰음은 'ㅅ, ㅆ'처럼 거센소리 없이 예사소리, 된소리로만 발음이 된다.

■ 소리의 세기에 따른 분류
• 예사소리(평음): 순하고 부드러운
  느낌을 주는 자음
  예 ㅂ/ㄷ/ㄱ/ㅈ/ㅅ
• 된소리(경음): 강하고 단단한 느낌
  을 주는 자음
  예 ㅃ/ㄸ/ㄲ/ㅉ/ㅆ
• 거센소리(격음): 크고 거친 느낌을
  주는 자음
  예 ㅍ/ㅌ/ㅋ/ㅊ

② **파찰음**: 공기를 막았다가 서서히 터뜨리면서 마찰을 일으켜 내는 소리를 말한다. 즉, 파열음과 마찰음의 성질을 다 가지는 소리이다. 예 ㅈ, ㅉ, ㅊ

③ **마찰음**: 입인이나 목청 사이의 통로를 좁히고 공기를 그 좁은 틈 사이로 내보내어 마찰을 일으키며 내는 소리를 말한다. 예 ㅅ, ㅆ / ㅎ

④ **비음**: 연구개와 목젖을 내려 입안의 통로를 막고 코로 공기를 내보내면서 내는 소리를 말한다. 예 ㅁ / ㄴ / ㅇ

⑤ **유음**: 혀끝을 잇몸에 가볍게 대었다가 떼거나, 혀끝을 잇몸에 댄 채 공기를 그 양옆으로 흘려 보내면서 내는 소리를 말한다. 예 ㄹ

(3) 조음 위치(소리 내는 자리)에 따른 분류
① **입술소리(양순음)**: 두 입술 사이에서 나는 소리 예 ㅂ, ㅃ, ㅍ, ㅁ
② **혀끝소리(잇몸소리, 치조음)**: 혀끝과 윗잇몸이 맞닿아 나는 소리 예 ㄷ, ㄸ, ㅌ, ㅅ, ㅆ, ㄴ, ㄹ
③ **센입천장소리(경구개음)**: 혓바닥과 경구개 사이에서 나는 소리 예 ㅈ, ㅉ, ㅊ
④ **여린입천장소리(연구개음)**: 혀뿌리 부분과 연구개 사이에서 나는 소리 예 ㄱ, ㄲ, ㅋ, ㅇ
⑤ **목청소리(후음)**: 성문, 즉 목청 사이에서 나는 수리 예 ㅎ

2 모음
허파에서 나오는 공기의 흐름이 발음 기관의 장애를 받지 않고 순하게 나는 소리를 '모음'이라고 한다.

(1) 단모음
발음하는 도중에 혀나 입술이 고정되어 움직이지 않고 발음되는 모음을 '단모음'이라고 한다. 단모음은 모두 10개이다.

■ 모음의 또 다른 분류
입을 벌린 정도에 중점을 두고 '폐모음
(고모음), 개모음(저모음), 반개모음(중
모음)'으로 분류하기도 한다.

■ 'ㅚ'와 'ㅟ'
단모음 'ㅚ[ø]', 'ㅟ[y]'는 단모음으로
실현되는 경우(예 뵙다, 참외, 쉽다, 아
쉽다)도 있으나, 이중 모음으로 발음하
는 경우도 많아 표준 발음법에서는 이
중 모음 'ㅚ[we]', 'ㅟ[wi]'로 발음하는
것도 허용하고 있다.

■ 'ㅔ'와 'ㅐ'
전설 평순 중모음 'ㅔ[e]'와 전설 평순
저모음 'ㅐ[ɛ]'의 구별이 어렵고, 현재
'ㅔ'가 'ㅐ'에 가깝게 실현되며 통합되
어 가는 실정이다.

┃ 국어의 단모음 체계: 10개

혀의 높이 \ 입술의 모양	전설 모음		후설 모음	
	평순 모음	원순 모음	평순 모음	원순 모음
고모음	ㅣ[i]	ㅟ[y]	ㅡ[ɨ]	ㅜ[u]
중모음	ㅔ[e]	ㅚ[ø]	ㅓ[ə]	ㅗ[o]
저모음	ㅐ[ɛ]		ㅏ[a]	

① **혀의 높이(입을 벌리는 정도)에 따른 분류**
  ㉠ **고모음**: 발음할 때 입을 조금 벌려서 혀의 위치가 높은 모음 예 ㅣ, ㅟ, ㅡ, ㅜ
  ㉡ **중모음**: 발음할 때 고모음보다는 입을 더 벌려서 혀의 위치가 중간인 모음 예 ㅔ, ㅚ, ㅓ, ㅗ
  ㉢ **저모음**: 발음할 때 입을 크게 벌려서 혀의 위치가 낮은 모음 예 ㅐ, ㅏ
② **입술의 모양에 따른 분류**
  ㉠ **평순 모음**: 발음할 때 입술을 평평하게 해서 내는 모음 예 ㅣ, ㅔ, ㅐ, ㅡ, ㅓ, ㅏ
  ㉡ **원순 모음**: 발음할 때 입술을 둥글게 오므려 내는 모음 예 ㅟ, ㅚ, ㅜ, ㅗ
③ **혀의 위치(앞뒤)에 따른 분류**
  ㉠ **전설 모음**: 입천장의 중간점을 기준으로 혀의 정점이 입안의 앞쪽에 위치하여 발음되는 모음 예 ㅣ, ㅔ, ㅐ, ㅟ, ㅚ
  ㉡ **후설 모음**: 입천장의 중간점을 기준으로 혀의 정점이 입안의 뒤쪽에 위치하여 발음되는 모음 예 ㅡ, ㅓ, ㅏ, ㅜ, ㅗ

(2) 반모음

이중 모음을 형성하는 'ㅣ[j], ㅗ[w]/ㅜ[w]'를 '반모음'이라고 한다. 반모음은 음성의 성질로 보면 모음과 비슷하지만, 반드시 다른 모음에 붙어야 발음될 수 있다는 점에서 자음과 비슷하다. 이 때문에 '반자음'이라고 부르기도 하며, 독립된 음운으로 보지 않아 반달표(˘)를 붙여 표기하기도 한다.

(3) 이중 모음

발음할 때 혀의 위치나 입술의 모양이 변하는 모음을 '이중 모음'이라고 한다. 이중 모음은 반모음과 단모음이 결합하여 이루어진다. 따라서 두 개의 모음이 연속적으로 발음되는 것과 비슷하며, 이중 모음을 길게 끌어서 발음하면 결국 단모음으로 끝나게 된다. 반모음이 단모음 앞에 오는 것을 '상향 이중 모음'이라고 하고, 반모음이 단모음 뒤에 오는 것을 '하향 이중 모음'이라고 한다.

▌국어의 이중 모음: 11개

상향 이중 모음	ㅣ[j] 계열	ㅑ, ㅕ, ㅛ, ㅠ, ㅒ, ㅖ
	ㅗ[w]/ㅜ[w] 계열	ㅘ, ㅙ, ㅝ, ㅞ
하향 이중 모음	ㅣ[j] 계열	ㅢ

■ 'ㅢ'를 보는 입장

'ㅢ'의 경우 상향 이중 모음으로 보는 입장, 하향 이중 모음으로 보는 입장, 수평 이중 모음으로 보는 입장이 있다. 학교 문법에서는 'ㅡ + 반모음 ㅣ[j]'인 하향 이중 모음으로 본다.

③ 소리의 길이(장음과 단음)

국어에서는 모음이 길게 발음되느냐 짧게 발음되느냐에 따라 그 음절의 뜻이 달라지므로, 소리의 길이는 하나의 음운이 된다.

예 [눈](眼) – [눈ː](雪), [말](馬) – [말ː](言語), [밤](夜) – [밤ː](栗)

① 긴소리는 일반적으로 단어의 첫째 음절에서만 나타난다. 따라서 본래 길게 발음되던 단어도 둘째 음절 이하에 오면 짧게 발음된다.

　예 눈보라[눈ː보라] → 첫눈[천눈], 말씨[말ː씨] → 잔말[잔말], 밤나무[밤ː나무] → 생밤[생밤]

② 비록 긴소리를 가진 음절이라도 다음과 같은 경우에는 긴소리로 나지 않는다.

　㉠ 단음절인 어간에 모음으로 시작된 어미가 이어지는 경우

　　예 (머리를, 눈을) 감다[감ː따] → 감으니[가므니], 밟다[밥ː따] → 밟으니[발브니]

　㉡ 용언의 어간에 사동, 피동의 접미사가 결합되어 사동사나 피동사가 되는 경우

　　예 밟다[밥ː따] → 밟히다[발피다], 꼬다[꼬ː다] → 꼬이다[꼬이다], 삶다[삼ː따] → 삶기다[삼기다]

03 음운의 변동

'음운의 변동'이란 어떤 형태소가 다른 형태소와 결합할 때 그 환경에 따라 발음이 달라지는 현상을 말한다. 음운의 변동에는 대표적으로 교체(대치), 축약, 탈락, 첨가가 있다.

① **교체(대치)**: 음운이 다른 음운으로 바뀌는 현상으로, 동화 현상도 포함한다.
② **축약**: 두 음운이 하나의 음운으로 줄어드는 현상
③ **탈락**: 두 음운 중 어느 하나가 없어지는 현상
④ **첨가**: 형태소가 결합할 때 그 사이에 음운이 덧붙는 현상

■ 음운 변화의 원인과 종류

• 조음 편리화의 원리(경제성의 원리): 동화, 축약, 탈락
• 표현 효과의 원리: 이화, 첨가, 사잇소리 현상

I 음운 변동의 분류

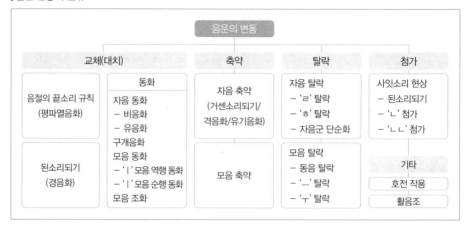

출제 예상지문 **음운의 변동** [5]

　말소리의 소릿값은 음성 환경에 따라 바뀔 수 있다. 예를 들어 '달님'의 둘째 음절 초성 자음 'ㄴ'은 앞 음절 종성 자음 'ㄹ'에 동화되어 [달림]으로 발음되고, '닭만'의 첫 음절 종성의 자음군 'ㄺ'은 음절말 위치에서 'ㄱ'으로 단순화된 다음, 이 'ㄱ'이 다시 뒤 음절 초성 자음 'ㅁ' 앞에서 'ㅇ'으로 바뀌어, 최종적으로는 [당만]으로 발음된다. 이렇게 어떤 음운이 그 놓이는 음성 환경에 따라 다른 음운으로 바뀌는 현상을 음운 변동(音韻變動, phonological alternation)'이라고 한다. 음운 변동은 보통 형태소와 형태소가 결합하면서 그 경계에 놓이는 두 개의 음운 사이의 관계에 따라 나타나는 경우가 많은데, 그 결과 형태소나 단어의 형태 변화를 초래하게 된다. 따라서 형태소의 처지에서 보면 음운 변동은 일종의 변이 형태 실현 과정이라고 할 수 있다. 예를 들어, '/값＋만/→[감만]'을 음운론의 관점에서 보자면, '자음군 단순화'(/ㅄ/→[ㅂ])와 '비음동화'(/ㅂ/→[ㅁ])라는 음운 변동이 일어나는 과정이지만 형태론적 관점에서 보면 [값]이라는 체언 형태소가, 조사 [만] 앞에서 《감》이라는 변이 형태소로 실현되는 과정인 것이다.

　음운 변동에는 여러 가지 종류가 있고 이를 분류하는 방법에도 여러 가지가 있다. 그러나 일반적으로는 변동의 결과 표면적으로 나타나는 분절음 차원의 변동 양상에 따라 대치, 탈락, 첨가, 축약으로 나누거나, 변동이 일어나는 음운론적 동기에 따라 동화와 이화로 나누는 방법이 많이 쓰인다. 대치(代置, replacement)는 어떤 음운이 다른 음운으로 바뀌는 현상을 가리키고, 탈락(脫落, deletion)은 원래 있던 한 음운이 없어지는 현상을 말한다. 그리고 없던 음운이 추가되는 것을 첨가(添加, addition)라고 하고 두 개의 음운이 합쳐져서 하나로 되는 것을 축약(縮約, coalescence)이라고 한다. 동화(同化, assimilation)는 한 소리의 소릿값이 그 놓이는 음성 환경과 같아지는 쪽으로 바뀌는 것을 말하는데, 대개 인접음의 조음 위치나 조음 방법을 닮거나 이와 같아지게 된다. 반면, 이화(異化, dissimilation)는 한 소리가 주변의 음성 환경과 달라지는 쪽으로 바뀌는 것을 말한다.

1 음운의 교체(대치)

1. 음절의 끝소리 규칙(평파열음화)

(1) 개념

국어의 음절 구조상, 받침에 해당하는 끝소리에는 하나의 자음만 올 수 있다. 그리고 이 끝소리에서 실제로 발음되는 자음은 'ㄱ, ㄴ, ㄷ, ㄹ, ㅁ, ㅂ, ㅇ'의 7개 대표음뿐이다. 따라서 음절 끝에 이 7개의 소리 이외의 자음이 오면, 이 7자음 중의 하나로 바뀌어 발음된다. 따라서 음절의 끝소리 규칙(평파열음화)은 음운의 교체로 볼 수 있다.

대표음	ㄱ	ㄴ	ㄷ	ㄹ	ㅁ	ㅂ	ㅇ
받침 표기	ㄱ, ㄲ, ㅋ	ㄴ	ㄷ, ㅌ, ㅅ, ㅆ, ㅈ, ㅊ, ㅎ	ㄹ	ㅁ	ㅂ, ㅍ	ㅇ

(2) 조건

① 환경 1

후행 형태소	받침의 유형	음절의 끝소리 규칙 (평파열음화)	용례
자음	홑자음	ㄲ, ㅋ → ㄱ	밖 → [박], 부엌 → [부억]
		ㅌ, ㅅ, ㅆ, ㅈ, ㅊ, ㅎ → ㄷ	바깥 → [바깓], 옷 → [옫], 있고 → [읻꼬], 낮 → [낟], 꽃 → [꼳], 히읗 → [히읃]
		ㅍ → ㅂ	잎 → [입]

② 환경 2

후행 형태소	받침의 유형	음절의 끝소리 규칙 (평파열음화)	용례	비고
모음으로 시작하는 실질 형태소		환경 1과 동일	잎 위 → [입위] → [이뷔], 옷 안 → [옫안] → [오단], 꽃 아래 → [꼳아래] → [꼬다래], 부엌 안 → [부억안] → [부어간]	절음화

㉠ 연음화: 앞 음절의 받침 소리가 모음으로 시작하는 뒤 음절의 초성으로 이어져 나는 것
㉡ 절음화: 앞 음절의 받침이 다음에 있는 모음에 바로 연음되지 않고 대표음으로 바뀐 뒤 연음되는 것

2. 된소리되기(경음화)

(1) 개념

안울림소리 뒤에 안울림 예사소리가 올 때 뒤의 소리가 된소리로 발음되는 현상을 '된소리되기'라고 한다. 된소리되기를 과도하게 적용하면 비표준 발음이 되므로 주의해야 한다.

(2) 조건

① 두 개의 안울림소리가 만나면 뒤의 예사소리를 된소리로 발음한다.
　예 국밥 → [국빱], 걷다[步] → [걷:따], 없다 → [업:따], 덮개 → [덥깨], 역도 → [역또], 젖소 → [젇쏘]

② 한자어의 'ㄹ' 받침 다음에 'ㄷ, ㅅ, ㅈ'이 오면 'ㄷ, ㅅ, ㅈ'을 된소리로 발음한다.
　예 갈등(葛藤) → [갈뜽], 말살(抹殺) → [말쌀]

③ 'ㄴ(ㄵ), ㅁ(ㄻ)'으로 끝나는 어간 뒤에 예사소리로 시작하는 어미가 오면 뒤의 예사소리를 된소리로 발음한다.
　예 안고 → [안꼬], 심다 → [심:따]

3. 음운의 동화

'음운의 동화'는 한 음운이 인접하는 다른 음운의 성질을 닮아 가는 음운 현상을 말한다. 동화가 일어나면 앞뒤 음운의 위치나 소리 내는 방법이 서로 유사하게 변하는데, 이는 소리를 좀 더 쉽게 내기 위함이다. 조음 위치가 가깝거나 조음 방법이 비슷한 소리가 연속되면 그렇지 않은 경우보다 발음할 때 힘이 덜 들고 편하기 때문이다. 동화는 그 대상에 따라 자음 동화와 모음 동화로 나뉘며, 방향과 정도에 따라 다음과 같이 나눌 수 있다.

■ **동화의 분류**
• 동화 대상에 따라
　┌ 자음 동화
　└ 모음 동화
• 동화 방향에 따라
　┌ 순행 동화
　└ 역행 동화
• 동화 정도에 따라
　┌ 완전 동화
　└ 부분 동화

① **순행 동화**: 앞 음운의 영향으로 뒤 음운이 변한다.
② **역행 동화**: 뒤 음운의 영향으로 앞 음운이 변한다.
③ **상호 동화**: 앞뒤 음운이 모두 변한다.
④ **완전 동화**: 똑같은 소리로 변한다.
⑤ **불완전 동화(부분 동화)**: 비슷한 소리로 변한다.

(1) 자음 동화

음절의 끝 자음이 그 뒤에 오는 자음과 만날 때, 어느 한쪽이 다른 쪽 자음을 닮아서 그와 비슷한 소리로 바뀌거나 양쪽이 서로 닮아서 두 소리가 모두 바뀌는 현상이다.

▌자음 동화의 분류

비음화는 변하기 전 음운과 변한 이후의 음운이 동일한 조음 위치를 유지한다. 즉, 조음 방법만 바뀐다.

① **비음화**: 비음이 아니었던 것이 비음을 만나 비음이 되는 것을 말한다. 구체적으로는 파열음이나 유음이 비음을 만나 비음으로 바뀌는 현상을 가리킨다.

조음 방법		조음 위치 / 소리의 세기	입술소리 (양순음)	허끝소리 (잇몸소리, 치조음)	센입천장 소리 (경구개음)	여린입천장 소리 (연구개음)	목청소리 (후음)
안울림 소리	파열음	예사소리	ㅂ	ㄷ		ㄱ	
		된소리	ㅃ	ㄸ		ㄲ	
		거센소리	ㅍ	ㅌ		ㅋ	
	파찰음	예사소리			ㅈ		
		된소리			ㅉ		
		거센소리			ㅊ		
	마찰음	예사소리		ㅅ			ㅎ
		된소리		ㅆ			
울림 소리		비음	ㅁ	ㄴ		ㅇ	
		유음		ㄹ			

㉠ **파열음의 비음화(역행 비음 동화)**: 파열음 'ㅂ, ㄷ, ㄱ'이 비음 'ㅁ, ㄴ' 앞에서 비음에 동화되어 'ㅁ, ㄴ, ㅇ'으로 발음되는 현상을 말한다.

양순음 'ㅂ, ㅍ'은 비음 앞에서 [ㅁ]으로 발음	예 밥물 → [밤물], 앞문 → [압문] → [암문]
치조음 'ㄷ, ㅌ'은 비음 앞에서 [ㄴ]으로 발음	예 닫는 → [단는], 겉문 → [걷문] → [건문]
연구개음 'ㄱ, ㄲ, ㅋ'은 비음 앞에서 [ㅇ]으로 발음	예 국민 → [궁민], 국물 → [궁물], 깎는 → [깍는] → [깡는], 부엌만 → [부억만] → [부엉만]

㉡ **유음의 비음화**: 유음 'ㄹ'이 비음 'ㅁ, ㅇ'을 만나 비음 'ㄴ'으로 발음되는 현상을 말한다.
   예 종로 → [종노], 남루 → [남:누]

© 상호 동화: 앞 음절의 끝소리 'ㅂ, ㄷ, ㄱ'이 뒤에 오는 'ㄹ'을 'ㄴ'으로 변하게 하고, 변화된 'ㄴ'의 영향으로 앞의 'ㅂ, ㄷ, ㄱ'이 비음 'ㅁ, ㄴ, ㅇ'으로 동화되는 현상을 말한다.

  📋 섭리 → [섭니] → [섬니], 몇 리 → [멷리] → [멷니] → [면니], 백로 → [백노] → [뱅노], 국력 → [국녁] → [궁녁]

② 유음화: 유음이 아니었던 것이 유음을 만나 유음으로 바뀌는 것을 말한다. 구체적으로는 비음인 'ㄴ'이 유음인 'ㄹ'을 만나 'ㄹ'로 바뀌는 현상을 가리킨다.

조음 방법		조음 위치 소리의 세기	입술소리 (양순음)	허끝소리 (잇몸소리, 치조음)	센입천장 소리 (경구개음)	여린입천장 소리 (연구개음)	목청소리 (후음)
안울림 소리	파열음	예사소리	ㅂ	ㄷ		ㄱ	
		된소리	ㅃ	ㄸ		ㄲ	
		거센소리	ㅍ	ㅌ		ㅋ	
	파찰음	예사소리			ㅈ		
		된소리			ㅉ		
		거센소리			ㅊ		
	마찰음	예사소리		ㅅ			ㅎ
		된소리		ㅆ			
울림 소리	비음		ㅁ	ㄴ		ㅇ	
	유음			ㄹ			

㉠ 'ㄴ'이 'ㄹ'의 앞이나 뒤에서 'ㄹ'로 변한다.

  📋 신라 → [실라], 난로 → [날:로], 칼날 → [칼랄], 설날 → [설:랄]

㉡ 'ㅀ, ㄾ'과 같은 겹자음 뒤에 'ㄴ'이 오면 'ㄴ'이 'ㄹ'로 변한다.

  📋 앓는 → [알른], 끓는 → [끌른], 훑는 → [훌른]

더 알아보기 표준 발음으로 인정하지 않는 자음 동화

1. 연구개음화
   연구개음이 아닌 'ㄷ, ㅂ, ㄴ, ㅁ' 등이 연구개음에 동화되어 연구개음인 'ㄱ, ㅇ'으로 발음되는 현상. 수의적 변화로 비표준 발음이다.
   📋 ㄷ → ㄱ: 숟가락[숙까락], ㅂ → ㄱ: 갑갑하다[각까파다], ㄴ → ㅇ: 건강[겅강], ㅁ → ㅇ: 감기[강:기]

조음 방법		조음 위치 소리의 세기	입술소리 (양순음)	허끝소리 (잇몸소리, 치조음)	센입천장 소리 (경구개음)	여린입천장 소리 (연구개음)	목청소리 (후음)
안울림 소리	파열음	예사소리	ㅂ	ㄷ ——→		ㄱ	
		된소리	ㅃ	ㄸ		ㄲ	
		거센소리	ㅍ	ㅌ		ㅋ	
	파찰음	예사소리			ㅈ		
		된소리			ㅉ		
		거센소리			ㅊ		
	마찰음	예사소리		ㅅ			ㅎ
		된소리		ㅆ			
울림 소리	비음		ㅁ	ㄴ	——→	ㅇ	
	유음			ㄹ			

■ **유음화 현상의 예외**
• 결단력[결딴녁]
• 공권력[공꿘녁]
• 구근류[구근뉴]
• 동원령[동:원녕]
• 등산로[등산노]
• 상견례[상견녜]
• 생산량[생산냥]
• 음운론[으문논]
• 이원론[이:원논]
• 임진란[임:진난]
• 횡단로[횡단노/휑단노]

2. 양순음화

양순음이 아닌 'ㄴ, ㄷ'이 양순음에 동화되어 양순음 'ㅁ, ㅂ'으로 발음되는 현상. 수의적 변화로 비표준 발음이다.

📝 ㄴ → ㅁ: 신문[심문], ㄷ → ㅁ: 꽃말[꼼말], ㄷ → ㅂ: 꽃바구니[꼽빠구니]

조음 방법		조음 위치 소리의 세기	입술소리 (양순음)	허끝소리 (잇몸소리, 치조음)	센입천장 소리 (경구개음)	여린입천장 소리 (연구개음)	목청소리 (후음)
안울림 소리	파열음	예사소리	ㅂ ←	ㄷ		ㄱ	
		된소리	ㅃ	ㄸ		ㄲ	
		거센소리	ㅍ	ㅌ		ㅋ	
	파찰음	예사소리			ㅈ		
		된소리			ㅉ		
		거센소리			ㅊ		
	마찰음	예사소리		ㅅ			ㅎ
		된소리		ㅆ			
울림 소리	비음		ㅁ ←	ㄴ		ㅇ	
	유음			ㄹ			

(2) 구개음화

조음 방법		조음 위치 소리의 세기	입술소리 (양순음)	허끝소리 (잇몸소리, 치조음)	센입천장 소리 (경구개음)	여린입천장 소리 (연구개음)	목청소리 (후음)
안울림 소리	파열음	예사소리	ㅂ	ㄷ		ㄱ	
		된소리	ㅃ	ㄸ		ㄲ	
		거센소리	ㅍ	ㅌ		ㅋ	
	파찰음	예사소리			ㅈ		
		된소리			ㅉ		
		거센소리			ㅊ		
	마찰음	예사소리		ㅅ			ㅎ
		된소리		ㅆ			
울림 소리	비음		ㅁ	ㄴ		ㅇ	
	유음			ㄹ			

① 끝소리가 'ㄷ, ㅌ'인 형태소가 모음 'ㅣ'나 반모음 'ㅣ[j]'로 시작되는 형식 형태소와 만나면 'ㄷ, ㅌ'이 구개음 'ㅈ, ㅊ'으로 바뀌는 현상을 '구개음화'라고 한다.

📝 • 굳이 → [구디] → [구지], 해돋이 → [해도디] → [해도지]
　• 같이 → [가티] → [가치], 닫혀 → [다텨] → [다처] → [다처], 붙이다 → [부티다] → [부치다]
　• 굳히다 → [구티다] → [구치다]

② 현대 국어의 경우 단일 형태소 안에서는 구개음화가 일어나지 않지만 근대 국어에서는 단일 형태소 안에서도 구개음화가 일어났다.

📝 • 현대: 느티나무 → [느치나무](×), 티끌 → [치끌](×)
　• 중세: 텬디 > 천지 > 천지(天地)(○)

　구개음화는 치조음인 'ㄷ'과 'ㅌ'이 모음 'ㅣ' 앞에서 각각 경구개음인 'ㅈ'과 'ㅊ'으로 바뀌는 현상이다. 엄밀히 말하자면 경구개음화라고 해야겠지만 일반적으로 '구개음화'라 부른다.

　(1) ㄱ. 굳이→[구지], 맏이→[마지], 미닫이→[미다지], 해돋이→[해도지]
　　　ㄴ. 같이→[가치], 밭이→[바치], 붙이고→[부치고], 샅샅이→[산싸치], 솥이다→[소치다]
　　　ㄷ. 갇히고→[가치고], 굳히다→[구치다], 닫히다→[다치다], 묻히다→[무치다]

　(1ㄱ, ㄴ)에서는 'ㄷ'과 'ㅌ'이 각각 'ㅈ'과 'ㅊ'으로 바뀌는 것을 확인할 수 있고, (1ㄷ)에서는 거센소리되기의 결과인 'ㅌ'이 'ㅊ'으로 바뀌는 것을 확인할 수 있다. 이 변동은 치조 자음이 전설 고모음인 'ㅣ'의 소릿값과 가장 가까운 경구개 자음으로 바뀌는 현상이다. 자음이 모음의 소릿값에 동화되는 현상인 것이다. 그런데 구개음화가 일어나기 위해서는 비음운론적 조건도 필요한데, 피동화주인 자음은 체언이나 용언의 어간과 같은 실질 형태소의 끝소리라야 하고, 동화주인 'ㅣ'는 그 뒤에 결합되는 형식 형태소의 첫 모음이라야 한다. 다음 (2)를 보면 'ㄷ, ㅌ'과 'ㅣ'가 한 형태소 안에서 만나거나 실질 형태소와 실질 형태소가 만나는 경우에는 구개음화가 일어나지 않음을 알 수 있다.

　(2) ㄱ. 견디다[견디다], 느티나무[느티나무], 마디[마디], 버티다[버티다], 잔디[잔디], 티끌[티끌]
　　　ㄴ. 밭이랑[반니랑], 홑이불[혼니불]

　(2ㄱ)의 '견디다'류는 'ㄷ'과 'ㅣ'가 한 형태소 안에서 연속하고 있고 (2ㄴ)의 '밭이랑'과 '홑이불'에서는 실질 형태소의 끝소리 'ㅌ'과 다른 실질 형태소의 첫소리인 'ㅣ'가 연속하는 경우여서 구개음화가 일어나지 않는다. 따라서 구개음화는 실질 형태소와 형식 형태소가 만날 때 일어나는 음운 변동이라고 정리할 수 있다.

　앞에서 살핀 구개음화는 지금 우리말의 발음 과정에서 일어나는 현상이지만, 역사적으로 일어난 구개음화도 있었다.

　(3) 부텨 > 부처(佛), 텬디 > 천지(天地)
　　　됴타 > 좋다(好), 디다 > 지다(落), 티다 > 치다(打)

　위와 같은 변화는 근대 국어 시기에 광범위하게 일어났는데 지금의 구개음화와는 그 적용 환경이 달랐다. 즉, 현대 국어의 구개음화가 실질 형태소와 형식 형태소가 결합할 때에만 일어나는 데 반해, 근대 국어 시기의 구개음화는 그러한 제약이 없이 모음 'ㅣ'나 반모음 'ㅣ' 앞에 놓인 모든 'ㄷ, ㅌ'이 'ㅈ, ㅊ'으로 바뀌었다는 것이다. 그 결과 '부텨'는 '부쳐'를 거쳐 '부처'로, '됴타'는 '죠타'를 거쳐 '좋다'로 바뀌는 등 단어의 형태 자체가 구개음화를 겪은 상태로 굳어졌다. 예를 들어, 현대 국어에서 용언 어간 '굳-'은 '굳고[굳꼬], 굳은[구든]' 등에서처럼 다른 환경에서는 '굳-'을 유지하다가 '굳이[구지]'처럼 뒤에 '이'로 시작하는 형식 형태소가 연결될 때에만 [궂]으로 바뀌지만, '됴-'으로부터 바뀐 형태인 '좋-'은 그 자체가 기저형으로 고정되었기 때문에 어떤 경우에도 '됴-'형으로 실현되지 않는다.

　이와 같은 역사적 구개음화의 관점에서 바라보면 위 (2ㄱ)류에 대해서는 다른 방식의 설명이 필요하다. 지금의 형태로 보면, 이들도 '됴- > 좋-'류의 구개음화를 겪지 않을 이유가 없기 때문이다. 이들의 경우, 역사적인 구개음화가 일어났던 시기에는 구개음화의 적용을 받을 조건을 갖추고 있지 않았던 것으로 설명을 하고 있다. 즉, (2ㄱ)류 단어들은 역사적 구개음화가 일어났던 시기에 다음과 같은 형태를 가지고 있었다.

　(4) 견듸다, 느틔/느틔, 마듸, 바퇴다, 틧글

　(4)에서 보듯이 이들은 'ㄷ, ㅌ' 뒤에 모음 'ㅣ'가 아닌 'ㅢ'나 'ㅓ'가 연결되었기 때문에 애초에 구개음화가 적용될 환경이 아니었던 것이다. 따라서 (2ㄱ)의 자료들은 역사적인 구개음화가 끝나고 난 뒤에 단모음화를 거쳐 지금과 같은 형태로 바뀌었기 때문에 구개음화의 적용을 받지 않은 것으로 설명할 수 있다.

(3) 모음 동화

모음과 모음이 만날 때 한 모음이 다른 모음을 닮는 현상이다.

▌모음 동화의 분류

① 'ㅣ' 모음 역행 동화

혀의 위치 혀의 높이　　입술의 모양	전설 모음		후설 모음	
	평순 모음	원순 모음	평순 모음	원순 모음
고모음	ㅣ[i]	ㅟ[y]	ㅡ[ɨ]	ㅜ[u]
중모음	ㅔ[e]	ㅚ[ø] ←	ㅓ[ə]	ㅗ[o]
저모음	ㅐ[ɛ]		ㅏ[a]	

㉠ 앞 음절의 후설 모음 'ㅏ, ㅓ, ㅗ, ㅜ'가 뒤 음절의 전설 모음 'ㅣ'와 만나면 이에 끌려서 전설 모음 'ㅐ, ㅔ, ㅚ, ㅟ'로 변하는 현상을 말한다. 'ㅣ' 모음 역행 동화에 의한 변동은 대부분 표준어와 표준 발음으로 인정하지 않는다.

> 예 • 아비 → [애비]
> • 잡히다 → [재피다]
> • 먹이다 → [메기다]
> • 속이다 → [쇠기다]
> • 죽이다 → [쥐기다]
> • 굶기다 → [귕기다]

㉡ 'ㅣ' 모음 역행 동화 중에서 표준어로 인정하는 예외적인 경우가 있다.

> 예 남비 → 냄비, 풋나기 → 풋내기

출제 예상지문　'ㅣ' 역행 동화[7]

모음과 모음 사이에도 음운 동화가 일어날 수 있는데 'ㅣ' 역행 동화가 그 좋은 보기이다.

(1) 가랑이 → [가랭이], 막히다 → [맥히다], 먹이다 → [메기다], 바람(風)이 → [바래미], 사람 이 → [사:래미], 아비 → [애비], 아지랑이 → [아지랭이], 잡히다 → [재피다], 지팡이 → [지팽이], 벗기다 → [벳끼다], 어미 → [에미], 고기 → [괴기], 곰팡이 → [곰팽이], 오라비 → [오래비], 두루 마기 → [두루매기], 죽이다 → [쥐기다], 끓이다 → [끼리다]

위에서 앞 음절의 후설 모음 'ㅏ, ㅓ, ㅗ, ㅜ, ㅡ'가 각각 전설 모음 'ㅐ, ㅔ, ㅚ, ㅟ, ㅣ'로 바뀌어 발음 된다는 사실을 확인할 수 있는데, 이는 뒤 음절 'ㅣ' 모음의 전설성에 동화된 결과이다. 이때 변동의 대 상이 되는 것은 '혀의 최고점의 전후 위치'이고 다른 성질 즉, 혀의 높낮이나 입술 모양 등은 원래대로 유지된다.

(1)의 자료를 살펴보면, 동화주인 'ㅣ'와 피동화주인 후설 모음 사이에는 입술소리(양순음)나 여린입 천장소리(연구개음)가 끼어 있다는 점을 알 수 있는데 이것은 'ㅣ' 역행 동화가 가진 특성이다. 즉, 그 밖의 위치에서 발음되는 자음인 잇몸소리(치조음)이나 센입천장소리(경구개음)가 동화주와 피동화주 사이에 끼이면 이 변동이 잘 일어나지 않는다.

(2) 가지[가지][×개지], 까치[까:치][×깨:치], 날리다[날리다][×낼리다], 다시[다시][×대시], 밭이 [바치][×배치], 어디[어디][×에디], 꽃이[꼬치][×꾀치], 옷이[오시][×외시], 부리[부리][×뷔리]

② 'ㅣ' 모음 순행 동화(이중 모음화): 전설 모음 'ㅣ' 뒤에 후설 모음 'ㅓ, ㅗ'가 오면 'ㅣ'의 영향을 받아 각각 'ㅕ, ㅛ'로 변하는 현상을 말한다.

> ⓔ [되어](○)−[되여](○), [피어](○)−[피여](○), [이오](○)−[이요](○), [아니오](○)−[아니요](○)

(4) 모음 조화

양성 모음 'ㅏ, ㅗ'는 'ㅏ, ㅗ'끼리, 음성 모음 'ㅓ, ㅜ, ㅡ'는 'ㅓ, ㅜ, ㅡ'끼리 어울리려는 현상이다. 현대 국어에서는 의성어, 의태어나 용언의 어간, 어미에서 모음 조화가 비교적 잘 지켜진다.

① 용언의 어미 '−아/−어, −아서/−어서, −아도/−어도, −아야/−어야, −아라/−어라, −았−/−었−' 등이 용언의 어간과 서로 어울리는 경우에 잘 나타난다.

> ⓔ • 깎아, 깎아서, 깎아도, 깎아야, 깎아라, 깎았다
> • 먹어, 먹어서, 먹어도, 먹어야, 먹어라, 먹었다

② 의성어와 의태어에서 가장 뚜렷이 나타난다.

> ⓔ • 의성어: 졸졸−줄줄
> • 의태어: 알락알락−얼럭얼럭, 살랑살랑−설렁설렁, 오목오목−우묵우묵

③ 모음의 종류에 따른 의미의 차이가 있다.

ㅏ, ㅗ(양성 모음)를 사용한 단어	밝고, 경쾌하고, 가볍고, 빠르고, 날카롭고, 작은 느낌
ㅓ, ㅜ(음성 모음)를 사용한 단어	어둡고, 무겁고, 둔하고, 느리고, 큰 느낌

④ 현대 국어에서 모음 조화는 규칙적이지 못하다.

모음 조화가 지켜진 예	곱−+−아 → 고와, 서럽−+−어 → 서러워, 거북스럽−+−어 → 거북스러워, 무겁−+−어 → 무거워
모음 조화가 지켜지지 않은 예	아름답−+−어 → 아름다워, 차갑−+−어 → 차가워, 날카롭−+−어 → 날카로워, 놀랍−+−어 → 놀라워

더 알아보기 모음 조화 파괴의 원인

모음 조화는 15세기에는 매우 엄격히 지켜졌고, 16∼18세기에는 'ㆍ(아래아)'의 소실로 'ㅡ'가 중성 모음이 되어 예외가 많이 생겼다. 현대 국어에서는 의성어, 의태어, 용언의 어간과 어미 정도에서만 모음 조화가 비교적 잘 지켜지고 있다.

'ㆍ(아래아)'의 소실

1단계	16세기 후반: 둘째 음절에서 'ㅡ'로 바뀜	← 모음 조화 붕괴의 직접적인 원인
2단계	18세기 중엽: 첫째 음절에서 'ㅏ'로 변천	

2 음운의 축약

앞뒤 형태소의 두 음운이 마주칠 때, 두 음운이 결합되어 하나의 음운으로 줄어드는 현상을 '음운의 축약'이라고 한다. 둘 중 어느 하나의 음운이 생략되는 것이 아니기 때문에 그 특성이 살아 있다.

좋+고→[조코]: 'ㅎ + ㄱ' → 'ㅋ'	파+이어 → [패어]: 'ㅏ + ㅣ' → 'ㅐ'

• 자음: 'ㄱ'과 'ㅋ'은 조음 방법과 조음 위치가 동일하다. 즉, 파열음과 연구개음이라는 동일한 특성을 가진다.
• 모음: 'ㅏ'와 'ㅐ'는 혀의 높이와 입술 모양이 동일하다. 즉, 저모음과 평순 모음이라는 동일한 특성을 가진다.

■ 모음의 분류
• 양성 모음: ㅏ, ㅗ 계열
• 음성 모음: ㅓ, ㅜ 계열과 ㅡ
• 중성 모음: ㅣ

■ 음성 상징어의 모음 조화
현대 국어에서는 의성어, 의태어에서 모음 조화가 가장 잘 지켜지는 편이다. 하지만 모든 경우가 그렇지는 않다. 아래는 의성어와 의태어에서 모음 조화가 지켜지지 않은 예이다.
ⓔ 깡충깡충, 보슬보슬, 꼼질꼼질, 몽실몽실, 산들산들, 반들반들, 남실남실, 자글자글, 대굴대굴, 생글생글

┃음운 축약의 분류

(1) 자음 축약(거센소리되기/격음화/유기음화)

예사소리인 'ㄱ, ㄷ, ㅂ, ㅈ'과 'ㅎ'이 서로 만나면 거센소리인 'ㅋ, ㅌ, ㅍ, ㅊ'이 되는 현상이다.

> 예) 좋고 → [조코], 않던 → [안턴], 먹히다 → [머키다], 잡히다 → [자피다], 옳지 → [올치]

(2) 모음 축약

두 형태소가 만날 때 앞뒤 형태소의 두 음절의 모음이 한 음절로 줄어드는 현상이다. 두 모음이 만날 때 'ㅣ'나 'ㅗ/ㅜ'는 반모음으로 바뀌어 두 모음을 이중 모음으로 바꾸기도 한다.

> 예) 오+아서 → 와서, 가리+어 → 가려, 두+었다 → 뒀다, 되+어 → 돼

다만, 용언의 활용형 중 '져, 쪄, 쳐'는 발음할 때, [져, 쪄, 쳐]가 아닌 [저, 쩌, 처]로 발음한다.

> 예) 가지어 → 가져[가저], 찌어 → 쪄[쩌], 다지어 → 다져[다저]

> **더 알아보기** **모음 축약의 형식**
>
> 어간 끝 모음 'ㅏ, ㅗ, ㅜ, ㅡ' 뒤에 '-이어'가 결합하여 줄 때에는 두 가지 형식으로 나타난다. 곧, '-이-'가 앞(어간) 음절에 올라 붙으면서 줄기도 하고, 뒤(어미) 음절에 내리 이어지면서 줄기도 한다.
> > 예) • 보이어 → 뵈어, 보여   • 쏘이어 → 쐬어, 쏘여   • 싸이어 → 쌔어, 싸여   • 뜨이어 → 띄어, 뜨여
> >   • 누이어 → 뉘어, 누여   • 쓰이어 → 씌어, 쓰여   • 트이어 → 틔어, 트여

---

3 음운의 탈락

앞뒤 형태소의 두 음운이 마주칠 때, 그중 한 음운이 완전히 생략되는 현상을 '음운의 탈락'이라고 한다. 음운의 축약과는 달리 음운의 탈락은 생략된 음운의 성질이 모두 사라진다.

┃음운 탈락의 분류

(1) 자음 탈락

① 'ㄹ' 탈락

⊙ 용언 어간의 끝소리인 'ㄹ'이 어미의 첫소리 'ㄴ, ㄷ, ㅂ, ㅅ, 오' 앞에서 예외 없이 탈락하는 현상

> 예) • 갈다: 가니, 간, 갈, 갑니다, 가시다, 가오
> • 둥글다: 둥그니, 둥근, 둥글, 둥급니다, 둥그시다, 둥그오

⊙ 파생어와 합성어를 만드는 과정에서 'ㄴ, ㄷ, ㅅ, ㅈ' 앞에서 'ㄹ'이 탈락하는 현상

> 예) • 'ㄴ' 앞: 따님(딸-님), 부나비(불-나비)
> • 'ㄷ' 앞: 다달이(달-달-이), 마되(말-되), 여닫이(열-닫-이)

- '人' 앞: 마소(말 – 소), 부삽(불 – 삽)
- 'ㅈ' 앞: 무자위(물 – 자위), 바느질(바늘 – 질), 싸전(쌀 – 전)

ⓒ 'ㄷ, ㅈ' 앞에서 'ㄹ'이 탈락하는 현상

예
- 'ㄷ' 앞: 不同 → 부동, 不當 → 부당, 不得已 → 부득이, 不斷 → 부단
- 'ㅈ' 앞: 不知 → 부지, 不正 → 부정, 不條理 → 부조리

② **'ㅎ' 탈락**: 'ㅎ(ㄶ, ㅀ)'을 끝소리로 가지는 용언의 어간이 모음으로 시작하는 어미 앞에서 'ㅎ'이 탈락하는 현상이다. 'ㅎ' 탈락은 명사에는 적용되지 않는다.

예
- 용언의 활용: 낳으니 → [나으니], 놓아 → [노아], 쌓이다 → [싸이다], 많아 → [마:나], 않은 → [아는], 닳아 → [다라], 끓이다 → [끄리다]
- 명사: 올해[오래](×) [올해](○), 전화[저:놔](×) [전:화](○)

③ **자음군 단순화**: 음절 끝에 겹받침이 올 경우 두 개의 자음 중 하나가 탈락하고 남은 하나만 발음된다.

예

앞 자음이 탈락하는 경우	밝다 → [박따], 젊다 → [점:따]
뒤 자음이 탈락하는 경우	앉다 → [안따], 값 → [갑]

자음군 단순화는 다음과 같은 조건에서 적용된다.

받침의 유형		용례	예외
겹자음	ㄳ, ㄵ, ㄶ, ㄼ, ㄽ, ㄾ, ㅀ, ㅄ → 첫째 자음이 남음	몫 → [목], 앉고 → [안꼬], 않는 → [안는], 넓다 → [널따], 외곬 → [외골/웨골], 핥고 → [할꼬], 잃는 → [일른], 값 → [갑]	ㄼ
	ㄺ, ㄻ, ㄿ → 둘째 자음이 남음 ('ㄿ'은 대표음인 'ㅂ'이 남음)	닭 → [닥], 읽지 → [익찌], 젊다 → [점:따], 읊지 → [읍찌]	ㄺ

더 알아보기	겹받침 발음의 유의 사항

예외 겹받침	내용	용례
ㄼ	• 'ㄼ'은 대개의 경우 앞의 'ㄹ'이 남는 것이 일반적 • 예외적으로 '밟 –'은 뒤에 자음이 오면 앞의 'ㄹ'이 탈락	• 밟다 → [밥:따], 밟소 → [밥:쏘], 밟지 → [밥:찌], 밟는 → [밥:는] → [밤:는], 밟게 → [밥:께], 밟고 → [밥:꼬]
	• '넓죽하다, 넓둥글다'의 경우에도 예외적으로 앞의 'ㄹ'이 탈락	• 넓죽하다 → [넙쭈카다], 넓둥글다 → [넙뚱글다]
ㄺ	• 'ㄺ'은 대개의 경우 앞의 'ㄹ'이 탈락하는 것이 일반적 • 예외적으로 용언의 어간 말음 'ㄺ'은 'ㄱ' 앞에서 뒤의 'ㄱ'이 탈락	맑고 → [말꼬], 묽고 → [물꼬], 얽거나 → [얼꺼나]
ㄶ, ㅀ	• 'ㄶ, ㅀ'의 'ㅎ'은 뒤에 'ㄱ, ㄷ, ㅈ'이 오면 'ㅋ, ㅌ, ㅊ'으로 축약	• 않고 → [안코], 앓고 → [알코]
	• 'ㄶ, ㅀ' 뒤에 'ㅅ'이 오면 'ㅎ'이 탈락하고 'ㅅ'은 'ㅆ'으로 변화	• 않소 → [안쏘]
	• 'ㄶ, ㅀ' 뒤에 'ㄴ'이 오면 'ㅎ'을 발음하지 않음	• 않는 → [안는], 잃는 → [일는] → [일른]
	• 'ㄶ, ㅀ' 뒤에 모음으로 시작하는 어미나 접미사가 오면 'ㅎ'을 발음하지 않음	• 않았다 → [안알따] → [아낟따]

(2) 모음 탈락

① **동음 탈락**: 'ㅏ, ㅓ'로 끝나는 용언의 어간 뒤에 같은 모음이 연달아 나오면, 하나의 모음이 탈락하는 현상이다.

예 타+아 → 타, 타+았다 → 탔다 / 서+어 → 서, 서+었다 → 섰다 / 켜+어 → 켜, 켜+었다 → 켰다 / 펴+어 → 펴, 펴+었다 → 폈다

② 'ㅡ' 탈락: 'ㅡ'로 끝나는 용언의 어간 뒤에 '-아/-어', '-아서/-어서'로 시작하는 어미가 결합하면, 'ㅡ'가 예외 없이 탈락하는 현상이다.

예 뜨다 → 떠, 떴다 / 끄다 → 꺼, 껐다 / 크다 → 커, 컸다 / 담그다 → 담가, 담갔다 / 고프다 → 고파, 고팠다

4 음운의 첨가: 사잇소리 현상

앞뒤 형태소의 두 음운이 마주칠 때, 원래 없던 음운이 덧붙여지는 현상을 '음운의 첨가'라고 한다. 음운 첨가의 대표적인 예는 '사잇소리 현상'이다.

(1) 사잇소리 현상의 뜻과 조건

두 개의 형태소 또는 단어가 어울려 합성 명사를 이룰 때, 그 사이에 소리가 덧생기는 현상을 '사잇소리 현상'이라고 한다.

(2) 사잇소리의 유형

① **된소리되기**: 두 개의 형태소 또는 단어가 합쳐져서 합성 명사를 이룰 때, 앞말의 끝소리가 울림소리이고 뒷말의 첫소리가 안울림 예사소리이면, 뒤의 예사소리가 된소리로 변한다. 이를 표시하기 위하여 합성어의 앞말이 모음으로 끝났을 때는 받침으로 사이시옷을 적는다.

예 • 촛불(초+불) → [초뿔/촏뿔], 뱃사공(배+사공) → [배싸공/밷싸공]
　• 밤+길 → [밤낄], 촌+사람 → [촌:싸람], 등+불 → [등뿔], 길+가 → [길까]

② **'ㄴ' 첨가**

㉠ 합성어가 형성되는 환경에서 앞말이 모음으로 끝나고 뒷말이 'ㅁ, ㄴ'으로 시작되면 'ㄴ' 소리가 첨가된다.

예 잇몸(이+몸) → [인몸], 콧날(코+날) → [콘날]

㉡ 합성어가 형성되는 환경에서 앞말이 자음으로 끝나고 뒷말이 모음 'ㅣ'나 반모음 'ㅣ[j]'로 시작되면 'ㄴ' 소리가 첨가된다.

예 논일(논+일) → [논닐], 집일(집+일) → [짐닐]

③ **'ㄴㄴ' 첨가**: 합성어가 형성되는 환경에서 앞말이 모음으로 끝나고 뒷말이 모음 'ㅣ'나 반모음 'ㅣ[j]'로 시작되면 'ㄴㄴ' 소리가 첨가된다.

예 깻잎(깨+잎) → [깬닙], 베갯잇(베개+잇) → [베갠닏]

(3) 사잇소리 현상의 특징

① 발음상 사잇소리가 있다.

예 초+불(촛불) → [초뿔/촏뿔]

② 사잇소리 현상은 불규칙해서 일정한 법칙을 찾기 힘들고 예외 현상이 많다.

예 고래기름, 참기름, 기와집, 은돈, 콩밥, 말방울, 인사말, 머리말, 고무줄

③ 사잇소리 현상에 따른 의미의 분화가 일어날 수 있다.

예 • 고기+ㅅ+배 → [고기빼/고긷빼] (뜻: 고기잡이를 하는 배)
　고기+배 → [고기배] (뜻: 고기의 배[腹])
　• 나무+ㅅ+집 → [나무찝/나묻찝] (뜻: 나무(장작)를 파는 집)
　나무+집 → [나무집] (뜻: 나무로 만든 집)

④ 한자로 이루어진 합성어는 사잇소리 현상이 나타나더라도 사이시옷을 적지 않는 것을 원칙으로 한다. 단, 그 소리가 확실하게 인식되는 여섯 단어 '곳간(庫間), 셋방(貰房), 숫자(數字), 찻간(車間), 툇간(退間), 횟수(回數)'에서만 사이시옷을 받치어 적는다.

⑤ 두 단어를 이어서 한 마디로 발음할 때에도 사잇소리 현상과 같은 현상이 일어나는 경우가 있다.

> 예 한 일 → [한닐], 옷 입다 → [온닙따], 할 일 → [할닐] → [할릴], 잘 입다 → [잘닙다] → [잘립따], 먹은 엿 → [머근녇]

더 알아보기　'ㄴ' 소리를 첨가하여 발음하되, 표기대로 발음할 수도 있는 단어들

감언이설[가먼니설/가머니설]	순이익[순니익/수니익]
강약[강냑/강약]	야금야금[야금냐금/야그먀금]
검열[검ː녈/거ː멸]	연이율[연니율/여니율]
그런 일[그런닐/그러닐]	영영[영ː녕/영ː영]
금융[금늉/그융]	옷 입다[온닙따/오딥따]
먹을 엿[머글렫/머그렫]	욜랑욜랑[욜랑뇰랑/욜랑욜랑]
먹은 엿[머근녇/머그녇]	이글이글[이글리글/이그리글]
못 이기다[몬니기다/모디기다]	이죽이죽[이중니죽/이주기죽]
못 잊다[몬닏따/모딛따]	의기양양[의ː기양냥/의ː기양양]
못 잊어[몬니저/모디저]	잘 익히다[잘리키다/자리키다]
밤이슬[밤니슬/바미슬]	한 일[한닐/하닐]
서른여섯[서른녀섣/서르녀섣]	할 일[할릴/하릴]

출제 예상지문　'ㅅ' 첨가[8]

　합성 명사가 형성될 때, 원래의 단어가 가지고 있던 분절음 사이의 관계만으로는 설명이 되지 않는 음운 변동 현상이 나타나는 경우가 있다. 다음 자료를 살펴보자.

(1) ㄱ. 가＋길→[가ː길/갇ː낄], 내＋가→[내ː까/낻ː까], 재＋더미→[재떠미/잳떠미], 초＋불→[초뿔/촏뿔], 코＋등→[코뜽/콛뜽], 해＋살→[해쌀/핻쌀]

　　ㄴ. 배＋놀이→[밴노리], 시내＋물→[시ː낸물], 이＋몸→[인몸], 제사＋날→[제ː산날], 코＋물→[콘물]

　　ㄷ. 금＋빛→[금삗], 눈＋사람→[눈ː싸람], 문＋고리→[문꼬리], 바람＋결→[바람껼], 발＋바닥→[발빠닥], 산＋바람→[산빠람], 술＋잔→[술짠]

　　ㄹ. 고(庫)＋간(間)→[고깐/곧깐], 내(內)＋과(科)→[내ː꽈], 세(貰)＋방(房)→[세ː빵/섿ː빵], 수(數)＋자(字)→[수ː짜/숟ː짜], 차(車)＋간(間)→[차깐/찯깐], 초(焦)＋점(點)→[초쩜], 치(齒)＋과(科)→[치꽈]

　먼저, (1ㄱ)의 '코＋등'과 (1ㄴ)의 '코＋물'을 살펴보면, '코＋등'에는 앞말인 '코'가 모음으로 끝났음에도 불구하고 그 뒤에서 뒷말의 초성 자음 'ㄷ'이 된소리 [ㄸ]으로 바뀌었고, '코＋물'에서는 모음으로 끝난 앞말과 비음으로 시작하는 뒷말 사이에 원래는 없던 [ㄴ]이 덧나고 있다. 여기서 '코＋등'에 나타나는 된소리되기나 '코＋물'의 'ㄴ' 덧나기는 역사적으로는 '사잇소리'라는 문법 요소의 개입에 의한 것으로 설명될 수 있으나, 공시적으로는 이들 합성어가 만들어지는 과정에서 어떤 자음이 첨가되기 때문으로 설명할 수밖에 없다. 이때 첨가된 자음은 '등'의 'ㄷ'이 된소리로 바뀌는 선행 환경이 될 수 있어야 하고, '물'의 'ㅁ' 앞에서는 'ㄴ'으로 소리 날 수 있어야 한다. 이런 조건을 갖춘 자음은 치조음이나 경구개음일 수밖에 없는데, 흔히 위와 같은 합성 명사에 'ㅅ'(사이시옷)을 적어 온 우리말 표기의 전통을 고려하여, 여기서 첨가되는 자음을 'ㅅ'으로 보고 표기에도 이를 반영하여 각각 '콧등'과 '콧물' 식으로 적는다. 위의 '[코뜽]'과 '[콘물]'은 다음과 같은 과정으로 설명된다.

(2) 코＋등　　　　　　코＋물
　　코ㅅ등(ㅅ-첨가)　코ㅅ물(ㅅ-첨가)
　　코ㄷ등(평파열음화)　코ㄷ물(평파열음화)
　　코ㄷ뜽(된소리되기)　코ㄴ물(비음동화)
　　코뜽(ㄷ 탈락)

　(1ㄷ)에 나타나는 된소리되기도 위와 같은 'ㅅ' 첨가에 의한 것으로 보는데, 그 이유는 'ㄹ, ㄴ, ㅁ, ㅇ'과 같은 유성 자음은 된소리되기의 선행 환경이 될 수 없기 때문이다. '술잔'을 보기로 들면 이들에 나

타나는 된소리되기는 다음과 같은 과정에 의한 것으로 설명된다.

　(3) 술+잔→술ㅅ잔→술ㄷ잔→술ㄷ짠→[술짠]

　현행 한글 맞춤법에서는 (1ㄷ)과 같은 부류는 앞 말이 받침을 가지고 있기 때문에 'ㅅ'을 적시 않도록 규정하고 있다. (1ㄹ)은 한자어에도 'ㅅ' 첨가가 나타남을 보여 준다. 한글 맞춤법은 이들 한자어에 대해서는 원칙적으로 사이시옷을 적지 않기로 정하면서도 '곳간, 셋방, 숫자, 찻간, 툇간, 횟수' 등의 여섯 단어에 대해서만은 'ㅅ'을 적어 주기로 정하고 있다. 그리고 표준 발음법에서는 이 여섯 단어에 대해서는 'ㅅ'을 'ㄷ'으로 발음하는 형도 표준 발음으로 규정하고 있다.

5 기타 음운 현상

(1) 호전 작용

'ㄹ' 받침을 가진 단어 또는 어간이 다른 단어 또는 접미사와 결합할 때, 'ㄹ'이 'ㄷ'으로 바뀌어 발음되고 표기되는 현상이다.

예 이틀+날 → 이튿날, 사흘+날 → 사흗날, 삼질+날 → 삼짇날, 설+달 → 섣달, 술+가락 → 숟가락, 잘+다랗다 → 잗다랗다

더 알아보기　'호전 현상' 관련 한글 맞춤법 제 29항 해설

이 조항은 역사적인 변화를 반영한 것이라고 할 수 있다. 예를 들어 '이튿날'은 '이틀'과 '날'이 결합한 것인데, 이때 '이틀날'이 아니라 '이튿날'로 적는다는 것이다. 중세 국어에서 '이틀'과 '날'의 합성어는 사이시옷을 쓴 '이틄날'이다. 이와 함께 'ㄹ'이 탈락한 '이틋날'도 나타난다. 따라서 역사적으로 보면 '이튿날'은 바로 '이틋날'에서 비롯한 것으로 이해할 수 있다.

　• 이틀+날 → 이틄날 → 이틋날 → 이튿날
　　'나흘날'도 이와 마찬가지이다.
　• 나흘+날 → 나흜날 → 나흣날 → 나흗날
　　이 외에 다음과 같은 말도 끝소리 'ㄹ'이 'ㄷ' 소리로 변한 것을 반영하여 'ㄷ'으로 적는다.
　• 잗갈다(← 잘갈다)

---

(2) 활음조

발음을 쉽고 매끄럽게 하기 위하여 음운을 변화 또는 첨가시키는 것을 말한다. 활음조는 다음의 두 가지 현상으로 나타난다.

유형	용례
'ㄴ' → 'ㄹ'	한아버지 → 할아버지, 안음[抱] → 아름, 한나산(漢拏山) → 한라산, 곤난(困難) → 곤란
'ㄴ, ㄹ' 첨가	폐염(肺炎) → 폐렴, 지이산(智異山) → 지리산

03 형태론

01 문법의 단위

단권화 MEMO

음소 → 음절 → 형태소 → 단어(낱말) → 어절 → 구 → 절 → 문장 → 이야기(담화)	

	구분	내용
음운론	음소	국어의 자음과 모음(= 단음, 분절 음운), 의미의 최소 변별 단위
	음절	자음과 모음이 합쳐진 하나의 소리마디
형태론	형태소	의미를 가진 가장 작은 말의 단위
	단어(낱말)	최소 자립 형식, 품사 분류 기준, 사전 등재의 기본 단위
통사론	어절	문장을 구성하고 있는 각각의 마디, 띄어쓰기 단위와 일치
	구	단어들이 모여 이루어지며 단어보다 큰 단위, 주어와 서술어의 구성이 아닌 언어 형식
	절	단어들이 모여 주어와 서술어를 갖추고 있는 단위, 주어와 서술어가 있으나 독립적으로 사용되지 못함
	문장	하나의 완결된 의사 표현의 단위
화용론	이야기(담화)	문장이 쓰이는 실질적인 맥락으로, 실제 언어의 사용에서 문장들이 모여 이루는 단위

■ 한자어와 형태소
일반적으로 한자어는 글자 하나하나를 각각의 형태소로 취급한다.

1 형태소

'형태소'란 일정한 뜻을 가진 가장 작은 말의 단위로, 여기에서 '뜻'은 어휘적 의미와 문법적 의미를 모두 포괄한다.

하늘	이	맑-	-았-	-다
명사	주격 조사	어간	과거 시제 선어말 어미	어말 어미

형태소는 다음 기준에 따라 분류할 수 있다.

(1) 자립성의 유무에 따라

① **자립 형태소**: 홀로 자립해서 단어가 될 수 있는 형태소로, 명사·대명사·수사·관형사·부사·감탄사가 자립 형태소에 해당한다.

  예 하늘

② **의존 형태소**: 반드시 다른 형태소와 결합해야만 단어가 되는 형태소로, 조사·용언의 어간과 어미·접사가 의존 형태소에 해당한다.

  예 이, 맑-, -았-, -다

(2) 의미의 유형에 따라

① **실질 형태소**: 구체적인 대상이나 구체적인 상태를 나타내는 실질적 의미를 가지고 있는 형태소로, 자립 형태소와 용언의 어간이 실질 형태소에 해당한다.

　예 하늘, 맑−

② **형식 형태소**: 형식적인 의미, 즉 문법적 의미만을 나타내는 형태소로, 조사와 어미·접사가 형식 형태소에 해당한다.

　예 이, −았−, −다

> **더 알아보기**　형태소의 종류에 따른 품사의 구분
>
> | 형태소 구분 | | 품사 구분 |
> | --- | --- | --- |
> | 자립성의 유무 | 자립 형태소 | 명사, 대명사, 수사, 관형사, 부사, 감탄사 |
> | | 의존 형태소 | 조사, 용언의 어간과 어미 |
> | 의미의 유형 | 실질 형태소 | 명사, 대명사, 수사, 관형사, 부사, 감탄사, 용언의 어간 |
> | | 형식 형태소 | 조사, 용언의 어미 |

2 이형태(異形態)

하나의 형태소가 환경에 따라 모습을 달리하는 것을 '이형태'라고 한다. 이형태는 다음의 세 가지로 분류할 수 있다.

① **음운론적 이형태**: 하나의 형태소가 음운 환경에 따라 다르게 나타나는 이형태로, 선행하는 음운이 모음이냐 자음이냐, 양성 모음이냐 음성 모음이냐에 따라 다르게 나타난다.

　예 '이/가', '을/를', '로/으로', '−시−/−으시−', '−았−/−었−', '−아−/−어−'

■ **'으'를 보는 관점**
'으'를 매개 모음으로 보는 입장도 있다.

② **형태론적 이형태**: 연결되는 형태소 자체에 의해서만 설명되는 이형태이다.

　예 • 과거 시제를 나타내는 '−였−/−었−': '−었−'이 기본 형태이지만, 특별히 어간 '하−' 뒤에서는 '−였−'으로 바뀌게 된다.
　　 • 명령형 어미 '−아라/−어라', '−거라', '−너라': '−아라/−어라', '−거라'가 기본 형태이지만, 특별히 어간 '오−' 뒤에서는 '−너라'로 바뀌게 된다.

③ **자유 이형태**: 음운적 환경이나 형태적인 환경에 영향을 받지 않고 동일한 환경에서 조건 없이 서로 대체될 수 있는 이형태이다.

　예 • 밥+을/밥+ø(밥을 먹었다/밥 먹었다): '을'과 'ø'는 서로 같은 환경에서 자유롭게 교체되어 나타날 수 있다.
　　 • 노을/놀: 복수 표준어도 자유 이형태로 볼 수 있다.

> **출제 예상지문**　형태소[9]
>
> 　'형태소(形態素, morpheme)'는 뜻을 가지고 있는 최소 단위, 즉 '최소 유의미 단위(minimal meaningful unit)'를 말한다.
>
> 　(1) ㄱ. 꽃이 예쁘다.
> 　　　ㄴ. 꽃, 이, 예쁘−, −다
> 　(2) ㄱ. 풋사랑
> 　　　ㄴ. 풋−, 사랑
>
> 　(1ㄱ)은 '꽃이'와 '예쁘다'로 나누어지는데 그 각각은 다시 (1ㄴ)처럼 더 세분해서 이해할 수 있다. '꽃'은 '花(화)'라는 실질적 의미를 가지고 있으며 '이'는 문장 내에서 '꽃'이 주어임을 나타내는 형식적 의미를 가지고 있다. 또한 '예쁘−'는 '꽃'의 상태가 어떠한지에 대한 실질적 의미를 가지고 있으며 '−다'는

문장을 끝맺게 하는 형식적 의미를 가지고 있다. 한편, (2ㄱ)의 '풋사랑'은 (2ㄴ)에서처럼 '미숙한, 덜 익은' 또는 '깊지 않은'이라는 의미를 가지는 '풋-'과 실질적 의미를 가지고 있는 '사랑'으로 나누어 볼 수 있다.

(1ㄴ)과 (2ㄴ)의 각 단위는 '음운' 단원에서 살펴본 음절이나 음소 단위로 다시 나누어 볼 수도 있다. 예를 들면, '사랑'은 '사'와 '랑'이라는 음절로 나누어진다. 그러나 그 분석은 말소리 차원에서는 가능하지만 의미를 고려하는 단어 차원에서는 불가능하다. '사'와 '랑'은 '사랑[愛(애)]'이라는 의미를 구성하는 데 필요한 각각의 의미를 가지지 못하기 때문이다. '사랑' 자체가 더 이상 분석될 수 없는 하나의 의미 단위가 된다. 이처럼 '의미를 가지는 가장 작은 말의 단위'를 '형태소'라고 부른다.

형태소는 특정 기준에 따라 몇 가지 유형으로 나눌 수 있다. 우선 위에서 살핀 것처럼 형태소는 그것이 가지고 있는 '의미' 특성에 따라서 두 가지 유형으로 나눌 수 있다. 각 형태소는 의미의 허실에 관련된 특징을 갖는데 의미의 허실이란 형태소의 의미가 실질적(어휘적)인가 아니면 형식적(문법적)인가를 말한다. 위 예에서 '꽃, 사랑'은 구체적인 대상을 가리키는, '예쁘-'는 대상의 상태를 나타내는 실질적 의미를 가지고 있다. 이러한 형태소를 <u>실질 형태소(實質形態素, full morpheme)</u>' 또는 <u>어휘 형태소(語彙形態素, lexical morpheme)</u>'라고 한다. 그러나 '이, -다, 풋-'은 형식적 의미를 덧보태어 주거나 문법적 기능을 한다. 이러한 형태소를 '<u>형식 형태소(形式形態素, empty morpheme)</u>' 또는 '<u>문법 형태소(文法形態素, grammatical morpheme)</u>'라고 한다.

다음으로, 형태소는 '자립성' 여부에 따라 두 가지 유형으로 나눌 수 있다. 자립성 여부란 형태소가 제 홀로 쓰일 수 있는가 아니면 다른 형태소에 의존되어 쓰여야 하는가를 말한다. 위의 예에서 '꽃, 사랑'은 다른 형태소의 도움이 없이도 홀로 쓰일 수 있다. 이러한 형태소를 <u>자립 형태소(自立形態素, free morpheme)</u>'라고 한다. '이, 예쁘-, -다', '풋-'은 제 홀로는 쓰일 수 없고 항상 다른 형태소에 기대어 쓰인다. 이러한 형태소를 '<u>의존 형태소(依存形態素, bound morpheme)</u>'라고 한다. 형태소의 유형을 구분하는 두 기준은 모든 형태소에 함께 적용된다.

형태소는 동일한 기능을 가지면서 특정한 환경에서 꼴(형태)을 달리하여 나타나기도 하는데 그 각각을 '이형태(異形態, allomorph)'라고 한다. 이형태는 실현되는 조건에 따라 '<u>음운론적 이형태(音韻論的 異形態, phonologically conditioned allomorph)</u>'와 '<u>형태론적 이형태(形態論的 異形態, morphologically conditioned allomorph)</u>'로 나눌 수 있다.

3 단어(낱말)

문장 내에서 자립하여 쓰일 수 있는 말이나 자립할 수 있는 형태소에 붙어서 쉽게 분리될 수 있는 말을 '단어'라고 한다. 단어는 품사 분류의 기준이며, 사전 등재의 기본 단위이다. 단어는 띄어 쓰는 것을 원칙으로 하며, 조사는 앞말에 붙여 쓴다.

① 자립성이 없는 조사가 단어로 인정받는 이유는 쉽게 분리될 수 있기 때문이다. 반면에 어미는 자립성이 없고 앞말과 분리할 수 없으므로 단어로 보지 않는다.
② 의존 명사와 보조 용언은 자립성이 결여되어 있으나, 자립 형태소의 출현 환경에서 나타나고 의미도 문법적인 것이 아니므로 준자립어로 간주하여 단어로 분류한다.
③ 복합어의 경우 형태소는 두 개 이상으로 나눌 수 있지만 한 단어로 여긴다.

4 문법 단위의 분석

하늘이 맑았다.													
음소	ㅎ	ㅏ	ㄴ	ㅡ	ㄹ	ㅣ	ㅁ	ㅏ	ㄺ	ㅏ	ㅆ	ㄷ	ㅏ
음절	하		느		리		말		갇		따		
형태소	하늘				이		맑		았		다		
단어(낱말)	하늘				이		맑았다						
어절	하늘이						맑았다						
문장	하늘이 맑았다.												

02 단어의 형성

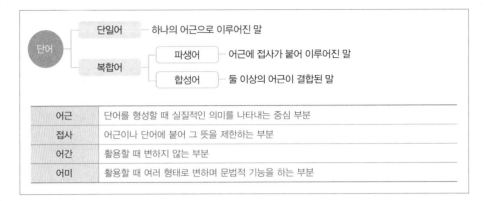

어근	단어를 형성할 때 실질적인 의미를 나타내는 중심 부분
접사	어근이나 단어에 붙어 그 뜻을 제한하는 부분
어간	활용할 때 변하지 않는 부분
어미	활용할 때 여러 형태로 변하며 문법적 기능을 하는 부분

1 단일어

하나의 어근으로 된 단어이다. 예 산, 하늘, 꽃, 맑다

2 복합어

둘 이상의 어근이 결합하여 이루어진 단어(합성어)나, 하나의 어근에 파생 접사가 결합하여 이루어진 단어(파생어)이다.

더 알아보기   합성어와 파생어

1. 합성어

> 어깨+동무, 앞+뒤, 작(은)+아버지, 뛰(어)+나다, 학+교, 코+(웃-+-음)

- '작은아버지'에서 '작은'은 어간 '작-'에 관형사형 전성 어미 '-은'이 결합된 형태이므로 '작은아버지'는 합성어로 본다.
- '학교'는 한자어끼리의 결합이므로 합성어로 본다.
- '코웃음'의 '-음'은 접미사이지만 결합 방식이 '(코웃)+-음'이 아닌 '코+(웃음)'이므로 합성어로 본다.

2. 파생어

> 풋-+사랑, 치-+솟(다), 잡+-히(다), (평+화)+-적, (공+부)+-하다
> 새큼(어근)+달콤(어근)+-하-(파생 접사)+-다(굴절 접사)

- '새큼달콤하다'의 경우 결합 방식이 '(새큼달콤)+-하다'이므로 파생어로 본다.

출제 예상지문   단어의 구성과 유형[10]

단어는 형태소가 일정한 규칙에 따라 결합하여 만들어진 것이다. 물론 하나의 형태소가 어근으로서, 하나의 단어가 되기도 하지만 대체적으로 여러 형태소가 결합해서 새로운 의미를 갖는 단어가 만들어지는 것이다. 여기서는 단어를 구성하는 요소를 개념적으로 어떻게 이해할 수 있을지 그리고 단어가 어떻게 형성되는지를 살펴 보고자 한다.

먼저, 단어의 구성을 살펴보자. 여러 형태소가 결합된 단어에서 각 형태는 일정한 역할을 한다. 단어의 구성 요소 중 실질적인 의미를 나타내는 중심 부분을 '어근(語根)'이라고 하며, 그에 결합하여 그 뜻을 한정하는 주변 부분을 '접사(接辭)'라고 한다.

1. ㄱ.　　치-　　뜨-　　-다,
　　　　(파생 접사)　(어근)　(굴절 접사)

　　ㄴ.　　짓-　　밟-　　-히-　　-었-　　-다
　　　　(파생 접사)　(어근)　(파생 접사)　(굴절 접사)　(굴절 접사)

'치뜨다'는 '감은 눈을 벌리다'는 의미를 가지는 '뜨-'에 '위로 향하게'라는 의미를 가지는 '치-', 그리고 문장을 끝맺는 기능을 하는 '-다'가 결합되어 '뜨(다)'의 의미와는 다른, '눈을 위로 뜨다'라는 새로운 의미가 만들어졌다. 이 단어의 중심 되는 의미를 나타내는 것 즉 어근은 '뜨-'이며 그 뜻에 덧보태는 주변 부분인 '치-'와 '-다'는 각기 접사이다. 이때 '치-'는 단어를 파생시키는 역할을 하는데 이를 '파생 접사(派生接辭)'라고 하며, '-다'는 문법적 기능을 하는데 이를 '굴절 접사(屈折接辭)'라고 한다. 이들 어근과 접사는 최소 유의미 단위로서의 형태소이다. 따라서 '치뜨다'는 세 개의 형태소가 결합된 단어이다. 그러한 분석 방법에 따르면 (1ㄴ)은 하나의 어근, 두 개의 파생 접사, 두 개의 굴절 접사로 구성된 단어가 된다.

이제, 단어의 유형을 살펴보자. 단어는 구성 요소의 수에 따라 크게 단일어와 복합어로 유형을 나눌 수 있다. '산, 강, 하늘, 가다'처럼 하나의 어근으로 이루어진 단어를 '단일어(單一語, simple word)'라고 한다. '밤-낮', '뛰어-들다', '풋-사랑', '사기-꾼'처럼 어근과 파생 접사 등 둘 이상의 구성 요소로 구성된 단어를 '복합어(複合語, complex word)'라고 한다. 복합어는 다시 구성 요소의 특성에 따라 합성어와 파생어로 나눌 수 있다. '밤-낮', '뛰어-들다'처럼 둘 이상의 어근끼리 결합하여 단어가 만들어지는 방식을 '합성법(合成法)'이라고 하며, 그에 따라 만들어진 단어를 '합성어(合成語, compound word)'라고 한다. '풋-사랑', '사기-꾼'처럼 어근과 그 앞이나 뒤에 파생 접사가 결합하여 단어가 만들어지는 방식을 '파생법(派生法)'이라고 하며, 그에 따라 만들어진 단어를 '파생어(派生語, derived word)'라고 한다.

3 파생어

어근의 앞이나 뒤에 접사가 붙어서 만들어진 단어를 '파생어'라고 한다.

1. 어근과 접사

(1) 어근

단어를 형성할 때 실질적인 의미를 나타내는 중심 부분을 '어근'이라고 한다.

예 '덮개'의 '덮-', '군소리'의 '소리'

(2) 접사

어근에 붙어 그 뜻을 제한하거나 품사를 바꾸는 형식 형태소를 '접사'라고 한다. 품사의 전성 여부에 따라 한정석 접사와 지배적 접사로, 위치에 따라 접두사와 접미사로 구분할 수 있다.

① **한정적 접사**: 어근과 결합하여 그 뜻을 한정함으로써 뜻만 첨가해 주는 접사
② **지배적 접사**: 어근과 결합하여 품사를 바꾸어 주는 접사
③ **접두사**: 어근 앞에 놓이는 접사를 '접두사'라고 한다. 접두사는 대부분 특정한 뜻을 더하거나 강조(한정적 접사)하면서 새로운 말을 만들어 내며, 품사를 바꾸는 것(지배적 접사)도 극소수 존재한다.
④ **접미사**: 어근 뒤에 놓이는 접사를 '접미사'라고 한다. 접미사는 어근에 뜻을 더하는 한정적 기능뿐만 아니라 어근의 품사를 바꾸는 지배적 기능도 하면서 새로운 말을 만들어 낸다. 접두사에 비해 그 수와 분포가 매우 다양하다. 접미사에 의한 파생어가 많을 때는 접미사의 원형을 밝혀 적고(규칙적 접미사), 그렇지 않은 경우에는 원형을 밝히지 않는다(불규칙적 접미사).

2. 접두사에 의한 파생어

(1) 관형사성 접두사: 파생 명사를 만든다.

접두사	의미	예
가-	① 임시적인	가건물, 가계약, 가등기
	② 가짜, 거짓	가성명, 가주소, 가문서
강-	① 다른 것이 섞이지 않은	강굴, 강술
	② 마른, 물기가 없는	강기침, 강모
	③ 억지스러운	강울음, 강호령
개-	① 야생 상태의, 질이 떨어지는	개살구, 개떡
	② 헛된, 쓸데없는	개꿈, 개수작, 개죽음
	③ 정도가 심한	개망나니, 개잡놈
겉-	① 겉으로만 보아 대강하는	겉가량, 겉대중, 겉어림
	② 실속과는 달리 겉으로만 그러한	겉대답, 겉멋, 겉치레
	③ 껍질을 벗기지 않은 채로 그냥	겉밤, 겉수수
겹-	① 면이나 선 따위가 포개져 있는	겹주머니, 겹치마
	② 비슷한 사물이나 일이 거듭된	겹경사
공-	① 힘이나 돈이 들지 않은	공것, 공돈, 공밥
	② 빈, 효과가 없는	공수표, 공염불
군-	① 쓸데없는	군것, 군글자, 군기침
	② 가외로 더한, 덧붙은	군사람, 군식구
날-	① 말리거나 익히거나 가공하지 않은	날것, 날김치, 날고기
	② 다른 것이 없는	날바늘, 날바닥
	③ 장례를 다 치르지 않은	날상가, 날상제, 날송장
	④ 지독한	날강도, 날건달, 날도둑놈
	⑤ 경험이 없어 어떤 일에 서투른	날뜨기, 날짜
내-	안[內]	내분비, 내출혈
늦-	늦은	늦더위, 늦바람
덧-	거듭된, 겹쳐 신거나 입는	덧저고리, 덧신
돌-	품질이 떨어지는, 야생으로 자라는	돌배, 돌감, 돌조개
둘-	새끼나 알을 낳지 못하는	둘암소, 둘암캐, 둘암탉
들-	야생으로 자라는	들벌, 들소, 들국화
막-	① 거친, 품질이 낮은	막고무신, 막국수, 막소주
	② 닥치는 대로 하는	막노동, 막말, 막일
	③ 마지막	막둥이, 막차, 막판
말-	큰	말벌, 말매미, 말개미
맏-	① 맏이	맏며느리, 맏사위
	② 그해에 처음 나온	맏나물, 맏배
맞-	마주 대하여 하는, 서로 엇비슷한	맞고함, 맞담배, 맞대결
맨-	다른 것이 없는	맨땅, 맨발, 맨주먹
맹-	아무것도 섞지 않은	맹물, 맹탕

접두사	의미	예
명-	이름난, 뛰어난	명문장, 명배우
몰-	모두 한곳으로 몰린	몰매, 몰표
민-	① 꾸미거나 딸린 것이 없는	민가락지, 민돗자리, 민얼굴
	② 그것이 없는	민꽃, 민등뼈, 민무늬
밭-	바깥	밭다리, 밭사돈, 밭주인
범-	그것을 모두 아우르는	범태평양, 범세계적
복-	단일하지 않은, 겹친	복자음, 복수
불-	① 몹시 심한	불가물, 불깍쟁이, 불상놈, 불호령
	② 붉은 빛깔을 가진	불개미, 불곰
	③ 아님, 아니함, 어긋남	불가능, 불경기, 불공정, 불균형
빗-	기울어진	빗금, 빗면
살-	온전하지 못함	살얼음
생-	① 익지 아니한	생김치, 생나물, 생쌀
	② 물기가 아직 마르지 아니한	생가지, 생나무, 생장작
	③ 가공하지 아니한	생가죽, 생맥주
	④ 직접적인 혈연관계인	생부모, 생어머니
	⑤ 억지스러운, 공연한	생고생, 생과부, 생이별, 생떼, 생트집
	⑥ 지독한, 혹독한	생급살, 생지옥
	⑦ 얼리지 아니한	생고기, 생새우
선-	① 서툰, 충분치 않은	선무당, 선웃음, 선잠
	② 앞선	선보름, 선이자
	③ 이미 죽은	선대왕, 선대인
수-	① 새끼를 배지 않거나 열매를 맺지 않는	수꿩, 수소, 수캐, 수탉, 수탕나귀, 수퇘지, 수평아리
	② 길게 튀어나온 모양의	수나사, 수단추, 수키와, 수톨쩌귀, 수틀
숫-	① 새끼를 배지 않는	숫양, 숫염소, 숫쥐
	② 더럽혀지지 않아 깨끗한	숫눈, 숫백성, 숫사람
시-	남편의	시아버지, 시어머니, 시동생
실-	가느다란, 엷은	실비, 실개천, 실버들
알-	① 진짜, 알짜	알가난, 알건달, 알거지
	② 겉을 덮어 싼 것이나 딸린 것을 다 제거한	알감, 알몸, 알바늘
	③ 작은	알바가지, 알요강, 알항아리
암-	① 새끼를 배거나 열매를 맺는	암놈, 암사자
	② 오목한 형태를 가진	암나사, 암단추
애-	① 어린, 작은	애호박, 애벌레
	② 맨 처음	애당초
양-	① 서구식의, 외국에서 들어온	양변기, 양송이, 양담배
	② 직접적인 혈연관계가 아닌	양부모, 양아들

접두사	의미	예
얼-	덜된, 모자라는, 어중간한	얼뜨기, 얼치기
엇-	어긋난, 어긋나게 하는	엇각, 엇결, 엇길
올-	생육 일수가 짧아 빨리 여무는	올벼
외-	① 혼자인, 하나인, 한쪽에 치우친	외아들, 외갈래, 외기러기, 외골수
	② 모계 혈족 관계인	외삼촌, 외할머니
	③ 밖, 바깥	외분비, 외출혈
웃-	위	웃거름, 웃국, 웃돈, 웃어른
원-	본래의, 바탕이 되는	원그림, 원말
잔-	가늘고 작은, 자질구레한	잔가지, 잔꾀, 잔소리
잡-	① 여러 가지가 뒤섞인, 자질구레한	잡상인, 잡수입, 잡것
	② 막된	잡놈
주-	그 나라에 머물러 있는	주미, 주한
준-	구실이나 자격이 그 명사에는 못 미치나 그에 비길 만한	준결승, 준우승
중-	① 무거운	중금속, 중장비, 중공업
	② 심한	중병, 중환자, 중노동
짓-	심한	짓고생, 짓망신
짝-	쌍을 이루지 못한	짝버선, 짝귀, 짝눈
쪽-	① 작은	쪽담, 쪽문
	② 작은 조각으로 만든	쪽걸상, 쪽김치
차-	끈기가 있어 차진	차조, 차좁쌀
찰-	① 끈기가 있고 차진	찰떡, 찰벼, 찰옥수수, 찰흙
	② 매우 심한, 지독한	찰가난, 찰거머리
	③ 제대로 된, 충실한	찰개화, 찰교인
	④ 품질이 좋은	찰가자미, 찰복숭아
참-	① 진짜, 진실하고 올바른	참뜻, 참사랑
	② 품질이 우수한	참먹, 참흙, 참젖
	③ 먹을 수 있는	참꽃
초-	① 어떤 범위를 넘어선, 정도가 심한	초강대국, 초음속, 초만원
	② 처음, 초기	초대면, 초봄
최-	가장, 제일	최고위, 최우수, 최전방
친-	① 혈연관계로 맺어진	친부모, 친아들, 친형제
	② 부계 혈족 관계인	친삼촌, 친할머니
	③ 그것에 찬성하는	친미, 친정부
통-	① 통째	통가죽, 통마늘, 통닭
	② 온통, 평균	통거리
풋-	① 처음 나온, 덜 익은	풋고추, 풋김치
	② 미숙한, 깊지 않은	풋사랑, 풋잠

접두사	의미	예
피-	그것을 당함	피보험, 피압박, 피정복
한-	① 큰	한걱정, 한길, 한시름
	② 정확한, 한창인	한가운데, 한겨울, 한낮, 한복판
핫-	① 짝을 갖춘	핫아비, 핫어미
	② 솜을 둔	핫것, 핫바지, 핫이불
항-	그것에 저항하는	항균, 항암제
해-	그해에 난	해콩, 해팥
햇-	그해에 난	햇감자, 햇과일
헛-	이유 없는, 보람 없는	헛걸음, 헛고생, 헛소문
홀-	짝이 없이 혼자뿐인	홀몸, 홀시아버지, 홀시어머니
홑-	한 겹으로 된, 하나인, 혼자인	홑바지, 홑옷, 홑이불

(2) 부사성 접두사: 파생 동사, 파생 형용사를 만든다.

접두사	의미	예
겉-	어울리거나 섞이지 않고 따로	겉놀다, 겉돌다
공-	쓸모없이	공돌다, 공치다
늦-	늦게	늦되다, 늦들다
덧-	거듭, 겹쳐	덧나다, 덧대다
데-	불완전하게, 불충분하게	데삶다, 데알다, 데익다
되-	① 도로	되돌아가다, 되찾다, 되팔다
	② 도리어, 반대로	되깔리다, 되넘겨짚다
	③ 다시	되살리다, 되새기다, 되씹다
뒤-	① 몹시, 마구, 온통	뒤섞다, 뒤엉키다
	② 반대로, 뒤집어	뒤바꾸다, 뒤엎다
드-	심하게, 높이	드날리다, 드넓다, 드세다
들-	무리하게 힘을 들여, 마구, 몹시	들볶다, 들끓다, 들쑤시다
들이-	몹시, 마구, 갑자기	들이갈기다, 들이닥치다
맞-	마주, 서로 엇비슷하게	맞들다, 맞물다, 맞바꾸다
몰-	모두 한곳으로, 모두 한곳에	몰밀다, 몰박다
빗-	잘못	빗나가다, 빗맞다
새-	매우 짙고 선명하게	새까맣다, 새빨갛다
샛-	매우 짙고 선명하게	샛노랗다
설-	충분하지 못하게	설익다, 설마르다, 설깨다
시-	매우 짙고 선명하게	시꺼멓다, 시뻘겋다, 시뿌옇다
싯-	매우 짙고 선명하게	싯누렇다, 싯멀겋다
얼-	분명하지 못하게, 대충	얼넘어가다, 얼버무리다
엿-	몰래	엿듣다, 엿보다
올-	빨리	올되다

접두사	의미	예
외-	홀로	외떨어지다
짓-	마구, 함부로, 몹시	짓밟다, 짓누르다, 짓이기다
처-	마구, 많이	처먹다, 처넣다
치-	위로 향하게, 위로 올려	치솟다, 치뜨다
헛-	보람 없이, 잘못	헛살다, 헛디디다
휘-	마구, 매우 심하게	휘갈기다, 휘감다, 휘날리다

3. 접미사에 의한 파생어

(1) 어근에 뜻을 더해 주는 한정적 접미사

접미사	의미	예
-가	① 그것을 전문적으로 하는 사람	건축가, 평론가
	② 그것에 능한 사람	전략가, 전술가
	③ 그것을 많이 가진 사람	자본가
	④ 그 특성을 지닌 사람	애연가, 대식가
	⑤ 가문	세도가, 명문가
-간	동안	이틀간, 한 달간, 삼십 일간
-거리	비하	떼거리, 패거리, 짓거리
-구	① 구멍, 구멍이 나 있는 장소	분화구, 통풍구
	② 출입구	비상구
	③ 창구	매표구, 접수구
	④ 용구, 도구	운동구, 필기구
-기	① 기운, 느낌, 성분	시장기, 소금기, 기름기
	② 기록	여행기, 유람기, 일대기
	③ 기간, 시기	유아기, 청년기
	④ 도구, 기구	녹음기, 주사기
	⑤ 그러한 활동을 위한 기관	생식기, 소화기
	⑥ 그런 기능을 하는 기계 장비	비행기, 전투기
-깔	상태, 바탕	빛깔, 성깔
-껏	그때까지 내내	지금껏, 아직껏
-꾸러기	그것이 심하거나 많은 사람	욕심꾸러기, 장난꾸러기
-꾼	① 어떤 일을 전문적으로 하는 사람, 어떤 일을 잘하는 사람	살림꾼, 소리꾼, 장사꾼, 씨름꾼, 심부름꾼
	② 어떤 일을 습관적으로 하는 사람, 어떤 일을 즐겨 하는 사람	낚시꾼, 노름꾼, 말썽꾼, 잔소리꾼, 주정꾼
	③ 어떤 일 때문에 모인 사람	구경꾼, 일꾼
	④ 어떤 일을 하는 사람을 낮잡음	건달꾼, 도망꾼, 모사꾼
	⑤ 어떤 사물이나 특성을 많이 가진 사람	건성꾼, 꾀꾼, 만석꾼, 재주꾼
-끼리	그 부류만이 서로 함께	우리끼리

접미사	의미	예
-내기	① 그 지역에서 태어나고 자라서 그 지역 특성을 지니고 있는 사람	서울내기, 시골내기
	② 그런 특성을 지닌 사람	풋내기, 신출내기
-네	① 그러한 부류 또는 그러한 부류에 속하는 사람	동갑네, 아낙네
	② 그 사람이 속한 가족 따위의 무리	아저씨네, 영희네
-님	① 높임의 뜻	사장님, 총장님
	② 그 대상을 인격화하여 높임	달님, 별님
	③ 그 대상을 높이고 존경의 뜻을 더함	공자님, 맹자님
-다랗다	그 정도가 꽤 뚜렷함	높다랗다, 굵다랗다
-데기	관련된 일을 하거나 그런 성질이 있음	부엌데기, 새침데기
-둥이	그러한 성질이 있거나 관련이 있는 사람	귀염둥이, 바람둥이
-들	복수(複數)	사람들, 너희들, 사건들
-딱지	비하	고물딱지, 화딱지
-뜨기	부정적 속성을 가진 사람	시골뜨기, 촌뜨기
-때기	비하	배때기, 볼때기
-뜨리다/ -트리다	강조	밀어뜨리다, 떨어트리다
-리	가운데, 속	비밀리, 성황리
-맞이	어떤 것을 맞이함	달맞이, 손님맞이, 추석맞이
-맡	가까운 곳	머리맡
-매	생김새, 맵시	눈매, 몸매, 옷매
-머리	비하	싹수머리, 안달머리, 인정머리
-바가지	매우 심함(속되거나 놀림조로)	주책바가지, 고생바가지
-발	기세, 힘, 효과	말발, 약발
-배기	① 그 나이를 먹은 아이	두 살배기
	② 그것이 들어 있거나 차 있음	나이배기
	③ 그런 물건	공짜배기, 진짜배기
-뱅이	그것을 특성으로 가진 사람, 사물	가난뱅이, 게으름뱅이, 안달뱅이
-빼기	① 비하	앍둑빼기, 외줄빼기, 코빼기
	② 그런 특성이 있는 사람이나 물건	곱빼기, 악착빼기
-보	① 특성이나 특징을 지닌 사람	꾀보, 싸움보
	② 그것이 쌓여 모인 것	심술보, 웃음보
	③ 보좌하는 직책	주사보, 차관보
-붙이	① 같은 겨레	살붙이, 피붙이
	② 무엇에 딸린 같은 종류	쇠붙이, 금붙이
-새	모양, 상태, 정도	짜임새, 모양새
-살이	어떤 일에 종사하거나 어디에 기거하여 사는 생활	머슴살이

접미사	의미	예
-상	① 그것과 관계된 입장, 그것에 따름	미관상, 사실상
	② 추상적인 공간에서의 한 위치	인터넷상
-씨	① 태도, 모양	마음씨, 말씨
	② 성씨, 가문	김씨, 이씨
-어치	그 값에 해당하는 분량	천 원어치
-여	그 수를 넘은	10여 일
-이-, -히-, -리-, -기-	사동과 피동	먹이다, 잡히다, 얼리다, 남기다
-잡이	① 잡는 일	고기잡이
	② 다루는 사람	총잡이
-장이	그것과 관련된 기술을 가진 사람	옹기장이
-쟁이	그것이 나타내는 속성을 많이 가진 사람	겁쟁이, 멋쟁이
-질	① 직업, 직책, 좋지 않은 행위의 비하	도둑질, 선생질, 노름질
	② 그 도구를 가지고 하는 일	가위질, 걸레질
	③ 그 신체 부위를 이용한 행위	곁눈질, 손가락질
	④ 그런 소리를 내는 행위	딸꾹질
-집	① 크기, 부피	몸집, 살집
	② 그것이 생긴 자리, 흔적	물집, 흠집
-짝	비하	낯짝, 등짝
-채	구분된 건물 단위	문간채, 바깥채, 사랑채
-치	① 강조	밀치다
	② 물건	당년치, 중간치
	③ 값	기대치, 최고치
-치레	① 치러 내는 일	병치레, 손님치레
	② 겉으로만 꾸미는 일	말치레, 인사치레
-한	그와 관련된 사람	무뢰한, 파렴치한
-희	복수	저희

(2) 품사를 바꾸어 주는 지배적 접미사

① 명사 파생 접미사

접미사	예
-ㅁ/-음/-이	슬픔, 얼음, 놀이, 높이, 깜빡이
-기	쓰기, 본보기
-개	덮개, 지우개, 오줌싸개
-애	마개(막+애), 얼개(얽+애)
-게	지게
-어지	나머지(남+어지)
-엄	무덤(묻+엄), 주검(죽+엄)
-웅	마중(맞+웅)

② 동사 파생 접미사

접미사	예
-하(다)	운동하다, 공부하다
-이-	깜박이다

③ 형용사 파생 접미사

접미사	예
-하(다)	가난하다, 씩씩하다
-답-	아름답다, 학생답다
-스럽-	자랑스럽다
-업-	미덥다(믿+업+다)
-브-	미쁘다(믿+브+다), 아프다(앓+브+다), 슬프다(슳+브+다)
-읍-	우습다(웃+읍+다)
-ㅂ-	그립다(그리+ㅂ+다)
-롭-	명예롭다
-지-	값지다, 멋지다

④ 부사 파생 접미사

접미사	예
-이/-히	많이, 반듯이, 깨끗이, 끔찍이, 깊숙이, 급히, 넉넉히
-오/-우	비로소(비롯+오), 도로(돌+오), 너무(넘+우), 마주(맞+우)
-로	새로, 날로, 진실로
-내	끝내, 마침내
-껏	정성껏, 마음껏

⑤ 관형사 파생 접미사

접미사	예
-적	우호적, 물질적
-까짓	그까짓

4 합성어

어근과 어근이 결합해서 만들어진 단어를 '합성어'라고 한다. 합성어는 어근의 결합 방식, 통사적 구성 방식과의 일치 여부, 합성어의 품사에 따라 다음과 같이 구분할 수 있다.

(1) 어근의 결합 방식에 따른 분류

구분	합성 방법	예
대등 합성어	두 어근이 본래의 뜻을 유지하고 대등하게 결합한 합성어	앞뒤, 손발
종속 합성어	두 어근이 본래의 뜻을 유지하고 결합하되, 한 어근이 다른 한 어근에 종속되어 있는 합성어(한 어근이 다른 어근을 수식함)	돌다리, 국밥
융합 합성어	두 어근의 결합 결과, 두 어근과는 완전히 다른 제3의 의미가 도출되어 나온 합성어	춘추, 세월

(2) 통사적 구성 방식과의 일치 여부에 따른 분류

① 통사적 합성어: 두 어근의 결합 방식이 우리말의 일반적인 단어 배열 방법과 일치하는 합성어

합성 방법	예
명사+명사	손발, 밤낮, 손등, 코웃음
관형어+체언	첫사랑, 군밤, 새해, 어린이
부사+부사	곧잘, 이리저리
부사+용언	잘나다, 못나다
체언+(조사 생략)+용언	힘들다, 장가가다, 본받다, 값싸다
용언+연결 어미+용언	들어가다, 돌아가다, 뛰어가다
한자어의 결합이 우리말 어순과 일치하는 경우	북송(北送), 전진(前進)

② 비통사적 합성어: 두 어근의 결합 방식이 우리말의 일반적인 단어 배열 방법과 일치하지 않는 합성어

합성 방법	예
용언+(관형사형 전성 어미 생략)+체언	꺾쇠, 감발, 덮밥, 접칼
용언+(연결 어미 생략)+용언	여닫다, 우짖다, 검푸르다, 뛰놀다, 오가다
부사+체언	부슬비, 산들바람
우리말 어순과 다른 경우 ➡ 한자어에서 많이 나타나는 구성임	독서(讀書), 급수(給水), 등산(登山)

■ '연결 어미'의 종류

-아/-어, -게, -지, -고

■ 비통사적 합성어의 구분

• 조사 생략: 통사적 합성어
• 어미 생략: 비통사적 합성어

(3) 합성어의 품사에 따른 분류

구분	합성 방법
합성 명사	둘 이상의 말이 결합된 명사. '논밭', '눈물', '새해', '지름길', '늦더위', '부슬비' 따위가 있다.
합성 대명사	둘 이상의 말이 결합된 대명사. '이이', '그이', '저이' 따위가 있다.
합성 수사	둘 이상의 어근으로 이루어진 수사. '열하나', '예닐곱' 따위이다.
합성 동사	둘 이상의 말이 결합된 동사. '본받다', '앞서다', '들어가다', '가로막다' 따위가 있다.
합성 형용사	둘 이상의 말이 결합된 형용사. '손쉽다', '깎아지르다', '붉디붉다' 따위가 있다.

합성 관형사	둘 이상의 말이 결합된 관형사. '한두', '서너', '여남은' 따위가 있다.
합성 부사	둘 이상의 말이 결합하여 된 부사. '밤낮', '한바탕', '곧잘' 따위가 있다.
합성 감탄사	둘 이상의 말이 결합된 감탄사. '얼씨구절씨구', '아이참', '웬걸', '자장자장' 따위가 있다.

출제 예상지문 **통사적 합성어와 비통사적 합성어** [11]

어근과 어근의 형식적 결합 방식에 따라 합성어를 나누어 볼 수 있다. 형식적 결합 방식이란 어근과 어근의 배열 방식이 국어의 정상적인 단어 배열 방식, 즉 통사적 구성과 같고 다름을 고려한 것이다. 이에 따라 국어의 정상적인 단어 배열법과 같은 '통사적 합성어'와 정상적인 배열 방식에 어긋나는 '비통사적 합성어'로 나눌 수 있다.

(1) ㄱ. 새해, 작은형, 힘들다, 돌아가다
　　ㄱ′. 새 책, 작은 형, 힘(이) 들다, 돌아(서) 가다
　　ㄴ. 접칼, 오르내리다, 부슬비
　　ㄴ′. 접는 칼, 오르고 내리다, 부슬부슬 내리는 비

(1ㄱ)의 예들은 각기 '새+해', '작은+형', '힘+들-(-다)', '돌아+가-(-다)'와 같이 두 어근으로 구성되어 있는 합성어이다. 이들 어근의 구성을 살펴보면, (1ㄱ′)에서 보이는 단어의 배열 방식과 같다. 즉 각각 '관형어+명사' 구성, '용언의 관형사형+명사' 구성, '주어+서술어' 구성, 그리고 '용언 어간+연결 어미+용언'과 같은 국어 문장 성분의 단어 배열 방식과 일치되고 있다. 이러한 합성어를 '통사적 합성어(統辭的 合成語)'라고 한다. (1ㄴ)은 '접+칼', '오르-+내리-(-다)', '부슬+비'와 같이 두 어근으로 구성되어 있는 합성어이다. 이들 어근의 구성을 살펴보면, (1ㄴ)에서 보이는 단어의 배열 방식에 어긋남을 알 수 있다. 즉 '접칼'에는 관형사형 어미가, 그리고 '오르내리다'에는 연결 어미가 없어서 국어의 일반적인 통사적 구성과는 다르다. 또한 '부슬비'에서는 부사로서의 '부슬부슬'이 아니라 그 일부인 '부슬'이 명사와 결합하고 있어 국어의 일반적인 부사 수식 구성에 어긋나 있다. 이러한 합성어를 '비통사적 합성어(非統辭的 合成語)'라고 한다. 국어에서는 비통사적 합성어가 생산적이지 않지만 이 특성은 어근끼리의 결합력을 강하게 하는, 즉 더 응집된 합성어를 생성시키는 이유가 되는 것으로도 볼 수 있다.

출제 예상지문 **합성어와 구(句)/절(節)의 구분** [12]

합성어는 두 개 이상의 어근으로 구성되어 있기 때문에 구성적 측면에서 '구'나 '절'과 유사하여 각 단위를 구분하는 것이 힘든 경우도 있다. 합성어와 구/절을 구분하는 몇 가지 검증 방법이 있다.

(1) ㄱ. 작은형: 눈이 작은 그 형이
　　ㄴ. 작은 형: (눈이) 작은 그 형이
(2) ㄱ. 들것: 철수와 영희가 가서 같이 [들것]을 가져오너라.
　　ㄴ. 들 것: 철수와 영희가 가서 [같이 들] 것을 가져오너라.

첫째, 의미 변화 유무를 점검하여 구별할 수 있다. 합성어는 새로운 의미의 단어를 형성하는 것이기 때문에 의미 변화를 수반하는 일이 많지만, '구'나 '절'은 이러한 의미 변화를 수반하지 않는다. 합성어 '작은형'은 '(눈이) 작은 형'이 아니라 '맏형이 아닌 형'이라는 의미를 가지게 되고, '들것'은 '들 물건'이 아니라 '환자나 물건을 운반할 때 쓰는 기구'라는 의미를 가지게 된다.

둘째, (1)에서처럼 구성 요소가 분리될 수 있는지를 점검하여 구별할 수 있다. 합성어의 구성 요소는 결합력이 강하다. 따라서 구성 요소를 분리하여 그 사이에 다른 성분 단위를 끼워 넣을 수 없다. 그러나 구나 절은 두 개 이상의 어절로 구성된 것이므로 어절 사이에 다른 성분을 넣을 수 있다.

셋째, (2)에서처럼 다른 성분 요소와의 통사적 결합 관계를 점검하여 구별할 수 있다. (2ㄴ)과 같은 관계에 놓여 있다면, '들 것'은 구(句)이다. 그러나 합성어로서의 '들것'에서 '들'은 '같이'와 결합 관계를 이룰 수 없다.

넷째, 특정한 합성어의 경우 의미의 배열 관계를 점검하여 합성어 여부를 판단해 볼 수 있다. 예를 들어, '건너뛰다'는 동작의 배열을 볼 때 '뛰어서 건너다'는 것이 되어야 하지만 그러한 의미 배열을 보이지 않는다. 이런 경우 새로운 의미 구성의 합성어로 볼 수 있다.

03 품사

단어들을 성질이 공통된 것끼리 모아 갈래를 지어 놓은 것을 '품사'라고 한다. 품사는 형태, 기능, 의미에 따라 다음과 같이 구분할 수 있다.

(1) 형태에 따른 분류
단어의 형태 변화가 있는지 없는지에 따른 분류이다.

명칭	분류 기준
가변어	• 단어의 형태가 변함 • 용언, 서술격 조사가 해당됨
불변어	• 단어의 형태가 변하지 않음 • 체언, 관계언, 수식언, 독립언이 해당됨

(2) 기능에 따른 분류
단어가 문장 내에서 하는 역할(문장 성분)에 따른 분류로, '5언'이라고 지칭한다.

명칭	분류 기준
체언	대체로 문장에서 주어가 되는 자리에 놓여 주체의 역할을 하는 기능
관계언	체언에 붙어 문법적 관계를 표시하거나 뜻을 더해 주는 기능
용언	문장의 주체를 서술하는 기능
수식언	체언이나 용언 앞에 놓여 체언이나 용언을 꾸미거나 의미를 한정하는 기능
독립언	문장 속에서 다른 단어와 어울리지 않고 독립적으로 쓰임

(3) 의미에 따른 분류
단어가 가지는 의미에 따른 분류로, '9품사'라고 지칭한다.

명칭		분류 기준
체언	명사	사물의 명칭을 표시
	대명사	사물의 명칭을 대신하여 표시
	수사	사물의 수와 차례를 표시
관계언	조사	말과 말의 관계를 표시
용언	동사	사물의 움직임을 표시
	형용사	사물의 성질, 상태를 표시
수식언	관형사	체언 앞에 놓여 체언을 수식
	부사	용언 앞에 놓여 사물의 움직임, 성질, 상태를 한정
독립언	감탄사	느낌이나 부름, 대답을 표시

'품사(品詞, parts of speech)'는 단어를 문법적 성질이 공통된 것끼리 모아 갈래를 지어 놓은 것을 말한다. 단어는 천문, 지리, 풀이름 등과 같이 의미적 범주를 기준으로 분류하거나 사전에서처럼 단어의 초성을 기준으로 하여 분류할 수도 있다. 그러한 다양한 기준 중에서 문장 내에서 쓰일 때의 '문법적 성질'을 기준으로 하여 단어를 분류한 것을 품사라고 한다. 품사 분류는 세 가지의 세부적인 기준을 갖는다.

첫째, 문장에 쓰일 때 '형태(形態, form)'의 변화 유무를 기준으로 단어를 갈래지을 수 있다. 즉 단어가 문장에서 쓰일 때 형태에 변화가 있는지 없는지를 살펴 같은 유형끼리 묶는 것이다. '새 책을 많이 읽었다'에서 '새', '책', '을', '많이'와 같은 단어는 문장 속에 쓰일 때 형태가 변하지 않는데 이를 '불변어(不變語)'라고 한다. 이와 달리 '읽다'는 그 쓰임에 따라 '읽으니, 읽고, 읽었고, 읽으면서'와 같이 형태가 변하는데 이를 '가변어(可變語)'라고 한다.

둘째, 문장에서 쓰일 때 '기능(機能, function)'이 어떠한가를 기준으로 하여 단어들을 갈래지을 수 있다. 문장 내에서 단어가 어떠한 문법적 기능을 하는지 알아보고 같은 기능을 하는 유형끼리 묶는 것이다. '기능'은 품사 분류의 가장 중심이 되는 기준이라고 할 수 있다.

'철수, 나[我(아)], 오(五)'와 같은 단어는 문장 내에서 주어, 목적어, 보어 등의 기능을 할 수 있다. 이러한 부류를 '체언(體言)'이라고 한다. '먹다, 예쁘다'와 같은 단어는 문장 내에서 주어를 서술하는 기능을 한다. 이러한 부류를 '용언(用言)'이라고 한다. '(철수)이/가, 을/를, 에서, 야'와 같은 단어는 체언 뒤에 붙어서 체언이 문장 속에서 주어나 목적어, 보어, 부사어, 독립어로서의 관계를 가지고 있음을 나타내 주는 기능을 한다. 이러한 부류를 '관계언(關係言)'이라고 한다. '새 (책)'와 같은 단어는 체언 '책'을 수식하고, '많이 (먹다)'와 같은 단어는 용언을 수식하는 기능을 한다. 이러한 부류를 '수식언(修飾言)'이라고 한다. '와! (너무 예쁘다)'와 같은 단어는 문장 내에서 독립적으로 쓰이는데 이러한 부류를 '독립언(獨立言)'이라고 한다. 이처럼 문장 내에서의 기능을 중심으로 할 때, 크게 다섯 가지 유형으로 갈래지을 수 있다.

셋째, 문장에 쓰일 때 그 '의미(意味, meaning)'를 기준으로 하여 단어를 갈래지을 수 있다. 단어가 어떤 의미적 특성을 갖느냐에 따라 같은 의미 유형끼리 묶는 것이다. 여기서의 의미는 개별 단어의 어휘적 의미를 말하는 것이 아니라 형식적 의미를 말한다. 특정한 대상의 이름을 나타내는 단어를 '명사(名詞)'라고 한다. 사람, 사물, 장소의 이름 등을 대신하여 가리키는 단어를 '대명사(代名詞)'라고 한다. 수량이나 순서를 나타내는 단어를 '수사(數詞)'라고 한다. 사람이나 사물의 움직임이나 과정을 나타내는 단어를 '동사(動詞)'라고 한다. 사람이나 사물의 상태나 성질을 나타내는 단어를 '형용사(形容詞)'라고 한다. 주로 체언의 앞에 나타나서 그 체언의 의미를 더 자세하게 해주는 단어를 관형사(冠形詞)'라고 한다. 주로 용언의 앞에 서서 그 용언의 의미를 더욱 자세하게 해주는 단어를 '부사(副詞)'라고 한다. 체언과 결합해서 주로 그 체언의 자격을 드러내 주는 단어를 '조사(助詞)'라고 한다. 감정을 넣어 말하는 이의 놀람, 느낌, 부름이나 대답을 나타내는 단어를 '감탄사(感歎詞)'라고 한다.

위와 같은 품사 분류 기준을 설명할 때 유의할 점이 있다. '조사'는 형태가 변하지 않는 불변어인데 조사 중 '서술격 조사'는 '학생이고, 학생이니, 학생이면'처럼 형태가 변한다는 점에서 가변어에 속한다.

■1 체언: 명사, 대명사, 수사

(1) 개념

문장의 주체가 되는 자리에 쓰이는 단어의 갈래를 '체언'이라고 한다. '명사, 대명사, 수사'를 체언으로 구분할 수 있다.

(2) 특징

① **기능**: 문장에서 주로 '주어'가 되는 자리에 놓여, 문장의 주체가 되는 구실을 한다. 용법에 따라 체언적 기능(주어·목적어·보어), 서술적 기능(체언+이다), 수식적 기능(관형어·부사어), 독립적 기능(독립어)을 가진다.

② **형태**: 체언은 활용할 수 없으며, 어형이 고정된 불변어이다.

③ **조사와의 결합**: 체언의 모든 기능은 원칙적으로 체언에 조사가 결합하여 이루어진다. 또한 조사를 통해 격 표시가 이루어진다.

④ **관형어의 수식**: 일반적으로 체언은 관형어의 수식을 받을 수 있으나 체언 중에서 대명사는 관형사의 수식을, 수사는 관형사와 용언의 관형사형의 수식을 받을 수 없는 경우가 있다.

1. 명사

사람이나 사물, 장소 등의 이름을 나타내는 단어의 묶음을 '명사'라고 한다.

(1) 특징

① 명사는 문장에서 조사와 함께 여러 문장 성분(주어, 목적어, 서술어 등)으로 쓰일 수 있다.

② 명사는 다른 체언들과는 다르게 관형사의 수식을 받을 수 있다.

③ 명사는 복수형 표현이 가능하다.

(2) 사용 범위에 따른 분류

고유 명사	특정한 사람이나 사물에 붙인 이름 ⓔ 사람 이름(이순신), 나라명(대한민국), 책 이름(열하일기)
보통 명사	일반적인 사물의 이름 ⓔ 자동차, 꽃, 시계, 책

(3) 자립성 유무에 따른 분류

자립 명사	문장에서 다른 말의 도움을 받지 않고 여러 성분으로 쓰이는 명사 ⓔ 자동차, 꽃, 시계, 책
의존 명사	명사의 성격을 띠면서도 그 의미가 형식적이어서 홀로 자립하여 쓰이지 못하고 반드시 관형어가 있어야만 문장에 쓰일 수 있는 명사 ⓔ 것, 데, 바, 수, 이

2. 대명사

사람이나 사물의 이름을 대신해서 그것을 직접 가리켜 이르는 단어의 묶음, 곧 명사를 대신하는 말을 '대명사'라고 한다.

(1) 특징

① 대명사는 조사가 붙어 격 표시가 이루어진다.

② 대명사는 복수 표현이 가능하다.

③ 대명사는 관형사의 수식을 받을 수 없지만, 용언의 관형사형의 수식은 받을 수 있다.

(2) 지시 대명사

① **개념**: 사물이나 처소, 방향을 대신 가리키는 대명사를 '지시 대명사'라고 한다.

② **분류**

구분	근칭	중칭	원칭	미지칭	부정칭
사물 대명사	이, 이것	그, 그것	저, 저것	무엇	무엇, 아무것
처소 대명사	여기	거기	저기	어디	

(3) 인칭 대명사
① 개념: 사람을 대신 가리키는 대명사를 '인칭 대명사'라고 한다.
② 분류
　㉠ 1인칭: 지시 대상이 화자 자신이다.
　　예 나, 우리, 저
　㉡ 2인칭: 지시 대상이 청자이다.
　　예 너, 당신
　㉢ 3인칭: 지시 대상이 제3의 인물이다.
　　예 이이, 그이, 저이
　㉣ 미지칭: 대상의 이름이나 신분을 모를 때 쓰는 인칭 대명사로, 주로 의문문에 쓰인다.
　　예 누구 얼굴이 먼저 떠오르나?
　㉤ 부정칭: 특정 인물을 가리키지 않는 인칭 대명사이다.
　　예 아무라도 응시할 수 있다. 누구든지 할 수 있으면 해라!
　㉥ 재귀칭: 한 문장 안에서 앞에 나온 명사(주로 3인칭 주어)를 다시 가리킬 때 쓰는 인칭 대명사이다.
　　예 • 철수도 자기 잘못을 알고 있다.
　　　• 그분은 당신 딸만 자랑한다.
　　　• 중이 제(저+의) 머리를 못 깎는다.

3. 수사
사물의 수량이나 순서를 가리키는 단어를 '수사'라고 한다.

(1) 특징
① 수사는 조사가 붙어서 여러 문장 성분이 될 수 있다.
② 복수 접미사 '-들, -네, -희' 등이 붙어 복수가 될 수 없다는 점이 다른 체언과 다르다.
③ 특수한 경우를 제외하고는 관형사나 용언의 관형사형의 수식을 받을 수 없다.
　예 저 둘은 단짝이다. (그만한 수의 사람 또는 동물을 가리키는 경우 관형사의 수식을 받음)
④ 고유어계 수사는 10단위에 제한하여 사용하며, 100단위 이상은 한자어계 수사가 사용된다.

(2) 분류

고유어계 수사	양수사	정수	하나, 둘, 셋, 스물
		부정수	한둘, 두셋, 예닐곱
	서수사	정수	첫째, 둘째, 다섯째, 마흔째
		부정수	한두째, 서너째, 너덧째
한자어계 수사	양수사	정수	일, 이, 삼, 이십, 백, 천
		부정수	일이, 이삼, 오륙
	서수사	정수	제일, 제이, 제삼, 일호, 이호
		부정수	없음

CHAPTER 03 형태론 • **75**

2 관계언: 조사

자립 형태소(체언 따위) 뒤에 붙어서 다양한 문법적 관계를 나타내거나 의미를 추가하는 의존 형태소를 '조사'라고 한다. 조사는 문장에서의 역할에 따라 격 조사, 접속 조사, 보조사로 분류할 수 있다.

조사는 다음과 같은 특징을 가진다.
① 조사는 자립성이 없지만 자립성이 있는 말과 쉽게 분리될 수 있는 성격을 인정하여 단어로 취급한다.
② 조사는 기능적으로 보면 문법적 관계를 나타내거나(격 조사), 특별한 뜻을 더해 주거나(보조사), 두 단어를 같은 자격으로 이어 주는(접속 조사) 역할을 한다.
③ 조사는 활용하지 않으나, 서술격 조사 '이다'는 형용사와 비슷하게 활용을 한다.
④ 조사는 이형태가 있다.
　　예 이/가, 을/를, 은/는, 와/과
⑤ 조사는 주로 체언 뒤에 붙지만, 때로는 동사, 형용사, 부사 뒤에 붙기도 하고 문장 뒤에 붙기도 한다.
　　예 • 이 옷을 한번 입어만 보아라.
　　　 • 그저 빨리만 오너라. 빨리요?
　　　 • 무엇을 하느냐보다 어떻게 하느냐가 중요하다.

1. 격 조사

앞에 오는 체언이 문장 안에서 일정한 자격(문장의 성분)을 가지도록 하여 주는 조사를 '격 조사'라고 한다.

(1) 분류

선행 체언에 어떤 자격을 부여하느냐에 따라 주격 조사, 목적격 조사, 보격 조사, 관형격 조사, 부사격 조사, 호격 조사, 서술격 조사로 구분할 수 있다.

구분	형태	기능	용례
주격 조사	이/가, 께서, 에서, 서	선행 체언에 주어 자격 부여 • 께서: 선행 체언이 높임 대상일 때 • 에서: 일반적으로 선행 체언이 단체일 때	• 꽃이 예쁘다. • 아버님께서 신문을 보신다. • 우리 학교에서 우승을 했다.
목적격 조사	을/를	서술어에 대한 목적어의 자격 부여	• 밥을 먹는다. • 그가 나를 사랑한다. • 나는 학교에(를) 갔다.
보격 조사	이/가	'되다/아니다' 앞에 붙어 선행 체언이나 용언의 명사형에 보어 자격 부여	• 그는 선생이 아니다. • 언니는 의사가 되었다.

관형격 조사	의	• 선행 체언에 붙어 후행 체언을 수식 • 선·후행 체언은 다양한 의미 관계를 가짐	이것은 나의 사진이다. → 내가 가진 사진(소유) → 내가 찍은 사진(행위의 주체) → 나를 찍은 사진(행위의 객체)
부사격 조사	에서, 한테, 에, 에게, 으로/로, 로써, 로서, 하고, 와/과, 보다, 에게서, 한테서	선행 체언에 부사어 자격 부여	아이들이 마당에서 뛰어논다.
호격 조사	야, 아, 이여	주로 사람을 가리키는 체언 뒤에 붙어 독립어 자격 부여	호동아!
서술격 조사	이다	체언 뒤에 붙어 서술어 자격 부여	이것은 연필이다.

(2) 부사격 조사의 의미상 구분

의미	형태	용례
장소, 소유	에서, 에, 한테	• 아이들이 마당에서 뛰논다. • 창문에 차고 슬픈 것이 어른거린다. • 영희한테 책이 있다.
원인	에, (으)로	• 사람들이 떠드는 소리에 잠을 이룰 수가 없었다.
때	에	• 여섯 시에 만납시다.
도구(수단), 재료	(으)로, 로써	• 이곳은 어디를 가나 흙벽돌로 지은 집을 볼 수 있다.
자격	(으)로, 로서	• 내가 의장으로(서) 그 회의를 주재하게 되었다.
공동	와/과, 하고	• 이 일에 대해서는 너와 의논을 하겠다. • 친구하고 놀러 간다. (구어체)
비교	와/과, 보다	• 아우의 키가 형의 키와 똑같았다. • 배꼽이 배보다 커서야 되겠니?
출발점(유래)	에서, 에게서, 한테서	• 그는 부산에서 왔다. • 형에게서 책을 물려받았다. • 형한테서 책을 물려받았다. (구어체)
낙착점	유정 명사+에게, 한테, 무정 명사+에	• 철수가 영수에게 돌을 던졌다. • 친구가 나에게 좋은 선물을 주었다. • 친구가 나한테 좋은 선물을 주었다. (구어체) • 철수가 강에 돌을 던졌다.
인용	(이)라고, 고	"제가 하겠습니다."라고 말했다.

2. 접속 조사

두 단어를 같은 자격으로 이어 주는 구실을 하는 조사를 '접속 조사'라고 한다. 접속 조사는 때에 따라 생략할 수 있다.

예 오늘 수업에 철수(와), 영희(와), 민수가 결석했다.

(1) 분류

종류	의미	용례
와/과*	대등	철수와 영수는 우등생이다.
에다(가)	추가	오늘 점심은 파스타에다 피자에다 매우 푸짐하게 먹었다.
에	추가	잔칫집에서 밥에 떡에 술에 아주 잘 먹었다.
(이)며	대등	학원이며 독서실이며 서점에 갈 시간이 없다.
(이)랑	대등	철수랑 영희는 학원에 다닌다.
하고	대등(구어체)	붉은 장미하고 흰 장미하고 안개꽃을 사 달라.
(이)나	선택	힘을 내기 위해서는 밥이나 빵을 먹어야 한다.

(2) 접속 조사 '와/과'의 기능
① 문장 접속

> '철수와 영수'는 우등생이다.
>
> ⇨ 철수는 우등생이다. + 영수는 우등생이다.

여기서 '와'는 '철수'와 '영수'를 묶어서 주어가 되게 한다. 그리고 이 문장은 두 문장으로 나눌 수 있으므로 '철수와 영수는 우등생이다.'는 겹문장(대등하게 이어진문장)이다.

② 단어 접속

> '영수와 철수'는 아주 닮았다.
>
> ⇨ *영수는 아주 닮았다. *철수는 아주 닮았다.

이 문장은 두 문장으로 나눌 수 없으므로 문장의 접속이 아니라 단어의 접속이다(홑문장). 이것은 대칭 서술어만의 특징이다. 그런데 서술어가 대칭 서술어가 아니더라도 부사 '함께, 같이, 서로' 등 대칭성 부사가 쓰이면 대칭 서술어처럼 사용된다.

> **더 알아보기**   접속 조사와 부사격 조사
>
> '와/과' 등이 체언과 체언 사이에 쓰이지 않고 체언과 부사 혹은 용언 사이에 쓰여 '함께(공동)'나 '비교'의 뜻을 가지면 접속 조사가 아니라 부사격 조사이다.
>
> | 체언과 부사 사이 | '공동'의 의미 | 영희는 철수와 함께 학교에 갔다. |
> |---|---|---|
> | 체언과 용언 사이 | '비교'의 의미 | 이것은 저것과 다르다. |

3. 보조사
앞말에 특별한 뜻을 더하여 주는 조사를 '보조사'라고 한다.

(1) 특징
① 보조사는 일정한 격을 갖추지 않고 그 문장이 요구하는 격을 가진다.
② 보조사는 부사나 용언과도 결합한다.
③ 보조사는 격 조사와 어울려 쓰이기도 하고, 격 조사를 생략시키기도 한다.
④ 보조사는 문장 성분의 제약 없이 쓰이며, 자리 이동이 자유롭다.

(2) 분류

① **성분 보조사**: '만, 는, 도'와 같이 문장 성분 뒤에 붙는 보조사이다. 성분 보조사는 주어에도 붙고 부사어에도 붙고 용언에도 붙어 다양한 양상을 보인다.

종류	의미	용례
은/는	대조	산은 좋지만 왠지 바다는 싫어.
도	강조, 허용	구름도 쉬어 넘는 헐떡 고개 / 같이 가는 것도 좋습니다.
만, 뿐	단독, 한정	나만 몰랐어. / 이제 믿을 것은 오직 실력뿐이다.
까지, 마저, 조차	극단	할 수 있는 데까지 해 보자. / 브루투스, 너마저도!
부터	시작	내일부터 좀 쉬어야겠다.
마다	균일	학교마다 축제를 벌이는구나.
(이)야	강조	너야 잘 하겠지.
(이)나, (이)나마	최후 선택	애인은 그만두고 여자 친구나 있었으면 좋겠다.

② **종결 보조사**: '그려, 그래' 같은 보조사로, 종결 보조사는 문장 맨 끝에 붙어서 '강조'의 의미를 더한다.

> ⑩ 그가 갔네그려. / 그가 갔구먼그래.

③ **통용 보조사**: '요'는 상대 높임을 나타내며, 어절이나 문장의 끝에 결합하는 독특한 성격을 가진다.

> ⑩ 오늘은요, 학교에서 재미있는 노래를 배웠어요.

출제 예상지문 보조사의 형태와 의미 [14]

보조사가 의존 명사와 그 형태가 동일한 경우가 있다.

(1) ㄱ. 나는 나대로의 계획이 있다.
　　ㄴ. 네가 아는 대로 말해라.
(2) ㄱ. 너만큼 아는 사람도 드물다.
　　ㄴ. 너는 먹을 만큼만 먹어라.
(3) ㄱ. 날 알아주는 사람은 너뿐이다.
　　ㄴ. 그는 그냥 서 있을 뿐이다.

위의 각 예에서 '대로, 만큼, 뿐'은 현행 맞춤법에 따르면 (ㄱ)의 경우 (대)명사에 결합된다는 점 때문에 보조사로, (ㄴ)의 경우 관형어의 수식을 받는다는 점 때문에 의존 명사로 구분한다. 그러나 (ㄱ)에 대해 체언이 체언을 수식하는 관형 구성도 가능하며 조사와 결합할 수 있다는 점에서 (ㄴ)과 마찬가지로 의존 명사로 보는 탐구도 가능하다.

한편, 동일한 보조사가 다른 의미 기능을 갖기도 한다.

(4) 귤은 노랗다.
(5) 귤은 까서 먹고, 배는 깎아서 먹는다.

위의 두 '은/는'은 보조사인데 그 의미 기능이 서로 다르다. (4)는 '귤에 대해서 말한다면, 그것은 노란색을 띠고 있다.'는 의미를 가지고 있다. 여기서 '귤은'은 문장의 화제 또는 주제라고 한다. 즉 (4)의 '은/는'은 주제를 표시하는 보조사이다. (5)는 '귤은 까서 먹는데, 이와 달리 배는 깎아서 먹는다.'는 의미를 가지고 있다. 즉 (5)의 '은/는'은 '귤'과 '배'를 대조시켜 주는 의미를 더해 주고 있다. 따라서 (5)에서의 '은/는'은 대조의 의미를 더해 주는 보조사이다.

---

3 용언: 동사, 형용사

문장의 주체, 즉 주어를 서술하는 기능을 하는 문장 성분을 '용언'이라고 한다. 용언의 주기능은 서술어가 되는 일로, 사물의 동작이나 모양, 상태를 설명한다.

(1) 특징

① 쓰임에 따라 어형이 변하는 '가변어'이다.

② 뜻을 나타내는 실질 형태소인 '어간'과 문법적인 관계를 나타내는 형식 형태소인 '어미'로 이루어져 있다.

③ 용언의 기본형은 어간에 평서형 종결 어미인 '-다'를 붙인 형태이다.

④ 부사어의 한정을 받을 수 있으나, 관형어와는 호응하지 않는다.

⑤ 시간과 높임을 나타내는 어미와 결합하여 시제와 높임을 표현할 수 있다.

⑥ 조사와 결합할 수 있다.

(2) 분류

형태와 의미 내용에 따라	동사	주어의 동작이나 작용을 나타내는 단어	자동사 타동사
	형용사	주어의 성질이나 상태를 나타내는 단어	성상 형용사 지시 형용사
문장 안에서의 쓰임에 따라	본용언	실질적인 뜻이 있으며 자립 가능	
	보조 용언	본용언에 연결되어 그 말의 뜻을 도와주는 기능	
활용의 규칙성 여부에 따라	규칙 용언	규칙적으로 활용하는 용언	
	불규칙 용언	불규칙적으로 활용하는 용언	

1. 동사

주어의 동작이나 작용을 나타내는 단어의 묶음을 '동사'라고 한다.

(1) 특징

① 시제를 동반하며, 동작상을 나타낸다.

　　📖 읽는다(현재), 읽었다(과거), 읽겠다(미래), 읽고 있다(현재 진행형)

② 조사와 결합이 가능하다.

③ 관형사와는 어울릴 수 없으나, 부사의 한정을 받는다.

④ 사동, 피동, 강세의 뜻을 나타내는 접사는 기본형에 넣어서 표제어로 삼는다.

　　📖 먹다(타동사, 기본형) → 먹이다(사동사, 기본형), 먹히다(피동사, 기본형)

⑤ 높임법을 가진다.

(2) 분류

① 기능에 따라

구분	개념	용례
본동사	자립성을 가지고 실질적인 의미를 나타내며 단독적으로 서술 능력을 가치는 동사	밥을 먹다.
보조 동사	자립성이 없이 본용언 뒤에서 본용언의 의미를 도와주는 동사	밥을 먹어 버렸다.
자동사	움직임의 작용이 주체 스스로에게만 미치고 다른 대상에게는 미치지 않는 동사	강물이 흐르다.
타동사	움직임의 작용이 다른 사물에게 영향을 미치도록 하여 반드시 목적어를 필요로 하는 동사	옷을 입다.

② 활용의 규칙성에 따라

구분	개념	용례
규칙 동사	활용할 때 어간과 어미의 변화가 규칙적으로 이루어지는 동사	먹다 → 먹고, 먹으니, 먹어서 등
불규칙 동사	활용할 때 어간이 형태를 달리하거나 어미의 형태가 불규칙적으로 변하는 동사	짓다 → 짓고, 지으니, 지어서 등
불완전 동사	활용 어미를 두루 갖추어 활용하지 못하고 두셋 정도의 제한된 어미만을 취하거나, 기본형을 밝힐 수 없는 동사	데리다 → '데리고, 데려, 데리러' 정도로만 활용됨

③ 주체 동작의 성질에 따라

구분	개념	용례
주동사	동작주가 스스로 행하는 동작을 나타내는 동사(주체의 직접적인 동작)	동생이 책을 읽는다.
사동사	남으로 하여금 어떤 동작을 하도록 하는 것을 나타내는 동사(주체가 남에게 동작을 시킴)	엄마가 동생에게 책을 읽힌다.
능동사	제힘으로 행하는 동작을 나타내는 동사(주체가 목적 대상을 향해 직접 행함)	사자가 토끼를 잡아먹었다.
피동사	남의 행동을 입어서 행하는 동작을 나타내는 동사(주체가 남에게 움직임을 당함)	토끼가 사자에게 잡아먹혔다.

2. 형용사

주어의 성질이나 상태를 나타내는 단어의 부류이다. 사람이나 사물의 상태가 어떠한가를 형용하거나 그 존재를 나타내면서 문장 안에서 주로 서술어의 기능을 가지는 단어의 묶음을 '형용사'라고 한다.

(1) 특징

① 동사와 함께 활용을 하는 용언으로 사물의 성질, 상태를 표시한다.
② 목적어와의 호응이 없어 자동과 타동, 사동과 피동의 구별이 없다.
③ 부사어의 한정을 받을 수 있으며, 기본형이 현재형으로 쓰인다.
　　예 부사어＋형용사 기본형: 몹시 달다.
④ 조사와 결합이 가능하다.
　　예 ・형용사의 명사형＋격 조사: 달기가 꿀과 같다.
　　　・형용사 연결형 어미＋보조사: 달지도 쓰지도 않다.

(2) 분류

형용사는 의미에 따라 성상 형용사와 지시 형용사로 구분할 수 있다.

구분	개념	예
성상 형용사	사물의 성질이나 상태를 나타내는 형용사	파랗다, 달다, 넓다, 높다
지시 형용사	사물의 성질, 모양, 상태를 지시하는 형용사	이러하다, 그러하다, 저러하다

① 성상 형용사: 사물의 속성(성질이나 상태)을 나타낸다.

감각적 의미 표현	희다, 달다, 시끄럽다, 거칠다
비교 표현	같다, 다르다, 낫다

존재 표현	있다, 없다
부정 표현	아니다
대상 평가 표현	모질다, 착하다, 아름답다

② **지시 형용사**: 사물의 성질, 모양, 상태를 지시한다. 지시 형용사는 다음과 같은 특징을 가진다.
　㉠ 지시 형용사는 성상 형용사에 앞서는 순서상 특징을 가진다.
　㉡ 근칭, 중칭, 원칭 표현이 가능하다.

근칭	화자와 가까운 거리	'이' 계열(이러하다, 이렇다 등)
중칭	청자와 가까운 거리	'그' 계열(그러하다, 그렇다 등)
원칭	화자와 청자 모두에게 먼 거리	'저' 계열(저러하다, 저렇다 등)

더 알아보기 　동사와 형용사의 구분 기준

('있다, 크다, 밝다' 등과 같이 동사와 형용사로 모두 쓰이는 단어는 제외한다.)
① 동사는 주어의 동작이나 작용(과정)을, 형용사는 성질이나 상태를 나타낸다.

예	동사	• 그는 자리에서 일어난다. (유정 명사의 동작) • 피가 솟는다. (무정 명사의 과정)
	형용사	• 과일은 대부분 맛이 달다. (성질) • 꽃이 매우 아름답다. (상태)

② 기본형에 현재 시제 선어말 어미 '-는-/-ㄴ-'이 결합할 수 있으면 동사이고, 결합할 수 없으면 형용사이다. (형용사는 기본형이 현재형으로 쓰임)

예	동사	그는 자리에서 일어난다.
	형용사	*꽃이 매우 아름답는다.

③ 기본형에 현재를 나타내는 관형사형 전성 어미 '-는'이 결합할 수 있으면 동사이고, 결합할 수 없으면 형용사이다. 참고로, 동사 '본, 솟은'에 쓰인 '-(으)ㄴ'은 과거 시제를 나타내는 전성 어미이고 형용사 '단, 아름다운'에 쓰인 '-(으)ㄴ'은 현재 시제를 나타내는 전성 어미이다.

예	동사	산을 {보는 / 본} 나　　하늘로 {솟는 / 솟은} 불길
	형용사	맛이 {*다는 / 단} 과일　　매우 {*아름답는 / 아름다운} 꽃

④ '의도'를 뜻하는 어미 '-(으)려'나 '목적'을 뜻하는 어미 '-(으)러'와 함께 쓰일 수 있으면 동사, 그렇지 못하면 형용사이다.

예	동사	• 철수가 영희를 때리려 한다. (의도) • 호동이는 공책을 사러 나갔다. (목적)
	형용사	• *영자는 아름다우려 화장을 한다. • *영자는 예쁘러 화장을 한다.

⑤ 동사는 명령형 어미 '-어라/-아라'와 청유형 어미 '-자'와 결합할 수 있는 데 반하여, 형용사는 명령형 어미나 청유형 어미와 결합할 수 없다.

예	동사	• 철수야, 일어나라. • 우리 심심한데 수수께끼 놀이나 하자.
	형용사	• *영자야, 오늘부터 착해라. • *영자야, 우리 오늘부터 성실하자.

⑥ 동사는 감탄형 어미로 '-는구나'를, 형용사는 '-구나'를 취한다.

예	동사	잘 하는구나.
	형용사	맛있구나.

3. 본용언과 보조 용언

(1) 본용언

보조 용언 없이도 본래의 실질적 의미를 가지는 문장의 중심 서술어이다. 따라서 본용언은 단독으로 문장의 서술어가 될 수 있고, 본용언의 개수로 겹문장인지 홑문장인지 구별할 수 있다.

(2) 보조 용언

앞의 용언에 뜻을 더하는 기능을 하는 용언이다. 보조 용언은 본래의 실질적 의미를 상실한 상태로 쓰이고 자립성이 없어서 단독으로 주체를 서술할 수 없다. 따라서 보조 용언은 단독으로 사용될 수 없으므로 문장에 용언이 하나만 나타난다면 그것은 본용언이다. 또한 보조 용언은 한 문장에서 연달아 사용될 수 있다.

- 나도 너를 따라가고 싶다.
  - → 나도 너를 따라간다. (실질적 의미를 가진 본용언)
    - + *나도 너를 싶다. (부수적 의미를 가진 보조 용언)
- 아침을 든든하게 먹어 두었다.
  - → 아침을 든든하게 먹었다. (실질적 의미를 가진 본용언)
    - + *아침을 든든하게 두었다. (부수적 의미를 가진 보조 용언)
- 책을 서가에 꽂아 두었다.
  - → 책을 서가에 꽂았다. (실질적 의미를 가진 본용언)
    - + *책을 서가에 두었다. (부수적 의미를 가진 보조 용언)
  - ⇨ '꽂다'는 '쓰러지거나 빠지지 않게 끼우다.'의 의미가 실질적 의미로, 본용언이다.
  - ⇨ '두다'는 앞말이 뜻하는 행동을 끝내고 그 결과를 유지함을 나타내는 말로, '쓰러지거나 빠지지 않게 끼우다.'라는 의미가 없으므로 '두었다'는 부수적 의미로 쓰인 보조 용언이다.

---

(3) 본용언과 보조 용언의 구성

① 본용언의 어간 + -아/-어, -게, -지, -고(보조적 연결 어미) + 보조 용언

  예 먹어 보았다. / 울지 않는다.

② 본용언의 어간 + -기(명사형 어미) + 보조사 + 보조 용언

  예 먹기는 한다.

③ 본용언의 어간 + 의문형 어미 + 보조 용언

  예 울었나 보다.

④ 본용언의 관형사형 + 의존 명사 + 하다(보조 용언)

  예 비가 올 듯하다.

> **더 알아보기**   보조 용언의 자리에 오지만 보조 용언이 아닌 경우
>
> ① 용언 본래의 의미를 유지하고 있어서 단독으로 서술어가 될 수 있는 경우
>   - 가을 하늘은 맑고 푸르다. → 가을 하늘은 맑다. + 가을 하늘은 푸르다.
>   - 순이가 울고 간다. → 순이가 운다. + 순이가 간다.
> ② '-아/-어' 뒤에 '서'가 줄어진 형식에서는 뒤의 단어도 본용언임
>   - 고기를 잡아(서) 본다.
>   - 사과를 깎아(서) 드린다.

'보조 용언(補助用言)'은 홀로 쓰이면서 서술어로서의 기능을 하지 못하고, 반드시 다른 용언의 뒤에 결합되어서 문법적 의미를 더해 주는 용언을 말한다.

용언 '싶다'는 (1ㄱ)처럼 단독으로 쓰이지 못하고 (1ㄴ, ㄷ)처럼 두 용언이 연결된 구성에서만 자연스럽게 쓰이고 있다. 또한 앞의 '먹다'에 '어떤 행동을 하고자 하는 마음이나 욕구를 갖고 있음을 나타낸다.'는 문법적 의미를 더해 주고 있다. (1ㄴ, ㄷ)과 같은 구성에서 문장의 서술어로서 기능을 하는 앞의 용언을 '본용언(本用言)'이라고 하고 뒤의 용언을 '보조 용언'이라고 한다.

(1) ㄱ. *그는 (사과를) 싶다.
　　ㄴ. 나는 사과를 먹고 싶다.
　　ㄷ. 그는 사과를 먹을까 싶다.

보조 용언의 특징을 좀 더 살펴보자. 아래 (2ㄱ)의 '버리다'는 제 홀로 쓰이면서 '가지거나 지니고 있을 필요가 없는 물건을 내던지거나 쏟거나 하다'는 의미의 서술어로서 기능을 하고 있다. 그러나 (2ㄴ)의 '버리다'는 앞의 용언 '먹다' 뒤에 쓰이면서 그 행동이 이미 끝났다는 문법적 의미를 가지고 있다. 그리고 그 의미를 유지하면서 다음 (2ㄴ′)에서처럼 '먹다'를 생략한 채 제 홀로 쓰일 수 없다. (1)의 '싶다'가 보조 용언으로만 쓰이는 것과 달리 '버리다'라는 용언 형태는 서술어로 쓰이기도 하고 보조 용언으로도 쓰이기도 하여 그것을 구분할 필요가 있다. (2ㄷ)에서 두 용언형의 기능 차이를 분명히 확인할 수 있다. 앞의 '버리다'는 본용언으로 쓰인 것이며 뒤의 '버리다'는 보조 용언으로 쓰인 것이다.

(2) ㄱ. 그가 사과를 버렸다.
　　ㄴ. 나는 사과를 먹어 버렸다.
　　ㄴ′. *그가 사과를 ∅버렸다.
　　ㄷ. 그는 사과를 버려 버렸다.

위에서 보았듯이, 보조 용언은 항상 본용언 뒤에서만 쓰인다. 즉 본용언에 보조 용언이 연결되어 구성을 이루게 된다. 여기서 보조 용언 구성이 갖는 몇 가지 사실을 좀 더 확인해 보자.

(3) ㄱ. 그가 사과를 깎아 버렸다.
　　ㄱ′. *사과를 깎 버렸다.
　　ㄴ. 그가 사과를 그래 버렸다.
　　ㄴ′. *그가 사과를 깎아 그랬다.
　　ㄷ. 그가 사과를 먹어 버리지 싶다.
　　ㄹ. *그가 사과를 깎아 휴지통에 버렸다.

(3ㄱ, ㄱ′)에서 본용언에 보조 용언이 연결될 때 두 용언을 연결해 주는 어미가 본용언에 결합되어야 함을 알 수 있다. '-아/-어 (버리다), -게 하다, -지 (마라), -고 (나다)'의 '-아, -게, -지, -고' 등이 그것인데 이를 '보조적 연결 어미(補助的 連結語尾)'라고 한다. 그러나 항상 보조적 연결 어미가 있는 구성이어야 하지는 않다. (1ㄷ)과 같은 구성이나 '-기는 하다'와 같은 특정한 구성 속에서 보조 용언이 쓰이기도 한다. (3ㄴ, ㄴ′)에서 본용언은 '그러하다'와 같은 대치형(代置形)이 쓰일 수 있지만 보조 용언은 그것이 불가능함을 보여 준다. 한편, 한 문장 안에서 보조 용언이 쓰일 때 항상 한 번만 쓰이는 것은 아니다. (3ㄷ)의 '(먹)-어 버리-지 싶다'처럼 여러 개의 보조 용언이 사용되면서 각각의 문법적 의미를 더해 줄 수 있다. 그리고 (3ㄱ)의 의미를 가질 때 (3ㄹ)처럼 두 용언 사이에 다른 성분이 삽입될 수 없다. 즉 본용언과 보조 용언이 이루는 구성이 긴밀한 편이어서 그 사이에 다른 요소가 개입되기 어려운 것이다.

■ 품사의 통용: 보조 동사와 보조 형용사

구분	형용사	동사
아니하다	선행 용언이 형용사	선행 용언이 동사
못하다	선행 용언이 형용사	선행 용언이 동사
보다	추측, 의도, 우선시, 원인	나머지
하다	강조, 이유	나머지

(4) 보조 동사와 보조 형용사의 구별

① 선어말 어미 '-는-/-ㄴ-'이 결합할 수 있으면 보조 동사, 결합할 수 없으면 보조 형용사이다. 즉, 일반적인 동사와 형용사의 구별법과 같다.

　🔘 책을 읽어 본다. (보조 동사) / 책을 읽는가 본다. (보조 형용사)

② '아니하다, 못하다' 등의 부정 보조 용언은 선행 용언이 동사이면 보조 동사이고, 선행 용언이 형용사이면 보조 형용사이다.

　🔘 • 아직도 꽃이 피지 않는다. (보조 동사)
　　• 이 꽃이 아름답지 않다. (보조 형용사)

③ 동사 뒤에 붙어 앞말이 뜻하는 행동을 일단 긍정하거나 강조하는 '-기는 하다, -기도 하다, -기나 하다'에서 '하다'는 선행 용언이 동사이면 보조 동사이고, 선행 용언이 형용사이면 보조 형용사이다. 단, '-다가 못하여'의 구성으로 쓰인 경우(극에 달해 더 이상 유지할 수 없음을 나타내는 경우)에는 보조 형용사로 본다.

> 예 • 철수가 옷을 잘 입기는 한다. (보조 동사)
> • 사람이 괜찮기는 하네. (보조 형용사)
> • 먹다 못해 음식을 남기는 경우 (보조 형용사)

④ '보다'*는 추측, 의도, 우선시, 원인 등의 의미를 나타내면 보조 형용사이고, 나머지 경우는 보조 동사이다.

> 예 • 밥이 다 됐나 보다. (보조 형용사 – 추측)
> • 확, 욕할까 보다. (보조 형용사 – 의도)
> • 무엇보다 건강하고 볼 일이다. (보조 형용사 – 우선시)
> • 돌이 워낙 무겁다 보니 혼자서 들 수가 없었다. (보조 형용사 – 원인)

⑤ '하다'는 앞말을 강조하거나 이유를 나타내면서 선행하는 본용언이 형용사인 경우에는 보조 형용사이고, 나머지 경우는 보조 동사이다.

> 예 • 부지런하기만 하면 됐다. (보조 형용사 – 강조)
> • 할 일이 많기도 하니 어서 서두르자. (보조 형용사 – 이유)

단권화 MEMO

*보다
'보다'는 보조 용언 이외에 본동사, 조사, 부사 등으로도 사용된다.
> 예 • 나는 꽃을 본다. (본동사)
> • 나는 너보다 잘생겼다.
>   (비교 부사격 조사)
> • 보다 멀리 생각하라. (부사)

4. 용언의 활용

용언의 일정한 문법적 관계를 표시하기 위하여 어간에 붙는 어미의 형태를 여러 가지로 바꾸는 현상을 '활용'이라고 한다. 활용 대상에는 동사, 형용사, 서술격 조사 '이다'가 있으며, 용언 활용의 규칙성 여부에 따라 규칙 활용 용언과 불규칙 활용 용언으로 나눌 수 있다. 먼저, 활용에서 중요한 요소인 어간과 어미에 대해 알아보자.

| 어간과 어미

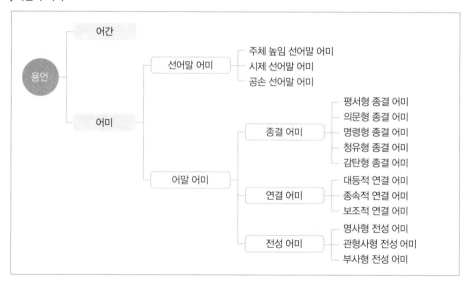

(1) 어간

활용할 때 변하지 않는 부분으로, 피동·사동·강세 등의 접사가 붙은 말도 포함된다.

(2) 어미

활용할 때 변하는 부분이다. 용언 및 서술격 조사 '이다'가 활용하여 변하는 부분으로, '선어말 어미'와 '어말 어미'로 구분된다.

① 선어말 어미: 어간과 어말 어미 사이에 오는 개방 형태소로, '높임, 시제, 공손'을 표시하는 어미이다. 선어말 어미는 그 자체만으로 단어를 완성시키지 못하고 반드시 어말 어미를 요구한다. 또한 분포에 따라 자리가 고정되어 있어 순서를 함부로 바꿀 수 없으며, 차례는 분포의 넓고 좁음에 비례한다.

드	시	었	겠	더	라
어간	높임 선어말 어미	과거 시제 선어말 어미	추측 선어말 어미	회상 선어말 어미	어말 어미

┃ 선어말 어미의 구분

구분	기능	형태	용례
주체 높임 선어말 어미*	주체 높임	-(으)시-	할머니께서 공부를 하신다.
시제 선어말 어미*	과거	-았-/-었-	호동이가 공부를 하였(었 → 였)다.
	현재	-는-/-ㄴ-	호동이가 공부를 한다.
	미래(추측)	-겠-	나는 반드시 공부를 하겠다.
	(과거) 회상	-더-	호동이가 공부를 하더라.
공손 선어말 어미	상대방에게 공손한 뜻을 나타냄. 주로 문어체에 사용됨	-오-/-옵-, -사옵-/-사오-, -잡-/-자옵-/-자오-	변변치 못한 물건이오나 정성으로 보내드리오니 받아 주옵소서.

② 어말 어미: 용언의 맨 끝에서 단어나 문장을 종결하거나 연결하는 어미로, 반드시 필요한 형태소이다. 종결 어미와 연결 어미, 전성 어미로 구분된다.

　㉠ 종결 어미: 문장의 서술어가 되어 그 문장을 종결시키는 어말 어미를 '종결 어미'라고 한다. 상대 높임법, 문장의 종류를 결정짓는다.

┃ 종결 어미의 분류

문장의 유형	비격식체		격식체			
	해체	해요체	해라체	하게체	하오체	하십시오체
평서형	-아/-어	-아요/-어요	-다	-네, -세	-소, -(으)오	-ㅂ니다, -습니다
의문형	-아/-어	-아요/-어요	-느냐, -냐, -니, -지	-나, -는가	-소, -(으)오	-ㅂ니까, -습니까
명령형	-아/-어, -지	-아요/-어요, -(세/셔)요	-아라/-어라	-게	ㅗ, (으)오, -구려	-(으)십시오
청유형	-아/-어	-아요/-어요 -(세/셔)요	-자	-세	-(으)ㅂ시다	-시지요
감탄형	-군/-어	-아요/-아요, -(세/셔)요, -군요	-구나, -어라	-구먼	-구려	-

＊주체 높임 선어말 어미

주체 높임 선어말 어미 '-시-'는 선어말 어미 중 어미와의 결합 비율이 가장 높으며, 위치도 선어말 어미들 중 제일 앞에 온다.

＊시제 선어말 어미

어간 뒤에 비교적 자유롭게 나타나는 어미 중 하나이다.

ⓛ 연결 어미: 뒤따르는 문장이나 용언을 연결시키는 어말 어미를 '연결 어미'라고 한다. 연결 어미는 다시 대등적 연결 어미와 종속적 연결 어미, 보조적 연결 어미로 나뉜다.

▌연결 어미의 분류

구분	기능	형태	용례
대등적 연결 어미*	나열	−고, −(으)며, −거나	영희는 없고, 철수는 있다.
	상반	−(으)나, −지만, −다만	영희는 집에 갔지만, 철수는 남아 있다.
	선택	−든지	가든지 오든지 마음대로 하게.
종속적 연결 어미*	동시	−자(마자)	까마귀 날자 배 떨어진다.
	조건	−면	서리가 내리면 잎이 빨갛게 물든다.
	이유/원인	−(아/어)서, −(으)니(까)	• 배가 고파서 식당에 간다. • 봄이 되니 날씨가 따뜻하다.
		−(으)므로	비가 많이 왔으므로 가뭄이 해갈될 것이다.
		−느라고	얼음을 깨느라고 고생한다.
	양보	−아도/−어도, −더라도	철수가 와도 겁나지 않는다.
		−든지, −(으)나	누가 가든지 상관하지 않겠다.
		−거나, −(으)ㄴ들	철수가 간들 해결할 수 있겠니?
	목적/의도	−(으)러, −고자, −(으)려고	• 공부를 하러 도서관에 갔다. • 밥을 먹으려고 식당에 갔다.
	결과/방식	−게, −도록	지나가게 길을 비켜 다오.
	필연	−(아/어)야	산에 가야 범을 잡지.
	전환	−다가	웃다가 울었다.
	전제	−는데	비가 오는데 어디로 가느냐?
	비유	−듯(이)	비 오듯이 흘리는 땀
	더욱	−(으)ㄹ수록	벼는 익을수록 고개를 숙인다.
보조적 연결 어미*		−아/어, −게, −지, −고	• 철수도 의자에 앉아 있다. • 인수도 그곳에 머무르게 되었다.

*대등적 연결 어미
앞뒤 문장을 독립적으로 이어 주는 어미. 앞뒤 문장의 의미가 독립적이다.

*종속적 연결 어미
앞뒤 문장을 종속적으로 이어 주는 어미. 앞뒤 문장의 의미 관계는 시간적 관계, 인과적 관계, 논리적 관계를 가진다.

*보조적 연결 어미
본용언과 보조 용언을 이어 주는 어미

ⓒ 전성 어미: 용언의 어간에 붙어 해당 용언이 명사, 관형사, 부사의 기능을 할 수 있도록 기능의 변화를 주는 어미이다. 기능만 변화시킬 뿐 품사는 용언이며, 명사형 전성 어미, 관형사형 전성 어미, 부사형 전성 어미로 구분할 수 있다.

▌전성 어미의 분류

구분	기능	형태	용례
명사형 전성 어미	한 문장을 명사처럼 만들어 체언과 같은 성분으로 쓰이게 하는 어미	−(으)ㅁ/−기	• 사랑은 눈물을 만들어 내는 것임을 알았다. • 공부하기가 너무 힘들다.
관형사형 전성 어미	한 문장을 관형사처럼 만들어 체언을 수식하는 성분으로 쓰이게 하는 어미	−(으)ㄴ/−는, −던, −(으)ㄹ	• 도서관은 책 읽는 사람들로 붐볐다. • 이것은 제가 만들던 물건입니다.
부사형 전성 어미	한 문장을 부사처럼 만들어 용언을 수식하는 성분으로 쓰이게 하는 어미	−게, −(아)서, −도록 등	꽃이 아름답게 피었다.

1. 명사형 전성 어미 결합 시 주의 사항

어간에 명사형 전성 어미를 결합하여 명사형을 만들 때 어간의 'ㄹ' 받침은 생략되지 않는다. 용언의 활용 과정에서 어간의 'ㄹ'이 탈락하는 경우는 'ㄴ, ㄹ, ㅂ'으로 시작하는 어미나 선어말 어미 '-시-', 어말 어미 '-오니', '-오' 앞에 오는 경우이다.

ᄋᆌ 물건을 만듦(○), 만듬(×) / 정성을 베풂(○), 베품(×)

2. 명사 파생 접미사 vs. 명사형 전성 어미

> 깊은 잠을 자고 나니 피로가 풀렸다. vs. 깊이 잠으로써 피로가 풀렸다.
> 큰 웃음을 웃었다. vs. 크게 웃음으로써 분위기를 바꾸었다.

⇨ "깊은 잠(자-+-ㅁ)을 자고 나니 피로가 풀렸다."의 '잠'은 동사의 어간 '자-'에 접사 '-(으)ㅁ'이 붙은 파생 명사이다. 이에 비하여 "깊이 잠(자-+-ㅁ)으로써 피로가 풀렸다."의 '잠'은 동사의 어간 '자-'에 명사형 전성 어미 '-ㅁ'이 붙은 동사의 명사형이다. 마찬가지로 "큰 웃음(웃-+-음)을 웃었다."의 '웃음'은 파생 명사이며, "크게 웃음(웃-+-음)으로써 분위기를 바꾸었다."의 '웃음'은 동사의 명사형이다.

⇨ '잠'과 '웃음'을 통하여 살펴본 바와 같이 접사 '-(으)ㅁ'은 명사형 전성 어미 '-(으)ㅁ'과 형태가 같아 표면상으로는 구별이 되지 않는다. 그러나 하나는 품사가 명사이고, 하나는 품사가 동사이다. 동사의 명사형은 서술성이 있어 주어를 서술하며, 그 앞에 '깊이', '크게' 등의 부사어가 쓰일 수 있다. 그러나 파생 명사(어근+접미사)로 쓰인 '잠'과 '웃음'은 서술성이 없으므로 그 앞에 부사어가 쓰일 수 없고, 그 대신 '깊은, 큰'처럼 명사를 수식하는 관형어가 올 수 있다.

3. 관형사형 전성 어미의 시제

시제	어미	동사 용례	형용사 용례
과거	-(으)ㄴ(동사), -던(형용사)	온 손님	예쁘던 그 선녀
과거(회상)	-던	오던 손님	예쁘던 그 선녀
현재	-는(동사), -(으)ㄴ(형용사)	오는 손님	예쁜 그 선녀
미래(추측)	-(으)ㄹ	올 손님	예쁠 그 꽃

(3) 규칙 활용

① 어간과 어미가 결합하는 과정에서 어간이나 어미 모두 형태 변화가 없는 활용을 말한다.

ᄋᆌ 먹+어 → 먹어, 먹+고 → 먹고 / 입+어 → 입어, 입+고 → 입고

② 형태 변화가 있어도 보편적 음운 규칙으로 설명되는 활용은 규칙 활용으로 인정한다.

구분	내용(조건)	용례
모음 조화	어미 '-아/-어'의 교체	잡아, 먹어
어간 'ㄹ' 탈락	어간의 끝소리 'ㄹ'이 'ㄴ, ㄹ, ㅂ, ㅅ, 오' 앞에서 규칙적으로 탈락	• 살다: 사니, 살, 삽니다, 사시오, 사오 • 울다: 우는, 울, 웁니다, 우시오, 우오 • 놀다: 노는, 놀, 놉니다, 노시오, 노오
어간 모음 'ㅡ' 탈락	어말 어미 '-아/-어'로 시작되는 어미 및 선어말 어미 '-었-' 앞에서 규칙적으로 탈락	• 쓰다: 써 / 모으다: 모아 • 담그다: 담가 / 아프다: 아파 • 우러르다: 우러러 / 따르다: 따라
구세직 배게 모음 '으'* 첨가	('ㅌ' 이외의 지음으로 끝난 이간) ㅣ으ㅣ ('-ㄴ, -ㄹ, -오, -ㅁ, -시-' 등의 어미)	• 잡-+-ㄹ → 잡을 • 먹-+-ㄴ → 먹은

(4) 불규칙 활용

어간과 어미의 기본 형태가 유지되지 않고 보편적 음운 규칙으로 설명할 수도 없는 활용을 '불규칙 활용'이라고 한다. 어간이 바뀌는 불규칙과 어미가 바뀌는 불규칙, 어간과 어미가 모두 바뀌는 불규칙으로 구분할 수 있다.

① 어간이 바뀌는 경우

구분	내용(조건)	용례		규칙 활용 예
		동사	형용사	
'ㅅ' 불규칙	'ㅅ'이 모음 어미 앞에서 탈락	잇-+-어 → 이어 짓-+-어 → 지어 붓-+-어 → 부어[注] 낫-+-아 → 나아[癒]	낫-+-아 → 나아[勝, 好]	벗어, 씻어, 솟으니
'ㄷ' 불규칙	'ㄷ'이 모음 어미 앞에서 'ㄹ'로 바뀜	듣-+-어 → 들어 걷-+-어 → 걸어[步] 묻-+-어 → 물어[問] 깨닫-+-아 → 깨달아 싣-+-어 → 실어[載] 붇-+-어 → 불어	없음	묻어[埋], 얻어[得]
'ㅂ' 불규칙	• 'ㅂ'이 모음 어미 앞에서 '오/우'로 바뀜 • '돕-', '곱-'만 '오'로 바뀌고 나머지는 모두 '우'로 바뀜	돕-+-아 → 도와 눕-+-어 → 누워 줍-+-어 → 주워 굽-+-어 → 구워[燔]	곱-+-아 → 고와 덥-+-어 → 더워	굽어[曲], 잡아, 뽑으니
'ㄹ' 불규칙	'르'가 모음 어미 앞에서 'ㄹㄹ' 형태로 바뀜	흐르-+-어 → 흘러 이르-+-어 → 일러[謂] 가르-+-아 → 갈라[分] 나르-+-아 → 날라	빠르-+-아 → 빨라 배부르-+-어 → 배불러 이르-+-어 → 일러[早]	따라, 치러, 우러러
'우' 불규칙	'우'가 모음 어미 앞에서 탈락	푸-+-어 → 퍼	없음	주어(줘), 누어(눠), 꾸어(꿔)

② 어미가 바뀌는 경우

구분	내용(조건)	용례		규칙 활용 예
		동사	형용사	
'여' 불규칙*	'하-' 뒤에서 어미 '-아'가 '-여'로 바뀜	공부하-+-아 → 공부하여 일하-+-아 → 일하여	상쾌하-+-아 → 상쾌하여 따뜻하-+-아 → 따뜻하여	먹어, 잡아
'러' 불규칙	어간이 '르'로 끝나는 일부 용언에서 '으'가 탈락하지 않고 어미 '-어'가 '-러'로 바뀜	이르[至]-+-어 → 이르러 (이것뿐임)	노르[黃]-+-어 → 노르러 누르[黃]-+-어 → 누르러 푸르-+-어 → 푸르러 (오직 이 세 개만 있음)	치러
'오' 불규칙	'달다'의 명령형 어미가 '-오'로 바뀜	달-+-아라 → 다오	없음	주어라

③ 어간과 어미가 모두 바뀌는 경우

구분	내용(조건)	용례		규칙 활용 예
		동사	형용사	
'ㅎ' 불규칙	'ㅎ'으로 끝나는 어간에 '-아/-어'가 오면 어간의 일부인 'ㅎ'이 없어지고 어미도 바뀜	없음	하얗-+-아서 → 하얘서 파랗-+-아 → 파래	좋아서, 낳아서

* '여' 불규칙
'하다'와 '-하다'로 끝난 모든 용언에 해당한다.

■ '너라' 불규칙 활용 삭제

내용 (조건)	용례		규칙 활용 예
	동사	형용사	
명령형 어미 '-아라/-어라'가 '-너라'로 바뀜	오-+ -아라 → 오너라	없음	먹어라, 잡아라

2017년에 '오다'에 명령형 종결 어미 '-너라', '-아라', '-거라'가 모두 올 수 있는 것으로 『표준국어대사전』을 수정하면서 '너라' 불규칙 활용이 폐지되었다.

4 수식언: 관형사, 부사

문장에서 체언이나 용언 등을 꾸며 주는 단어의 갈래를 '수식언'이라고 한다. 관형사와 부사가 이에 해당한다.

1. 관형사

체언 앞에 놓여서 체언을 꾸며 주는 기능을 하는 단어의 묶음을 '관형사'라고 한다.

(1) 특징
① 주로 명사를 꾸며 준다.
② 문장 안에서 관형어로만 쓰인다.
③ 관형사가 나란히 놓일 때는 뒤의 관형사를 꾸미는 것처럼 보이나, 궁극적으로는 뒤따르는 명사를 꾸민다.
　　예 저 모든 새 책상
④ 불변어이고, 조사와 결합할 수 없다.
　　예 새 옷 / *새가 옷, *새를 옷

(2) 분류
관형사는 고유어로 된 것과 한자어로 된 것이 있으며, 의미를 기준으로 성상 관형사, 지시 관형사, 수 관형사로 나눌 수 있다.

구분	내용
성상 관형사	① 개념: 체언의 성질, 상태가 어떠한지 꾸며 주는 구실을 하는 관형사 　예 새, 헌, 옛, 첫, 한, 온갖 ② 종류 　| 고유어계 | 온갖, 새, 헌, 온, 뭇, 옛, 첫, 한, 외딴, 갖은, 허튼, 웬 | 　| 한자어계 | 순(純), 주(主), 약(約) |
지시 관형사	① 개념: 어떤 대상을 가리키는 관형사 　예 이, 그, 저, 이런, 그런, 저런, 무슨, 어느, 아무, 다른[他] ② 발화 현장이나 문장 밖에 존재하는 대상을 가리킨다. 　예 • 틀림없이 저 아이가 가져갔을 거야. (발화 현장에 존재하는 아이 지칭) 　　• 그 사람들도 그렇게 생각합니다. (문장 밖에 존재하는 사람 지칭)

수 관형사		① 개념: 수량을 나타내는 관형사 예 한, 두, 세(석), 네(넷), 다섯, 첫째, 둘째, 여러, 모든, 몇 ② 종류	

양수	정수	한, 두, 세(석, 서), 네(넉, 너), 다섯(닷), 여섯(엿), 일곱, 여덟, 아홉, 열, 스무
	부정수	한두, 두세, 서너, 너댓, 몇몇, 여러, 모든
서수	정수	첫, 첫째, 둘째, 셋째, 제일(第一), 제이(第二)
	부정수	한두째, 두어째, 여남은째

2. 부사

주로 용언 앞에 놓여서 뒤에 오는 용언이나 문장 등을 수식하여 그 의미를 더욱 분명히 해 주는 단어의 묶음을 '부사'라고 한다.

(1) 특징

① 불변어이며, 시제나 높임 표시를 못한다.
② 격 조사를 취할 수 없으나, 보조사는 취할 수 있다.
 예 • 올 겨울은 너무도 춥다.
  • 세월이 참 빨리도 간다.
③ 용언을 한정하는 것이 주기능이지만, 부사, 관형사, 체언, 문장 전체를 수식하기도 한다.
 예 • 다행히 산불이 진압되었다. (문장 전체 수식)
  • 1등은 바로 나! (체언 수식)
④ 자리 이동이 비교적 자유롭다.

(2) 분류

부사는 일반적으로 문장에서의 역할에 따라 성분 부사와 문장 부사로 나눌 수 있다.

① 성분 부사: 문장의 특정한 성분을 수식하는 부사로 성상 부사, 지시 부사, 의성 부사, 의태 부사, 부정 부사가 있다.

 ㉠ 성상 부사: 상태나 정도가 어떠한지 꾸미는 부사이다.

상태	빨리, 갑자기, 깊이, 많이, 펄쩍
정도	매우, 퍽, 아주, 너무, 잘, 거의, 가장

 ㉡ 지시 부사: 발화 현장을 중심으로 장소나 시간 및 앞에 나온 이야기의 내용을 지시하는 부사이다.

처소	이리, 그리, 저리, 이리저리, 요리조리
시간	오늘, 어제, 일찍이, 장차, 언제, 아까, 곧, 이미, 바야흐로, 앞서, 문득, 난데없이, 매일

 ㉢ 의성 부사: 사람이나 사물의 소리를 흉내 내는 부사이다.
  예 철썩철썩, 콸콸, 도란도란, 쾅쾅, 땡땡
 ㉣ 의태 부사: 사람이나 사물의 모양이나 움직임을 흉내 내는 부사이다.
  예 살금살금, 뒤뚱뒤뚱, 느릿느릿, 울긋불긋, 사뿐사뿐, 옹기종기, 깡충깡충
 ㉤ 부정 부사: 꾸밈을 받는 동사나 형용사의 내용을 부정하는 부사로, '못, 안(아니)'이 있다.
  예 오늘 학원에 못 갔다. / 오늘 학원에 안 갔다.

② **문장 부사**: 문장 전체를 꾸며 주는 부사로, 양태 부사와 접속 부사로 나뉜다.

　㉠ **양태 부사**: 말하는 이의 마음먹기나 태도를 표시하는 부사로, 문장 전체에 대한 판단을 내리는 기능을 한다. 문장의 첫머리에 오는 것이 일반적이다. 양태 부사는 그 의미에 상응하는 어미와 호응을 이루는데, 단정은 평서형, 의혹은 의문형, 희망은 명령문이나 조건의 연결 어미와 호응을 이룬다.

기능	형태	용례
사태에 대한 믿음, 서술 내용을 단정할 때	과연, 정말, 실로, 물론 등	과연 그분은 위대한 정치가였다.
믿음이 의심스럽거나 단정을 회피할 때	설마, 아마, 비록, 만일, 아무리	설마 거짓말이야 하겠느냐?
희망을 나타내거나 가상적 조건 아래에서 일이 이루어지기를 바랄 때	제발, 부디, 아무쪼록 등	제발 비가 조금이라도 왔으면 좋겠는데.

　㉡ **접속 부사**: 단어와 단어, 문장과 문장을 이어 주면서 뒤의 말을 꾸며 주는 부사이다. '그리고, 그러나, 혹은, 및' 등이 있다.

단어 접속	연필 또는 볼펜을 사야겠다.
문장 접속	지구는 돈다. 그러나 아무도 그것을 믿지 않았다.

더 알아보기 | **체언 수식 부사**

'바로, 오직, 다만, 단지, 특히, 겨우, 아주' 등은 주로 용언을 수식하는 기능을 하지만 체언을 수식하기도 한다. 그래서 이들을 관형사로 볼 수도 있겠으나 일반적으로 부사로 인정하면서 체언 수식의 기능을 한다고 본다.

용언 수식	체언 수식
• 그 사람은 바로 떠났다. • 친구를 사귈 때는 특히 조심해라. • 우리는 저녁이 되어서야 겨우 도착했다. • 그 영화는 아주 재미있었다.	• 내가 원하는 것이 바로 그것이다. • 다른 때보다 차가 많이 밀리는 때는 특히 퇴근 시간이다. • 겨우 셋이 회의에 참석했다. • 그는 그 동네에서 아주 부자이다.

---

5 독립언: 감탄사

문장 속의 다른 성분에 얽매이지 않고 독립성이 있는 단어를 묶어 '독립언'이라고 한다. 독립언 중 '감탄사'는 화자의 부름, 대답, 느낌, 놀람 등을 나타내는 데 쓰이면서, 다른 성분들에 비하여 비교적 독립성이 있는 말이다.

(1) 특징

① 불변어이며, 문장 내에서 위치가 자유롭다. 다만, 대답하는 말은 문장의 첫머리에만 놓인다.

　　🏳 • 남편이 어니 어딘헨가?
　　　• 실직자 수당이라든가 뭐 그런 게 충분하면 좋으련만.

② 조사와 결합하지 않는다. 호격 조사가 붙어 상대를 부르는 표현은 감탄사가 아니다.

③ 독립성이 강해 감탄사 하나로 문장을 이룰 수 있다.

(2) 분류

구분	기능	예
감정 감탄사	• 상대방을 의식하지 않고 감정을 표출하는 감탄사 • 기쁨, 성냄, 슬픔, 한숨, 놀라움 등을 나타냄	허허, 에끼, 아이고, 후유, 에구머니, 아뿔싸 등
의지 감탄사	• 상대방을 의식하며 자기의 생각을 표시하는 감탄사 • 단념, 독려, 부름, 긍정, 부정 및 의혹 표시 등을 나타냄	• 아서라, 자, 여보, 여보세요, 이봐(상대방에게 어떻게 행동할 것을 요구) • 응, 네, 그래, 천만에(상대방의 이야기에 대해 긍정이나 부정 혹은 의혹을 표시)
기타	입버릇이나 더듬거리는 의미 없는 소리	뭐, 어디, 어, 아, 에, 에헴

출제 예상지문 **품사 통용과 품사 전성**[16]

'지시 관형사, 지시 부사'는 '지시'라는 의미 및 형태 측면에서 '지시 대명사'와 유사점을 갖는다. '수 관형사'와 '수사'도 그러하다. 이 경우 아래에서처럼 '대명사'와 '수사'는 체언이므로 조사와의 결합이 가능한 반면 관형사와 부사는 조사와 결합되지 않는다는 점을 근거로 각 품사를 구분할 수 있다.

(1) ㄱ. <u>이</u>는 우리가 생각하던 바입니다.(지시 대명사)
　　ㄴ. <u>이</u> 나무는 모양새가 아주 좋군요.(지시 관형사)
(2) ㄱ. 야구를 좋아하는 사람 <u>다섯</u>이 모였어요.(수사)
　　ㄴ. 야구를 좋아하는 <u>다섯</u> 사람이 모였어요.(수 관형사)
(3) ㄱ. <u>여기</u>에 물건을 놓아라.(지시 대명사)
　　ㄴ. 물건을 <u>여기</u> 놓아라.(지시 부사)

위처럼 기능을 중심으로 품사를 구분하였지만 두 유형 간의 의미적 특성이나 형태 특면의 유사성은 설명될 필요가 있다. 두 가지 방식의 설명이 가능하다.

첫째, '품사 통용'으로 보는 방법이다. 동일한 형태의 한 단어가 문법적 환경에 따라 다른 품사적 기능을 한다는 것이다. 둘째, '품사 전성'으로 보는 방법이다. 둘 중 어느 하나에서 '영파생*'을 통해 다른 품사로 전성된 것이라고 보는 것이다. 후자의 관점에서 보면 위 예는 비록 형태는 같지만 각기 다른 품사의 다른 단어가 된다. 학교 문법에서는 전자의 입장에 서 있는 것으로 이해된다. 단어의 형성 체계에서 '영파생'을 고려하지 않기 때문이다. 만약 그러한 입장이라면 '내가 찾은 사람은 바로 [너]야.'의 경우 부사의 체언 수식 기능에 대해 또 다른 해석 가능성이 있을 수 있겠다. 즉 단어 '바로'가 부사로서의 기능과 관형사로서의 기능으로 통용되는 것으로 이해하는 방식이다.

*영파생

접사가 결합하지 않고 새로운 단어를 만듦. '띠'에서 파생한 '띠다', '품'에서 파생한 '품다' 따위이다. 품사를 바꾸는 데 필요한 접사가 없다는 점에서 특수 파생어로 볼 수 있다.

04 통사론

단권화 MEMO

01 문장

생각이나 감정을 완결된 내용으로 표현하는 최소의 언어 형식을 '문장'이라고 한다.

1 문장의 특징

① 문장은 주어와 서술어를 갖추는 것을 기본 원칙으로 한다. 단, 문맥에 따라 생략할 수도 있다.
> 예 • 저 코스모스가(주어부) / 아주 아름답다(서술부)
> • 불이야! (서술어 단독 구성)

② 문장은 의미상으로는 완결된 내용을 갖추고, 구성상으로는 주어와 서술어의 관계를 갖추며, 형식상으로는 문장이 끝났음을 나타내는 표지가 있다.
③ 문장은 형식 면에서 구성 요소가 질서 있고 통일되게 유의적으로 배열되어야 한다.
④ 문장을 구성하는 문법 단위로는 어절, 구, 절이 있다. 최소 자립 단위인 단어는 문장의 문법 단위에 해당하지 않는다.

2 문장을 구성하는 기본적인 문법 단위

(1) 어절
① 문장을 구성하는 기본 문법 단위이다.
② 띄어쓰기 단위와 일치한다.
③ 조사나 어미와 같이 문법적인 기능을 하는 요소들이 앞의 말에 붙어 한 어절을 이룬다.
> 예 영수가 집에서 밥을 먹는다. (4어절)

(2) 구
① 중심이 되는 말과 그것에 딸린 말들의 묶음이다.
② 두 개 이상의 어절이 모여 하나의 단어와 동등한 기능을 한다.
③ 주어와 서술어의 관계를 가지지 못한다.
④ 종류

구분	내용	용례
명사구	관형사+체언, 체언+접속 조사+체언	• 새 차가 좋다. • 철수와 민수가 만났다.
동사구	부사+동사, 본동사+보조 용언	• 그는 문 쪽으로 빨리 달렸다. • 음식을 먹어 본다.

■ 문장의 구성
문장은 주어부와 서술부로 나뉜다.
┌ 주어부: 주어와 그에 딸린 부속 성분
└ 서술부: 서술어와 그에 딸린 목적어, 보어 등의 성분

형용사구	부사+형용사, 본형용사+보조 용언	• 봄인데도 오늘은 매우 춥다. • 일이 좀 적었으면 싶다.
관형사구	부사+관형사, 관형사+접속 부사+관형사	• 이 교재는 아주 새 책이다. • 이 그리고 저 사람이 했다.
부사구	부사+부사, 부사+접속 부사+부사	• 그는 매우 빨리 친해졌다. • 너무 그리고 자주 전화를 했다.

(3) 절

① 어떤 문장의 한 성분 노릇을 하는 문장이다.

② 주어와 서술어의 관계를 가지는 단위를 설정할 수 있다는 점에서 구와 구별되고, 더 큰 문장 속에 들어가서 전체 문장의 일부분으로 쓰인다는 점에서 문장과 구별된다.

③ 종류

구분	내용	용례
명사절	문장+명사형 어미 '-(으)ㅁ/-기'	나는 철수가 학생임을 알았다.
서술절	이중 주어문의 끝 문장	철수가 키가 크다.
관형절	문장+관형사형 어미 '-(으)ㄴ/-는/-은/-던/-(으)ㄹ'	너는 마음이 예쁜 사람을 만나라.
부사절	문장+부사 파생 접미사 '-이'	철수가 말이 없이 집에 갔다.
인용절	인용 문장+직·간접 인용 조사 '하고/라고/고'	철수가 아기가 귀엽다고 말했다.

02 문장 성분

문장 안에서 문장을 구성하면서 일정한 문법적인 기능을 하는 각 부분을 '문장 성분'*이라고 한다. 문장 성분에는 주성분, 부속 성분, 독립 성분이 있다.

1 주성분: 주어, 서술어, 목적어, 보어

(1) 주어

주어는 문장에서 동작이나 작용, 상태, 성질의 주체를 나타내는 문장 성분으로, '무엇이', '누가'에 해당한다. 주어는 체언이나 체언 구실을 하는 구나 절에 '이/가', '께서' 등이 붙어 나타나는데, 주격 조사가 생략될 수도 있고 보조사가 붙을 수도 있다.

① 체언+주격 조사(이/가, 께서, 에서)

| 체언, 명사구, 명사절, 문장+'이/가' | • 순옥이가 공부를 한다.
• 새 책이 좋다.
• 마음이 곱기가 비단 같다.
• 정아가 합격할 것인가가 문제이다. |

높임 명사+'께서'	아버지께서 외국에 나가셨다.
단체(무정 명사)+'에서'	교육부에서 임용 고사를 주관한다.

② 체언+보조사

　　㉠ 체언 뒤에 주격 조사 대신 보조사가 결합하여 주어를 실현할 수 있다.

　　　예 나는 빵을 좋아해. 너도 그러니?

　　㉡ '체언+보조사' 뒤에 주격 조사가 다시 결합할 수도 있다.

　　　예 너만이 옳다고 생각하지 마.

③ 이중 주어문*: 서술어는 하나인데 주어가 겹쳐 사용되는 경우이다.

　　예 선생님은 키가 크시다.

*이중 주어문

주어가 2개 이상인 문장을 가리키는 말로, 서술절을 안은문장이 이에 해당한다. 그러나 이들 문장을 이중 주어문으로 규정짓는 것에 대해서는 아직 논란이 있다.

(2) 서술어

서술어는 주어를 동사(어찌하다), 형용사(어떠하다), 체언+서술격 조사 '이다'(무엇이다)로 나타내는 문장 성분이다. 즉, 서술어는 주어의 동작이나 작용, 상태, 성질 등을 풀이하는 기능을 한다.

① 서술어의 성립

용언의 기본형과 활용형	• 철수가 밥을 먹다. • 하늘이 맑고 푸르다.
서술격 조사 '이다'의 사용	이것은 책이다.
본용언+보조 용언	본용언과 보조 용언이 결합된 형태는 하나의 서술어로 보며, 용언은 두 개로 인정한다. 예 그녀는 웃고 있다. / 정미는 물을 마시고 있다.

② 서술어의 자릿수: 서술어는 그 성격에 따라서 필요로 하는 문장 성분의 개수가 다른데, 이를 '서술어의 자릿수'라고 한다. 한 문장 안에서 서술어가 요구하는 문장 성분은 '주어, 목적어, 보어, 필수적 부사어'이다. 서술어의 자릿수에 따라서 나머지 필수 성분들이 결정되기 때문에 주성분으로서 서술어의 중요성이 크다고 할 수 있다.

(3) 목적어

타동사가 쓰인 문장에서 그 동작의 대상이 되는 문장 성분을 '목적어'라고 한다. 체언에 목적격 조사 '을/를'이 붙는 것이 일반적이나, 때로 '을/를'이 생략될 수도 있다. 또한 '을/를'이 생략되는 대신에 특정한 의미를 더하여 주는 보조사가 붙기도 한다.

체언+목적격 조사(을/를)	나는 맥주를 마신다.
명사 상당 어구(명사구, 명사절, 문장 등) +목적격 조사(을/를)	• 언제나 그 담배를 피운다. • 나는 그녀가 꼭 합격하기를 바란다.
체언+보조사, 체언+보조사+목적격 조사	• 이 선생님은 그림도 잘 그린다. • 그는 술만을 좋아한다.
한 문장에 목적어가 두 개 이상 나타나는 경우, 둘 중 하나를 다른 성분으로 바꾸거나 어느 한 목적어의 조사를 생략하는 것이 일반적	• 그가 책을 나를 주었다. → 그가 책을 나에게(부사어) 주었다. • 나는 조카에게 용돈을 만 원을 주었다. → 나는 조카에게 용돈 (조사 생략) 만 원을 주었다.

(4) 보어

서술어 '되다, 아니다'가 필수적으로 요구하는 문장 성분을 '보어'라고 한다.

체언+보격 조사 '이/가'+되다/아니다	물이 얼음이 되었다.
체언+보조사 '만, 은/는, 도'+되다/아니다	물이 얼음은 아니다.

2 부속 성분: 관형어, 부사어

(1) 관형어

① 관형어의 특징

    ㉠ 체언으로 실현되는 주어, 목적어 앞에서 이들을 꾸미는 문장 성분을 말한다.

    ㉡ 의존 명사는 자립할 수 없으므로 의존 명사가 쓰인 문장에는 관형어가 반드시 나타난다. 즉, 관형어는 부속 성분이지만 의존 명사 앞에는 반드시 필요하므로 항상 수의적이라고 할 수 없다.

        ⑩ 먹을 것이 필요하다.

    ㉢ 관형어 뒤에 체언으로 된 관형어가 쓰이는 경우 피수식어의 범위가 중의성을 갖게 되므로 쉼표 등을 사용하여 중의성을 없애야 한다.

        ⑩ 아름다운, 친구의 동생을 만났다. (친구의 동생이 아름답다는 의미)

② 관형어의 성립

관형사	철수가 새 책상을 샀다.
체언+관형격 조사 '의'	나의 소원은 비밀이다.
체언 자체(관형격 조사 생략)	철수 동생
용언의 어간+관형사형 어미 '-(으)ㄴ, -는, -(으)ㄹ, -던'	자는 사람 깨우지 마라.

(2) 부사어

① 부사어의 특징

    ㉠ 서술어의 의미가 분명하게 드러나도록 서술어를 꾸며 주는 문장 성분이다.

    ㉡ 보조사와 비교적 자유롭게 결합한다.

        ⑩ 저 개는 빨리도 뛴다.

    ㉢ 자리 옮김이 비교적 자유롭고, 문장 부사어가 성분 부사어보다 자리 옮김이 더 자유롭다.

        ⑩ • 영숙이가 역시 시험에 합격했어.

            • 역시 영숙이가 시험에 합격했어.

            • 영숙이가 시험에 역시 합격했어.

    ㉣ 부사어가 다른 부사어, 관형어, 체언을 꾸밀 때와 부정 부사일 때에는 자리 옮김이 불가능하다. 자리 옮김을 하면 꾸미는 대상이 달라지기 때문이다.

        ⑩ • 겨우 하나 끝낸 거니? ('하나'를 한정)

            • 하나 겨우 끝낸 거니? ('끝내다'를 한정)

    ㉤ 부사어는 수의적 성분이다. 그러나 서술어 중 일부는 부사어를 반드시 요구하는 경우가 있는데, 이런 부사어를 '필수적 부사어'라고 한다. 필수적 부사어는 문장의 필수 성분이 된다.

■ 부사어의 종류
• 성분 부사어: 특정한 성분 하나만을 수식하는 부사어(아주, 어서, 너무, 매우, 많이, 참 등)

  ⑩ 발이 너무 아프다.

• 문장 부사어: 문장 전체를 수식하는 부사어(과연, 다행스럽게도, 확실히, 의외로, 그러나, 부디, 설마 등)

  ⑩ 다행스럽게도 많이 다치지 않았다.

② 부사어의 성립

부사 (지시 부사, 성상 부사, 양태 부사, 부정 부사 등)	바다가 매우 푸르다.
부사절	그 아이가 재주가 있게 생겼다.
체언+부사격 조사	철수가 집으로 갔다.
부사+보조사	우리 많이도 먹었다.
용언의 부사형	학교에서 얌전하게 있어라.

더 알아보기 　부사어

1. 필수적 부사어
　① 개념: 서술어의 특성에 따라 필수적으로 요구되는 부사어를 말한다.
　② 실현: 수의적 부사어가 파생 부사(많이, 일찍이)나 순수 부사(꼭)로 이루어져 있는 데 비하여, 필수적
　　부사어는 부사격 조사 '와/과, 로, 으로, 에게'와 결합한다.
　　　• 두 자리 서술어: 생기다, 같다, 비슷하다, 닮다, 다르다, 마주치다, 부딪치다, 싸우다 등
　　　예 • 그는 집으로 향했다.
　　　　　• 피밍은 고추와 다르다.
　　　　　• 그놈 멋지게 생겼네.
　　　• 세 자리 서술어: 주다, 삼다, 넣다, 두다, 얹다 등
　　　예 • 아버지는 그 아이를 수양딸로 삼으셨다.
　　　　　• 소라가 나래에게 선물을 주었다.

2. '바로'의 품사와 성분

> ① 바로 오너라.
> ② 그건 바로 너의 책임이다.

　① '바로 오너라.'의 '바로'는 용언 '오다'를 수식하므로 부사이고 부사어이다.
　② '그건 바로 너의 책임이다.'의 '바로'는 원래 부사로 쓰이는 것이 체언 '너'를 수식하고 있으나, 학교 문
　　법에서는 이를 체언 수식 부사로 보고 부사어로 처리한다.

---

3 독립 성분: 독립어

문장의 어느 성분과도 직접적인 관련이 없는 문장 성분으로, 생략해도 문장이 성립한다.

감탄사	• 어머나, 벌써 벚꽃이 피었네. • 에구머니나, 지갑을 놓고 왔네.
체언+호격 조사	• 임금님이시여, 자비를 베풀어 주소서. • 영표야, 밥 먹으러 가자.
제시어나 표제어	돈, 이것이 인생의 모든 것일까?

출제 예상지문 　모든 '을/를'이 목적격 조사인가?[17]

　현행의 학교 문법과 같이 '을/를'을 무조건 목적격 조사라고 하는 것은 무리가 있다. 왜냐하면 '주다'
는 '명수는 선물을 진영이에게 주었다.'처럼 일반적으로 목적어와 필수적 부사어를 요구하는 서술어인
데, '명수는 선물을 진영이를 주었다'에서는 목적어 두 개를 요구하는 서술어라고 해야 하기 때문이다.
　다음 예문에서도 '잡다'라는 타동사가 왜 목적어를 두 개 가지게 되는지를 합리적으로 설명할 수 있어
야 한다.

　ㄱ. 슬기는 지혜를 손목을 잡았다.

　위 예문에서 '손목을'을 목적어로 보는 까닭은 오로지 외형적으로 목적격 조사 '을/를'이 쓰였기 때문
이지, '지혜를'과 '손목을'이 둘 다 목적어라는 것을 입증할 다른 방법이 없다. (ㄱ)의 '손목을'을 목적어

로 보기 어렵다는 점은, 이 문장을 피동문으로 만들어 볼 때 분명하게 드러난다.

   ㄴ. 지혜가 슬기에게 손목을 잡혔다.
   ㄷ. *손목이 슬기에게 지혜를 잡혔다.

  현행의 학교 문법에서 목적어가 두 개 나타나는 것으로 간주하는 (ㄱ)을 피동문으로 변환시킬 때, (ㄷ)처럼 '손목을'은 피동문의 주어가 될 수 없으며, (ㄴ)처럼 '지혜를'만 피동문의 주어가 될 수 있다. 물론 (ㄴ)에서도 '손목을'이 목적어라면 어떻게 자동사인 피동사가 목적어를 취할 수 있는가 하는 문제가 생긴다.

  따라서 우리는 예문 (ㄱ)이 '슬기는 지혜의 손목을 잡았다.'라는 문장과 깊은 관련이 있다고 본다. 이 문장은 슬기가 지혜의 손목을 잡았다는 중립적인 문장인데, 예문 (ㄱ)은 다른 사람의 손목이 아니라 바로 지혜의 손목이라는 점을 강조하기 위해 '지혜의 손목을'을 '지혜를 손목을'로 바꾸었다고 보며, 이때 '지혜를'을 목적어라고 본다.

  학교 문법에서는 '을/를'을 모두 다 목적격 조사로 보기 때문에, 아래의 '가다'를 (ㄹ)에서는 자동사로, (ㅁ)에서는 타동사로 처리한다. 표면적인 격 형태에 집착한 이러한 처리 방식으로 말미암아, (ㄹ)과 (ㅁ)의 구조적 연관성을 간과하고 있다. 그리하여 '가다'가 일반적으로는 자동사로 쓰이지만 (ㅁ)과 같은 특수한 경우에는 타동사로 쓰인다고 보는 것이다.

   ㄹ. 수진이는 학교에 갔다.
   ㅁ. 수진이는 학교를 갔다.

  이러한 문제점을 해결하기 위해서는 표면적인 격 조사의 형태에 집착하지 말고 '강조'의 의미를 지니는 경우에는 '을/를'을 보조사로 인정하는 것이 바람직하다고 본다.

03 문장의 짜임

1 홑문장과 겹문장

(1) 홑문장
주어와 서술어의 관계가 한 번만 나타나는 문장이다.

예 • 철수가 커피를 마신다.
  • 그녀가 결국 머리카락을 잘랐다.

(2) 겹문장
주어와 서술어의 관계가 두 번 이상 나타나는 문장이다. 겹문장은 다시 안은문장과 이어진문장으로 구분할 수 있다.

① 없어. → 홑문장
⇨ 온점(.)이 찍혔디는 것온 발화 중에 사용되었다는 뜻이므로 문장으로 인정할 수 있다.
② 누가 그런 일을 한다고 그래? → 겹문장
⇨ '누가 그런 일을 한다' 전체가 하나의 절이고, 밖의 서술어 '그래'와 호응하는 생략된 주어(너는)를 상정할 수 있기 때문에 겹문장으로 인정할 수 있다.
③ 나는 나만의 삶을 나만의 방식으로 산다. → 홑문장
⇨ '산다'만이 서술어이고, '삶'은 파생 명사일 뿐이다. 주어는 '나는'이고, '나만의 삶을'이 목적어, '나만의 방식으로'는 부사어이다.
④ 꿈을 꾸자, 날개를 달자! → 겹문장
⇨ '꾸자', '달자' 두 개의 서술어가 있으므로 겹문장이다.

2 안은문장

■ 안은문장과 안긴문장
• 안은문장: 안긴문장을 포함한 문장
• 안긴문장: 홑문장이 다른 문장 속에 들어가 하나의 문장 성분처럼 쓰이는 것으로, 명사절, 관형절, 서술절, 부사절, 인용절 등이 있다.

다른 문장을 절의 형식으로 안고 있는 문장을 '안은문장'이라고 한다. 안은문장은 어떤 문장 성분(절)을 안았는지에 따라 다음과 같이 구분할 수 있다.

(1) 명사절을 안은문장

명사절은 절 전체가 문장에서 명사처럼 쓰이는 것으로, 주어, 목적어, 보어, 부사어 등의 기능을 한다. 명사절은 서술어에 명사형 어미 '-(으)ㅁ, -기'가 붙거나 관형사형 어미+의존 명사로 된 '-는 것'이 붙어서 만들어진다.

① '-(으)ㅁ' 명사절: 사건 완료의 의미를 나타내며, 어울리는 서술어로는 '알다, 밝혀지다, 드러나다, 깨닫다, 기억하다, 마땅하다' 등이 있다.
예 철수가 합격했음이 밝혀졌다. (주어 명사절)

② '-기' 명사절: 미완료의 의미를 나타내며, 어울리는 서술어로는 '바라다, 기다리다, 쉽다, 좋다, 나쁘다, 알맞다' 등이 있다.
예 나는 농사가 잘되기를 진정으로 빌었다. (목적어 명사절)

③ '-느냐/-(으)냐, -는가/-(으)ㄴ가, -는지/-(으)ㄴ지' 등의 종결 어미로 끝난 문장도 그대로 명사절로 쓰일 수 있다.
예 그들이 정말 그 일을 해내느냐가 관심거리였다.

④ '것' 명사절: 종결형으로 끝난 문장에 '-는 것'이 붙어서 되는 것과 관형사형으로 된 문장에 바로 '것'이 붙어서 되는 것이 있다.
예 • 세영이가 여수에 산다는 것은 거짓말이다.
• 그가 고향에 돌아간 것이 확실하다.

(2) 관형절을 안은문장

관형절은 절 전체가 문장에서 관형어의 기능을 하는 것으로, 관형사형 어미 '-(으)ㄴ, -는, -(으)ㄹ, -던'이 붙어서 만들어진다. 관형절은 길이와 성분의 쓰임에 따라 다음과 같이 구분할 수 있다.

① 길이에 따라

구분	내용	용례
긴 관형절	문장 종결형+관형사형 어미 '-는'	나는 그가 애썼다는 사실을 알았다.
짧은 관형절	용언의 어간+관형사형 어미 '-(으)ㄴ, -(으)ㄹ, -던'	나는 그가 애쓴 사실을 알았다.

② 성분의 쓰임에 따라

구분	내용	용례

관계 관형절	• 관형절의 수식을 받는 체언이 관형절의 한 성분이 되는 경우
	• 관형절 내 생략된 성분이 있음
		• 나는 극장에 가는 영수를 봤다.
		  → (영수가) 극장에 갔다: 주어 생략
		• 나는 영수가 그린 그림이 좋다.
		  → 영수가 (그림을) 그렸다: 목적어 생략

동격(대등) 관형절	• 관형절의 피수식어(체언)가 관형절의 한 성분이 아니라 관형절 전체의 내용을 받아 주는 관형절 • 안긴문장이 뒤의 체언과 동일한 의미를 가짐 • 관형절 내 생략된 성분이 없음	나는 순이가 합격했다는 소식을 들었다. → 소식 = 순이가 합격했다.

(3) 부사절을 안은문장

① 부사절은 절 전체가 문장에서 부사어의 기능을 하는 것으로, 서술어를 수식하는 기능을 한다.

② 보통 부사 파생 접미사 '−이'가 문장의 서술어 자리에 붙어 형성된다.

  예 철수가 말이 없이 집에 갔다.

③ 활용 어미 '−듯이, −게, −도록, −아서/−어서' 등이 붙어서 부사절을 이루기도 한다.

  예 • 호동이가 바람이 불듯이 뛰어갔다.　　• 그 건물은 옥상이 특별하게 꾸며졌다.
  　• 영표는 발에 땀이 나도록 뛰었다.　　• 길이 비가 와서 미끄럽다.

(4) 서술절을 안은문장

① 서술절은 절 전체가 서술어의 기능을 하는 것으로, 서술절을 안은문장은 서술어 1개에 주어가 2개 이상 나타난다. 즉, '주어＋(주어＋서술어)' 구성을 취한다. 따라서 이중 주어문으로 보기도 한다.

  예 영수는 키가 크다.

② 서술절은 그 속에 다시 다른 서술절을 가질 수 있다.

  예 코끼리가 코가 길이가 길다.

(5) 인용절을 안은문장

화자의 생각, 느낌, 다른 사람의 말 등을 인용한 것이 절의 형식으로 안기는 문장을 말한다. 인용절은 인용의 직접성 여부에 따라 직접 인용절과 간접 인용절로 구분할 수 있다.

① 직접 인용절: 주어진 문장을 그대로 직접 끌어오는 것을 말한다. 일반적으로 '라고'가 붙고 큰따옴표를 사용해 직접 인용한다.

  예 철수가 "아기는 역시 귀여워."라고 말했다.

② 간접 인용절

  ㉠ 끌어올 문장을 말하는 사람의 표현으로 바꾸어서 나타내는 것으로, '고'가 붙어서 이루어진다.

    예 철수는 영희가 학원에 간다고 말했다.

  ㉡ 서술격 조사 '이다'로 끝난 간접 인용절은 '(이)다고'가 아니라 '(이)라고'로 나타난다.

    예 철수가 이것이 책이라고 말했다.

이중 주어 문장은 주어가 두 개인가?[18]

국어의 특질 중의 하나로, 한 문장 안에 주어가 둘 이상 잇달아 나타나거나, 목적어가 잇달아 나타나는 점을 든다. 이런 섬은 다른 언어에서는 찾아보기 어려운, 국어가 지니는 아주 특별한 현상이다. 지금까지 국어학자들이 이중 주어(혹은 주격 충돌) 문제를 해결할 수 있는 여러 가지 방안을 제시해 왔다.

(1) 두 개의 주어 중에서 앞에 오는 것은 대주어이고, 뒤에 오는 것은 소주어라는 견해가 있다. '토끼는 앞발이 짧다.'에서 '토끼는'이 대주어이고, '앞발이'가 소주어이다.
(2) 두 개의 명사구 사이에 대소 관계가 존재한다고 보는 견해도 있다. 예를 들면 '토끼'와 '앞발' 사이에는 '전체-부분'의 관계가 있다는 것이다.
(3) 두 개의 주어가 나타나는 문장은 원래 기저에서는 주어가 하나뿐이라고 보는 견해도 있다. 즉 '하영이는 마음씨가 착하다.'는 '하영이의 마음씨가 착하다.'라는 문장에서, '토끼는 앞발이 짧다.'는 '토끼의 앞발이 짧다.'라는 문장에서 각각 도출된 것으로 보았다.
(4) 두 개의 주어 중 하나를 주제어로 보는 견해도 있다. 즉 '토끼는(주제어) 앞발이(주어) 짧다(서술어).'로 보기 때문에, 주어가 두 개 나타나는 구조가 아니라는 것이다. 겉으로 보기에는 주어가 두 개 나타나는 것 같지만, 실제로 한 문장의 주어는 한 개뿐이라고 설명하였다.
(5) 두 번째 주어와 서술어가 서술절을 이루고, 첫 번째 주어는 전체 문장의 주어라는 견해이다. 현행의 학교 문법에서는 이 견해를 따르고 있다.

위의 (1)~(4)는 이른바 이중 주어 문장을 홑문장으로 본 데 비해, 학교 문법에서 채택된 (5)는 겹문장으로 본다는 점에서 큰 차이가 있다.

3 이어진문장

둘 또는 그 이상의 홑문장이 이어지는 방법에 따라 대등하게 이어진문장과 종속적으로 이어진문장으로 나뉜다.

(1) 대등하게 이어진문장
① 이어지는 홑문장들의 의미 관계가 대등한 경우를 말한다.
② 의미상 대칭 구조를 이루므로, 앞 절과 뒤 절의 순서가 바뀌어도 의미가 달라지지 않는다.
  예 엄마는 라디오를 듣고, 아빠는 TV를 본다. = 아빠는 TV를 보고, 엄마는 라디오를 듣는다.
③ 대등하게 이어진문장에서 앞 절은 뒤 절과 '나열, 대조, 선택' 등의 의미 관계를 가지며, 대등적 연결 어미 '-고, -며'(나열), '-지만, -(으)나'(대조), '-든지'(선택) 등으로 나타난다.

구분	사용되는 어미	용례
나열	-고, -며	형은 집에 가고, 동생은 운동장에서 논다.
대조	-지만, -(으)나	비가 내렸지만 길이 미끄럽지 않다.
선택	-든지	자장면을 먹든지 짬뽕을 먹든지 어서 결정합시다. → 선택 관계는 연결 어미가 중첩되는 경우가 많다.

(2) 종속적으로 이어진문장
① 앞 절과 뒤 절의 의미 관계가 독립적이지 못하고 종속적인 경우이나.
② 앞 절과 뒤 절의 순서를 바꾸면 원래 문장의 의미와 달라지거나 어색해진다.
③ 종속적 연결 어미 '-(다)면'(조건), '-어(서)', '-(으)니(까)'(원인, 이유) 등으로 나타난다.

■ **종속적으로 이어진문장의 특징**
종속적으로 이어진문장에서는 앞 절이 뒤에 있는 절 속으로 이동하기도 한다. 또한 앞 절과 뒤 절에 같은 말이 있으면 그 말이 다른 말로 대치되거나 생략된다.
예 • 비가 와서 길이 미끄럽다. / 길이 비가 와서 미끄럽다.
  → 앞 절이 뒤에 있는 절 속으로 이동
• 철수는 열심히 공부했으므로 (그는) 시험에 합격을 했다.
  → '철수'를 '그'로 대치하거나 생략

구분	사용되는 어미	용례
조건	−(다)면, −(으)면	내가 일찍 일어나면 아버지께서 칭찬하신다.
원인, 이유	−아(서)/−어(서), −(으)니(까)	시간이 다 되어서 나는 일어났다.
	−(으)므로	열심히 공부했으므로 합격을 했다.
	−느라고	어제 공부하느라고 힘들었다.
양보	−아도/−어도, −더라도	아무리 시험이 어렵더라도 문제없다.
	−든지, −(으)나	누가 무엇을 하든지 신경을 쓰지 않는다.
	−거나, −(으)ㄴ들	네가 한들 무슨 수가 있겠니?
목적, 의도	−(으)러, −고자	공부를 하러 도서관에 간다.
	−(으)려고	책을 사려고 서점에 갔다.
미침	−게, −도록	공부하게 조용히 해라.
필연, 당위	−아야/−어야	산에 가야 범을 잡지.
전환	−다가	웃다가 울었다.
비유	−듯(이)	비 오듯이 땀이 흐른다.
더함	−(으)ㄹ수록	벼는 익을수록 고개를 숙인다.
동시	−자	까마귀 날자 배 떨어진다.
배경	−는데/−(으)ㄴ데	내가 집에 가는데, 저쪽에서 누군가 달려왔다.

04 문장의 표현

1 문장의 종결 표현

국어 문장의 종결 표현은 크게 평서문(−다), 의문문(−느냐, −냐), 명령문(−아라/−어라), 청유문(−자), 감탄문(−구나)으로 나눌 수 있다.

■ **종결 표현의 유형**
· 요구 사항 無: 평서문, 감탄문
· 요구 사항 有: 의문문, 명령문, 청유문

1. 평서문

화자가 청자에게 특별히 요구하는 바 없이 하고 싶은 말을 단순하게 진술하는 문장으로, 대표적으로 어미 '−다'를 붙여 종결한다.

(1) 특징

① 평서문은 일정한 상대 높임의 등분(해라체/하게체/하오체/하십시오체)이 있다.
② 평서문은 어떤 종결 어미로 종결되었더라도 간접 인용절로 안길 때에는 종결 어미가 모두 '−다'[서술격 조사 '이다'의 경우에는 '(이)라']로 바뀐다.

> 예 · 철수는 어제 시골에 다녀왔다. / 철수는 어제 시골에 다녀왔습니다. → 철수는 어제 시골에 다녀왔냐고 말했다.
> · 그것은 서랍이다. → 그것은 서랍이라고 말했다.

■ **약속을 표현하는 평서문**
'−(으)마', '−(으)ㅁ세'는 약속을 표현하는 평서문이다.
> 예 · 그 약속은 꼭 지키겠노라 맹세하마.
> · 체면을 걸고 약속함세.

(2) 평서형 어미의 종류

구분	격식체				비격식체	
	해라체	하게체	하오체	하십시오체	해체	해요체
유형	-다	-네	-오	-ㅂ니다	-아/-어	-아요/-어요
용례	한다	하네	하오	합니다	해	해요

2. 의문문

화자가 청자에게 질문하여 대답을 요구하는 문장을 말하며, 대표적으로 어미 '-느냐, -냐' 등에 의해 실현된다. 의문문이 간접 인용절로 안길 때에는 종결 어미가 '-느냐, -(으)냐'로 바뀐다.

예 철수가 멋있니? → 민지는 철수가 멋있냐고 물었다.

(1) 의문형 어미의 종류

구분	격식체				비격식체	
	해라체	하게체	하오체	하십시오체	해체	해요체
유형	-느냐, -니, -지	-나, -는가	-(으)오	-ㅂ니까	-아/-어, -(으)ㄹ까	-아요/-어요, -(으)ㄹ까요
용례	가느냐, 가니, 가지	가나, 가는가	가오	갑니까	가, 갈까	가요, 갈까요

■ 내용에 따른 의문문의 종류
• 확인 의문문: 내용의 확인을 위한 의문문
  예 너는 노래를 부르지 않았잖니?
    → 노래를 부르지 않았다는 사실을 알고 있음
• 부정 의문문: 부정에 의한 의문문
  예 너는 노래를 부르지 않았니?
    → (긍정) 네, 안 불렀어요.
      (부정) 아니요, 불렀어요.

(2) 의문문의 종류

① 설명 의문문: 어떤 사실에 대한 일정한 설명을 요구하는 의문문으로, 문장에 의문사가 포함되어 나타난다.
  예 • 점심밥 뭐 먹었니?
    • 그 친구를 얼마나 좋아하니?

② 판정 의문문: 단순히 긍정이나 부정의 대답을 요구하는 의문문으로, 문장에 의문사가 나타나지 않는다.
  예 • 점심밥 먹었니?
    • 장미꽃을 좋아하니?

③ 수사 의문문: 굳이 대답을 요구하지 않고 서술의 효과나 명령의 효과를 내는 의문문으로, 대표적으로 반어 의문문, 감탄 의문문, 명령 의문문이 있다.
  ㉠ 반어 의문문: 겉으로 나타난 의미와는 반대되는 뜻을 지니는 의문문으로, 강한 긍정 진술을 내포하는 것이 보통이다.
    예 너한테 피자 한 판 못 사 줄까? (사 줄 수 있다는 의미이다.)
  ㉡ 감탄 의문문: 감탄의 뜻을 지니는 의문문이다.
    예 얼마나 아름다운가? (매우 아름답다는 의미이다.)
  ㉢ 명령 의문문: 명령, 권고, 금지의 뜻을 지니는 의문문이다.
    예 빨리 가지 못하겠느냐? (빨리 가라는 의미이다.)

3. 명령문

화자가 청자에게 어떤 행동을 하도록 강하게 요구하는 문장으로, 대표적으로 어미 '-아라/ -어라'에 의해 실현된다.

(1) 특징

① 주어는 항상 청자가 되고 서술어로는 동사만 올 수 있으며, 시간 표현의 선어말 어미 '-었-, -더-, -겠-'을 사용하지 않는다.

② 명령문은 상대 높임법에 따라 의미가 조금씩 달라지는데, '해라체'에서는 '시킴'이나 '지시' 의 의미가 있고, '하게체' 이상에서는 '권고'나 '제의', 나아가 '탄원'의 의미로 해석될 때도 있다. 하지만, 간접 명령문에서는 단순한 '지시'의 의미만 나타난다.

③ 명령문은 어떤 종결 어미로 종결되었더라도 간접 인용절로 안길 때에는 종결 어미가 모두 '-(으)라'로 바뀐다.

> 예 물음에 알맞은 답의 번호를 골라라. → 물음에 알맞은 답의 번호를 고르라고 하셨다.

(2) 명령형 어미의 종류

구분	격식체				비격식체	
	해라체	하게체	하오체	하십시오체	해체	해요체
유형	-아라/-어라	-게	-오, -구려	-ㅂ시오	-아/어, -지	-아요/-어요, -지요
용례	풀어라	풀게	푸(시)오, 풀구려	푸십시오	풀어, 풀지	풀어요, 풀지요

(3) 명령문의 종류

① **직접 명령문**: 얼굴을 서로 맞대고 하는 일반적인 명령문으로, 어미 '-아라/-어라, -여라, -거라, -너라'와 결합하여 실현된다.

> 예 밥은 꼭 챙겨 먹어라.

② **간접 명령문**: 매체를 통해 이루어지는 특수한 명령문으로, 어미 '-(으)라'와 결합하여 실현 된다.

> 예 정부는 수해 대책을 시급히 세우라.

③ **허락 명령문**: 허락의 뜻을 나타내는 명령문으로, 어미 '-(으)려무나, -(으)렴'과 결합하여 실현된다. 단, 부정적인 말에는 쓰지 않는 것이 보통이다.

> 예 너도 먹어 보려무나. / *너도 실패해 보려무나.

④ **경계 명령문**: '-(으)ㄹ라'는 청자로 하여금 조심하거나 경계할 것을 드러내는 종결 어미이 다. 청자에게 명령하는 의미를 나타내고 있으므로 이 종결 어미를 사용한 문장도 명령문의 일종으로 볼 수 있다.

> 예 얘야, 넘어질라.

4. 청유문

화자가 청자에게 어떤 행동을 함께하도록 요청하는 문장으로, 대표적으로 어미 '-자'에 의해 실현된다.

(1) 특징

① 주어에는 화자와 청자가 함께 포함되고 서술어로는 동사만 올 수 있으며, 시간 표현의 선 어말 어미 '-었-, -더-, -겠-'을 사용하지 않는다.

② 청유형의 의미적 특성

　㉠ 화자가 청자에게 같이 할 것을 제안하는 의미가 있다. (가장 기본적 의미)

　　예 오늘 집에 같이 가자.

　㉡ 청자에게만 어떤 행위를 수행할 것을 제안하는 의미도 있다. 사실상 명령의 의미이지만 청유문의 형식을 사용하는 것이라고 할 수 있다.

　　예 (독서실에서 옆자리 친구가 떠드는 상황) 공부 좀 하자!

③ 청유문은 어떤 종결 어미로 종결되었더라도 간접 인용절로 안길 때에는 종결 어미가 모두 '−자'로 바뀐다.

　예 우리 함께 갑시다. → 우리 함께 가자고 제안했다.

(2) 청유형 어미의 종류

구분	격식체				비격식체	
	해라체	하게체	하오체	하십시오체	해체	해요체
유형	−자	−세	−ㅂ시다	−시지요	−아/−어	−아요/−어요
용례	하자	하세	합시다	하시지요	해	해요

5. 감탄문

화자가 청자를 별로 의식하지 않거나 거의 독백하는 상태에서 자기의 느낌을 표현하는 문장이다.

(1) 특징

① 감탄문이 간접 인용절로 안길 때에는 종결 어미가 모두 '−다'로 바뀐다.

　예 철수는 공부도 잘하는군! → 나는 철수가 공부도 잘한다고 말했다.

② '−어라(−어)' 감탄문: 주체가 화자이면서 서술어가 형용사일 때, 어미로 '−어라(−어)'가 쓰인다.

　예 아이고! 추워라! (추워!)

(2) 감탄형 어미의 종류

구분	격식체				비격식체	
	해라체	하게체	하오체	하십시오체	해체	해요체
유형	−구나, −어라	−구먼	−구려	−	−군, −어	−군요, −아요/어요
용례	춥구나, 추워라	춥구먼	춥구려	−	춥군, 추워	춥군요, 추워요

2 문장의 높임 표현

화자가 어떤 대상이나 청자에 대하여 그의 높고 낮은 정도에 따라 언어적으로 구별을 하여 표현하는 방식이나 체계를 말한다. 높임 표현은 문장 종결 표현, 선어말 어미 '−(으)시−', 조사 '께, 께서', 특수 어휘 '계시다, 드리다'와 같은 표현을 통해서 실현된다. 높임 표현은 높임의 대상이 누구냐에 따라 상대 높임법, 주체 높임법, 객체 높임법으로 구분할 수 있다.

```
                    문장의 높임 표현

    상대 높임법              주체 높임법              객체 높임법

    ┌──────────┐        ┌──────────┐
    │  격식체   │        │  직접 높임 │
    │  비격식체  │        │  간접 높임 │
    └──────────┘        │  압존법   │
                        └──────────┘
```

1. 상대 높임법

화자가 청자에 대하여 높이거나 낮추어 말하는 방법으로, 상대 높임법은 종결 표현으로 실현된다. 상대 높임법은 국어 높임법 중 가장 발달해 있으며, 크게 격식체와 비격식체로 나뉜다.

(1) 격식체

의례적 용법으로, 화자와 청자 사이의 심리적인 거리가 멀 때 사용한다.

(2) 비격식체

화자와 청자 사이의 심리적인 거리가 가까울 때 사용하거나 격식을 덜 차리는 표현으로 사용한다.

(3) 상대 높임법에 따른 문장 종결법

구분	격식체				비격식체	
	해라체 (아주 낮춤)	하게체 (예사 낮춤)	하오체 (예사 높임)	하십시오체 (아주 높임)	해체 (두루 낮춤)	해요체 (두루 높임)
평서법	한다	하네	하오	합니다	해	해요
의문법	하느냐, 하니	하나, 하는가	하오	합니까	해	해요
명령법	해라(하여라)	하게	하오	하십시오	해	해요
청유법	하자	하세	합시다	하시지요	해	해요
감탄법	하는구나	하는구먼	하는구려	–	해, 하는군	하는군요

(4) 명령법의 '하라체'

인쇄물의 표제나 군중의 구호 등과 같이 불특정 다수를 대상으로 명령을 할 때에는 높임과 낮춤이 중화된 '하라체'를 쓴다.

예 • 다음 글을 읽고 물음에 답하라.
   • 정부는 미세 먼지에 대한 대책을 세우라.

2. 주체 높임법

화자보다 서술어의 주체가 나이나 사회적 지위 등에서 상위자일 때, 서술어의 주체를 높이는 방법이다. 주체 높임 선어말 어미 '–(으)시–'를 붙여 높이며, 부수적으로 주격 조사 '이/가' 대신 '께서'가 쓰이기도 하고 주어 명사에 접사 '–님'이 덧붙기도 한다. 그리고 몇 개의 특수한 어휘 '계시다, 잡수시다, 주무시다, 편찮으시다, 돌아가시다'로 실현되기도 한다. 주체 높임법은 주체를 높이는 방식에 따라 직접 높임과 간접 높임으로 구분할 수 있다.

(1) 직접 높임

① 용언의 어간에 주체 높임 선어말 어미 '-(으)시-'가 붙어 문장의 주체를 높인다.

> 예 아버지께서 운동을 <u>하신다</u>.

② 주체가 말하는 이보다 낮아도 듣는 이보다 높으면 용언의 어간에 선어말 어미 '-(으)시-'를 붙일 수 있다.

> 예 (할머니가 손자에게) 이거 아버지가 <u>쓰시게</u> 가져다 드려라.

③ 특수 어휘를 사용하여 문장의 주체를 높인다.

> 예 할머니께서 댁에서 <u>주무신다</u>.

④ 조사 '께서', 접사 '-님'을 사용하여 문장의 주체를 높인다.

> 예 <u>아버님께서</u> 청소를 하셨다.

⑤ 객관적이고 역사적인 사실을 나타낼 때에는 선어말 어미 '-(으)시-'를 생략할 수 있다.

> 예 충무공은 뛰어난 <u>장군이다</u>.

(2) 간접 높임

주체와 관련된 대상을 통하여 주체를 간접적으로 높이는 것을 말한다. 높여야 할 대상의 신체 부분, 생활의 필수적 조건, 개인적인 소유물 등을 높임으로써 주체에 대한 관심과 친밀감을 표현하여 주체에 대한 높임을 나타낸다.

신체 부분에 의한 간접 높임	그분은 아직도 귀가 밝으십니다.
사물에 의한 간접 높임	그분은 시계가 <u>없으시다</u>.

> **더 알아보기   과도한 간접 높임**
>
> ① 주체 높임법은 선어말 어미 '-(으)시-'를 통해 실현되는 것이 일반적이나 몇 개의 특수한 어휘(계시다, 잡수시다 등)로 실현되기도 한다. 특히 '있다'의 주체 높임 표현은 '-(으)시-'가 붙은 '있으시다'와 특수 어휘 '계시다'를 사용하는 방법이 있는데, 이 둘의 쓰임이 같지 않다. 즉, '계시다'는 화자가 주체를 직접 높일 때 사용하고, '있으시다'는 주체와 관련된 대상을 통하여 주체를 간접적으로 높일 때 사용한다. 전자를 직접 높임, 후자를 간접 높임이라고 한다.
>
> > 예 • 어머니께서는 화장실에 있으시다. (×) / 어머니께서는 화장실에 <u>계신다</u>. (○)
> > → 주체를 직접 높이므로 직접 높임인 '계시다'를 사용한다.
> > • 선생님께서는 고민이 계시다. (×) / 선생님께서는 고민이 <u>있으시다</u>. (○)
> > → 주체인 '선생님'과 연관된 대상인 '고민'을 높이므로 간접 높임을 사용한다.
>
> ② 상품을 판매하는 상황에서 고객을 과하게 의식하여 쓰는 간접 높임은 잘못된 표현이다.
>
> > 예 • 주문하신 물건은 품절이십니다. (×) → 품절입니다. (○)
> > • 주문하신 물건은 사이즈가 없으십니다. (×) → 없습니다. (○)
> > • 주문하신 물건 나오셨습니다. (×) → 나왔습니다. (○)
> > • 주문하신 물건, 포장이세요? (×) → 포장해 드릴까요? (○)

(3) 압존법

문장의 주체가 말하는 이보다 높다 하더라도 듣는 이가 주체보다 높을 때에는 주체 높임 선어말 어미 '-(으)시-'를 쓸 수 없는 것을 말한다. 압존법은 주로 가정에서나 스승과 제자 사이에서 사용하고 직장에서는 사용하지 않는다. 또한 가족 이외의 사람에게 부모를 말할 때에는 언제나 높인다.

> 예 • 할머니, 어머니가 지금 왔어요. / 할머니, 어머니가 지금 왔습니다. (○)
> • 할머니, 어머니께서 지금 오셨습니다. (×)
> • 선생님, 저희 <u>할머니께서</u> 모자를 <u>만들어 주셨습니다</u>. (○)

■ **특수 어휘의 종류**

계시다, 잡수시다, 주무시다, 편찮으시다, 돌아가시다, 드시다, 진지, 댁 등

■ **'있다', '없다'의 높임 표현**

구분	있다	없다
직접 높임	계시다	안 계시다
간접 높임	있으시다	없으시다

3. 객체 높임법

객체 높임법은 서술어의 객체(목적어, 부사어)를 높이는 방법이다.

① 서술어의 객체를 높이는 특수 어휘, 그중 특수한 동사(여쭙다, 모시다, 뵙다, 드리다)를 사용한다.

> **예** 나는 아버지를 <u>모시고</u> 병원으로 갔다. (목적어 '아버지'를 높이고 있다.)

② 부사격 조사 '에게' 대신 '께'를 사용하기도 한다.

> **예** 나는 <u>선생님께</u> 과일을 드렸다.

더 알아보기   **높임법 사용 시 주의할 점**

① 압존법은 주로 가정에서 사용하며, 직장 등 사회생활에서는 사용하지 않는다. 즉, 회사에서는 직급에 상관없이 선어말 어미 '-(으)시-'를 붙이는 것이 바람직하다.

> **예** (평사원이) 회장님, 김 사장님께서 지금 도착하셨습니다.

② 직함은 항상 본인 이름 앞에 붙여야 자신을 낮추는 표현이 된다. 반대로 직함을 이름 뒤에 붙이면 높임의 의미를 갖게 된다.

> **예** 안녕하십니까. 국어 강사 배영표입니다.

③ 윗사람 또는 남에게 말할 때 '우리'가 아닌 '저희'를 쓰는 것이 바람직하다. 다만, 나라를 나타낼 때 '저희 나라'는 잘못된 표현이며, 어떠한 상황에서도 '우리나라'라고 표현해야 한다.

> **예** • <u>저희</u> 집으로 놀러 오세요.
> • <u>우리나라</u>가 4강에 진출했습니다.

④ 불길하거나 부정적인 표현 또는 어르신들이 본인의 나이를 의식하게 하는 표현은 피해야 한다.

> **예** • (칠순 잔치에서) 할머니 만수무강하세요. (×)
> • (아버지를 배웅하며) 요즘 교통사고 사망자가 증가하는 추세래요. 조심히 다녀오세요. (×)

⑤ 스스로가 본인의 성을 지칭할 때에는 '씨(氏)'보다는 '-가(哥)'가 올바른 표현이다. 반면, 남의 성을 말할 때에는 '씨(氏)'가 올바른 표현이다.

> **예** 저는 전주 이씨입니다. (×) → 저는 전주 이가입니다. (○)

⑥ 부모님을 소개할 때에는 성(姓)에 '자(字)'를 붙이지 않는다.

> **예** 저희 아버지가 김 철 자 수 자 쓰십니다.

⑦ 어른에게 '수고하다, 야단맞다, 당부하다' 등의 표현을 사용하지 않는다.

> **예** • 선생님, 수고하십시오. (×) → '고맙습니다' 정도로 수정
> • 선생님께 야단을 맞았다. (×) → '꾸중을 들었다, 꾸지람을 들었다' 정도로 수정
> • 선생님께 당부드렸습니다. (×) → '부탁드렸습니다' 정도로 수정

---

3 문장의 시간 표현: 시제

'시제'란 발화시를 중심으로 앞뒤의 시간을 제한하는 문법 범주이다. 시간 표현은 대개 시제 선어말 어미나 관형사형 어미, 시간 부사어 등으로 실현되며, 발화시와 사건시를 기준으로 절대적 시제와 상대적 시제의 개념을 갖는다.

∣ 사건시와 발화시*

∣ 시제

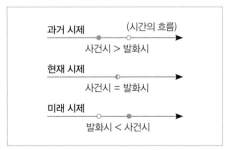

(1) 시제의 구분

구분	개념	형태	용례
절대적 시제	발화시를 기준으로 결정되는 문장의 시제	종결형	• 나는 어제 심계딩을 먹었디. (괴기) • 영희가 지금 공부를 한다. (현재)
상대적 시제	사건시에 의존하여 상대적으로 결정되는 시제	관형사형, 연결형	나는 어제 청소하시는(상대적 시제 – 현재) 어머니를 도와드렸다(절대적 시제 – 과거).

출제 예상지문   '-았-/-었-'과 '-았었-'의 용법[19]

선어말 어미 '-았-/-었-'은 주로 과거 시제를 나타낼 때 쓰인다. 그런데 '-았-/-었-'이 단순히 과거 시제를 나타내는 것으로 볼 수 없는 경우가 있다.

(1) ㄱ. 길수는 어머니를 닮았다.　　ㄴ. 이 참외가 잘 익었다.
　　ㄷ. 영숙이가 빨간 옷을 입었다.　ㄹ. 그 아이는 퍽 귀엽게 생겼다.
　　ㅁ. 거기 섰거라.　　　　　　　　ㅂ. 썩 물렀거라.

(1)의 '-았-/-었-'은 '완료' 또는 '완결 지속'을 나타내며, 과거 시제가 아니라 현재 시제를 나타내고 있다. 이처럼 현대 국어에서 '-았-/-었-'이 '완결 지속'을 나타내는 것은, '-았-/-었-'이 중세 국어에서 '완결 지속'을 나타내던 '-아/어 이시-'에서 문법화된 것과 관련이 있나.

또한 '-았-/-었-'이 미래 상황을 표현하는 경우에 쓰이기도 한다. 즉 미래에 어떤 일이 실현될 것을 인식함을 나타내는 경우에도 '-았-/-었-'을 쓸 수 있다.

(2) ㄱ. 너는 내일 소풍은 다 갔다.
　　ㄴ. 너 이제 장가는 다 갔다.
　　ㄷ. 넌 오늘 집에 들어오면 혼났다.

한편, 서울대학교 국어교육연구소의 《고등학교 교사용 지도서 문법》(2002)에서는 '-았었-'에 대하여 다음과 같이 설명하였다.

"특히 '-았었-'은 '중학교 때의 꿈은 대통령이었었고, 고등학교 때의 꿈은 장군이었는데, 지금은 기업 경영인이 되는 것이 꿈이다.'처럼 과거 이전, 즉 대과거나 현재와 강하게 단절된 상황에 쓰이는 것이므로, '어제 영화 보러 갔다.'고 해도 될 것을 '어제 영화 보러 갔었다.'처럼 써서 단순한 과거를 '-았었-'으로 표현하는 오용을 삼가도록 지도한다."

그러나 위의 설명에서 중학교 때에는 '-았었-'을 쓰고 고등학교 때는 '-았-'을 쓰는 것처럼 설명한 것은 문제가 있다. 그리고 '-았었-'이 대과거를 표현한다고 하여, 마치 국어에 대과거 시제가 있는 것처럼 기술한 것은 큰 문제가 있다.

(3) ㄱ. 이곳에는 코스모스가 피었지.
　　ㄴ. 이곳에는 코스모스가 피었었지.
(4) ㄱ. 나는 오늘 일찍 학교에 왔다.
　　ㄴ. 나는 오늘 일찍 학교에 왔었다.

(3ㄱ)처럼 '-았-'만 쓰면 현재 이곳에 코스모스가 피어 있는 것으로 해석된다. 그리하여 지금 이곳에는 코스모스가 피어 있지 않음을 즉 단절되어 있음을 표현하기 위해 '-았었-'을 쓴 것으로 본다. (4ㄱ)도 내가 오늘 학교에 일찍 와서 지금까지 학교에 있음을 나타내지만, (4ㄴ)은 내가 오늘 학교에 일찍 왔다가 다시 집으로 가서 숙제를 가지고 다시 학교로 온 경우에 쓸 수 있다. 즉 (3ㄴ)과 (4ㄴ)은 단절된 상황을 나타낸다는 것이다.

이처럼 (3ㄴ)과 (4ㄴ)이 피기를 니디네끼만 ' 았었 '과 간읍 겹칠 형태를 쓰는 까닭은 (3ㄱ)과 (4ㄱ)의 '-았-' 하나만으로는 현재의 상태를 나타낼 수도 있기 때문이다. 즉 시제가 과거라는 점을 명확히 하기 위해 '-았었-'을 쓴 것으로 볼 수 있다.

국어의 시제를 효과적으로 설명하기 위해서는 절대 시제와 상대 시제의 개념을 도입할 필요가 있다. 절대 시제는 발화시를 기준으로 하는 시제를 말하며, 상대 시제는 사건시를 기준으로 하는 시제를 말하는데, 상대 시제는 관형절로 안긴문장이나 이어진문장의 시제 현상을 설명하는 데 유용한 개념이다.

ㄱ. 그는 집 앞을 지나가는 사람에게 말을 건넨다.
ㄴ. 그는 집 앞을 지나가는 사람에게 말을 건넸다.

(ㄱ)의 안긴문장에 관형사형 어미 '-는'이 쓰인 것은 문제가 되지 않는다. 안은문장과 안긴문장의 시제가 모두 현재(절대 시제)이기 때문에, 현재 시제의 관형사형 어미가 쓰인 것이다. 그런데 (ㄴ)의 경우에는 안은문장의 시제가 과거이므로 안긴문장도 분명히 과거(절대 시제)를 나타내는데, 현재 시제의 관형사형 어미가 쓰이는 점을 설명하기가 쉽지 않다.

이와 같은 관형절의 시제를 설명하기 위해서 상대 시제의 개념을 도입할 필요가 있다. 상대 시제의 관점에서 보면 (ㄴ)의 안긴문장의 시제가 현재 시제가 된다. 왜냐하면 상대 시제는 사건시를 기준으로 보는 시제이기 때문에, 안은문장의 시제인 과거가 바로 기준시가 된다. 따라서 기준시가 사건시인 과거이기 때문에, 과거를 기준으로 보면 안긴문장의 시제는 현재가 되며, 현재를 나타내는 관형사형 어미 '-는'이 쓰일 수 있다고 설명한다.

4 문장의 피동 표현과 사동 표현

1. 피동 표현

주어가 동작을 제힘으로 하는 것을 '능동', 주어가 다른 주체에 의해서 동작을 당하게 되는 것을 '피동'이라고 한다.

> 예 • 철수가 물고기를 낚았다. (능동)
> • 물고기가 철수에게 낚였다. (피동)

(1) 파생적 피동(짧은 피동)

① 실현

ㄱ 능동사의 어간에 피동 접미사 '-이-, -히-, -리-, -기-'가 붙어 실현된다.

> 예 • 강아지가 민수를 물었다. (능동) → 민수가 강아지에게 물렸다. (피동)
> • 민수가 강아지를 안았다. (능동) → 강아지가 민수에게 안겼다. (피동)

ㄴ '-하다' 대신 접미사 '-되다'가 붙어 피동의 뜻을 더한다.

> 예 • 사용하다 (능동) / 사용되다 (피동)
> • 형성하다 (능동) / 형성되다 (피동)
> • 생각하다 (능동) / 생각되다 (피동)
> • 요구하다 (능동) / 요구되다 (피동)

② 특징

ㄱ 피동사의 파생이 모든 타동사에 적용되는 것은 아니다. 피동사로 파생되지 않는 타동사가 더 많다.

> • '주다, 받다, 얻다, 잃다, 참다, 돕다, 배우다, 바라다, 느끼다, 닮다' 등은 대응하는 피동사가 없다.

■ 어휘적 피동
'-당하다', '-받다', '-게 만들다' 등의 어휘적 피동은 의미상 피동 의미를 띠긴 하지만 피동법 차원에서는 제외한다.

■ 피동형의 능동형 전환
피동형은 능동형으로 전환할 수 있다. 그러나 모든 피동형을 능동형으로 전환할 수 있는 것은 아니다.
> 예 • 액자가 벽에 걸리다. → 벽에 액자를 걸다. (능동문으로 전환)
> • 민수가 감기에 걸리다. ('걸리다'는 병이 들었다는 의미이므로, 능동형으로 전환할 수 없음)

· '좋아하다, 슬퍼하다, 사랑하다, 공부하다' 등 '-하다'로 끝나는 동사는 모두 피동사화하지 않는다.

ⓒ 능동문의 주어가 유정 명사이면 피동문에서는 여격이 되어 조사 '에게'나 '한테'가 붙지만, 무정 명사이면 '에'가 붙는다.

> 예 · 경찰이 도둑을 잡았다. (능동) / 도둑이 경찰에게 잡혔다. (피동)
> · 홍수가 서울을 휩쓸었다. (능동) / 서울이 홍수에 휩쓸렸다. (피동)

ⓒ 접미사 '-되다'는 서술성을 가진 일부 명사 뒤에 붙어 피동의 뜻을 더하고 동사를 만드는 역할을 한다.

> 예 가결되다, 관련되다, 사용되다, 연결되다, 진정되다, 체포되다, 형성되다

(2) 통사적 피동(긴 피동)

① 보조적 연결 어미 '-아/-어'에 보조 용언 '지다'가 붙은 '-아(-어)지다'로 실현된다.

> 예 동생이 신발 끈을 풀었다. (능동) / 신발 끈이 동생에 의해 풀어졌다. (피동)

② 보조적 연결 어미 '-게'에 보조 용언 '되다'가 붙은 '-게 되다'로 실현된다.

> 예 민지가 논술 대회에 나갔다. (능동) / 민지가 논술 대회에 나가게 되었다. (피동)

더 알아보기 | **피동 표현**

1. 이중 피동

① 피동 접사+'-어지다' 표현은 사용하지 않는다.

> 신발 끈이 풀려지다. (×)

'풀려지다'의 경우 '풀리어지다'로 분석된다. 즉, 어간 '풀-'에 짧은 피동을 나타내는 피동 접사 '-리-'와 긴 피동을 나타내는 '-어지다'가 모두 붙어 중복된 형태이다. 이는 이중 피동으로, 국어에서 올바른 표현으로 인정받지 못한다. 따라서 '풀리다' 또는 '풀어지다' 중 하나로 표현해야 한다.

② '-되다'+'-어지다' 표현은 사용하지 않는다.

> 그 일이 잘 해결될 거라고 생각되어진다. (×)

'생각되다'에 '-어지다'가 붙어 피동의 표현을 중복 사용한 이중 피동이다. '생각된다'로 표현해야 한다.

③ '갈리우다, 불리우다, 잘리우다, 팔리우다' 등은 잘못된 표현이다. '갈리다'는 '가르다'의 피동사, '불리다'는 '부르다'의 피동사이므로, 또다시 접사가 결합되지 않는다.

> 예 · 그는 별명으로 불리웠다. (×) → 그는 별명으로 불렸다. (○)
> · 두 갈래로 갈리운 길을 찾아라. (×) → 두 갈래로 갈린 길을 찾아라. (○)

2. 능동문과 피동문의 동의성 파악하기

> ① 엄마가 아기를 안았다. / 아기가 엄마에게 안겼다.
> ② 포수 열 명이 토끼 한 마리를 잡았다. / 토끼 한 마리가 포수 열 명에게 잡혔다.

능동문이 피동문으로 바뀌면서 의미가 바뀌는 경우와 그렇지 않은 경우가 있다. 대부분 위 예문 ①처럼 의미가 바뀌지 않는 경우가 일반적이지만, ②와 같은 수량사 문장에서는 의미가 달라질 수도 있다. 물론 ①에서도 능동문에서는 주어(엄마)가 목적어(아기)에 대해 단순히 어떤 행동을 하였다는 의미를 지니고, 피동문에서는 행동에 주어(아기)의 의지가 반영될 수도 있다는 차이가 있다. ②에서는 능동문이 두 가지 의미(포수 열 명이 모두 함께 토끼 한 마리만 잡다, 포수 열 명이 각각 토끼 한 마리씩 잡다)를 가질 수 있음에 비하여, 피동문은 첫 번째 의미만을 지니고 있음을 알 수 있다.

---

2. 사동 표현

주어가 동작을 직접 하는 것을 '주동'이라 하고, 주어가 남에게 동작을 하도록 시키는 것을 '사동'이라고 한다.

> 예 · 민지가 당근을 먹었다. (주동)
> · 엄마가 민지에게 당근을 먹였다. (사동)

■ 이중 피동이 아닌 경우

· 밝혀지다, 알려지다: 잘못된 이중 피동이 아니며, 표준어로 인정된다.
· '잊혀지다'는 현재 비표준어이고 이중 피동에 해당하지만 '잊히다'가 점점 단일어화(어휘화) 되어 가는 경향이 있으므로 앞으로는 이중 피동의 예에서 제외될 가능성이 있다.

(1) 파생적 사동문(짧은 사동문)

주동사인 자동사나 타동사의 어간, 또는 형용사 어간에 사동 접미사 '-이-, -히-, -리-, -기-, -우-, -구-, -추-'가 붙거나 명사에 접미사 '-시키다'가 붙어 실현된다. 일부 자동사는 두 개의 접미사가 연속된 '-이우-'가 붙어서 사동사가 되기도 한다.

예 서다/세우다, 자다/재우다, 뜨다/띄우다, 차다/채우다, 타다/태우다

구분	자동사 → 사동사	타동사 → 사동사	형용사 → 사동사
-이-	녹이다, 죽이다, 속이다, 줄이다	보이다	높이다
-히-	앉히다, 익히다	입히다, 잡히다, 읽히다, 업히다	좁히다, 밝히다, 넓히다
-리-	날리다, 살리다, 돌리다, 울리다, 얼리다	들리다, 물리다, 들리다[聞]	-
-기-	웃기다, 남기다, 숨기다	안기다, 뜯기다, 벗기다, 맡기다, 감기다	-
-우-	비우다, 깨우다, 세우다, 재우다	지우다, 채우다	-
-구-	솟구다	-	-
-추-	맞추다	-	늦추다, 낮추다

구분	명사 → 사동사
-시키다	정지시키다

(2) 통사적 사동문(긴 사동문)

보조적 연결 어미 '-게'에 보조 용언 '하다'가 붙은 '-게 하다'로 실현된다.

예 • 동생이 밥을 먹는다. (주동)
  • 엄마가 동생에게 밥을 먹게 한다. (사동)

파생적 사동문(단형 사동)과 통사적 사동문(장형 사동)의 차이[21]

파생적 사동문과 통사적 사동문은 다음과 같은 차이를 보인다.

첫째, 파생적 사동문에는 동사가 하나밖에 없는데, 통사적 사동문에는 동사가 둘이라는 점에서 차이를 보인다. 그리하여 파생적 사동문에서는 피사동주에 항상 '에게'가 붙는 데 비해, 통사적 사동문에서는 피사동주에 '에게'가 붙기도 하고 주격 조사 '이/가'가 붙기도 한다. 아울러 주체 높임의 선어말 어미 '-시-'가 파생적 사동문에서는 한 군데만 나타날 수 있지만, 통사적 사동문에서는 두 군데 나타날 수 있다.

(1) ㄱ. 누나는 동생{*이, 에게} 밥을 먹이었다.
   ㄴ. 누나는 동생{이, 에게} 밥을 먹게 하였다.

둘째, 파생적 사동문은 대개 '직접 사동'을 표현하고, 통사적 사동문은 대개 '간접 사동'을 표현한다. 직접 사동은 사동주가 피사동 행위를 직접 수행하는 것을 말하며, 간접 사동은 사동주의 사동 행위가 피사동주의 피사동 행위를 일으키는 것을 말한다. 아래 (2ㄱ)의 파생적 사동문은 직접 사동을 나타내고, (2ㄴ)의 통사적 사동문은 간접 사동을 나타낸다. 그렇지만 두 가지 사동문의 의미를 엄격히 구분하기는 어렵다. (3ㄱ)과 (3ㄴ)의 경우에는 직접 사동 대 간접 사동의 차이를 보이지 않고, 둘 다 간접 사동을 표현하고 있다.

(2) ㄱ. 어머니는 아이에게 옷을 입혔다.
   ㄴ. 어머니는 아이에게 옷을 입게 하였다.
(3) ㄱ. 선생님께서는 영지에게 책을 읽혔다.
   ㄴ. 선생님께서는 영지에게 책을 읽게 하였다.

셋째, 두 가지 사동문은 부사(혹은 부사구)의 수식 범위에 있어서 차이를 보인다. (4)에서 보듯이 통사적 사동문에서는 사동 사건과 피사동 사건의 시간 차이가 있을 수 있지만, 파생적 사동문에서는 시차

가 있을 수 없다. (5ㄱ)에서는 '자기 방에서'가 '명수의 방'만 되지만, (5ㄴ)에서는 '명수의 방'과 '동생의 방' 모두 될 수 있다.

(4) ㄱ. 토요일에 영희는 일요일에 철수를 웃겼다
　　ㄴ. 토요일에 영희는 일요일에 철수를 웃게 했다.
(5) ㄱ. 명수는 동생을 자기 방에서 울렸다.
　　ㄴ. 명수는 동생이 자기 방에서 울게 했다.

더 알아보기 **사동 표현**

1. 사동문의 의미 해석
대개 파생적 사동문은 주어가 객체에게 직접적인 행위를 하거나 간접적인 행위를 한 것 모두를 나타내고, 통사적 사동문은 간접적인 행위를 한 것을 나타낸다.

파생적 사동문	어머니가 딸에게 옷을 입혔다. (직접·간접적 의미)
통사적 사동문	어머니가 딸에게 옷을 입게 하였다. (간접적 의미)

2. 주의해야 할 표현: 접사 '-시키다'

컴퓨터를 구매하시면 저희 회사가 직접 교육시켜 드립니다.

'교육시켜'와 같이 표현하면 다른 회사 등을 시켜 위탁 교육을 하게 한다는 의미가 될 수 있다. 따라서 위탁 교육이 아닌 한, '교육하여'와 같이 표현해야 한다. 즉, 동사 '시키다'와 구별해서 사용해야 한다.

---

5 문장의 부정 표현

부정 표현이란 긍정 표현에 대하여 언어 내용의 의미를 부정하는 문법 기능을 말한다. 국어에서는 부정 부사 '안, 못'과 부정 용언 '아니하다, 못하다, 말다'를 사용하여 부정 표현을 만들 수 있다. 명령문, 청유문에서는 '말다'를 '마/마라', '말자'의 형태로 바꾸어 부정 표현을 만든다.

1. '안' 부정문

주체(동작주)의 의지에 의한 행동의 부정으로, '의지 부정', '단순 부정'이라고 한다.

(1) 서술어가 동사, 형용사일 경우

구분	내용	용례
짧은 부정문	'안(아니)'+동사/형용사	피아노를 안 치다.
긴 부정문	용언의 어간+'-지'+'아니하다(않다)'	피아노를 치지 않다.

(2) 서술어가 명사일 경우

'이/가 아니다'의 형태로 실현된다.
例 그것은 꽃이다. (긍정문) / 그것은 꽃이 아니다. (부정문)

2. '못' 부정문

주체의 의지가 아닌, 그의 능력상 불가능하거나 외부의 어떤 원인 때문에 그 행위가 일어나지 못하는 것을 표현할 때 쓰는 부정으로, '능력 부정'이라고 한다.

구분	내용	용례
짧은 부정문	'못'+동사(서술어)	밥을 못 먹다.
긴 부정문	동사의 어간+'-지'+'못하다'	밥을 먹지 못하다.

3. '말다' 부정문

① 명령문이나 청유문 등에서는 '-지 말다'를 붙여 부정문을 만든다. '-지 마/마라/말아라, -지 말자'의 형태로 실현된다.

> 예 • 집에 가지 말아라. (명령문)
> • 집에 가지 말자. (청유문)

② 소망을 나타내는 '바라다, 원하다, 희망하다' 등의 동사가 오면 명령문이나 청유문이 아니더라도 '-지 말다'를 쓰기도 한다.

> 예 비가 오지 말기를 바란다.
> → 희망을 나타내는 동사 앞에서는 평서문이더라도 '-지 말다'를 사용한다.

05 의미론과 화용론

01 의미론
02 화용론

단권화 MEMO

01 의미론

'의미'를 보는 관점에는 '지시설'과 '개념설'이 있다. '지시설'은 단어가 가리키는 실제 사물, 즉 지시 대상이 곧 언어의 의미라고 보는 입장이고, '개념설'은 한 단어에 관하여 우리의 머릿속에서 만들어지고 저장된 생각, 즉 개념을 언어의 의미로 보는 입장이다.

1 의미의 종류

(1) 중심적/주변적 의미

중심적 의미	가장 기본적이고 핵심적인 의미 ⓔ '손'의 중심적 의미: 아기의 귀여운 손, 손바닥, 손가락
주변적 의미	중심적 의미에서 확장되어 사용되는 의미 ⓔ '손'의 주변적 의미: 손이 모자라다, 이 일은 내 손에 달려 있다.

(2) 사전적/함축적 의미

사전적 의미 (외연적/개념적 의미)	• 어떤 낱말이 가지고 있는 가장 기본적이고 객관적인 의미 • 언어 전달의 중심된 요소를 다루는 의미 ⓔ '낙엽'의 사전적 의미: 말라서 떨어진 나뭇잎
함축적 의미 (내포적 의미)	사전적 의미에 덧붙어 연상이나 관습 등에 의하여 형성되는 의미 ⓔ '낙엽'의 함축적 의미: 쓸쓸함, 이별, 죽음

(3) 사회적/정서적 의미

사회적 의미	• 언어를 사용하는 사람의 사회적 환경을 드러내는 의미 • 선택하는 단어의 종류나 발화 시의 어투, 글의 문체 등에 의해서 말하는 사람의 출신지, 교양, 사회적 지위 등을 파악할 수 있음
정서적 의미	• 말하는 이(혹은 글쓴이)의 태도나 감정 등을 드러내는 의미 • 자신 및 상대에 대한 심리적 태도를 표현하기 위해 문체나 어조를 다르게 선택함

(4) 주제적/반사적 의미

주제적 의미	• 말하는 이(혹은 글쓴이)의 의도를 나타내는 의미 • 흔히 어순을 바꾸거나 강조하여 발음함으로써 드러남 ⓔ • 사냥꾼이 사슴을 쫓는다.: '사냥꾼'에 초점 • 사슴이 사냥꾼에게 쫓긴다.: '사슴'에 초점

반사적 의미	• 단어가 가지는 사전적 의미와는 관계없이 특정 반응을 일으키는 의미 • 완곡어나 금기어의 사용은 반사적 의미가 고려된 것임 📍 인민, 동무: 기본적인 의미 이외에 정치적인 의미가 반사적으로 전달된다.

2 단어 간의 의미 관계

(1) 유의 관계

① 말소리는 다르지만 의미가 같거나 비슷한 둘 이상의 단어가 맺는 의미 관계를 말한다.

② 단어가 유의 관계일 때 그 짝이 되는 말들을 '유의어'라고 한다.

③ 유의어는 말의 맛을 달리하기 위하여 만들어지기도 하며, 특정 단어를 꺼려 하는 금기 현상 때문에 만들어지기도 한다.

📍 • 가끔 – 더러 – 이따금 – 드문드문 – 때로 – 간혹
  • 변소 – 뒷간

■ **동의 관계와 동의어**
• 동의 관계: 두 개 이상의 단어가 서로 소리는 다르지만 의미가 같은 관계
• 동의어: 동의 관계에 있는 단어
  📍 책방 – 서점

■ **다의 관계와 다의어**
• 다의 관계: 하나의 형태가 밀접한 관련성을 가진 여러 의미를 지니는 것
• 다의어: 다의 관계에 있는 단어

출제 예상지문 유의 관계의 유형[22]

유의 관계는 '방언, 문체, 전문성, 내포, 완곡어법'과 같은 기준에 따라 다음과 같은 다섯 가지 유형이 있다.

첫째, '방언'의 차이에 따른 유의어의 존재이다. 이는 한 언어에서 지리적으로 형성된 이질적인 화자 집단이 동일한 대상을 두고 서로 다른 명칭을 사용할 때 형성되는 유의어이다. 이 경우 특정한 방언권에만 속해 있는 화자들은 유의어의 존재를 의식하지 못하게 된다. 예를 들어, 중부 방언의 '부추'에 대해 경상도 방언에서는 '정구지', 전라도 방언에서는 '솔', 제주도 방언에서는 '세우리'라고 한다. 또한 '백부(伯父)'에 대하여 동남 방언권인 대구에서는 '큰아버지'라고 하는 데 비하여 안동에서는 '맏아버지'라고 한다.

둘째, '문체'의 차이에 따른 유의어의 존재이다. 고유어와 외래어가 공존하는 경우 문체에 있어서 서로 다른 층을 형성하는데, 언어장면에 따라 언중들의 선택을 받게 된다. 예를 들어, '이–치아, 고치다–교정하다, 우유–밀크, 탈–가면–마스크' 등은 고유어와 외래어 사이에 형성된 문체적 유의어이다.

셋째, '전문성'의 차이에 따른 유의어의 존재이다. 직업이나 전문 분야에 부합되는 많은 단어가 끊임없이 개발되고 있다. 이처럼 관련된 활동 분야에 관해서 정밀하게 기술하는 수단으로 쓰이는 단어를 전문어라고 하는데, 이는 전문 직종 구성원임을 드러내는 표지가 되며 비전문가에게 자신의 비밀을 유지하기 위한 수단이 된다. 전문어가 일상어와 접촉하게 될 경우 유의 관계가 형성되는데, '캔서–암, 염화나트륨–소금' 등이 그 보기이다.

넷째, '내포'의 차이에 따른 유의어의 존재이다. 유의 관계로 맺어진 두 단어에서 한 쪽이 갖는 내포를 다른 쪽에서는 갖지 않는 경우를 말한다. 내포가 다른 유의어 간에는 화자의 심리적 태도가 반영되어 있다. 예를 들어, '즐겁다–기쁘다'에서 전자는 중립적이고 객관적인 데 비하여 후자는 주관적이며, '친구–동무'에서 전자는 중립적인 데 비하여 후자는 부정적인 내포를 지니고 있다.

다섯째, '완곡어법'에 따른 유의어의 존재이다. 어느 문화권에나 금기어가 있게 마련인데, 특히 죽음, 질병, 성에 관해서는 직설적인 표현을 피하고 완곡어법을 사용하여 두려움이나 어색함을 완화시킨다. 예를 들어, '죽다–돌아가다, 변소–화장실' 등은 직설적인 표현과 완곡어법에 의한 유의어이다.

(2) 동음이의 관계

① 서로 다른 두 개 이상의 단어가 우연히 소리만 같은 경우를 말한다.

📍 말[言], 말[馬]

② 동음이의어는 소리와 철자에 따라 다음과 같이 구분할 수 있다.

소리와 철자가 모두 같은 동음이의어	• 절다: 소금기가 배다, 뒤뚱거리다 • 시내: 개울, 도시의 안(市內)
소리는 같으나 철자가 다른 동음이의어	입–잎, 반듯이–반드시, 식히다–시키다

(3) 반의 관계

① 둘 이상의 단어에서 의미가 서로 짝을 이루어 대립하는 경우를 '반의 관계'에 있다고 한다. 반의어는 둘 사이에 공통적인 의미 요소가 있으면서도 한 개의 요소만이 달라야 한다.

> 예 '총각'과 '처녀'는 '성'을 제외하면 의미상 공통적이다.

② 반의어는 반드시 한 쌍으로만 존재하는 것이 아니라 다의어의 경우처럼 한 단어에 여러 개의 단어가 대립하는 경우도 있다.

단어	의미	반의어
서다	① 일어나다	앉다
	② 멈추다	가다
	③ (체면이) 서다	깎이다
	④ (날이) 서다	무뎌지다

③ 반의 관계를 등급 대립어, 상보 대립어, 방향 대립어, 다원 대립어 등으로 세분할 수 있다.

등급 대립어 (정도 대립어)	정도나 등급을 나타내는 대립어로, 중간이 존재할 수 있는 대립어 예 길다-짧다, 쉽다-어렵다
상보 대립어	개념적 영역을 상호 배타적인 두 구역으로 양분하는 대립어로, 중간이 존재할 수 없는 대립어 예 살다-죽다, 남성-여성
방향 대립어	맞선 방향으로 이동을 나타내는 대립쌍, 즉 방향성에 주안점이 있는 대립어 예 동쪽-서쪽, 위-아래, 앞-뒤
다원 대립어	등급, 상보, 방향 대립어는 대립이 둘로 나뉘는 이원 대립어이고, 이와는 달리 색채나 요일, 명칭같이 대립이 동일 층위상 여러 가지로 나뉠 수 있는 대립어를 다원 대립어라고 함

출제 예상지문 반의 관계의 유형[23]

반의 관계는 정도 반의어, 상보 반의어, 방향 반의어의 세 가지 유형으로 대별된다.

먼저, 정도 반의어는 정도나 등급에 있어서 대립되는 단어 쌍으로서, 전형적인 보기는 '길다/짧다, 쉽다/어렵다, 덥다/춥다' 등과 같은 형용사 무리이다. 이러한 반의어의 특성은 다음과 같다.

첫째, '단언'과 '부정'에 대한 함의 관계가 성립된다. 곧 한 쪽의 단언은 다른 쪽의 부정을 함의하나, 한 쪽의 부정은 다른 쪽의 단언을 함의하지는 않는다. 예를 들어 "X는 길다."는 "X는 짧지 않다."를 함의하지만, 그 역은 성립되지 않는다. 둘째, 반의 관계에 있는 두 단어를 동시에 부정해도 모순되지 않는다. 예를 들어 "X는 길지도 않고 짧지도 않다."와 같은 표현이 가능한데, 이것은 중립 지역이 존재하기 때문이다. 셋째, 정도 부사로 수식될 수 있으며, 비교 표현이 가능하다. 예를 들어, "X는 {조금/꽤/매우} {길다/짧다}."나 "X는 Y보다 더 {길다/짧다}."에서 보는 바와 같다. 넷째, 평가의 기준이 상대적이라는 점이다. 곧 '길이, 속도, 무게' 등과 같은 가변적인 속성의 정도에 적용되는 기준은 대상이나 장면에 따라 달라지게 마련이다. 예를 들어, "X는 {길다/짧다}."라고 했을 때 X가 '연필'인 경우와 '강'인 경우를 상정해 보면 절대적인 길이가 아니라 상대적인 길이임을 알 수 있다. 그 결과 '짧은 강'은 '긴 연필'보다 길다.

다음으로, 상보 반의어 곧 '상보어'는 반의 관계에 있는 개념적 영역을 상호 배타적인 두 구역으로 철저히 양분하는 단어 쌍으로서, 전형적인 보기는 '남성/여성, 참/거짓, 합격하다/불합격하다' 등이다. 반의어와 대조되는 상보어의 특징은 다음과 같다.

첫째, 단언과 부정에 대한 상호 함의 관계가 성립된다. 곧 반의 관계에 있는 단어 쌍에서 한 쪽의 단언은 다른 쪽의 부정과 연결될 뿐 아니라, 한 쪽의 부정 또한 다른 쪽의 단언과 연결된다. 예를 들어, "갑은 남자이다."는 "갑은 여자가 아니다."를 함의하며, 그 역도 가능하다. 둘째, 반의 관계에 있는 단어 쌍을 동시에 긍정하거나 부정하게 되면 모순이 일어난다. 예를 들어, "갑은 남자이기도 하고, 여자이기도 하다."나 "갑은 남자도 여자도 아니다."는 모순적이다. 셋째, 정도어의 수식이 불가능하며, 비교 표현으로 쓰일 수 없다. 예를 들어, "갑은 매우 {남자/여자}이다."나 "갑은 을보다 더 {남자/여자}이다."는 모순된다. 넷째, 평가의 기준이 절대적이라는 점이다. 이를테면, '남자'와 '여자', '살다'와 '죽다' 등의 대립은 어떤 시대 어떤 지역에서도 뚜렷이 구별되는 절대적 사항이다.

한편, 방향 반의어는 맞선 방향을 전제로 하여 관계나 이동의 측면에서 대립을 이루는 단어 쌍으로서, 전형적인 보기로는 공간적 관계의 '위/아래, 앞/뒤, 오른쪽/왼쪽', 인간관계에서 '부모/자식, 남편/아내, 스승/제자', 이동의 '가다/오다, 사다/팔다, 입다/벗다' 등이다. 그중 '관계'의 대립은 기준점을 중심으로 한 상대적 개념이라 할 수 있다.

(4) 상하 관계

① 단어의 의미적 계층 구조에서 한쪽이 의미상 다른 쪽을 포함하거나(상의어) 다른 쪽에 포섭되는(하의어) 관계를 말한다.

② 상하 관계를 형성하는 단어들은 상의어일수록 일반적이고 포괄적인 의미를 지니며, 하의어일수록 개별적이고 한정적인 의미를 지닌다. 따라서 하의어는 상의어를 의미적으로 함의하게 된다. 즉, 상의어가 가지고 있는 의미 특성을 하의어가 자동적으로 가지게 된다.

   예 동물(상의어), 새(하의어)

3 중의성

하나의 형식이나 언어 표현이 둘 이상의 의미를 지시하는 속성을 '중의성'이라고 한다. 중의성은 어휘적 중의성, 은유적 중의성, 구조적 중의성으로 구분할 수 있다.

■ 중의문
하나의 문장이 둘 이상의 의미로 해석되는 문장

① **어휘적 중의성**: 한 문장에 동음이의어가 있을 때 두 가지 이상의 해석이 가능한 경우를 말한다.

> **나는 배를 보았다.**
>
> [중의적 해석] '배'를 '먹는 배', '사람의 배(복부)', '선박' 등의 의미로 해석할 수 있다.
> [바른 문장] 나는 바다에 떠 있는 배를 보았다. ('선박'으로 의미 제한)

② **은유적 중의성**: 은유적 표현을 사용하여 중의성이 유발되는 경우를 말한다.

> **내 동생은 여우야.**
>
> [중의적 해석] 동생이 하는 행동이 깜찍하고 영악한 경우와 동생이 연극 등에서 여우 배역을 맡은 경우로 해석할 수 있다.
> [바른 문장] 내 동생은 학예회에서 여우 역할을 맡았어. ('여우 배역'으로 의미 제한)

③ **구조적 중의성**: 통사적 관계에 의해 두 가지 이상의 의미로 해석이 가능한 경우를 말한다.

> **나는 엄마와 이모를 만났다.**
>
> [중의적 해석] 내가 만난 대상이 '엄마와 이모'인 경우와 '이모'인 경우로 해석할 수 있다.
> [바른 문장] 나는 엄마와 함께 이모를 만났다. (만난 대상을 '이모'로 한정)

┃구조적 중의성의 분류

수식의 범위에 따른 중의성	귀여운 철수의 동생을 만났다.
	[중의적 해석] '귀여운' 사람이 '철수'인 경우와 '철수의 동생'인 경우로 해석할 수 있다. [바른 문장] 철수의 귀여운 동생을 만났다. (철수의 동생이 귀여운 것으로 의미 제한)
비교 구문의 중의성	영희는 나보다 컴퓨터 게임을 더 좋아한다.
	[중의적 해석] 비교 대상이 '나와 컴퓨터 게임'인 경우와 '나와 영희가 컴퓨터 게임을 좋아하는 정도의 비교'인 경우로 해석할 수 있다. [바른 문장] 영희는 나를 좋아하는 것보다 더 컴퓨터 게임을 좋아한다. (영희가 좋아하는 것을 '컴퓨터 게임'으로 한정)

부정의 범위에 따른 중의성	사람들이 다 오지 않았다. [중의적 해석] 사람들이 아무도 오지 않은 경우와 일부만 온 경우로 해석할 수 있다. [바른 문장] 사람들이 다 오지는 않았다. (일부만 왔다는 의미로 한정)

4 잉여적 표현

단어, 어절, 문장에 의미상 중복되는 말이 사용된 것을 '잉여적 표현'이라고 하며, '의미의 중복'이라고도 한다. 단, 의미가 중복된다고 해서 모두 잉여적 표현으로 볼 수는 없다. '동해 바다', '피해를 입다' 등은 동어 반복 방식의 조어라고 볼 수 있기 때문이다. 즉, 잉여적 표현이냐 아니냐를 구분하는 절대적 기준은 존재하기 어렵다. 따라서 어원이 잘 드러나지 않는 경우나 의미를 강조하려는 목적으로 반복한 경우 등은 잉여적 표현에서 제외할 수 있다.

▎잉여적 표현의 예

여성 자매, 농경을 지어 왔다, 근거 없는 낭설, 완전히 근절해야, 돌이켜 회고, 허다하게 많다, 보는 관점, 참고 인내, 공기를 환기, 삭제하여 빼도록, 과반수 이상, 이미 가지고 있던 기존의, 소급하여 올라가, 둘로 양분, 역전 앞, 기간 동안, 박수를 치다, 남은 여생, 축구를 치다, 형극의 가시밭길, 접수받는다, 빈 공간, 처갓집, 명백히 밝히다, 시범을 보이다, 유산을 물려주다, 배우는 학생, 간단히 요약, 음모를 꾸미다, 스스로 자각, 족발, 넓은 광장, 푸른 창공, 새로 들어온 신입생, 같은 동포, 날조된 조작극, 높은 고온, 폭음 소리, 죽은 시체, 따뜻한 온정, 청천 하늘, 회의를 품다, 낙엽이 지다 등

더 알아보기 올바른 문장 표현

1. **문장 성분 갖추기**: 문장 성분은 문맥을 통해 그 의미를 정확하게 알 수 있는 범위 내에서만 생략해야 한다.

주어의 부적절한 생략	언어는 그 자체가 문화의 산물이며, 언어를 통해 또 다른 문화를 창조한다. (×) → [바른 문장] 언어는 그 자체가 문화의 산물이며, 인간은 언어를 통해 또 다른 문화를 창조한다.
목적어의 부적절한 생략	인간은 자연에 복종하기도 하고, 지배하기도 하면서 살아간다. (×) → [바른 문장] 인간은 자연에 복종하기도 하고, 자연을 지배하기도 하면서 살아간다.
서술어의 부적절한 생략	그녀는 노래와 춤을 추고 있었다. (×) → [바른 문장] 그녀는 노래를 부르고 춤을 추고 있었다.

2. **불필요한 성분 없애기**

어휘의 중복	속담의 특징은 교훈적인 의미를 담고 있고, 비유를 사용한다는 점이 특징이다. (×) : '특징'을 불필요하게 반복함 → [바른 문장] 속담의 특징은 교훈적인 의미를 담고 있고, 비유를 사용한다는 점이다. / 속담은 교훈적인 의미를 담고 있고, 비유를 사용한다는 점이 특징이다.
의미의 중복	사회악을 뿌리 뽑아 근절해야 한다. (×) : '뿌리(를) 뽑다'와 '근절하다'는 의미가 중복됨 → [바른 문장] 사회악을 뿌리 뽑아야 한다. / 사회악을 근절해야 한다.

3. **문장 성분의 호응 지키기**: 주어와 서술어, 수식어와 피수식어, 부사어와 서술어 등이 잘 호응해야 한다.

주어와 서술어의 호응	내가 하고 싶은 말은 네가 착하게 살길 바란다. (×) → [바른 문장] 내가 하고 싶은 말은 네가 착하게 살길 바란다는 것이다.
수식어와 피수식어의 호응	한결같이 어려운 이웃을 돕는 사람들이 많습니다. (×) : 부사어 '한결같이'가 수식하는 말이 '어려운'이 되면 내용이 어색해짐 → [바른 문장] 어려운 이웃을 한결같이 돕는 사람들이 많습니다.
부사어와 서술어의 호응	너는 반드시 약속을 어겨서는 안 된다. (×) → [바른 문장] 너는 결코(절대) 약속을 어겨서는 안 된다.

5 의미의 변화

(1) 의미 변화의 원인

언어적 원인	단어와 단어의 접촉, 말소리나 낱말의 형태 변화가 원인이 되어 의미가 변하는 경우 예 • 우연치 않게: '우연하게'가 맞는 표현이나 잘못된 사용이 거듭되면서 의미가 바뀐 경우 　• 아침(밥): '아침밥'이 맞는 표현이나 생략된 표현의 사용이 거듭되면서 표현이 굳어진 경우 　• 행주치마: 행자승이 걸치는 치마를 의미했으나 행주대첩의 의미와 잘못 연결된 경우
역사적 원인	단어는 그대로 남고 그 단어가 가리키는 대상이 변한 경우에 일어나는 의미 변화 예 영감, 배[船], 붓[毛筆], 공주
사회적 원인	특수 집단에서 사용되던 단어가 일반 사회에서 사용되거나 그 반대의 경우로 의미 변화가 일어난 경우 예 • 수술: 원래는 의학 용어로만 사용되어야 하나 일반화된 경우 　• 공양: 원래는 불교 용어로만 사용되어야 하나 일반화된 경우 　• 왕: 왕정의 최고 책임자의 의미로 사용되었으나 '일인자(암산왕)', '크다(왕방울)'의 의미로 쓰이고 있음 　• 장가가다: '처갓집에 살러 들어간다.'는 의미로 사용되었으나 '남자가 결혼하다.'의 의미로 쓰이고 있음
심리적 원인	감정, 비유적 표현, 금기에 의한 완곡어 사용 등으로 단어의 의미가 변화한 경우 예 • 완곡어: 마마(천연두) 　• 비유적 표현: 곰(우둔하다는 의미), 컴퓨터(똑똑하다는 의미)

(2) 의미 변화의 유형

의미의 확대*	• 다리[脚]: 사람이나 짐승의 다리 → 무생물에까지 적용 • 박사: 최고 학위 → 어떤 일에 정통한 사람을 비유적으로 이름 • 세수하다: 손만 씻는 행위 → 손이나 얼굴을 씻는 행위 • 목숨: 목구멍으로 드나드는 숨 → 생명 • 핵: 열매의 씨를 보호하는 속껍데기 → 사물의 중심이 되는 알맹이, 원자의 핵 • 겨레: 종친(宗親) → 동포 • 길: 도로 → 방법, 도리 • 지갑: 종이로 만든 것만 가리킴 → 재료의 다양화 인정 • 방석: 네모난 모양의 깔개 → 둥근 모양의 깔개까지 지칭 • 약주: 특정 술 → 술 전체 • 영감: 당상관에 해당하는 벼슬 이름 → 남자 노인 • 아저씨: 숙부 → 성인 남성 • 장인: 기술자 → 예술가	*의미의 확대 의미 변화의 결과로 단어의 의미 범위가 넓어진 경우
의미의 축소*	• 학자: 학문을 하는 사람 → 학문을 연구하는 전문인 • 계집: 여성 전체 → 여성 비하 • 얼굴: 형체 → 안면부 • 미인: 남녀 모두 → 여성만 • 공갈: 무섭게 으르고 위협하는 행위 → 거짓말 • 놈: 남성 전체 → 남성 비하	*의미의 축소 의미 변화의 결과로 단어의 의미 범위가 좁아진 경우
의미의 이동*	• 어리다: 어리석다 → 나이가 어리다 • 씩씩하다: 엄숙하다, 장엄하다 → 굳세고 위엄이 있다 • 수작: 술잔을 건네다 → 말을 주고받음, 남의 말·행동·계획을 낮잡아 이르는 말 • 비싸다: 값이 적당하다 → 값이 나가다 • 인정: 뇌물 → 사람 사이의 정 • 엉터리: 대강 갖추어진 틀 → 갖추어진 틀이 없음 • 에누리: 값을 더 얹어서 부르는 일 → 값을 깎는 일 • 감투: 벼슬아치가 머리에 쓰는 모자 → 벼슬 • 방송(放送): 석방 → 음성이나 영상을 전파로 보냄	*의미의 이동 의미 변화의 결과로 단어의 의미 범위가 달라진 경우

	• 싸다: 값이 나가다 → 값이 싸다
	• 내외: 안과 밖 → 부부
	• 어여쁘다: 불쌍하다 → 예쁘다
의미의 확대와 축소가 단계적으로 이루어지는 경우	수술: 손으로 하는 기술이나 재주 → 의학 용어(의미 축소) → 사회 병리 현상이나 폐단을 고침(의미 확대)

출제 예상지문 의미의 변화[24]

어휘의 의미 역시 시대의 흐름에 따라 변화한다. 어떤 어휘가 가지고 있던 의미 영역이 줄어들거나 확장되는 경우도 있으며, 어떤 경우는 전혀 다른 의미로 바뀌는 경우도 있다. 이러한 의미 변화는 기본적으로 '시간'에 의한 역사적 변화 과정을 전제로 한다.

(1) 의미가 확장된 것: 다리[脚(각)], 먹다, 영감(令監)

'다리'는 원래 '사람'이나 '짐승' 즉 유정성([+animate]) 자질을 가지는 명사에만 붙을 수 있는 말인데 그 의미가 확대되어 '상, 책상' 등과 같은 무정성([-animate]) 자질을 가지는 명사에까지 쓰이게 되었다. '먹다'는 구체적인 사물을 목적어로 하는 동사인데 그 의미 영역이 확대되어 '생각, 마음' 등 추상적인 명사를 목적어로 하기도 한다. '영감' 역시 과거에는 당상관 이상의 벼슬을 지닌 사람을 일컫는 말이었으나 오늘날은 일반적인 남자 노인을 가리키는 말로 의미기 확대되었다.

(2) 의미가 축소된 것: 짐승, 여위다, ᄉᆞ랑ᄒᆞ다, 안직, 놈, 계집

'짐승'이라는 말은 생물 전체를 가리키는 불교 용어였다. 그런데 이제는 '사람'을 제외한 동물을 가리키는 말로 그 의미가 축소되었다. '여위다'는 중세 국어 시기에서는 '마르다[渴(갈)]'라는 의미와 '수척하다[瘦(수)]'는 의미로 쓰였었다. 그런데 현대 국어로 오면서 '마르다'라는 의미를 잃어버려 의미 영역이 축소되었다. 'ᄉᆞ랑ᄒᆞ다'는 '사랑하다[愛(애)]'와 '생각하다[思(사)]'라는 두 가지 뜻을 다 가지고 있었는데 현대 국어로 오면서 [思]라는 의미를 '생각하다'에 넘겨주어 그 의미 영역이 줄어들었다. '안직'은 중세 국어에서 '가장[最(최)]'과 '아직[且(차)]'의 두 가지 의미로 쓰인 말이었다. 그런데 이 중 '아직'의 의미는 '안죽'이라는 형태와 공유하고 있었던 영역이었다. 그러다 '안직'은 '가장'이라는 의미를 상실하게 되었고, 같은 시기에 유의 관계에 있던 '아직'에 밀려 결국은 사어화되었다. '놈'은 보통의 남자를 나타내는 말이었으나 현대 국어에 오면서 '남자를 비하하는 말'로 의미 축소가 일어난 예이다. '계집' 역시 일반적인 여자 전체를 뜻하는 말이었지만 '놈'과 같이 현대 국어에서는 여자를 낮추어 말할 때 쓰이는 것으로 의미 영역이 줄어들었다. 그리고 '계집'은 중세 국어 시기에는 '아내'라는 의미도 가지고 있었지만 이 의미는 소멸하였다. '놈'과 '계집'은 의미의 하락을 겪은 대표적인 예이다.

(3) 전혀 다른 의미로 바뀐 것: 어리다, 어엿브다, 싁싁ᄒᆞ다, 빋, ᄢᅵ니, 싸다

의미의 이동이 일어난 어휘도 꽤 있다. '어리다'는 전혀 다른 의미로 바뀐 대표적인 예이다. 중세 국어 시기 '어리다'는 '어리석다[愚(우)]'는 뜻을 나타냈는데 이것이 '나이가 어리다[幼(유)]'는 뜻으로 바뀐 것이다. 이를 '졈다[幼]'와의 유의 경쟁에 의한 것으로 설명하기도 한다. 이와 같이 어휘의 의미가 전혀 다른 것으로 바뀐 예는 쉽게 찾아볼 수 있다. '어엿브다'는 '불쌍하다'는 뜻에서 '예쁘다, 아름답다'로 바뀌었고, '싁싁ᄒᆞ다'는 '장식하다, 장엄하다'는 뜻이었는데 현대 국어에서는 '씩씩하다'는 뜻으로 바뀌었다. '빋'은 원래 '값[價(가)]' 즉, '가치가 있다'는 의미였는데 전혀 다른 뜻인 '빚[債(채)]'의 의미로 변화하였다. 'ᄢᅵ니'는 원래 한자 '時(시)'의 새김으로 쓰였듯이 '때'나 '~ 할 적' 등과 유의 관계에 있는 말로서 '때'라는 의미를 가졌으나, 현재는 '때에 맞추어 먹는 밥'이라는 뜻으로 바뀌었다. 방언에 '먹거리'라는 뜻으로 '때거리'가 남아 있고, '밥'이라는 것이 '때에 맞추어 먹는 것'이라는 의미를 내포하고 있기는 하지만 전형적인 '때[時]'의 의미는 더 이상 찾기 어렵다.

'ᄊᆞ다'는 '값이 나가다[高價(고가)]'라는 뜻으로 현대 국어의 '비싸다'에 해당하는 단어였다. 그런데 '빋 ᄊᆞ-'와 같이 '값'이라는 '빋'과 자주 통사적 관계를 만들게 되면서 이 결합 형태가 '비싸-'가 되어 '값이 나가다'는 뜻을 나타내게 되었다. 그런 뒤에 'ᄊᆞ다'는 '비싸-'에 대립되는 형태·의미가 되어 버려 현대 국어의 '싸다'는 의미를 가지게 된 것이다. 즉 '값이 나가다'에서 '값이 낮다[低價(저가)]'로 되어 그 의미가 정반대로 변화한 것이다. 결국 'ᄊᆞ-'는 '값이 제법 나가다'는 의미였는데 '빋ᄊᆞ-'의 통사적 결합이 '비싸다[高價]'가 되고, 'ᄊᆞ다'가 그 정반대의 뜻인 '싸다[低價]'의 의미가 되었다.

02 화용론

1 발화

(1) 개념

일정한 상황 속에서 문장 단위로 표현되는 말을 '발화'라고 한다. 발화는 말하는 이, 듣는 이, 장면에 따라 그 의미가 결정된다.

(2) 발화의 기능

발화는 단순한 정보 전달뿐만 아니라 선언, 명령, 요청, 질문, 제안, 약속, 경고, 축하, 위로, 협박, 칭찬, 비난 등의 여러 의도를 담을 수 있다.

(3) 발화의 종류

직접적인 발화와 간접적인 발화로 구분할 수 있다.

① **직접적인 발화**: 직접 '선언, 명령, 요청, 질문, 제안, 약속, 경고, 축하' 등의 표지를 사용하여 발화의 의도를 드러내는 방법이다. 상황보다는 의도가 우선시되며, 종결 어미의 유형과 발화의 의도가 일치한다.

창문을 닫아라.

⇨ 명령형 어미 '-아라'를 사용해 청자에게 명령을 하고 있다.

② **간접적인 발화**: 발화의 의도를 직접 드러내지 않고 자신의 의도를 달성하는 방법이다. 이때 발화의 의미는 장면에 따라 결정된다. 의도를 상황에 맞추어 표현하는 방법으로, 종결 어미의 유형과 발화의 의도가 일치하지 않는다.

창문 좀 닫아 줄래?

⇨ 문장은 의문형으로 마치지만, 숨겨진 의도는 '명령'이다.

▎간접적인 발화에서 종결 어미의 유형과 발화의 의도

의문형 발화를 통한 요청의 표현	창문 좀 열어 주시겠습니까?
진술형 발화를 통한 요청, 질문, 축하의 표현	• 요청: 이 편지를 읽어 주길 바란다. • 질문: 이 책이 얼마인지 알고 싶습니다. • 축하: 네가 합격했다니 기쁘다.
요청을 나타내는 경우는 간접적 표현이 더 공손한 표현이 됨	창문을 열어 주세요. → 창문 좀 열어 주시겠어요? → 창문을 열어 주시면 감사하겠습니다. → 창문을 열어 달라고 부탁드려도 될까요?

2 담화(이야기)

(1) 개념

발화늘이 모여서 이루어신 유기적인 통일체로, 경우에 따라시는 단 하나의 발화가 하나의 이야기가 될 수도 있다. 그러나 단순한 발화의 집합이 늘 이야기가 될 수 있는 것은 아니다.

(2) 특징

① 내용의 통일성: 화자와 청자가 나누는 이야기는 하나의 주제로 연결되어 있다.
② 형식의 응집성: 지시 표현, 접속 부사 등으로 문단 간의 연결이 긴밀해야 한다.

(3) 담화의 구성 요소

담화는 화자(말하는 이, 필자), 청자(듣는 이, 독자), 전언(내용, 발화), 장면(맥락)의 네 가지 요소로 구성된다.

화자(말하는 이, 필자)와 청자(듣는 이, 독자)	• 이야기에서 반드시 있어야 하는 요소 • 독백인 경우는 말하는 이와 듣는 이가 동일하다고 볼 수 있음
전언(내용, 발화)	• 말하는 이와 듣는 이가 주고받는 정보, 주로 발화로 실현됨 • 발하는 이의 느낌, 생각, 믿음 등이 포함됨
장면(맥락)	• 이야기가 이루어지는 시간적, 공간적 상황 • 이야기의 흐름이나 의미 해석에 결정적인 역할을 함 • 앞이나 뒤에 오는 다른 말들(맥락)이 장면이 되기도 함

> **출제 예상지문** '이것, 그것, 저것'의 쓰임은 대칭적인가?[25]
>
> '이/그/저, 이것/그것/저것'이 모든 장면에서 대칭적으로 쓰일 수 있는 것은 아니다. '이것'이나 '저것'은 쓸 수 있지만 '그것'은 쓸 수 없는 장면이 있는가 하면, '이것'이나 '그것'은 쓸 수 있지만 '저것'은 쓸 수 없는 장면도 있다.
>
> > **철수**: 어제 영호 만났니?
> > **민수**: 아니.
> > **철수**: 그럼 {이 녀석, 그 녀석, 저 녀석}이 어제 어딜 간 거지?
>
> 위의 예에서 이야기의 대상인 영호는 철수와 민수 모두로부터 멀리 떨어져 있다. 이런 상황에서는 민수를 가리켜 '이 {녀석}'이나 '그 {녀석}'으로 표현할 수는 있지만 '저 {녀석}'으로 표현할 수는 없다. 의사소통의 장면에 존재하지 않는 대상을 가리킬 때 '이, 이것'과 '그, 그것'은 쓸 수 있지만 '저, 저것'은 쓸 수 없기 때문이다.
>
> 이들 지시어의 대상이 언어 내적 장면에 존재할 때, '저, 저것'의 쓰임은 더욱 제한된다. 가령 "무용의 몸짓은 시각적이지만, {그것, 이것, 저것}과 어울린 음악은 청각적인 요소이다."에서 보듯이 앞 구절인 '무용의 몸짓'을 지시하는 데 '그것'과 '이것'은 쓰일 수 있지만 '저것'은 쓰일 수 없다. 언어 내적 장면에 지시어가 가리키는 대상이 존재한다는 것은 결국 필자와 독자가 이들 대상을 이야기 안에서 인식할 수 있다는 것이므로, 이 경우에는 필자와 독자 둘 모두로부터 멀찌감치 존재하는 것을 가리키는 '저것'은 쓰일 수 없다.

I 현대 문법

교수님 코멘트▶ 국어의 전반적인 특성과 관련하여 지문이 구성될 것으로 예상된다. 따라서 국어와 관련된 중요한 특성을 미리 익혀 두면 문제 풀이에 도움이 될 수 있다.

정답과 해설 ▶ P.286

언어와 국어

01
2025 출제기조 전환 예시문제

㉠을 평가한 내용으로 적절한 것만을 〈보기〉에서 모두 고르면?

흔히 '일곱 빛깔 무지개'라는 말을 한다. 서로 다른 빛깔의 띠 일곱 개가 무지개를 이루고 있다는 뜻이다. 영어나 프랑스어를 비롯해 다른 자연언어들에도 이와 똑같은 표현이 있는데, 이는 해당 자연언어가 무지개의 색상에 대응하는 색채 어휘를 일곱 개씩 지녔기 때문이라고 할 수 있다.

언어학자 사피어와 그의 제자 워프는 여기서 어떤 영감을 얻었다. 그들은 서로 다른 언어를 쓰는 아메리카 원주민들에게 무지개의 띠가 몇 개냐고 물었다. 대답은 제각각 달랐다. 사피어와 워프는 이 설문 결과에 기대어, 사람들은 자신의 언어에 얽매인 채 세계를 경험한다고 판단했다. 이 판단으로부터, "우리는 모국어가 그어놓은 선에 따라 자연세계를 분단한다."라는 유명한 발언이 나왔다. 이에 따르면 특정 현상과 관련한 단어가 많을수록 해당 언어권의 화자들은 그 현상에 대해 심도 있게 경험하는 것이다. 언어가 의식을, 사고와 세계관을 결정한다는 이 견해는 ㉠ 사피어-워프 가설이라 불리며 언어학과 인지과학의 논란거리가 되어왔다.

┤ 보기 ├

ㄱ. 눈[雪]을 가리키는 단어를 4개 지니고 있는 이누이트족이 1개 지니고 있는 영어 화자들보다 눈을 넓고 섬세하게 경험한다는 것은 ㉠을 강화한다.

ㄴ. 수를 세는 단어가 '하나', '둘', '많다' 3개뿐인 피리하족의 사람들이 세 개 이상의 대상을 모두 '많다'고 인식하는 것은 ㉠을 강화한다.

ㄷ. 색채 어휘가 적은 자연언어 화자들이 색채 어휘가 많은 자연언어 화자들에 비해 색채를 구별하는 능력이 뛰어나다는것은 ㉠을 약화한다.

① ㄱ
② ㄱ, ㄴ
③ ㄴ, ㄷ
④ ㄱ, ㄴ, ㄷ

02
2016 지방직 9급

밑줄 친 부분의 예로 가장 적절한 것은?

생각은 큰 그릇이고 말은 생각 속에 들어가는 작은 그릇이어서 생각에는 말 외에도 다른 것이 더 있다. 그러나 아무리 생각이 말보다 범위가 넓고 큰 것이라고 하여도 그것을 말로 바꾸어 놓지 않으면 그 생각의 위대함이나 오묘함이 다른 사람에게 전달되지 않는다. 그 때문에 생각이 형님이요, 말이 동생이라고 할지라도 생각은 동생의 신세를 지지 않을 수가 없게 되어 있다.

① '사과'는 언제부터 '사과'라고 부르기 시작했는지 알 수 없어.

② 동일한 사물을 두고 영국에서는 [triː], 한국에서는 [namu]라 표현해.

③ 이 소설은 정말 감동적이야. 내가 받은 감동은 말로는 설명이 안 돼.

④ 시간의 흐름을 초, 분, 시간 단위로 나눠 사용해 온 것은 인간의 사회적 약속이야.

03
2018 3월 서울시 9급

국어의 특징으로 옳지 <u>않은</u> 것은?

① 조사와 어미가 발달한 교착어적 특성을 보여 준다.

② '값'과 같이 음절 말에서 두 개의 자음이 발음될 수 있다.

③ 담화 중심의 언어로서 주어, 목적어 등이 흔히 생략된다.

④ 가족 관계를 나타내는 친족어가 발달해 있다.

04

밑줄 친 표현에서 주로 나타나는 언어적 기능은?

> 나흘 전 감자 쪼간만 하더라도, 나는 저에게 조금도 잘못한 것은 없다.
> 계집애가 나물을 캐러 가면 갔지 남 울타리 엮는 데 쌩이질을 하는 것은 다 뭐냐. 그것도 발소리를 죽여 가지고 등 뒤로 살며시 와서
> "얘! 너 혼자만 일하니?"
> 하고 긴치 않은 수작을 하는 것이었다.
> 어제까지도 저와 나는 이야기도 잘 않고 서로 만나도 본척만척하고 이렇게 점잖게 지내던 터이련만, 오늘로 갑작스레 대견해졌음은 웬일인가. 항차 망아지만한 계집애가 남 일하는 놈 보구…….
> "그럼 혼자 하지 떼루 하디?"
>
> – 김유정, 「동백꽃」 중에서 –

① 미학적 기능
② 지령적 기능
③ 친교적 기능
④ 표현적 기능

다음 설명 중 옳지 않은 것은?

① 하늘, 바람, 심지어, 어차피, 주전자와 같은 단어들은 한자로 적을 수 없는 고유어이다.
② 학교, 공장, 도로, 자전거, 자동차와 같은 단어들은 모두 한자로도 적을 수 있는 한자어이다.
③ 고무, 담배, 가방, 빵, 냄비와 같은 단어들은 외국에서 들어온 말이지만 우리말처럼 되어 버린 귀화어이다.
④ 눈깔, 아가리, 주둥아리, 모가지, 대가리와 같이 사람의 신체 부위를 점잖지 못하게 낮추어 부르는 단어들은 비어(卑語)에 속한다.

설명이 옳지 않은 것은?

① 'ㄴ, ㅁ, ㅇ'은 유음이다.
② 'ㅅ, ㅆ, ㅎ'은 마찰음이다.
③ 'ㅡ, ㅓ, ㅏ'는 후설 모음이다
④ 'ㅟ, ㅚ, ㅗ, ㅜ'는 원순 모음이다.

다음에서 알 수 있는 언어 기호의 특성으로 적절한 것은?

> • 언어는 문장, 단어, 형태소, 음운으로 쪼개어 나눌 수 있다. 특히 한정된 음운을 결합하여서 수많은 형태소, 단어를 민들고 무힌한 문장을 만들 수 있다.
> • 언어는 외부 세계를 반영할 때 있는 그대로 반영하지 않고 연속적으로 이루어져 있는 세계를 불연속적인 것으로 끊어서 표현한다. 실제로 무지개 색깔 사이의 경계를 찾아볼 수 없는데도 우리는 무지개 색깔이 일곱 가지라고 말한다.

① 추상성
② 자의성
③ 분절성
④ 역사성

다음 중 괄호 안에 들어갈 말로 가장 적절한 것은?

'·'가 현대 국어에서 더 이상 사용되지 않고 '믈[水]'이 현대 국어에 와서 '물'로 형태가 바뀌었으며, '어리다'가 '어리석다[愚]'로 쓰이다가 현대 국어에 와서 '나이가 어리다[幼]'의 뜻으로 바뀌어 쓰이는 것 등과 같은 예에서 알 수 있는 언어의 특성을 언어의 (   )이라고 한다.

① 사회성 ② 역사성
③ 자의성 ④ 분절성

〈보기 1〉의 사례와 〈보기 2〉의 언어 특성이 가장 잘못 짝 지어진 것은?

┤ 보기 1 ├

(가) '방송(放送)'은 '석방'에서 '보도'로 의미가 변하였다.
(나) '밥'이라는 의미의 말소리 [밥]을 내 마음대로 [법]으로 바꾸면 다른 사람들은 '밥'이라는 의미로 이해할 수 없다.
(다) '종이가 찢어졌어'라는 말을 배운 아이는 '책이 찢어졌어'라는 새로운 문장을 만들어 낸다.
(라) '오늘'이라는 의미를 가진 말을 한국어에서는 '오늘[오늘]', 영어에서는 'today(투데이)'라고 한다.

┤ 보기 2 ├

㉠ 규칙성 ㉡ 역사성
㉢ 창조성 ㉣ 사회성

① (가)-㉡ ② (나)-㉣
③ (다)-㉢ ④ (라)-㉠

10

다음 글의 사례로 적절하지 않은 것은?

인간은 언어를 사용하며 언어는 인간의 사고, 사회, 문화를 반영한다. 인간의 지적 능력이 발달하게 된 것은 바로 언어를 사용하기 때문이다.

언어와 사고는 기본적으로 상호작용을 한다. 둘 중 어느 것이 먼저 발달하고 어떻게 영향을 주는지는 알 수 없다. 그러나 언어와 사고가 서로 깊은 관계를 맺고 있다는 사실은 여러 가지 근거를 통해서 뒷받침된다.

① 영어의 '쌀(rice)'에 해당하는 우리말에는 '모', '벼', '쌀', '밥' 등이 있다.
② 어떤 사람은 산도 파랗다고 하고, 물도 파랗다고 하고, 보행 신호의 녹색등도 파랗다고 한다.
③ 일상생활에서 어떠한 사물의 개념은 머릿속에서 맴도는데도 그 명칭을 떠올리지 못할 때가 있다.
④ 우리나라는 수박(watermelon)은 '박'의 일종으로 보지만 어떤 나라는 '멜론(melon)'에 가까운 것으로 파악한다.

[11~12] 다음 글을 읽고 물음에 답하시오.

2022학년도 10월 고3 전국연합학력평가

음운 변동은 음운이 환경에 따라 바뀌는 현상이다. 음운 변동 중에는 음절의 끝소리 규칙, 비음화, 경음화가 있는데, 이들은 현대 국어와 15세기 국어에서 적용 양상의 차이가 있다.

우선 현대 국어에서 음절의 끝소리 규칙은 음절의 끝에 'ㄱ, ㄴ, ㄷ, ㄹ, ㅁ, ㅂ, ㅇ' 이외의 다른 하나의 자음이 오면 평파열음인 'ㄱ, ㄷ, ㅂ' 중 하나로 바뀌는 현상을 말한다. '밖 → [박]', '꽃 → [꼳]', '잎 → [입]'이 그 예이다. 한편 15세기 국어의 음절의 끝소리 규칙은 음절의 끝에서 발음될 수 없는 자음이 음절의 끝에 오면 'ㄱ, ㄷ, ㅂ, ㅅ' 중 하나로 바뀌는 현상으로, '곶 → 곳', '빛 → 빗'이 그 예이다. 이는 음절 끝에서 발음될 수 있는 자음이 'ㄱ, ㄴ, ㄷ, ㄹ, ㅁ, ㅂ, ㅅ, ㅇ'으로 제한된 것과 관련이 있다.

다음으로 비음화는 평파열음이 비음 앞에서 동일한 조음 위치의 비음으로 바뀌는 현상이다. '국물 → [궁물]', '받는 → [반는]', '입는 → [임는]'은 현대 국어에서 비음화가 일어난 예이다. 15세기 국어에서 비음화는 현대 국어에서만큼 활발하게 일어나지 않았고, 'ㄷ'의 비음화가 일어난 경우가 대부분이었다. '묻노라 → 문노라'는 용언의 활용형에서 'ㄷ'의 비음화가 일어난 예이다. 한편 15세기 국어에서 비음화는 현대 국어에서와 마찬가지로 음절의 끝소리 규칙이 일어난 후 실현되기도 했다. '븥는 → 븓는 → 븐는', '낳ᄂ니 → 낟ᄂ니 → 난ᄂ니'는 음절의 끝소리 규칙으로 'ㅌ', 'ㅎ'이 'ㄷ'으로 바뀐 후 비음화가 실현된 예이다. 그런데 현대 국어에서와 달리 15세기 국어에서는 'ㅂ'의 비음화는 드물게 확인되고, 'ㄱ'의 비음화는 일어나지 않았다.

마지막으로 경음화는 평음이 일정한 조건에서 경음으로 바뀌는 현상이다. 현대 국어의 경음화에는 평파열음 뒤의 경음화, 어간 끝 'ㄴ, ㅁ' 뒤의 경음화, 'ㄹ'로 끝나는 한자와 'ㄷ, ㅅ, ㅈ'으로 시작하는 한자가 결합할 때 'ㄹ' 뒤의 경음화, 관형사형 어미 '-(으)ㄹ' 뒤의 경음화 등이 있다. '국밥 → [국빱]', '더듬지 → [더듬찌]', '발달 → [발딸]', '할 것을 → [할꺼슬]'이 그 예이다. 한편 15세기 국어에서는 '갈 딗 → 갈 띠'에서처럼 관형사형 어미 '-(ᄋ/ᅠ으)ㄹ' 뒤에서의 경음화가 흔히 일어났다. 평파열음 뒤의 경음화는 일어났을 것이라고 추측되나 표기에 잘 나타나지는 않는다. 또한 비음으로 끝나는 용언 어간 뒤에서 일어나는 경음화는 나타나지 않았고, 한자어에서 유음 뒤의 경음화는 확인되지 않는다.

11

윗글을 통해 알 수 있는 내용으로 적절하지 않은 것은?

① 15세기 국어의 '걷ᄂ → 걷ᄂ'은 'ㄷ'의 비음화가 일어난 예일 것이다.

② 현대 국어와 달리 15세기 국어의 '막-+-노라'에서는 비음화가 일어나지 않았을 것이다.

③ 현대 국어의 'ㄱ-ㅇ', 'ㄷ-ㄴ', 'ㅂ-ㅁ'은 동일한 조음 위치의 '평파열음-비음'에 해당하는 쌍일 것이다.

④ 15세기 국어의 '안-+-게', '굽-+-고'에서는 모두 어미의 평음 'ㄱ'이 경음 'ㄲ'으로 바뀌지 않았을 것이다.

⑤ 15세기 국어의 '젛-+-노라', '빛+나다'에서는 모두 음절의 끝소리 규칙과 비음화가 순차적으로 일어났을 것이다.

12

윗글을 참고할 때, 〈보기〉의 [A]에 들어갈 '학생'의 답으로 적절하지 않은 것은?

| 보기 |

선생님: 다음 제시된 현대 국어 자료에서 일어난 음운 변동을 설명해 봅시다.

ⓐ 겉멋만 → [건먼만]　　ⓑ 꽃식물 → [꼳씽물]
ⓒ 낮잡는 → [낟짬는]

학생: ＿＿＿＿＿＿＿＿ [A] ＿＿＿＿＿＿＿＿

① ⓐ에서는 음절 끝의 자음이 'ㄴ'으로 바뀌는 비음화가 두 번 일어났습니다.

② ⓑ에서는 음절 끝의 자음이 'ㅇ'으로 바뀌는 비음화가 한 번 일어났습니다.

③ ⓑ, ⓒ에서 일어난 경음화는 평파열음 뒤에서 일어났습니다.

④ ⓐ과 달리 ⓑ, ⓒ에서는 음절 끝의 자음이 'ㄷ'으로 바뀌는 음절의 끝소리 규칙이 일어났습니다.

⑤ ⓒ과 달리 ⓐ, ⓑ에서는 'ㅁ'으로 인해 비음화가 일어났습니다

[13–14] 다음 글을 읽고 물음에 답하시오.

2023학년도 대학수학능력시험 6월 모의평가

음운은 단어의 뜻을 변별하는 데 사용되는 소리로 언어마다 차이가 있다. 예컨대 국어에서는 음운으로서 'ㅅ'과 'ㅆ'을 구분하지만 영어에서는 구분하지 않는다. 음운이 실제로 발음되기 위해서는 발음의 최소 단위인 음절을 이뤄야 하는데 음절의 구조도 언어마다 다르다. 국어는 한 음절 내에서 모음 앞이나 뒤에 각각 최대 하나의 자음을 둘 수 있지만 영어는 'spring[spriŋ]'처럼 한 음절 내에서 자음군이 형성될 수 있다.

음운은 그 자체로는 뜻이 없다. 음운이 하나 이상 모여 뜻을 가지면 의미의 최소 단위인 형태소가 된다. 그리고 우리는 이러한 형태소를 결합하여 단어를 만들고 말을 한다. 이때 ⊙ 형태소와 형태소가 만나는 경계에서 음운이 다양하게 배열되고 발음이 결정되는데, 여기에 음운 규칙이 관여한다. 예컨대 국어에서는 '국물[궁물]'처럼 '파열음–비음' 순의 음운 배열이 만들어지면, 파열음은 동일 조음 위치의 비음으로 교체된다. 그런데 이런 음운 규칙도 모든 언어에 적용되는 것은 아니어서 영어에서는 'nickname[nikneim]'처럼 '파열음(k)–비음(n)'이 배열되어도 비음화가 일어나지 않는다.

이러한 음운, 음절 구조, 음운 규칙은 말을 할 때뿐만 아니라 말을 들을 때도 작동한다. 이들은 말을 할 때는 발음을 할 수 있게 만드는 재료, 구조, 방법이 되고, 말을 들을 때는 말소리를 분류하고 인식하는 틀이 된다. 예컨대 '국'과 '밥'이 결합한 '국밥'은 된소리되기가 적용되어 늘 [국빱]으로 발음되지만, 우리는 이것을 '빱'이 아니라 '밥'과 관련된 것으로 인식한다. 그 이유는 [국빱]을 들을 때 된소리되기가 인식의 틀로 작동하여 된소리되기 이전의 음운 배열인 '국밥'으로 복원되기 때문이다. 더불어 외국어를 듣는 상황을 생각해 보자. 국어의 음절 구조와 맞지 않는 소리를 듣는다면 국어의 음절 구조에 맞게 바꾸고, 국어에 없는 소리를 듣는다면 국어에서 가장 가까운 음운으로 바꾸어 인식하게 된다. 영어 단어 'bus'를 우리말 음절 구조에 맞게 2음절로 바꾸고, 'b'를 'ㅂ' 또는 'ㅃ'으로 바꾸어 [버쓰]나 [뻐쓰]로 인식하는 것이 그 예이다.

13

윗글을 통해 추론한 내용으로 적절하지 않은 것은?

① 국어 음절 구조의 특징을 고려하면 '몫[목]'의 발음에서 음운이 탈락하는 것을 이해할 수 있겠군.

② 국어 음운 'ㄹ'은 그 자체에는 뜻이 없지만, '갈 곳'의 'ㄹ'은 어미로 쓰이고 있으므로 뜻을 가진 최소 단위가 되겠군.

③ 국어에서 '밥만 있어'의 '밥만[밤만]'을 듣고 '밤만'으로 알았다면 그 과정에서 비음화 규칙이 인식의 틀로 작동했겠군.

④ 영어의 'spring'이 국어에서 3음절 '스프링'으로 인식되는 것은 국어 음절 구조 인식의 틀이 제대로 작동한 결과이겠군.

⑤ 영어의 'vocal'이 국어에서 '보컬'로 인식되는 것은 영어 'v'와 가장 비슷한 국어 음운이 'ㅂ'이기 때문이겠군.

14

⊙의 위치에서 음운 변동이 일어난 예만을 〈보기〉에서 고른 것은?

┤ 보기 ├

ⓐ 앞일[암닐] ⓑ 장미꽃[장미꼳] ⓒ 넣고[너코]

ⓓ 걱정[걱쩡] ⓔ 굳이[구지]

① ⓐ, ⓑ, ⓒ　　② ⓐ, ⓒ, ⓔ　　③ ⓐ, ⓓ, ⓔ

④ ⓑ, ⓒ, ⓓ　　⑤ ⓑ, ⓓ, ⓔ

음절이란 발음할 수 있는 최소의 언어 단위로 초성, 중성, 종성으로 구성된다. 이 중 중성은 음절을 이루는 데 필수적인 요소이며 여기에는 모음이 온다. 반면 초성이나 종성은 음절 구성에 필수적이지 않으며 여기에는 자음이 온다. 이때 초성과 종성에 올 수 있는 자음에는 제약이 있다. 초성에는 'ㅇ'이 올 수 없으며, 초성과 종성에 올 수 있는 자음의 최대 개수는 각각 1개이다. 이에 따라 ㉠ 종성에 겹받침이 표기되더라도 자음이 하나 탈락하여 하나만 발음된다. 또한 종성에는 'ㄱ, ㄴ, ㄷ, ㄹ, ㅁ, ㅂ, ㅇ'의 7개의 자음만 올 수 있다. 만일 ㉡ 종성에 이 이외의 자음이 오면 7개 중 하나로 바뀌어 발음된다. 따라서 국어 음절의 유형은 '모음', '자음＋모음', '모음＋자음', '자음＋모음＋자음'으로 나눌 수 있다.

그런데 음절과 음절이 이어져 발음될 때 음절의 유형이 달라질 수 있다. 먼저, ⓐ 음운 변동으로 인해 음절 유형이 달라지는 경우가 있다. 예를 들어 '맏[맏]'과 '형[형]'이 이어질 때, 앞 음절 종성과 뒤 음절 초성이 축약되어 '[마텽]'으로 발음되므로 앞 음절의 음절 유형이 달라진다. 또 '한[한]'과 '여름[여름]'이 이어질 때, 'ㄴ'이 첨가되어 '[한녀름]'으로 발음되므로 두 번째 음절의 음절 유형이 달라진다. 다음으로, 음운 변동이 아니라 ⓑ 연음에 의해 음절 유형이 달라지는 경우가 있다. 가령 '밥[밥]'과 조사 '이[이]'가 이어질 때, 연음에 의해 '[바비]'로 발음되므로 각 음절의 음절 유형이 모두 달라지고, '흙[흑]'과 조사 '은[은]'이 이어지면 '[흘근]'으로 발음되므로 두 번째 음절의 음절 유형만 달라진다. 그런데 '홑옷[호돋]'은 '홑[혿]'과 '옷[옫]'이라는 각 음절의 종성에서 음운 변동이 일어나지만 이로 인해서는 음절 유형이 달라지지 않고 연음에 의해서만 각 음절의 음절 유형이 달라진다.

[A] 한편 음절과 음절이 이어져 발음될 때 나타나는 음운 변동 중에는 인접한 두 자음의 공명도로 설명할 수 있는 것이 있다. 공명도란 발음할 때 공기가 울리는 정도를 의미하는데, 모음이 자음보다 공명도가 높다. 자음 중에서는 울림소리가 안울림소리보다 공명도가 높으며, 울림소리 중에서는 유음이 비음보다 공명도가 높다. 그런데 두 음절이 이어져 발음될 때, 앞 음절 종성의 공명도는 뒤 음절 초성의 공명도와 같거나 뒤 음절 초성의 공명도보다 높아야 한다. 그렇지 않은 경우에는 음운의 교체가 일어난다.

15

윗글에 대한 이해로 적절하지 <u>않은</u> 것은?

① '흙화덕[흐콰덕]'은 ㉠이 적용되며, ⓐ에 해당한다.

② '낱알[나ː달]'은 ㉡이 적용되며, ⓑ에 해당한다.

③ '읊다[읍따]'는 ㉠과 ㉡이 모두 적용되며, ⓐ에 해당한다.

④ '솜이불[솜ː니불]'은 ㉠과 ㉡ 중 어떤 것도 적용되지 않으며, ⓐ에 해당한다.

⑤ '훑어[훌터]'는 ㉠과 ㉡ 중 어떤 것도 적용되지 않으며, ⓑ에 해당한다.

16

다음은 [A]를 바탕으로 학생이 메모한 내용의 일부이다. ㉮와 ㉯에 해당하는 예로 적절한 것은?

자음의 공명도 차이에 따라 일어나는 음운 변동은 다음과 같이 분류할 수 있다. 앞 음절 종성의 공명도가 뒤 음절 초성의 공명도보다 낮을 때, ㉮ 앞 음절 종성의 공명도를 높이는 교체가 일어나거나, ㉯ 뒤 음절 초성의 공명도를 낮추는 교체가 일어난다

	㉮	㉯
①	삭막[상막]	공론[공논]
②	능력[능녁]	업무[엄무]
③	담론[담논]	종로[종노]
④	신라[실라]	밥물[밤물]
⑤	국민[궁민]	난리[날ː리]

'ㅎ'을 포함하고 있는 음운 변동의 양상은 음운 환경에 따라 상이하다. 거센소리되기는 예사소리 'ㄱ, ㄷ, ㅂ, ㅈ'과 'ㅎ'이 만나서 각각 거센소리 'ㅋ, ㅌ, ㅍ, ㅊ'으로 바뀌는 현상으로, 음운 변동의 유형 중 두 개의 음운이 합쳐져 하나의 음운으로 바뀌는 축약에 해당한다. 거센소리되기는 'ㅎ'과 예사소리의 배열 순서에 따라 두 가지로 구분할 수 있다.

첫째, 'ㅎ'이 예사소리보다 앞에 놓인 거센소리되기이다. 표준 발음법 제12항에서는 'ㅎ(ㄶ, ㅀ)' 뒤에 'ㄱ, ㄷ, ㅈ'이 결합되는 경우에는, 'ㅎ'과 뒤 음절 첫소리가 합쳐져 'ㅋ, ㅌ, ㅊ'으로 발음한다고 규정하고 있다. 실제의 예를 보면 '놓고[노코]', '않던[안턴]', '닳지[달치]' 등과 같이 주로 용언 어간 뒤에 어미가 결합할 때 일어난다. 둘째, 'ㅎ'이 예사소리보다 뒤에 놓인 거센소리되기이다. 'ㅎ'이 예사소리보다 앞에 놓인 경우에는 항상 거센소리되기가 우선적으로 적용되는 것과 달리, 'ㅎ'이 예사소리보다 뒤에 놓일 때는 교체나 탈락과 같은 다른 음운 변동보다 거센소리되기가 먼저 적용되기도 하고 나중에 적용되기도 한다. '꽂히다[꼬치다]', '밟히다[발피다]'처럼 어근에 'ㅎ'으로 시작하는 접미사가 결합하는 경우에는 ㉠ 예사소리와 'ㅎ'이 곧바로 합쳐져 거센소리로 바뀐다. 이에 대하여 표준발음법 제12항에서는 받침 'ㄱ(ㄺ), ㄷ, ㅂ(ㄼ), ㅈ(ㄵ)'이 뒤 음절 첫소리 'ㅎ'과 결합되는 경우에는 두 음을 합쳐서 각각 'ㅋ, ㅌ, ㅍ, ㅊ'으로 발음한다고 규정하고 있다. 그러나 '빚하고[비타고]'처럼 체언에 조사가 결합하거나, '닭 한 마리[다칸마리]'처럼 둘 이상의 단어를 이어서 한 마디로 발음하는 경우에는 ㉡ 다른 음운 변동이 먼저 일어난 후에 거센소리되기가 적용된다. '빚하고[비타고]'는 받침 'ㅈ'이 'ㄷ'으로 교체되고 'ㄷ'과 'ㅎ'이 합쳐져 거센소리로 바뀐 것이고, '닭 한 마리[다칸마리]'는 겹받침 'ㄺ'에서 'ㄹ'이 탈락하고 'ㄱ'과 'ㅎ'이 합쳐져 거센소리로 바뀐 것이라고 할 수 있다.

'ㅎ'을 포함하고 있는 말이라도 모두 거센소리되기가 적용되는 것은 아니다. '낳은[나은]', '않아[아나]', '쌓이다[싸이다]' 등과 같이 용언 어간 말의 'ㅎ' 뒤에 모음으로 시작하는 어미나 접미사가 결합하는 경우에는 'ㅎ'이 탈락한다. 원래 이런 환경에서는 어간 말의 자음이 뒤 음절의 첫소리로 연음되어야 하지만 'ㅎ'은 연음되지 않고 탈락하는 것이다. 이러한 'ㅎ' 탈락은 예외 없이 일어난다.

17

윗글을 읽고 이해한 내용으로 적절하지 않은 것은?

① '쌓던[싸턴]'은 교체가 축약보다 먼저 일어난 것이다.

② '잃고[일코]'는 어간 말 'ㅎ'이 어미의 첫소리 'ㄱ'과 합쳐져 발음된 것이다.

③ '끓이다[끄리다]'는 'ㅎ'이 탈락하고 'ㄹ'이 뒤 음절 첫소리로 옮겨져 발음된 것이다.

④ '칡하고[치카고]'와 '하찮은[하차는]'에서 공통적으로 일어난 음운 변동은 탈락이다.

⑤ '먹히다[머키다]'와 '끓고서[끈코서]'는 모두 음운 변동이 한 번씩만 일어난 것이다.

18

윗글의 ㉠, ㉡을 중심으로 〈보기〉의 ⓐ~ⓔ를 이해한 내용으로 적절하지 않은 것은?

┤ 보기 ├

• ⓐ 낮 한때[나탄때] 내린 비로 이슬이 잔뜩 ⓑ 맺힌[매친] 풀밭을 가로질러 ⓒ 닭한테[다칸테] 모이를 주고 왔다.
• ⓓ 곶하고[고타고] 바다로 이어진 산책로를 ⓔ 넓히는[널피는] 작업이 진행 중이다.

① ⓐ: '낮'과 '한때'를 이어서 한 마디로 발음한 경우이므로, ㉡에 해당하겠군.

② ⓑ: 어근 '맺–' 뒤에 접미사 '–히–'가 결합한 경우이므로, ㉠에 해당하겠군.

③ ⓒ: 체언 '닭'에 조사 '한테'가 결합한 경우이므로, ㉡에 해당하겠군.

④ ⓓ: 체언 '곶'에 조사 '하고'가 결합한 경우이므로, ㉡에 해당하겠군.

⑤ ⓔ: 어근 '넓–' 뒤에 접미사 '–히–'가 결합한 경우이므로, ㉠에 해당하겠군.

〈보기〉는 음운 변동에 대한 수업의 한 장면이다. 학생들의 활동 결과로 적절한 것은?

┤ 보기 ├

선생님: 음운 변동은 한 음운이 다른 음운으로 바뀌는 '교체', 원래 있던 음운이 없어지는 '탈락', 새로운 음운이 생기는 '첨가', 두 음운이 하나의 음운으로 합쳐지는 '축약'이 있습니다. 음운의 변동이 일어날 때 음운 개수가 변하기도 하는데요. 제시된 단어들에서 일어나는 음운 변동을 있는 대로 모두 찾고 음운 개수의 변화를 정리해 볼까요?

단어	음운 변동 종류	음운 개수의 변화
① 국밥[국빱]	첨가	하나가 늘어남.
② 뚫는[뚤른]	교체, 탈락	하나가 줄어듦.
③ 막내[망내]	교체, 축약	하나가 줄어듦.
④ 물약[물략]	첨가	하나가 늘어남.
⑤ 밟힌[발핀]	축약	변화 없음.

〈학습 활동〉을 수행한 결과로 적절한 것은?

┤ 학습 활동 ├

'교체, 탈락, 첨가, 축약'과 같은 네 가지 유형의 음운 변동을 탐구해 보면, 한 단어에서 서로 다른 유형의 음운 변동이 일어나기도 하고 같은 유형의 음운 변동이 두 번 이상 일어나기도 한다.

- 한 단어에 음운 변동이 한 번 일어난 예
  예 빗[빋], 여덟[여덜], 맨입[맨닙], 축하[추카]
- 한 단어에 서로 다른 유형의 음운 변동이 일어난 예
  예 밟는[밤ː는], 닭장[닥짱]
- 한 단어에 같은 유형의 음운 변동이 두 번 이상 일어난 예
  예 앞날[암날], 벚꽃[벋꼳]

이를 참고하여 ㉠~㉣에 해당하는 예를 두 개씩 생각해 보자.
㉠ '교체가 한 번, 탈락이 한 번' 일어난 것
㉡ '교체가 한 번, 첨가가 한 번' 일어난 것
㉢ '교체가 한 번, 축약이 한 번' 일어난 것
㉣ '교체가 두 번, 탈락이 한 번' 일어난 것
㉤ '교체가 두 번, 첨가가 한 번' 일어난 것

① ㉠: 재밌는[재민는], 얽매는[엉매는]
② ㉡: 불이익[불리익], 견인력[겨닌녁]
③ ㉢: 똑같이[똑까치], 파묻힌[파무친]
④ ㉣: 읊조려[읍쪼려], 곁늙어[건늘거]
⑤ ㉤: 버들잎[버들립], 덧입어[던니버]

21

〈보기〉의 ㉮, ㉯에 들어갈 수 있는 단어로 적절한 것은?

┌ 보기 ┐

선생님 : 지난 시간에 음운의 변동 가운데 ⓐ 음절의 끝소리 규칙, ⓑ 자음군 단순화, ⓒ 된소리되기를 학습했는데요. 이번 시간에는 음운 변동의 적용 유무를 기준으로 단어를 분류하는 활동을 진행해 볼게요. 그럼, 표준 발음을 고려해서 다음 단어들을 분류해 보죠.

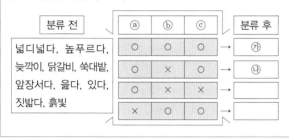

분류 전	ⓐ	ⓑ	ⓒ	분류 후
넓디넓다, 높푸르다, 늦깍이, 닭갈비, 쑥대밭, 앞장서다, 읊다, 있다, 짓밟다, 흙빛	○	○	○	→ ㉮
	○	×	○	→ ㉯
	○	×	×	→
	×	○	○	→

	㉮	㉯
①	짓밟다	늦깍이
②	넓디넓다	있다
③	읊다	높푸르다
④	흙빛	쑥대밭
⑤	닭갈비	앞장서다

형태론

22

다음 글에서 추론한 내용으로 적절하지 <u>않은</u> 것은?

'밤하늘'은 '밤'과 '하늘'이 결합하여 한 단어를 이루고 있는데, 이처럼 어휘 의미를 띤 요소끼리 결합한 단어를 합성어라고 한다. 합성어는 분류 기준에 따라 여러 방식으로 나눌 수 있다. 합성어의 품사에 따라 합성 명사, 합성 형용사, 합성 부사 등으로 나누기도 하고, 합성의 절차가 국어의 정상적인 단어 배열법을 따르는지의 여부에 따라 통사적 합성어와 비통사적 합성어로 나누기도 하고, 구성 요소 간의 의미 관계에 따라 대등합성어와 종속합성어로 나누기도 한다.

합성 명사의 예를 보자. '강산'은 명사(강) + 명사(산)로, '젊은이'는 용언의 관형사형(젊은)+명사(이)로, '덮밥'은 용언 어간(덮)+명사(밥)로 구성되어 있다. 명사끼리의 결합, 용언의 관형사형과 명사의 결합은 국어 문장 구성에서 흔히 나타나는 단어 배열법으로, 이들을 통사적 합성어라고 한다. 반면 용언 어간과 명사의 결합은 국어 문장 구성에 없는 단어 배열법인데 이런 유형은 비통사적 합성어에 속한다. '강산'은 두 성분 관계가 대등한 관계를 이루는 대등합성어인데, '젊은이'나 '덮밥'은 앞 성분이 뒤 성분을 수식하는 종속합성어이다.

① 아버지의 형을 이르는 '큰아버지'는 종속합성어이다.

② '흰머리'는 용언 어간과 명사가 결합한 합성 명사이다.

③ '늙은이'는 어휘 의미를 지닌 두 요소가 결합해 이루어진 단어이다.

④ 동사 '먹다'의 어간인 '먹'과 명사 '거리'가 결합한 '먹거리'는 비통사적 합성어이다.

현대 국어의 시간 표현 중 하나는 선어말 어미를 활용하는 것이다. 동사는 어간에 선어말 어미 '-는-/-ㄴ-'을 결합하여 현재 시제를 표현하는데, 동사의 어간 말음이 자음인 경우에는 '-는-'이, 모음인 경우에는 '-ㄴ-'이 결합한다. 이와 달리 형용사와 '이다'는 어간에 선어말 어미가 결합하지 않고 현재 시제를 표현할 수 있다. 동사와 형용사, 그리고 '이다'는 어간에 선어말 어미 '-았-/-었-'을 결합하여 과거 시제를 표현하는데, 어간 '하-' 다음에는 선어말 어미 '-였-'을 결합하여 과거 시제를 표현한다. 동사와 형용사, 그리고 '이다'는 어간에 선어말 어미 '-겠-'을 결합하여 미래 시제를 표현하는데, 추측이나 의지 등의 의미를 나타내기도 한다.

중세 국어의 시간 표현은 ㉠ 용언의 어간에 선어말 어미를 결합하여 나타내는 경우와 ㉡ 용언의 어간에 선어말 어미를 결합하지 않고 나타내는 경우가 있었다. 이를 살펴보면, 동사는 어간에 선어말 어미 '-ᄂᆞ-'를 결합하여 현재 시제를 표현하였고, 형용사는 어간에 선어말 어미를 결합하지 않고 현재 시제를 표현하였다. 또한 동사는 어간에 선어말 어미를 결합하지 않고 과거 시제를 표현하기도 했고, 회상의 의미가 있는 선어말 어미 '-더-'를 결합하여 과거 시제를 표현하기도 했다. 형용사도 선어말 어미 '-더-'를 통해 과거 시제를 표현하였다. 또한 동사와 형용사는 추측의 의미가 있는 선어말 어미 '-리-'를 어간에 결합하여 미래 시제를 표현하였다.

23

윗글을 바탕으로 <보기>를 탐구한 내용으로 적절하지 않은 것은?

| 보기 |

• 동생이 지금 밥을 ⓐ 먹는다.
• 우리 아기가 무럭무럭 ⓑ 자란다.
• 이곳에 따뜻한 난로가 ⓒ 놓였다.
• 신랑, 신부가 ⓓ 입장하겠습니다.
• 나는 어젯밤에 무서운 꿈을 ⓔ 꿨다.

① ⓐ는 동사의 어간 다음에 현재 시제 선어말 어미로 '-는-'이 사용된 예에 해당한다.
② ⓑ는 동사의 어간 다음에 현재 시제 선어말 어미로 '-ㄴ-'이 사용된 예에 해당한다.
③ ⓒ는 동사의 어간 다음에 과거 시제 선어말 어미로 '-였-'이 사용된 예에 해당한다.
④ ⓓ는 동사의 어간 다음에 미래 시제 선어말 어미로 '-겠-'이 사용된 예에 해당한다.
⑤ ⓔ는 동사의 어간 다음에 과거 시제 선어말 어미로 '-었-'이 사용된 예에 해당한다.

24

<보기>에서 ㉠과 ㉡에 해당하는 예를 찾아 바르게 짝지은 것은?

| 보기 |

• 너도 ᄯᅩ 이 ⓐ ᄀᆞᄐᆞ다 (너도 또 이와 같다.)
• 네 이제 ᄯᅩ ⓑ 묻ᄂᆞ다 (네가 이제 또 묻는다.)
• 五百 도ᄌᆞ기 … ⓒ 도ᄌᆞᇰᄒᆞ더니 (오백 도적이 … 도둑질하더니)
• 이 智慧 업슨 比丘ㅣ 어드러셔 ⓓ 오뇨 (이 지혜 없는 비구가 어디에서 왔느냐?)
• 이 善女人이 … 다시 나디 ⓔ 아니ᄒᆞ리니 (이 선여인이 … 다시 나지 아니할 것이니)

	㉠	㉡
①	ⓑ, ⓒ	ⓐ, ⓓ, ⓔ
②	ⓐ, ⓔ	ⓑ, ⓒ, ⓓ
③	ⓓ, ⓔ	ⓐ, ⓑ, ⓒ
④	ⓐ, ⓒ, ⓓ	ⓑ, ⓔ
⑤	ⓑ, ⓒ, ⓔ	ⓐ, ⓓ

2023학년도 10월 고3 전국연합학력평가

어떤 말의 앞이나 뒤에 다른 말이 올 수 있는 말들의 관계를 결합 관계라 한다. 현대 국어의 의존 명사와 결합하는 선행 요소의 유형에는 관형사, 체언, 체언에 관형격 조사가 붙은 것, 용언의 관형사형 등이 있다. 의존 명사 중에는 ㉠ 다양한 유형의 선행 요소와 결합하는 것도 있으나, 그렇지 않은 것도 있다. 즉 '것'과 같이 '어느 것, 언니 것, 생각한 것' 등 다양한 유형의 선행 요소와 두루 결합하는 의존 명사가 있는 반면, '가 본 데'의 '데'나, '요리할 줄'의 '줄'과 같이 ㉡ 선행 요소로 용언의 관형사형만 결합하는 의존 명사도 있다.

의존 명사와 결합하는 후행 요소로는 격 조사와 용언 등이 있다. 의존 명사 중에는 ㉢ 다양한 격 조사와 결합하여 여러 문장 성분으로 쓰이는 것도 있으나, ㉣ 특정 격 조사와만 결합하는 것도 있다. 예를 들어, '데'는 다양한 격 조사와 결합하여 여러 문장 성분으로 두루 쓰이지만, '만난 지(가) 오래되었다'의 '지'는 주격 조사와만 결합하여 주어로 쓰인다. '요리할 줄(을) 몰랐다', '그런 줄(로) 알았다'의 '줄'은 주로 목적격 조사나 부사격 조사와 결합하여 목적어나 부사어로 쓰이고 주어로는 쓰이지 않는다. 또한 '뿐'은 '읽을 뿐이다'처럼 서술격 조사 '이다'와 결합하거나 '그럴 뿐(이) 아니라'처럼 보격 조사와만 결합하여 쓰인다. 한편 의존 명사가 용언과 결합할 때는 ㉤ 다양한 용언과 결합하여 쓰일 수 있는 것과 ㉥ 특정 용언과만 결합하는 것이 있다. 예를 들어, '것'은 다양한 용언과 두루 결합하지만, '줄'은 주로 '알다, 모르다'와 결합한다.

중세 국어에서도 선행 요소나 후행 요소와 결합할 때 제약 없이 두루 결합하는 의존 명사와 그렇지 않은 의존 명사가 있었다. 가령 중세 국어 '것'은 '어느 거시 이 가온디 가뭘[어느 것이 이 가운데 감]', '奇異한 거슬 머구머[기이한 것을 머금어]' 등과 같이 여러 유형의 선행 요소 및 후행 요소와 두루 결합하여 쓰였다. 반면 현대 국어의 '지'에 해당하는 중세 국어 '디'는 선행 요소 및 후행 요소와의 결합에 제약이 있었다. 즉 '물 들여 드니건 디 스물 히니[말 달려 다닌 지 스물 해니]', '여희연 디 흐마 다삿 히로디[헤어진 지 벌써 다섯 해로되]'와 같이 '디'는 선행 요소로 용언의 관형사형만 결합할 수 있었고, 문장에서는 주어로만 쓰였다.

25

㉠ ~ ㉥ 중 〈보기〉의 '바'에 해당하는 것만을 고른 것은?

┤ 보기 ├

의존 명사 '바'

- 우리가 나아갈 바를 밝혔다.
- 이것이 우리가 생각한 바이다.
- 그것은 *그/*생각의 바와 다르다.
- 그것에 대해 내가 아는 바가 없다.
- 그가 우리 사회에 공헌한 바가 크다.

※ '*'는 어법에 맞지 않음을 나타냄.

① ㉠, ㉢, ㉤ ② ㉠, ㉣, ㉥ ③ ㉡, ㉢, ㉤
④ ㉡, ㉣, ㉤ ⑤ ㉡, ㉣, ㉥

26

윗글과 〈보기〉의 중세 국어 자료를 이해한 내용으로 적절하지 않은 것은?

┤ 보기 ├

- 달옳 ⓐ 주리 업스시니이다
  [다를 줄이 없으십니다]
- 眞光이 어드우며 볼 ㄱ ⓑ 딕를 다 비취샤
  [진광이 어두우며 밝은 데를 다 비추시어]
- 부텻 일훔 순휼 ⓒ 쏸네 이런 功德 됴한 利를 어드리오
  [부처님의 이름을 생각할 뿐에 이런 공덕 좋은 이로움을 얻으리오]

① ⓐ의 '줄'은 현대 국어 '줄'과 달리, 주격 조사와 결합할 수 있었군.

② ⓐ의 '줄'은 중세 국어 '것'과 달리, 선행 요소로 용언의 관형사형과 결합할 수 있었군.

③ ⓑ의 '딕'는 현대 국어 '데'와 같이, 선행 요소로 용언의 관형사형과 결합할 수 있었군.

④ ⓑ의 '딕'는 중세 국어 '디'와 달리, 목적격 조사와 결합할 수 있었군.

⑤ ⓒ의 '쏸'은 현대 국어 '뿐'과 달리, 부사격 조사와 결합할 수 있었군.

2023학년도 대학수학능력시험

합성 명사는 직접 구성 요소가 모두 어근인 명사이다. 합성 명사의 어근은 복합어일 수도 있는데 '갈비찜'을 그 예로 들 수 있다. '갈비찜'의 직접 구성 요소는 '갈비'와 '찜'이다. 그런데 '갈비찜'을 형태소 단위까지 분석하면 '갈비', '찌-', '-ㅁ'이라는 형태소를 확인할 수 있다. 이처럼 합성 명사 내부에 복합어가 있을 때, ㉠ 합성 명사를 형태소 단위까지 분석하면 합성 명사의 내부 구조를 세밀히 알 수 있다.

다의어에서 기본이 되는 의미를 중심적 의미라 하고, 중심적 의미로부터 확장된 의미를 주변적 의미라 한다. 만약 단어가 하나의 의미만을 가지고 그 의미가 다른 의미로 확장되지 않았다면, 그 하나의 의미를 중심적 의미로 볼 수 있다. 합성 명사의 두 어근에도 ⓐ 중심적 의미나 ⓑ 주변적 의미가 나타날 수 있다. 그런데 자립적으로 쓰일 때에는 하나의 의미만을 가지고 있어 사전에서 뜻풀이가 하나밖에 없는 단어가 합성 명사의 어근으로 쓰일 때 주변적 의미를 새롭게 가지게 되는 경우도 있다. 가령 '매섭게 노려보는 눈'을 뜻하는 합성 명사 '도끼눈'은 '도끼'와 '눈'으로 분석되는데, '매섭거나 날카로운 것'이라는 '도끼'의 주변적 의미는 '도끼'가 자립적으로 쓰일 때 가지고 있던 의미라고 보기 어렵다.

합성 명사의 어근이 중심적 의미를 나타내든 주변적 의미를 나타내든, 그 어근은 합성 명사 내부에서 나타나는 위치가 대체로 자유롭다. 이는 '비바람', '이슬비'에서 중심적 의미를 나타내는 '비'의 위치와 '벼락공부', '물벼락'에서 주변적 의미를 나타내는 '벼락'의 위치를 통해 알 수 있다. 그런데 주변적 의미를 나타내는 어근 중 일부는 합성 명사 내부의 특정 위치에서 주로 관찰된다. 가령 '아주 달게 자는 잠'을 뜻하는 '꿀잠'에는 '편안하거나 기분 좋은 것'이라는 '꿀'의 주변적 의미가 나타나는데, '꿀'의 이러한 의미는 합성 명사의 선행 어근에서 주로 관찰된다. 그리고 '넓게 깔린 구름'을 뜻하는 '구름바다'에는 '무엇이 넓게 많이 모여 있는 곳'이라는 '바다'의 주변적 의미가 나타나는데, 이러한 '바다'는 합성 명사의 후행 어근에서 주로 관찰된다.

27

㉠에 따를 때, 〈보기〉에 제시된 ㉮~㉱ 중 그 내부 구조가 동일한 단어끼리 묶은 것은?

| 보기 |

- 동생은 오늘 ㉮ 새우볶음을 많이 먹었다.
- 우리는 결코 ㉯ 집안싸움을 하지 않겠다.
- 요즘 농촌은 ㉰ 논밭갈이에 여념이 없다.
- 우리 마을은 ㉱ 탈춤놀이가 참 유명하다.

① ㉮, ㉯   ② ㉯, ㉰   ③ ㉰, ㉱
④ ㉮, ㉯, ㉱   ⑤ ㉮, ㉰, ㉱

28

윗글의 ⓐ, ⓑ와 연관 지어 〈자료〉에 제시된 합성 명사를 탐구한 내용으로 적절한 것은?

| 자료 |

합성 명사	뜻
칼잠	옆으로 누워 불편하게 자는 잠
머리글	책의 첫 부분에 내용이나 목적을 간략히 적은 글
일벌레	일을 지나치게 열심히 하는 사람
입꼬리	입의 양쪽 구석
꼬마전구	조그마한 전구

① '칼잠'과 '구름바다'는 ⓐ를 나타내는 어근의 위치가 같군.
② '머리글'과 '물벼락'은 ⓐ를 나타내는 어근의 위치가 같군.
③ '일벌레'와 '벼락공부'는 ⓑ를 나타내는 어근의 위치가 같군.
④ '입꼬리'와 '도끼눈'은 ⓑ를 나타내는 어근의 위치가 다르군.
⑤ '꼬마전구'와 '꿀잠'은 ⓑ를 나타내는 어근의 위치가 다르군.

[A] 접속 조사는 둘 또는 그 이상의 단어나 구를 같은 자격으로 이어 주는 조사이다. 접속 조사는 주로 체언과 결합하며, 이때 나열된 단어나 구들이 하나의 명사구가 되어 동일한 문장 성분으로 기능한다.

접속 조사에는 '와/과, (이)랑, (이)며, 하고' 등이 있다. 이 중 '와/과, (이)랑, (이)며'는 '봄에 개나리와 철쭉꽃과 진달래가 핀다.'에서처럼 결합하는 체언의 음운 환경에 따라 바뀌어 나타난다. 즉, 앞 음절이 모음으로 끝나면 '와, 랑, 며'가 쓰이고 앞 음절이 자음으로 끝나면 '과, 이랑, 이며'가 쓰인다. '(이)랑, 하고'는 체언이 나열될 때 마지막 체언에까지 결합할 수 있어서 '삼촌하고 이모하고 다 직장에 갔어요.'와 같이 쓰일 수 있다. 그런데 부사격 조사에도 '와/과'가 있기 때문에 접속 조사 '와/과'와 구분해야 한다. '나는 꽃과 나무를 사랑한다.'에서 접속 조사 '과'가 쓰인 '꽃과'는 생략해도 문장이 성립된다. 이와 달리 '나는 누나와 눈이 닮았다.'에서 부사격 조사와 결합한 '누나와'는 문장에서 반드시 필요한 필수적 부사어로, 생략할 수 없다.

중세 국어에서도 접속 조사는 현대 국어의 접속 조사와 같은 기능을 하였다. 접속 조사에는 '와/과, ᄒ고, (이)며, (이)여' 등이 있는데 '와/과'의 결합 양상은 현대 국어와 차이가 있다.

ㄱ. 나모와 곳과 果實와ᄂ [나무와 꽃과 과실은]

ㄱ처럼 중세 국어에서 '와'는 모음이나 'ㄹ'로 끝나는 체언과 결합하고 '과'는 'ㄹ'을 제외한 자음으로 끝나는 체언과 결합한다. ㄱ의 '果實와'에서처럼 '와/과'는 마지막 체언에까지 결합하는 것이 일반적이지만 그렇지 않은 경우도 있었다. 또한 마지막 체언과 결합한 '와/과' 뒤에 격 조사가 결합하는 경우도 있었다. 한편 '(이)며, (이)여'는 '열거'의 방식으로, 'ᄒ고'는 '첨가'의 방식으로 접속의 기능을 나타내었다.

29

[A]를 참고하여 이해한 내용으로 적절하지 않은 것은?

① '나는 시와 음악을 좋아한다.'에서 '시와 음악을'의 문장 성분은 목적어이다.

② '네가 벼루와 먹을 가져오너라.'에서 '벼루와'를 생략하여도 문장이 성립된다.

③ '친구랑 나랑 함께 꽃밭을 만들었다.'에서 '랑'은 체언들을 이어 주는 접속 조사이다.

④ '가방과 신발을 샀다.'에서 '과'는 부사격 조사로서 '가방과'는 서술어가 필수적으로 요구하는 성분이 된다.

⑤ '수박하고 참외하고 먹자.'와 같이 '하고'는 결합하는 체언의 끝음절의 음운 환경이 달라도 형태가 변하지 않는다.

30

윗글을 바탕으로 〈보기〉의 중세 국어 자료를 탐구한 내용으로 적절하지 않은 것은?

─ 보기 ├─

ⓐ 옷과 뵈와로 佛像을 꾸미ᅀᆞ바도
　　[옷과 베로 불상을 꾸미었어도]

ⓑ 子息이며 죵이며 집앗 사ᄅᆞᆷ을 다 眷屬이라 ᄒᆞᄂᆞ니라
　　[자식이며 종이며 집안의 사람을 다 권속이라 하느니라]

ⓒ 밤과 낮과 法을 니르시니
　　[밤과 낮에 법을 이르시니]

ⓓ 입시울와 혀와 엄과 니왜 다 됴ᄒᆞ며
　　[입술과 혀와 어금니와 이가 다 좋으며]

① ⓐ에서 '옷과 뵈와'는 접속 조사에 의해 하나의 명사구를 이루고 있군.

② ⓑ에서 '이며'는 열거의 방식으로 '子息'과 '죵'을 같은 자격으로 이어 주는 기능을 하고 있군.

③ ⓒ를 보니, 접속되는 마지막 체언에 '와/과'가 결합하지 않는 사례가 있었음을 확인할 수 있군.

④ ⓐ와 ⓓ를 보니, '와/과' 뒤에 격 조사가 결합한 형태가 있었음을 확인할 수 있군.

⑤ ⓒ와 ⓓ를 보니, 'ㄹ'을 제외한 자음으로 끝나는 체언은 '과'와, 모음이나 'ㄹ'로 끝나는 체언은 '와'와 결합했음을 확인할 수 있군.

현대 국어에서 명사를 파생하는 접미사로 널리 쓰이는 것에 '-(으)ㅁ'이 있다. 접미사 '-(으)ㅁ'은 동사나 형용사를 명사로 바꿀 수 있으며 '묶음, 기쁨'과 같은 단어를 만든다. 한글 맞춤법에서는 어간에 '-(으)ㅁ'이 붙어서 명사로 된 것은 그 어간의 원형을 밝히어 적도록 규정하고 있다. '-(으)ㅁ'이 비교적 널리 여러 어간에 결합할 수 있고 이것이 결합하여 만들어진 단어의 의미가 어간의 본뜻을 유지하고 있기 때문이다. 이는 가령 '무덤'이 기원적으로 '묻-'에 '-엄'이 붙어서 된 것이기는 하지만 '-엄'은 현대 국어에서 새로운 단어를 만들지 못하므로 '무덤'에서 어간의 원형인 '묻-'을 밝히어 적지 않는 것과 대조된다.

그런데 명사형 어미에도 '-(으)ㅁ'이 있어서, 현대 국어에서 '-(으)ㅁ'이 결합한 단어들 중에는 형태는 같으나 품사가 다른 경우가 있다. 예를 들어 '그가 시원한 웃음을 크게 웃음은 시험에 합격했기 때문이다.'에서 앞에 나오는 '웃음'은 관형어 '시원한'의 수식을 받는 명사이므로 여기서 '-음'은 명사 파생 접미사이다. 그러나 뒤에 나오는 '웃음'은 명사절에서 서술어로 기능하고 있으며 부사어 '크게'의 수식을 받는 동사의 명사형이다. 그러므로 여기서 '-음'은 명사형 어미이다. '크게 웃음'을 '크게 웃었음'으로 바꾸어 쓸 수 있는 것에서 알 수 있듯이, 어미 '-(으)ㅁ'은 '-았/었-', '-겠-', '-(으)시-' 등 대부분의 선어말 어미와 결합할 수 있다.

현대 국어와 달리, 중세 국어에서는 ㉠ 파생 명사와 ㉡ 명사형 어미가 결합한 용언의 활용형이 형태적으로 구별되었다. 예를 들어 '짜 그륨과[땅을 그림과]'에서 서술어로 기능하는 '그륨'은 동사 '(그림을) 그리다'의 명사형인데, '그리다'의 파생 명사는 '그리-'에 '-ㅁ'이 붙어 만들어진 '그림'이었다. 일반적으로 중세 국어에서는 명사 파생 접미사 '-(ᄋ/으)ㅁ'과 명사형 어미 '-옴/움'이 형태상으로 구분되었다. 모음 조화에 따라 양성 모음 뒤에서는 접미사 '-(ᄋ)ㅁ'과 어미 '-옴'이, 음성 모음 뒤에서는 접미사 '-(으)ㅁ'과 어미 '-움'이 쓰였다. 그러다가 'ᆞ'가 소실되고 명사형 어미의 형태가 달라지는 등 여러 변화를 입어 현대 국어에서는 명사 파생 접미사와 명사형 어미가 모두 '-(으)ㅁ'으로 나타나게 되었다.

31

윗글을 통해 〈보기〉의 ㄱ~ㅁ을 이해한 내용으로 적절하지 않은 것은?

─┤ 보기 ├─

ㄱ. 나이도 어린 동생이 고난도의 춤을 잘 춤이 신기했다.
ㄴ. 차가운 주검을 보니 그제야 그의 죽음이 실감이 났다.
ㄷ. 나는 그를 조용히 도움으로써 지난날의 은혜에 보답했다.
ㄹ. 작가에 대해서 많이 앎이 오히려 감상을 방해하기도 한다.
ㅁ. 그를 전적으로 믿음에도 결과를 직접 확인할 필요는 있었다.

① ㄱ에서 '고난도의'의 수식을 받는 '춤'은 명사이고, '잘'의 수식을 받는 '춤'은 동사의 명사형이다.
② ㄴ에서 '죽음'은 접미사 '-음'이 붙어서 된 말이므로 '주검'과는 달리 어간의 원형을 밝히어 적는다.
③ ㄷ에서 '도움'은 동사의 명사형으로, 명사절에서 서술어로 기능하고 있다.
④ ㄹ에서 '앎'의 '-ㅁ'은 '알-'에 붙어 품사를 동사에서 명사로 바꾸었다.
⑤ ㅁ에서 '믿음'의 '믿-'과 '-음' 사이에는 선어말 어미 '-었-'이 끼어들 수 있다.

32

윗글을 바탕으로 하여, 제시된 중세 국어 용언들의 ㉠과 ㉡을 바르게 추정한 것은?

		㉠	㉡
①	(물이) 얼다	어름	어룸
②	(길을) 걷다	거름	거룸
③	(열매가) 열다	여룸	여름
④	(사람이) 살다	사롬	사룸
⑤	(다른 것으로) 굴다	ᄀᆞ롬	ᄀᆞ룸

2021학년도 4월 고3 전국연합학력평가

용언의 어간에 여러 어미가 번갈아 결합하는 현상을 용언의 활용이라 한다. 어간은 용언이 활용할 때 변하지 않는 부분을 가리키고, 어미는 어간 뒤에 결합하여 여러 가지 문법적 의미를 더해 주는 요소를 가리킨다. 어미는 그것이 나타나는 자리에 따라 어말 어미와 선어말 어미로 나눌 수 있다. 어말 어미는 용언의 맨 뒤에 오는 어미이고, 선어말 어미는 어말 어미 앞에 나타나는 어미이다. 가령, "나는 물건을 들었다."라는 문장에서 '들었다'는 어간 '들–'에 선어말 어미 '–었–'과 어말 어미 '–다'가 결합된 용언이다. 어간과 어미의 결합 관계를 기호화하여 어간을 X, 선어말 어미를 Y, 어말 어미를 Z라고 할 때, 어간에 하나의 어미만 결합된 용언은 ㉠ X+Z로 표현될 수 있고, 어간에 둘 이상의 어미가 결합된 용언은 ㉡ X+Y+Z 혹은 ㉢ X+Y1+Y2+Z 등으로 표현될 수 있다.

어말 어미는 문법적 기능에 따라 종결 어미, 연결 어미, 전성 어미로 나뉜다. 종결 어미는 문장의 끝에 위치하여 한 문장을 끝맺는 기능을 하며, 대화의 상대방을 높이거나 낮추는 문법적 기능을 하기도 한다. 연결 어미는 두 문장을 나열, 대조 등의 의미 관계로 이어 주는 ⓐ 대등적 연결 어미, 앞 문장이 뒤 문장의 원인, 조건 등과 같은 의미를 가지도록 이어 주는 ⓑ 종속적 연결 어미, 본용언과 보조 용언을 이어 주는 ⓒ 보조적 연결 어미로 나눌 수 있다. 전성 어미는 용언이 서술성을 유지하면서 다른 품사처럼 기능하게 하는 것으로, 명사형 전성 어미, 관형사형 전성 어미 등으로 나눌 수 있다. 한편 선어말 어미는 문장의 주체를 높이거나 문장의 시제를 표현하는 것과 같은 문법적 기능을 한다.

33

윗글을 바탕으로 〈보기〉의 밑줄 친 부분을 이해한 내용으로 적절하지 않은 것은?

| 보기 |

선생님: 다음 주에 있을 전국 학생 토론 대회 준비는 마쳤니?
라온: 아직이요. 내일까지는 반드시 끝내겠습니다.
해람: 사실 이번 주제는 저희들끼리 준비하기 너무 어려워요.
선생님: 방금 교무실로 들어가신 선생님께 조언을 구해 보렴.
라온: 창가 쪽에 서 계신 분 말씀이죠?
해람: 아, 수업 종이 울렸네. 다음 시간에 다시 오자.

① '끝내겠습니다'는 ㉡에 속하며, 이때 Z는 대화의 상대방을 높이는 기능을 하고 있군.
② '준비하기'는 ㉠에 속하며, 이때 Z는 용언을 명사처럼 기능하게 하고 있군.
③ '들어가신'은 ㉡에 속하며, 이때 Y는 문장의 주체를 높이는 기능을 하고 있군.
④ '계신'은 ㉠에 속하며, 이때 Z는 용언을 관형사처럼 기능하게 하고 있군.
⑤ '울렸네'는 ㉢에 속하며, 이때 Y2는 과거 시제를 표현하는 기능을 하고 있군.

34

〈보기〉의 ㉮ ~ ㉲를 윗글의 ⓐ ~ ⓒ로 바르게 분류한 것은?

| 보기 |

• 원숭이가 바나나를 먹고 있다.
㉮

• 김이 습기를 먹어 눅눅해졌다.
㉯

• 형은 빵을 먹고 동생은 과자를 먹었다.
㉰

• 우리는 상대편에게 한 골을 먹고 당황했다.
㉱

• 그는 경기가 시작되기도 전에 겁을 먹어 버렸다.
㉲

	ⓐ	ⓑ	ⓒ
①	㉰, ㉱	㉯, ㉲	㉮
②	㉰, ㉱	㉯	㉮, ㉲
③	㉰	㉮, ㉱	㉯, ㉲
④	㉰	㉯, ㉱	㉮, ㉲
⑤	㉰	㉱, ㉲	㉮, ㉯

2019학년도 7월 고3 전국연합학력평가

용언은 문장에서 사용될 때 다양한 모습으로 변화한다. 이 때 변하지 않고 고정된 부분을 어간이라고 하고, 그 뒤에 붙어서 변화하는 부분을 어미라고 한다. 어간에 다양한 어미들이 결합하는 것을 활용이라고 하는데, '씻다'처럼 활용할 때 어간이나 어미의 기본 형태가 유지되거나, '쓰다'처럼 활용할 때 기본 형태가 달라진다 해도 그 현상을 일반적인 음운 규칙으로 설명할 수 있으면 이를 규칙 활용이라고 한다.

반면 특정한 환경이나 조건에서 불규칙적으로 어간이나 어미의 형태 변화가 일어나는 것은 불규칙 활용이라고 한다. 불규칙 활용은 '싣다'와 같은 'ㄷ' 불규칙, '젓다'와 같은 'ㅅ' 불규칙, '돕다'와 같은 'ㅂ' 불규칙, '푸다'와 같은 '우' 불규칙처럼 어간이 바뀌는 경우, '하다'와 같은 '여' 불규칙처럼 어미가 바뀌는 경우, '파랗다'와 같은 'ㅎ' 불규칙처럼 어간과 어미가 모두 바뀌는 경우로 구분할 수 있다.

현대 국어에서 기본 형태가 달라지는 용언의 규칙 활용과 불규칙 활용은 중세 국어 용언의 활용과 밀접한 관련이 있다. 중세 국어에서도 단모음과 단모음이 결합할 때 하나의 모음이 탈락하는 현상이 활발하게 일어났다. 대표적으로 '쓰다'가 '뻐'처럼 활용하는 'ㅡ' 탈락이 있는데 이는 현대 국어의 'ㅡ' 탈락에 대응한다.

또한 중세 국어에서 '싣다'의 어간이 자음으로 시작하는 어미 앞에서는 '싣-', 모음으로 시작하는 어미 앞에서는 '실-'로 교체되는 현상은 현대 국어의 'ㄷ' 불규칙으로 이어진다. '돕다'와 '젓다' 역시 자음으로 시작하는 어미 앞에서는 어간의 기본 형태를 유지하지만, 그 외의 경우에는 '돌-'과 '젓-'으로 교체된다. 이러한 교체는 'ㅸ'이 'ㅏ' 또는 'ㅓ' 앞에서 반모음 'ㅗ/ㅜ[w]'로 변화하거나 'ㆍ' 또는 'ㅡ'와 결합하여 'ㅗ' 또는 'ㅜ'로 바뀌어 현대 국어에서 'ㅂ' 불규칙으로 나타난다. 그리고 'ㅿ'은 소실되어 현대 국어에서 'ㅅ' 불규칙으로 나타난다. 또한 어간이거나 어간의 일부인 'ㅎ-'에 모음으로 시작하는 어미가 결합할 때 어미가 '-아'가 아닌 '-야'로 나타나는 것은 현대 국어의 '여' 불규칙으로 이어진다.

35

〈보기〉는 윗글을 바탕으로 용언의 활용에 대해 탐구한 내용이다. ㉠~㉢에 들어갈 말로 적절한 것은?

┤ 보기 ├

[탐구 과제]
다음 자료를 보고, 용언의 활용 양상을 탐구해 보자.

[탐구 자료]
따르다 : 따르- + -고 → 따르고 / 따르- + -어 → 따라
푸르다 : 푸르- + -고 → 푸르고 / 푸르- + -어 → 푸르러
묻다[問] : 묻- + -고 → 묻고 / 묻- + -어 → 물어
묻다[埋] : 묻- + -고 → 묻고 / 묻- + -어 → 묻어

[탐구 결과]
'따르다'는 (㉠)처럼 'ㅡ'가 모음으로 시작하는 어미 앞에서 탈락하는 규칙 활용을 하는 반면, '푸르다'는 (㉡)에서 '따르다'와 다른 활용 양상을 보인다는 점에서 불규칙 활용을 한다. 또한 '묻다[問]'는 (㉢)에서 '묻다[埋]'와 다른 활용 양상을 보인다는 점에서 불규칙 활용을 한다.

	㉠	㉡	㉢
①	잠그다	어간	어미
②	다다르다	어간	어미
③	부르다	어미	어간
④	들르다	어미	어간
⑤	머무르다	어미	어간

36

윗글을 바탕으로 〈보기〉를 이해한 내용으로 적절하지 <u>않은</u> 것은?

┤ 보기 ├

(가) 중세 국어
- 부텻 德을 놀애 지서
- 人生 즐거븐 뜨디
- 一方이 변ᄒᆞ야

(나) 현대 국어
부처의 덕(德)을 노래로 지어
인생(人生) 즐거운 뜻이
일방(一方)이 변하여

① (가)의 '지서'는 '짓다'의 어간이 모음으로 시작하는 어미 앞에서 '짓-'으로 교체되는 현상을 보여 주는군.

② (가)의 '즐거븐'은 '즐겁다'의 어간이 모음으로 시작하는 어미 앞에서 '즐겁-'으로 교체되는 현상을 보여 주는군.

③ (가)의 '지서'가 (나)에서 '지어'로 나타나는 것은 'ㅿ'이 소실된 결과이군.

④ (가)의 '즐거븐'이 (나)에서 '즐거운'으로 나타나는 것은 'ㅸ'이 탈락한 결과이군.

⑤ (가)의 '변ᄒᆞ야'와 (나)의 '변하여'는 모두 활용을 할 때 어미의 기본 형태가 달라진 것이군.

37

〈보기〉는 학습지의 일부이다. 〈학습 활동〉을 수행한 결과로 적절하지 <u>않은</u> 것은?

┤ 보기 ├

형태소는 자립성 여부에 따라 자립 형태소와 의존 형태소로 구분되고, 실질적인 의미를 갖느냐 문법적인 의미를 갖느냐에 따라 실질 형태소와 형식 형태소로 구분된다. 이러한 기준에 따라 형태소는 ㉠ 실질 형태소이자 자립 형태소인 것, ㉡ 실질 형태소이자 의존 형태소인 것, ㉢ 형식 형태소이자 의존 형태소인 것으로 나눌 수 있다.

┤ 학습 활동 ├

다음 문장의 형태소를 분석해 보자.

비로소 바라던 것을 이루자 형은 기쁨에 젖어 춤을 추었다.

① '비로소'와 '것'은 ㉠에 속한다.

② '바라던'의 '바라-'와 '이루자'의 '이루-'는 ㉡에 속한다.

③ '기쁨'과 '춤'에는 ㉠에 속하는 형태소만 있다.

④ '형은'에는 ㉠, ㉢에 속하는 형태소만 있다.

⑤ '젖어'와 '추었다'에는 ㉡, ㉢에 속하는 형태소만 있다.

38

〈보기〉의 ㉠에 해당하는 예로 적절한 것은?

┤ 보기 ├

셋 이상의 형태소로 이루어진 단어의 구조를 파악하기 위해서는 먼저 그 단어를 직접 이루고 있는 두 요소를 파악해야 한다. 예컨대 '볶음밥'은 의미상 '볶음'과 '밥'으로 먼저 나뉜다. '볶음'은 다시 '볶-'과 '-음'으로 나뉜다. 따라서 '볶음밥'은 ㉠ '(어근+접미사)+어근'의 구조로 된 합성어이다.

① 집안일　　② 내리막　　③ 놀이터
④ 코웃음　　⑤ 울음보

〈보기〉를 바탕으로 'ㅎ' 말음 용언의 활용 유형을 탐구한 내용으로 적절하지 <u>않은</u> 것은?

─┤ 보기 ├─

다음은 어간의 말음이 'ㅎ'인 용언이 '아/어'로 시작하는 어미와 만날 때 보이는 활용의 유형을 정리한 것이다. 이들은 활용의 규칙성뿐만 아니라 모음 조화 적용 여부나 활용형의 줄어듦 가능 여부에 따라 그 유형이 구분된다.

불규칙 활용 유형		규칙 활용 유형	
㉠-1	노랗-+-아 → 노래	㉢-1	닿-+-아 → 닿아 (→ *다)
㉠-2	누렇-+-어 → 누레	㉢-2	놓-+-아 → 놓아 (→ 놔)
㉡	어떻-+-어 → 어때		

('*'은 비문법적임을 뜻함.)

① '조그맣-, 이렇-'은 '조그매, 이래서'로 활용하므로 ㉠-1과 활용의 유형이 같겠군.

② '꺼멓-, 뿌옇-'은 '꺼메, 뿌옜다'로 활용하므로 ㉠-2와 활용의 유형이 같겠군.

③ '둥그렇-, 멀겋-'은 '둥그렜다, 멀게'로 활용하므로 ㉡과 활용의 유형이 같지 않겠군.

④ '낳-, 땋-'은 활용형인 '낳아서, 땋았다'가 '*나서, *땄다'로 줄어들 수 없으므로 ㉢-1과 활용의 유형이 같겠군.

⑤ '넣-, 쌓-'은 활용형인 '넣어, 쌓아'가 '*너, *싸'로 줄어들 수 없으므로 ㉢-2와 활용의 유형이 같지 않겠군.

다음은 학생회 소식을 알리는 실시간 방송이다. ⓐ~ⓔ에 대한 설명으로 적절하지 <u>않은</u> 것은?

진행자: □□고 학생들, 안녕하세요? '지켰다, 공약!' 세 번째 시간이죠. 현재 접속자 수가 253명인데요, 두 번째 방송보다 100명 더 입장했네요. ⓐ 오늘은 학습실 사용 원칙을 정하겠다는 공약에 관해 학생회장이 출연해 직접 알리기로 했습니다.

학생회장: 네. ⓑ 우리 학교 학습실은 개별 및 조별 학습이 가능하고 다양한 기자재를 쓸 수 있어서 인기가 많죠. 근데 자리가 많지 않고 특별한 원칙 없이 사용하다 보니 불편함이 많았죠. 실시간 대화 창 볼까요?

동주 맞아. 자리 맡고 오느라 종례에 늦을 뻔한 적도 있었는데. 다른 학년하고 같이 쓰려니 눈치도 보였고.

동주 학생과 같은 경우가 많을 거예요. ⓒ 여러분도 이런 상황에 공감하시겠죠? 그래서 학생회가 나섰습니다.

□□고 학생회 소식

1. 학습실 사용 시 학년 구분이 필요한가?

구분	필요하다	필요없다	모르겠다	합계	전교생
응답 수 (명)	512	10	14	536	617

2. 학년 구분이 필요하다면 어떻게 구분하는 것이 좋은가?

구분	합계	3학년	2학년	1학년
요일별 구분(명)	256	174	68	14
시간별 구분(명)	256	14	96	146

지금 화면에 나오는 설문 조사 결과를 바탕으로 학생회 내부 회의를 통해 사용 원칙을 마련했습니다.

다예 설문 조사에 근거해 원칙을 마련하려고 한 것을 보니까, 학생회가 마련한 원칙은 객관적이고 합리적일 것 같아. 학생회, 힘내세요!

재호 다들 학년 구분은 필요하다고 생각하는데, 학년별로 선호하는 방법은 다른 게 신기해. 이유가 뭘까?

다예 학생, 감사합니다. 원칙은 다음과 같습니다. 첫째, 학습실 사용은 학생회에 신청을 한 학생을 대상으로 합니다. 둘째, 학습실 사용은 학년별로 구분하되 3학년은 월·목, 2학년은 화·수, 1학년은 금요일에 사용합니다.

현지 저는 1학년인데요, 금요일엔 일찍 집에 가고 싶은데, 금요일만 사용해야 하는 것은 좀 그래요.

연수 학생회장님, 열심히 하는 모습이 보기 좋은데요, 설문 결과만으로 끌어내기 어려운 원칙은 어떻게 마련했나요?

□□고 학생회 소식
접속자수: 253명

〈합리적 원칙 마련, 드디어 성사〉
회의 등 투명한 절차에 따라!
공약 이행하는 멋진 학생회!

진행자: 그럼 ⓓ 언제부터 새로운 사용 원칙에 따라 학습실 사용을 신청할 수 있나요?

학생회장: ⓔ 네, 다음 대의원회에서 안건이 통과되면 신청을 받을 계획입니다. 학생 여러분께서는 이번 원칙에 대한 의견을 저희 학생회 공식 카페로 보내 주시면, 참고하여 대의원회에서 논의하겠습니다. 화면에 자막으로 나가고 있는 카페 주소를 참고해 주세요!

진행자: □□고 학생들, 다음에 만나요!

① ⓐ: 부사 '직접'을 사용하여, 학생회장이 자신의 방송 출연 사실을 학생들에게 전달할 것임을 나타내고 있다.

② ⓑ: 어미 '−어서'를 사용하여, 학습실이 인기가 많은 이유를 밝히고 있다.

③ ⓒ: 어미 '−겠−'을 사용하여, 학생들이 학습실 사용의 불편에 공감할 것이라는 추측을 드러내고 있다.

④ ⓓ: 보조사 '부터'를 사용하여, 이 질문은 학습실 사용 신청이 시작되는 시점이 언제인지 묻고 있음을 드러내고 있다.

⑤ ⓔ: 어미 '−면'을 사용하여, 사용 원칙이 적용되기 전에 갖춰져야 할 조건을 언급하고 있다.

통사론

41

2025 출제기조 전환 예시문제

다음 글의 ㉠의 사례가 포함되어 있지 않은 것은?

존경 표현에는 주어 명사구를 직접 존경하는 '직접존경'이 있고, 존경의 대상과 긴밀한 관련을 가지는 인물이나 사물 등을 높이는 ㉠ '간접존경'도 있다. 전자의 예로 "할머니는 직접 용돈을 마련하신다."를 들 수 있고, 후자의 예로는 "할머니는 용돈이 없으시다."를 들 수 있다. 전자에서 용돈을 마련하는 행위를 하는 주어는 할머니이므로 '마련한다'가 아닌 '마련하신다'로 존경 표현을 한 것이다. 후자에서는 용돈이 주어이지만 할머니와 긴밀한 관련을 가진 사물이라서 '없다'가 아니라 '없으시다'로 존경 표현을 한 것이다.

① 고모는 자식이 다섯이나 있으시다.
② 할머니는 다리가 아프셔서 병원에 다니신다.
③ 언니는 아버지가 너무 건강을 염려하신다고 말했다.
④ 할아버지는 젊었을 때부터 수염이 많으셨다고 들었다.

42

2024학년도 대학수학능력시험 6월 모의평가

〈학습 활동〉의 ㉠ ~ ㉢에 들어갈 예문으로 적절한 것은?

| 학습 활동 |

〈보기〉의 조건이 실현된 예문을 만들어 보자.

| 보기 |

ⓐ 현재 시제만 쓰일 것.
ⓑ 서술어의 자릿수가 둘일 것.
ⓒ 안긴문장이 부사어로 기능할 것.

실현 조건	예문
ⓐ, ⓑ	㉠
ⓐ, ⓒ	㉡
ⓑ, ⓒ	㉢

① ㉠: 그 집 마당에는 감나무 한 그루가 자란다.
② ㉠: 선생님께서는 여전히 학교 근처에 사시는지요?
③ ㉡: 산중에 있으므로 여기는 도시보다 조용합니다.
④ ㉡: 오늘부터 아침으로 과일만 먹기로 마음먹었어?
⑤ ㉢: 오래전 큰아버지께 받은 책에 곰팡이가 슬었어.

2023학년도 7월 고3 전국연합학력평가

부정의 뜻을 나타내는 문장을 부정문이라고 하는데, 부정문에는 '안' 부정문과 '못' 부정문이 있다. '안' 부정문은 주어의 의지에 의한 의지 부정이나 객관적인 사실을 부정하는 단순 부정을 나타내고, '못' 부정문은 주어의 능력 또는 상황에 의한 부정을 나타낸다. '안' 부정문에는 부정 부사 '안(아니)'이나 용언 '아니다', 보조 용언 '아니하다(않다)'를, '못' 부정문에는 부정 부사 '못'이나 보조 용언 '못하다'를 사용한다. 그리고 명령문과 청유문의 부정에는 보조 동사 '말다'를 사용한다.

이 가운데 '안' 부정문은 서술어의 종류에 따라 다양한 형태로 나타나는데, 서술어가 '체언+이다'로 된 경우에는 체언에 보격 조사 '이/가'를 붙여 '체언+이/가 아니다'의 형태로 나타난다. 서술어가 용언인 경우에는 서술어 앞에 '안'을 놓거나 용언의 어간에 보조적 연결 어미 '지'를 붙여 '지 아니하다'의 형태로 나타난다. 이때 전자를 '짧은 부정문', 후자를 '긴 부정문'이라고 한다. 그런데 짧은 부정문은 용언에 따라 부정문을 만들 수 없는 경우가 있다.

ㄱ. *밥이 안 설익다. / ㄴ. *내가 너를 안 앞서다.
※ '*'는 비문임을 나타냄.

일반적으로 '안' 부정문은 ㄱ, ㄴ과 같이 서술어로 쓰인 용언이 파생이나 합성어인 경우 짧은 부정문을 만들면 자연스럽지 않은 문장이 된다. 그러나 사동사, 피동사, 접미사 '하다'로 파생된 일부 용언이나 '돌아가다, 들어가다'와 같이 보조적 연결 어미를 매개로 한 합성 동사는 어떤 제약도 없이 짧은 부정문을 만들 수 있다.

한편 중세 국어에서의 '안' 부정문은 현대 국어와 달리 수식언인 관형사와 부사의 앞에 '아니'가 위치하는 부정도 나타났다. 서술어가 용언인 경우에는 현대 국어와 마찬가지로 짧은 부정문과 긴 부정문이 모두 사용되었는데, 짧은 부정문은 서술어 앞에 '아니'를 사용하고, 긴 부정문은 보조적 연결 어미 '-디'를 사용하여 '-디 아니ᄒ다'의 형태로 나타났다. 한편 접미사 '-ᄒ다'가 결합한 동사의 어근이 명사나 한자어일 경우에는 어근과 접미사 'ᄒ다' 사이에 '아니'를 넣어 짧은 부정문을 만들어 사용하기도 하였다.

43

윗글에 대한 이해로 적절하지 않은 것은?

① 짧은 부정문인 '그가 모기에 안 뜯기다.'가 자연스러운 이유는 서술어인 '뜯기다'가 합성 동사이기 때문이겠군.

② 짧은 부정문인 '이 자동차가 안 값싸다.'가 자연스럽지 않은 이유는 서술어인 '값싸다'가 합성어이기 때문이겠군.

③ 짧은 부정문인 '그가 약속 시간을 안 늦추다.'가 자연스러운 이유는 서술어인 '늦추다'가 사동사이기 때문이겠군.

④ 짧은 부정문인 '보따리가 한 손으로 안 들리다.'가 자연스러운 이유는 서술어인 '들리다'가 피동사이기 때문이겠군.

⑤ 짧은 부정문인 '할아버지 댁 마당이 안 드넓다.'가 자연스럽지 않은 이유는 서술어인 '드넓다'가 파생어이기 때문이겠군.

44

윗글을 바탕으로 〈보기〉의 중세 국어 자료를 이해한 내용으로 적절하지 않은 것은?

> ─ 보기 ─
> ⓐ 敢히 노티 아니ᄒ다라 [감히 놓지 아니하더라]
> ⓑ 비록 아니 여러 나라라도 [비록 여러 날이 아니더라도]
> ⓒ 妙法이 둘 아니며 세 아닐ᄊ [묘법이 둘이 아니며 셋이 아니므로]
> ⓓ 塞外北狄인ᄃᆯ 아니 오리잇가 [변방 밖의 북쪽 오랑캐인들 아니 오겠습니까]
> ⓔ 나도 現在 未來 一切 衆生ᄋᆞᆯ 시름 아니 호리라 [나도 현재와 미래의 모든 중생에 대해 시름 아니 하리라]

① ⓐ와 ⓒ를 보니, '안' 부정문이 용언과 체언에 대한 부정을 나타내는 데 모두 사용되었음을 알 수 있군.

② ⓐ와 ⓓ를 보니, '안' 부정문이 평서문과 의문문에서 모두 사용되었음을 알 수 있군.

③ ⓐ와 ⓔ를 보니, '안' 부정문이 긴 부정문과 짧은 부정문에서 모두 사용되었음을 알 수 있군.

④ ⓑ와 ⓔ를 보니, '안' 부정문이 관형사와 부사에 대한 부정을 나타내는 데 모두 사용되었음을 알 수 있군.

⑤ ⓒ와 ⓔ를 보니, '안' 부정문이 단순 부정과 의지 부정을 나타내는 데 모두 사용되었음을 알 수 있군.

〈보기〉의 ㉠, ㉡에 해당하는 예끼리 묶은 것으로 적절한 것은?

┤ 보기 ├

선생님: 피동은 주어가 다른 주체에 의해 어떤 동작을 당하거나 영향을 받는 것이고, 사동은 주어가 다른 대상에게 어떤 동작을 하게 하는 것을 의미합니다. 피동 표현과 사동 표현은 접미사에 의해 실현되기도 하는데, 피동 접미사와 사동 접미사가 같은 형태인 경우 문장에서의 쓰임을 바탕으로 그 접미사가 피동 접미사인지 사동 접미사인지를 파악해야 합니다.

학생: 선생님, 그럼 [㉠]는 피동 접미사가 쓰인 경우이고, [㉡]는 사동 접미사가 쓰인 경우이겠군요.

선생님: 네, 맞습니다.

① ㉠: 욕심 많은 사람들은 제 배만 불렸다.
　㉡: 나는 아이들에게 돌아가며 노래를 불렸다.
② ㉠: 우리 직원들은 다른 부서에 약점을 잡혔다.
　㉡: 그는 마지못해 은행에 주택마저 담보로 잡혔다.
③ ㉠: 어머니는 집을 나서는 딸의 손에 책을 들렸다.
　㉡: 팔에 힘을 주니 무거운 가방이 번쩍 들렸다.
④ ㉠: 저녁을 준비하던 형은 나에게 찌개 맛부터 보였다.
　㉡: 그 일이 있고 난 뒤부터 그가 다시 예전처럼 보였다.
⑤ ㉠: 직원이 일을 잘못 처리해서 회사에 손해만 안겼다.
　㉡: 막냇동생은 자기가 들고 있던 짐마저 나에게 안겼다.

다음 글을 읽고 보인 반응으로 적절하지 않은 것은?

'품사'는 공통된 성질이 있는 단어끼리 묶어서 분류해 놓은 갈래를 뜻하고, '문장 성분'은 문장 안에서 일정한 문법적 기능을 하는 구성 요소를 뜻한다. 관형사는 체언인 명사, 대명사, 수사 앞에서 해당 체언을 꾸며 주는 품사이고, 관형어는 체언을 꾸며 주는 문장 성분이므로, 서로 문법 단위가 다르다. 그런데 관형사나 관형어는 이름과 그 기능이 서로 유사하여, 둘을 구별하기가 쉽지 않다.

관형사는 단어의 성질 자체가 체언의 수식에 있고, 문장 성분으로는 관형어의 기능을 한다. 하지만 관형어는 관형사로만 실현되는 것은 아니다. 관형사 이외에도 체언과 관형격 조사의 결합, 용언의 어간과 관형사형 어미의 결합, 체언 자체로도 관형어로 쓰일 수 있다.

(가) 헌 집이지만 나는 고향 집이 정겹다.
(나) 할아버지의 집을 고쳐서 예쁜 집으로 만들었다.

(가)의 '헌'은 '집'을 꾸며 주는 관형사이다. 이때 '헌'은 조사와 결합하지 않으며, '헌'이라는 고정된 형태로만 쓰인다. 즉 '헌 책, 헌 구두'와 같이 관형사는 언제나 체언을 꾸며 주는 관형어로만 쓰인다. 또한 '고향'은 명사이지만, 뒤에 오는 체언 '집'을 꾸며 주는 기능을 한다. 이처럼 체언이 나란히 올 경우 앞의 체언은 뒤의 체언을 꾸며 주는 관형어로 쓰일 수 있다.

(나)의 '할아버지'는 관형격 조사 '의'와 결합하여 '집'을 수식하는 관형어로 쓰인다. 또한 '예쁜'은 형용사인데, 어간 '예쁘-'에 관형사형 어미 '-(으)ㄴ'이 결합하여 '집'을 꾸미는 관형어로 쓰인다. 마찬가지로 '살던 집', '구경하는 집'처럼 동사의 어간에 관형사형 어미가 결합하여 관형어로 쓰일 수 있다.

① 관형사는 그 형태가 변하지 않는군.
② 관형사와 관형어는 모두 체언을 꾸며 주는군.
③ 관형어가 항상 관형사를 통해 실현되는 것은 아니군.
④ 두 명사가 나란히 올 때 앞 명사는 관형사가 될 수 있군.
⑤ 형용사는 관형사형 어미가 결합하더라도 관형사가 될 수 없군.

〈보기〉의 ㄱ～ㄹ에 대한 설명으로 적절하지 <u>않은</u> 것은?

┤ 보기 ├

　안은문장은 한 절이 다른 절을 문장 성분의 일부로 안고 있는 문장으로, 이때 안겨 있는 절을 안긴문장이라고 한다. 안긴문장의 종류에는 명사절, 관형사절, 부사절, 서술절, 인용절이 있다. 안긴문장은 문장의 필수 성분을 일부 갖추지 않기도 하는데, 안은문장이 만들어지는 과정에서 안긴문장과 안은문장에 공통되는 요소는 생략되기 때문이다.

ㄱ. 여행을 가기 전에 나는 짐을 챙겼다.
ㄴ. 우리는 그녀가 착함을 아주 잘 안다.
ㄷ. 학생들은 수업이 끝나기를 기다렸다.
ㄹ. 조종사가 된 소년이 고향을 방문했다.

① ㄱ의 안긴문장에는 주어가 생략되어 있다.
② ㄴ의 안긴문장의 주어는 안은문장의 주어와 다르다.
③ ㄴ과 ㄷ의 안긴문장은 조사와 결합하여 목적어로 쓰이고 있다.
④ ㄷ과 ㄹ의 안긴문장에는 필수 성분이 생략되어 있다.
⑤ ㄱ과 ㄹ의 안긴문장은 종류는 다르지만 안은문장에서의 문장 성분은 같다.

〈보기 1〉을 참고하여 〈보기 2〉의 ㉠～㉤을 이해한 내용으로 적절하지 <u>않은</u> 것은?

┤ 보기 1 ├

　높임 표현은 높임 대상에 따라 주어의 지시 대상을 높이는 주체 높임, 목적어나 부사어의 지시 대상을 높이는 객체 높임, 청자를 높이거나 낮추는 상대 높임으로 나뉜다. 높임 표현은 크게 문법적 수단과 어휘적 수단에 의해 실현된다. 문법적 수단은 조사나 어미를, 어휘적 수단은 특수 어휘를 사용하는 것이다.

┤ 보기 2 ├

[대화 상황]
손님: ㉠ 어머니께 선물로 드릴 신발을 찾는데, ㉡ 편하게 신으실 수 있는 제품이 있을까요?
점원: ㉢ 부모님을 모시고 오시는 손님들께서 이 제품을 많이 사 가셔요. ㉣ 할인 중이라 가격도 저렴합니다.
손님: 좋네요. ㉤ 저도 어머니를 뵙고, 함께 와야겠어요.

① ㉠: 문법적 수단과 어휘적 수단을 통해 부사어가 지시하는 대상을 높이고 있다.
② ㉡: 선어말 어미 '-으시-'와 조사 '요'는 같은 대상을 높이기 위해 쓰이고 있다.
③ ㉢: 동사 '모시다'와 조사 '께서'는 서로 다른 대상을 높이기 위해 쓰이고 있다.
④ ㉣: 문법적 수단을 통해 대화의 상대방을 높이고 있다.
⑤ ㉤: 어휘적 수단을 통해 목적어가 지시하는 대상을 높이고 있다.

⊙∼⑩에 대한 설명으로 적절하지 않은 것은?

진행자: 시청자 여러분, 안녕하세요? '오늘, 상식' 열 번째 시간입니다. 이번 시간에는 20여 년간 대학에서 어문 규범을 가르쳐 오신 김◇◇ 교수님을 모셨습니다.

전문가: 안녕하세요?

진행자: 오늘 짜장면에 대해 말씀해 주신다고 들었는데요, 어떤 이야기인지 궁금합니다.

전문가: 우리가 맛있게 먹는 짜장면이, 한때는 자장면만 표준어로 인정됐다는 사실을 알고 계신가요?

진행자: ⊙ 아, 예전에 그런 내용을 본 적 있어요.

전문가: 네, 전에는 자장면만 표준어였죠. ⓒ 짜장면은 2011년 8월 31일에서야 복수 표준어로 인정되었습니다.

진행자: 그런데 표준어로 인정되기 전에도 짜장면이 흔히 쓰이지 않았나요?

전문가: 그렇습니다. 과거의 신문 기사를 보시죠.

진행자: 음, 화면을 보니 같은 해에 나온 기사인데도 자장면과 짜장면이 둘 다 쓰이고 있네요?

전문가: 네, 보시는 자료 이외에 다른 신문 기사에도 짜장면이라는 표기가 나타납니다. 비교적 어문 규범이 정확하게 적용되는 신문에서 짜장면을 사용할 정도로, 일상에서 짜장면이 널리 쓰였다는 것을 알 수 있습니다. 이 무렵에 복수 표준어 선정을 위해 실시한 발음 실태 조사에서도, 비표준어였던 짜장면이 표준어인 자장면에 비해 세 배 이상 많이 사용된다고 나타났습니다.

진행자: ⓒ 그렇다면 어문 규범이 언어 현실을 충분히 반영하지 못한 측면이 있군요.

전문가: 당시 언중들이 일상에서는 어문 규범과 달리 짜장면을 흔하게 사용하고 있었던 거죠.

진행자: 그러면 사람들의 언어 사용 실태를 반영하여 짜장면을 복수 표준어로 인정하게 된 거네요. 시청자 여러분께서 내용을 잘 파악하실 수 있도록 간략하게 말씀해 주시겠어요?

전문가 : 네, 많은 사람들이 오랜 시간 짜장면을 자연스럽게 사용해 왔고 자장이라 표기하면서도 짜장으로 발음

해 온 언어 현실을 반영하여 짜장면이 자장면의 복수 표준어로 인정되었다고 할 수 있습니다.

진행자: 그럼 짜장면처럼 지금 우리가 사용하는 말 중에서도 현재는 표준어가 아니어도 언젠가 표준어로 인정받을 수 있는 말이 있겠군요.

전문가: 맞습니다. ⓔ 표준어가 아닌 말도 많은 사람들이 일상에서 자주 사용하다 보면 표준어가 될 수 있는 거죠.

진행자: ⑩ 말씀을 듣고 보니 짜장면이 표준어가 된 나름의 이유가 있었네요. 이렇게 오늘은 우리말에 대한 상식을 하나 더 배웠습니다. 말씀 감사합니다.

전문가: 고맙습니다.

진행자: 오늘 방송은 공식 누리집에서 언제든 다시 시청하실 수 있습니다. 그럼 다음 시간에 또 다른 이야기로 찾아오겠습니다.

① ⊙: 관형사형 어미 '-ㄴ'을 사용하여, '전문가'의 직전 발화와 관련된 '진행자' 자신의 과거 경험을 드러내고 있다.

② ⓒ: 피동 접사 '-되다'를 사용하여, 행위의 주체를 드러내지 않으면서 행위의 대상인 짜장면에 초점을 두고 있다.

③ ⓒ: 보조 용언 '못하다'를 사용하여, 어문 규범이 언어 현실을 반영하는 일이 지속될 수 없음을 나타내고 있다.

④ ⓔ: '-ㄹ 수 있다'를 사용하여, 표준어가 아닌 말이 표준어가 될 가능성이 있음을 나타내고 있다.

⑤ ⑩: '-고 보다'를 사용하여, '진행자'가 특정 사실을 알게 된 것이 '전문가'의 말을 듣고 난 후임을 드러내고 있다.

〈학습 활동〉을 수행한 결과로 적절한 것은?

┤ 학습 활동 ├

　부사어는 부사, 체언＋조사, 용언 활용형 등으로 실현된다. 부사어로써 수식하는 문장 성분은 부사어, 관형어, 서술어 등이다. 일례로 '차가 간다.'의 서술어 '간다'를 수식하기 위해 부사 '잘'을 부사어로 쓰면 '차가 잘 간다.'가 된다. [조건] 중 두 가지를 만족하도록, 주어진 문장에 부사어를 넣어 수정해 보자.

┤ 조건 ├

　㉠ 부사어를 수식하기 위해 부사를 부사어로 쓴 문장
　㉡ 관형어를 수식하기 위해 용언 활용형을 부사어로 쓴 문장
　㉢ 관형어를 수식하기 위해 부사를 부사어로 쓴 문장
　㉣ 서술어를 수식하기 위해 '체언＋조사'를 부사어로 쓴 문장
　㉤ 서술어를 수식하기 위해 용언 활용형을 부사어로 쓴 문장

	조건	수정 전 → 수정 후
①	㉠, ㉡	웃는 아기가 귀엽게 걷는다. → 방긋이 웃는 아기가 참 귀엽게 걷는다.
②	㉠, ㉢	화가가 굵은 선을 쭉 그었다. → 화가가 조금 굵은 선을 세로로 쭉 그었다.
③	㉡, ㉤	그를 싫어하는 사람이 있다. → 그를 무턱대고 싫어하는 사람이 많이 있다.
④	㉢, ㉣	딴 사람이 그 문제를 해결했다. → 전혀 딴 사람이 그 문제를 한순간에 해결했다.
⑤	㉣, ㉤	영미는 그 일을 처리했다. → 영미는 그 일을 원칙대로 깔끔히 처리했다.

〈보기〉의 ㉠～㉢에 들어갈 수 있는 내용으로 적절하지 <u>않은</u> 것은?

┤ 보기 ├

선생님: 능동·피동 표현과 주동·사동 표현에서 높임 표현과 시간 표현이 어떻게 나타나는지 알아봅시다.

　ⓐ 형이 동생을 업었다.
　ⓑ 동생이 형에게 업혔다.
　ⓒ 나는 동생에게 책을 읽혔다.
　ⓓ 나는 동생이 책을 읽게 했다.

먼저 ⓐ, ⓑ에서 '형'을 높임의 대상인 '어머니'로 바꿀 때, 서술어에는 어떤 차이가 생기는지 말해 볼까요?
학생: [　　　　　㉠　　　　　]
선생님: 맞아요. 그럼 ⓒ나 ⓓ에서 '동생'을 '할머니'로 바꾸면 어떻게 될까요?
학생: [　　　　　㉡　　　　　]
선생님: '-(으)시-'가 어떻게 나타나는지를 잘 이해하고 있네요. 그럼 ⓐ, ⓑ, ⓒ의 서술어에서 '-었-'을 '-고 있-'으로 바꾸면 어떤 의미를 나타낼까요? ⓐ와 ⓑ의 차이점이나 ⓐ와 ⓒ의 공통점을 말해 볼까요?
학생: [　　　　　㉢　　　　　]
선생님: '-고 있-'의 의미가 어떻게 나타나는지도 잘 이해하고 있군요.

① ㉠: ⓐ에서는 서술어에 '-으시-'를 넣어야 하지만, ⓑ에서는 '-시-'를 넣지 않습니다.

② ㉡: ⓒ에서는 '동생에게'를 '할머니께'로 바꾸고, '읽혔다'에 '-시-'를 넣어야 합니다.

③ ㉡: ⓓ에서는 '동생이'를 '할머니께서'로 바꾸고, '읽게'에 '-으시-'를 넣어야 합니다.

④ ㉢: ⓐ는 동작의 완료 후 상태 지속의 의미를 나타낼 수 있지만, ⓑ는 그럴 수 없습니다.

⑤ ㉢: ⓐ와 ⓒ는 모두 동작의 진행 의미를 나타낼 수 있습니다.

52

다음은 보이는 라디오의 본방송이다. ⓐ~ⓔ의 높임 표현에 대한 설명으로 적절하지 **않은** 것은?

> 진행자: ⓐ <u>매주 수요일, 여행 정보를 제공하는 '여행과 함께'를 시작합니다.</u> 앱이나 문자로 언제든 방송에 참여하실 수 있고요, 보이는 라디오 시청자는 실시간 댓글도 이용하실 수 있습니다. ⓑ <u>오늘도 여행가 안○○ 님을 모셨습니다.</u>
>
> 여행가: 안녕하세요. 안○○입니다.
>
> 진행자: 지난주부터 등대 스탬프 여행을 소개하고 있습니다. 저번에는 그중 '재미있는 등대'라는 주제를 소개하셨는데요, 오늘은 어떤 주제인가요?
>
> 여행가: 네, 오늘은 '풍요의 등대'입니다. 서해안에 위치한 16개 등대와 □□ 생물 자원관을 돌아보면서 풍요로운 해산물도 즐길 수 있는 여행 코스입니다.
>
> 진행자: 이제부터 '풍요의 등대'에 속한 등대들을 알아볼 텐데요, 그중에서 가장 선호하시는 곳이 있나요?
>
> 여행가: 저는 천사의 섬이라는 모티브를 살려 천사의 날개와 선박을 형상화한 △△ 등대가 가장 좋았습니다. 등대에 설치된 LED 조명이 켜지면 주변 경관과 어우러져 이국적인 경관을 연출하는 곳인데, 그 모습을 바라보면서 먹는 전복 라면은 정말 맛있죠.
>
> 진행자: 정말 맛있겠네요. 많은 분들이 실시간 문자로 지난주에 안내했던 등대 스탬프 여행의 순서를 물으시네요. 예정된 건 아니지만 다시 안내해 주시겠어요?
>
> 여행가: ⓒ <u>우선 모바일 여권과 종이 여권 중 하나를 선택하셔서 참가 신청을 해야 하는데요,</u> 모바일 여권은 앱을 이용하시면 되고, 종이 여권은 '등대와 바다' 누리집에서 신청하시면 됩니다. 그러고 나서 등대들을 돌아다니면서 스탬프를 찍고 사진을 촬영하시는 겁니다. 사진을 다 모으시면 누리집에서 완주 인증을 하시는 거죠.
>
> 진행자: ⓓ <u>실시간 댓글로 6789 님께서 스탬프 여행의 주의 사항에 대해 궁금증이 있으시답니다.</u> 함께 알아볼까요?
>
> 여행가: ⓔ 네, 앞에서 <u>말씀</u>드린 완주 인증은 날짜가 기록된 사진으로만 가능합니다. 처음엔 스탬프로 완주 인증을 했지만 지금은 그렇게 바뀐 거죠. 하지만 스탬프를 찍기 원하는 여행자들이 많아 여전히 스탬프를 유지하고 있습니다. 그런데 행복도 등대나 기쁨항 등대처럼 등대 주변에 스탬프가 없는 경우가 있으니 미리 확인하시는 것이 좋겠습니다.
>
> 진행자: 스탬프가 등대 주변이 아닌 다른 곳에 위치한 경우도 있다는 거군요. 잠시만요, 나머지 등대를 소개하기에는 시간이 부족할 것 같으니 2부에서 계속하고요, 남은 시간 동안 '풍요의 등대'의 완주 기념품에 대해 이야기해 볼까요?
>
> 여행가: (테이블에 오르골을 올리며) 바로 이 등대 오르골입니다.
>
> 진행자: 실시간 댓글 창에 오르골이 귀엽다는 반응이 많네요. 라디오로만 들으시는 분들은 실제 모양이 궁금하시죠? 작고 예쁜 등대가 나무 상자 안에 있고, 오른쪽에 태엽을 감는 손잡이가 있습니다. 아쉽지만 약속된 시간이 다 되어 1부는 여기서 마치고 2부에서 뵐게요.

① ⓐ: 종결 어미 '-ㅂ니다'를 사용하여, 방송을 듣고 있는 불특정 다수의 청자를 높이고 있다.

② ⓑ: 특수 어휘 '모시다'를 사용하여, 객체인 여행가를 높이고 있다.

③ ⓒ: 선어말 어미 '-시-'를 사용하여, 여권 선택의 주체인 청자를 높이고 있다.

④ ⓓ: '있으시다'를 사용하여, 궁금증이 있는 주체인 '6789 님'을 간접적으로 높이고 있다.

⑤ ⓔ: '말씀'을 사용하여, 화자인 여행가의 말을 높이고 있다.

다음 중 이중 사동에 해당하지 **않는** 것을 고르면?

> 주어가 남에게 어떤 동작을 하도록 하는 것을 나타내는 문법 기능을 사동이라 한다. 주동사의 어간에 사동 접미사가 붙어 이루어진 형태적 사동과 주동사의 어간에 '-게 하다'가 붙어 이루어진 통사적 사동이 있다. 피동과 달리 사동에서는 이중 사동이 가능하며, 일부 용언에서는 사동 접미사 두 개를 겹쳐 쓰는 이중 사동이 나타나기도 한다.

① 세우다   ② 띄우다

③ 태우다   ④ 돋우다

⑤ 채우다

의미론과 화용론

[54~55] 다음을 읽고 물음에 답하시오

2021학년도 대학수학능력시험 6월 모의평가

담화는 하나 이상의 발화나 문장으로 이루어진다. 담화가 그 내용 면에서 완결성을 갖추기 위해서는 담화를 이루는 발화나 문장들이 일관된 주제 속에 내용상 유기적인 관련을 맺고 있어야 한다. 이때 각 발화나 문장 간의 관련성을 보여 주는 형식적 장치가 필요하다. 이러한 장치에는 지시, 대용, 접속 표현이 있다.

우선 지시 표현은 담화 장면을 구성하는 화자, 청자, 사물, 시간, 장소 등의 요소를 직접 가리키는 표현이다. 그리고 대용 표현은 담화에서 언급된 말, 혹은 뒤에서 언급될 말을 대신하는 표현이다. 대표적인 지시 표현으로는 '이, 그, 저' 등이 있다. 이들이 담화에서 언급되는 말을 대신할 때는 대용 표현이 된다. 가령 친구가 든 꽃을 보면서 화자가 "이 꽃 예쁘네."라고 말했다면, '꽃'을 직접 가리키는 '이'는 지시 표현이다. 그러나 화자가 "그런데 지난번 꽃도 예뻤던데, 그때 그거는 어디서 샀어?"라고 발화를 곧장 이어 간다면 이때의 '그거'는 앞선 발화의 '지난번 꽃'이라는 말을 대신하는 대용 표현이다. 끝으로 접속 표현은 문장과 문장, 발화와 발화를 연결해 주는 표현으로, '그리고' 등과 같은 접속 부사가 대표적인 예이다. 앞서 언급된 두 번째 발화의 '그런데'도 앞의 발화를 뒤의 발화와 이어 주는 접속 표현에 속한다.

한편, 담화 전개 과정에서 화자는 청자 및 맥락을 고려하면서 발화나 문장을 통해 자신의 의도를 효과적으로 구현한다. 이때 여러 문법 요소가 활용된다. 가령 화자는 "아버지! 진지 드세요."라는 발화에서 '드세요'의 '드시-'를 통해 문장의 주체인 '아버지'를, 종결 어미 '-어요'를 통해 청자인 '아버지'를 높이고 있다. 이와 같이 화자는 특정 어휘나 조사, 어미 등을 사용하여 어떤 대상에 대해 높이거나 낮추는 태도를 드러낸다. 아울러 위의 '드세요'의 '-어요'는 화자가 청자에게 어떠한 행동을 요구하고 있음도 보여 준다. 즉, 종결 어미는 청자에게 답변을 요구하거나, 어떠한 사실을 새롭게 알게 되었다는 점을 두드러지게 나타내는 등 화자의 의도를 구현할 때도 쓰인다. 화자, 청자 및 맥락이 발화나 문장에서 문법 요소와 맺고 있는 관련성은 ㉠ "할아버지께서 마침 방에 계셨구나! 과일 좀 드리고 오렴."과 같이 연속된 발화로 이루어진 담화에서 더욱 다양하게 나타날 수 있다.

54

윗글을 바탕으로 〈보기〉의 ⓐ~ⓕ에 대해 설명한 내용으로 적절하지 <u>않은</u> 것은?

┤ 보기 ├

(두 친구가 만나서 주말 나들이 장소를 정하는 상황)

선희: 우리, 이번 주말 나들이 장소로 어디가 좋을까?

영선: (딴생각을 하다가) ⓐ 지금 저녁 먹으러 가자.

선희: 그게 뭔 소리야? 주말 나들이로 어디 갈 거냐고.

영선: (머쓱해하며) 아, 그럼 놀이동산 갈까?

선희: 음, ⓑ 거기 말고, (사진을 보여 주며) ⓒ 여기는 어때?

영선: ⓓ 거기? 해수욕장은 아직 좀 춥잖아. ⓔ 그리고 너무 멀잖아. (선희를 바라보며) 아, 작년에 같이 갔던 수목원은 어때?

선희: 그래, ⓕ 거기가 좋겠다. 그럼, 토요일에 보자. 안녕.

① ⓐ는 '주말 나들이 장소 정하기'라는 내용에 부합하지 않아서 담화의 완결성을 떨어뜨리고 있다.

② ⓑ는 '영선'이 발화한 '놀이동산'을 대신하는 대용 표현이다.

③ ⓒ, ⓓ는 발화 간의 관련성을 높이는 형식적 장치로서 형태가 다른 표현이지만 동일한 장소를 나타내고 있다.

④ ⓔ는 '해수욕장은 아직 좀 춥잖아.'와 '너무 멀잖아.'를 대등하게 이어 주는 접속 표현이다.

⑤ ⓕ는 '작년에 같이 갔던 수목원'을 직접 가리키는 지시 표현이다.

55

㉠에 대한 이해로 적절하지 <u>않은</u> 것은?

① '할아버지께서'의 '께서'를 통해 화자가 문장의 주체인 '할아버지'를 높이고 있다.

② '계셨구나'의 '계시-'를 통해 화자가 문장의 주체인 '할아버지'를 높이고 있다.

③ '계셨구나'이 '-구나'를 통해 화자가 문장의 주체인 '할아버지'에 관한 사실을 새롭게 알게 되었음을 부각하고 있다.

④ '드리고'의 '드리-'를 통해 화자가 문장의 주체인 '할아버지'를 높이고 있다.

⑤ '오렴'의 '-렴'을 통해 화자가 청자에게 어떠한 행동을 요구하고 있다.

2020학년도 대학수학능력시험

다의어란 두 가지 이상의 의미를 가진 단어를 말한다. 다의어에서 기본이 되는 핵심 의미를 중심 의미라고 하고, 중심 의미에서 확장된 의미를 주변 의미라고 한다. 중심 의미는 일반적으로 주변 의미보다 언어 습득의 시기가 빠르며 사용 빈도가 높다. 그러면 다의어의 특징에 대해 좀 더 알아보자.

첫째, 주변 의미로 사용되었을 때는 문법적 제약이 나타나기도 한다. 예를 들면 '한 살을 먹다'는 가능하지만 '한 살이 먹히다'나 '한 살을 먹이다'는 어법에 맞지 않는다. 또한 '손'이 '노동력'의 의미로 쓰일 때는 '부족하다, 남다' 등 몇 개의 용언과만 함께 쓰여 중심 의미로 쓰일 때보다 결합하는 용언의 수가 적다.

둘째, 주변 의미는 기존의 의미가 확장되어 생긴 것으로서, 새로 생긴 의미는 기존의 의미보다 추상성이 강화되는 경향이 있다. '손'의 중심 의미가 확장되어 '손이 부족하다', '손에 넣다'처럼 각각 '노동력', '권한이나 범위'로 쓰이는 것이 그 예이다.

셋째, 다의어의 의미들은 서로 관련성을 갖는다.

┌─────────────────────────────────────┐
줄 명
① 새끼 따위와 같이 무엇을 묶거나 동이는 데에 쓸 수 있는 가늘고 긴 물건.
  예 줄로 묶었다.
② 길이로 죽 벌이거나 늘여 있는 것.
  예 아이들이 줄을 섰다.
③ 사회생활에서의 관계나 인연.
  예 내 친구는 그쪽 사람들과 줄이 닿는다.
└─────────────────────────────────────┘

예를 들어 '줄'의 중심 의미는 위의 ①인데 길게 연결되어 있는 모양이 유사하여 ②의 의미를 갖게 되었다. 또한 연결이라는 속성이나 기능이 유사하여 ③의 뜻도 지니게 되었다. 이때 ②와 ③은 '줄'의 주변 의미이다.

그런데 ㉠ 다의어의 의미들이 서로 대립적 관계를 맺는 경우가 있다. 예를 들어 '앞'은 '향하고 있는 쪽이나 곳'이 중심 의미인데 '앞 세대의 입장', '앞으로 다가올 일'에서는 각각 '이미 지나간 시간'과 '장차 올 시간'을 가리킨다. 이것은 시간의 축에서 과거나 미래 중 어느 방향을 바라보는지에 따른 차이로서 이들 사이의 의미적 관련성은 유지된다.

56

윗글을 참고하여 추론한 내용으로 적절하지 않은 것은?

① 대부분의 아이들이 '별'의 의미 중 '군인의 계급장'이라는 의미보다 '천체의 일부'라는 의미를 먼저 배우겠군.
② '앉다'의 의미 중 '착석하다'의 의미로 쓰이는 빈도가 '요직에 앉다'처럼 '직위나 자리를 차지하다'의 의미로 쓰이는 빈도보다 더 높겠군.
③ '결론에 이르다'와 '포기하기에는 아직 이르다'에서 '이르다'의 의미들은 서로 관련성이 없으니, 이 두 의미는 중심 의미와 주변 의미의 관계로 볼 수 없겠군.
④ '팽이를 돌리다'는 어법에 맞는데 '침이 생기다'라는 의미의 '돌다'는 '군침을 돌리다'로 쓰이지 않으니, '군침이 돌다'의 '돌다'는 주변 의미로 사용된 것이겠군.
⑤ 사람의 감각 기관을 뜻하는 '눈'의 의미가 '눈이 나빠져서 안경의 도수를 올렸다'에서의 '눈'의 의미로 확장되었으니, '눈'의 확장된 의미는 기존 의미보다 더 구체적이겠군.

57

밑줄 친 단어들의 의미를 고려하여 ㉠의 예에 해당하는 것만을 〈보기〉에서 있는 대로 고른 것은?

┤ 보기 ├

영희: 자꾸 말해 미안한데 모둠 발표 자료 좀 줄래?
민수: 너 빚쟁이 같다. 나한테 자료 맡겨 놓은 거 같네.
영희: 이틀 뒤에 발표 사전 모임이라고 금방 문자 메시지가 왔었는데 지금 또 왔어. 근데 빚쟁이라니, 내가 언제 돈 빌린 것도 아니고……
민수: 아니, 꼭 빌려 준 돈 받으러 온 사람 같다고. 자료 여기 있어. 가현이랑 도서관에 같이 가자. 아까 출발했다니까 금방 올 거야.
영희: 그래. 발표 끝난 뒤에 다 같이 밥 먹자.

① 빚쟁이
② 빚쟁이, 금방
③ 뒤, 돈
④ 뒤, 금방, 돈
⑤ 빚쟁이, 뒤, 금방

2020학년도 대학수학능력시험 6월 모의평가

어린 말은 망아지, 어린 소는 송아지, 어린 개는 강아지라고 한다. 이들은 모두 사람들이 친숙하게 기르는 가축이라는 공통점이 있으며, 새끼를 나타내는 단어가 모두 '-아지'로 끝난다는 점이 흥미롭다. 그런데 돼지도 흔한 가축인데, 현대 국어에서 어린 돼지를 가리키는 고유어 단어는 따로 없다. '가축과 그 새끼'를 나타내는 고유어 어휘 체계에서 '어린 돼지'의 자리는 빈자리로 남아 있는 것이다. 그렇다고 해서 어린 돼지를 사람들이 인식하지 못하는 것은 아니다. 다만 어린 돼지를 가리키는 고유어 단어가 없을 뿐인데, 이렇게 한 언어의 어휘 체계 내에서 개념은 존재하지만 실제 단어가 존재하지 않는 경우를 '어휘적 빈자리'라고 한다.

어휘적 빈자리는 계속 존재하기도 하지만, 다양한 방식으로 채워지기도 한다. 그렇다면 어휘적 빈자리가 채워지는 방식 에는 어떤 것들이 있을까? 첫 번째 방식은 단어가 아닌 구를 만들어 빈자리를 채우는 방식이다. 어떤 언어에는 '사촌, 고종사촌, 이종사촌'에 해당하는 각각의 단어는 존재하지만, 외사촌을 지시하는 단어는 없다. 그래서 그 언어에서 외사촌을 지시할 때에는 '외삼촌의 자식'이라고 말한다고 한다. 현대 국어에서 어린 돼지를 가리킬 때 '아기 돼지, 새끼 돼지' 등으로 말하는 것도 이러한 방식에 해당된다.

두 번째 방식은 한자어나 외래어를 이용하여 빈자리를 채우는 방식이다. 무지개의 색채를 나타내는 현대 국어의 어휘 체계는 '빨강-주황-노랑-초록-파랑…'인데 이 중 '빨강, 노랑, 파랑'은 고유어이지만 '빨강과 노랑의 중간색', '풀의 빛깔과 같이 푸른빛을 약간 띤 녹색' 등을 나타내는 고유어는 없기 때문에 한자어 '주황(朱黃)'과 '초록(草綠)' 등이 쓰이고 있다.

세 번째 방식은 상의어로 하의어의 빈자리를 채우는 방식이다. '누이'는 원래 손위와 손아래를 모두 가리키는 단어인데, 손위를 의미하는 '누나'라는 단어는 따로 있으나 '손아래'만을 의미하는 단어는 없어서 상의어인 '누이'가 그대로 빈자리에 들어가게 되었다. 이후 의미 구별을 위해 손아래를 의미하는 '누이동생'이 생겨나기는 했지만, 여전히 '누이'는 상의어로도 쓰이고, 하의어로도 쓰인다.

58

윗글을 바탕으로 〈보기〉에 대해 이해한 내용으로 적절한 것은?

┤ 보기 ├

지금의 '돼지'를 의미하는 말이 예전에는 '돝'이었고, '돝'에 '-아지'가 붙어 '돝의 새끼'를 의미하는 '도야지'가 쓰였다. 그런데 현대 국어의 표준어에서는 '돝'이 사라지고, '돝'의 자리를 '도야지'의 형태가 바뀐 '돼지'가 차지하게 되었다.

① '예전'의 '도야지'에 해당하는 개념이 지금은 사라졌다.
② '예전'의 '돝'은 '도야지'의 하의어로, 의미가 더 한정적이다.
③ 지금의 '돼지'와 '예전'의 '도야지'가 나타내는 개념은 다르다.
④ 지금의 '어린 돼지'에 해당하는 어휘적 빈자리는 '예전'부터 있었다.
⑤ '예전'의 '도야지'의 개념을 나타내기 위해 지금은 하나의 고유어 단어가 사용된다.

59

윗글의 어휘적 빈자리가 채워지는 방식이 적용된 사례만을 〈보기〉에서 있는 대로 고른 것은?

┤ 보기 ├

ㄱ. 학생 1은 할머니 휴대 전화에 번호를 저장해 드리면서 할머니의 첫 번째, 네 번째 사위는 각각 '맏사위', '막냇사위'라고 입력했지만, 두 번째, 세 번째 사위를 구별하여 가리키는 단어가 없어 '둘째 사위', '셋째 사위'라고 입력하였다.

ㄴ. 학생 2는 '꿩'에 대한 보고서를 작성할 때 꿩의 하의어로 수꿩에 해당하는 '장끼'와 암꿩에 해당하는 '까투리'는 알고 있었지만, 꿩의 새끼를 나타내는 단어를 몰라 국어사전에서 고유어 '꺼병이'를 찾아 사용하였다.

ㄷ. 학생 3은 태양계의 행성을 가리키는 어휘 체계인 '수성-금성-지구-화성…'을 조사하면서 '금성'의 고유어로 '샛별'과 '개밥바라기'가 있음을 알았는데, '개밥바라기'라는 단어는 생소하여 '샛별'만을 기록하였다.

① ㄱ   ② ㄱ, ㄴ   ③ ㄱ, ㄷ
④ ㄴ, ㄷ   ⑤ ㄱ, ㄴ, ㄷ

2023학년도 4월 고3 전국연합학력평가

소리는 같으나 의미에 연관성이 없는 단어의 관계를 동음이의 관계라 하고, 이러한 관계를 가진 단어를 동음이의어라고 부른다. 동음이의어는 소리와 표기가 모두 같은 것이 일반적이지만 소리는 같고 표기가 다른 것도 있다. 전자를 동형 동음이의어, 후자를 이형 동음이의어라고 한다. 예를 들어 '신을 벗다.'의 '신'과 '신이 나다.'의 '신'은 동형 동음이의어이고 '걸음'과 '거름'은 이형 동음이의어이다.

한편, 동음이의어를 절대 동음이의어와 부분 동음이의어로 구분하기도 한다. 절대 동음이의어는 품사 등의 문법적 성질이 동일하면서 단어의 형태가 언제나 동일한 것이다. 이때 형태가 언제나 동일하다는 것은 동음이의어가 형태 변화가 없는 불변어이거나 활용하는 양상이 서로 동일한 용언에 해당한다는 의미이다. '모자를 쓰다.'의 '쓰다'와 '편지를 쓰다.'의 '쓰다'는 품사가 동사로 동일하고, '쓰고, 써, 쓰니' 등과 같이 활용하는 양상이 언제나 서로 동일하므로 절대 동음이의어이다.

부분 동음이의어는 문법적 성질이 동일한가, 형태가 언제나 동일한가의 두 가지 기준을 하나라도 만족하지 못하는 것이다. 가령 '날아가는 새'의 '새'와 '새 신발'의 '새'는 형태가 언제나 동일하지만 각각 명사와 관형사로, 문법적 성질은 동일하지 않다. 그리고 '김칫독을 땅에 묻다.'의 '묻다'와 '길을 묻다.'의 '묻다'는 둘 다 동사이지만 각각 '묻고, 묻어, 묻으니', '묻고, 물어, 물으니'와 같이 활용하는 양상이 언제나 동일하지는 않다. 앞에서 말한 ⊙ 두 가지 기준을 모두 만족하지 못하는 부분 동음이의어도 존재하는데, 이는 동음이의어가 각각 동사와 형용사이면서 활용하는 양상이 언제나 동일하지는 않은 경우이다.

60

윗글을 바탕으로 추론한 내용으로 적절하지 않은 것은?

① '반드시 약속을 지켜라.'의 '반드시'와 '반듯이 앉아 있다.'의 '반듯이'는 소리는 같고 표기가 다르므로 이형 동음이의어에 해당하겠군.

② '그 책을 줘.'의 '그'와 '그는 여기 있다.'의 '그'는 모두 대명사이고 형태 변화가 없는 불변어이므로 절대 동음이의어에 해당하겠군.

③ '전등을 갈다.'의 '갈다'와 '칼을 갈다.'의 '갈다'는 모두 동사이고 활용하는 양상이 언제나 동일하므로 절대 동음이의어에 해당하겠군.

④ '커튼을 걷다.'의 '걷다'와 '비를 맞으며 걷다.'의 '걷다'는 활용하는 양상이 언제나 동일하지는 않으므로 부분 동음이의어에 해당하겠군.

⑤ '한 사람이 왔다.'의 '한'과 '힘이 닿는 한 돕겠다.'의 '한'은 각각 관형사와 명사로 품사가 동일하지 않으므로 부분 동음이의어에 해당하겠군.

61

〈보기〉에서 ⊙에 해당하는 예를 옳게 짝지은 것은?

보기		
누르다	1	우리 팀이 상대 팀을 누르고 우승했다.
	2	먼 산에 누르고 붉게 든 단풍이 아름답다.
이르다	1	약속 장소에 이르니 그의 모습이 보였다.
	2	아직 포기하기엔 이르니 다시 도전하자
	3	그에게 조심하라고 이르니 고개를 끄덕였다.
바르다	1	생선 가시를 바르고 살을 아이에게 주었다.
	2	방에 벽지를 바르고 마를 때까지 기다렸다

① 누르다 1과 2, 이르다 1과 2

② 누르다 1과 2, 이르다 1과 3

③ 누르다 1과 2, 바르다 1과 2

④ 이르다 1과 2, 바르다 1과 2

⑤ 이르다 1과 3, 바르다 1과 2

〈보기〉는 '사전 활용하기' 학습 활동을 위한 자료이다. 이에 대해 탐구한 내용으로 적절하지 **않은** 것은?

| 보기 |

가늘다	[형] [1] 물체의 지름이 보통의 경우에 미치지 못하고 짧다.
	[2] 소리의 울림이 보통에 미치지 못하고 약하다.
굵다	[형] [1] 물체의 지름이 보통의 경우를 넘어 길다.
	¶ 나뭇가지가 굵다.
	[2] 밤, 대추, 알 따위가 보통의 것보다 부피가 크다.
두껍다	[형] [1] 두께가 보통의 정도보다 크다.
	¶ 두꺼운 종이
	[2] 층을 이루는 사물의 높이나 집단의 규모가 보통의 정도보다 크다.

① '가늘다', '굵다', '두껍다'는 모두 다의어이다.

② '가늘다[2]'의 용례로 '열차의 기적 소리가 가늘게 들려왔다.'를 추가할 수 있다.

③ '두껍다[2]'의 용례로 '그 책은 수요층이 두껍다.'를 들 수 있다.

④ '굵다[1]'의 용례에서 '굵다'를 '가늘다'로 바꾸면 '가늘다[1]'의 용례가 될 수 있다.

⑤ '굵다[1]'과 '두껍다[1]'의 의미에 의하면 '굵은 손가락'은 '두꺼운 손가락'으로 쓰는 것이 적절하다.

〈보기〉의 ㉠ ~ ㉨에 대한 설명으로 적절한 것은?

| 보기 |

[영민, 평화가 학교 앞에 함께 있다가 지혜를 만난 상황]

영민: 너희들, 오늘 같이 영화 보기로 한 거 잊지 않았지?

평화: 응, ㉠ 6시 걸로 세 장 예매했어. 근데 너, 어디서 와?

지혜: 진로 상담 받고 오는 길이야. 너흰 안 가?

평화: 나는 어제 ㉡ 미리 받았어.

영민: 나는 4시 반이야. 그거 마치고 영화관으로 직접 갈게.

지혜: 알겠어. 그럼 우리 둘이는 1시간 ㉢ 앞서 만나자. 간단하게 저녁이라도 먹고 거기서 바로 ㉣ 가지 뭐.

평화: 좋아. 근데 ㉤ 미리 먹는 건 좋은데 어디서 볼까?

지혜: 5시까지 영화관 정문 ㉥ 왼쪽에 있는 분식집으로 와.

평화: 왼쪽이면 편의점 아냐? 아, 영화관을 등지고 보면 그렇다는 거구나. 영화관을 마주볼 때는 ㉦ 오른쪽 맞지?

지혜: 그러네. 아참! 영민아, 너 상담 시간 됐다. 이따 늦지 않게 영화 ㉧ 시간 맞춰서 ㉨ 와.

① ㉠과 ㉧은 가리키는 시간이 상이하다.

② ㉡과 ㉤은 발화 시점을 기준으로 과거를 가리킨다.

③ ㉢과 ㉧이 가리키는 시간대는 ㉧을 기준으로 정해진다.

④ ㉣과 ㉨은 이동의 출발 장소가 동일하다.

⑤ ㉥과 ㉦은 기준으로 삼은 방향이 달라 다른 곳을 의미한다.

PART

II

어문 규정

01 한글 맞춤법

□ 1 회독   월   일
□ 2 회독   월   일
□ 3 회독   월   일
□ 4 회독   월   일
□ 5 회독   월   일

단권화 MEMO

01 총칙

제1항	한글 맞춤법은 표준어를 소리대로 적되, 어법에 맞도록 함을 원칙으로 한다.
제2항	문장의 각 단어는 띄어 씀을 원칙으로 한다.
제3항	외래어는 '외래어 표기법'에 따라 적는다.

1. 한글 맞춤법의 대원칙을 정한 것이다. '표준어를 소리대로 적는다.'라는 기본 원칙은 한글 맞춤법이 표준어를 대상으로 하며, 표준어를 적을 때 발음에 따라 적는다는 뜻이다.

2. 또 다른 원칙인 '어법에 맞도록 한다.'는 뜻이 분명히 드러나도록 하기 위하여 각 형태소의 본 모양을 밝히어 적는 것을 한글 맞춤법의 원칙으로 삼는다는 뜻이다.

02 자모: 자음과 모음

제4항	한글 자모의 수는 스물넉 자로 하고, 그 순서와 이름은 다음과 같이 정한다.
	ㄱ(기역) ㄴ(니은) ㄷ(디귿) ㄹ(리을) ㅁ(미음) ㅂ(비읍) ㅅ(시옷) ㅇ(이응)
	ㅈ(지읒) ㅊ(치읓) ㅋ(키읔) ㅌ(티읕) ㅍ(피읖) ㅎ(히읗)
	ㅏ(아) ㅑ(야) ㅓ(어) ㅕ(여) ㅗ(오) ㅛ(요) ㅜ(우) ㅠ(유)
	ㅡ(으) ㅣ(이)

[붙임 1] 위의 자모로써 적을 수 없는 소리는 두 개 이상의 자모를 어울러서 적되, 그 순서와 이름은 다음과 같이 정한다.

ㄲ(쌍기역)   ㄸ(쌍디귿)   ㅃ(쌍비읍)   ㅆ(쌍시옷)   ㅉ(쌍지읒)
ㅐ(애)   ㅒ(얘)   ㅔ(에)   ㅖ(예)   ㅘ(와)   ㅙ(왜)   ㅚ(외)   ㅝ(워)
ㅞ(웨)   ㅟ(위)   ㅢ(의)

[붙임 2] 사전에 올릴 적의 자모 순서는 다음과 같이 정한다.

자음 ㄱㄲㄴㄷㄸㄹㅁㅂㅃㅅㅆㅇㅈㅉㅊㅋㅌㅍㅎ
모음 ㅏㅐㅑㅒㅓㅔㅕㅖㅗㅘㅙㅚㅛㅜㅝㅞㅟㅠㅡㅢㅣ

03 소리에 관한 것

1 된소리

제5항 | 한 단어 안에서 뚜렷한 까닭 없이 나는 된소리는 다음 음절의 첫소리를 된소리로 적는다.

1. 두 모음 사이에서 나는 된소리

| 소쩍새 | 어깨 | 오빠 | 으뜸 | 아끼다 | 기쁘다 | 깨끗하다 | 어떠하다 |
| 해쓱하다 | 가끔 | 거꾸로 | 부썩 | 어찌 | 이따금 |

2. 'ㄴ, ㄹ, ㅁ, ㅇ' 받침 뒤에서 나는 된소리

산뜻하다   잔뜩   살짝   훨씬   담뿍   움찔   몽땅   엉뚱하다

다만, 'ㄱ, ㅂ' 받침 뒤에서 나는 된소리는, 같은 음절이나 비슷한 음절이 겹쳐 나는 경우가 아니면 된소리로 적지 아니한다.

국수   깍두기   딱지   색시   싹둑(~싹둑)   법석   갑자기   몹시

2 구개음화

제6항 | 'ㄷ, ㅌ' 받침 뒤에 종속적 관계를 가진 '-이(-)'나 '-히-'가 올 적에는 그 'ㄷ, ㅌ'이 'ㅈ, ㅊ'으로 소리 나더라도 'ㄷ, ㅌ'으로 적는다. (ㄱ을 취하고, ㄴ을 버림)

ㄱ	ㄴ	ㄱ	ㄴ
맏이	마지	핥이다	할치다
해돋이	해도지	걷히다	거치다
굳이	구지	닫히다	다치다
같이	가치	묻히다	무치다
끝이	끄치		

3 'ㄷ' 소리 받침

제7항 | 'ㄷ' 소리로 나는 받침 중에서 'ㄷ'으로 적을 근거가 없는 것은 'ㅅ'으로 적는다.

| 덧저고리 | 돗자리 | 엇셈 | 웃어른 | 핫옷 | 무릇 | 사뭇 | 얼핏 | 자칫하면 |
| 뭇[衆] | 옛 | 첫 | 헛 |

4 모음

제8항 | '계, 례, 몌, 폐, 혜'의 'ㅖ'는 'ㅔ'로 소리 나는 경우가 있더라도 'ㅖ'로 적는다. (ㄱ을 취하고, ㄴ을 버림)

ㄱ	ㄴ	ㄱ	ㄴ
계수(桂樹)	게수	혜택(惠澤)	헤택
사례(謝禮)	사레	계집	게집
연몌(連袂)	연메	핑계	핑게
폐품(廢品)	페품	계시다	게시다

다만, 다음 말은 본음대로 적는다.

게송(偈頌)   게시판(揭示板)   휴게실(休憩室)

| 제9항 | '의'나, 자음을 첫소리로 가지고 있는 음절의 'ㅢ'는 'ㅣ'로 소리 나는 경우가 있더라도 'ㅢ'로 적는다. (ㄱ을 취하고, ㄴ을 버림) |

ㄱ	ㄴ	ㄱ	ㄴ
의의(意義)	의이	닁큼	닝큼
본의(本義)	본이	띄어쓰기	띠어쓰기
무늬[紋]	무니	씌어	씨어
보늬	보니	틔어	티어
오늬	오니	희망(希望)	히망
하늬바람	하니바람	희다	히다
늴리리	닐리리	유희(遊戲)	유히

5 두음 법칙

| 제10항 | 한자음 '녀, 뇨, 뉴, 니'가 단어 첫머리에 올 적에는, 두음 법칙에 따라 '여, 요, 유, 이'로 적는다. (ㄱ을 취하고, ㄴ을 버림) |

ㄱ	ㄴ	ㄱ	ㄴ
여자(女子)	녀자	유대(紐帶)	뉴대
연세(年歲)	년세	이토(泥土)	니토
요소(尿素)	뇨소	익명(匿名)	닉명

다만, 다음과 같은 의존 명사에서는 '냐, 녀' 음을 인정한다.

냥(兩)   냥쭝(兩-)   년(年)(몇 년)

[붙임 1] 단어의 첫머리 이외의 경우에는 본음대로 적는다.

남녀(男女)   당뇨(糖尿)   결뉴(結紐)   은닉(隱匿)

[붙임 2] 접두사처럼 쓰이는 한자가 붙어서 된 말이나 합성어에서, 뒷말의 첫소리가 'ㄴ' 소리로 나더라도 두음 법칙에 따라 적는다.

신여성(新女性)   공염불(空念佛)   남존여비(男尊女卑)

[붙임 3] 둘 이상의 단어로 이루어진 고유 명사를 붙여 쓰는 경우에도 [붙임 2]에 준하여 적는다.

한국여자대학   대한요소비료회사

| 제11항 | 한자음 '랴, 려, 례, 료, 류, 리'가 단어의 첫머리에 올 적에는, 두음 법칙에 따라 '야, 여, 예, 요, 유, 이'로 적는다. (ㄱ을 취하고, ㄴ을 버림) |

ㄱ	ㄴ	ㄱ	ㄴ
양심(良心)	량심	용궁(龍宮)	룡궁
역사(歷史)	력사	유행(流行)	류행
예의(禮儀)	례의	이발(理髮)	리발

다만, 다음과 같은 의존 명사는 본음대로 적는다.

리(里): 몇 리냐?

리(理): 그럴 리가 없다.

[붙임 1] 단어의 첫머리 이외의 경우에는 본음대로 적는다.

개량(改良)	선량(善良)	수력(水力)	협력(協力)	사례(謝禮)	혼례(婚禮)
와룡(臥龍)	쌍룡(雙龍)	하류(下流)	급류(急流)	도리(道理)	진리(眞理)

다만, 모음이나 'ㄴ' 받침 뒤에 이어지는 '렬, 률'은 '열, 율'로 적는다. (ㄱ을 취하고, ㄴ을 버림)

ㄱ	ㄴ	ㄱ	ㄴ
나열(羅列)	나렬	분열(分裂)	분렬
치열(齒列)	치렬	선열(先烈)	선렬
비열(卑劣)	비렬	진열(陳列)	진렬
규율(規律)	규률	선율(旋律)	선률
비율(比率)	비률	전율(戰慄)	전률
실패율(失敗率)	실패률	백분율(百分率)	백분률

[붙임 2] 외자로 된 이름을 성에 붙여 쓸 경우에도 본음대로 적을 수 있다.

신립(申砬)　　최린(崔麟)　　채륜(蔡倫)　　하륜(河崙)

[붙임 3] 준말에서 본음으로 소리 나는 것은 본음대로 적는다.

국련(국제 연합)　　한시련(한국 시각 장애인 연합회)

[붙임 4] 접두사처럼 쓰이는 한자가 붙어서 된 말이나 합성어에서, 뒷말의 첫소리가 'ㄴ' 또는 'ㄹ' 소리로 나더라도 두음 법칙에 따라 적는다.

역이용(逆利用)　　연이율(年利率)　　열역학(熱力學)　　해외여행(海外旅行)

[붙임 5] 둘 이상의 단어로 이루어진 고유 명사를 붙여 쓰는 경우나 십진법에 따라 쓰는 수(數)도 [붙임 4]에 준하여 적는다.

서울여관　　신흥이발관　　육천육백육십육(六千六百六十六)

제12항 한자음 '라, 래, 로, 뢰, 루, 르'가 단어의 첫머리에 올 적에는, 두음 법칙에 따라 '나, 내, 노, 뇌, 누, 느'로 적는다. (ㄱ을 취하고, ㄴ을 버림)

ㄱ	ㄴ	ㄱ	ㄴ
낙원(樂園)	락원	뇌성(雷聲)	뢰성
내일(來日)	래일	누각(樓閣)	루각
노인(老人)	로인	능묘(陵墓)	릉묘

[붙임 1] 단어의 첫머리 이외의 경우에는 본음대로 적는다.

쾌락(快樂)　　극락(極樂)　　거래(去來)　　왕래(往來)　　부로(父老)
연로(年老)　　지뢰(地雷)　　낙뢰(落雷)　　고루(高樓)　　광한루(廣寒樓)
동구릉(東九陵)　　가정란(家庭欄)

[붙임 2] 접두사처럼 쓰이는 한자가 붙어서 된 단어는 뒷말을 두음 법칙에 따라 적는다.

내내월(來來月)　　상노인(上老人)　　중노동(重勞動)　　비논리적(非論理的)

6 겹쳐 나는 소리

제13항 한 단어 안에서 같은 음절이나 비슷한 음절이 겹쳐 나는 부분은 같은 글자로 적는다. (ㄱ을 취하고, ㄴ을 버림)

ㄱ	ㄴ	ㄱ	ㄴ
딱딱	딱닥	꼿꼿하다	꼿곳하다
쌕쌕	쌕색	놀놀하다	놀롤하다
씩씩	씩식	눅눅하다	눙눅하다
똑딱똑딱	똑닥똑닥	밋밋하다	민밋하다
쓱싹쓱싹	쓱삭쓱삭	싹싹하다	싹삭하다
연연불망(戀戀不忘)	연련불망	쌉쌀하다	쌉살하다
유유상종(類類相從)	유류상종	씁쓸하다	씁슬하다
누누이(屢屢−)	누루이	짭짤하다	짭잘하다

04 형태에 관한 것

1 체언과 조사

제14항	체언은 조사와 구별하여 적는다.

떡이	떡을	떡에	떡도	떡만	손이	손을	손에	손도	손만
팔이	팔을	팔에	팔도	팔만	밤이	밤을	밤에	밤도	밤만
집이	집을	집에	집도	집만	옷이	옷을	옷에	옷도	옷만
밖이	밖을	밖에	밖도	밖만	넋이	넋을	넋에	넋도	넋만
흙이	흙을	흙에	흙도	흙만	삶이	삶을	삶에	삶도	삶만
여덟이	여덟을	여덟에	여덟도	여덟만	곬이	곬을	곬에	곬도	곬만
값이	값을	값에	값도	값만					

2 어간과 어미

제15항	용언의 어간과 어미는 구별하여 적는다.

먹다	먹고	먹어	먹으니	신다	신고	신어	신으니
믿다	믿고	믿어	믿으니	울다	울고	울어	(우니)
깎다	깎고	깎아	깎으니	앉다	앉고	앉아	앉으니
많다	많고	많아	많으니	늙다	늙고	늙어	늙으니

[붙임 1] 두 개의 용언이 어울려 한 개의 용언이 될 적에, 앞말의 본뜻이 유지되고 있는 것은 그 원형을 밝히어 적고, 그 본뜻에서 멀어진 것은 밝히어 적지 아니한다.

(1) 앞말의 본뜻이 유지되고 있는 것

| 넘어지다 | 늘어나다 | 늘어지다 | 돌아가다 | 되짚어가다 | 들어가다 |
| 떨어지다 | 벌어지다 | 엎어지다 | 접어들다 | 틀어지다 | 흩어지다 |

(2) 본뜻에서 멀어진 것

| 드러나다 | 사라지다 | 쓰러지다 |

[붙임 2] 종결형에서 사용되는 어미 '-오'는 '요'로 소리 나는 경우가 있더라도 그 원형을 밝혀 '오'로 적는다. (ㄱ을 취하고, ㄴ을 버림)

ㄱ	ㄴ
이것은 책이오.	이것은 책이요.
이리로 오시오.	이리로 오시요.
이것은 책이 아니오.	이것은 책이 아니요.

[붙임 3] 연결형에서 사용되는 '이요'는 '이요'로 적는다. (ㄱ을 취하고, ㄴ을 버림)

ㄱ	ㄴ
이것은 책이요, 저것은 붓이요, 또 저것은 먹이다.	이것은 책이오, 저것은 붓이오, 또 저것은 먹이다.

제16항	어간의 끝음절 모음이 'ㅏ, ㅗ'일 때에는 어미를 '-아'로 적고, 그 밖의 모음일 때에는 '-어'로 적는다.

1. '-아'로 적는 경우

| 나아 | 나아도 | 나아서 | 막아 | 막아도 | 막아서 | 얇아 | 얇아도 | 얇아서 |
| 돌아 | 돌아도 | 돌아서 | 보아 | 보아도 | 보아서 | | | |

2. '-어'로 적는 경우

| 개어 | 개어도 | 개어서 | 되어 | 되어도 | 되어서 | 베어 | 베어도 | 베어서 |
| 쉬어 | 쉬어도 | 쉬어서 | 저어 | 저어도 | 저어서 | 희어 | 희어도 | 희어서 |

제17항 어미 뒤에 덧붙는 조사 '요'는 '요'로 적는다.

읽어 읽어요   참으리 참으리요   좋지 좋지요

제18항 다음과 같은 용언들은 어미가 바뀔 경우, 그 어간이나 어미가 원칙에 벗어나면 벗어나는 대로 적는다.

1. 어간의 끝 'ㄹ'이 줄어질 적

갈다: 가니   간   갑니다   가시다   가오
놀다: 노니   논   놉니다   노시다   노오
불다: 부니   분   붑니다   부시다   부오
둥글다: 둥그니   둥근   둥급니다   둥그시다   둥그오
어질다: 어지니   어진   어집니다   어지시다   어지오

[붙임] 다음과 같은 말에서도 'ㄹ'이 준 대로 적는다.

마지못하다 마지않다 (하)다마다 (하)자마자 (하)지 마라 (하)지 마(아)

2. 어간의 끝 'ㅅ'이 줄어질 적

긋다: 그어   그으니   그었다   낫다: 나아   나으니   나았다
잇다: 이어   이으니   이었다   짓다: 지어   지으니   지었다

3. 어간의 끝 'ㅎ'이 줄어질 적

그렇다: 그러니   그럴   그러면   그러오
까맣다: 까마니   까말   까마면   까마오
동그랗다: 동그라니 동그랄 동그라면 동그라오
퍼렇다: 퍼러니   퍼럴   퍼러면   퍼러오
하얗다: 하야니   하얄   하야면   하야오

4. 어간의 끝 'ㅜ, ㅡ'가 줄어질 적

푸다: 퍼   펐다   뜨다: 떠   떴다
끄다: 꺼   껐다   크다: 커   컸다
담그다: 담가 담갔다   고프다: 고파 고팠다
따르다: 따라 따랐다   바쁘다: 바빠 바빴다

5. 어간의 끝 'ㄷ'이 'ㄹ'로 바뀔 적

걷다[步]: 걸어   걸으니   걸었다   듣다[聽]: 들어   들으니   들었다
묻다[問]: 물어   물으니   물었다   싣다[載]: 실어   실으니   실었다

6. 어간의 끝 'ㅂ'이 'ㅜ'로 바뀔 적

깁다: 기워   기우니   기웠다   굽다[炙]: 구워   구우니   구웠다
가깝다: 가까워 가까우니 가까웠다   괴롭다: 괴로워 괴로우니 괴로웠다
맵다: 매워   매우니   매웠다   무겁다: 무거워 무거우니 무거웠다
밉다: 미워   미우니   미웠다   쉽다: 쉬워   쉬우니   쉬웠다

다만, '돕-, 곱-'과 같은 단음절 어간에 어미 '-아'가 결합되어 '와'로 소리 나는 것은 '-와'로 적는다.

돕다[助]: 도와   도와서   도와도   도왔다
곱다[麗]: 고와   고와서   고와도   고왔다

7. '하다'의 활용에서 어미 '-아'가 '-여'로 바뀔 적

하다: 하여   하여서   하여도   하여라   하였다

8. 어간의 끝음절 '르' 뒤에 오는 어미 '-어'가 '-러'로 바뀔 적

이르다[至]: 이르러   이르렀다
노르다: 노르러   노르렀다
누르다: 누르러   누르렀다
푸르다: 푸르러   푸르렀다

9. 어간의 끝음절 '르'의 'ㅡ'가 줄고, 그 뒤에 오는 어미 '-아/-어'가 '-라/-러'로 바뀔 적

가르다:	갈라	갈랐다	거르다:	걸러	걸렀다
구르다:	굴러	굴렀다	벼르디:	별러	별렀다
부르다:	불러	불렀다	오르다:	올라	올랐다
이르다:	일러	일렀다	지르다:	질러	질렀다

3 접미사가 붙어서 된 말

제19항 어간에 '-이'나 '-음/-ㅁ'이 붙어서 명사로 된 것과 '-이'나 '-히'가 붙어서 부사로 된 것은 그 어간의 원형을 밝히어 적는다.

1. '-이'가 붙어서 명사로 된 것

길이	깊이	높이	다듬이	땀받이	달맞이
먹이	미닫이	벌이	벼훑이	살림살이	쇠붙이

2. '-음/-ㅁ'이 붙어서 명사로 된 것

걸음	묶음	믿음	얼음	엮음	울음	웃음	졸음	죽음	앎

3. '-이'가 붙어서 부사로 된 것

같이	굳이	길이	높이	많이	실없이	좋이	짓궂이

4. '-히'가 붙어서 부사로 된 것

밝히	익히	작히

다만, 어간에 '-이'나 '-음'이 붙어서 명사로 바뀐 것이라도 그 어간의 뜻과 멀어진 것은 원형을 밝히어 적지 아니한다.

굽도리	다리[髢]	목거리(목병)	무녀리
코끼리	거름(비료)	고름[膿]	노름(도박)

[붙임] 어간에 '-이'나 '-음' 이외의 모음으로 시작된 접미사가 붙어서 다른 품사로 바뀐 것은 그 어간의 원형을 밝히어 적지 아니한다.

(1) 명사로 바뀐 것

귀머거리	까마귀	너머	뜨더귀	마감	마개
마중	무덤	비렁뱅이	쓰레기	올가미	주검

(2) 부사로 바뀐 것

거뭇거뭇	너무	도로	뜨덤뜨덤	바투	
불긋불긋	비로소	오긋오긋	자주	차마	

(3) 조사로 바뀌어 뜻이 달라진 것

나마	부터	조차

제20항 명사 뒤에 '-이'가 붙어서 된 말은 그 명사의 원형을 밝히어 적는다.

1. 부사로 된 것

곳곳이	낱낱이	몫몫이	샅샅이	앞앞이	집집이

2. 명사로 된 것

곰배팔이	바둑이	삼발이	애꾸눈이	육손이	절뚝발이/절름발이

[붙임] '-이' 이외의 모음으로 시작된 접미사가 붙어서 된 말은 그 명사의 원형을 밝히어 적지 아니한다.

꼬락서니	끄트머리	모가치	바가지	바깥	사타구니	싸라기	이파리
지붕	지푸라기	짜개					

제21항 명사나 혹은 용언의 어간 뒤에 자음으로 시작된 접미사가 붙어서 된 말은 그 명사나 어간의 원형을 밝히어 적는다.

1. 명사 뒤에 자음으로 시작된 접미사가 붙어서 된 것

값지다　홑지다　넋두리　빛깔　옆댕이　잎사귀

2. 어간 뒤에 자음으로 시작된 접미사가 붙어서 된 것

낚시　　　늙정이　　　덮개　　　　뜯게질　　　갉작갉작하다
갉작거리다　뜯적거리다　뜯적뜯적하다　굵다랗다　　굵직하다
깊숙하다　　넓적하다　　높다랗다　　　늙수그레하다　얽죽얽죽하다

다만, 다음과 같은 말은 소리대로 적는다.

(1) 겹받침의 끝소리가 드러나지 아니하는 것

할짝거리다　널따랗다　널찍하다　말끔하다　말쑥하다　말짱하다
실쭉하다　　실큼하다　얄따랗다　얄팍하다　짤따랗다　짤막하다
실컷

(2) 어원이 분명하지 아니하거나 본뜻에서 멀어진 것

넙치　올무　골막하다　납작하다

제22항 용언의 어간에 다음과 같은 접미사들이 붙어서 이루어진 말들은 그 어간을 밝히어 적는다.

1. '-기-, -리-, -이-, -히-, -구-, -우-, -추-, -으키-, -이키-, -애-'가 붙는 것

맡기다　옮기다　웃기다　쫓기다　뚫리다　울리다　　낚이다　　쌓이다
핥이다　굳히다　굽히다　넓히다　앉히다　얽히다　　잡히다　　돋구다
솟구다　돋우다　갖추다　곧추다　맞추다　일으키다　돌이키다　없애다

다만, '-이-, -히-, -우-'가 붙어서 된 말이라도 본뜻에서 멀어진 것은 소리대로 적는다.

도리다(칼로 ~)　　드리다(용돈을 ~)　고치다　바치다(세금을 ~)
부치다(편지를 ~)　거두다　　　　　미루다　이루다

2. '-치-, -뜨리-, -트리-'가 붙는 것

놓치다　　　　　덮치다　　　　떠받치다　　　받치다
밭치다　　　　　부딪치다　　　뻗치다　　　　엎치다
부딪뜨리다/부딪트리다　쏟뜨리다/쏟트리다　젖뜨리다/젖트리다
찢뜨리다/찢트리다　흩뜨리다/흩트리다

[붙임] '-업-, -읍-, -브-'가 붙어서 된 말은 소리대로 적는다.

미덥다　우습다　미쁘다

제23항 '-하다'나 '-거리다'가 붙는 어근에 '-이'가 붙어서 명사가 된 것은 그 원형을 밝히어 적는다. (ㄱ을 취하고, ㄴ을 버림)

ㄱ	ㄴ	ㄱ	ㄴ
깔쭉이	깔쭈기	살살이	살사리
꿀꿀이	꿀꾸리	쌕쌕이	쌕쌔기
눈깜짝이	눈깜짜기	오뚝이	오뚜기
더펄이	더퍼리	코납작이	코납자기
배불뚝이	배불뚜기	푸석이	푸서기
삐죽이	삐주기	홀쭉이	홀쭈기

[붙임] '-하다'나 '-거리다'가 붙을 수 없는 어근에 '-이'나 또는 다른 모음으로 시작되는 접미사가 붙어서 명사가 된 것은 그 원형을 밝히어 적지 아니한다.

개구리　귀뚜라미　기러기　깍두기　꽹과리
날라리　누더기　　동그라미　두드러기　딱따구리
매미　　부스러기　뻐꾸기　얼루기　칼싹두기

| 제24항 | '-거리다'가 붙을 수 있는 시늉말 어근에 '-이다'가 붙어서 된 용언은 그 어근을 밝히어 적는다. (ㄱ을 취하고, ㄴ을 버림) |

ㄱ	ㄴ	ㄱ	ㄴ
깜짝이다	깜짜기다	속삭이다	속사기다
꾸벅이다	꾸버기다	숙덕이다	숙더기다
끄덕이다	끄더기다	울먹이다	울머기다
뒤척이다	뒤처기다	움직이다	움지기다
들먹이다	들머기다	지껄이다	지꺼리다
망설이다	망서리다	퍼덕이다	퍼더기다
번득이다	번드기다	허덕이다	허더기다
번쩍이다	번쩌기다	헐떡이다	헐떠기다

| 제25항 | '-하다'가 붙는 어근에 '-히'나 '-이'가 붙어서 부사가 되거나, 부사에 '-이'가 붙어서 뜻을 더하는 경우에는 그 어근이나 부사의 원형을 밝히어 적는다. |

1. '-하다'가 붙는 어근에 '-히'나 '-이'가 붙는 경우

급히   꾸준히   도저히   딱히   어렴풋이   깨끗이

[붙임] '-하다'가 붙지 않는 경우에는 소리대로 적는다.

갑자기   반드시(꼭)   슬며시

2. 부사에 '-이'가 붙어서 역시 부사가 되는 경우

곰곰이   더욱이   생긋이   오뚝이   일찍이   해죽이

| 제26항 | '-하다'나 '-없다'가 붙어서 된 용언은 그 '-하다'나 '-없다'를 밝히어 적는다. |

1. '-하다'가 붙어서 용언이 된 것

딱하다   숱하다   착하다   텁텁하다   푹하다

2. '-없다'가 붙어서 용언이 된 것

부질없다   상없다   시름없다   열없다   하염없다

4 합성어 및 접두사가 붙은 말

| 제27항 | 둘 이상의 단어가 어울리거나 접두사가 붙어서 이루어진 말은 각각 그 원형을 밝히어 적는다. |

국말이   꺾꽂이   꽃잎   끝장   물난리   밑천   부엌일
싫증   옷안   웃옷   젖몸살   첫아들   칼날   팥알
헛웃음   홀아비   홑몸   흙내   값없다   겉늙다   굶주리다
낮잡다   맞먹다   받내다   벋놓다   빗나가다   빛나다   새파랗다
샛노랗다   시꺼멓다   싯누렇다   엇나가다   엎누르다   엿듣다   옻오르다
짓이기다   헛되다

[붙임 1] 어원은 분명하나 소리만 특이하게 변한 것은 변한 대로 적는다.

할아버지   할아범

[붙임 2] 어원이 분명하지 아니한 것은 원형을 밝히어 적지 아니한다.

골병   골탕   끌탕   며칠   아재비   오라비   업신여기다   부리나케

[붙임 3] '이[齒, 虱]'가 합성어나 이에 준하는 말에서 '니' 또는 '리'로 소리 날 때에는 '니'로 적는다.

간니   덧니   사랑니   송곳니   앞니   어금니   윗니   젖니   톱니
틀니   가랑니   머릿니

| 제28항 | 끝소리가 'ㄹ'인 말과 딴 말이 어울릴 적에 'ㄹ' 소리가 나지 아니하는 것은 아니 나는 대로 적는다. |

다달이(달-달-이)　　따님(딸-님)　　마되(말-되)　　마소(말-소)
무자위(물-자위)　　바느질(바늘-질)　　부삽(불-삽)　　부손(불-손)
싸전(쌀-전)　　여닫이(열-닫이)　　우짖다(울-짖다)　　화살(활-살)

| 제29항 | 끝소리가 'ㄹ'인 말과 딴 말이 어울릴 적에 'ㄹ' 소리가 'ㄷ' 소리로 나는 것은 'ㄷ'으로 적는다. |

반짇고리(바느질~)　　사흗날(사흘~)　　삼짇날(삼질~)　　섣달(설~)
숟가락(술~)　　이튿날(이틀~)　　잗주름(잘~)　　푿소(풀~)
섣부르다(설~)　　잗다듬다(잘~)　　잗다랗다(잘~)

| 제30항 | 사이시옷은 다음과 같은 경우에 받치어 적는다. |

1. 순우리말로 된 합성어로서 앞말이 모음으로 끝난 경우

(1) 뒷말의 첫소리가 된소리로 나는 것

고랫재　귓밥　나룻배　나뭇가지　냇가　댓가지　뒷갈망
맷돌　머릿기름　모깃불　못자리　바닷가　뱃길　볏가리
부싯돌　선짓국　쇳조각　아랫집　우렁잇속　잇자국　잿더미
조갯살　찻집　쳇바퀴　킷값　핏대　햇볕　혓바늘

(2) 뒷말의 첫소리 'ㄴ, ㅁ' 앞에서 'ㄴ' 소리가 덧나는 것

멧나물　아랫니　텃마당　아랫마을　뒷머리　잇몸　깻묵
냇물　빗물

(3) 뒷말의 첫소리 모음 앞에서 'ㄴㄴ' 소리가 덧나는 것

도리깻열　뒷윷　두렛일　뒷일　뒷입맛　베갯잇　욧잇
깻잎　나뭇잎　댓잎

2. 순우리말과 한자어로 된 합성어로서 앞말이 모음으로 끝난 경우

(1) 뒷말의 첫소리가 된소리로 나는 것

귓병　머릿방　뱃병　봇둑　사잣밥　샛강　아랫방
자릿세　전셋집　찻잔　찻종　촛국　콧병　탯줄
텃세　핏기　햇수　횟가루　횟배

(2) 뒷말의 첫소리 'ㄴ, ㅁ' 앞에서 'ㄴ' 소리가 덧나는 것

곗날　제삿날　훗날　툇마루　양칫물

(3) 뒷말의 첫소리 모음 앞에서 'ㄴㄴ' 소리가 덧나는 것

가욋일　사삿일　예삿일　훗일

3. 두 음절로 된 다음 한자어

곳간(庫間)　셋방(貰房)　숫자(數字)　찻간(車間)　툇간(退間)　횟수(回數)

| 제31항 | 두 말이 어울릴 적에 'ㅂ' 소리나 'ㅎ' 소리가 덧나는 것은 소리대로 적는다. |

1. 'ㅂ' 소리가 덧나는 것

댑싸리(대ㅂ싸리)　멥쌀(메ㅂ쌀)　볍씨(벼ㅂ씨)　입때(이ㅂ때)　입쌀(이ㅂ쌀)
접때(저ㅂ때)　좁쌀(조ㅂ쌀)　햅쌀(해ㅂ쌀)

2. 'ㅎ' 소리가 덧나는 것

머리카락(머리ㅎ가락)　살코기(살ㅎ고기)　수캐(수ㅎ개)　수컷(수ㅎ것)　수탉(수ㅎ닭)
안팎(안ㅎ밖)　암캐(암ㅎ개)　암컷(암ㅎ것)　암탉(암ㅎ닭)

5 준말

준말은 대체로 본말과 준말을 모두 맞는 맞춤법으로 허용한다. 다만, 일부 준말에 있어 준말만을 인정하는 단어들이 있으므로 주의해야 한다.

| 제32항 | 단어의 끝모음이 줄어지고 자음만 남은 것은 그 앞의 음절에 받침으로 적는다. |

(본말)	(준말)	(본말)	(준말)
기러기야	기럭아	가지고, 가지지	갖고, 갖지
어제그저께	엊그저께	디디고, 디디지	딛고, 딛지
어제저녁	엊저녁		

| 제33항 | 체언과 조사가 어울려 줄어지는 경우에는 준 대로 적는다. |

(본말)	(준말)	(본말)	(준말)
그것은	그건	너는	넌
그것이	그게	너를	널
그것으로	그걸로	무엇을	뭣을/무얼/뭘
나는	난	무엇이	뭣이/무에
나를	날		

| 제34항 | 모음 'ㅏ, ㅓ'로 끝난 어간에 '-아/-어, -았-/-었-'이 어울릴 적에는 준 대로 적는다. (준말만 인정) |

(본말)	(준말)	(본말)	(준말)
가아	가	가았다	갔다
나아	나	나았다	났다
타아	타	타았다	탔다
서어	서	서었다	섰다
켜어	켜	켜었다	켰다
펴어	펴	펴었다	폈다

[붙임 1] 'ㅐ, ㅔ' 뒤에 '-어, -었-'이 어울려 줄 적에는 준 대로 적는다. (본말, 준말 모두 허용)

(본말)	(준말)	(본말)	(준말)
개어	개	개었다	갰다
내어	내	내었다	냈다
베어	베	베었다	벴다
세어	세	세었다	셌다

[붙임 2] '하여'가 한 음절로 줄어서 '해'로 될 적에는 준 대로 적는다. (본말, 준말 모두 허용)

(본말)	(준말)	(본말)	(준말)
하여	해	하였다	했다
더하여	더해	더하였다	더했다
흔하여	흔해	흔하였다	흔했다

제35항 모음 'ㅗ, ㅜ'로 끝난 어간에 '-아/-어, -았-/-었-'이 어울려 'ㅘ/ㅝ, ㅘ/ㅚ'으로 될 적에는 준 대로 적는다.

(본말)	(준말)	(본말)	(준말)
꼬아	꽈	꼬았다	꽜다
보아	봐	보았다	봤다
쏘아	쏴	쏘았다	쐈다
두어	둬	두었다	뒀다
쑤어	쒀	쑤었다	쒔다
주어	줘	주었다	줬다

[붙임 1] '놓아'가 '놔'로 줄 적에는 준 대로 적는다.

[붙임 2] 'ㅚ' 뒤에 '-어, -었-'이 어울려 'ㅙ, ㅙ'으로 될 적에도 준 대로 적는다.

(본말)	(준말)	(본말)	(준말)
괴어	괘	괴었다	괬다
되어	돼	되었다	됐다
뵈어	봬	뵈었다	뵀다
쇠어	쇄	쇠었다	쇘다
씌어	쐐	씌었다	쐤다

제36항 'ㅣ' 뒤에 '-어'가 와서 'ㅕ'로 줄 적에는 준 대로 적는다.

(본말)	(준말)	(본말)	(준말)
가지어	가져	가지었다	가졌다
견디어	견뎌	견디었다	견뎠다
다니어	다녀	다니었다	다녔다
막히어	막혀	막히었다	막혔다
버티어	버텨	버티었다	버텼다
치이어	치여	치이었다	치였다

제37항 'ㅏ, ㅕ, ㅗ, ㅜ, ㅡ'로 끝난 어간에 '-이-'가 와서 각각 'ㅐ, ㅖ, ㅚ, ㅟ, ㅢ'로 줄 적에는 준 대로 적는다. (본말, 준말 모두 허용)

(본말)	(준말)	(본말)	(준말)
싸이다	쌔다	누이다	뉘다
펴이다	폐다	뜨이다	띄다
보이다	뵈다	쓰이다	씌다

제38항 'ㅏ, ㅗ, ㅜ, ㅡ' 뒤에 '-이어'가 어울려 줄어질 적에는 준 대로 적는다.

(본말)	(준말)	(본말)	(준말)
싸이어	쌔어, 싸여	뜨이어	띄어
보이어	뵈어, 보여	쓰이어	씌어, 쓰여
쏘이어	쐬어, 쏘여	트이어	틔어, 트여
누이어	뉘어, 누여		

제39항

어미 '-지' 뒤에 '않-'이 어울려 '-잖-'이 될 적과 '-하지' 뒤에 '않-'이 어울려 '-찮-'이 될 적에는 준 대로 적는다.

(본말)	(준말)	(본말)	(준말)
그렇지 않은	그렇잖은	만만하지 않다	만만찮다
적지 않은	적잖은	변변하지 않다	변변찮다

제40항

어간의 끝음절 '하'의 'ㅏ'가 줄고 'ㅎ'이 다음 음절의 첫소리와 어울려 거센소리로 될 적에는 거센소리로 적는다.

(본말)	(준말)	(본말)	(준말)
간편하게	간편케	다정하다	다정타
연구하도록	연구토록	정결하다	정결타
가하다	가타	흔하다	흔타

[붙임 1] 'ㅎ'이 어간의 끝소리로 굳어진 것은 받침으로 적는다.

않다	않고	않지	않든지
그렇다	그렇고	그렇지	그렇든지
아무렇다	아무렇고	아무렇지	아무렇든지
어떻다	어떻고	어떻지	어떻든지
이렇다	이렇고	이렇지	이렇든지
저렇다	저렇고	저렇지	저렇든지

[붙임 2] 어간의 끝음절 '하'가 아주 줄 적에는 준 대로 적는다.

(본말)	(준말)	(본말)	(준말)
거북하지	거북지	넉넉하지 않다	넉넉지 않다
생각하건대	생각건대	못하지 않다	못지않다
생각하다 못해	생각다 못해	섭섭하지 않다	섭섭지 않다
깨끗하지 않다	깨끗지 않다	익숙하지 않다	익숙지 않다

[붙임 3] 다음과 같은 부사는 소리대로 적는다.

결단코	결코	기필코	무심코	아무튼	요컨대
정녕코	필연코	하마터면	하여튼	한사코	

05 띄어쓰기

1 조사

제41항	조사는 그 앞말에 붙여 쓴다.

<table>
<tr><td>꽃이</td><td>꽃마저</td><td>꽃밖에</td><td>꽃에서부터</td><td>꽃으로만</td></tr>
<tr><td>꽃이나마</td><td>꽃이다</td><td>꽃입니다</td><td>꽃처럼</td><td>어디까지나</td></tr>
<tr><td>거기도</td><td>멀리는</td><td>웃고만</td><td></td><td></td></tr>
</table>

더 알아보기　특이한 조사와 어미

1. 특이한 조사

조사	용례	조사	용례
는커녕	고마워하기는커녕	마다	날마다
이나마	조금이나마	(이)야말로	철수야말로
치고	여름 날씨치고	(이)ㄴ들	짐승인들
마따나	그의 말마따나	서껀	가정서껀

2. 특이한 어미

어미	용례	어미	용례
−ㄹ수록	국어는 하면 할수록 더 어렵다.	−ㄹ지언정	무모한 행동일지언정
−을망정	돈은 없을망정	−ㄹ지라도	힘은 약할지라도
−ㄹ뿐더러	그 꽃은 예쁠뿐더러	−자마자	도착하자마자
−고말고	좋고말고.	−다시피	알다시피
−다마다	네 말이 맞다마다.		

2 의존 명사, 단위를 나타내는 명사 및 열거하는 말 등

제42항	의존 명사는 띄어 쓴다.

아는 것이 힘이다.	나도 할 수 있다.
먹을 만큼 먹어라.	아는 이를 만났다.
네가 뜻한 바를 알겠다.	그가 떠난 지가 오래다.

더 알아보기　동일한 형태가 경우에 따라 다르게 쓰이는 예

① '들'이 '남자들, 학생들'처럼 하나의 단어에 결합하여 복수를 나타내는 경우에는 접미사이므로 앞말에 붙여 쓰지만, 두 개 이상의 사물을 열거하는 구조에서 '그런 따위'라는 뜻을 나타내는 경우에는 의존 명사이므로 앞말과 띄어 쓴다. 이때의 '들'은 의존 명사 '등(等)'으로 바꾸어 쓸 수 있다. 또한 그 문장의 주어가 복수임을 나타내는 경우에는 보조사로 취급하여 붙여 쓴다.
　예　• 이 방에는 학생들이 많다. (접미사)
　　　• 쌀, 보리, 콩, 조, 기장 들을 오곡(五穀)이라 한다. (의존 명사)
　　　• 안녕들 하세요? (보조사)

② '뿐'이 '남자뿐이다, 셋뿐이다'처럼 체언 뒤에 붙어서 한정의 뜻을 나타내는 경우는 조사로 다루어 붙여 쓰지만, 용언의 관형사형 '−을' 뒤에서 '다만 어떠하거나 어찌할 따름'이라는 뜻을 나타내는 경우에는 의존 명사이므로 띄어 쓴다.
　예　• 너뿐이다. (조사)
　　　• 웃을 뿐이다. / 만졌을 뿐이다. (의존 명사)

③ '대로'가 '약속대로'처럼 체언 뒤에 붙어서 '그와 같이'라는 뜻을 나타내는 경우에는 조사이므로 붙여 쓰지만, 용언의 관형사형 뒤에 나타날 경우에는 의존 명사이므로 띄어 쓴다.

> 예 • 나는 나대로 계획이 있다. (조사)
> • 아는 대로 말한다. / 약속한 대로 이행한다. (의존 명사)

④ '만큼'이 '키가 전봇대만큼 크다.'처럼 체언 뒤에 붙어서 '앞말과 비슷한 정도로'라는 뜻을 나타내는 경우에는 조사이므로 붙여 쓰지만, 용언의 관형사형 뒤에 나타날 경우에는 의존 명사이므로 띄어 쓴다.

> 예 • 나도 너만큼 꽃을 좋아한다. (조사)
> • 볼 만큼 보았다. / 애쓴 만큼 얻는다. (의존 명사)

⑤ '만'이 '이것은 그것만 못하다.'처럼 체언에 붙어서 한정 또는 비교의 뜻을 나타내는 경우에는 조사이므로 붙여 쓰지만, 시간의 경과나 횟수를 나타내는 경우에는 의존 명사이므로 띄어 쓴다.

> 예 • 하나만 알고 둘은 모른다. (조사)
> • 떠난 지 사흘 만에 돌아왔다. / 온 지 1년 만에 떠나갔다. (의존 명사)

⑥ '지'가 '집이 큰지 작은지 모르겠다.'처럼 쓰일 때에는 어미 '-(으)ㄴ지/-ㄹ지'의 일부로 보아 붙여 쓰지만, 용언의 관형사형 뒤에서 시간의 경과를 나타내는 경우에는 의존 명사이므로 띄어 쓴다.

> 예 • 내가 널 좋아하는지 모르겠다. (어미의 일부)
> • 그가 떠난 지 보름이 지났다. / 그를 만난 지 한 달이 지났다. (의존 명사)

⑦ '차(次)'가 '인사차 들렀다.'처럼 명사 뒤에 붙어서 '목적'의 뜻을 더하는 경우에는 접미사이므로 붙여 쓰지만, 용언의 관형사형 뒤에 나타나 '어떤 기회에 겸해서', '번, 차례', '주기나 해당 시기'의 뜻을 나타내는 경우에는 의존 명사이므로 띄어 쓴다.

> 예 • 사업차 외국에 나갔다. (접미사)
> • 고향에 갔던 차에 선을 보았다. (의존 명사 – 어떤 기회에 겸해서)
> • 제일 차 세계 대전 (의존 명사 – 번, 차례)
> • 결혼 3년 차 (의존 명사 – 주기)

⑧ '간'이 기간을 나타내는 명사 뒤에서 '동안'의 뜻으로 쓰이는 경우에는 접미사이므로 붙여 쓰고, 한 단어로 굳어진 경우에도 붙여 쓴다. 하지만 '간'이 한 대상에서 다른 대상까지의 '사이'나 일부 명사 뒤에 쓰여 '관계'의 뜻으로 쓰이는 경우와 앞에 나열된 말 가운데 어느 쪽인지를 가리지 않는다는 뜻을 나타내는 경우에는 의존 명사이므로 띄어 쓴다.

> 예 • 며칠간, 한 달간 (접미사)
> • 동기간, 부부간, 고부간, 부녀간, 내외간, 천지간, 좌우간, 피차간 (한 단어로 굳어짐)
> • 서울과 미국 간, 가족 간의 화목, 국가 간의 관계 (의존 명사 – 사이, 관계)
> • 공부를 하든지 운동을 하든지 간에 열심히만 해라. (의존 명사 – 어느 쪽인지 가리지 않음)

| 제43항 | **단위를 나타내는 명사는 띄어 쓴다.** |

한 개   차 한 대   금 서 돈   소 한 마리   옷 한 벌   열 살
조기 한 손   연필 한 자루   버선 한 죽   집 한 채   신 두 켤레   북어 한 쾌

다만, 순서를 나타내는 경우나 숫자와 어울리어 쓰이는 경우에는 붙여 쓸 수 있다.

두시 삼십분 오초   제일과   삼학년   육층   1446년 10월 9일   2대대
16동 502호   제1실습실   80원   10개   7미터

| 제44항 | **수를 적을 적에는 '만(萬)' 단위로 띄어 쓴다.** |

십이억 삼천사백오십육만 칠천팔백구십팔
12억 3456만 7898

| 제45항 | **두 말을 이어 주거나 열거할 적에 쓰이는 다음의 말들은 띄어 쓴다.** |

국장 겸 과장   열 내지 스물   청군 대 백군   이사장 및 이사들
책상, 걸상 등이 있다   사과, 배, 귤 등등   사과, 배 등속   부산, 광주 등지

| 제46항 | **단음절로 된 단어가 연이어 나타날 적에는 붙여 쓸 수 있다.** |

좀더 큰것   이말 저말   한잎 두잎

3 보조 용언

제47항	보조 용언은 띄어 씀을 원칙으로 하되, 경우에 따라 붙여 씀도 허용한다. (ㄱ을 원칙으로 하고, ㄴ을 허용함)

ㄱ	ㄴ
불이 꺼져 간다.	불이 꺼져간다.
내 힘으로 막아 낸다.	내 힘으로 막아낸다.
비가 올 듯하다.	비가 올듯하다.
그 일은 할 만하다.	그 일은 할만하다.
일이 될 법하다.	일이 될법하다.
비가 올 성싶다.	비가 올성싶다.
잘 아는 척한다.	잘 아는척한다.

다만, 앞말에 조사가 붙거나 앞말이 합성 용언인 경우, 그리고 중간에 조사가 들어갈 적에는 그 뒤에 오는 보조 용언은 띄어 쓴다.

잘도 놀아만 나는구나!　　책을 읽어도 보고…….
네가 덤벼들어 보아라.　　이런 기회는 다시없을 듯하다.
그가 올 듯도 하다.　　잘난 체를 한다.

더 알아보기　　보조 용언의 띄어쓰기

① 합성어, 파생어 뒤에 연결되는 보조 용언을 붙여 쓰지 않도록 한 것은 그 표기 단위가 길어짐을 피하려는 것이므로, 단음절로 된 어휘 형태소가 결합한 2음절 합성어, 파생어 뒤에 연결되는 보조 용언은 붙여 쓸 수 있다.
　　예 나-가 버렸다 / 나가버렸다　　손-대 본다 / 손대본다
　　구-해 본다 / 구해본다　　더-해 줬다 / 더해줬다
② 보조 용언이 거듭되는 경우, 즉 '적어 둘 만하다, 읽어 볼 만하다, 되어 가는 듯하다'와 같은 경우는 '적어둘 만하다, 읽어볼 만하다, 되어가는 듯하다'와 같이, 앞에 오는 보조 용언만 붙여 쓸 수 있다.

4 고유 명사 및 전문 용어

제48항	성과 이름, 성과 호 등은 붙여 쓰고, 이에 덧붙는 호칭어, 관직명 등은 띄어 쓴다.

　　김양수(金良洙)　　　서화담(徐花潭)　　　채영신 씨
　　최치원 선생　　　박동식 박사　　　충무공 이순신 장군

다만, 성과 이름, 성과 호를 분명히 구분할 필요가 있을 경우에는 띄어 쓸 수 있다.

　　남궁억/남궁 억　　　독고준/독고 준　　　황보지봉(皇甫芝峰)/황보 지봉

제49항	성명 이외의 고유 명사는 단어별로 띄어 씀을 원칙으로 하되, 단위별로 띄어 쓸 수 있다. (ㄱ을 원칙으로 하고, ㄴ을 허용함)

ㄱ	ㄴ
대한 중학교	대한중학교
한국 대학교 사범 대학	한국대학교 사범대학

제50항	전문 용어는 단어별로 띄어 씀을 원칙으로 하되, 붙여 쓸 수 있다. (ㄱ을 원칙으로 하고, ㄴ을 허용함)

ㄱ	ㄴ
만성 골수성 백혈병	만성골수성백혈병
중거리 탄도 유도탄	중거리탄도유도탄

더 알아보기 '안 되다, 안되다 / 못 되다, 못되다 / 못 하다, 못하다' 구분

1. 공통(안 되다/못 되다/못 하다)

의미	용례
부정문의 경우는 띄어 쓴다.	• 시험에 합격이 안 되었다. • 학교에서 집까지는 3km가 못 된다. • 오늘은 아파서 공부를 못 했다.

2. 안되다

의미	용례
일, 현상, 물건 따위가 좋게 이루어지지 않다.	• 과일 농사가 안돼 큰일이다. • 공부가 안돼서 잠깐 쉬고 있다.
사람이 훌륭하게 되지 못하다.	자식이 안되기를 바라는 부모는 없다.
일정한 수준이나 정도에 이르지 못하다.	이번 시험에서 우리 중 안되어도 세 명은 합격할 것 같다.
섭섭하거나 가엾어 마음이 언짢다.	그것참, 안됐군.
근심이나 병 따위로 얼굴이 많이 상하다.	몸살을 앓더니 얼굴이 많이 안됐구나.

3. 못되다

의미	용례
성질이나 품행 따위가 좋지 않거나 고약하다.	못된 장난 / 못되게 굴다. / 못된 버릇을 고치다.
일이 뜻대로 되지 않은 상태에 있다.	그 일이 못된 게 남의 탓이겠어?

4. 못하다

의미	용례
어떤 일을 일정한 수준에 못 미치게 하거나, 그 일을 할 능력이 없다.	노래를 못하다.
비교 대상에 미치지 아니하다.	음식 맛이 예전보다 못하다.
아무리 적게 잡아도	잡은 고기가 못해도 열 마리는 되겠지.

06 그 밖의 것

제51항 부사의 끝음절이 분명히 '이'로만 나는 것은 '-이'로 적고, '히'로만 나거나 '이'나 '히'로 나는 것은 '-히'로 적는다.

1. '이'로만 나는 것

가붓이	깨끗이	나붓이	느긋이	둥긋이
따뜻이	반듯이	버젓이	산뜻이	의젓이
가까이	고이	날카로이	대수로이	번거로이
많이	적이	헛되이		
겹겹이	번번이	일일이	집집이	틈틈이

2. '히'로만 나는 것

극히　급히　딱히　속히　작히　족히　특히　엄격히　정확히

3. '이, 히'로 나는 것

솔직히	가만히	간편히	나른히	무단히	각별히	소홀히
쓸쓸히	정결히	과감히	꼼꼼히	심히	열심히	급급히
답답히	섭섭히	공평히	능히	당당히	분명히	상당히
조용히	간소히	고요히	도저히			

제52항 한자어에서 본음으로도 나고 속음으로도 나는 것은 각각 그 소리에 따라 적는다.

본음으로 나는 것	속음으로 나는 것
승낙(承諾)	수락(受諾), 쾌락(快諾), 허락(許諾)
만난(萬難)	곤란(困難), 논란(論難)
안녕(安寧)	의령(宜寧), 회령(會寧)
분노(忿怒)	대로(大怒), 희로애락(喜怒哀樂)
토론(討論)	의논(議論)
오륙십(五六十)	오뉴월, 유월(六月)
목재(木材)	모과(木瓜)
십일(十日)	시방정토(十方淨土), 시왕(十王), 시월(十月)
팔일(八日)	초파일(初八日)

제53항 다음과 같은 어미는 예사소리로 적는다. (ㄱ을 취하고, ㄴ을 버림)

ㄱ	ㄴ	ㄱ	ㄴ
-(으)ㄹ거나	-(으)ㄹ꺼나	-(으)ㄹ지니라	-(으)ㄹ찌니라
-(으)ㄹ걸	-(으)ㄹ껄	-(으)ㄹ지라도	-(으)ㄹ찌라도
-(으)ㄹ게	-(으)ㄹ께	-(으)ㄹ지어다	-(으)ㄹ찌어다
-(으)ㄹ세	-(으)ㄹ쎄	-(으)ㄹ지언정	-(으)ㄹ찌언정
-(으)ㄹ세라	-(으)ㄹ쎄라	-(으)ㄹ진대	-(으)ㄹ찐대
-(으)ㄹ수록	-(으)ㄹ쑤록	-(으)ㄹ진저	-(으)ㄹ찐저
-(으)ㄹ시	-(으)ㄹ씨	-올시다	-올씨다
-(으)ㄹ지	-(으)ㄹ찌		

다만, 의문을 나타내는 다음 어미들은 된소리로 적는다.

-(으)ㄹ까?　　-(으)ㄹ꼬?　　-(스)ㅂ니까?　　-(으)리까?　　-(으)ㄹ쏘냐?

제54항 다음과 같은 접미사는 된소리로 적는다. (ㄱ을 취하고, ㄴ을 버림)

ㄱ	ㄴ	ㄱ	ㄴ
심부름꾼	심부름군	귀때기	귓대기
익살꾼	익살군	볼때기	볼대기
일꾼	일군	판자때기	판잣대기
장꾼	장군	뒤꿈치	뒷굼치
장난꾼	장난군	팔꿈치	팔굼치
지게꾼	지겟군	이마빼기	이맛배기
때깔	땟갈	코빼기	콧배기
빛깔	빛갈	객쩍다	객적다
성깔	성갈	겸연쩍다	겸연적다

제55항 두 가지로 구별하여 적던 다음 말들은 한 가지로 적는다. (ㄱ을 취하고, ㄴ을 버림)

ㄱ	ㄴ	용례
맞추다	마추다	입을 맞춘다. 양복을 맞춘다.
뻗치다	뻐치다	다리를 뻗친다. 멀리 뻗친다.

제56항 '-더라, -던'과 '-든지'는 다음과 같이 적는다.

1. 지난 일을 나타내는 어미는 '-더라, -던'으로 적는다. (ㄱ을 취하고, ㄴ을 버림)

ㄱ	ㄴ
지난겨울은 몹시 춥더라.	지난겨울은 몹시 춥드라.
깊던 물이 얕아졌다.	깊든 물이 얕아졌다.
그렇게 좋던가?	그렇게 좋든가?
그 사람 말 잘하던데!	그 사람 말 잘하든데!
얼마나 놀랐던지 몰라.	얼마나 놀랐든지 몰라.

2. 물건이나 일의 내용을 가리지 아니하는 뜻을 나타내는 조사와 어미는 '(-)든지'로 적는다. (ㄱ을 취하고, ㄴ을 버림)

ㄱ	ㄴ
배든지 사과든지 마음대로 먹어라.	배던지 사과던지 마음대로 먹어라.
가든지 오든지 마음대로 해라.	가던지 오던지 마음대로 해라.

제57항 다음 말들은 각각 구별하여 적는다.

가름   둘로 가름.
갈음   새 책상으로 갈음하였다.

거름   풀을 썩힌 거름.
걸음   빠른 걸음.

거치다   영월을 거쳐 왔다.
걷히다   외상값이 잘 걷힌다.

걷잡다   걷잡을 수 없는 상태.
겉잡다   겉잡아서 이틀 걸릴 일.

그러므로(그러니까)   그는 부지런하다. 그러므로 잘 산다.
그럼으로(써)(그렇게 하는 것으로)   그는 열심히 공부한다. 그럼으로(써) 은혜에 보답한다.

노름	노름판이 벌어졌다.
놀음(놀이)	즐거운 놀음.

느리다	진도가 너무 느리다.
늘이다	고무줄을 늘인다.
늘리다	수출량을 더 늘린다.

다리다	옷을 다린다.
달이다	약을 달인다.

다치다	부주의로 손을 다쳤다.
닫히다	문이 저절로 닫혔다.
닫치다	문을 힘껏 닫쳤다.

마치다	벌써 일을 마쳤다.
맞히다	여러 문제를 더 맞혔다.

목거리	목거리가 덧났다.
목걸이	금목걸이, 은목걸이.

바치다	나라를 위해 목숨을 바쳤다.
받치다	우산을 받치고 간다. / 책받침을 받친다.
받히다	쇠뿔에 받혔다.
밭치다	술을 체에 밭친다.

반드시	약속은 반드시 지켜라.
반듯이	고개를 반듯이 들어라.

부딪치다	차와 차가 마주 부딪쳤다.
부딪히다	마차가 화물차에 부딪혔다.

부치다	힘이 부치는 일이다.	편지를 부친다.
	논밭을 부친다.	빈대떡을 부친다.
	식목일에 부치는 글.	회의에 부치는 안건.
	인쇄에 부치는 원고.	삼촌 집에 숙식을 부친다.
붙이다	우표를 붙인다.	책상을 벽에 붙였다.
	흥정을 붙인다.	불을 붙인다.
	감시원을 붙인다.	조건을 붙인다.
	취미를 붙인다.	별명을 붙인다.

시키다	일을 시킨다.
식히다	끓인 물을 식힌다.

아름	세 아름 되는 둘레.
알음	전부터 알음이 있는 사이.
앎	앎이 힘이다.

안치다	밥을 안친다.
앉히다	윗자리에 앉힌다.

어름	두 물건의 어름에서 일어난 현상.
얼음	얼음이 얼었다.

| 이따가 | 이따가 오너라. |
| 있다가 | 돈은 있다가도 없다. |

| 저리다 | 다친 다리가 저린다. |
| 절이다 | 김장 배추를 절인다. |

| 조리다 | 생선을 조린다. 통조림, 병조림. |
| 졸이다 | 마음을 졸인다. |

| 주리다 | 여러 날을 주렸다. |
| 줄이다 | 비용을 줄인다. |

| 하노라고 | 하노라고 한 것이 이 모양이다. |
| 하느라고 | 공부하느라고 밤을 새웠다. |

| -느니보다(어미) | 나를 찾아오느니보다 집에 있거라. |
| -는 이보다(의존 명사) | 오는 이가 가는 이보다 많다. |

| -(으)리만큼(어미) | 나를 미워하리만큼 그에게 잘못한 일이 없다. |
| -(으)ㄹ 이만큼(의존 명사) | 찬성할 이도 반대할 이만큼이나 많을 것이다. |

| -(으)러(목적) | 공부하러 간다. |
| -(으)려(의도) | 서울 가려 한다. |

| (으)로서(자격) | 사람으로서 그럴 수는 없다. |
| (으)로써(수단) | 닭으로써 꿩을 대신했다. |

| -(으)므로(어미) | 그가 나를 믿으므로 나도 그를 믿는다. |
| (-ㅁ, -음)으로(써)(조사) | 그는 믿음으로(써) 산 보람을 느꼈다. |

02 문장 부호

1 마침표(.)　**6** 쌍점(:)　**11** 중괄호({ })　**16** 붙임표(‒)　**21** 줄임표(……)
2 물음표(?)　**7** 빗금(/)　**12** 대괄호([ ])　**17** 물결표(~)
3 느낌표(!)　**8** 큰따옴표(" ")　**13** 겹낫표(『 』)와 겹화살괄호(《 》)　**18** 드러냄표(˙)와 밑줄(＿)
4 쉼표(,)　**9** 작은따옴표(' ')　**14** 홑낫표(「 」)와 홑화살괄호(〈 〉)　**19** 숨김표(○, ×)
5 가운뎃점(·)　**10** 소괄호(( ))　**15** 줄표(—)　**20** 빠짐표(□)

▎2014년 문장 부호 개정안 주요 내용

주요 변경 사항	이전 규정	설명
가로쓰기로 통합	세로쓰기용 부호 별도 규정	• 그동안 세로쓰기용 부호로 규정된 '고리점(˳)'과 '모점(、)'은 개정안에서 제외 • '낫표(「 」『 』)'는 가로쓰기용 부호로 용법을 수정하여 유지 • '화살괄호(〈 〉, 《 》)' 추가
문장 부호 명칭 정리	'. '는 '온점' ', '는 '반점'	부호 '. '와 ', '를 각각 '마침표'와 '쉼표'라 하고, 기존의 '온점'과 '반점'이라는 용어도 쓸 수 있도록 함
	'〈 〉, 《 》' 명칭 및 용법 불분명	부호 '〈 〉, 《 》'를 각각 '홑화살괄호, 겹화살괄호'로 명명하고 각각의 용법 규정
부호 선택의 폭 확대	줄임표는 '……'만	컴퓨터 입력을 고려하여 아래에 여섯 점(......)을 찍거나 세 점(…, ...)만 찍는 것도 가능하도록 함
	가운뎃점, 낫표, 화살괄호 사용 불편	• 가운뎃점 대신 마침표(.)나 쉼표(,)도 쓸 수 있는 경우를 확대 • 낫표(「 」『 』)나 화살괄호(〈 〉, 《 》) 대신 따옴표(' ', " ")도 쓸 수 있도록 함
조항 수 증가 (66개 → 94개)	조항 수 66개	소괄호 관련 조항은 3개에서 6개로, 줄임표 관련 조항은 2개에서 7개로 늘어나는 등 전체적으로 이전 규정에 비해 조항이 28개가 늘어남 ※ (조항 수): [붙임], '다만' 조항을 포함함

1 마침표(.)

(1) 서술, 명령, 청유 등을 나타내는 문장의 끝에 쓴다.

　예 젊은이는 나라의 기둥입니다.　　제 손을 꼭 잡으세요.
　　집으로 돌아갑시다.　　　　　　가는 말이 고와야 오는 말이 곱다.

[붙임 1] 직접 인용한 문장의 끝에는 쓰는 것을 원칙으로 하되, 쓰지 않는 것을 허용한다. (ㄱ을 원칙으로 하고, ㄴ을 허용함)

　예 ㄱ. 그는 "지금 바로 떠나자."라고 말하며 서둘러 짐을 챙겼다.
　　ㄴ. 그는 "지금 바로 떠나자"라고 말하며 서둘러 짐을 챙겼다.

[붙임 2] 용언의 명사형이나 명사로 끝나는 문장에는 쓰는 것을 원칙으로 하되, 쓰지 않는 것을 허용한다. (ㄱ을 원칙으로 하고, ㄴ을 허용함)

　예 ㄱ. 목적을 이루기 위하여 몸과 마음을 다하여 애를 씀.
　　ㄴ. 목적을 이루기 위하여 몸과 마음을 다하여 애를 씀

　　ㄱ. 결과에 연연하지 않고 끝까지 최선을 다하기.
　　ㄴ. 결과에 연연하지 않고 끝까지 최선을 다하기

　　ㄱ. 신입 사원 모집을 위한 기업 설명회 개최.
　　ㄴ. 신입 사원 모집을 위한 기업 설명회 개최

ㄱ. 내일 오전까지 보고서를 제출할 것.
ㄴ. 내일 오전까지 보고서를 제출할 것

다만, 제목이나 표어에는 쓰지 않음을 원칙으로 한다.

예 압록강은 흐른다   꺼진 불도 다시 보자   건강한 몸 만들기

(2)   아라비아 숫자만으로 연월일을 표시할 때 쓴다.

예 1919. 3. 1.   10. 1.~10. 12.

(3)   특정한 의미가 있는 날을 표시할 때 월과 일을 나타내는 아라비아 숫자 사이에 쓴다.

예 3.1 운동   8.15 광복

[붙임] 이때는 마침표 대신 가운뎃점을 쓸 수 있다.

예 3·1 운동   8·15 광복

(4)   장, 절, 항 등을 표시하는 문자나 숫자 다음에 쓴다.

예 가. 인명   ㄱ. 머리말   I. 서론   1. 연구 목적

[붙임] '마침표' 대신 '온점'이라는 용어를 쓸 수 있다.

2 물음표(?)

(1)   의문문이나 의문을 나타내는 어구의 끝에 쓴다.

예 • 점심 먹었어?
   • 이번에 가시면 언제 돌아오세요?
   • 제가 부모님 말씀을 따르지 않을 리가 있겠습니까?
   • 남북이 통일되면 얼마나 좋을까?
   • 다섯 살짜리 꼬마가 이 멀고 험한 곳까지 혼자 왔다?
   • 지금?   뭐라고?   네?

[붙임 1] 한 문장 안에 몇 개의 선택적인 물음이 이어질 때는 맨 끝의 물음에만 쓰고, 각 물음이 독립적일 때는 각 물음의 뒤에 쓴다.

예 • 너는 중학생이냐, 고등학생이냐?
   • 너는 여기에 언제 왔니? 어디서 왔니? 무엇하러 왔니?

[붙임 2] 의문의 정도가 약할 때는 물음표 대신 마침표를 쓸 수 있다.

예 • 도대체 이 일을 어쩐단 말이냐.
   • 이것이 과연 내가 찾던 행복일까.

다만, 제목이나 표어에는 쓰지 않음을 원칙으로 한다.

예 • 역사란 무엇인가
   • 아직도 담배를 피우십니까

(2)   특정한 어구의 내용에 대하여 의심, 빈정거림 등을 표시할 때, 또는 적절한 말을 쓰기 어려울 때 그 괄호 안에 쓴다.

예 • 우리와 의견을 같이할 사람은 최 선생(?) 정도인 것 같다.
   • 30점이라, 거참 훌륭한(?) 성적이군.
   • 우리 집 강아지가 가출(?)을 했어요.

(3)   모르거나 불확실한 내용임을 나타낼 때 쓴다.

예 • 최치원(857~?)은 통일 신라 말기에 이름을 떨쳤던 학자이자 문장가이다.
   • 조선 시대의 시인 강백(1690?~1777?)의 자는 자청이고, 호는 우곡이다.

3 느낌표(!)

(1) 감탄문이나 감탄사의 끝에 쓴다.

　예 이거 정말 큰일이 났구나!　　어머!

[붙임] 감탄의 정도가 약할 때는 느낌표 대신 쉼표나 마침표를 쓸 수 있다.

　예 어, 벌써 끝났네.　　날씨가 참 좋군.

(2) 특별히 강한 느낌을 나타내는 어구, 평서문, 명령문, 청유문에 쓴다.

　예 • 청춘! 이는 듣기만 하여도 가슴이 설레는 말이다.
　　 • 이야, 정말 재밌다!　　지금 즉시 대답해!　　앞만 보고 달리자!

(3) 물음의 말로 놀람이나 항의의 뜻을 나타내는 경우에 쓴다.

　예 이게 누구야!　　내가 왜 나빠!

(4) 감정을 넣어 대답하거나 다른 사람을 부를 때 쓴다.

　예 네!　　네, 선생님!　　흥부야!　　언니!

4 쉼표(,)

(1) 같은 자격의 어구를 열거할 때 그 사이에 쓴다.

　예 • 근면, 검소, 협동은 우리 겨레의 미덕이다.
　　 • 충청도의 계룡산, 전라도의 내장산, 강원도의 설악산은 모두 국립 공원이다.
　　 • 집을 보러 가면 그 집이 내가 원하는 조건에 맞는지, 살기에 편한지, 망가진 곳은 없는지 확인해야 한다.
　　 • 5보다 작은 자연수는 1, 2, 3, 4이다.

다만,
(가) 쉼표 없이도 열거되는 사항임이 쉽게 드러날 때는 쓰지 않을 수 있다.

　　예 • 아버지 어머니께서 함께 오셨어요.
　　　 • 네 돈 내 돈 다 합쳐 보아야 만 원도 안 되겠다.

(나) 열거할 어구들을 생략할 때 사용하는 줄임표 앞에는 쉼표를 쓰지 않는다.

　　예 광역시: 광주, 대구, 대전……

(2) 짝을 지어 구별할 때 쓴다.

　예 닭과 지네, 개와 고양이는 상극이다.

(3) 이웃하는 수를 개략적으로 나타낼 때 쓴다.

　예 5, 6세기　　6, 7, 8개

(4) 열거의 순서를 나타내는 어구 다음에 쓴다.

　예 • 첫째, 몸이 튼튼해야 한다.
　　 • 마지막으로, 무엇보다 마음이 편해야 한다.

(5) 문장의 연결 관계를 분명히 하고자 할 때 절과 절 사이에 쓴다.

　예 • 콩 심은 데 콩 나고, 팥 심은 데 팥 난다.
　　 • 저는 신뢰와 정직을 생명과 같이 여기고 살아온바, 이번 비리 사건과는 무관하다는 점을 분명히 밝힙니다.
　　 • 떡국은 설날의 대표적인 음식인데, 이걸 먹어야 비로소 나이도 한 살 더 먹는다고 한다.

(6) 　　같은 말이 되풀이되는 것을 피하기 위하여 일정한 부분을 줄여서 열거할 때 쓴다.

　　예 여름에는 바다에서, 겨울에는 산에서 휴가를 즐겼다.

(7) 　　부르거나 대답하는 말 뒤에 쓴다.

　　예 지은아, 이리 좀 와 봐.　　네, 지금 가겠습니다.

(8) 　　한 문장 안에서 앞말을 '곧', '다시 말해' 등과 같은 어구로 다시 설명할 때 앞말 다음에 쓴다.

　　예 • 책의 서문, 곧 머리말에는 책을 지은 목적이 드러나 있다.
　　• 원만한 인간관계는 말과 관련한 예의, 즉 언어 예절을 갖추는 것에서 시작된다.
　　• 호준이 어머니, 다시 말해 나의 누님은 올해로 결혼한 지 20년이 된다.
　　• 나에게도 작은 소망, 이를테면 나만의 정원을 가졌으면 하는 소망이 있어.

(9) 　　문장 앞부분에서 조사 없이 쓰인 제시어나 주제어의 뒤에 쓴다.

　　예 • 돈, 돈이 인생의 전부이더냐?
　　• 열정, 이것이야말로 젊은이의 가장 소중한 자산이다.
　　• 지금 네가 여기 있다는 것, 그것만으로도 나는 충분히 행복해.
　　• 저 친구, 저러다가 큰일 한번 내겠어.
　　• 그 사실, 넌 알고 있었지?

(10) 　　한 문장에 같은 의미의 어구가 반복될 때 앞에 오는 어구 다음에 쓴다.

　　예 그의 애국심, 몸을 사리지 않고 국가를 위해 헌신한 정신을 우리는 본받아야 한다.

(11) 　　도치문에서 도치된 어구들 사이에 쓴다.

　　예 이리 오세요, 어머님.　　다시 보자, 한강수야.

(12) 　　바로 다음 말과 직접적인 관계에 있지 않음을 나타낼 때 쓴다.

　　예 • 갑돌이는, 울면서 떠나는 갑순이를 배웅했다.
　　• 철원과, 대관령을 중심으로 한 강원도 산간 지대에 예년보다 일찍 첫눈이 내렸습니다.

(13) 　　문장 중간에 끼어든 어구의 앞뒤에 쓴다.

　　예 • 나는, 솔직히 말하면, 그 말이 별로 탐탁지 않아.
　　• 영호는 미소를 띠고, 속으로는 화가 치밀어 올라 잠시라도 견딜 수 없을 만큼 괴로웠지만, 그들을 맞았다.

　　[붙임 1] 이때는 쉼표 대신 줄표를 쓸 수 있다.

　　예 • 나는 ― 솔직히 말하면 ― 그 말이 별로 탐탁지 않아.
　　• 영호는 미소를 띠고 ― 속으로는 화가 치밀어 올라 잠시라도 견딜 수 없을 만큼 괴로웠지만 ― 그들을 맞았다.

　　[붙임 2] 끼어든 어구 안에 다른 쉼표가 들어 있을 때는 쉼표 대신 줄표를 쓴다.

　　예 이건 내 것이니까 ― 아니, 내가 처음 발견한 것이니까 ― 절대로 양보할 수 없다.

(14) 　　특별한 효과를 위해 끊어 읽는 곳을 나타낼 때 쓴다.

　　예 • 내가, 정말 그 일을 오늘 안에 해낼 수 있을까?
　　• 이 전투는 바로 우리가, 우리만이, 승리로 이끌 수 있다.

(15) 　　짧게 더듬는 말을 표시할 때 쓴다.

　　예 선생님, 부, 부정행위라니요? 그런 건 새, 생각조차 하지 않았습니다.

[붙임] '쉼표' 대신 '반점'이라는 용어를 쓸 수 있다.

5 가운뎃점(·)

(1)   열거할 어구들을 일정한 기준으로 묶어서 나타낼 때 쓴다.

> 예 · 민수·영희, 선미·준호가 서로 짝이 되어 윷놀이를 하였다.
> · 지금의 경상남도·경상북도, 전라남도·전라북도, 충청남도·충청북도 지역을 예부터 삼남이라 일러 왔다.

(2)   짝을 이루는 어구들 사이에 쓴다.

> 예 · 한(韓)·이(伊) 양국 간의 무역량이 늘고 있다.
> · 우리는 그 일의 참·거짓을 따질 겨를도 없었다.
> · 하천 수질의 조사·분석
> · 빨강·초록·파랑이 빛의 삼원색이다.

다만, 이때는 가운뎃점을 쓰지 않거나 쉼표를 쓸 수도 있다.

> 예 · 한(韓) 이(伊) 양국 간의 무역량이 늘고 있다.
> · 우리는 그 일의 참 거짓을 따질 겨를도 없었다.
> · 하천 수질의 조사, 분석
> · 빨강, 초록, 파랑이 빛의 삼원색이다.

(3)   공통 성분을 줄여서 하나의 어구로 묶을 때 쓴다.

> 예 상·중·하위권   금·은·동메달   통권 제54·55·56호

[붙임]   이때는 가운뎃점 대신 쉼표를 쓸 수 있다.

> 예 상, 중, 하위권   금, 은, 동메달   통권 제54, 55, 56호

6 쌍점(:)

(1)   표제 다음에 해당 항목을 들거나 설명을 붙일 때 쓴다.

> 예 · 문방사우: 종이, 붓, 먹, 벼루
> · 일시: 2014년 10월 9일 10시
> · 흔하진 않지만 두 자로 된 성씨도 있다.(예: 남궁, 선우, 황보)
> · 올림표(#): 음의 높이를 반음 올릴 것을 지시한다.

(2)   희곡 등에서 대화 내용을 제시할 때 말하는 이와 말한 내용 사이에 쓴다.

> 예 · 김 과장: 난 못 참겠다.
> · 아들: 아버지, 제발 제 말씀 좀 들어 보세요.

(3)   시와 분, 장과 절 등을 구별할 때 쓴다.

> 예 · 오전 10:20(오전 10시 20분)
> · 두시언해 6:15(두시언해 제6권 제15장)

(4)   의존 명사 '대'가 쓰일 자리에 쓴다.

> 예 65:60(65 대 60)   청군:백군(청군 대 백군)

[붙임]   쌍점의 앞은 붙여 쓰고 뒤는 띄어 쓴다. 다만, (3)과 (4)에서는 쌍점의 앞뒤를 붙여 쓴다.

7 빗금(/)

(1) 대비되는 두 개 이상의 어구를 묶어 나타낼 때 그 사이에 쓴다.

> **예** • 먹이다/먹히다   남반구/북반구   금메달/은메달/동메달
> • (   )이/가 우리나라의 보물 제1호이다.

(2) 기준 단위당 수량을 표시할 때 해당 수량과 기준 단위 사이에 쓴다.

> **예** 100미터/초   1,000원/개

(3) 시의 행이 바뀌는 부분임을 나타낼 때 쓴다.

> **예** 산에 / 산에 / 피는 꽃은 / 저만치 혼자서 피어 있네

다만, 연이 바뀜을 나타낼 때는 두 번 겹쳐 쓴다.

> **예** 산에는 꽃 피네 / 꽃이 피네 / 갈 봄 여름 없이 / 꽃이 피네 // 산에 / 산에 / 피는 꽃은 / 저만치 혼자서 피어 있네

[붙임] 빗금의 앞뒤는 (1)과 (2)에서는 붙여 쓰며, (3)에서는 띄어 쓰는 것을 원칙으로 하되 붙여 쓰는 것을 허용한다. 단, (1)에서 대비되는 어구가 두 어절 이상인 경우에는 빗금의 앞뒤를 띄어 쓸 수 있다.

8 큰따옴표(" ")

(1) 글 가운데에서 직접 대화를 표시할 때 쓴다.

> **예** "어머니, 제가 가겠어요."   "아니다. 내가 다녀오마."

(2) 말이나 글을 직접 인용할 때 쓴다.

> **예** • 나는 "어, 광훈이 아니냐?" 하는 소리에 깜짝 놀랐다.
> • 밤하늘에 반짝이는 별들을 보면서 "나는 아무 걱정도 없이 가을 속의 별들을 다 헬 듯합니다."라는 시구를 떠올렸다.
> • 편지의 끝머리에는 이렇게 적혀 있었다.
> "할머니, 편지에 사진을 동봉했다고 하셨지만 봉투 안에는 아무것도 없었어요."

9 작은따옴표(' ')

(1) 인용한 말 안에 있는 인용한 말을 나타낼 때 쓴다.

> **예** 그는 "여러분! '시작이 반이다.'라는 말 들어 보셨죠?"라고 말하며 강연을 시작했다.

(2) 마음속으로 한 말을 적을 때 쓴다.

> **예** • 나는 '일이 다 틀렸나 보군.' 하고 생각하였다.
> • '이번에는 꼭 이기고야 말겠어.' 호연이는 마음속으로 몇 번이나 그렇게 다짐하며 주먹을 불끈 쥐었다.

10 소괄호(( ))

(1) 주석이나 보충적인 내용을 덧붙일 때 쓴다.

> 예 • 니체(독일의 철학자)의 말을 빌리면 다음과 같다.
> • 2014. 12. 19.(금)
> • 문인화의 대표적인 소재인 사군자(매화, 난초, 국화, 대나무)는 고결한 선비 정신을 상징한다.

(2) 우리말 표기와 원어 표기를 아울러 보일 때 쓴다.

> 예 기호(嗜好)　　자세(姿勢)　　커피(coffee)　　에티켓(étiquette)

(3) 생략할 수 있는 요소임을 나타낼 때 쓴다.

> 예 • 학교에서 동료 교사를 부를 때는 이름 뒤에 '선생(님)'이라는 말을 덧붙인다.
> • 광개토(대)왕은 고구려의 전성기를 이끌었던 임금이다.

(4) 희곡 등 대화를 적은 글에서 동작이나 분위기, 상태를 드러낼 때 쓴다.

> 예 • 현우: (가쁜 숨을 내쉬며) 왜 이렇게 빨리 뛰어?
> • "관찰한 것을 쓰는 것이 습관이 되었죠. 그러다 보니, 상상력이 생겼나 봐요." (웃음)

(5) 내용이 들어갈 자리임을 나타낼 때 쓴다.

> 예 • 우리나라의 수도는 (　　)이다.
> • 다음 빈칸에 알맞은 조사를 쓰시오. 민수가 할아버지(　) 꽃을 드렸다.

(6) 항목의 순서나 종류를 나타내는 숫자나 문자 등에 쓴다.

> 예 • 사람의 인격은 (1) 용모, (2) 언어, (3) 행동, (4) 덕성 등으로 표현된다.
> • (가) 동해, (나) 서해, (다) 남해

11 중괄호({ })

(1) 같은 범주에 속하는 여러 요소를 세로로 묶어서 보일 때 쓴다.

> 예 주격 조사 {이 / 가}
>
> 국가의 성립 요소 {영토 / 국민 / 주권}

(2) 열거된 항목 중 어느 하나가 자유롭게 선택될 수 있음을 보일 때 쓴다.

> 예 아이들이 모두 학교{에, 로, 까지} 갔어요.

12 대괄호([ ])

(1) 괄호 안에 또 괄호를 쓸 필요가 있을 때 바깥쪽의 괄호로 쓴다.

> 예 • 어린이날이 새로 제정되었을 당시에는 어린이들에게 경어를 쓰라고 하였다.[윤석중 전집(1988), 70쪽 참조]
> • 이번 회의에는 두 명[이혜정(실장), 박철용(과장)]만 빼고 모두 참석했습니다.

(2) 고유어에 대응하는 한자어를 함께 보일 때 쓴다.

> 예 나이[年歲]　　낱말[單語]　　손발[手足]

(3) 　　　　원문에 대한 이해를 돕기 위해 설명이나 논평 등을 덧붙일 때 쓴다.

> **예** • 그것[한글]은 이처럼 정보화 시대에 알맞은 과학적인 문자이다.
> • 신경준의 《여암전서》에 "삼각산은 산이 모두 돌 봉우리인데, 그 으뜸 봉우리를 구름 위에 솟아 있다고 백운(白雲)이라 하며 [이하 생략]"
> • 그런 일은 결코 있을 수 없다.[원문에는 '업다'임.]

13 겹낫표(『 』)와 겹화살괄호(《 》)

> 책의 제목이나 신문 이름 등을 나타낼 때 쓴다.
>
> **예** • 우리나라 최초의 민간 신문은 1896년에 창간된 『독립신문』이다.
> • 『훈민정음』은 1997년에 유네스코 세계 기록 유산으로 지정되었다.
> • 《한성순보》는 우리나라 최초의 근대 신문이다.
> • 윤동주의 유고 시집인 《하늘과 바람과 별과 시》에는 31편의 시가 실려 있다.
>
> **[붙임]** 겹낫표나 겹화살괄호 대신 큰따옴표를 쓸 수 있다.
>
> **예** • 우리나라 최초의 민간 신문은 1896년에 창간된 "독립신문"이다.
> • 윤동주의 유고 시집인 "하늘과 바람과 별과 시"에는 31편의 시가 실려 있다.

14 홑낫표(「 」)와 홑화살괄호(〈 〉)

> 소제목, 그림이나 노래와 같은 예술 작품의 제목, 상호, 법률, 규정 등을 나타낼 때 쓴다.
>
> **예** • 「국어 기본법 시행령」은 「국어 기본법」에서 위임된 사항과 그 시행에 필요한 사항을 규정함을 목적으로 한다.
> • 이 곡은 베르디가 작곡한 「축배의 노래」이다.
> • 사무실 밖에 「해와 달」이라고 쓴 간판을 달았다.
> • 〈한강〉은 사진집 《아름다운 땅》에 실린 작품이다.
> • 백남준은 2005년에 〈엄마〉라는 작품을 선보였다.
>
> **[붙임]** 홑낫표나 홑화살괄호 대신 작은따옴표를 쓸 수 있다.
>
> **예** • 사무실 밖에 '해와 달'이라고 쓴 간판을 달았다.
> • '한강'은 사진집 "아름다운 땅"에 실린 작품이다.

15 줄표(—)

> 제목 다음에 표시하는 부제의 앞뒤에 쓴다.
>
> **예** • 이번 토론회의 제목은 '역사 바로잡기 — 근대의 설정 — '이다.
> • '환경 보호 — 숲 가꾸기 — '라는 제목으로 글짓기를 했다.
>
> 다만, 뒤에 오는 줄표는 생략할 수 있다.
>
> **예** • 이번 토론회의 제목은 '역사 바로잡기 — 근대의 설정'이다.
> • '환경 보호 — 숲 가꾸기'라는 제목으로 글짓기를 했다.
>
> **[붙임]** 줄표의 앞뒤는 띄어 쓰는 것을 원칙으로 하되, 붙여 쓰는 것을 허용한다.

16 붙임표(-)

(1)   차례대로 이어지는 내용을 하나로 묶어 열거할 때 각 어구 사이에 쓴다.

예 • 멀리뛰기는 도움닫기 – 도약 – 공중 자세 – 착지의 순서로 이루어진다.
   • 김 과장은 기획 – 실무 – 홍보까지 직접 발로 뛰었다.

(2)   두 개 이상의 어구가 밀접한 관련이 있음을 나타내고자 할 때 쓴다.

예 드디어 서울 – 북경의 항로가 열렸다.   원 – 달러 환율   남한 – 북한 – 일본 삼자 관계

17 물결표(～)

기간이나 거리 또는 범위를 나타낼 때 쓴다.

예 • 9월 15일～9월 25일
   • 김정희(1786～1856)
   • 서울～천안 정도는 출퇴근이 가능하다.
   • 이번 시험의 범위는 3～78쪽입니다.

[붙임]   물결표 대신 붙임표를 쓸 수 있다.

예 • 9월 15일 – 9월 25일
   • 김정희(1786 – 1856)
   • 서울 – 천안 정도는 출퇴근이 가능하다.
   • 이번 시험의 범위는 3 – 78쪽입니다.

18 드러냄표(˙)와 밑줄(＿)

문장 내용 중에서 주의가 미쳐야 할 곳이나 중요한 부분을 특별히 드러내 보일 때 쓴다.

예 • 한글의 본디 이름은 훈민정음이다.
   • 중요한 것은 왜 사느냐가 아니라 어떻게 사느냐이다.
   • 지금 필요한 것은 지식이 아니라 실천입니다.
   • 다음 보기에서 명사가 아닌 것은?

[붙임]   드러냄표나 밑줄 대신 작은따옴표를 쓸 수 있다.

예 • 한글의 본디 이름은 '훈민정음'이다.
   • 중요한 것은 '왜 사느냐'가 아니라 '어떻게 사느냐'이다.
   • 지금 필요한 것은 '지식'이 아니라 '실천'입니다.
   • 다음 보기에서 명사가 '아닌' 것은?

19 숨김표(○, ×)

(1)   금기어나 공공연히 쓰기 어려운 비속어임을 나타낼 때, 그 글자의 수효만큼 쓴다.

예 • 배운 사람 입에서 어찌 ○○○란 말이 나올 수 있느냐?
   • 그 말을 듣는 순간 ×××란 말이 목구멍까지 치밀었다.

(2)   비밀을 유지해야 하거나 밝힐 수 없는 사항임을 나타낼 때 쓴다.

예 • 1차 시험 합격자는 김○영, 이○준, 박○순 등 모두 3명이다.
   • 육군 ○○ 부대 ○○○ 명이 작전에 참가하였다.
   • 그 모임의 참석자는 김×× 씨, 정×× 씨 등 5명이었다.

20 빠짐표(□)

(1) 옛 비문이나 문헌 등에서 글자가 분명하지 않을 때 그 글자의 수효만큼 쓴다.

　　⑩ 大師爲法主□□賴之大□薦

(2) 글자가 들어가야 할 자리를 나타낼 때 쓴다.

　　⑩ 훈민정음의 초성 중에서 아음(牙音)은 □□□의 석 자다.

21 줄임표(……)

(1) 할 말을 줄였을 때 쓴다.

　　⑩ "어디 나하고 한번……" 하고 민수가 나섰다.

(2) 말이 없음을 나타낼 때 쓴다.

　　⑩ "빨리 말해!"
　　　 "……."

(3) 문장이나 글의 일부를 생략할 때 쓴다.

　　⑩ '고유'라는 말은 문자 그대로 본디부터 있었다는 뜻은 아닙니다. …… 같은 역사적 환경에서 공동의 집단생활을 영위해 오는 동안 공동으로 발견된, 사물에 대한 공동의 사고방식을 우리는 한국의 고유 사상이라 부를 수 있다는 것입니다.

(4) 머뭇거림을 보일 때 쓴다.

　　⑩ "우리는 모두…… 그러니까…… 예외 없이 눈물만…… 흘렸다."

[붙임 1] 점은 가운데에 찍는 대신 아래쪽에 찍을 수도 있다.

⑩ • "어디 나하고 한번……" 하고 민수가 나섰다.
　 • "실은…… 저 사람…… 우리 아저씨일지 몰라."

[붙임 2] 점은 여섯 점을 찍는 대신 세 점을 찍을 수도 있다.

⑩ • "어디 나하고 한번…" 하고 민수가 나섰다.
　 • "실은… 저 사람… 우리 아저씨일지 몰라."

[붙임 3] 줄임표는 앞말에 붙여 쓴다. 다만, (3)에서는 줄임표의 앞뒤를 띄어 쓴다.

03 표준 발음법

01 총칙

제1항   표준 발음법은 표준어의 실제 발음을 따르되, 국어의 전통성과 합리성을 고려하여 정함을 원칙으로 한다.

02 자음과 모음

제2항   표준어의 자음은 다음 19개로 한다.

ㄱ ㄲ ㄴ ㄷ ㄸ ㄹ ㅁ ㅂ ㅃ ㅅ ㅆ ㅇ ㅈ ㅉ ㅊ ㅋ ㅌ ㅍ ㅎ

제3항   표준어의 모음은 다음 21개로 한다.

ㅏ ㅐ ㅑ ㅒ ㅓ ㅔ ㅕ ㅖ ㅗ ㅘ ㅙ ㅚ ㅛ ㅜ ㅝ ㅞ ㅟ ㅠ ㅡ ㅢ ㅣ

제4항   'ㅏ ㅐ ㅔ ㅗ ㅚ ㅜ ㅟ ㅡ ㅣ'는 단모음(單母音)으로 발음한다.

[붙임]   'ㅚ, ㅟ'는 이중 모음으로 발음할 수 있다.

제5항   'ㅑ ㅒ ㅕ ㅖ ㅘ ㅙ ㅛ ㅝ ㅞ ㅠ ㅢ'는 이중 모음으로 발음한다.

다만 1. 용언의 활용형에 나타나는 '져, 쪄, 쳐'는 [저, 쩌, 처]로 발음한다.

가지어 → 가져[가저]   찌어 → 쪄[쩌]   다치어 → 다쳐[다처]

다만 2. '예, 례' 이외의 'ㅖ'는 [ㅔ]로도 발음한다.

계집[계ː집/게ː집]   계시다[계ː시다/게ː시다]   시계[시계/시게](時計)
연계[연계/연게](連繫)   메별[메별/메별](袂別)   개폐[개폐/개페](開閉)
혜택[혜ː택/헤ː택](惠澤)   지혜[지혜/지헤](知慧)

다만 3. 자음을 첫소리로 가지고 있는 음절의 'ㅢ'는 [ㅣ]로 발음한다.

늴리리   닁큼   무늬   띄어쓰기   씌어
틔어   희어   희떱다   희망   유희

다만 4. 단어의 첫음절 이외의 '의'는 [ㅣ]로, 조사 '의'는 [ㅔ]로 발음함도 허용한다.

주의[주의/주이]   협의[혀븨/혀비]
우리의[우리의/우리에]   강의의[강ː의의/강ː이에]

03 음의 길이

| 제6항 | 모음의 장단을 구별하여 발음하되, 단어의 첫음절에서만 긴소리가 나타나는 것을 원칙으로 한다. |

(1) 눈보라[눈:보라]   말씨[말:씨]   밤나무[밤:나무]
   많다[만:타]   멀리[멀:리]   벌리다[벌:리다]
(2) 첫눈[천눈]   참말[참말]   쌍동밤[쌍동밤]
   수많이[수:마니]   눈멀다[눈멀다]   떠벌리다[떠벌리다]

다만, 합성어의 경우에는 둘째 음절 이하에서도 분명한 긴소리를 인정한다.

반신반의[반:신바:늬/반:신바:니]   재삼재사[재:삼재:사]

[붙임] 용언의 단음절 어간에 어미 '-아/-어'가 결합되어 한 음절로 축약되는 경우에도 긴소리로 발음한다.

보아 → 봐[봐:]   기어 → 겨[겨:]   되어 → 돼[돼:]   두어 → 둬[둬:]   하여 → 해[해:]

다만, '오아 → 와, 지어 → 져, 찌어 → 쪄, 치어 → 쳐' 등은 긴소리로 발음하지 않는다.

| 제7항 | 긴소리를 가진 음절이라도, 다음과 같은 경우에는 짧게 발음한다. |

1. 단음절인 용언 어간에 모음으로 시작된 어미가 결합되는 경우

   감다[감:따] — 감으니[가므니]   밟다[밥:따] — 밟으면[발브면]
   신다[신:따] — 신어[시너]   알다[알:다] — 알아[아라]

   다만, 다음과 같은 경우에는 예외적이다.

   끌다[끌:다] — 끌어[끄:러]   떫다[떨:따] — 떫은[떨:븐]
   벌다[벌:다] — 벌어[버:러]   썰다[썰:다] — 썰어[써:러]
   없다[업:따] — 없으니[업:쓰니]

2. 용언 어간에 피동, 사동의 접미사가 결합되는 경우

   감다[감:따] — 감기다[감기다]   꼬다[꼬:다] — 꼬이다[꼬이다]
   밟다[밥:따] — 밟히다[발피다]

   다만, 다음과 같은 경우에는 예외적이다.

   끌리다[끌:리다]   벌리다[벌:리다]   없애다[업:새다]

[붙임] 다음과 같은 복합어에서는 본디의 길이에 관계없이 짧게 발음한다.

밀-물   썰-물   쏜-살-같이   작은-아버지

04 받침의 발음

| 제8항 | 받침소리로는 'ㄱ, ㄴ, ㄷ, ㄹ, ㅁ, ㅂ, ㅇ'의 7개 자음만 발음한다. |

| 제9항 | 받침 'ㄲ, ㅋ', 'ㅅ, ㅆ, ㅈ, ㅊ, ㅌ', 'ㅍ'은 어말 또는 자음 앞에서 각각 대표음 [ㄱ, ㄷ, ㅂ]으로 발음한다. |

닦다[닥따]   키읔[키윽]   키읔과[키윽꽈]   옷[온]
웃다[욷:따]   있다[읻따]   젖[젇]   빚다[빋따]
꽃[꼳]   쫓다[쫃따]   솥[솓]   뱉다[밷:따]
앞[압]   덮다[덥따]

| 제10항 | 겹받침 'ㄳ', 'ㄵ', 'ㄼ, ㄽ, ㄾ', 'ㅄ'은 어말 또는 자음 앞에서 각각 [ㄱ, ㄴ, ㄹ, ㅂ]으로 발음한다. |

넋[넉]　　　넋과[넉꽈]　　　앉다[안따]　　　여덟[여덜]　　　넓다[널따]
외곬[외골]　　할다[할따]　　　값[갑]　　　　없다[업ː따]

다만, '밟-'은 자음 앞에서 [밥]으로 발음하고, '넓-'은 다음과 같은 경우에 [넙]으로 발음한다.

(1) 밟다[밥ː따]　　밟소[밥ː쏘]　　밟지[밥ː찌]　　밟는[밥ː는 → 밤ː는]
　　밟게[밥ː께]　　밟고[밥ː꼬]
(2) 넓-죽하다[넙쭈카다]　　넓-둥글다[넙뚱글다]

| 제11항 | 겹받침 'ㄺ, ㄻ, ㄿ'은 어말 또는 자음 앞에서 각각 [ㄱ, ㅁ, ㅂ]으로 발음한다. |

닭[닥]　　　흙과[흑꽈]　　　맑다[막따]　　　늙지[늑찌]
삶[삼ː]　　　젊다[점ː따]　　　읊고[읍꼬]　　　읊다[읍따]

다만, 용언의 어간 말음 'ㄺ'은 'ㄱ' 앞에서 [ㄹ]로 발음한다.

맑게[말께]　　　묽고[물꼬]　　　얽거나[얼꺼나]

| 제12항 | 받침 'ㅎ'의 발음은 다음과 같다. |

1. 'ㅎ(ㄶ, ㅀ)' 뒤에 'ㄱ, ㄷ, ㅈ'이 결합되는 경우에는, 뒤 음절 첫소리와 합쳐서 [ㅋ, ㅌ, ㅊ]으로 발음한다.

놓고[노코]　　좋던[조ː턴]　　쌓지[싸치]　　많고[만ː코]　　않던[안턴]　　닳지[달치]

[붙임 1] 받침 'ㄱ(ㄺ), ㄷ, ㅂ(ㄼ), ㅈ(ㄵ)'이 뒤 음절 첫소리 'ㅎ'과 결합되는 경우에도, 역시 두 음을 합쳐서 [ㅋ, ㅌ, ㅍ, ㅊ]으로 발음한다.

각하[가카]　　　먹히다[머키다]　　밝히다[발키다]　　맏형[마텽]　　좁히다[조피다]
넓히다[널피다]　　꽂히다[꼬치다]　　앉히다[안치다]

[붙임 2] 규정에 따라 'ㄷ'으로 발음되는 'ㅅ, ㅈ, ㅊ, ㅌ'의 경우에도 이에 준한다.

옷 한 벌[오탄벌]　　낮 한때[나탄때]　　꽃 한 송이[꼬탄송이]　　숱하다[수타다]

2. 'ㅎ(ㄶ, ㅀ)' 뒤에 'ㅅ'이 결합되는 경우에는, 'ㅅ'을 [ㅆ]으로 발음한다.

닿소[다ː쏘]　　많소[만ː쏘]　　싫소[실쏘]

3. 'ㅎ' 뒤에 'ㄴ'이 결합되는 경우에는, [ㄴ]으로 발음한다.

놓는[논는]　　쌓네[싼네]

[붙임] 'ㄶ, ㅀ' 뒤에 'ㄴ'이 결합되는 경우에는, 'ㅎ'을 발음하지 않는다.

않네[안네]　　않는[안는]　　뚫네[뚤네 → 뚤레]　　뚫는[뚤는 → 뚤른]

※ '뚫네[뚤네 → 뚤레], 뚫는[뚤는 → 뚤른]'에 대해서는 제20항 참조

4. 'ㅎ(ㄶ, ㅀ)' 뒤에 모음으로 시작된 어미나 접미사가 결합되는 경우에는, 'ㅎ'을 발음하지 않는다.

낳은[나은]　　놓아[노아]　　쌓이다[싸이다]
많아[마ː나]　　않은[아는]　　닳아[다라]　　싫어도[시러도]

| 제13항 | 홑받침이나 쌍받침이 모음으로 시작된 조사나 어미, 접미사와 결합되는 경우에는, 제 음가대로 뒤 음절 첫소리로 옮겨 발음한다. |

깎아[까까]　　옷이[오시]　　있어[이써]　　낮이[나지]　　꽂아[꼬자]
꽃을[꼬츨]　　쫓아[쪼차]　　밭에[바테]　　앞으로[아프로]　　덮이다[더피다]

| 제14항 | 겹받침이 모음으로 시작된 조사나 어미, 접미사와 결합되는 경우에는, 뒤엣것만을 뒤 음절 첫소리로 옮겨 발음한다. (이 경우, 'ㅅ'은 된소리로 발음함.) |

넋이[넉씨]　　앉아[안자]　　닭을[달글]　　젊어[절머]　　곬이[골씨]　　핥아[할타]
읊어[을퍼]　　값을[갑쓸]　　없어[업ː써]

| 제15항 | 받침 뒤에 모음 'ㅏ, ㅓ, ㅗ, ㅜ, ㅟ'들로 시작되는 실질 형태소가 연결되는 경우에는, 대표음으로 바꾸어서 뒤 음절 첫소리로 옮겨 발음한다. |

밭 아래[바다래]　　늪 앞[느밥]　　젖어미[저더미]　　맛없다[마덥따]　　겉옷[거돋]
헛웃음[허두슴]　　꽃 위[꼬뒤]

다만, '맛있다, 멋있다'는 [마싣따], [머싣따]로도 발음할 수 있다.

[붙임] 겹받침의 경우에는, 그중 하나만을 옮겨 발음한다.

넋 없다[너겁따]　　닭 앞에[다가페]　　값어치[가버치]　　값있는[가빈는]

| 제16항 | 한글 자모의 이름은 그 받침소리를 연음하되, 'ㄷ, ㅈ, ㅊ, ㅋ, ㅌ, ㅍ, ㅎ'의 경우에는 특별히 다음과 같이 발음한다. |

디귿이[디그시]　　디귿을[디그슬]　　디귿에[디그세]
지읒이[지으시]　　지읒을[지으슬]　　지읒에[지으세]
치읓이[치으시]　　치읓을[치으슬]　　치읓에[치으세]
키읔이[키으기]　　키읔을[키으끌]　　키읔에[키으게]
티읕이[티으시]　　티읕을[티으슬]　　티읕에[티으세]
피읖이[피으비]　　피읖을[피으블]　　피읖에[피으베]
히읗이[히으시]　　히읗을[히으슬]　　히읗에[히으세]

05 음의 동화

| 제17항 | 받침 'ㄷ, ㅌ(ㄾ)'이 조사나 접미사의 모음 'ㅣ'와 결합되는 경우에는, [ㅈ, ㅊ]으로 바꾸어서 뒤 음절 첫소리로 옮겨 발음한다. |

곧이듣다[고지듣따]　　굳이[구지]　　미닫이[미ː다지]
땀받이[땀바지]　　밭이[바치]　　벼훑이[벼훌치]

[붙임] 'ㄷ' 뒤에 접미사 '히'가 결합되어 '티'를 이루는 것은 [치]로 발음한다.

굳히다[구치다]　　닫히다[다치다]　　묻히다[무치다]

| 제18항 | 받침 'ㄱ(ㄲ, ㅋ, ㄳ, ㄺ), ㄷ(ㅅ, ㅆ, ㅈ, ㅊ, ㅌ, ㅎ), ㅂ(ㅍ, ㄼ, ㄿ, ㅄ)'은 'ㄴ, ㅁ' 앞에서 [ㅇ, ㄴ, ㅁ]으로 발음한다. |

먹는[멍는]　　국물[궁물]　　깎는[깡는]　　키읔만[키응만]　　몫몫이[몽목씨]
긁는[긍는]　　흙만[흥만]　　닫는[단는]　　짓는[진ː는]　　옷맵시[온맵씨]
있는[인는]　　맞는[만는]　　젖멍울[전멍울]　　쫓는[쫀는]　　꽃망울[꼰망울]
붙는[분는]　　놓는[논는]　　잡는[잠는]　　밥물[밤물]　　앞마당[암마당]
밟는[밤ː는]　　읊는[음는]　　없는[엄ː는]

[붙임] 두 단어를 이어서 한 마디로 발음하는 경우에도 이와 같다.

책 넣는다[챙넌는다]　　흙 말리다[흥말리다]　　옷 맞추다[온맏추다]
밥 먹는다[밤멍는다]　　값 매기다[감매기다]

| 제19항 | 받침 'ㅁ, ㅇ' 뒤에 연결되는 'ㄹ'은 [ㄴ]으로 발음한다. |

담력[담ː녁]　　침략[침ː냑]　　강릉[강능]　　항로[항ː노]　　대통령[대ː통녕]

[붙임] 받침 'ㄱ, ㅂ' 뒤에 연결되는 'ㄹ'도 [ㄴ]으로 발음한다.

막론[막논 → 망논]　　석류[석뉴 → 성뉴]　　협력[협녁 → 혐녁]　　법리[법니 → 범니]

| 제20항 | ㄴ'은 'ㄹ'의 앞이나 뒤에서 [ㄹ]로 발음한다. |

(1) 난로[날:로] 신라[실라] 천리[철리] 광한루[광:할루] 대관령[대:괄령]
(2) 칼날[칼랄] 물난리[물랄리] 줄넘기[줄럼끼] 할는지[할른지]

'[붙임] 첫소리 'ㄴ'이 'ㅀ', 'ㄾ' 뒤에 연결되는 경우에도 이에 준한다.

닳는[달른] 뚫는[뚤른] 핥네[할레]

다만, 다음과 같은 단어들은 'ㄹ'을 [ㄴ]으로 발음한다.

의견란[의:견난] 임진란[임:진난] 생산량[생산냥] 결단력[결딴녁]
공권력[공꿘녁] 동원령[동:원녕] 상견례[상견녜] 횡단로[횡단노]
이원론[이:원논] 입원료[이붠뇨] 구근류[구근뉴]

| 제21항 | 위에서 지적한 이외의 자음 동화는 인정하지 않는다. |

감기[감:기](×[강:기]) 옷감[옫깜](×[옥깜]) 있고[읻꼬](×[익꼬])
꽃길[꼳낄](×[꼭낄]) 젖먹이[전머기](×[점머기]) 문법[문뻡](×[뭄뻡])
꽃밭[꼳빧](×[꼽빧])

| 제22항 | 다음과 같은 용언의 어미는 [어]로 발음함을 원칙으로 하되, [여]로 발음함도 허용한다. |

되어[되어/되여] 피어[피어/피여]

[붙임] '이오, 아니오'도 이에 준하여 [이요, 아니요]로 발음함을 허용한다.

06 경음화

| 제23항 | 받침 'ㄱ(ㄲ, ㅋ, ㄳ, ㄺ), ㄷ(ㅅ, ㅆ, ㅈ, ㅊ, ㅌ), ㅂ(ㅍ, ㄼ, ㄿ, ㅄ)' 뒤에 연결되는 'ㄱ, ㄷ, ㅂ, ㅅ, ㅈ'은 된소리로 발음한다. |

국밥[국빱] 깎다[깍따] 넋받이[넉빠지] 삯돈[삭똔]
닭장[닥짱] 칡범[칙뻠] 뻗대다[뻗때다] 옷고름[옫꼬름]
있던[읻떤] 꽂고[꼳꼬] 꽃다발[꼳따발] 낯설다[낟썰다]
밭갈이[받까리] 솥전[솓쩐] 곱돌[곱똘] 덮개[덥깨]
옆집[엽찝] 넓죽하다[넙쭈카다] 읊조리다[읍쪼리다] 값지다[갑찌다]

| 제24항 | 어간 받침 'ㄴ(ㄵ), ㅁ(ㄻ)' 뒤에 결합되는 어미의 첫소리 'ㄱ, ㄷ, ㅅ, ㅈ'은 된소리로 발음한다. |

신고[신:꼬] 껴안다[껴안따] 앉고[안꼬] 얹다[언따]
삼고[삼:꼬] 더듬지[더듬찌] 닮고[담:꼬] 젊지[점:찌]

다만, 피동, 사동의 접미사 '-기-'는 된소리로 발음하지 않는다.

안기다 감기다 굶기다 옮기다

| 제25항 | 어간 받침 'ㄼ, ㄾ' 뒤에 결합되는 어미의 첫소리 'ㄱ, ㄷ, ㅅ, ㅈ'은 된소리로 발음한다. |

넓게[널께] 핥다[할따] 훑소[훌쏘] 떫지[떨:찌]

| 제26항 | 한자어에서, 'ㄹ' 받침 뒤에 연결되는 'ㄷ, ㅅ, ㅈ'은 된소리로 발음한다. |

갈등[갈뜽] 발동[발똥] 절도[절또] 말살[말쌀]
불소[불쏘](弗素) 일시[일씨] 갈증[갈쯩] 물질[물찔]
발전[발쩐] 몰상식[몰쌍식] 불세출[불쎄출]

다만, 같은 한자가 겹쳐진 단어의 경우에는 된소리로 발음하지 않는다.

허허실실[허허실실](虛虛實實) 절절-하다[절절하다](切切-)

| 제27항 | 관형사형 '-(으)ㄹ' 뒤에 연결되는 'ㄱ, ㄷ, ㅂ, ㅅ, ㅈ'은 된소리로 발음한다. |

할 것을[할꺼슬]　갈 데가[갈떼가]　할 바를[할빠를]　할 수는[할쑤는]
할 적에[할쩌게]　갈 곳[갈꼳]　할 도리[할또리]　만날 사람[만날싸람]

다만, 끊어서 말할 적에는 예사소리로 발음한다.

[붙임] '-(으)ㄹ'로 시작되는 어미의 경우에도 이에 준한다.

할걸[할껄]　　할밖에[할빠께]　　할세라[할쎄라]　할수록[할쑤록]
할지라도[할찌라도]　할지언정[할찌언정]　할진대[할찐대]

| 제28항 | 표기상으로는 사이시옷이 없더라도, 관형격 기능을 지니는 사이시옷이 있어야 할(휴지가 성립되는) 합성어의 경우에는, 뒤 단어의 첫소리 'ㄱ, ㄷ, ㅂ, ㅅ, ㅈ'을 된소리로 발음한다. |

문-고리[문꼬리]　눈-동자[눈똥자]　신-바람[신빠람]　산-새[산쌔]
손-재주[손째주]　길-가[길까]　물-동이[물똥이]　발-바닥[발빠닥]
굴-속[굴·쏙]　술-잔[술짠]　바람-결[바람껼]　그믐-달[그믐딸]
아침-밥[아침빱]　잠-자리[잠짜리]　강-가[강까]　초승-달[초승딸]
등-불[등뿔]　창-살[창쌀]　강-줄기[강쭐기]

07 음의 첨가

| 제29항 | 합성어 및 파생어에서, 앞 단어나 접두사의 끝이 자음이고 뒤 단어나 접미사의 첫음절이 '이, 야, 여, 요, 유'인 경우에는, 'ㄴ' 음을 첨가하여 [니, 냐, 녀, 뇨, 뉴]로 발음한다. |

솜-이불[솜:니불]　홑-이불[혼니불]　막-일[망닐]　삯-일[상닐]
맨-입[맨닙]　꽃-잎[꼰닙]　내복-약[내:봉냑]　한-여름[한녀름]
남존-여비[남존녀비]　신-여성[신녀성]　색-연필[생년필]　직행-열차[지캥녈차]
늑막-염[능망념]　콩-엿[콩녇]　담-요[담:뇨]　눈-요기[눈뇨기]
영업-용[영엄뇽]　식용-유[시굥뉴]　백분-율[백뿐뉼]　밤-윷[밤:뉻]

다만, 다음과 같은 말들은 'ㄴ' 음을 첨가하여 발음하되, 표기대로 발음할 수 있다.

이죽-이죽[이중니죽/이주기죽]　야금-야금[야금냐금/야그마금]
검열[검:녈/거:멸]　율량-율량[율랑뉼랑/율랑율랑]
금융[금늉/그륭]

[붙임 1] 'ㄹ' 받침 뒤에 첨가되는 'ㄴ' 음은 [ㄹ]로 발음한다.

들-일[들:릴]　솔-잎[솔립]　설-익다[설릭따]
물-약[물략]　불-여우[불려우]　서울-역[서울력]
물-엿[물렫]　휘발-유[휘발류]　유들-유들[유들류들]

[붙임 2] 두 단어를 이어서 한 마디로 발음하는 경우에도 이에 준한다.

한 일[한닐]　옷 입다[온닙따]　서른여섯[서른녀섣]　3 연대[삼년대]
먹은 엿[머근녇]　할 일[할릴]　잘 입다[잘립따]　스물여섯[스물려섣]
1 연대[일련대]　먹을 엿[머글렫]

다만, 다음과 같은 단어에서는 'ㄴ(ㄹ)' 음을 첨가하여 발음하지 않는다.

6·25[유기오]　3·1절[사밀쩔]　송별-연[송:벼련]　등-용문[등용문]

제30항 사이시옷이 붙은 단어는 다음과 같이 발음한다.

1. 'ㄱ, ㄷ, ㅂ, ㅅ, ㅈ'으로 시작하는 단어 앞에 사이시옷이 올 때는 이들 자음만을 된소리로 발음하는 것을 원칙으로 하되, 사이시옷을 [ㄷ]으로 발음하는 것도 허용한다.

냇가[내ː까/낻ː까]　　샛길[새ː낄/샏ː낄]　　빨랫돌[빨래똘/빨랟똘]

콧등[코뜽/콛뜽]　　깃발[기빨/긷빨]　　대팻밥[대ː패빱/대ː팯빱]

햇살[해쌀/핻쌀]　　뱃속[배쏙/밷쏙]　　뱃전[배쩐/밷쩐]

고갯짓[고개찓/고갣찓]

2. 사이시옷 뒤에 'ㄴ, ㅁ'이 결합되는 경우에는 [ㄴ]으로 발음한다.

콧날[콛날 → 콘날]　　　　아랫니[아랟니 → 아랜니]

툇마루[퇻ː마루 → 퇸ː마루]　　뱃머리[밷머리 → 밴머리]

3. 사이시옷 뒤에 '이' 음이 결합되는 경우에는 [ㄴㄴ]으로 발음한다.

베갯잇[베갣닏 → 베갠닏]　　　깻잎[깯닙 → 깬닙]　　　나뭇잎[나묻닙 → 나문닙]

도리깻열[도리깯녈 → 도리깬녈]　　뒷윷[뒫ː늍 → 뒨ː늍]

04 국어의 로마자 표기법과 외래어 표기법

☐ 1회독 　월　일
☐ 2회독 　월　일
☐ 3회독 　월　일
☐ 4회독 　월　일
☐ 5회독 　월　일

단권화 MEMO

01 국어의 로마자 표기법

▌2014년 ~ 현재 로마자 표기법 관련 주요 사항

① 도로 위계 명칭인 '대로, 로, 길'의 로마자 표기를 'daero, ro, gil'로 통일하였다. 단, 같은 단어라도 도로명일 때와 도로명이 아닐 때를 구분한다.
　예 ∙ 도로명일 때: 세종로 Sejong-ro 　　∙ 도로명이 아닐 때: 세종로 Sejongno
② 자연 지명과 문화재(국가유산)명은 우리말 명칭 전체를 로마자로 표기하되 속성의 번역을 함께 적는다.
　예 남산 Namsan Mountain
③ 인공 지명의 경우 명칭의 앞부분만 로마자로 표기하고 뒤에 속성을 번역하여 적는다.
　예 광장시장 Gwangjang Market
④ 로마자와 속성 번역 첫 글자는 각각 대문자로 적는다.
⑤ 한식명의 로마자 표기의 경우 국립국어원 〈한식명 로마자 표기 표준안〉에서 음식명의 첫 글자를 대문자로 표기할 것을 명시하고 있다. 하지만 〈로마자 표기법〉에 따르면 음식명은 고유 명사가 아니므로 첫 글자를 소문자로 적는다.

1 표기의 기본 원칙

제1항	국어의 로마자 표기는 국어의 표준 발음법에 따라 적는 것을 원칙으로 한다.
제2항	로마자 이외의 부호는 되도록 사용하지 않는다.

2 표기 일람

제1항	모음은 다음 각호와 같이 적는다.

1. 단모음

ㅏ	ㅓ	ㅗ	ㅜ	ㅡ	ㅣ	ㅐ	ㅔ	ㅚ	ㅟ
a	eo	o	u	eu	i	ae	e	oe	wi

2. 이중 모음

ㅑ	ㅕ	ㅛ	ㅠ	ㅒ	ㅖ	ㅘ	ㅙ	ㅝ	ㅞ	ㅢ
ya	yeo	yo	yu	yae	ye	wa	wae	wo	we	ui

[붙임 1] 'ㅢ'는 'ㅣ'로 소리 나더라도 ui로 적는다.
광희문 Gwanghuimun
[붙임 2] 장모음의 표기는 따로 하지 않는다.

제2항   자음은 다음 각호와 같이 적는다.

1. 파열음

ㄱ	ㄲ	ㅋ	ㄷ	ㄸ	ㅌ	ㅂ	ㅃ	ㅍ
g, k	kk	k	d, t	tt	t	b, p	pp	p

2. 파찰음

ㅈ	ㅉ	ㅊ
j	jj	ch

3. 마찰음

ㅅ	ㅆ	ㅎ
s	ss	h

4. 비음

ㄴ	ㅁ	ㅇ
n	m	ng

5. 유음

ㄹ
r, l

[붙임 1]   'ㄱ, ㄷ, ㅂ'은 모음 앞에서는 'g, d, b'로, 자음 앞이나 어말에서는 'k, t, p'로 적는다. ([ ] 안의 발음에 따라 표기함)

구미 Gumi   영동 Yeongdong   백암 Baegam   옥천 Okcheon
합덕 Hapdeok   호법 Hobeop   월곶[월곧] Wolgot   벚꽃[벋꼳] beotkkot
한밭[한받] Hanbat

[붙임 2]   'ㄹ'은 모음 앞에서는 'r'로, 자음 앞이나 어말에서는 'l'로 적는다. 단, 'ㄹㄹ'은 'll'로 적는다.

구리 Guri   설악 Seorak   칠곡 Chilgok   임실 Imsil
울릉 Ulleung   대관령[대괄령] Daegwallyeong

3 표기상의 유의점

제1항   음운 변화가 일어날 때에는 변화의 결과에 따라 다음 각호와 같이 적는다.

1. 자음 사이에서 동화 작용이 일어나는 경우

     백마[뱅마] Baengma   신문로[신문노] Sinmunno   종로[종노] Jongno
     왕십리[왕심니] Wangsimni   별내[별래] Byeollae   신라[실라] Silla

2. 'ㄴ, ㄹ'이 덧나는 경우

     학여울[항녀울] Hangnyeoul   알약[알략] allyak

3. 구개음화가 되는 경우

     해돋이[해도지] haedoji   같이[가치] gachi   굳히다[구치다] guchida

4. 'ㄱ, ㄷ, ㅂ, ㅈ'이 'ㅎ'과 합하여 거센소리로 소리 나는 경우

     좋고[조코] joko   놓다[노타] nota   잡혀[자펴] japyeo   낳지[나치] nachi

     다만, 체언에서 'ㄱ, ㄷ, ㅂ' 뒤에 'ㅎ'이 따를 때에는 'ㅎ'을 밝혀 적는다.

     묵호 Mukho   집현전 Jiphyeonjeon

[붙임] 된소리되기는 표기에 반영하지 않는다.

압구정 Apgujeong	낙동강 Nakdonggang	죽변 Jukbyeon	낙성대 Nakseongdae
합정 Hapjeong	팔당 Paldang	샛별 saetbyeol	울산 Ulsan

제2항 | 발음상 혼동의 우려가 있을 때에는 음절 사이에 붙임표(-)를 쓸 수 있다.

중앙 Jung-ang　　반구대 Ban-gudae　　세운 Se-un　　해운대 Hae-undae

제3항 | 고유 명사는 첫 글자를 대문자로 적는다.

부산 Busan　　세종 Sejong

제4항 | 인명은 성과 이름의 순서로 띄어 쓴다. 이름은 붙여 쓰는 것을 원칙으로 하되 음절 사이에 붙임표(-)를 쓰는 것을 허용한다. [( ) 안의 표기를 허용함]

민용하 Min Yongha (Min Yong-ha)　　송나리 Song Nari (Song Na-ri)

(1) 이름에서 일어나는 음운 변화는 표기에 반영하지 않는다.

　한복남 Han Boknam (Han Bok-nam)　　홍빛나 Hong Bitna (Hong Bit-na)

(2) 성의 표기는 따로 정한다.

제5항 | '도, 시, 군, 구, 읍, 면, 리, 동'의 행정 구역 단위와 '가'는 각각 'do, si, gun, gu, eup, myeon, ri, dong, ga'로 적고, 그 앞에는 붙임표(-)를 넣는다. 붙임표(-) 앞뒤에서 일어나는 음운 변화는 표기에 반영하지 않는다.

충청북도 Chungcheongbuk-do	제주도 Jeju-do	의정부시 Uijeongbu-si
양주군 Yangju-gun	도봉구 Dobong-gu	신창읍 Sinchang-eup
삼죽면 Samjuk-myeon	인왕리 Inwang-ri	당산동 Dangsan-dong
봉천 1동 Bongcheon 1(il)-dong	종로 2가 Jongno 2(i)-ga	
퇴계로 3가 Toegyero 3(sam)-ga		

[붙임] '시, 군, 읍'의 행정 구역 단위는 생략할 수 있다.

청주시 Cheongju　　함평군 Hampyeong　　순창읍 Sunchang

제6항 | 자연 지물명, 문화재명, 인공 축조물명은 붙임표(-) 없이 붙여 쓴다.

남산 Namsan	속리산 Songnisan	금강 Geumgang
독도 Dokdo	경복궁 Gyeongbokgung	무량수전 Muryangsujeon
연화교 Yeonhwagyo	극락전 Geungnakjeon	안압지 Anapji
남한산성 Namhansanseong	화랑대 Hwarangdae	불국사 Bulguksa
현충사 Hyeonchungsa	독립문 Dongnimmun	오죽헌 Ojukheon
촉석루 Chokseongnu	종묘 Jongmyo	다보탑 Dabotap

제7항 | 인명, 회사명, 단체명 등은 그동안 써 온 표기를 쓸 수 있다.

제8항 | 학술 연구 논문 등 특수 분야에서 한글 복원을 전제로 표기할 경우에는 한글 표기를 대상으로 적는다. 이때 글자 대응은 제2장을 따르되 'ㄱ, ㄷ, ㅂ, ㄹ'은 'g, d, b, l'로만 적는다. 음가 없는 'ㅇ'은 붙임표(-)로 표기하되 어두에서는 생략하는 것을 원칙으로 한다. 기타 분절의 필요가 있을 때에도 붙임표(-)를 쓴다.

집 jib	짚 jip	밖 bakk	값 gabs	붓꽃 buskkoch
먹는 meogneun	독립 doglib	문리 munli	물엿 mul-yeos	굳이 gud-i
좋다 johda	가곡 gagog	조랑말 jolangmal	없었습니다 eobs-eoss-seubnida	

02 외래어 표기법

1 표기의 기본 원칙

제1항	외래어는 국어의 현용 24 자모만으로 적는다.
제2항	외래어의 1 음운은 원칙적으로 1 기호로 적는다.
제3항	받침에는 'ㄱ, ㄴ, ㄹ, ㅁ, ㅂ, ㅅ, ㅇ'만을 쓴다.
제4항	파열음 표기에는 된소리를 쓰지 않는 것을 원칙으로 한다.
제5항	이미 굳어진 외래어는 관용을 존중하되, 그 범위와 용례는 따로 정한다.

2 표기 일람표

▌국제 음성 기호와 한글 대조표

자음			반모음		모음	
국제 음성 기호	한글		국제 음성 기호	한글	국제 음성 기호	한글
	모음 앞	자음 앞 또는 어말				
p	ㅍ	ㅂ, 프	j	이*	i	이
b	ㅂ	브	ɥ	위	y	위
t	ㅌ	ㅅ, 트	w	오, 우*	e	에
d	ㄷ	드			ø	외
k	ㅋ	ㄱ, 크			ε	에
g	ㄱ	그			ɛ̃	앵
f	ㅍ	프			œ	외
v	ㅂ	브			œ̃	욍
θ	ㅅ	스			æ	애
ð	ㄷ	드			a	아
s	ㅅ	스			ɑ	아
z	ㅈ	즈			ɑ̃	앙
ʃ	시	슈, 시			ʌ	어
ʒ	ㅈ	지			ɔ	오
ts	ㅊ	츠			ɔ̃	옹
dz	ㅈ	즈			o	오
tʃ	ㅊ	치			u	우
dʒ	ㅈ	지			ə**	어
m	ㅁ	ㅁ			ɚ	어
n	ㄴ	ㄴ				
ɲ	니*	뉴				
ŋ	ㅇ	ㅇ				
l	ㄹ, ㄹㄹ	ㄹ				
r	ㄹ	르				
h	ㅎ	흐				
ç	ㅎ	히				
x	ㅎ	흐				

* [j], [w]의 '이'와 '오, 우', 그리고 [ɲ]의 '니'는 모음과 결합할 때 제3장 표기 세칙에 따른다.
** 독일어의 경우에는 '에', 프랑스어의 경우에는 '으'로 적는다.

3 표기 세칙: 영어의 표기

〈국제 음성 기호와 한글 대조표〉에 따라 적되, 다음 사항에 유의하여 적는다.

| 제1항 | **무성 파열음([p], [t], [k])** |

1. 짧은 모음 다음의 어말 무성 파열음([p], [t], [k])은 받침으로 적는다.

　gap[gæp] 갭　　　cat[kæt] 캣　　　book[buk] 북

2. 짧은 모음과 유음·비음([l], [r], [m], [n]) 이외의 자음 사이에 오는 무성 파열음([p], [t], [k])은 받침으로 적는다.

　apt[æpt] 앱트　　　setback[setbæk] 셋백　　　act[ækt] 액트

3. 위 경우 이외의 어말과 자음 앞의 [p], [t], [k]는 '으'를 붙여 적는다.

　stamp[stæmp] 스탬프　　　　　cape[keip] 케이프
　nest[nest] 네스트　　　　　　part[pɑːt] 파트
　desk[desk] 데스크　　　　　　make[meik] 메이크
　apple[æpl] 애플　　　　　　　mattress[mætris] 매트리스
　chipmunk[tʃipmʌŋk] 치프멍크　sickness[siknis] 시크니스

| 제2항 | **유성 파열음([b], [d], [g])** |

어말과 모든 자음 앞에 오는 유성 파열음은 '으'를 붙여 적는다.

　bulb[bʌlb] 벌브　　　　　　land[lænd] 랜드　　　　　　zigzag[zigzæg] 지그재그
　lobster[lɔbstə] 로브스터　　kidnap[kidnæp] 키드냅　　signal[signəl] 시그널

| 제3항 | **마찰음([s], [z], [f], [v], [θ], [ð], [ʃ], [ʒ])** |

1. 어말 또는 자음 앞의 [s], [z], [f], [v], [θ], [ð]는 '으'를 붙여 적는다.

　mask[mɑːsk] 마스크　　　　jazz[dʒæz] 재즈　　　　graph[græf] 그래프
　olive[ɔliv] 올리브　　　　　thrill[θril] 스릴　　　　bathe[beið] 베이드

2. 어말의 [ʃ]는 '시'로 적고, 자음 앞의 [ʃ]는 '슈'로, 모음 앞의 [ʃ]는 뒤따르는 모음에 따라 '샤', '섀', '셔', '셰', '쇼', '슈', '시'로 적는다.

　flash[flæʃ] 플래시　　　shrub[ʃrʌb] 슈러브　　　shark[ʃɑːk] 샤크
　shank[ʃæŋk] 섕크　　　fashion[fæʃən] 패션　　　sheriff[ʃerif] 셰리프
　shopping[ʃɔpiŋ] 쇼핑　shoe[ʃuː] 슈　　　　　　shim[ʃim] 심

3. 어말 또는 자음 앞의 [ʒ]는 '지'로 적고, 모음 앞의 [ʒ]는 'ㅈ'으로 적는다.

　mirage[mirɑːʒ] 미라지　　　vision[viʒən] 비전

| 제4항 | **파찰음([ts], [dz], [tʃ], [dʒ])** |

1. 어말 또는 자음 앞의 [ts], [dz]는 '츠', '즈'로 적고, [tʃ], [dʒ]는 '치', '지'로 적는다.

　Keats[kiːts] 키츠　　　　odds[ɔdz] 오즈　　　　　　　switch[switʃ] 스위치
　bridge[bridʒ] 브리지　　Pittsburgh[pitsbəːg] 피츠버그　hitchhike[hitʃhaik] 히치하이크

2. 모음 앞의 [tʃ], [dʒ]는 'ㅊ', 'ㅈ'으로 적는다.

　chart[tʃɑːt] 차트　　　virgin[vəːdʒin] 버진

| 제5항 | **비음([m], [n], [ŋ])** |

1. 어말 또는 자음 앞의 비음은 모두 받침으로 적는다.

　steam[stiːm] 스팀　　corn[kɔːn] 콘　　　ring[riŋ] 링　　　lamp[læmp] 램프
　hint[hint] 힌트　　　　ink[iŋk] 잉크

2. 모음과 모음 사이의 [ŋ]은 앞 음절의 받침 'ㅇ'으로 적는다.

    hanging[hæŋiŋ] 행잉   longing[lɔŋiŋ] 롱잉

제6항   유음([l])

1. 어말 또는 자음 앞의 [l]은 받침으로 적는다.

    hotel[houtel] 호텔   pulp[pʌlp] 펄프

2. 어중의 [l]이 모음 앞에 오거나, 모음이 따르지 않는 비음([m], [n]) 앞에 올 때에는 'ㄹㄹ'로 적는다. 다만, 비음([m], [n]) 뒤의 [l]은 모음 앞에 오더라도 'ㄹ'로 적는다.

    slide[slaid] 슬라이드   film[film] 필름   helm[helm] 헬름   swoln[swouln] 스월른
    Hamlet[hæmlit] 햄릿   Henley[henli] 헨리

제7항   장모음

장모음의 장음은 따로 표기하지 않는다.

    team[tiːm] 팀   route[ruːt] 루트

제8항   중모음([ai], [au], [ei], [ɔi], [ou], [auə])

중모음은 각 단모음의 음가를 살려서 적되, [ou]는 '오'로, [auə]는 '아워'로 적는다.

    time[taim] 타임   house[haus] 하우스   skate[skeit] 스케이트
    oil[ɔil] 오일   boat[bout] 보트   tower[tauə] 타워

제9항   반모음([w], [j])

1. [w]는 뒤따르는 모음에 따라 [wə], [wɔ], [wou]는 '워', [wɑ]는 '와', [wæ]는 '왜', [we]는 '웨', [wi]는 '위', [wu]는 '우'로 적는다.

    word[wəːd] 워드   want[wɔnt] 원트   woe[wou] 워   wander[wɑndə] 완더
    wag[wæg] 왜그   west[west] 웨스트   witch[witʃ] 위치   wool[wul] 울

2. 자음 뒤에 [w]가 올 때에는 두 음절로 갈라 적되, [gw], [hw], [kw]는 한 음절로 붙여 적는다.

    swing[swiŋ] 스윙   twist[twist] 트위스트   penguin[peŋgwin] 펭귄
    whistle[hwisl] 휘슬   quarter[kwɔːtə] 쿼터

3. 반모음 [j]는 뒤따르는 모음과 합쳐 '야', '얘', '여', '예', '요', '유', '이'로 적는다. 다만, [d], [l], [n] 다음에 [jə]가 올 때에는 각각 '디어', '리어', '니어'로 적는다.

    yard[jɑːd] 야드   yank[jæŋk] 앵크   yearn[jəːn] 연
    yellow[jelou] 옐로   yawn[jɔːn] 욘   you[juː] 유
    year[jiə] 이어   Indian[indjən] 인디언   battalion[bətæljən] 버탤리언
    union[juːnjən] 유니언

제10항   복합어

1. 따로 설 수 있는 말의 합성으로 이루어진 복합어는 그것을 구성하고 있는 말이 단독으로 쓰일 때의 표기대로 적는다.

    cuplike[kʌplaik] 컵라이크   bookend[bukend] 북엔드
    headlight[hedlait] 헤드라이트   touchwood[tʌtʃwud] 터치우드
    sit-in[sitin] 싯인   bookmaker[bukmeikə] 북메이커
    flashgun[flæʃgʌn] 플래시건   topknot[tɔpnɔt] 톱놋

2. 원어에서 띄어 쓴 말은 띄어 쓴 대로 한글 표기를 하되, 붙여 쓸 수도 있다.

    Los Alamos[lɔsæləmous] 로스 앨러모스/로스앨러모스
    top class[tɔpklæs] 톱 클래스/톱클래스

4 인명, 지명 표기의 원칙

(1) 표기 원칙

제1항	외국의 인명, 지명의 표기는 제1장, 제2장, 제3장의 규정을 따르는 것을 원칙으로 한다.

제2항	제3장에 포함되어 있지 않은 언어권의 인명, 지명은 원지음을 따르는 것을 원칙으로 한다.
	Ankara 앙카라 Gandhi 간디

제3항	원지음이 아닌 제3국의 발음으로 통용되고 있는 것은 관용을 따른다.
	Hague 헤이그 Caesar 시저

제4항	고유 명사의 번역명이 통용되는 경우 관용을 따른다.
	Pacific Ocean 태평양 Black Sea 흑해

(2) 동양의 인명, 지명 표기

제1항	중국 인명은 과거인과 현대인을 구분하여 과거인은 종전의 한자음대로 표기하고, 현대인은 원칙적으로 중국어 표기법에 따라 표기하되, 필요한 경우 한자를 병기한다.

제2항	중국의 역사 지명으로서 현재 쓰이지 않는 것은 우리 한자음대로 하고, 현재 지명과 동일한 것은 중국어 표기법에 따라 표기하되, 필요한 경우 한자를 병기한다.

제3항	일본의 인명과 지명은 과거와 현대의 구분 없이 일본어 표기법에 따라 표기하는 것을 원칙으로 하되, 필요한 경우 한자를 병기한다.

제4항	중국 및 일본의 지명 가운데 한국 한자음으로 읽는 관용이 있는 것은 이를 허용한다.
	東京 도쿄, 동경 京都 교토, 경도 上海 상하이, 상해 臺灣 타이완, 대만 黃河 황허, 황하

(3) 바다, 섬, 강, 산 등의 표기 세칙

제1항	바다는 '해(海)'로 통일한다.
	홍해 발트해 아라비아해

제2항	우리나라를 제외하고 섬은 모두 '섬'으로 통일한다.
	타이완섬 코르시카섬 (우리나라: 제주도, 울릉도)

제3항	한자 사용 지역(일본, 중국)의 지명이 하나의 한자로 되어 있을 경우, '강', '산', '호', '섬' 등은 겹쳐 적는다.
	온타케산(御岳) 주장강(珠江) 도시마섬(利島) 하야카와강(早川) 위산산(玉山)

제4항	지명이 산맥, 산, 강 등의 뜻이 들어 있는 것은 '산맥', '산', '강' 등을 겹쳐 적는다.
	Rio Grande 리오그란데강 Monte Rosa 몬테로사산 Mont Blanc 몽블랑산 Sierra Madre 시에라마드레산맥

II 어문 규정

교수님 코멘트▶ 어문 규정과 관련된 세세한 암기 기반의 문제보다는 어문 규정의 원리를 선택지에 적용해 보는 문제가 출제될 것으로 예상된다. 따라서 어문 규정에 대한 암기보다는 이해가 더욱 중요하다.

정답과 해설 ▶ P.301

[01~02] 다음 글을 읽고 물음에 답하시오.

2022학년도 대학수학능력시험 6월 모의평가

한글 맞춤법 제15항과 제18항은 용언이 활용할 때의 표기 원칙을 규정하고 있다. 제15항은 '웃다, 웃고, 웃으니'처럼 규칙적으로 활용하는 용언의 표기 원칙을, 제18항은 '긋다, 그어, 그으니'처럼 ㉠ 불규칙적으로 활용하는 용언의 표기 원칙을 밝히고 있다. 한글 맞춤법의 이러한 내용들은 국어사전의 활용 의 표기에 반영되어 있다. 아래는 국어사전의 일부를 간추려 제시한 것이다.

웃다
발음 [욷:따]
활용 웃어[우:서], 웃으니[우:스니], 웃는[운:는]

긋다
발음 [귿:따]
활용 그어[그어], 그으니[그으니], 긋는[근:는]

동사 '웃다'와 '긋다'의 활용 에서 각각 '웃다'와 '긋다'의 활용형과 그 표준 발음을 확인할 수 있다. 활용에 제시되어 있는 정보, 즉 '활용 정보'를 통하여 ㉡ 활용 양상이 동일한 용언들을 알아볼 수 있다. 예를 들어 규칙 활용 용언 중 동사 '벗다'는 '벗어, 벗으니, 벗는'처럼 활용하므로 '웃다'와 활용 양상이 동일하고, 불규칙 활용 용언 중 '짓다'는 '지어, 지으니, 짓는'처럼 활용하므로 '긋다'와 활용 양상이 동일하다.

[A]
한편 용언이 활용할 때 음운 변동이 나타나는 경우에는 그 결과가 활용형의 표기에 반영되기도 한다. 예를 들어 '자다'의 활용 정보는 '자[자], 자니[자니]'처럼 제시되는데 이때의 활용형 '자'는 '자다'의 어간 '자-'가 어미 '-아'와 결합할 때 동일 모음의 탈락이 일어나 '자'로 실현된 결과가 활용형의 표기에 반영된 것이다. 이와는 달리 '좋다'는 '좋아[조:아], 좋으니[조:으니]'가 활용 정보에 제시되는데 이는 음운 변동의 결과가 활용형의 표기에 반영되지 않은 것이다. 즉 활용 정보에 나타나는 활용형 '자'와 '좋아'의 표기는 한글 맞춤법의 원리에 따른 것임을 확인할 수 있다.

01

㉠과 ㉡을 모두 만족하는 용언의 짝으로 적절한 것은?

① 구르다 – 잠그다
② 흐르다 – 푸르다
③ 뒤집다 – 껴입다
④ 붙잡다 – 정답다
⑤ 캐묻다 – 엿듣다

02

[A]를 바탕으로 〈보기〉의 ⓐ~ⓔ의 밑줄 친 부분을 이해한 내용으로 적절하지 <u>않은</u> 것은?

보기

국어사진의 표제어와 활용 정보
ⓐ 서다　활용 서, 서니 …
ⓑ 끄다　활용 꺼, 끄니 …
ⓒ 풀다　활용 풀어, 푸니 …
ⓓ 쌓다　활용 쌓아, 쌓으니, 쌓는 …
ⓔ 믿다　활용 믿어, 믿으니, 믿는 …

① ⓐ: 탈락이 나타나고 그 결과가 표기에 반영되었다.
② ⓑ: 탈락이 나타나고 그 결과가 표기에 반영되었다.
③ ⓒ: 탈락이 나타나고 그 결과가 표기에 반영되었다.
④ ⓓ: 교체가 나타나지만 그 결과가 표기에 반영되지 않았다.
⑤ ⓔ: 교체가 나타나지만 그 결과가 표기에 반영되지 않았다.

한글 맞춤법은 표준어를 소리대로 적되, 어법에 맞도록 함을 원칙으로 하고 있다. 우선 표준어를 소리대로 적는다는 것은 표준어를 발음되는 대로 표기하는 것을 가리킨다. 그런데 이것만으로는 충분하지 않은 경우가 있다.

예를 들어, '꽃'이라는 단어는 발음되는 환경에 따라 소리가 달라진다. '꽃'이 조사 '이', '만', '도'와 결합한 것을 발음되는 대로 적으면 '꼬치', '꼰만', '꼳또'이므로 의미를 파악하기 어렵다. 따라서 한글 맞춤법에서는 어법에 맞도록 한다는 원칙에 따라 '꽃이', '꽃만', '꽃도'와 같이 '꽃'이라는 하나의 형태로 적도록 하고 있다. 즉 여러 가지 발음을 고려한 대표 형태를 선택하여 일관되게 표기하게 한 것이다. 이러한 원칙은 용언의 어간에 어미가 결합할 때도 동일하게 적용된다. 다만 언제나 어법에 따라 의미가 같은 하나의 말을 하나의 형태로 고정하여 적을 수 있는 것은 아니다.

㉮ 대표 형태로는 여러 발음들이 나타나는 과정을 합리적으로 설명할 수 있다. [이써요], [인는데요], [읻떠라고요]와 같이 발음한 것을 한글 맞춤법에 따라 표기하기 위해 대표 형태를 선택하는 상황을 예로 들 수 있다. '있-', '인-', '읻-' 중에 '읻-'을 대표 형태로 본다면 [인는데요]는 비음화, [읻떠라고요]는 된소리되기로 둘 다 교체로 설명할 수 있지만, [이써요]는 설명할 수 없다. '인-'을 대표 형태로 본다면 [이써요]와 [읻떠라고요]는 설명할 수 없다. 그러나 '있-'을 대표 형태로 선택하면 [이써요]는 음운 변동 없이 연음된 것으로, [인는데요]와 [읻떠라고요]는 모두 교체로 설명할 수 있다. 따라서 '있-'을 대표 형태로 보는 것이 가장 합리적이다.

이와 달리 실제 발음에서 나타나지 않는 형태를 대표 형태로 선택하는 경우가 있다. 예를 들어 '놓으니', '놓다'는 [노으니], [노타]로 발음되는데 어간을 '놓-'이라는 대표 형태로 고정하여 적고 있다. 왜냐하면 대표 형태가 '노-'라면 [노타]를 설명할 수 없지만 '놓-'이라면 [노으니]는 탈락, [노타]는 축약으로 설명이 가능하기 때문이다.

03

윗글을 바탕으로 다음을 이해한 내용으로 적절하지 <u>않은</u> 것은?

> 최근 들어 더운 날씨가 이어지고 있습니다. 이번 여름은 얼마나 덥고, 장마의 시작과 끝이 언제일지 궁금하신 분들이 많을 것 같습니다. 올해도 더위가 기승을 부릴 것으로 예측됩니다.

① '들어'를 발음할 때는 음운 변동이 나타나지 않는군.
② '더운'과 '덥고'는 어간의 의미가 같지만 형태를 하나로 고정하여 적지 않은 경우이군.
③ '여름', '장마'는 표준어를 발음되는 대로 표기한 것이군.
④ '끝이'를 '끄치'로 적지 않은 것은 어법에 맞도록 한다는 원칙 때문이군.
⑤ '부릴'의 이긴은 실제 발음에서 나타나지 않는 형태를 대표 형태로 선택해 표기한 것이군.

㉮를 고려하여 〈보기〉의 ⓐ~ⓔ의 대표 형태를 탐구한 내용으로 적절한 것은?

┤ 보기 ├

※ 다음은 어간과 어미가 결합할 때의 발음이다.

어간＼어미	-고	-아서	-지만	-는
ⓐ	[깍꼬]	[까까서]	[깍찌만]	[깡는]
ⓑ	[달코]	[다라서]	[달치만]	[달른]
ⓒ	[싸코]	[싸아서]	[싸치만]	[싼는]
ⓓ	[할꼬]	[할타서]	[할찌만]	[할른]
ⓔ	[갑꼬]	[가파서]	[갑찌만]	[감는]

① ⓐ: 대표 형태가 '깍-'이라면 [깍찌만]과 [깡는]을 음운 변동으로 설명할 수 없지만, 대표 형태가 '깎-'이라면 둘 다 탈락으로 설명할 수 있겠군.

② ⓑ: 대표 형태가 '달-'이라면 [달코]와 [달치만]을 음운 변동으로 설명할 수 없지만, 대표 형태가 '닳-'이라면 둘 다 축약으로 설명할 수 있겠군.

③ ⓒ: 대표 형태가 '싼-'이라면 [싸코]와 [싸아서]를 음운 변동으로 설명할 수 없지만, 대표 형태가 '쌓-'이라면 둘 다 탈락으로 설명할 수 있겠군.

④ ⓓ: 대표 형태가 '할-'이라면 [할꼬]와 [할찌만]을 음운 변동으로 설명할 수 없지만, 대표 형태가 '핥-'이라면 둘 다 축약으로 설명할 수 있겠군.

⑤ ⓔ: 대표 형태가 '갑-'이라면 [갑꼬]와 [감는]을 음운 변동으로 설명할 수 없지만, 대표 형태가 '갚-'이라면 둘 다 교체로 설명할 수 있겠군.

다음은 수업 상황의 일부이다. ㉠에 들어갈 말로 적절하지 <u>않</u>은 것은?

학생: 선생님, '회상하건대'를 줄이면 '회상컨대'와 '회상건대' 중 어떻게 적는 게 맞나요?

선생님: 그럴 때는 한글 맞춤법 규정을 살펴봐야 해요.

> 제40항 어간의 끝음절 '하'의 'ㅏ'가 줄고 'ㅎ'이 다음 음절의 첫소리와 어울려 거센소리로 될 적에는 거센소리로 적는다.
> [붙임] 어간의 끝음절 '하'가 아주 줄 적에는 준 대로 적는다.

'하'가 줄어드는 기준은 '하' 앞에 오는 받침의 소리인데 '하' 앞의 받침의 소리가 [ㄱ, ㄷ, ㅂ]이면 '하'가 통째로 줄고, 그 외의 경우에는 'ㅎ'이 남아요. 그래서 '회상하건대'는 '하'의 'ㅏ'가 줄고 'ㅎ'이 'ㄱ'과 어울려 거센소리가 되어 '회상컨대'로 적어야 해요.

학생: 네, 감사해요. 한글 맞춤법에도 준말 규정이 있었네요.

선생님: 그럼 다음 자료를 규정에 맞게 준말로 바꿔 볼까요?

깨끗하지 않다	연구하도록	간편하게
생각하다 못해	답답하지 않다	

학생: [㉠   ]

선생님: 네, 잘했어요.

① '깨끗하지 않다'는 어간의 끝음절 '하'의 'ㅏ'가 줄기 때문에 '깨끗치 않다'로 써야 합니다.

② '연구하도록'은 어간의 끝음절 '하'의 'ㅏ'가 줄기 때문에 '연구토록'으로 써야 합니다.

③ '간편하게'는 어간의 끝음절 '하'의 'ㅏ'가 줄기 때문에 '간편케'로 써야 합니다.

④ '생각하다 못해'는 '하'가 통째로 줄기 때문에 '생각다 못해'로 써야 합니다.

2021학년도 대학수학능력시험 9월 모의평가

　사전의 뜻풀이 대상이 되는 표제 항목을 '표제어'라고 한다. 「표준국어대사전」의 표제어에는 붙임표 '-'가 쓰인 경우와 그렇지 않은 경우가 있다. 붙임표는 표제어의 문법적 특성, 띄어쓰기, 어원 및 올바른 표기에 대한 정보를 제공한다.

　표제어에 붙임표가 쓰이는 대표적인 경우는 다음과 같다.

　첫째, 접사와 어미처럼 자립적으로 쓰이지 않고 언제나 다른 말과 결합해야 하는 표제어에는 다른 말과 결합하는 부분에 붙임표가 쓰인다. 접사 '-질'과 연결 어미 '-으니'가 이러한 예이다. 다만 조사도 자립적으로 쓰이지 않지만 단어이므로 그 앞에 붙임표가 쓰이지 않는다. 용언 어간도 자립적으로 쓰이지 않지만 어미 '-다'와 결합한 기본형이 표제어가 되고, 용언 어간과 어미 '-다' 사이에 붙임표가 쓰이지 않는다.

　둘째, 둘 이상의 구성 성분으로 이루어진 표제어에는 가장 나중에 결합한 구성 성분들 사이에 붙임표가 한 번만 쓰인다. '이등분선'은 '이', '등분', '선'의 세 구성 성분으로 이루어진 복합어이다. 이 복합어의 표제어 '이등분-선'에서 붙임표는 '이등분'과 '선'이 가장 나중에 결합했다는 정보를 제공한다. 복합어의 붙임표는 구성 성분들을 반드시 붙여 써야 한다는 점도 알려 준다.

　한편 '무덤', '노름', '이따가'처럼 기원적으로 두 구성 성분이 결합한 단어이지만 붙임표가 쓰이지 않는 경우가 있다. '한글 맞춤법'에서는 현대 국어에서 새로운 단어를 만들지 못하는 접미사가 결합한 경우나 ⊙ 단어의 의미가 어근이나 어간의 본뜻과 멀어진 경우에 해당하는 단어를 소리대로 적는 것을 원칙으로 하고 있다. 이처럼 소리대로 적는 단어들은 구성 성분들이 원래 형태의 음절로 나누어지지 않으므로 표제어에 붙임표가 쓰이지 않는다.

　'무덤'의 접미사 '-엄'은 현대 국어에서 새로운 단어를 만들지 못한다. 따라서 어근 '묻-'과 접미사 '-엄'이 결합한 '무덤'은 소리대로 적고 표제어에 붙임표가 쓰이지 않는다. '-엄'과 비슷한 접미사에는 '-암', '-억', '-우' 등이 있다.

　'노름'은 어근 '놀-'의 본뜻만으로는 그 의미가 '돈이나 재물 따위를 걸고 서로 내기를 하는 일'이라는 사실을 알기 어렵다. '조금 지난 뒤에'를 뜻하는 '이따가'도 어간 '있-'의 본뜻과 멀어졌다. 따라서 '노름'과 '이따가'는 소리대로 적고 표제어에 붙임표가 쓰이지 않는다.

06

윗글을 읽고 추론한 내용으로 적절하지 <u>않은</u> 것은?

① '맨발'에서 분석되는 접두사의 뜻풀이를 표제어 '맨-'에서 확인할 수 있겠군.
② '나만 비를 맞았다.'에서 쓰인 격 조사의 뜻풀이를 표제어 '를'에서 확인할 수 있겠군.
③ '저도 학교 앞에 삽니다.'에서 쓰인 동사의 뜻풀이를 표제어 '살다'에서 확인할 수 있겠군.
④ '앞'과 '집'이 결합한 단어를 '앞 집'처럼 띄어 쓰면 안 된다는 정보를 표제어 '앞-집'에서 확인할 수 있겠군.
⑤ '논둑'과 '길'이 결합한 '논둑길'의 구성 성분이 '논', '둑', '길'이라는 정보를 표제어 '논-둑-길'에서 확인할 수 있겠군.

07

〈보기〉의 〈자료〉에서 ⊙에 해당하는 단어만을 있는 대로 고른 것은?

― 보기 ―

　〈자료〉는 '조차', '자주', '차마', '부터'가 쓰인 문장과 이 단어들의 어원이 되는 용언이 쓰인 문장의 쌍들이다.

― 자료 ―

나조차 그런 일들을 할 수는 없었다.
동생도 누나의 기발한 생각을 <u>좇았다</u>.
누나는 휴일에 이 책을 <u>자주</u> 읽었다.
동생은 늦잠 때문에 지각이 <u>잦았다</u>.
나는 <u>차마</u> 그의 눈을 볼 수 없었다.
언니는 쏟아지는 졸음을 잘 <u>참았다</u>.
그 일은 나<u>부터</u> 모범을 보여야 했다.
부원 모집 공고문이 게시판에 <u>붙었다</u>.

① 자주, 부터
② 차마, 부터
③ 조차, 자주, 차마
④ 조차, 차마, 부터
⑤ 조차, 자주, 차마, 부터

　　준말은 본말 중 일부가 줄어들어 만들어진 말이다. 한글 맞춤법은 준말과 관련된 여러 규정을 담고 있는데, 그중 제34항에서는 모음 'ㅏ, ㅓ'로 끝난 어간에 어미 '-아/-어, -았-/-었-'이 어울릴 적에는 준 대로 적는 것을 다루고 있다. '(열매를) 따-+-아 → 따/*따아', '따-+-았-+-다 → 땄다/*따았다' 등이 그 예에 해당한다. 하지만 어간 끝 자음이 불규칙적으로 탈락되는 경우에는, 원래 자음이 있었음이 고려되어 'ㅏ, ㅓ'가 줄어들지 않는다. '(꿀물을) 젓-+-어 → 저어/*저' 등이 그 예이다. 한편 제34항 [붙임1]에서는 어간 끝 모음 'ㅐ, ㅔ' 뒤에 '-어, -었-'이 어울려 줄 적에는 준 대로 적는 것을 다루고 있다. 그렇지만 이때는 반드시 준 대로 적지 않아도 된다. 예를 들어 '(손을) 떼-+-어 → 떼어/떼'에서 보듯이 본말과 준말 모두로 적을 수 있다. 다만 모음이 줄어들어서 'ㅐ'가 된 경우에는 '-어'가 결합하더라도 다시 줄어들지는 않는다. 예컨대 '차-'와 '-이-'의 모음이 줄어든 '채-'의 경우 '(발에) 채-+-어 → 채어/*채'에서 보듯이 모음이 다시 줄어들지 않는다.

　　한글 맞춤법에서는 모음이 줄어들고 자음만 남는 경우 그 자음을 앞 음절의 받침으로 적는다는 것도 다루고 있다. 이와 관련한 표준어 규정 제14항에서는 준말이 널리 쓰이고 본말이 잘 쓰이지 않는 경우에는 준말만을 표준어로 삼음을, 제16항에서는 준말과 본말이 다 같이 널리 쓰이면서 준말의 효용이 뚜렷이 인정되는 것은 두 가지를 다 표준어로 삼음을 제시하고 있다. '온갖/*온가지'는 전자의 예이고, '(일을) 서두르다/서둘다'는 후자의 예이다. 다만 후자에서 용언의 어간이 줄어든 일부 준말의 경우, 준말이 표준어로 인정되더라도 준말의 활용형은 제한되는 예도 있다. 모음 어미가 연결될 때 준말의 활용형이 표준어로 인정되지 않는 준말도 있다는 것이다. 예컨대 '서두르다'의 준말 '서둘다'는 자음 어미 '-고, -지'가 결합된 형태의 활용형 '서둘고', '서둘지'가 표준어로 인정되지만, 모음 어미 '-어, -었-'이 결합된 형태의 활용형 '*서둘어', '*서둘었다'는 표준어로 인정되지 않는다.

*는 규정에 맞지 않음을 나타냄.

08

윗글을 이해한 내용으로 적절하지 <u>않은</u> 것은?

① '(밭을) 매다'의 어간에 '-어'가 결합된 형태인 '매어'의 경우, 준말인 '매'로 적어도 한글 맞춤법에 어긋나지 않는다.

② '(병이) 낫-+-아'의 경우, 'ㅅ'이 불규칙적으로 탈락되므로 '나아'로만 적고, '나'로 적으면 한글 맞춤법에 어긋난다.

③ '(땅이) 패다'의 어간에 '-어'가 결합될 경우, '패다'의 'ㅐ'가 모음이 줄어든 형태이므로 '패'로 적으면 한글 맞춤법에 어긋난다.

④ '(잡초를) 베-+-었-+-다'와 '(베개를) 베-+-었-+-다'의 경우, 준말의 형태인 '벴다'로 적으면 한글 맞춤법에 어긋난다.

⑤ '(강을) 건너-+-어'와 '(줄을) 서-+-어'의 경우, 'ㅓ'로 끝난 어간에 '-어'가 어울리므로 본말로 적으면 한글 맞춤법에 어긋난다.

09

윗글을 바탕으로 ㉠ ~ ㉢을 〈탐구 과정〉에 따라 분류할 때, [A]에 들어갈 예만을 있는 대로 고른 것은?

┌─ 탐구 과정 ─┐

• 답지를 ㉠ 걷다(←거두다)
• 가사를 ㉡ 외다(←외우다)
• 일에 ㉢ 서툴다(←서투르다)
• 집에 ㉣ 머물다(←머무르다)

⇩

| 모음이 줄어들고 남은 자음을 앞 음절의 받침으로 적은 준말입니까? | 아니요 → ☐ |

↓ 예

| 모음 어미 '-어, -었-'이 결합된 형태의 활용형이 표준어로 인정되지 않는 준말입니까? | 아니요 → ☐ |

↓ 예

[A]

① ㉠, ㉢　　　　② ㉡, ㉣　　　　③ ㉢, ㉣

④ ㉠, ㉡, ㉢　　　⑤ ㉠, ㉡, ㉣

(가) 표준 발음법 제5장에서는 '음의 동화'에 대해 다루고 있다. 동화는 음운 변동 중 한 음운이 다른 음운으로 바뀌는 교체에 속한다. 대표적인 예로 'ㄱ, ㄷ, ㅂ'이 비음 'ㄴ, ㅁ' 앞에서 각각 동일한 조음 위치의 비음인 'ㅇ, ㄴ, ㅁ'으로 조음 방법이 바뀌는 비음화, 'ㄴ'이 'ㄹ'의 앞 또는 뒤에서 동일한 조음 위치의 유음인 'ㄹ'로 조음 방법이 바뀌는 유음화가 있다. 예컨대 '맏물[만물]'에서는 비음화가 일어나고, '실내[실래]'에서는 유음화가 일어난다.

[A] ⎡ 한편 동화를 일으키는 음운은 동화음, 동화음의 영향을 받는 음운은 피동화음이라고 하는데, 동화는 동화의 방향이나 동화의 정도에 따라 나눌 수 있다. 동화의 방향에 따라서는 동화음이 피동화음에 선행하는 동화, ㉠ 동화음이 피동화음에 후행하는 동화로 나눌 수 있다. 그리고 동화의 정도에 따라서는 ㉡ 피동화음이 동화음과 완전히 같아지는 동화, 피동화음이 동화음의 조음 위치나 조음 방법과 같은 일부 특성만 닮는 동화로 나눌 수 있다. 예컨대 '실내'에서는 동화음이 피동화음에 선행하며 피동화음이 동화음과 완전히 같아지는 동화가 일어나지만, '맏물'에서는 동화음이 피동화음에 후행하며 피동화음이 동화음의 조음 방법만 닮는 동화가 일어난다.

(나) 국어의 로마자 표기는 국어의 표준 발음법에 따라 적는 것을 원칙으로 한다. 다음은 국어의 로마자 표기법의 일부를 정리한 것이다.

1. 표기 일람

(1) 모음

ㅏ	ㅗ	ㅜ	ㅣ	ㅐ	ㅕ	ㅛ	ㅘ
a	o	u	I	ae	yeo	yo	wa

• 장모음의 표기는 따로 하지 않는다.

(2) 자음

ㄱ	ㄷ	ㅂ	ㅅ	ㅁ	ㅇ	ㄹ
g, k	d, t	b, p	s	m	ng	r, l

• 'ㄱ, ㄷ, ㅂ'은 모음 앞에서는 'g, d, b'로, 자음 앞이나 어말에서는 'k, t, p'로 적는다.
• 'ㄹ'은 모음 앞에서는 'r'로, 자음 앞이나 어말에서는 'l'로 적는다. 단, 'ㄹㄹ'은 'll'로 적는다.

2. 표기상의 유의점

• 음운 변화가 일어날 때에는 변화의 결과에 따라 적는다.
• 고유 명사는 첫 글자를 대문자로 적는다.

10

(가)와 (나)를 참고해 〈보기〉의 ⓐ~ⓔ를 로마자로 표기하려 할 때, 이에 대한 설명으로 적절한 것은?

┤ 보기 ├

• ⓐ 대관령[대:괄령]에서 ⓑ 백마[뱅마] 교차로까지는 멀다.
• ⓒ 별내[별래] 주민들은 ⓓ 삼목묘[삼몽묘]를 구입하였다.
• 작년에 농장 주인은 ⓔ 물난리[물랄리]로 피해를 보았다.

※ ⓐ~ⓒ는 지명임.

① ⓐ: 종성 위치에서만 유음화가 일어나 [대:괄령]으로 발음되므로 'Dae:kwallyeong'로 표기해야 한다.
② ⓑ: 초성 위치에서만 비음화가 일어나 [뱅마]로 발음되므로 'Baengma'로 표기해야 한다.
③ ⓒ: 초성 위치에서만 유음화가 일어나 [별래]로 발음되므로 'Byeollae'로 표기해야 한다.
④ ⓓ: 초성 위치와 종성 위치에서 비음화가 일어나 [삼몽묘]로 발음되므로 'sammongmyo'로 표기해야 한다.
⑤ ⓔ: 초성 위치와 종성 위치에서 유음화가 일어나 [물랄리]로 발음되므로 'mullalri'로 표기해야 한다.

11

[A]를 바탕으로 〈보기〉에서 일어나는 동화의 양상을 분석할 때, ㉠과 ㉡이 모두 일어나는 단어만을 골라 묶은 것은?

┤ 보기 ├

곤란[골:란]	국민[궁민]	읍내[음내]
입문[임문]	칼날[칼랄]	

① 곤란, 입문
② 국민, 읍내
③ 곤란, 국민, 읍내
④ 곤란, 입문, 칼날
⑤ 국민, 입문, 칼날

학습목표

국어사

단권화 MEMO

■ **국어와 알타이 어족의 문법상 공통점**
• 모음 조화가 있다.
• 두음 법칙이 있어 어두의 자음 조직이 제한을 받는다. 중세 국어의 어두 자음군은 일시적인 것이었다.
• 형태상 교착어의 특질을 지닌다.
• 주어-목적어-동사의 어순을 가진다.

01 국어의 계통

1 국어와 알타이 어족

국어는 계통상 알타이 어족에 속한다고 알려져 있다. 알타이 어족에는 몽골어, 만주-퉁그스어, 투르크어가 있으며, 일본어와 한국어도 알타이 어족에 포함시키는 견해가 있다. 그러나 국어의 계통과 관련된 내용은 아직 충분히 증명되지 않아서 학계에서는 여전히 논의가 이어지고 있다.

2 국어의 계통 파악이 어려운 이유

① 각 어군의 고대 자료들이 적다.
② 각 어군에 속하는 언어들 간에 차이가 적다.
③ 많은 언어가 아무런 자취도 남기지 않고 소멸하였다.

02 고대 국어

1 부여(扶餘)계 언어와 한(韓)계 언어

고대 국어는 고려 시대 이전 국어, 즉 원시 시대부터 통일 신라 시대(10세기)까지의 국어를 말한다. 이 중 삼국 시대 이전의 언어는 북방계의 '원시 부여어'와 남방계의 '원시 한어'로 나눌 수 있다. 부여계 언어는 부여, 옥저, 고구려 등의 언어를 지칭하며, 한계 언어는 마한, 진한, 변한의 삼한어를 지칭한다. 이들 언어는 삼국 시대에 이르러서는 고구려, 백제, 신라 각 나라의 언어로 발전하면서 영향을 미쳤을 것으로 보인다.

2 고구려어

① 고구려어는 오늘날까지 자료가 전하는 유일한 부여계 언어이다.
② 고구려어의 흔적은 『삼국사기』『지리지』의 지명 표기에 나타나 있다.

> 買忽一云 水城 (권37)
> ⇨ 매홀(음독 표기) 일운 수성(석독 표기) (권37)
>
> 水城郡 本高句麗 買忽郡 景德王改名 今水州 (권35)
> ⇨ 수성(한자명)군 본고구려 매홀군 경덕왕개명 금수주 (권35)

3 백제어

① 백제는 삼한 중 마한어(피지배족의 언어)와 부여계 언어(지배족의 언어)가 공존하는 복수 (이중)의 언어 사회였을 것으로 추정된다.

② 백제어의 흔적은 『삼국사기』 「지리지(권36)」의 지명 표기에 나타나 있다.

4 신라어

① 신라가 삼국을 통일함으로써 신라어를 중심으로 한 한반도의 언어적 통일이 이루어졌을 것으로 추정된다.

② 신라는 향가의 표기 등을 위해 향찰을 사용했다. '향찰'은 한자의 음과 뜻을 빌려 우리말의 어순대로 우리말의 형태와 의미를 기록한 것으로, 우리말의 실질 형태소 부분은 '훈차'로 표기하고 조사나 어미 같은 형식 형태소 부분은 '음차'로 표기한 것이 특징이다.

더 알아보기   **차자(借字)* 표기**

1. 고대 국어의 차자 표기

> 素那(或云金川) 白城郡蛇山人也   – 『삼국사기』 권47 –
>
> [해석] 소나[또는 금천이라고 한다.]는 백성군 사산 사람이다.

⇨ '素那(흴 소, 어찌 나)'는 한자의 음으로 표기한 경우이며, '金川(쇠 금, 내 천)'은 한자의 뜻으로 표기한 경우이다. 이를 통해 당시에 한자의 음과 뜻을 빌려 고유 명사를 표기했으며, 당시에는 두 한자가 같은 음으로 읽혔음을 알 수 있다.

> 永同郡 本吉同郡 景德王改名 今因之   – 『삼국사기』 권34 –
>
> [해석] 영동군(永同郡)은 본래 길동군(吉同郡)인데 경덕왕이 이름을 고쳤으며, 지금 이를 그대로 쓰고 있다.

⇨ '길동군'의 '吉(길할 길)'은 한자의 음으로 읽는 경우이며, 이는 당시에 '길(吉)' 자를 고유어로 인식하고 있었다는 의미이다. 그리고 '영동군'의 '永(길 영)'은 한자의 뜻, 즉 '길'로 읽고 있는 경우인데 '길동군'에서 '영동군'으로 바뀌었다는 것은 고유어와 한자어가 경쟁하다 한자어의 세력이 확대되었다는 것을 알려 준다.

2. 차자 표기법의 종류

① 서기체: 신라 진흥왕대(540~576) 또는 진평왕대(579~632)의 것으로 추정되고 있는 문자로, 1934년 경상북도 경주에서 발견된 '임신서기석'의 문체를 말한다. 이 서기체는 한자를 국어의 어순대로 나열한 것으로 조사·어미 등의 표기는 없고, 그 문장 구조가 이두와 비슷하다. 서기체는 뒤에 이두로의 발전 과정을 보여 주는 동시에 국어의 구문법이 중국어와는 달랐다는 국어 의식을 보여 주는 한 예이다.

> 壬申年六月十六日 二人并誓記
> 天前誓 今自三年以後 忠道執持 過失无誓
> 若此事失 天大罪得誓
> 若國不安大亂世 可容行誓之
> 又別先辛未年七月廿二日大誓
> 詩尚書禮傳倫得誓三年   – 임신서기석 –
>
> [해석]
> 임신년 6월 16일에 두 사람이 함께 맹세하며 기록한다.
> 하늘 앞에 맹세한다. 지금부터 3년 이후에 충도를 집지하고 허물이 없기를 맹세한다.
> 만일 이 서약을 어기면 하늘에 큰 죄를 짓는 것이라 맹세한다.
> 만일 나라가 불안하고 세상이 크게 어지러워지면 모름지기 충도를 행할 것을 맹세한다.
> 또 따로 앞서 신미년 7월 22일에 크게 맹세하였다.
> 즉, 시·상서·예기·전을 차례로 습득하기를 맹세하되 3년으로써 하였다.

＊차자(借字)
자기 나라의 말을 적는 데 남의 나라 글자를 빌려 씀. 또는 그 글자

② 향찰

선화공주니믄	善化公主主隱
놈 그스지 얼어 두고,	他密只嫁良置古
맛둥바올	薯童房乙
바미 몰 안고 가다.	夜矣卯乙抱遣去如

– 「서동요」 –

- 문법적 요소: 한자의 '음'을 빌려 표기하였다.
  善(착할 선), 化(될 화), 公(귀인 공), 첫 번째 主(임 주), 隱(숨을 은: 보조사 '은'), 只(다만 지), 良(좋을 량), 古(옛 고: 연결 어미 '-고'), 童(아이 동), 房(방 방), 乙(새 을: 목적격 조사 '을'), 矣(어조사 의), 卯(토끼 묘), 乙(새 을), 遣(보낼 견), 如(같을 여: 종결 어미 '-다')
- 실질적 의미를 가진 부분: 한자의 '훈'을 빌려 표기하였다. (밑줄 친 부분)
  두 번째 主(임 주), 他(남 타), 密(몰래 밀), 嫁(시집갈 가), 置(둘 치), 薯(마 서), 夜(밤 야), 抱(안을 포), 去(갈 거)

③ 구결: 한문을 우리말로 읽을 때 이해를 돕기 위해 한문의 단어 또는 구절 사이에 들어가는 한자 또는 한자의 일부로서, '토(吐)'라고도 한다. 한문에 구결을 다는 일을 '구결을 달다, 토를 달다, 현토(懸吐)하다, 현결(懸訣)하다'라고 한다. 구결은 한문 어순대로 쓰되, 구절 사이에 조사나 어미를 표기하는 방식이었다. 구결의 표기 방법은 훗날 한자를 차용하는 방법 외에도 한글로도 표기하는 방법이 생겼다.

④ 이두: '이서(吏書)·이두(吏頭)·이토(吏吐)·이투(吏套)·이도(吏道)·이도(吏刀)·이찰(吏札)·이문(吏文)' 등의 이칭(異稱)이 있다. 이 같은 호칭 가운데 문헌에 가장 먼저 보이는 것은 '이서(吏書)'로, 고려 때 이승휴가 지은 『제왕운기』에 처음 언급된다. 이로 미루어 이러한 계통의 명칭이 고려 시대에 시리 계층이 형성되어 점차 공문서나 관용문에 쓰이면서 생긴 것으로, 신라 시대에는 쓰이지 않은 것으로 보는 견해도 있다. 이두는 넓은 의미로는 한자 차용 표기법 전체를 가리키며 향찰·구결 및 삼국 시대의 고유 명사 표기 등을 총칭하여 향찰식 이두 또는 구결식 이두 등으로 지칭하기도 하나, 좁은 의미로는 한자를 한국어의 문장 구성법에 따라 고치고 이에 토를 붙인 것에 한정하는 것이 보통이다. 자료상으로 보면 이두는 신라 초기부터 발달한 것으로 보는 게 보편적인 의견이다. 표기 방식은 서기체 표기가 발전한 형식으로, 대체로 의미부는 한자의 '훈'을 취하고 형태부는 한자의 '음'을 취하여 특히 곡용이나 활용에 나타나는 조사나 어미를 표기하였다.

03 중세 국어

중세 국어는 고려 건국부터 임진왜란까지의 국어를 가리킨다. 그리고 훈민정음이 창제된 시기를 기준으로 그 이전의 국어를 전기 중세 국어, 그 이후를 후기 중세 국어로 나눈다.

1 전기 중세 국어

전기 중세 국어는 통일 신라어를 계승한 것으로 보인다. 동시에 10세기 초에 고려 왕조가 들어서고 개성이 중심지가 되면서 그 방언을 중심으로 중앙어가 성립되었을 것으로 보인다.

2 후기 중세 국어

후기 중세 국어는 훈민정음의 창제를 통해 국어를 보다 정확하게 표기할 수 있는 문자 체계가 확립되었다는 중요한 의미를 갖는 시기이다.

3 중세 국어의 특징

① 된소리가 등장하기 시작했다.
② 중국어, 몽골어, 여진어 등의 외래어가 유입되었다.
③ 모음 조화 현상이 잘 지켜졌으나, 예외가 있었다.
④ 성조가 있었고, 방점으로 성조를 표기했다.

⑤ 중세 특유의 주체 높임법, 객체 높임법, 상대 높임법 등이 있었다.
⑥ 고유어와 한자어의 경쟁이 계속되었고, 한자어의 쓰임이 증가했다.
⑦ 말할 때는 우리말을 사용하고, 쓸 때는 한자로 쓰는 언문 불일치가 계속되었고, 한글 문체는 아직 일반화되지 못했다.
⑧ 음절 말에서 'ㄱ, ㄴ, ㄷ, ㄹ, ㅁ, ㅂ, ㅅ, ㆁ'이 사용되는 8종성법이 있었다.

단권화 MEMO

04 근대 국어

일반적으로 17세기부터 19세기까지를 근대 국어 시기로 본다. 이는 임진왜란과 병자호란을 거치면서 사회뿐만 아니라 언어에도 큰 변화가 생겼기 때문이다. 이 시기에 현대 국어의 여러 특징이 형성되었다는 관점에서 볼 때, 근대 국어는 중세 국어에서 현대 국어에 이르는 과도기였다고 할 수 있다.
① 방점이 완전히 사라졌다.
② 'ㆁ' 자가 완전히 자취를 감추었다.
③ 'ㅿ' 자가 완전히 자취를 감추었다. 표기상으로는 'ㅿ' 자가 16세기 말까지 유지되었지만 17세기에 들어서는 쓰이지 않았다.
④ 어두 합용 병서의 혼란이 일어났다. 중세 문헌에는 'ㅅ'계(ㅺ, ㅼ, ㅽ), 'ㅂ'계(ㅳ, ㅄ, ㅶ, ㅷ), 'ㅄ'계(ㅴ, ㅵ)의 세 가지 합용 병서가 존재했는데, 17세기에 들어 'ㅄ'계(ㅴ, ㅵ) 합용 병서 등이 소멸하였다.
⑤ 19세기에 들어 된소리 표기는 모두 'ㅅ'계 합용 병서나 각자 병서자로 적게 되었다.
⑥ 종성의 'ㅅ'과 'ㄷ'에서 혼란이 발견되었다. 18세기부터 'ㄷ'은 점차 없어지고 'ㅅ'만으로 통일되는 경향이 나타났다.
⑦ 모음 'ㆍ(아래아)'는 16세기에 1단계의 소실을 경험했으며 18세기 후반에 와서 2단계의 소실이 일어났다. 그러나 소리는 사라졌지만 글자만은 20세기 초까지 쓰였다.
⑧ 순음 'ㅁ, ㅂ, ㅍ, ㅃ' 아래에서 모음 'ㅡ'의 원순화가 일어났다.
⑨ 성조에서 상성은 그 모음이 길게 발음되었는데, 성조가 없어진 뒤에도 이 장음만은 자연히 남게 되었다.
⑩ 이중 모음이던 'ㅐ, ㅔ, ㅚ, ㅟ'가 단모음으로 음가가 변하였다.
⑪ 어두 자음군이 된소리가 되었다.
⑫ 주격 조사 '가', 서수사 '첫재(첫째)'가 출현했다.

02 훈민정음과 고전 문법

01 훈민정음
02 고전 문법

■ 『**훈민정음 해례본**』**의 체제**
• 예의: 어지, 자모의 음가, 자모의 운용, 성음법, 사성점 등의 본문
• 해례: 제자해, 초성해, 중성해, 종성해, 합자해, 용자례
• 정인지 서: 훈민정음의 제작 경위

01 훈민정음

1 명칭

① 문자 체계의 명칭: 훈민정음(백성을 가르치는 바른 소리) ⇨ 한글
② 책 이름 『訓民正音』 = 해례본(한문본): 훈민정음에 대한 해설서

2 연대

① 세종 25년(1443년) 음력 12월에 훈민정음이 창제되었다.
② 세종 28년(1446년) 음력 9월 상한(양력 10월 9일)에 훈민정음을 반포하였고 『훈민정음 해례본』을 간행하였다.

3 창제자: 세종

4 창제의 배경

국어 음운 구조의 복잡성 때문에 이두, 구결 등 그동안 써 오던 차자 표기법으로는 국어를 충실히 적을 수 없었다.

5 창제의 목적

자주, 애민, 실용 정신을 기본 바탕으로 국어의 전면적 표기를 위해 창제하였다.

6 훈민정음의 제자 원리

(1) 초성(자음)

발음 기관의 모양을 본떠 만든 'ㄱ, ㄴ, ㅁ, ㅅ, ㅇ' 다섯 자를 기본으로 한 후, 각각 획을 더하여 총 17자를 만들었다.

■ **가획의 원리**
기본자에 획을 더해서 새로운 글자를 만드는 원리를 말한다.
'ㄱ → ㅋ', 'ㄴ → ㄷ → ㅌ', 'ㅁ → ㅂ → ㅍ', 'ㅅ → ㅈ → ㅊ', 'ㅇ → ㆆ → ㅎ'

＊**이체자**
가획에 따라 소리가 거세지는 가획자와 달리 소리의 특성을 고려하여 모양을 다르게 만든 글자를 말한다.

구분	기본자	상형	가획자	이체자＊
아음	ㄱ	혀뿌리가 목구멍을 막는 모양[象舌根閉喉之形]	ㅋ	ㆁ
설음	ㄴ	혀끝이 윗잇몸에 붙는 모양[象舌附上腭之形]	ㄷ, ㅌ	ㄹ(반설음)
순음	ㅁ	입의 모양[象口形]	ㅂ, ㅍ	
치음	ㅅ	이의 모양[象齒形]	ㅈ, ㅊ	△(반치음)
후음	ㅇ	목구멍 모양[象喉形]	ㆆ, ㅎ	

(2) 중성(모음)

① 기본자: 하늘, 땅, 사람의 삼재(三才)를 본떠 만들었다.

구분	상형	혀(舌)	소리(聲)
ㆍ	하늘(天)을 본뜸(象乎天)	혀를 오므림(舌縮)	소리가 깊음(聲深)
ㅡ	땅(地)을 본뜸(象乎地)	혀를 조금 오므림(舌小縮)	소리가 깊지도 얕지도 않음(聲不深不淺)
ㅣ	사람(人)을 본뜸(象乎人)	혀를 안 오므림(舌不縮)	소리가 얕음(聲淺)

② 합성자: 'ㆍ, ㅡ, ㅣ'를 기본자로 하여 초출자, 재출자를 만들었다.

구분	특징	해당 모음
기본자	하늘, 땅, 사람의 삼재(三才)를 본떠서 만듦	ㆍ, ㅡ, ㅣ
초출자	'ㆍ'가 하나만 쓰임	ㅏ, ㅓ, ㅗ, ㅜ
재출자	'ㆍ'가 둘이 쓰임	ㅑ, ㅕ, ㅛ, ㅠ

더 알아보기 초성의 순서 변화

『훈민정음』	ㄱㅋㆁ/ ㄷㅌㄴ/ㅂㅍㅁ/ㅈㅊㅅ/ㆆㅎㅇ/ㄹ/ㅿ								
최세진의 『훈몽자회』*	초성종성통용8자	ㄱ	ㄴ	ㄷ	ㄹ	ㅁ	ㅂ	ㅅ	ㆁ
	자명	其役 (기역)	尼隱 (니은)	池末 (디귿)	梨乙 (리을)	眉音 (미음)	非邑 (비읍)	時衣 (시옷)	異凝 (이응)
	초성독용8자	ㅋ	ㅌ	ㅍ	ㅈ	ㅊ	ㅿ	ㅇ	ㅎ
	자명	箕 (키)	治 (티)	皮 (피)	之 (지)	齒 (치)	而 (ᅀᅵ)	伊 (이)	屎 (히)
1933년 한글 맞춤법 통일안 이후	ㄱ, ㄴ, ㄷ, ㄹ, ㅁ, ㅂ, ㅅ, ㅇ, ㅈ, ㅊ, ㅋ, ㅌ, ㅍ, ㅎ								

7 운용 규정

(1) 이어쓰기[연서(連書), 니ᅀᅥ쓰기]

초성자 두 개를 밑으로 이어 쓰는 규정으로, 순경음(脣輕音, 입시울 가ᄇᆡ야ᄫᆞᆫ 소리)을 만드는 방법이다. 순음(ㅁ, ㅂ, ㅍ, ㅃ) 아래에 'ㅇ'을 이어 쓴다. 예 ㅱ, ㅸ, ㆄ, ㅹ

① 'ㅸ'은 고유어 표기에 쓰이고, 'ㅱ, ㆄ, ㅹ'은 동국정운식 한자음 표기에만 쓰였다.

② 세조 때(15세기 중엽)부터 소멸하였다.

(2) 나란히 쓰기[병서(竝書), ᄀᆞᆯᄫᅡ쓰기]

초성이나 종성을 합하여 쓸 때 옆으로 나란히 쓰라는 규정으로, 각자 병서와 합용 병서가 있다.

① 각자 병서(各自竝書): 같은 초성 두 개를 나란히 쓰는 것을 말한다.

예 ㄲ, ㄸ, ㅃ, ㅆ, ㅉ, ㆅ, ㆀ

② 합용 병서(合用竝書): 서로 다른 초성 두 개, 세 개를 나란히 쓰는 것을 말한다.

예 ㅺ, ㅳ, ㅴ 등

단권화 MEMO

■ 훈민정음의 28자
- 자음: 기본자, 가획자, 이체자 → 17자
- 모음: 기본자, 초출자, 재출자 → 11자

*『훈몽자회(訓蒙字會)』
중종 22년(1527)에 최세진이 엮은 어린이용 한자 교습서이다. 이 책은 훈민정음을 '반절(反切)'로 칭했으며, 자음과 모음의 명칭을 최초로 사용하였다. 이 책에 수록된 자음과 모음의 명칭과 배열 순서가 오늘날과 유사해 어학사적 의의를 지닌다.

더 알아보기 합용 병서의 종류

유형	병서 글자	용례
'ㅅ'계	ㅅㄱ, ㅅㄷ, ㅅㅂ	쉼, 쏘, 쓰리다
'ㅂ'계	ㅂㄷ, ㅂㅅ, ㅂㅈ, ㅂㅌ	쁘다, 쁠, 쁙, 쁜다
'ㅄ'계	ㅄㄱ, ㅄㄷ	쁰, 쁴(時)
특이한 예	ㅅㄴ, ㄹㄱ, ㄱㅅ	싸히, 흙(土), 낛(釣)

'ㅅ'계는 1933년 한글 맞춤법 통일안에서 폐지되었고, 'ㅂ'계와 'ㅄ'계는 17세기 선조 때 소실되었다.

(3) 붙여쓰기[부서(附書), 브텨쓰기]
자음과 모음을 합하여 한 글자를 만들 때 붙여 쓰라는 것으로, 하서법과 우서법이 있다.

① 아래 붙여쓰기(하서법): 초성은 위에, 중성(ㆍ, ㅡ, ㅗ, ㅜ, ㅛ, ㅠ)은 밑에 쓴다.
② 오른쪽에 붙여쓰기(우서법): 초성은 왼쪽에, 중성(ㅣ, ㅏ, ㅓ, ㅑ, ㅕ)은 오른쪽에 쓴다.

(4) 점찍기[방점(傍點)]
소리의 높낮이를 나타내기 위해 음절의 왼쪽에 점을 찍어 표시하는 것을 말한다.

사성	방점	훈민정음 (해례본)	언해본	성격	용례
평성 (平聲)	없음	안이화 安而和	뭇ᄂᆞ가ᄇᆞᆫ 소리 (가장 낮은 소리)	낮고 짧은 소리(低調)	활(弓) 빈(梨)
거성 (去聲)	1점	거이장 擧而壯	뭇노푼 소리 (가장 높은 소리)	높고 짧은 소리(高調)	·갈(刀) ·말(斗)
상성 (上聲)	2점	화이거 和而擧	처어미 ᄂᆞᆺ갑고 냉죵이 노푼 소리 (처음이 낮고, 나중이 높은 소리)	낮은음에서 높은음으로 올라가는 긴 소리	:돌(石) :말ᄊᆞ미
입성 (入聲)	무점 1점 2점	촉이색 促而塞	쌜리 긋돋ᄂᆞᆫ 소리 (빨리 끝닫는 소리)	'ㄱ, ㄷ, ㅂ, ㅅ' 등 무성 자음이 종성에 사용될 때 빨리 끝을 맺는 소리	긷(柱) ·입(口) :낟(穀)

더 알아보기 성조의 특징

① 점은 음절의 발음상 높낮이와 장단(소리의 길고 짧음)을 나타낸다.
② 방점은 16세기 초기 문헌에서부터 혼란을 보였는데, 『동국신속삼강행실도』(1617)와 같은 17세기 초반 문헌부터는 방점이 표시되지 않았다. 즉, 16세기 말에 소멸되었다고 볼 수 있다.
③ 중세 국어의 상성은 원래 장음이었는데, 상성에서 발음상 높낮이가 사라지고 길이만 남아 현대 국어에서 장음으로 발음된다.
④ 입성은 발음상 높낮이와는 아무 관련이 없다. 종성이 'ㄱ, ㄷ, ㅂ, ㅅ' 등으로 끝나는 음절은 모두 입성이며 동시에 평성, 거성, 상성 중 한 성조를 취한다.

8 표기법

(1) 종성의 표기법
① 종성부용초성(終聲復用初聲)
   ⊙ 『훈민정음』 「예의」에 있는 내용으로, 초성과 종성이 음운론적으로 동일성을 갖는다는 사실에 근거하여 종성을 따로 만들지 않는다는 제자상의 원칙이다.

ⓛ 어원 또는 형태소의 기본형을 밝혀 적는 표의주의 표기법에 해당한다.

  예 곳(꽃), 닢(잎), 빛

② 8종성가족용(八終聲可足用)

  ㉠ 『훈민정음』 「해례」에 있는 규정으로 'ㄱ, ㄴ, ㄷ, ㄹ, ㅁ, ㅂ, ㅅ, ㆁ'의 8자만 종성으로 사용해도 좋다는 편의주의적 규정이다. 즉, 종성의 대표음화를 반영한 것이다.

  예 ㄱ, ㅋ → ㄱ / ㄷ, ㅌ → ㄷ / ㅂ, ㅍ → ㅂ / ㅅ, ㅈ, ㅊ → ㅅ

  ⓛ 소리 나는 대로 적는 표음주의 표기법에 해당한다.

③ 종성 표기법의 변천

시기	종성법	실제 사용된 자음	용례
15세기	종성부용초성	'ㅋ, ㆆ'을 제외한 글자	곶[花], 곁[傍], ㅅ뭇다
15세기~16세기	8종성가족용 (8종성법)	ㄱ, ㄴ, ㄷ, ㄹ, ㅁ, ㅂ, ㅅ, ㆁ	곳, 곁, ㅅ뭇다
17세기	7종성법	ㄱ, ㄴ, ㄹ, ㅁ, ㅂ, ㅅ, ㅇ • ㄷ → ㅅ으로 표기 • ㆁ → ㅇ으로 대체	곳, 겻, ㅅ뭇다
1933년 이후	소리 나는 대로 적되 어법에 맞게 적음	표기: ㄱ~ㅎ(14자 모두)	꽃, 곁, 통하다

(2) 이어적기, 거듭적기, 끊어적기

구분	정의	용례	특징	시기
이어적기 [연철(連綴)]	앞말의 종성을 뒷말의 초성에 내려 적는 것	사룸+이 → 사ᄅᆞ미	표음주의	15~16세기
거듭적기 [중철(重綴)]	앞말에도 종성을 적고 뒷말의 초성에도 내려 적는 것	사룸+이 → 사롬미	과도기	17~19세기
끊어적기 [분철(分綴)]	앞말에 종성을 적고 뒷말의 초성에는 'ㅇ'을 적는 것	사룸+이 → 사롬이	표의주의	20세기

단권화 MEMO

■ 'ㄷ'과 'ㅅ'의 구별

• 중세 국어에서 'ㄷ'과 'ㅅ'은 엄격히 구별되었다.

  예 몯[不能], 못[池] 등

• 16세기 이후에는 종성의 'ㄷ'과 'ㅅ'이 뒤바뀌어 쓰이다가 점차 'ㅅ'으로 통일되었다. 그러나 발음상으로는 'ㅅ'이 아니라 'ㄷ'이었다.

■ 15세기에도 있었던 분철 표기

1447~1448년 사이에 간행된 것으로 추정되는 『월인천강지곡』을 보면 분철 표기가 나타난다. 체언이 주로 'ㄴ, ㄹ, ㅁ, ㆁ, ㅿ'의 종성으로 끝날 때 분철 표기를 하여 체언과 조사의 경계를 구분하였고, 용언은 용언의 어간이 주로 'ㄴ, ㅁ'으로 끝날 때 어간과 어미의 경계를 구분하였다. 즉, 각 시기에 예외적 표기도 있었다는 의미이다.

출제 예상지문 | 중세 국어의 연철과 분철[26]

  자음으로 끝난 체언이나 용언의 어간 뒤에 모음으로 시작되는 조사나 어미가 오면, 종성이 다음 음절의 초성으로 쓰였는데, 이를 '연철(連綴, 이어적기)'이라 한다. 예컨대, '말쓰미, 말쓰물, 말쓰미, 기프샤[深(심)], 기퍼서, 기프니'처럼 표기하는 것을 말하는데, 이는 한 음절의 표기를 원래의 문법 형태를 밝혀서 적지 않고, 발음이 되는 대로 적은 것이다.

  그러나 『월인천강지곡』에는 '분철(分綴, 끊어적기)'을 한 형태가 많이 발견된다. 곡용의 경우는 '손ᄋ로, 일을, 몸이, 종ᄋ를, 즈믈' 등과 같이 체언이 불청불탁의 유성자음 'ㄴ, ㄹ, ㅁ, ㆁ, ㅿ'으로 끝날 때 분철을 하고 있으며, 활용의 경우는 '안ᄋ시니이다, 감아늘' 등과 같이 용언의 어간이 'ㄴ, ㅁ'으로 끝날 때 분철을 하고 있다. 그렇지만 중세 국어에서는 발음된 결과를 중시하여 연철(連綴)을 하는 것이 일반적이었다고 할 수 있다.

  연철은 체언이나 용언의 내부에서도 발견되는데, 이는 아주 특이한 예가 아닐 수 없다. 예컨대, 종성 'ㅅ'은 '다쌰[修(수)], 어여쓰다[憫(민)]'와 같이 다음 음절의 첫 소리가 합용 병서가 가능한 'ㄱ, ㄷ, ㅂ, ㅅ'일 경우에 한해서 다음 음절에 내려 쓸 수 있었다. 그리고 합성 명사나 합성구를 만들 때 사용된 사이시옷은 앞 단어의 종성으로 쓰이는 것이 원칙이었으나, '엄쏘리, 혀쏘리, 입시울쏘리, 니쏘리, 두 鐵圍山(철위산) 쏘이' 등과 같이, 다음 단어의 첫소리에 내려 쓸 수도 있었다.

(3) 사잇소리

① 명사와 명사가 연결될 때 사이에 들어가는 소리로, 관형격 조사('의')와 같은 구실을 했다.
  예 가온딧소리(가운뎃소리)

② 국어사의 모든 시기에 있어서 사잇소리는 'ㅅ'으로 적는 것이 원칙이었다. 이두, 향찰에서도 '叱'(= ㅅ)이었으며, 성종 때 이후에 'ㅅ'으로 통일되었다. 예외적인 것은 세종, 세조 때의 문헌인 『훈민정음』과 『용비어천가』의 표기이다.

③ 사잇소리가 쓰이는 위치

구분	용례
앞말의 받침으로 표기	가온딧소리(가운뎃소리), 바룴우희(바다의 위에)
뒷말의 초성으로 병서	엄쏘리(어금닛소리), 혀쏘리(혓소리)
한자어 아래는 가운데 독립 표기	兄ㄱ 뜯(형의 뜻)

(4) 기타 표기법의 원칙

① 띄어쓰기가 없었다.

② 한자에는 작은 크기의 동국정운식 한자음을 붙이는 것이 원칙이었으나(예 中듕國귁) 예외도 있었다.

예외 사항	용례	출처
큰 한자음+작은 한자	쫑雜 촗후	『월인천강지곡』
한자만 표기	海東六龍이 ㄴ라사	『용비어천가』

더 알아보기 『동국정운』과 동국정운식 한자음

1. 『동국정운(東國正韻)』
『동국정운』은 1448년에 신숙주를 포함한 집현전 학자들이 세종의 명으로 만들어 발간한 우리나라 최초의 음운서로, 중국의 음운서인 『홍무정운』에 대비되는 책이라고 할 수 있다. '동국정운'은 '우리나라의 바른 음'이라는 뜻을 갖고 있는데, 이는 당시 우리나라에서 사용하고 있는 한자음이 혼란한 상태에 있어 이를 바로잡고 통일된 표준음을 갖고자 했던 세종의 바람이 담겨 있는 이름이고 『동국정운』을 발간한 목적이라고 할 수 있다.

2. 동국정운식 한자음
'동국정운식 한자음'은 『동국정운』에서 사용한 한자음으로, 훈민정음을 사용해 당시의 한자음을 중국의 원음에 가깝게 표기하려 한 노력의 일환이다. 그러나 이는 최초로 한자음을 우리의 글과 소리로 표기하였다는 점에서 의의를 가지지만, 당시로서는 인위적이고 이상적인 한자음이었다. 당시 조정에서는 동국정운식 한자음을 사회적으로 장려하고 규범화하려고 하였으나, 우리나라 한자음을 충분히 고려하지 않은 주관적이고, 사대주의적, 복고주의적인 성격의 것이어서 실현될 수 없었다. 이러한 이유로 동국정운식 한자음은 15세기 세종과 세조 때의 문헌과 불경 언해 등에서만 주로 사용되다가 16세기 초에 이르러서는 사용하지 않게 되었다.

3. 동국정운식 한자음의 표기
① 초성, 중성, 종성을 모두 갖추기 위해 종성에 음가가 없는 'ㅇ, ㅸ' 등을 사용하였다.
② 중국 원음을 닮기 위해 초성에 'ㆆ, ㅿ, ㆁ' 등을 사용하였다.
③ 'ㄹ' 받침에 'ㆆ'을 더해 쓰는 '이영보래(以影補來)'를 사용하였다.

02 고전 문법

1 음운의 변화

(1) 음가의 변화

구분	내용	용례
ㆁ : /ŋ/ > ㅇ	'ㆁ'은 현대 국어의 받침 'ㅇ'의 소리와 같음	즁싱 > 즁생 > 중생(衆生, 짐승)
	현대 국어와 달리 초성에 표기되기도 함	바올 > 방올 > 방올 > 방울
	16세기 말(임진왜란 이후) 소멸됨	
ㆆ : / ʔ/ > 소멸	고유어 표기에 쓰인 된소리 부호일 뿐, 음소가 아니며 용언의 관형사형 'ㄹ' 뒤에 'ㆆ'이 쓰임	홇 배(홀빼), 갏 길(갈낄), 도라오싫 제(도라오실 쩨)
	사잇소리 표시로 쓰였고, 그 조건은 고유어 표기에는 'ㄹ'과 'ㄸ'의 사이임	하ᇙ 뜯
	동국정운식 한자음의 초성에 사용됨	흠흠, 安한, 於형
	이영보래(以影補來) 표시로 쓰였음. 'ㄹ' 종성을 가진 모든 한자의 중국음은 'ㄷ'이었기 때문에 'ㄹ' 뒤에 'ㆆ'을 더하여 'ㄷ' 발음을 표시한 것임(입성을 표시함)	日싫, 成쎵, 八밇
	15세기 중엽(세조 이후) 소멸됨	
ㅇ	소릿값이 없는 'ㅇ': 음절 이루기 규정(成音法)에 따라 중성으로 음절이 시작됨을 표시하는 기능과 한자어에서 중성으로 음절이 끝남을 표시하는 기능으로 사용됨	아ᅀᆞ(아우), 욕(欲), 충(此)
	소릿값([ɦ], /g/의 약한 음)이 있는 'ㅇ': 목구멍소리(후음)의 유성 마찰음으로 쓰이기도 함	달아, 굷어
	소릿값이 있는 'ㅇ'[ɦ]은 16세기 말에 소멸됨	
ㅿ : /z/ > 소멸	명사에서 사용됨	아ᅀᆞ(아우), ᄆᆞᅀᆞᆷ(마음)
	'ㅅ' 불규칙 용언	짓+어 → 지ᅀᅥ, 닛+어 → 니ᅀᅥ
	울림소리 사이의 사잇소리에 쓰임(주로 앞뒤 음운 환경이 울림소리일 때 잘 나타남)	눖믈, 님긊말ᄊᆞᆷ
	16세기 말에 소멸됨	
ㅸ : /β/ > /w/ (=오/우)	'ㅂ' 불규칙 용언	더ᄫᅥ > 더워
	울림소리 사이에서 쓰이던 소리	알밤, 표뵘
	한자어에서 'ㅱ' 아래의 사잇소리	斗둫ㅸ字쭝
	15세기 중엽에 /w/로 변화됨	
ㆍ(아래아): /ʌ/ > 소멸	음가: 'ㅏ'와 'ㅗ'의 중간음 [/ʌ/(후설 저모음)]	
	1단계 소실: 16세기 말엽, 2음절 이하에서 ㆍ > ㅡ	ᄆᆞ옴 > ᄆᆞ음
	2단계 소실: 18세기 중엽, 1음절에서 ㆍ > ㅏ	ᄆᆞ음 > 마음
	표기: 1933년 한글 맞춤법 통일안에서 폐지됨	

(2) 이중 모음의 단모음화

'ㅓ[ʌy], ㅐ[ay], ㅔ[əy]' 등은 중세 국어에서는 이중 모음이었으나 18세기에 소실되면서 [æ], [e] 등의 단모음으로 변하였다.

■ 소실 문자의 소실 순서
'ㅸ, ㆆ'은 15세기 중엽 이후, 'ㅿ, ㆁ'은 16세기 말 이후 소실되었다. 'ㆍ'는 1933년 이후 완전히 소실되었다.

단권화 MEMO

■ **모음 조화표**

양성 모음	ᆞ ㅏ ㅗ(ㅛ ㅑ ᆡ ㅚ ㅐ)
중성 모음	ㅣ
음성 모음	ㅡ ㅓ ㅜ(ㅠ ㅕ ㅢ ㅟ ㅔ)

(3) 모음 체계표

① 15~16세기 단모음 체계표

구분	전설	중설	후설
고	ㅣ	ㅡ	ㅜ
중		ㅓ	ㅗ
저		ㅏ	ᆞ

② 18세기 말 단모음 체계표

구분	전설		후설	
	평순	원순	평순	원순
고	ㅣ		ㅡ	ㅜ
중	ㅔ		ㅓ	ㅗ
저	ㅐ		ㅏ	

(4) 모음 조화

양성 모음은 양성 모음끼리, 음성 모음은 음성 모음끼리 어울리는 현상으로, 중성 모음은 두 계열 모두와 어울릴 수 있었으나 주로 음성 모음과 어울렸다.

구분	내용	용례
환경	체언이나 용언의 어간 내부에서 나타남	나모(木), 구무(穴), 다ᄅᆞ다(異), 흐르다
	체언과 조사의 결합, 용언의 활용에서 나타남	소ᄂᆞᆫ(손은), 브른(불은), 자ᄇᆞᆫ(잡은), 머근(먹은)
변화	15세기 모음 조화 현상은 현대 국어보다는 규칙적이지만 예외가 있었음	ᄒᆞ고져, 젼ᄎᆞ로
	• 16~18세기 'ᆞ'의 소실로 'ㅡ'가 중성 모음이 되어 예외가 더 많이 생기면서 모음 조화 현상이 문란하게 됨 • 현대 국어에는 상징어에 모음 조화의 흔적이 남아 있음	

(5) 종성 'ㅅ'의 음가

현대어의 받침 'ㅅ'은 [t]로서 'ㄷ'과 발음이 동일하지만 중세어에서는 치음 [s]로 발음되었다. 15세기에는 종성에서 'ㅅ'과 'ㄷ'이 철저히 구별되었고(예 몯[不能], 못[池]), 중세어 표기법은 표음주의적 원칙을 따랐으므로 이 구별은 발음상의 차이를 의미한다. 16세기부터 이 구별이 사라지고 주로 'ㅅ'으로 적혀 현대어의 상태에 이르게 되었다.

2 명사

명사는 현대 국어의 명사와 마찬가지로 격 조사와 결합하여 문장 내에서 여러 성분으로 쓰일 수 있었으며, 관형어의 수식을 받을 수 있었다. 분류 기준에 따라 고유 명사와 보통 명사, 자립 명사와 의존 명사로 나눌 수 있는데, 이 중 자립성이 없어 반드시 관형어와 함께 쓰이는 의존 명사는 문장 속에서 쓰이는 기능에 따라 다음과 같이 나뉜다.

구분	내용
보편성 의존 명사	것, ᄃᆞ, 바, ᄉᆞ, 분, 이, 적
주어성 의존 명사	디(> 지), ᄉᆞᆺ(사이)
서술어성 의존 명사	ᄯᆞᄅᆞᆷ(> 따름)
부사어성 의존 명사	ᄀᆞ장(> 까지), 거긔(께), 그에(거기에), 동(줄), ᄃᆞᆺ(듯)
단위성 의존 명사	디위(번), 셤(섬), 말, 설(살)

명사의 형태 바꿈

> **단권화 MEMO**
>
> **＊‘ㅎ’ 종성 체언**
> 중세 국어의 ‘ㅎ’ 종성 체언은 ‘살코기, 암탉, 수탉’ 등 현대 국어에도 그 흔적이 남아 있다.

1. **‘ㅎ’ 종성 체언＊의 형태 바꿈**: 단독형으로 쓰일 때에는 ‘ㅎ’ 없이 쓰이고, 모음과 일부 자음으로 시작하는 조사와 결합할 때에는 ‘ㅎ’이 나타난다.
   > **예** 돌ㅎ(石): 돌(단독형), 돌히(돌이), 돌콰(돌과)
2. **‘ㄱ’ 곡용 체언의 형태 바꿈**: ‘모/무’, ‘ᄂᆞ’로 끝나는 체언이 모음으로 시작하는 조사와 결합하면 체언의 끝 음절 모음이 탈락하고 ‘ㄱ’이 덧생기는 현상이다. 공동의 부사격 조사 ‘와’와 자음으로 시작하는 조사와 결합 시에는 발생하지 않는다.

단독형	주격	목적격	부사격 (처소)	부사격 (도구, 방향)	부사격 (공동)	서술격	보조사 (대조)	보조사 (역시)
나모(나무)	남기	남ᄀᆞᆯ	남기	남ᄀᆞ로	나모와	남기라	남ᄀᆞᆫ	나모도
구무(구멍)	굼기	굼글	굼긔	(굼그로)	구무와	굼기라	(굼근)	구무도
불무(풀무)	붊기	붊글	붊긔	(붊그로)	불무와	붊기라	(붊근)	(불무도)
녀느(다른 것)	녀기	녀글	(녀긔)	(녀그로)	녀느와	(녀기라)	(녀근)	녀느도

---

3 대명사

(1) 종류

① 인칭 대명사

구분	1인칭	2인칭	3인칭	3인칭 재귀대명사	미지칭	부정칭
단수	나	너, 그듸(높임말)	뎌＊	저, ᄌᆞ갸(높임말)	누	아모
복수	우리(돌)	너희(돌)	없음	저희(돌)	없음	없음

> **＊3인칭 대명사 ‘뎌’**
> ‘뎌’가 인칭 대명사로 쓰이는 경우는 드물고, 보통은 지시 대명사로 쓰인다.

② 지시 대명사

구분	근칭	중칭	원칭	미지칭	부정칭
사물	이	그	뎌(> 저)	ᄆᆞ슥, ᄆᆞ엇, ᄆᆞ스, ᄆᆞ슴, 어ᄂᆞ/어느, 현마, 엇뎨	아모것
처소	이어긔	그어긔	뎌어긔	어듸, 어드러, 어듸메	아모ᄃᆡ

(2) 특징

① ‘나’의 낮춤말 ‘저’가 없다.
② ‘그듸’는 현대어의 ‘자네, 당신, 여러분’의 의미로, 현대어 ‘그대’는 시적 언어로 변화한 것이다.
③ ‘ᄌᆞ갸’는 현대어의 ‘자기’가 아니고 3인칭 ‘당신’의 의미를 갖는 재귀 대명사이다.
④ 미지칭 ‘어ᄂᆞ/어느’는 관형사, 대명사, 부사의 세 기능이 있었다.

> **예**
>
> | 관형사 | 어느 뉘(= 어느 누가) |
> |---|---|
> | 대명사 | 어ᄂᆞ야 놉돗던고(= 어느 것이 높았던고?) |
> | 부사 | 셩인 신력을 어ᄂᆞ 다 ᄉᆞᆯᄫᆞ리(= 어찌 다 말하리?) |

⑤ ‘ᄆᆞ슥, ᄆᆞ엇, ᄆᆞ스, ᄆᆞ슴’은 모두 ‘무엇, 무슨’, ‘현마’는 ‘얼마’, ‘엇뎨’는 ‘어찌’, ‘이어긔, 그어긔, 뎌어긔’는 ‘여기, 거기, 저기’, ‘어듸, 어드러, 어듸메’는 ‘어디’의 뜻이다.

4 수사

구분	용례
고유어계 양수사	흐나ㅎ, 둘ㅎ, 세ㅎ, 네ㅎ, 다숫, 여슷, 닐굽, 여듧, 아홉, 열ㅎ, 스믈ㅎ, 셜흔, 마순, 쉰, 여쉰, 닐흔, 여든, 아흔, 온, 즈믄, 몇, 여러ㅎ 등
한자어계 양수사	현대어와 동일(一, 二, 三, 四, 五 등)
서수사	차례를 나타내는 접미사 '차히, 재(째)'가 양수사에 붙으면 서수사가 됨 예 흐나ㅎ+차히 → 흐나차히(첫째)

5 조사

(1) 주격 조사: ㅣ, 이, ∅

형태	환경	용례
ㅣ	'ㅣ' 모음 이외의 모음으로 끝난 체언 뒤에 쓰임	• 부텨+ㅣ → 부톄 • 孔子ㅣ
이	자음으로 끝난 체언 뒤에 쓰임	사룸+이 → 사루미
∅	'ㅣ' 모음으로 끝난 체언 뒤에는 나타나지 않음('ㅣ+ㅣ'→'ㅣ')	불휘+ㅣ → 불휘(뿌리)

① 'ㅣ'는 한글로 표기할 때는 체언에 합쳐 쓰고, 한자에는 따로 쓴다. ('딴이'라는 명칭)
　　예 대장뷔 세상에 나매, 믈읫 字ㅣ 모로매(모든 글자가 모름지기)
② ∅(영 주격 조사)는 표기상으로는 쓰이지 않았으나 발음은 되었다.
　　예 두리[橋]+ㅣ → 두:리(평성+평성)+거성 → (평성+상성) → [다리이]로 발음되었다.
③ 보격 조사, 서술격 조사는 주격 조사와 형태나 출현 환경이 동일하다.

(2) 목적격 조사: 올/을, 룰/를

형태	환경	용례
올/을	자음 뒤	무숨올(마음을), 나라홀(나라를), 이쯔들(이뜻을)
룰/를	모음 뒤	놀애룰(노래를), 天下룰(천하를), 뼈를(뼈를)

(3) 관형격 조사: ㅅ, 익, 의

형태	환경	특징	용례
ㅅ	울림소리 뒤	무정 명사, 높임 명사 뒤에 쓰임	• 歧王ㅅ집(기왕의 집) • 나랏 말쏨(나라의 말)
익	양성 모음 뒤	유정 명사 뒤에 쓰임	무 리 香(말의 향기)
의	음성 모음 뒤		崔九의 집(최구의 집)

(4) 호격 조사: 하, 아/야, 여
높임 명사에 붙는 '하'가 따로 있는 점이 특이하다.

형태	환경	용례
하	높임 명사 뒤	님금하(임금이시여), 世尊하(세존이여)
아, 야	일반 명사 뒤	阿難아(아난아), 長者야(장자야)
(이)여	감탄의 의미	觀世音이여(관세음이여)

(5) 부사격 조사: 애/에/예

현대 국어의 '에'와 같은 의미이다.

형태	환경	용례
애	양성 모음 뒤	바ᄅ래 가ᄂ니(바다에 가니)
에	음성 모음 뒤	굴허에(구렁에, 구덩이에)
예	'ㅣ' 모음 뒤	ᄇㆍ예(배에)

(6) 서술격 조사: ㅣ라, 이라, ø라

현대 국어 '이다'와 쓰임이 같고, 형태와 환경은 중세 국어 주격 조사와 동일하다.

(7) 접속 조사

접속 조사는 맨 뒤에 오는 체언에도 연결된 것이 현대 국어와 다른 점이다.

예 하ᄂᆞᆯ과 ᄯᅡ콰ᄂᆞᆫ 日夜에 ᄯᅥᆺ도다(하늘과 땅은 주야로 물 위에 떠 있도다.) - 『두시언해 중간본 14.13』-

(8) 보조사

형태	현대어와 비교	용례
ᅀᅡ	현대어의 '야, 야말로'와 유사함. 체언이나 부사에 붙어 국한·강조의 뜻을 나타냄	이 각시ᅀᅡ 내 얻니논 ᄆㆍᅀᆞ매 맛도다(이 각시야말로 내가 얻으러 다니는 마음에 맞도다.) - 『석보상절 6.14 』-
곳/옷	현대어의 '만'과 비슷함. 자음 뒤에서 '곳'이, 모음과 'ㄹ' 뒤에서 '옷'이 쓰임	외ᄅ왼 ᄇㆍ옷 잇도다(외로운 배만 있도다.) - 『두시언해 중간본 14.13』-
가/아	의문 보조사로, 자음 뒤에서 '가', 모음과 'ㄹ' 뒤에서 '아'가 쓰임	賞가 罰아(상인가 벌인가?) - 『몽산화상법어약록 53』-

출제 예상지문 중세 국어의 격 조사 - 주격 조사, 서술격 조사, 보격 조사[27]

주격 조사는 선행 체언을 문장의 주어가 되게 하는 기능을 지니고 있는데, '이, ㅣ, ∅' 등이 쓰였으며, 현대 국어에 나타나는 주격 조사 '가'는 그 당시에 쓰이지 않았다.

(1) ㄱ. 어린 百姓이 니르고져 홇 배 이셔도(훈민, 예의)
   (어리석은 백성이 말하고자 하는 바가 있어도)
   ㄴ. 부톄 目連이ᄃ려 니르샤ᄃㆎ(석보 6:1)
   (부처가 목련이더러 이르시되)
   ㄷ. 불휘 기픈 남ᄀᆞᆫ ᄇㆍ라매 아니 뮐씨(용가 2)
   (뿌리 깊은 나무는 바람에 안 흔들리므로)
   ㄹ. 우리 始祖ㅣ 慶興에 사ᄅ샤(용가 3)
   (우리 시조가 경흥에 사시어)
   ㅁ. 南宗六祖ᄭᅴ셔 날씨(원각 序:7)
   (남종육조께서 나므로)

(1ㄱ-ㄴ)처럼 '이'는 자음으로 끝난 체언 뒤에, 'ㅣ'는 'ㅣ' 이외의 모음으로 끝난 체언 뒤에, 그리고 (1ㄷ)의 '불휘+∅'처럼 '∅'는 'ㅣ' 모음으로 끝난 체언 뒤에 사용되었다. (1ㄹ)처럼 주어가 한자(漢字)로 표기되었을 때는, 한자 다음에 'ㅣ'[딴이]를 붙여서 'ㅣ'가 앞 음절과 축약되어 반모음이 되었음을 표시했다. 존칭 주격으로는 'ᄭᅴ셔'가 쓰였는데, 현대 국어의 '께서'에 해당된다.

서술격 조사에는 '이다, ㅣ다, ∅다' 등이 있는데, 이들은 'ᄠᅳ디니(ᄠᅳᆮ+이니), 부톄시거니(부텨+ㅣ-+-시거니), ᄒᆞᆫ 가지라(ᄒᆞᆫ 가지+∅+-라)'에서와 같이 주격 조사와 그 분포 환경이 같다. 다만, '이도다(이-+-도다) → 이로다, 이더라(이-+-더-+-라) → 이러라, 이고(이-+-고) → 이오' 등에서처럼 서술격 조사 '이-' 뒤에 'ㄷ'으로 시작되는 형태가 오면 그 'ㄷ'이 'ㄹ'로 변하고, 'ㄱ'으로 시작되는 형태가 오면 그 'ㄱ'이 탈락된다는 점이 다르다.

보격 조사는 서술어 '아니다, 되다' 앞에서 '이, ㅣ, ∅'로 나타나며, 분포 환경은 역시 주격 조사와 같다.

(2) ㄱ. 司直(사직)은 冗雜(용잡)흔 벼스리 아니언마른(두初 22:39)

　　　(사직은 용잡한 벼슬이 아니건마는)

　　ㄴ. 입시울 가비야볼 소리 드외ᄂᆞ니라(훈민, 예의)

　　　(입술가벼운소리가 된다.)

출제 예상지문 **중세 국어의 격 조사 – 관형격 조사**[28]

　관형격 조사에는 '이/의, ㅅ'이 있다. 일반적으로 '사ᄅᆞ미 ᄠᅳᆮ, 아기아ᄃᆞᆯ이 각시 ; 官吏의 닷, 거부븨 터리 ; 나랏 말ᄊᆞᆷ, 世尊ㅅ 神力' 등에서처럼, '이/의'는 유정 명사 뒤에, 'ㅅ'은 무정 명사 혹은 높임의 의미를 지닌 명사 뒤에 쓰였다. '고기(고기 + 이), 톳기(톳기 + 이), 그려긔(그려기 + 의), 어버싀(어버시 + 의)'에서 보듯이 선행 체언의 끝소리가 ' ㅣ '일 때는, 체언의 끝 모음 ' ㅣ '가 탈락되고 '이/의'가 통합된다. 'ㅅ'은 '사잇소리'라고도 하며 선행 체언의 음성적 환경에 따라 'ㄱ, ㄷ, ㅂ, ㅸ, ㆆ, ㅿ'이 쓰였다. 이들은 모두 선행 체언의 끝소리가 유성음이었다는 점이 '이/의'와 다르다. '이/의'는 선행 체언 끝소리의 유·무성에 관계없이 쓰였다.

　형태상 주격 조사와 동일한 ' ㅣ '가 관형격 조사의 의미 기능을 가지기도 한다.

(1) ㄱ. 臣下 ㅣ 말 아니 드러 正統애 有心ᄒᆞᆯ씨(용가 98)

　　　(신하의 말을 아니 들어 정통에 뜻을 두므로)

　　ㄴ. 제 님금 背叛ᄒᆞ야 내 모ᄆᆞᆯ 救ᄒᆞᆸ바ᄂᆞᆯ(용가 105)

　　　(자기의 임금을 배반하여 내 몸을 구하옵거늘)

(1ㄱ)의 '臣下 + ㅣ '는 '신하의', (1ㄴ)의 '저 + ㅣ '는 '자기의', '나 + ㅣ '는 '나의'라는 의미를 지니고 있다.

(2) ㄱ. ᄒᆞᄅᆞ 二十里를 녀시ᄂᆞ니 轉輪王이 녀샤미 ᄀᆞᆮ트시니라(석보 6:23)

　　　(하루 이십 리를 가시니 전륜왕이 가심과 같으십니다.)

　　ㄴ. 어믜 간 ᄯᅡ(월석 21:21)

　　　(어머니가 간 땅)

　　ㄷ. 그딋 혼 조초ᄒᆞ야 뉘읏븐 ᄆᆞᅀᆞᄆᆞᆯ 아니 호리라(석보 6:8)

　　　(그대가 한 대로 하여 뉘우치는 마음을 가지지 아니하리라.)

　　ㄹ. 부텻 니ᄅᆞ샤ᄆᆞᆯ 듣ᄌᆞᆸ고(아미 29)

　　　(부처가 말하시는 것을 듣고)

(2ㄱ~ㄹ)처럼 종속절, 특히 관형절이나 명사절의 주어가 관형격 조사 '이/의, ㅅ'를 취하는 경우가 있다. 이 관형격 조사와 결합된 체언은 실질적으로 종속절 서술어의 행위자, 즉 논리적 주어로서의 기능을 지니고 있다. 15세기 국어에서는 관형절과 명사절 서술어의 주어가 주격 조사와 결합하기보다는 위와 같이 관형격 조사와 결합하는 것이 더 보편적 현상이었다.

6 용언

(1) 자동사와 타동사

현대 국어의 자동사·타동사 구별 방법(목적어의 유무)과 동일하다. 특이한 것은 자동사, 타동사 구별 표지인 '-거-/-아-/-어-'가 활용에 나타나는 일이 있다는 것이다.

형태	구분	용례
-거-	자동사	석 돌 사ᄅᆞ시고 나아가거시놀(석달 사시고 나아가시거늘) – 『월인석보 10.17』 –
	형용사	시르미 더욱 깁거다(시름이 더욱 깊었나) – 『월인석보 8.101』 –
	서술격 조사	바미 ᄒᆞ마 반이어다(밤이 벌써 반이다: 반쯤 지나갔다) – 『석보상절 23.13』 – ⇨ '서술격 조사 + -거-'에서 'ㄱ'이 탈락하여 '-어-'로 나타난다.
-아-/-어-	타동사	艱難ᄒᆞᆫ 사ᄅᆞᆷ 보아ᄃᆞᆫ(가난한 사람을 본다면) – 『석보상절 6.15』 –

(2) 본용언과 보조 용언

본용언과 보조 용언을 구분하는 방법은 현대 국어와 같다.

구분	용례
'완료' 보조 동사	地獄을 붓아 브려(지옥을 부수어 버려) – 「월인석보 21.181」 –
'상태' 보조 형용사	赤眞珠ㅣ 두외야 잇ᄂ니라(붉은 진주가 되어 있느니라) – 「월인석보 1.23」 –

(3) 어미

① 선어말 어미

㉠ 높임 선어말 어미

구분	내용			
	형태	**조건**		**용례**
		어간의 끝소리	다음 어미의 첫소리	
객체 높임 선어말 어미	습	ㄱ, ㅂ, ㅅ, ㅎ	자음	막습거늘(막다)
	ᄉᆞᇦ		모음	돕ᄉᆞᄫᆞ니(돕다)
	즙	ㄷ, ㅌ, ㅈ, ㅊ	자음	듣즙게(듣다)
	ᄌᆞᇦ		모음	얻ᄌᆞᄫᅡ(얻다)
	ᄉᆞᆸ	유성음 (모음, ㄴ, ㅁ, ㄹ)	자음	보ᅀᆞ병게(보다)
	ᅀᆞᇦ		모음	ᄀᆞ초ᅀᆞᄫᅡ(갖추다)

구분	형태	조건	용례
주체 높임 선어말 어미	−시−	자음 어미 앞	가시고, 가시니
	−샤−	모음 어미 앞	가샤, 가샴, 가샤디, 미드샷다, 定ᄒᆞ샨, 펴샤놀

구분				
상대 높임 선어말 어미	• 중세 국어의 상대 높임법은 매우 단순한 체계임			
	• 하오체, 하게체는 17세기에, 해체나 해요체는 1930년대에 형성됨			

구분	등급	형태소	용례
ᄒᆞ쇼셔체	아주 높임	−이−/ −잇−	ᄒᆞᄂ이다, ᄒᆞ니이다, ᄒᆞ리이다(평서형) / ᄒᆞᄂ니잇가(의문형) / ᄒᆞ쇼셔(명령형)
ᄒᆞ야쎠체	예사 높임	−ᇰ−/ −ㅅ−	ᄒᆞ댕다(평서형) / 잇ᄂ닛가(의문형) / ᄒᆞ야쎠(명령형)
ᄒᆞ라체	아주 낮춤	없음	ᄒᆞᄂ다(평서형) / ᄒᆞᆫ다, ᄒᆞᄂᆫ다(의문형) / ᄒᆞ라(명령형)
반말	−	없음	ᄒᆞᄂ니, ᄒᆞ리(평서형/의문형)

㉡ 시제 선어말 어미

구분	내용	용례
현재 시제	• −ᄂ− • '−ᄂ−'에 선어말 어미 '−오−'*가 결합되면 '−노−'가 됨	ᄒᆞᄂ다(한다), ᄒᆞ노라(←ᄒᆞᄂ +오+라: 하노라)
과거(회상) 시제	• −더− • '−더−'에 선어말 어미 '−오−'가 결합되면 '−다−'가 됨	ᄒᆞ더라(하더라), ᄒᆞ더녀(하더냐), ᄒᆞ더니(하더니)
미래 시제	• −리− • 관형사형 어미는 '−ㄹ'임	ᄒᆞ리라(하리라), ᄒᆞ려(하려), ᄒᆞ리니(하리니), 홀(할)

주로 종결형이나 연결형에 쓰이는데, 문장의 주어가 말하는 사람(화자, 1인칭 '나')임을 나타내는 역할을 한다.

② 어말 어미

㉠ 종결 어미

상대 높임 등급	평서형	의문형	명령형	청유형
ᄒᆞ쇼셔체	ᄒᆞᄂᆞ이다	ᄒᆞᄂᆞ니잇가	ᄒᆞ쇼셔	ᄒᆞ사이다
ᄒᆞ야쎠체	ᄒᆞ댕다	잇ᄂᆞ닛가	ᄒᆞ야쎠	–
ᄒᆞ라체	ᄒᆞᄂᆞ다	ᄒᆞᄂᆞ녀(1·3인칭) ᄒᆞᆫ다, 홇다(2인칭) ᄒᆞᆫ가, 홇가(간접)	ᄒᆞ라	ᄒᆞ져
반말	ᄒᆞᄂᆞ니, ᄒᆞ리	ᄒᆞᄂᆞ니, ᄒᆞ리	ᄒᆞ고라	–

㉡ 연결 어미: 대등적 연결 어미, 종속적 연결 어미, 보조적 연결 어미가 있었으며, 현대 국어와 큰 차이는 없다.

㉢ 전성 어미: 명사형 전성 어미와 관형사형 전성 어미가 있었으며, 현대 국어와 큰 차이는 없다.

더 알아보기   의문형 종결 어미와 전성 어미

1. 중세 국어의 의문문과 종결 어미
   ① 판정 의문문: '가', '니여' 등 주로 '아/어' 형을 사용하여 묻는다.
      - 예 · 이 ᄯᆞ리 너희 죵가(이 딸이 너희 종인가?) – 「월인석보 8.94」 –
        · 잇가뵨 ᄠᅳ디 잇ᄂᆞ니여(아까운 뜻이 있느냐?) – 「석보상절 6.25」 –
   ② 설명 의문문: '고', '뇨' 등 주로 '오' 형을 사용하여 묻는다.
      - 예 · 얻논 藥이 므스것고(얻는 약이 무엇인가?) – 「월인석보 21.215」 –
        · 究羅帝 이제 어듸 잇ᄂᆞ뇨(구라제가 지금 어디 있느냐?) – 「월인석보 9.36」 –
   ③ 주어가 2인칭인 경우의 의문문: 주로 '–ㄴ다' 형을 사용하여 묻는다. 'ᄒᆞᆫ다' 형도 있었다.
      - 예 · 네 모ᄅᆞ던다(네가 몰랐더냐?) → 판정 의문문 – 「월인석보 21.195」 –
        · 네 엇뎨 안다(네가 어찌 아는가?) → 설명 의문문 – 「월인석보 23.74」 –
        · 네 엇던 혜므로 나ᄅᆞᆯ 免케 홇다(네가 어떤 생각으로 나를 면하게 하겠느냐?) → 설명 의문문 – 「월인석보 21.56」

2. 명사형 전성 어미와 명사 파생 접미사의 구별
   ① 명사형 전성 어미: '–옴/–움', '–디'('> '–기': 17세기의 변화)
      - 예 됴ᄒᆞᆫ 여름 여루미(열+움+이)(좋은 열매 여는 것이) – 「월인석보 1.12」 –
   ② 명사 파생 접미사: '–오/–우' 없이 '–ㅁ/–음'이 용언에 결합하면 파생 명사가 됨
      - 예 거름(걷+음), 그림(그리+ㅁ)

출제 예상지문   중세 국어의 선어말 어미[29]

중세 국어 선어말 어미는 현대 국어보다 다양하게 발달되어 있었다. 먼저 높임을 위한 선어말 어미부터 살펴보자.

〈높임 선어말 어미〉

갈래	기본 형태	이형태 및 사용 조건	용례
주체높임	–(으)시–	–시– : 자음 앞	가시고, 가시면, 가시뇨, 가시니이다, 가시던
		–샤– : 모음 앞	가샤, 가샤디, 업스샤다, 지스샬, 올므샤
객체 높임	–ᄉᆞᆸ–	–ᄉᆞᆸ– : ㄱ, ㅂ, ㅅ, ㅎ 뒤	막ᄉᆞᆸ고, 업ᄉᆞᆸ거늘, 돕ᄉᆞᆸ고, 좃ᄉᆞᆸᄫᅡ, 저ᄊᆞᆸᄫᅡ(젛–+–ᄉᆞᆸ–+–아)
		–ᄌᆞᆸ– : ㄷ, ㅈ, ㅊ, ㅌ 뒤	듣ᄌᆞᆸ고, 안ᄍᆞᆸᄫᆞ시니(앉–+–ᄌᆞᆸ–+–ᄋᆞ시니) 조ᄍᆞᆸᄫᅡ(좇–+–ᄌᆞᆸ–+–아), 괼ᄌᆞᆸᄂᆞ니라(괼–+–ᄌᆞᆸ–+–ᄂᆞ니라)
		–ᅀᆞᆸ– : 유성음 뒤	보ᅀᆞᆸ건댄, 말이ᅀᆞᆸ거늘, 안ᅀᆞᄫᅡ, 아ᅀᆞᄫᅡ(알–+–ᅀᆞᆸ–+–아)
상대 높임	–(으)이–	–이– : 평서형	아니이다, 잇ᄂᆞ이다, 오소이다
		–잇– : 의문형	그러ᄒᆞ리잇가, ᄒᆞ니잇가, ᄒᆞ시ᄂᆞ니잇고

주체 높임법은 문장의 주어를 높이는 표현법인데, 자음 앞에서는 '-(으)시-'가, 모음 앞에서는 '(으)샤-'가 사용되었다. '가샴(가-+-샤-+-옴)', '올ᄆ샴(옳-+-ᄋ-+-샤-+-옴)', '업스샷다(없-+-으-+-샤-+-옷다)', '펴샤ᄂᆞᆯ(펴-+-샤-+-아ᄂᆞᆯ)'에서는 '-시-' 뒤에 붙는 어미의 일부인 '오, 아'가 탈락했다. '-(으)시-'는 '묻ᄌᆞᄫᅡ샤ᄃᆡ, 받ᄌᆞᄫᆞ시니, 받ᄌᆞᄫᆀ더시닛가'에서처럼 '-줍-' 다음에 놓인다. 그리고 일반적으로 '-(으)시-'는 선어말 어미 '-거-, -더-' 뒤에 놓인다.

객체 높임법은 목적어, 부사어로 지시되는 사람이나 물건, 일 등을 높이는 표현법인데, 'ㄱ, ㅂ, ㅅ, ㅎ' 뒤에는 '-습-'이, 'ㄷ, ㅈ, ㅊ' 뒤에는 '-줍-'이, 'ㄴ, ㄹ, ㅁ, 모음' 등의 유성음 뒤에는 '-ᅀᆞᆸ-'이 사용되었다. 그리고 '-습-, -줍-, -ᅀᆞᆸ-' 뒤에 모음이나 매개모음 '-ᄋ-'가 오게 되면 '-ᄉᄫ-, -ᄌᄫ-, -ᅀᄫ-'로 바뀌었으며, 'ᄫ'이 반모음으로 바뀌면서 이들은 '-ᄉ오-, -ᄌ오-, -ᅀ오-'로 바뀌었고 오늘날에는 '-사오-'만 남아 있다.

상대 높임법은 말 듣는이, 즉 청자(聽者)를 높이는 표현법인데, 평서문에는 '아니이다, 잇ᄂᆞ이다, 오소이다'에서처럼 '-이-'가, 의문문에는 '그러ᄒᆞ리잇가, 엇더니잇고'에서처럼 '-잇-'이 사용되었다.

다음으로 시간 표현 선어말 어미를 살펴보자.

〈시간 표현 선어말 어미〉

갈래	기본 형태	용례
현재	-ᄂᆞ-	가ᄂᆞ니, 묻ᄂᆞ다, 브르시ᄂᆞ다, 돕노니(돕-+-ᄂᆞ-+-오-+-니)
과거	-더-	도외러라, 잇더니, 나ᅀᅡ오던덴, 後ㅣ러라(後ㅣ-+-더-+-라); ᄒᆞ다니
미래	-리-	솔펴보리라, 어드리오, 사ᄅᆞ미리오, 가시리여, 여희리이다

'-ᄂᆞ-'는 현재 시제를 표시하는데, 특히 어떤 행동이나 상태가 지금 눈앞에 나타나고 있는 것, 즉 [현재][직설]의 의미를 가진다. 이런 것을 '현실법'이라고 부르기도 한다. '돕노니'에서처럼 선어말 어미 '-오-'와 통합되면 '-노-'의 형태가 된다.

'-더-'는 과거 시제를 표시하는데, 과거의 어느 때의 일 또는 화자 자신이 경험한 것을 회상하여 기술할 때, 즉 [과거][회상]에 쓰인다. 'ᄒᆞ다니'에서처럼 선어말 어미 '-오-'와 통합되면 '-다-' 형태가 된다.

'-리-'는 미래 시제를 표시하는데, 장차 일어날 일 또는 추측적인 사실을 기록할 때 즉 [미래][추정]에 쓰이거나, 화자의 의지를 표현할 때 즉 [미래][의지]에 쓰인다.

출제 예상지문 중세 국어의 의문형 종결 어미[30]

중세 국어 의문형 어미는 다음 〈표〉에 나타나는 것과 같이, 설명 의문문이냐 판정 의문문이냐에 따라, 그리고 높임의 등급에 따라 매우 다양한 형태가 사용되었다. 이 가운데 판정 의문문과 설명 의문문을 만드는 방법이 현대 국어와 달랐다는 점이 주목할 만하다.

〈판정 의문과 설명 의문의 종결 어미〉

구분	갈래	종결 어미
ㄱ	설명 의문문	(의문사)··· -고, -잇고 ; -뇨 ; -ㄴ고(간접의문)
ㄴ	판정 의문문	-가/아, -잇가 ; -녀/(니)여 ; -ㄴ가, -ᄚ가(간접의문)
ㄷ	공통	-ㄴ다, -ᄚ대(2인칭)

위의 〈표: ㄱ〉은 설명 의문문(說明疑問文)을 만드는 종결 어미인데, (1)과 같이 그 앞에 항상 '누, 므슴, 엇뎨, 엇던, 몇' 등의 의문사가 함께 쓰인다.

(1) ㄱ. 이 므슴 相고(금삼 2:22)
     (이 무슨 상인가.)
   ㄴ. 므슷 이를 겻고오려 ᄒᆞ시ᄂᆞ고(석보 6:27)
     (무슨 일을 겨루려 하시는가.)
   ㄷ. 므슴 病으로 命終ᄒᆞ뇨(월석 9:36)
     (무슨 병으로 명종하느뇨.)

반면에 위의 〈표: ㄴ〉은 판정 의문문(判定疑問文)을 만드는 종결 어미로서 문장 내용이 다음의 (2)와 같이 참인지 거짓인지 판정을 요구할 때 쓰인다.

(2) ㄱ. 이는 賞가 罰아(몽산 53)

　　　(이는 상인가 벌인가.)

　　ㄴ. 이 大施主의 功德이 하녀 져그녀(석보 19:4)

　　　(이 대시주의 공덕이 많은가 적은가.)

　　ㄷ. 무르샤ᄃᆡ 네 겨지비 고ᄫᆞ니여(월석 7:10)

　　　(물으시되 네 처가 고우냐?)

　　ㄹ. 가샴 겨샤매 오ᄂᆞᆯ 다ᄅᆞ리잇가(용가 26)

　　　(가심 계심에 오늘 다르겠습니까.)

중세 국어에서는 특이하게도 주어가 2인칭인 의문문에는 '-ㄴ다'를 사용하였다.

(3) ㄱ. 네 信ᄒᆞᄂᆞᆫ다 아니 ᄒᆞᄂᆞᆫ다(월석 9:46)

　　　(네가 믿느냐 아니 믿느냐.)

　　ㄴ. 그 어미 무로ᄃᆡ 네 엇뎨 안다(월석 23:74)

　　　(그 어미가 묻되 네가 어찌 아는가.)

위의 (3)에 쓰인 의문형 어미 '-ㄴ다'는 모두 'ᄒᆞ라체'에서 2인칭 주어 대명사에 일치하여 쓰이는 것으로, (3ㄱ)은 판정 의문문이고 (3ㄴ)은 설명 의문문이다. '-ㄴ다'에 선어말 어미 '-ᄂᆞ-, -더-, -리-' 등이 오면 '-ᄂᆞᆫ다, -던다, -ㅭ다' 형태가 된다.

7 사동 표현

구분	형성 방법	용례
파생적 사동문	사동 접미사 '-이-, -히-, -기-, -오-/ -우-, -호-/-후-' 결합에 의한 사동문	• 한비를 아니 그치샤(큰 비를 그치게 아니하시어) － 『용비어천가 68장』 － • 太子ㅣ 道理 일우샤(태자가 도리를 이루시어) － 『석보상절 6.5』 －
통사적 사동문	보조적 연결 어미와 보조 동사의 결합에 의한 사동문(-게/긔 ᄒᆞ다)	하ᄂᆞᆯ히 당다이 이 피를 사ᄅᆞᆷ ᄃᆞ외에 ᄒᆞ시리라(하늘이 마땅히 이 피를 사람이 되게 하실 것이다.) － 『월인석보 1.8』 －

8 피동 표현

구분	형성 방법	용례
파생적 피동문	타동사 어간+피동 접미사 '-이-, -히-, -기-'	東門이 도로 다티고(동문이 도로 닫히고) － 『월인석보 23.80』 －
통사적 피동문	'-아/-어 디다'의 형태로 나타남	ᄇᆞᄅᆞ매 竹筍이 것거뎃고(바람에 죽순이 꺾어져 있고) － 『두시언해 중간본 15.8』 －

9 부정 표현

구분	형성 방법	용례
체언의 부정	체언+아니+이(서술격 조사)+'-며, -ㄹ씨'	妙法이 둘 아니며 세 아닐씨[묘법(진리)이 둘이 아니며 셋이 아니므로] － 『석보상절 13.48』 －

용언의 '아니' 부정문	긴 부정문	용언+'-디 아니ᄒᆞ다'	耶輸ㅣ ᄉᆞᆫ지 듣디 아니ᄒᆞ시고(야수가 오히려 듣지 아니하시고) -『석보상절 6.7』-
	짧은 부정문	'아니'+용언	불휘 기픈 남ᄀᆞᆫ ᄇᆞᄅᆞ매 아니 뮐ᄊᆡ(뿌리 깊은 나무는 바람에 안 흔들리므로) -『용비어천가 2장』-
용언의 '몯' 부정문	긴 부정문	용언+'-디 몯ᄒᆞ다'	부텨 맛나디 몯ᄒᆞ며(부처 만나지 못하며) -『월인석보 17.91』-
	짧은 부정문	'몯'+용언	부텨를 몯 맛나며(부처를 못 만나며) -『석보상절 19.34』-
'말다' 부정문	긴 부정문	동사+'-디 말다'	허디 말라 -『월인석보 1.13』-

10 음운 변동의 변천

(1) 구개음화

시기	18~19세기에 활발히 일어남
내용	구개음 아닌 'ㄷ, ㅌ' 등이 모음 'ㅣ, ㅑ, ㅕ, ㅛ, ㅠ' 등과 결합될 때 구개음 'ㅈ, ㅊ'으로 변하는 현상 예 디다 > 지다
	'ㅎ → ㅅ, ㆅ → ㅎ, ㄱ·ㅋ → ㅈ·ㅊ'의 경우도 구개음화로 볼 수 있음 예 힘 > 심, 길 > 질

(2) 원순 모음화

시기	임진왜란 이후(17세기) 발생하여 18세기 중엽에 일반화됨	
내용	순음 'ㅁ, ㅂ, ㅍ'에 결합된 모음 'ㅡ'가 순음에 동화되어 'ㅜ'로 변하는 현상	
	순음과 설음 사이	믈(水) > 물, 블(火) > 불, 플(草) > 풀
	순음과 치음 사이	므지게(虹) > 무지개

(3) 전설 모음화

시기	18세기 말~19세기 초
내용	• 'ㅅ, ㅈ, ㅊ'과 결합된 후설 모음 'ㅡ'가 전설 모음 'ㅣ'로 변하는 현상 • 18세기에 일어난 간이화 현상으로, 일종의 순행 동화 현상 예 ᄆᆞᄎᆞᆷ내 > 마침내, 즘승 > 짐승, 즛 > 짓, 슳다 > 싫다, 아츰 > 아침

(4) 단모음화

시기	음운 변천 중 가장 늦게 일어났고, 갑오개혁 이후에 굳어짐
내용	체언이나 용언의 어간 내부 또는 굳어진 어미에 있는 'ㅅ, ㅈ, ㅊ' 등과 결합된 이중 모음 'ㅑ, ㅕ, ㅛ, ㅠ'가 단모음 'ㅏ, ㅓ, ㅗ, ㅜ'로 변하는 현상 예 셤(島) > 섬, 뎨ᄌᆞ(弟子) > 제자
	다음과 같은 경우들도 단모음화한 것으로 간주함 예 • 불휘(根) > 불위 > 뿌릐 > 뿌리 • 가히(犬) > 가이 > 개

단권화 MEMO

(5) 'ㅣ' 모음 동화

시기	'ㅔ, ㅐ, ㅓ'가 단모음으로 바뀐 18세기 중엽 무렵부터 활발히 일어남
내용	앞에 있는 'ㅣ' 모음을 닮아 'ㅏ, ㅓ, ㅗ, ㅜ'가 'ㅑ, ㅕ, ㅛ, ㅠ'로 바뀜. 순행 동화이며 불안전 동화 예 드외 + 아 → 드외야 / 뛰 + 어 → 뛰여 / 사괴 + 옴 → 사괴욤 / 서리 + 에 → 서리예
	뒤에 있는 'ㅣ' 모음을 닮아 'ㅏ, ㅓ, ㅗ, ㅜ'가 'ㅐ, ㅔ, ㅚ, ㅟ'로 바뀜. 역행 동화이며 불완전 동화 예 저비 > 제비, 올창이 > 올챙이, 자미 > 재미, 겨집 > 계집

(6) 축약

한 음운이 인접 음운과 합해져 하나로 발음되는 현상이다.

구분	용례
자음 축약	하놓ㅎ + 과 → 하놀콰
모음 축약	입시울 > 입슐(축약) > 입술(단모음화) 가히 > 가이 > 개

(7) 탈락

구분	개념	실현 조건	용례
'ㅎ' 탈락	자음 탈락의 한 가지로, 어간이나 명사 내부에서 음절 간의 'ㅎ'은 'ㄹ, ㄴ'과 모음 사이에서 탈락	모음 간	버히다 > 버이다 > 베다
		'ㄹ'과 모음 간	불휘 > 불위 일흠 > 일음 > 이름(名)
		'ㄴ'과 모음 간	논호다 > 논오다
'ㄱ' 탈락	'ㅣ, ㄹ' 뒤에 있는 'ㄱ'이 탈락	'ㅣ' 모음 아래	비취거든 > 비취어든
		'ㄹ' 아래	플과 > 플와 몰개 > 몰애 멀귀 > 멀위
'ㄹ' 탈락	주로 용언의 활용에 있어서 어간 말음 'ㄹ'이 'ㄴ, ㄷ, ㅅ'으로 시작되는 어미를 만나면 탈락됨. 단, 주체 높임 선어말 어미 '-시-' 앞에서는 탈락하지 않고 매개 모음이 쓰임	'ㄴ' 앞	일ㄴ느니 > 이느니 밍글노니 > 밍ㄱ노니
		'ㄷ' 앞	길돗던고 > 기돗던고 굴돗던고 > 구돗던고
		'ㅅ' 앞	믌결 > 믓결

(8) 동음 생략

어절 안에 같은 음이 이웃하여 있거나 또는 같은 음이 다른 음을 사이하여 있을 때 한 음을 생략해 버리는 현상을 말한다.

예 간난(艱難) > 가난, 드르(野) > 들

(9) 이화(異化)

동화의 일종인 모음 조화 현상과는 대립되는 것으로, 동일하거나 성격이 비슷한 두 음이 이웃하여 있을 때, 그중의 한 음이 변하거나 탈락하는 현상을 말한다.

구분	용례
모음의 이화	처엄 > 처엄 > 처음, 펴어 > 펴아, 나모 > 나무, 소곰 > 소금, 서르 > 서로
자음의 이화	붑[붑(鼓)] > 북, 거붑(龜) > 거북, 브업 > 부엌

(10) 강화(強化)

청각 인상을 분명히 하고자 하는 현상이다. 이화 현상도 강화에 해당한다.

구분	내용	용례
된소리되기 (경음화)	예사소리(ㄱ, ㄷ, ㅂ, ㅅ, ㅈ)였던 말이 후세에 된소리(ㄲ, ㄸ, ㅃ, ㅆ, ㅉ)로 변하는 현상	불휘 > 뿌리, 곳 > 꽃
거센소리되기 (격음화)	예사소리였던 말이 후세에 거센소리로 변하는 현상	고 > 코(鼻), 갈 > 칼(刀), 시기다 > 시키다
모음 강화	청각 인상을 분명히 하고자 모음 조화를 파괴하는 현상	펴어 > 펴아, 서르 > 서로

(11) 첨가

청각 인상을 명료하게 하기 위해 음이 첨가되는 현상이다.

구분	실현 방법	용례
어두음 첨가	낱말 앞에 음이 첨가되는 경우	앗다 > 빼앗다, 보(梁) > 들보, 마 > 장마
어중음 첨가	낱말 가운데 음이 첨가되는 경우	더디다(投) > 던디다, 호자 > 혼자
어말음 첨가	낱말 끝에 음이 첨가되는 경우	긷(기동) > 기둥, 따(地) > 땅

(12) 두음 법칙

현대 국어에는 단어의 첫음절에 'ㄹ'과 '니, 뇨, 뉴' 등이 오는 것을 피하려는 현상이 있으나, 고어에서는 그대로 썼었다. 하지만 이때도 'ㆁ, ㅸ, ㅿ'은 두음에 사용하지 않았다.

(13) 모음 충돌 회피

고어에서나 현대어에서나 말은 자음과 모음이 하나씩 엇갈려야 자연스러우므로 모음이 거듭나는 것을 피하려는 경향이 있다. 모음이 거듭나게 되어 충돌하는 것을 피하는 방법으로 다음과 같은 방법이 있다.

실현 방법	용례
모음 하나를 탈락시킴	쓰 + 어 → 뻐
반모음화 → 축약	이시+어 > 이셔, 너기+어 > 너겨, 니기+어 > 니겨
매개 자음(ㅇ) 삽입	쇼아지 > 숑아지 > 송아지

(14) 자음 충돌 회피

받침으로 끝나는 체언이나 용언 어간에 자음으로 시작되는 조사나 어미를 붙일 때, 자음끼리의 충돌을 피하기 위하여 자음 중 하나를 탈락시키거나 그 사이에 모음 'ㆍ, 으'를 끼워 넣는다. 이때 'ㆍ, 으'를 '매개 모음' 또는 '조음소'라고 한다. 이 매개 모음은 형태부(조사, 어미, 선어말 어미)의 일부가 되어 따로 분석하지 않음이 보통이다.

실현 방법	용례
자음 하나를 탈락시킴	울디 > 우디(울지)
매개 모음(ㆍ, 으) 삽입	고ᄫᆞᆫ → 곱+ᄋᆞ+ㄴ, 열ᄫᆞᆫ → 엷+으+ㄴ

(15) 설측음화

설전음 'ㄹ[r]'이 설측음 'ㄹ[l]'로 바뀌는 현상을 '설측음화'라고 한다. 설측음화는 'ᄅᆞ/르' 불규칙 용언의 부사형 활용(−아/−어)에서 나타난다.

① ㄹ + ㅇ 형태(분철 형태): 15세기의 일반적인 모습

기본형	용례
다ᄅᆞ다(異)	디ㄹ ㅣ −아 → 달아
오ᄅᆞ다(登)	오ㄹ + −아 → 올아
ᄆᆞᄅᆞ다(裁)	ᄆᆞㄹ + −아 → 몰아
니르다(謂)	니ㄹ + −어 → 닐어

② ㄹ + ㄹ 형태: 특수한 경우

기본형	용례
ᄲᆞᄅᆞ다(速)	ᄲᆞㄹ + 아 → 샐라

(16) 유추 작용

기억을 편하게 하기 위하여 혼란된 어형을 하나의 기준형으로 통일시키는 현상이다.

> 예
> • 불휘 > 뿌리(ㅟ > ㅣ): 명사 파생 접사 'ㅣ'로 통일
> • 사올(三日) > 사흘 > 사흘(올 > 흘: '열흘'의 '−흘')

(17) 음운 도치

앞뒤의 음이 서로 뒤바뀌는 현상이다.

실현 방법	용례
음운 도치	빗복 > 빗곱(ㅂ ↔ ㄱ) > 배꼽
음절 도치	시혹 > 혹시, ᄒᆞ더시니 > ᄒᆞ시더니

(18) 활음조(滑音調)

듣기에 쉽거나 발음하기 좋은 소리로 변화되는 현상이다.

실현 방법	용례
'ㄴ'이 'ㄹ'로 바뀜	희노 > 희로(喜怒)
'ㄴ'이나 'ㄹ'이 첨가됨	그양 > 그냥, 지이산 > 지리산(智異山)

(19) 부정회귀(不正回歸)

말을 고상하게 또는 바르게 고치려다 오히려 잘못 돌이킨 구개음화의 역작용이다(ㅅ, ㅈ, ㅊ → ㅎ, ㄱ, ㅋ). 예를 들어, '방적(紡績)'의 옛말은 '질삼'인데, '기름 > 지름, 김 > 짐' 등의 '지'가 사투리임을 인정하고, 사투리가 아닌 '기'로 발음하여 고상한 멋을 내려고 '길쌈'이라고 하였다.

(20) 민간 어원설

어떤 말의 원래 형태나 어원이 불분명할 때 언중들이 근거가 부족한 어원을 의식함으로써 말의 어형까지 바꾸어 버리게 되는 현상을 말한다.

| 민간 어원설의 용례

님금 → 님군	'금'의 어원을 한자인 '군(君)'으로 생각함
닛므윰 → 잇몸	'므윰'의 어원을 '몸'으로 생각함
우레 → 우뢰	'레'의 어원을 '뢰(雷)'로 생각함

한소 → 황소	'한소'의 어원을 '누렁이소(黃牛)'로 생각함
가을 → 가월	'가을'의 어원을 '가월(嘉月)'로 생각함
상치 → 상추	'상치'가 배추의 영향을 받아서 '상추'로 바뀜
문둥이	경상도 사람들이 '문동(文童)'에서 왔다고 생각함
소쩍새	밥을 먹지 못하고 죽은 며느리가 새가 되었다는 설화에서 유래함
가시내 → 가승아	'가시내'의 어원을 중에게 시집보낼 아이라는 뜻의 '가승아(嫁僧兒)'에서 왔다고 생각함
으악새	억새의 경기도 방언인 '으악새'를 새의 일종으로 생각하여 생긴 말
마누라	'마누라'의 어원을 '마주 누워라'에서 왔다고 생각함
양치질	양지(버드나무 가지)로 이를 닦던 '양지질'의 어원을 한자 '치(齒)'에서 유추하여 양치질로 생각함

더 알아보기 | 주격 조사 '가'와 시간 표현 선어말 어미 '-었-, -겠-'의 발생 시기

1. 주격 조사 '가'의 발생
   • 중세 국어에서 주격 조사는 '이'만 사용되었다.
   • '가'는 17세기 자료에서부터 발견된다. 그래서 주격 조사 '가'는 중세 국어와 근대 국어를 구분하는 표지가 된다.

2. 시간 표현의 선어말 어미 발생
   • '-었-': 중세 국어의 보조적 연결 어미 '-어'와 보조 용언 '잇다'가 이어진 '-어잇-'이 축약되어 발생하였다. (-어잇- > -엣- > -엇- > -었-)
   • '-겠-': 구체적인 발생 과정이 명확하지 않다.

고전 문법

교수님 코멘트▶ 고전 문법과 관련된 지문은 어려울 가능성이 높다. 따라서 고전 문법과 관련된 주요 이론을 미리 학습해 두는 것이 문제 풀이에 유리할 것이다.

정답과 해설 ▶ P.304

[01~02] 다음 글을 읽고 물음에 답하시오.

2021학년도 7월 고3 전국연합학력평가

단어를 공통된 성질에 따라 분류한 것을 '품사'라고 하는데, 품사는 형태, 기능, 의미에 따라 분류할 수 있다. 그중 단어 부류가 가지는 공통 의미에 따라 분류하면 대상의 이름을 나타내는 명사, 명사를 대신하여 가리키는 대명사, 대상의 수량이나 순서를 나타내는 수사, 대상의 동작이나 작용을 나타내는 동사, 대상의 성질이나 상태를 나타내는 형용사, 주로 체언을 수식하는 관형사, 주로 용언이나 문장을 수식하는 부사, 주로 체언에 붙어 문법적 관계를 표시하거나 특별한 의미를 더하는 조사, 말하는 이의 놀람, 느낌, 부름 등을 나타내는 감탄사로 구분된다.

단어는 일반적으로 하나의 품사로 사용되지만 어떤 단어는 두 가지 이상의 문법적 성질을 가지고 있어 여러 가지의 품사로 쓰이는 경우가 있다. 이를 '품사 통용'이라고 한다. '같이'의 경우, '같이 가다'에서는 부사로, '소같이 일만 하다'에서는 조사로 쓰이고 있다. 품사 통용은 중세 국어에도 있었는데, 현대 국어의 품사 통용과 같은 양상으로 나타나기도 하고 다른 양상으로 나타나기도 했다. 그리고 현대 국어에서 하나의 품사로 쓰이는 단어가 중세 국어에서는 품사 통용이 나타나기도 했다. 예를 들어 현대 국어에서 관형사로만 쓰이는 '어느'를 살펴보자.

(ㄱ) 어느 뉘 請ᄒ니(어느 누가 청한 것입니까?)
(ㄴ) 迷惑 어느 플리(미혹한 마음을 어찌 풀 것인가?)
(ㄷ) 이 두 말을 어늘 從ᄒ시려뇨 (이 두 말을 어느 것을 따르시겠습니까?)

중세 국어에서 '어느'는 (ㄱ)에서는 체언을 수식하는 관형사로, (ㄴ)에서는 용언을 수식하는 부사로 쓰였다. (ㄷ)에서 '어늘'은 '어느'에 조사가 결합된 형태로 여기에서 '어느'는 명사를 대신하여 가리키는 대명사로 쓰였다. 현대 국어에서 관형사로만 쓰이는 '어느'가 중세 국어에서는 관형사, 부사, 대명사로 두루 쓰인 것이다.

01

윗글을 바탕으로 〈보기〉에 대해 이해한 내용으로 적절하지 않은 것은?

┤ 보기 ├

ㄱ. 과연 두 사람이 만날 수 있을까?
ㄴ. 합격 소식을 듣고 그가 활짝 웃었다.
ㄷ. 학생, 아무리 바쁘더라도 식사는 해야지.

① ㄱ의 '과연'은 문장 전체를 수식하는 부사이군.
② ㄱ의 '두'는 대상의 수량을 나타내는 수사이군.
③ ㄴ의 '웃었다'는 대상의 동작을 나타내는 동사이군.
④ ㄷ의 '학생'은 대상의 이름을 나타내는 명사이군.
⑤ ㄷ의 '는'은 체언에 붙어 특별한 의미를 더하는 조사이군.

02

윗글을 바탕으로 〈보기〉의 자료를 탐구한 내용으로 적절하지 않은 것은?

┤ 보기 ├

선생님: (가)에서 '이'는 두 개의 품사로, '새'는 하나의 품사로 쓰이고 있습니다. (가), (나)를 통해 '이'와 '새'의 현대 국어에서의 품사를 알아보고 중세 국어와 비교해 봅시다.

┤ 자료 ├

(가) 현대 국어

• 이보다 더 좋을 수는 없다. / 이 사과는 맛있다.

• 새 학기가 되다.

(나) 중세 국어

• 내 이를 爲ㅎ야(내가 이를 위하여)
  내 이 도늘 가져가(내가 이 돈을 가져가서)

• 새 구스리 나며(새 구슬이 나며)
  이 나래 새를 맛보고(이날에 새것을 맛보고)
  새 出家한 사르미니(새로 출가한 사람이니)

① 현대 국어에서 '이'는 대명사로도 관형사로도 쓰이고 있군.

② 현대 국어에서 '이'의 품사 통용은 중세 국어 '이'의 품사 통용과 같은 양상으로 나타나는군.

③ 중세 국어에서 '새'는 대명사로도 부사로도 쓰였군.

④ 중세 국어에서 '새'는 현대 국어의 '새'와 동일한 품사로도 쓰였군.

⑤ 중세 국어에서 '새'는 다양한 품사로 두루 쓰였지만 현대 국어에서 '새'는 품사 통용이 나타나지 않는군.

03

〈보기〉를 참고하여 중세 국어를 이해한다고 할 때, ㉠과 ㉡의 사례로 바르게 짝지어진 것은?

┤ 보기 ├

모음 조화는 ㉠ 양성 모음은 양성 모음끼리 어울리고 ㉡ 음성 모음은 음성 모음끼리 어울리는 현상으로, 중세 국어에서는 현대 국어보다 규칙적으로 적용되었다.

	㉠	㉡
①	ㅂᄅ매[바람에]	·뿌·메[씀에]
②	·뿌·메[씀에]	뜨·들[뜻을]
③	뜨·들[뜻을]	거부븨[거북의]
④	ᄆᅀᆞᄆᆞᆯ[마음을]	바ᄂᆞᆯᆯ[바늘을]
⑤	나를[나를]	도ᄌᆞ기[도적의]

[04–05] 다음 글을 읽고 물음에 답하시오.

2024학년도 대학수학능력시험

훈민정음 초성자는 발음 기관을 본떠서 만든 기본자 5자가 있고 이를 바탕으로 가획의 원리(예 ㄱ → ㅋ)에 따라 만든 가획자 9자와 그렇지 않은 이체자 3자가 있다. 중성자는 하늘, 땅, 사람의 모습을 본떠서 만든 기본자 3자가 있고 이를 토대로 한 초출자, 재출자가 각 4자가 있다. 종성자는 초성자를 다시 쓰되 종성에서 실제 발음되는 소리에 대응되는 8자만으로 충분하다 보았는데, 이는 『훈민정음』(해례본) 용자례에서 확인된다.

용자례에서는 이들 글자를 위주로 하여 실제 단어를 예로 들고 있다. 예컨대, 용자례에 쓰인 '콩'은 초성자 아음 가획자인 'ㅋ'의 예시 단어이다. 이 방식을 응용하면 '콩'은 중성자 초출자 'ㅗ'와 종성자 아음 이체자 'ㆁ'의 예시로도 쓸 수 있다. 용자례의 예시 단어 일부를 정리하여 제시하면 다음과 같다.

〈초성자 용자례〉

	아음	설음	순음	치음	후음	반설음	반치음
기본자	글	노로	뫼(산)	섬	부헝(뱀)		
가획자	콩	뒤(때)	별	죠히(종이)			
		고티	파	채	부헝		
이체자	러울(너구리)					어름	아ᅀᆞ(아우)

〈중성자 용자례〉

기본자	톡/ᄃᆞ리		믈/그력(기러기)		깃
초출자	논/벼로	밤		누에	브섭
재출자	쇼	남샹(거북의 일종)		슈룹(우산)	뎔

〈종성자 용자례〉

8종성자	독	굼벙(굼뱅이)	반되(반딧불이)	갇(갓)
	범	섭(섶)	잣	별

이 중 일부 단어들은 오랜 시간이 지나면서 다양한 변화를 겪었다. 여기에는 표기법상의 변화라고 할 수 있는 예와 실제 소리가 변한 예, 그리고 다른 말이 덧붙어 같은 의미의 새 단어가 만들어진 예들이 포함된다. 예를 들어, '어름'을 '얼음'으로 적게 된 것은 표기법상의 변화로 볼 수 있다. 소리의 변화 중 자음이 변화한 경우로는 ⓐ '고티'(>고치)나 '뎔'(>절)처럼 구개음화를 겪은 유형이 있다. 모음이 변화한 경우에는, ⓑ '섭'(>섶)이나 '쇼'(>소)처럼 단모음화한 유형, 'ᄃᆞ리'(>다리)나 '톡'(>턱)처럼 'ㆍ'가 변한 유형, ⓒ '믈'(>물)이니 '브섭'(>부엌)처럼 원순모음화를 겪은 유형, '노로'(>노루)나 '벼로'(>벼루)처럼 끝음절에서 ㅗ>ㅜ 변화를 겪은 유형 등이 있다. 다른 말이 덧붙어 같은 의미의 새 단어가 만들어진 경우로는 ⓓ '부헝'(>부엉이)처럼 접사가 결합한 유형과 ⓔ '굴'(>갈대)처럼 단어가 결합한 유형이 있다.

※ 본문 예시에서 후음 기본자는 'ㅇ', 아음 이체자는 'ㆁ'으로 표기함.

04

윗글에 대한 이해로 적절한 것은?

① 훈민정음의 모든 기본자는 발음 기관을 본떠 만든 것이다.
② 초성자 기본자는 모두 용자례 예시 단어의 종성에 쓰인다.
③ 〈초성자 용자례〉의 가획자 중 단어가 예시되지 않은 자음자 하나는 아음에 속한다.
④ 〈초성자 용자례〉 중 아음 이체자의 예시 단어는, 초성자의 반설음자와 종성자의 반설음자의 예시 단어로 쓸 수 있다.
⑤ 〈중성자 용자례〉 중 초출자 'ㅓ'의 예시 단어는, 반치음 이체자와 종성자 순음 기본자의 예시 단어로 쓸 수 있다.

05

윗글을 바탕으로 중세 국어 단어의 변화 양상을 이해한 내용으로 적절하지 않은 것은?

① '벼리 딘'(>별이 진)의 '딘'은 ⓐ에 해당한다.
② '셔울 겨샤'(>서울 계셔)의 '셔울'은 ⓑ에 해당한다.
③ '플 우희'(>풀 위에)의 '플'은 ⓒ에 해당한다.
④ '산 거믜'(>산 거미)의 '거믜'는 ⓓ에 해당한다.
⑤ '닥 닙'(>닥나무 잎)의 '닥'은 ⓔ에 해당한다.

06

2024학년도 대학수학능력시험 9월 모의평가

〈자료〉를 바탕으로 〈보기〉의 ⓐ~ⓔ 중 체언과 조사가 결합하여 이루어진 부속 성분이 있는 것만을 고른 것은?

┤ 보기 ├

ⓐ 내히 이러 바ᄅᆞ래 가ᄂᆞ니 [내가 이루어져 바다에 가니]
ⓑ 나랏 말ᄊᆞ미 中國에 달아 [우리나라의 말이 중국과 달라]
ⓒ 生人이 소리 잇도소니 [생인(산 사람)의 소리가 있으니]
ⓓ 나혼 子息이 양ᄌᆞ 端正ᄒᆞ야 [낳은 자식이 모습이 단정하여]
ⓔ 내 닐오리니 네 이대 드르라 [내가 이르리니 네가 잘 들어라]

┤ 자료 ├

〈보기〉에 나타난 체언과 조사
• 체언: 내ㅎ, 바ᄅᆞᆯ, 나라ㅎ, 말ᄊᆞᆷ, 中國, 生人, 소리, 子息, 양ᄌᆞ, 나, 너
• 조사: 주격(이, ㅣ, ∅), 관형격(ㅅ, 의), 부사격(애, 에)

① ⓐ, ⓑ, ⓒ   ② ⓐ, ⓑ, ⓓ   ③ ⓐ, ⓓ, ⓔ
④ ⓑ, ⓒ, ⓔ   ⑤ ⓒ, ⓓ, ⓔ

[A]
　　'나의 살던 고향'은 '내가 살던 고향'과 같은 의미로 '나'에 관형격 조사 '의'가 결합하여 '살던'의 의미상 주어를 나타내는 특이한 구조이다. 이처럼 관형격 조사 '의'가 주격 조사처럼 해석되는 경우가 중세 국어에서도 확인된다. 예를 들어, '聖人의(聖人+의) ᄀᆞᄅ치샨 法[성인의 가르치신 법]'의 경우, '聖人'은 관형격 조사 '의'와 결합하고 있지만 후행하는 용언인 'ᄀᆞᄅ치샨'의 의미상 주어로 기능하고 있다. 그런데 이러한 '의'는 중세 국어 관형격 조사 결합 원칙의 예외에 해당한다. 중세 국어의 관형격 조사는 평칭의 유정 체언에는 모음 조화에 따라 '익/의'가, 무정 체언 또는 존칭의 유정 체언에는 'ㅅ'이 결합하는 원칙이 있었는데, 'ㅅ'이 쓰일 자리에 '의'가 쓰였기 때문이다.

　　중세 국어 격 조사 결합 원칙의 또 다른 예외는 부사격 조사에서도 확인된다. 시간이나 장소를 나타내는 부사격 조사는 결합하는 선행 체언의 끝음절을 기준으로, 모음 조화에 따라 '나죵애'(나죵+애), '므레'(믈+에)에서처럼 '애/에'가 쓰인다. 단, 끝음절이 모음 '이'나 반모음 'ㅣ'로 끝날 때에는 ㉠'뉘예'(뉘+예)에서처럼 '예'가 쓰였다. 그런데 '애/에/예'가 쓰일 위치에 부사격 조사인 '익/의'가 쓰이는 경우도 있다. 이러한 예외는 '봄', '나조ㅎ[저녁], ㉡'우ㅎ'[위], '밑' 등의 일부 특수한 체언들에서 확인된다. 가령, '나조ㅎ'에는 '익'가 결합하여 ㉢'나조희'(나조ㅎ+익)로, '밑'에는 '의'가 결합하여 '미틔'(밑+의)로 나타났다.

　　중세 국어의 부사격 조사 가운데 관형격 조사가 그 구성 성분으로 분석되는 독특한 경우도 있다. 가령, '익그에'는 관형격 조사 '익'에 '그에'가 결합된 형태이고 'ㅅ긔' 역시 관형격 조사 'ㅅ'에 '긔'가 결합된 부사격 조사다. 이들은 ㉣'ᄂᆞ믹그에'(ᄂᆞᆷ+익그에)나 '어마닚긔'(어마님+ㅅ긔)와 같이 사용되었는데 평칭의 유정 명사 'ᄂᆞᆷ'에는 '익그에'가, 존칭의 유정 명사 '어마님'에는 'ㅅ긔'가 쓰인다. 중세 국어의 '익그에'와 'ㅅ긔'는 각각 현대 국어의 '에게'와 ㉤'께'로 이어진다.

07

윗글의 ㉠～㉤을 이해한 내용으로 적절하지 않은 것은?

① ㉠은 부사격 조사 '예'와 결합하는 선행 체언의 끝음절에서 반모음 'ㅣ'가 확인된다.

② ㉡에 시간이나 장소를 나타내는 부사격 조사가 결합하면 '우희'가 된다.

③ ㉢은 현대 국어로 '저녁의'로 해석되어 관형격 조사의 쓰임이 확인된다.

④ ㉣의 '익그에'에서는 관형격 조사 '익'가 분석된다.

⑤ ㉤이 현대 국어에서 존칭 체언에 사용되는 것은 중세 국어 관형격 조사 'ㅅ'과 관련된다.

08

[A]를 바탕으로 〈자료〉를 탐구한 내용으로 적절한 것은?

│ 자료 ├

ⓐ 수픐(수플+ㅅ) 神靈이 길헤 나아
　　[현대어 풀이: 수풀의 신령이 길에 나와]

ⓑ ᄂᆞ믹(ᄂᆞᆷ+익) 말 드러사 알 씨라
　　[현대어 풀이: 남의 말 들어야 아는 것이다]

ⓒ 世界ㅅ(世界+ㅅ) 일을 보샤
　　[현대어 풀이: 세계의 일을 보시어]

ⓓ 이 사ᄅᆞ믹(사ᄅᆞᆷ+익) 잇ᄂᆞᆫ 方面을
　　[현대어 풀이: 이 사람의 있는 방면을]

ⓔ 孔子의(孔子+의) 기티신 글워리라
　　[현대어 풀이: 공자의 남기신 글이다]

① ⓐ: '神靈(신령)'이 존칭의 유정 명사이므로 '수플'에 'ㅅ'이 결합한 것이군.

② ⓑ: 'ᄂᆞᆷ'이 유정 명사이고 끝음절 모음이 음성 모음이므로 '익'가 결합한 것이군.

③ ⓒ: '世界(세계)ㅅ'이 '보샤'의 의미상 주어이고, 'ㅅ'은 예외적 결합이군.

④ ⓓ: '이 사ᄅᆞ믹'가 '잇ᄂᆞᆫ'의 의미상 주어이고, '익'는 예외적 결합이군.

⑤ ⓔ: '孔子(공자)의'가 '기티신'의 의미상 주어이고, '의'는 예외적 결합이군.

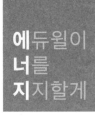

인생은 자전거를 타는 것과 같습니다.
균형을 잡으려면 계속해서 움직여야만 합니다.

– 알버트 아인슈타인(Albert Einstein)

IV 언어 예절과 바른 표현

01 언어 예절

단권화 MEMO

01 가정에서의 호칭과 지칭

부르는 말에는 직접 상대방을 부르는 호칭어와 다른 이에게 그 사람을 가리켜 말하는 지칭어가 있다.

1 부모와 자녀

(1) 아버지에 대한 호칭과 지칭

구분			살아 계신 아버지	돌아가신 아버지
호칭			아버지, 아빠	
지칭		당사자에게	아버지, 아빠	
		어머니에게	아버지, 아빠	아버지
		조부모에게	아버지, 아빠	아버지
		형제, 자매, 친척에게	아버지, 아빠	아버님, 아버지
	배우자에게	남편에게	아버지, 친정아버지, ○○[지역] 아버지	친정아버님, 친정아버지
		아내에게	아버지	아버님, 아버지
	배우자 가족에게	시가 쪽 사람에게	친정아버지, ○○[지역] 아버지, ○○[자녀] 외할아버지	친정아버님, 친정아버지, ○○[자녀] 외할아버님, ○○[자녀] 외할아버지
		처가 쪽 사람에게	아버지	아버님, 아버지
	그 밖의 사람에게	아들이	아버지, ○○[자녀] 할아버지	아버님, 아버지, ○○[자녀] 할아버님, ○○[자녀] 할아버지
		딸이	아버지, 친정아버지, ○○[자녀] 외할아버지	아버님, 아버지, 친정아버님, 친정아버지, ○○[자녀] 외할아버님, ○○[자녀] 외할아버지

(2) 어머니에 대한 호칭과 지칭

구분			살아 계신 어머니	돌아가신 어머니
호칭			어머니, 엄마	
지칭	당사자에게		어머니, 엄마	
	아버지에게		어머니, 엄마	어머니
	조부모에게		어머니, 엄마	어머니
	형제, 자매, 친척에게		어머니, 엄마	어머님, 어머니
	배우자에게	남편에게	친정어머니, 어머니, 엄마, ○○[지역] 어머니	친정어머님, 친정어머니
		아내에게	어머니	어머님, 어머니
	배우자 가족에게	시가 쪽 사람에게	친정어머니, ○○[지역] 어머니, ○○[자녀] 외할머니	친정어머님, 친정어머니, ○○[자녀] 외할머님, ○○[자녀] 외할머니
		처가 쪽 사람에게	어머니	어머님, 어머니
	그 밖의 사람에게	아들이	어머니, ○○[자녀] 할머니	어머님, 어머니, ○○[자녀] 할머님, ○○[자녀] 할머니
		딸이	어머니, 친정어머니, ○○[자녀] 외할머니	어머님, 어머니, 친정어머님, 친정어머니, ○○[자녀] 외할머님, ○○[자녀] 외할머니

더 알아보기 부모의 지칭어: 남에게 자신의 부모를 지칭할 때

구분	아버지	어머니
살아 계심	가친(家親), 가엄(家嚴), 가대인(家大人) 등	자친(慈親), 가모(家母), 자위(慈闈) 등
돌아가심	선친(先親), 선고(先考) 등	선비(先妣), 선자(先慈) 등

(3) 자녀에 대한 호칭과 지칭

구분			혼인하지 않은 자녀	혼인한 자녀
호칭			○○[이름]	아범, ○○[손주] 아범, 아비, ○○[손주] 아비, 어멈, ○○[외손주] 어멈, 어미, ○○[외손주] 어미, ○○[이름], ○○[손주] 아빠, ○○[손주] 엄마
지칭	당사자에게		○○[이름]	아범, ○○[손주] 아범, 아비, ○○[손주] 아비, 어멈, ○○[외손주] 어멈, 어미, ○○[외손주] 어미, ○○[이름], ○○[손주] 아빠, ○○[손주] 엄마
	가족, 친척에게		○○[이름]	아범, ○○[손주] 아범, 아비, ○○[손주] 아비, 어멈, ○○[외손주] 어멈, 어미, ○○[외손주] 어미, ○○[이름], ○○[손주] 아빠, ○○[손주] 엄마
	자녀의 직장 사람들에게		○○○ 씨, ○ 과장[직함 이름], ○○○ 과장, ○ 과장님, ○○○ 과장님, ○ 선생	
	그 밖의 사람에게		○○[이름], 아들, 딸, ○○[손주] 아빠, ○○[손주] 엄마	
	손주(해당 자녀의 자녀)에게		아버지, 아빠, 아범, 아비, 어머니, 엄마, 어멈, 어미	
	사돈 쪽 사람에게			아범, ○○[손주] 아범, 아비, ○○[손주] 아비, 어멈, ○○[외손주] 어멈, 어미, ○○[외손주] 어미, ○○[이름], ○○[손주] 아빠, ○○[손주] 엄마

2 시부모와 며느리

(1) 시아버지와 시어머니에 대한 호칭과 지칭

구분		시아버지	시어머니
호칭		아버님, 아버지	어머님, 어머니
지칭	당사자에게	아버님, 아버지	어머님, 어머니
	시어머니(시아버지)에게	아버님, 아버지	어머님, 어머니
	시조부모에게	아버님, 아버지	어머님, 어머니
	남편에게	아버님, 아버지	어머님, 어머니
	남편의 동기에게	아버님	어머님, 어머니
	남편 동기의 배우자에게	아버님, 아버지	어머님, 어머니
	자녀에게	할아버지, 할아버님	할머니, 할머님
	시가 쪽 친척에게	아버님, 아버지	어머님, 어머니
	친정 쪽 사람에게	시아버님, 시아버지, ○○[자녀] 할아버지, ○○[자녀] 할아버님	시어머님, 시어머니, ○○[자녀] 할머니, ○○[자녀] 할머님
	그 밖의 사람에게	시아버님, 시아버지, 아버님, ○○[자녀] 할아버지, ○○[자녀] 할아버님	시어머님, 시어머니, 어머님, ○○[자녀] 할머니, ○○[자녀] 할머님

(2) 며느리에 대한 호칭과 지칭

호칭		어멈, ○○[손주] 어멈, 어미, ○○[손주] 어미, 아가, 새아가, ○○[손주] 엄마
지칭	당사자에게	어멈, ○○[손주] 어멈, 어미, ○○[손주] 어미, 아기, 새아기, ○○[손주] 엄마
	부모에게	며늘애, 어멈, ○○[손주] 어멈, 어미, ○○[손주] 어미, ○○[아들] 처, ○○[손주] 엄마
	배우자에게	며늘애, 새아기, 어멈, ○○[손주] 어멈, 어미, ○○[손주] 어미, ○○[아들] 댁, ○○[아들] 처, ○○[손주] 엄마
	당사자 남편인 아들에게	어멈, ○○[손주] 어멈, 어미, ○○[손주] 어미, 네 댁, 네 처, ○○[손주] 엄마
	아들에게 동생의 아내를	○○[손주] 어멈, ○○[손주] 어미, ○○[아들] 댁, ○○[아들] 처, 제수, 계수, ○○[손주] 엄마
	아들에게 형의 아내를	○○[손주] 어멈, ○○[손주] 어미, 형수, ○○[손주] 엄마
	딸에게 남동생의 아내를	○○[손주] 어멈, ○○[손주] 어미, 올케, ○○[아들] 댁, ○○[아들] 처
	딸에게 오빠의 아내를	○○[손주] 어멈, ○○[손주] 어미, 올케, 새언니, ○○[손주] 엄마
	다른 며느리에게	○○[손주] 어멈, ○○[손주] 어미, 형, 동서, ○○[손주] 엄마
	사위에게	처남의 댁, 처남댁, ○○[손주] 어멈, ○○[손주] 어미, ○○[아들] 댁, ○○[아들] 처, ○○[손주] 엄마
	손주에게	어머니, 엄마, 어미
	친척에게	며느리, 며늘애, ○○[아들] 댁, ○○[아들] 처, ○○[손주] 어멈, ○○[손주] 어미, ○○[손주] 엄마
	사돈에게	며늘애, ○○[손주] 어멈, ○○[손주] 어미, ○○[손주] 엄마
	그 밖의 사람에게	며느리, 새아기

3 처부모와 사위

(1) 장인과 장모에 대한 호칭과 지칭

단권화 MEMO

구분		장인	장모
호칭		장인어른, 아버님, 아버지	장모님, 어머님, 어머니
지칭	당사자에게	장인어른, 아버님, 아버지	장모님, 어머님, 어머니
	장모(장인)에게	장인어른, 아버님, 아버지	장모님, 어머님, 어머니
	아내에게	장인어른, 아버님, 장인, 아버지	장모님, 어머님, 장모, 어머니
	부모와 동기, 친척에게	장인, 장인어른, ○○[자녀] 외할아버지	장모, 장모님, ○○[자녀] 외할머니
	아내의 동기와 그 배우자에게	장인어른, 아버님, 아버지	장모님, 어머님, 어머니
	자녀에게	외할아버지, 외할아버님	외할머니, 외할머님
	그 밖의 사람에게	장인, 장인어른, ○○[자녀] 외할아버지, ○○[자녀] 외할아버님, 아버지	장모, 장모님, ○○[자녀] 외할머니, ○○[자녀] 외할머님, 어머니

■ 빙장어른, 빙모님

'빙장어른'과 '빙모님'은 다른 사람의 처부모를 높여 이르는 말이다. 따라서 자신의 처부모를 부르거나 지칭할 때는 쓸 수 없다.

(2) 사위에 대한 호칭과 지칭

호칭		○ 서방, ○○[외손주] 아범, ○○[외손주] 아비, ○○[외손주] 아빠, 여보게
지칭	당사자에게	○ 서방, 자네, ○○[외손주] 아범, ○○[외손주] 아비, ○○[외손주] 아빠
	부모에게	○ 서방, ○○[외손주] 아범, ○○[외손주] 아비, ○○[외손주] 아빠
	당사자의 아내인 딸에게	○ 서방, ○○[외손주] 아범, ○○[외손주] 아비, ○○[외손주] 아빠
	배우자에게	○ 서방, ○○[외손주] 아범, ○○[외손주] 아비, ○○[외손주] 아빠
	사돈에게	○ 서방, ○○[외손주] 아범, ○○[외손주] 아비, ○○[외손주] 아빠
	아들에게	○ 서방, 매형, 자형, 매부, 매제, ○○[외손주] 아빠
	당사자의 아내가 아닌 다른 딸에게	○ 서방, 형부, 제부, ○○[외손주] 아빠
	며느리에게	○ 서방, ○○[외손주] 아빠
	다른 사위에게	○ 서방, ○○[외손주] 아빠
	외손주에게	아버지, 아빠
	그 밖의 사람에게	사위, ○ 서방, ○○[외손주] 아빠

4 남편과 아내

(1) 남편에 대한 호칭과 지칭

호칭			여보, ○○ 씨, ○○[자녀] 아버지, ○○[자녀] 아빠, 영감, ○○[손주, 외손주] 할아버지
지칭	당사자에게		당신, ○○ 씨, 영감, ○○[자녀] 아빠
	시부모에게		아범, 아비, 그이, ○○[자녀] 아빠
	친정 부모에게		○ 서방, 아범, 아비, ○○[자녀] 아빠
	남편 동기에게		그이, ○○[자녀] 아버지, ○○[자녀] 아빠, 형, 형님, 동생, 오빠
	남편 동기의 배우자에게		그이, ○○[자녀] 아버지, ○○[자녀] 아빠
	동기와 배우자에게	손위 동기에게	○ 서방, 그이, ○○[자녀] 아버지, ○○[자녀] 아빠
		손위 동기의 배우자에게	○ 서방, 그이, ○○[자녀] 아버지, ○○[자녀] 아빠
		손아래 동기에게	그이, ○○[자녀] 아버지, ○○[자녀] 아빠, 매형, 자형, 매부, 형부
		손아래 동기의 배우자에게	그이, ○○[자녀] 아버지, ○○[자녀] 아빠
	자녀에게		아버지, 아빠
	며느리에게		아버님
	사위에게		장인, 장인어른, 아버님
	친구에게		그이, 남편, 애아버지, 애 아빠, ○○[자녀] 아버지, ○○[자녀] 아빠
	남편 친구에게		그이, 애아버지, 애 아빠, ○○[자녀] 아버지, ○○[자녀] 아빠, 바깥양반, 바깥사람
	남편 회사에 전화를 걸 때		○○○ 씨, 과장님, ○ 과장님, ○○○ 과장님
	아는 사람에게		○○[자녀] 아버지, ○○[자녀] 아빠, 바깥양반, 바깥사람
	모르는 사람에게		남편, 애아버지, 애 아빠

(2) 아내에 대한 호칭과 지칭

호칭			여보, ○○ 씨, ○○[자녀] 엄마, 임자, ○○[손주, 외손주] 할머니
지칭	당사자에게		당신, ○○ 씨, 임자
	친부모에게		어멈, 어미, 집사람, 안사람, ○○[자녀] 엄마
	장인, 장모에게		어멈, 어미, ○○[자녀] 엄마, 집사람, 안사람
	동기에게	손위 동기에게	○○[자녀] 엄마, 집사람, 안사람
		남동생에게	○○[자녀] 엄마, 형수
		여동생에게	○○[자녀] 엄마, 언니, 새언니, 올케, 올케언니
	동기의 배우자에게		○○[자녀] 엄마, 집사람, 안사람

		아내의 손위 동기에게	○○[자녀] 엄마, 집사람, 안사람
	아내 동기에게	아내의 남동생에게	○○[자녀] 엄마, 누나
		아내의 여동생에게	○○[자녀] 엄마, 언니
	아내 동기의 배우자에게		○○[자녀] 엄마, 집사람, 안사람
	자녀에게		어머니, 엄마
	며느리에게		어머니
	사위에게		장모
	친구에게		집사람, 안사람, 아내, 애어머니, 애 엄마, ○○[자녀] 엄마
	아내 친구에게		집사람, 안사람, 애어머니, 애 엄마, ○○[자녀] 엄마, ○○[자녀] 어머니
	아내 회사에 전화를 걸 때		○○○ 씨, 과장님, ○ 과장님, ○○○ 과장님
	아는 사람에게		○○[자녀] 엄마, ○○[자녀] 어머니, 집사람, 안사람, 아내, 처
	모르는 사람에게		집사람, 안사람, 아내, 처, 애어머니, 애 엄마

5 동기와 그 배우자: 남자

(1) 형과 형의 아내에 대한 호칭과 지칭

구분		형	형의 아내
호칭		형, 형님	형수님, 아주머님, 아주머니
지칭	당사자에게	형, 형님	형수님, 아주머님, 아주머니
	부모에게	형	형수, 아주머니
	동기와 그 배우자에게	형, 형님	형수님, 형수, 아주머님, 아주머니
	처가 쪽 사람에게	형, 형님, ○○[자녀] 큰아버지	형수님, 아주머님, 아주머니, ○○[자녀] 큰어머니
	자녀에게	큰아버지, 큰아버님	큰어머니, 큰어머님
	그 밖의 사람에게	형, 형님, ○○[자녀] 큰아버지	형수님, ○○[자녀] 큰어머니

(2) 남동생과 남동생의 아내에 대한 호칭과 지칭

구분		남동생	남동생의 아내
호칭		○○[이름], 아우, 동생	제수씨, 계수씨
지칭	당사자에게	○○[이름], 아우, 동생	제수씨, 계수씨
	부모에게	○○[이름], 아우, 동생	제수, 제수씨, 계수, 계수씨
	동기와 그 배우자에게	○○[이름], 아우, 동생	제수, 제수씨, 계수, 계수씨
	처가 쪽 사람에게	아우, 동생, ○○[자녀] 작은아버지	제수, 제수씨, 계수, 계수씨, ○○[자녀] 작은어머니
	자녀에게	삼촌, 작은아버지	숙모, 작은어머니
	그 밖의 사람에게	○○[이름], 아우, 동생, ○○[자녀] 작은아버지	제수, 제수씨, 계수, 계수씨, ○○[자녀] 작은어머니

■ **형제자매의 배우자에 대한 호칭과 지칭**
남자나 여자 모두 손아래 형제자매나 형제자매의 배우자에게는 친근함을 표현하기 위해 '○○ 씨'와 같이 이름으로 부를 수 있다.

(3) 누나와 누나의 남편에 대한 호칭과 지칭

구분		누나	누나의 남편
호칭		누나, 누님	매형, 자형, 매부
지칭	당사자에게	누나, 누님	매형, 자형, 매부
	부모에게	누나	매형, 자형, 매부
	동기와 그 배우자에게	누나, 누님, 누이	매형, 자형, 매부
	처가 쪽 사람에게	누나, 누님, 누이, ○○[자녀] 고모	매형, 자형, 매부, ○○[자녀] 고모부
	자녀에게	고모, 고모님	고모부, 고모부님
	그 밖의 사람에게	누나, 누님, 누이, ○○[자녀] 고모	매형, 자형, 매부, ○○[자녀] 고모부

(4) 여동생과 여동생의 남편에 대한 호칭과 지칭

구분		여동생	여동생의 남편
호칭		○○[이름], 동생	○ 서방, 매부, 매제
지칭	당사자에게	○○[이름], 동생	○ 서방, 매부, 매제
	부모에게	○○[이름], 동생	○ 서방, 매부, 매제
	동기와 그 배우자에게	○○[이름], 동생, 누이	○ 서방, 매부, 매제
	처가 쪽 사람에게	누이동생, 여동생, 동생, 누이, ○○[자녀] 고모	매부, 매제, ○○[자녀] 고모부
	자녀에게	고모	고모부
	그 밖의 사람에게	누이동생, 여동생, 동생, 누이, ○○[자녀] 고모	○ 서방, 매부, 매제, ○○[자녀] 고모부

6 동기와 그 배우자: 여자

(1) 오빠와 오빠의 아내에 대한 호칭과 지칭

구분		오빠	오빠의 아내
호칭		오빠, 오라버니, 오라버님	새언니, 언니
지칭	당사자에게	오빠, 오라버니, 오라버님	새언니, 언니
	부모에게	오빠, 오라버니	새언니, 언니, 올케, 올케언니
	동기와 그 배우자에게	오빠, 오라버니, 오라버님	새언니, 언니, 올케, 올케언니
	시가 쪽 사람에게	오빠, 친정 오빠, 오라버니, 친정 오라버니, ○○[자녀] 외삼촌	올케, 올케언니, 새언니, ○○[자녀] 외숙모
	자녀에게	외삼촌, 외숙부, 외숙부님	외숙모, 외숙모님
	그 밖의 사람에게	오빠, 친정 오빠, 오라버니, 친정 오라버니, ○○[자녀] 외삼촌	올케, 올케언니, 새언니, ○○[자녀] 외숙모

(2) 남동생과 남동생의 아내에 대한 호칭과 지칭

단권화 MEMO

구분		남동생	남동생의 아내
호칭		○○[이름], 동생	올케
지칭	당사자에게	○○[이름], 동생	올케
	부모에게	○○[이름], 동생	올케
	동기와 그 배우자에게	○○[이름], 동생	올케
	시가 쪽 사람에게	친정 동생, ○○[자녀] 외삼촌	올케, ○○[자녀] 외숙모
	자녀에게	외삼촌, 외숙부	외숙모
	그 밖의 사람에게	○○[이름], 동생, 친정 동생, ○○[자녀] 외삼촌	올케, ○○[자녀] 외숙모

(3) 언니와 언니의 남편에 대한 호칭과 지칭

구분		언니	언니의 남편
호칭		언니	형부
지칭	당사자에게	언니	형부
	부모에게	언니	형부
	동기와 그 배우자에게	언니	형부
	시가 쪽 사람에게	언니, ○○[자녀] 이모	형부, ○○[자녀] 이모부
	자녀에게	이모, 이모님	이모부, 이모부님
	그 밖의 사람에게	언니, ○○[자녀] 이모	형부, ○○[자녀] 이모부

(4) 여동생과 여동생의 남편에 대한 호칭과 지칭

구분		여동생	여동생의 남편
호칭		○○[이름], 동생	○ 서방, 제부
지칭	당사자에게	○○[이름], 동생	○ 서방, 제부
	부모에게	○○[이름], 동생	○ 서방, 제부
	동기와 그 배우자에게	○○[이름], 동생	○ 서방, 제부
	시가 쪽 사람에게	친정 여동생, ○○[자녀] 이모	동생의 남편, ○○[자녀] 이모부, 제부
	자녀에게	이모	이모부
	그 밖의 사람에게	친정 여동생, ○○[자녀] 이모	동생의 남편, ○○[자녀] 이모부, 제부

■ 배우자의 형제자매에 대한 호칭
과 지칭

배우자의 형제자매와 친하게 지내는
가정에서는 배우자의 형제자매를 나
의 형제자매를 부르는 것처럼 부르기
도 한다. 예를 들면, 여자가 남편의 누
나를 '형님' 대신 '언니'로 부르거나, 남
자가 아내의 남동생을 '처남' 대신 이
름으로 직접 부르는 경우가 있다. 전통
적인 방식은 아니지만 집안의 분위기
에 따를 일이다.

■ 배우자의 형제자매의 배우자에
대한 호칭과 지칭

요즘은 며느리들 간, 사위들 간 서열과
나이가 뒤바뀐 경우가 종종 있는데, 이
때 '동서님'이라는 말을 두루 쓰는 것
이 좋다. 서열 관계를 기준으로 한 전
통적인 호칭보다 '-님'을 붙여 상대를
존중하는 뜻을 드러낸다면 호칭으로
생기는 갈등을 줄일 수 있을 것이다.

7 남편의 동기와 그 배우자

(1) 남편의 형과 그 아내에 대한 호칭과 지칭

구분		남편의 형	남편 형의 아내
호칭		아주버님, 아주버니	형님
지칭	당사자에게	아주버님, 아주버니	형님
	시가 쪽 사람에게	아주버님, 아주버니	형님
	친정 쪽 사람에게	시아주버니, ○○[자녀] 큰아버지	큰동서, 형님, 맏동서[남편 맏형의 아내만], ○○[자녀] 큰어머니
	자녀에게	큰아버지, 큰아버님	큰어머니, 큰어머님
	그 밖의 사람에게	시아주버니, ○○[자녀] 큰아버지	큰동서, 형님, 맏동서[남편 맏형의 아내만], ○○[자녀] 큰어머니

(2) 남편의 아우와 그 아내에 대한 호칭과 지칭

구분		남편의 아우	남편 아우의 아내
호칭		도련님[미혼], 서방님[기혼]	동서
지칭	당사자에게	도련님[미혼], 서방님[기혼]	동서
	시가 쪽 사람에게	도련님[미혼], 서방님[기혼]	동서
	친정 쪽 사람에게	시동생, ○○[자녀] 작은아버지, ○○[자녀] 삼촌	동서, 작은동서, ○○[자녀] 작은어머니
	자녀에게	작은아버지, 작은아버님, 삼촌	작은어머니, 작은어머님
	그 밖의 사람에게	시동생, 도련님[미혼], 서방님[기혼], ○○[자녀] 작은아버지, ○○[자녀] 삼촌	동서, 작은동서, ○○[자녀] 작은어머니

(3) 남편의 누나와 여동생에 대한 호칭과 지칭

구분		남편의 누나	남편의 여동생
호칭		형님	아가씨, 아기씨
지칭	당사자에게	형님	아가씨, 아기씨
	시가 쪽 사람에게	형님	아가씨, 아기씨
	친정 쪽 사람에게	시누이, 형님, ○○[자녀] 고모	시누이, ○○[자녀] 고모
	자녀에게	고모, 고모님	고모, 고모님
	그 밖의 사람에게	시누이, 형님, ○○[자녀] 고모	시누이, 아가씨, 아기씨, ○○[자녀] 고모

(4) 시누이의 남편에 대한 호칭과 지칭

구분		남편 누나의 남편	남편 여동생의 남편
호칭		아주버니, 아주버님	서방님
지칭	당사자에게	아주버니, 아주버님	서방님
	자녀에게	고모부, 고모부님	고모부, 고모부님
	자녀 외의 사람들에게	시누이 남편, 아주버님, ○○[지역] 아주버님, ○○[자녀] 고모부, ○○[자녀] 고모부님	시누이 남편, 서방님, ○○[지역] 서방님, ○ 서방, ○○[자녀] 고모부, ○○[자녀] 고모부님

8 아내의 동기와 그 배우자

(1) 아내의 남자 동기에 대한 호칭과 지칭

구분			아내 오빠	아내 남동생
호칭			형님	처남
지칭	당사자에게		형님	처남, 자네
	아내에게		형님	처남
	부모, 동기, 그 밖의 사람에게		처남, ○○[자녀] 외삼촌	처남, ○○[자녀] 외삼촌
	장인, 장모에게		형님	처남
	아내의	손위 동기와 그 배우자에게	형님	처남
		손아래 동기와 그 배우자에게	형님, 형, 오빠	처남, 동생, 형님, 형, 오빠
	자녀에게		외삼촌, 외숙부, 외숙부님	외삼촌, 외숙부, 외숙부님

(2) 아내의 남동생을 아내의 동기에게 지칭할 때

화자 (~가)	청자 (~에게)		지칭어 (~이라고 지칭한다.)	
나	① 아내 오빠, 아내 언니		처남	
	② 아내		처남	
	③ 아내 남동생, 아내 여동생		처남, 동생	
	④ 당사자인 남동생 (지칭 대상)		처남	
	⑤ 아내 남동생	아내 여동생	형, 형님	오빠

■ 청자 칸의 ①~⑤는 아내 동기들의 서열을 나타낸다.

(3) 아내 남자 동기의 배우자에 대한 호칭과 지칭

구분			아내 오빠의 아내	아내 남동생의 아내
호칭			아주머니, 아주머님	처남의 댁, 처남댁
지칭	당사자에게		아주머니, 아주머님	처남의 댁, 처남댁
	아내에게		처남의 댁, 처남댁	처남의 댁, 처남댁
	부모, 동기, 그 밖의 사람에게		처남의 댁, 처남댁, ○○[자녀] 외숙모	처남의 댁, 처남댁, ○○[자녀] 외숙모
	장인, 장모에게		처남의 댁, 처남댁	처남의 댁, 처남댁
	아내의	손위 동기와 그 배우자에게	처남의 댁, 처남댁	처남의 댁, 처남댁
		손아래 동기와 그 배우자에게	형수, 새언니, 언니, 올케, 올케언니	형수, 새언니, 언니, 올케, 올케언니
	자녀에게		외숙모, 외숙모님	외숙모, 외숙모님

(4) 아내의 여자 동기에 대한 호칭과 지칭

구분			아내 언니	아내 여동생
호칭			처형	처제
지칭		당사자에게	처형	처제
		아내에게	처형	처제
		부모, 동기, 그 밖의 사람에게	처형, ○○[자녀] 이모	처제, ○○[자녀] 이모
		장인, 장모에게	처형	처제
	아내의	손위 동기와 그 배우자에게	처형	처제
		손아래 동기와 그 배우자에게	누나, 누님, 언니	처형, 동생, 누나, 누님, 언니
		자녀에게	이모, 이모님	이모, 이모님

(5) 아내의 여동생을 아내의 동기에게 지칭할 때

■ 청자 칸의 ①~⑤는 아내 동기들의 서열을 나타낸다.

화자 (~가)	청자 (~에게)		지칭어 (~라고 지칭한다.)	
나	① 아내 오빠, 아내 언니		처제	
	② 아내		처제	
	③ 아내 남동생, 아내 여동생		처제, 동생	
	④ 당사자인 여동생(지칭 대상)		처제	
	⑤ 아내 남동생	아내 여동생	누나, 누님	언니

(6) 아내 여자 동기의 배우자에 대한 호칭과 지칭

구분			아내 언니의 남편	아내 여동생의 남편
호칭			형님	동서, ○ 서방
지칭		당사자에게	형님	동서, ○ 서방
		아내에게	형님	동서, ○ 서방
		부모, 동기, 그 밖의 사람에게	동서, ○○[자녀] 이모부	동서, ○○[자녀] 이모부
		장인, 장모에게	형님	동서, ○ 서방
	아내의	손위 동기와 그 배우자에게	형님	동서, ○ 서방
		손아래 동기와 그 배우자에게	매형, 자형, 매부, 형부, 형님	매형, 자형, 매부, 형부, ○ 서방
		자녀에게	이모부, 이모부님	이모부, 이모부님

9 조부모와 손주

(1) 조부모와 외조부모에 대한 호칭과 지칭

구분		조부모	외조부모
호칭		할아버지, 할머니	할아버지, 외할아버지, 할머니, 외할머니
지칭	당사자와 그 배우자에게	할아버지, 할머니	할아버지, 외할아버지, 할머니, 외할머니
	부모, 형제, 자매, 친척에게	할아버지, 할머니	외할아버지, 외할머니
	아내와 처가 쪽 사람에게	할아버지, 할머니	외할아버지, 외할머니
	남편과 시가 쪽 사람에게	할아버지, 할머니, 친정 할아버지, 친정 할머니	외할아버지, 외할머니, 친정 외할아버지, 친정 외할머니

(2) 시조부와 시조모에 대한 호칭과 지칭

구분		시조부	시조모
호칭		할아버님, 할아버지	할머님, 할머니
지칭	당사자에게	할아버님, 할아버지	할머님, 할머니
	시조모(시조부)에게	할아버님, 할아버지	할머님, 할머니
	시부모에게	할아버님, 할아버지	할머님, 할머니
	남편, 시가 쪽 사람에게	할아버님, 할아버지	할머님, 할머니
	부모, 동기, 친정 쪽 사람에게	시할아버님, 시할아버지, 시조부님, 시조부, ○○[자녀] 증조할아버님, ○○[자녀] 증조할아버지, ○○[자녀] 증조부님, ○○[자녀] 증조부	시할머님, 시할머니, 시조모님, 시조모, ○○[자녀] 증조할머님, ○○[자녀] 증조할머니, ○○[자녀] 증조모님, ○○[자녀] 증조모

(3) 시외조부와 시외조모에 대한 호칭과 지칭

구분		시외조부	시외조모
호칭		할아버님, 외할아버님, 할아버지	할머님, 할머니, 외할머니, 외할머니
지칭	당사자에게	할아버님, 외할아버님	할머님, 할머니, 외할머니, 외할머니
	시외조모(시외조부)에게	할아버님, 외할아버님	할머님, 할머니, 외할머니, 외할머니
	시부모에게	외할아버님	외할머님
	남편, 시가 쪽 사람에게	외할아버님	외할머님
	부모, 동기, 친정 쪽 사람에게	시외할아버님, 시외할아버지, 시외조부님, 시외조부	시외할머님, 시외할머니, 시외조모님, 시외조모

(4) 처조부와 처조모에 대한 호칭과 지칭

구분		처조부	처조모
호칭		할아버님, 할아버지	할머님, 할머니
지칭	당사자에게	할아버님	할머님
	처조모(처조부)에게	할아버님	할머님
	처부모에게	할아버님	할머님
	아내, 처가 쪽 사람에게	할아버님	할머님
	부모, 동기, 친척에게	처조부님, 처조부, ○○[자녀] 외증조할아버님, ○○[자녀] 외증조할아버지, ○○[자녀] 외증조부님, ○○[자녀] 외증조부	처조모님, 처조모, ○○[자녀] 외증조할머님, ○○[자녀] 외증조할머니, ○○[자녀] 외증조모님, ○○[자녀] 외증조모

(5) 처외조부와 처외조모에 대한 호칭과 지칭

구분		처외조부	처외조모
호칭		할아버님, 할아버지, 외할아버님, 외할아버지	할머님, 할머니, 외할머님, 외할머니
지칭	당사자에게	할아버님, 할아버지, 외할아버님, 외할아버지	할머님, 할머니, 외할머님, 외할머니
	처외조모(처외조부)에게	할아버님, 할아버지, 외할아버님, 외할아버지	할머님, 할머니, 외할머님, 외할머니
	처부모에게	외할아버님	외할머님
	아내, 처가 쪽 사람에게	외할아버님	외할머님
	부모, 동기, 친척에게	처외조부님, 처외조부	처외조모님, 처외조모

(6) 손주와 외손주에 대한 호칭과 지칭

구분		손주	외손주
호칭		○○[이름]	○○[이름]
지칭	집안 사람들에게	○○[이름]	○○[이름]
	그 밖의 사람에게	○○[이름], 손자, 손녀	○○[이름], 외손자, 외손녀, 손자, 손녀

10 숙질

(1) 아버지의 형과 그 아내에 대한 호칭과 지칭

구분		아버지의 형	아버지 형의 아내
호칭		큰아버지	큰어머니
지칭	당사자에게	큰아버지	큰어머니
	자녀에게	큰할아버지, 큰할아버님, ○○[지역] 큰할아버지, ○○[지역] 큰할아버님, ○○[지역] 할아버지, ○○[지역] 할아버님	큰할머니, 큰할머님, ○○[시█] 큰할머니, ○○[지역] 큰할머님, ○○[지역] 할머니, ○○[지역] 할머님
	당사자의 자녀에게	아버지, 아빠, 큰아버지	어머니, 엄마, 큰어머니
	그 밖의 사람에게	큰아버지, 백부[아버지 맏형만]	큰어머니, 백모[아버지 맏형의 아내만]

■ 아버지의 형제자매에 대한 호칭과 지칭

예전에는 형보다 동생이 먼저 결혼하는 일이 많지 않았기 때문에 동생이 결혼을 해서 자녀가 생겼을 때 형도 역시 자녀가 있는 것이 일반적이었다. 그런데 요즘에는 형이 결혼하지 않았는데 동생이 먼저 결혼하여 자녀가 생기는 경우도 있다. 아버지의 형에게 '큰아버지'라고 부르는 것이 전통적인 호칭이지만, 아버지의 형이 결혼하지 않았다면 '(큰)삼촌'으로 부르고 이르는 것도 가능하다.

(2) 아버지의 남동생과 그 아내에 대한 호칭과 지칭

구분		아버지의 남동생	아버지 남동생의 아내
호칭		작은아버지, 아저씨, 삼촌	작은어머니
지칭	당사자에게	작은아버지, 아저씨, 삼촌	작은어머니
	자녀에게	작은할아버지, 작은할아버님, ○○[지역] 작은할아버지, ○○[지역] 작은할아버님, ○○[지역] 할아버지, ○○[지역] 할아버님	작은할머니, 작은할머님, ○○[지역] 작은할머니, ○○[지역] 작은할머님, ○○[지역] 할머니, ○○[지역] 할머님
	당사자의 자녀에게	아버지, 아빠, 작은아버지	어머니, 엄마, 작은어머니
	그 밖의 사람에게	작은아버지, 숙부, 아저씨, 삼촌	작은어머니, 숙모

(3) 아버지의 누이와 그 남편에 대한 호칭과 지칭

구분		아버지의 누이	아버지 누이의 남편
호칭		고모, 아주머니	고모부, 아저씨
지칭	당사자에게	고모, 아주머니	고모부, 아저씨
	자녀에게	대고모, 대고모님, 왕고모, 왕고모님, 고모할머니, 고모할머님, ○○[지역] 할머니, ○○[지역] 할머님	대고모부, 대고모부님, 왕고모부, 왕고모부님, 고모할아버지, 고모할아버님, ○○[지역] 할아버지, ○○[지역] 할아버님
	당사자의 자녀에게	어머니, 엄마, 고모	아버지, 아빠, 고모부
	그 밖의 사람에게	고모	고모부, 고숙

(4) 어머니의 자매와 그 남편에 대한 호칭과 지칭

구분		어머니의 자매	어머니 자매의 남편
호칭		이모, 아주머니	이모부, 아저씨
지칭	당사자에게	이모, 아주머니	이모부, 아저씨
	자녀에게	이모할머니, 이모할머님, ○○[지역] 할머니, ○○[지역] 할머님	이모할아버지, 이모할아버님, ○○[지역] 할아버지, ○○[지역] 할아버님
	당사자의 자녀에게	어머니, 엄마, 이모	아버지, 아빠, 이모부
	그 밖의 사람에게	이모	이모부, 이숙

(5) 어머니의 남자 형제와 그 아내에 대한 호칭과 지칭

구분		어머니의 남자 형제	어머니 남자 형제의 아내
호칭		외삼촌, 아저씨	외숙모, 아주머니
지칭	당사자에게	외삼촌, 아저씨	외숙모, 아주머니
	자녀에게	아버지 외삼촌, ○○[지역] 할아버지, ○○[지역] 할아버님	아버지 외숙모, ○○[지역] 할머니, ○○[지역] 할머님
	당사자의 자녀에게	아버지, 아빠, 외삼촌, 외숙부	어머니, 엄마, 외숙모
	그 밖의 사람에게	외삼촌, 외숙	외숙모

(6) 남자 조카와 그 아내에 대한 호칭과 지칭

구분	남자 조카	남자 조카의 아내
호칭	○○[이름], 조카[친조카를, 남편의 조카를], 소카님[나이 많은 조카를], ○○[조카의 자녀] 아범, ○○[조카의 자녀] 아비	아가, 새아가, ○○[조카의 자녀] 어멈, ○○[조카의 자녀] 어미, 질부(姪婦)[친조카의 아내를, 남편 조카의 아내를], 생질부(甥姪婦)[누이의 며느리를], 이질부(姨姪婦)[자매의 며느리를]
지칭	○○[이름], 조카[친조카를, 남편의 조카를], 조카님[나이 많은 조카를], ○○[조카의 자녀] 아범, ○○[조카의 자녀] 아비, 생질(甥姪)[누이의 아들을, 남편 누이의 아들을], 이질(姨姪)[자매의 아들을, 아내 자매의 아들을], 처조카[아내의 조카를]	아기, 새아기, ○○[조카의 자녀] 어멈, ○○[조카의 자녀] 어미, 조카며느리[친조카의 아내를, 남편 조카의 아내를], 질부(姪婦)[친조카의 아내를, 남편 조카의 아내를], 생질부(甥姪婦)[누이의 며느리를, 남편 누이의 며느리를], 이질부(姨姪婦)[자매의 며느리를], 처조카며느리[아내 조카의 아내를], 처질부(妻姪婦)[아내 조카의 아내를], 처이질부(妻姨姪婦)[아내 자매의 며느리를]

(7) 여자 조카와 그 남편에 대한 호칭과 지칭

구분	여자 조카	여자 조카의 남편
호칭	○○[이름], 조카[친조카를, 남편의 조카를], 조카님[나이 많은 조카를], ○○[조카의 자녀] 어멈, ○○[조카의 자녀] 어미	○ 서방, ○○[조카의 자녀] 아범, ○○[조카의 자녀] 아비
지칭	○○[이름], 조카[친조카를, 남편의 조카를], 조카님[나이 많은 조카를], ○○[조카의 자녀] 어멈, ○○[조카의 자녀] 어미, 조카딸[친조카를, 남편의 여자 조카를], 질녀(姪女)[친조카를, 남편의 여자 조카를], 생질녀(甥姪女)[누이의 딸을, 남편 누이의 딸을], 이질(姨姪)[자매의 딸을], 이질녀(姨姪女)[자매의 딸을], 처조카[아내의 여자 조카를], 처조카딸[아내의 여자 조카를], 처이질(妻姨姪)[아내 자매의 딸을], 처이질녀(妻姨姪女)[아내 자매의 딸을]	○ 서방, ○○[조카의 자녀] 아범, ○○[조카의 자녀] 아비, 조카사위[친조카의 남편을, 남편 조카의 남편을], 질서(姪壻)[친조카의 남편을, 남편 조카의 남편을], 생질서(甥姪壻)[누이의 사위를, 남편 누이의 사위를], 이질서(姨姪壻)[자매의 사위를], 처조카사위[아내 조카의 남편을], 처질서(妻姪壻)[아내 조카의 남편을], 처이질서(妻姨姪壻)[아내 자매의 사위를]

11 사촌

(1) 아버지 동기의 자녀에 대한 호칭과 지칭

호칭			형, ○○[이름] 형, 형님, ○○[이름] 형님, 오빠, ○○[이름] 오빠, 누나, ○○[이름] 누나, 누님, ○○[이름] 누님, 언니, ○○[이름] 언니, ○○[이름][동갑, 손아래 사촌일 경우]
지칭	당사자와 그 배우자에게		형, ○○[이름] 형, 형님, ○○[이름] 형님, 오빠, ○○[이름] 오빠, 누나, ○○[이름] 누나, 누님, ○○[이름] 누님, 언니, ○○[이름] 언니, ○○[이름][동갑, 손아래 사촌일 경우]
	부모, 친척에게		○○[이름] 형, ○○[이름] 형님, ○○[이름] 오빠, ○○[이름] 누나, ○○[이름] 누님, ○○[이름] 언니, ○○[이름][동갑, 손아래 사촌일 경우]
	당사자의 자녀에게		아버지, 아빠, 어머니, 엄마
	그 밖의 사람에게	아버지 남자 동기의 자녀를	사촌 형, 사촌 형님, 사촌 오빠, 사촌 누나, 사촌 누님, 사촌 언니, 사촌, 사촌 동생
		아버지 여자 동기의 자녀를	고종형, 고종형님, 고종사촌 형, 고종사촌 형님, 고종사촌 오빠, 고종사촌 누나, 고종사촌 누님, 고종사촌 언니, 고종사촌, 고종사촌 동생

(2) 어머니 동기의 자녀에 대한 호칭과 지칭

<table>
<tr><td colspan="2">호칭</td><td>형, ○○[이름] 형, 형님, ○○[이름] 형님, 오빠, ○○[이름] 오빠, 누나, ○○[이름] 누나, 누님, ○○[이름] 누님, 언니, ○○[이름] 언니, ○○[이름] [동갑, 손아래 사촌일 경우]</td></tr>
<tr><td rowspan="5">지칭</td><td>당사자와 그 배우자에게</td><td>형, ○○[이름] 형, 형님, ○○[이름] 형님, 오빠, ○○[이름] 오빠, 누나, ○○[이름] 누나, 누님, ○○[이름] 누님, 언니, ○○[이름] 언니, ○○[이름] [동갑, 손아래 사촌일 경우]</td></tr>
<tr><td>부모, 친척에게</td><td>○○[이름] 형, ○○[이름] 형님, ○○[이름] 오빠, ○○[이름] 누나, ○○[이름] 누님, ○○[이름] 언니, ○○[이름] [동갑, 손아래 사촌일 경우]</td></tr>
<tr><td>당사자의 자녀에게</td><td>아버지, 아빠, 어머니, 엄마</td></tr>
<tr><td rowspan="2">그 밖의 사람에게</td><td>어머니 남자 동기의 자녀를</td></tr>
</table>

<table>
<tr><td>어머니 남자 동기의 자녀를</td><td>외사촌 형, 외사촌 형님, 외사촌 오빠, 외사촌 누나, 외사촌 누님, 외사촌 언니, 외사촌, 외사촌 동생</td></tr>
<tr><td>어머니 여자 동기의 자녀를</td><td>이종형, 이종형님, 이종사촌 형, 이종사촌 형님, 이종사촌 오빠, 이종사촌 누나, 이종사촌 누님, 이종사촌 언니, 이종사촌, 이종사촌 동생</td></tr>
</table>

12 사돈 사이

(1) [같은 항렬] 자녀 배우자*의 부모에 대한 호칭과 지칭

＊자녀 배우자
며느리, 사위

■ 며느리, 사위의 부모에 대한 호칭과 지칭
결혼은 나의 가족과 같은 범위의 가족이 더 생기는 것이어서 결혼으로 맺어진 사돈 간에도 다양한 관계들을 고려해 불러야 한다. 우선 사위나 며느리의 부모를 부르거나 이르는 말은 내가 아버지인지 어머니인지에 따라, 상대방이 아버지인지 어머니인지에 따라 다른 것이 전통의 방식이다. 그러나 관계에 상관없이 쓸 수 있는 말로 '사돈', '사돈어른'이 있다. 손주의 이름을 빌려서 '○○[손주 이름] 할아버지', '○○[손주 이름] 할머니', '○○[손주 이름] 외할아버지', '○○[손주 이름] 외할머니'로 부르는 방법도 가능하다.

구분		내가 아버지인 경우		내가 어머니인 경우	
		자녀 배우자의 아버지를	자녀 배우자의 어머니를	자녀 배우자의 아버지를	자녀 배우자의 어머니를
호칭		사돈어른, 사돈	사부인	사돈어른, 밭사돈	사부인, 사돈
지칭	당사자에게	사돈어른, 사돈	사부인	사돈어른, 밭사돈	사부인, 사돈
	자기 쪽 사람에게	사돈, ○○[외손주] 할아버지, ○○[손주] 외할아버지	사부인, ○○[외손주] 할머니, ○○[손주] 외할머니	사돈어른, 밭사돈, ○○[외손주] 할아버지, ○○[손주] 외할아버지	사부인, ○○[외손주] 할머니, ○○[손주] 외할머니
	사돈 쪽 사람에게	사돈어른, 사돈, ○○[외손주] 할아버지, ○○[손주] 외할아버지	사부인, ○○[외손주] 할머니, ○○[손주] 외할머니	사돈어른, ○○[외손주] 할아버지, ○○[손주] 외할아버지	사부인, ○○[외손주] 할머니, ○○[손주] 외할머니

(2) [같은 항렬] 자녀 배우자의 삼촌 항렬에 대한 호칭과 지칭

구분		내가 아버지인 경우		내가 어머니인 경우	
		자녀 배우자의 삼촌, 외삼촌을	자녀 배우자의 고모, 이모를	자녀 배우자의 삼촌, 외삼촌을	자녀 배우자의 고모, 이모를
호칭		사돈어른, 사돈	사부인	사돈어른, 밭사돈	사부인, 사돈
지칭	당사자에게	사돈어른, 사돈	사부인	사돈어른, 밭사돈	사부인, 사돈
	자기 쪽 사람에게	사돈	사부인	사돈어른	사부인
	사돈 쪽 사람에게	사돈어른, 사돈	사부인	사돈어른	사부인

(3) [같은 항렬] 동기 배우자*의 동기 및 그 배우자에 대한 호칭과 지칭

구분		남자	여자
호칭		사돈, 사돈도령, 사돈총각	사돈, 사돈아가씨, 사돈처녀
지칭	당사자에게	사돈, 사돈도령, 사돈총각	사돈, 사돈아가씨, 사돈처녀
	그 밖의 사람에게	사돈, 사돈도령, 사돈총각	사돈, 사돈아가씨, 사돈처녀

(4) [위 항렬] 자녀 배우자의 조부모 및 동기 배우자의 부모에 대한 호칭과 지칭

호칭		사장어른
지칭	당사자에게	사장어른
	그 밖의 사람에게	사장어른

(5) [아래 항렬] 자녀 배우자의 동기와 그 자녀, 동기 배우자의 조카에 대한 호칭과 지칭

구분		남자	여자
호칭		사돈, 사돈도령, 사돈총각	사돈, 사돈아가씨, 사돈처녀
지칭	당사자에게	사돈, 사돈도령, 사돈총각	사돈, 사돈아가씨, 사돈처녀
	그 밖의 사람에게	사돈, 사돈도령, 사돈총각, ○○[외손주] 삼촌, ○○[손주] 외삼촌	사돈, 사돈아가씨, 사돈처녀, ○○[손주] 이모, ○○[외손주] 고모

02 계촌법

1 개념

'계촌법'은 일가의 촌수를 따지는 방법이다. 촌수를 따질 때 가장 기초가 되는 것은 '나'(자기)로서, 혈연을 기준으로 정해진다.

2 계촌도

(1) 남자[직계(直系)]

2촌 조부 (祖父)		4촌 종조 (從祖)	6촌 재종조 (再從祖)	8촌 3종조 (三從祖)	
1촌 부 (父)	3촌 백숙부 (伯叔父)	5촌 종백숙부 (從伯叔父)	7촌 재종백숙부 (再從伯叔父)	9촌 3종백숙부 (三從伯叔父)	
0촌 나 (己)	2촌 형, 제 (兄, 弟)	4촌 종형제 (從兄弟)	6촌 재종형제 (再從兄弟)	8촌 3종형제 (三從兄弟)	10촌 4종형제 (四從兄弟)
1촌 아들 (子)	3촌 질 (姪)	5촌 종질 (從姪)	7촌 재종질 (再從姪)	9촌 3종질 (三從姪)	11촌 4종질 (四從姪)
2촌 손자 (孫)	4촌 종손 (從孫)	6촌 재종손 (再從孫)	8촌 3종손 (三從孫)	10촌 4종손 (四從孫)	

(2) 여자[내종간(內從間, 고모계)]

4촌 고조 (高祖)				
3촌 증조 (曾祖)				5촌 증대고모 (曾大姑母)
2촌 조 (祖)			4촌 대고모 (大姑母)	6촌 내재종조 (內再從祖)
1촌 부 (父)		3촌 고모 (姑母)	5촌 내종숙 (內從叔)	7촌 내재종숙 (內再從叔)
0촌 나 (己)	2촌 자매 (姉妹)	4촌 내종형제 (內從兄弟)	6촌 내재종형제 (內再從兄弟)	8촌 내3종형제 (內三從兄弟)
1촌 딸 (女)	3촌 생질 (甥姪)	5촌 내종질 (內從姪)	7촌 내재종질 (內再從姪)	9촌 내3종질 (內三從姪)
2촌 손녀 (孫女)	4촌 이손 (離孫)	6촌 내재종손 (內再從孫)	8촌 내3종손 (內三從孫)	10촌 내4종손 (內四從孫)

(3) 외가[외종간(外從間)]

03 사회에서의 호칭과 지칭

1 직장 사람과 그 가족

(1) 상사, 직급이 같은 동료, 아래 직원에 대한 호칭과 지칭

구분	상사	직급이 같은 동료	아래 직원
호칭 및 지칭	선생님, ○ 선생님, ○○○ 선생님, ○ 선배님, ○○○ 선배님, ○ 여사님, ○○○ 여사님, 부장님, ○ 부장님, ○○○ 부장님, 총무부장님	○○○ 씨, ○○ 씨, 선생님, ○ 선생님, ○○○ 선생님, ○ 선생, ○○○ 선생, 선배님, ○ 선배님, ○○○ 선배님, 선배, ○ 선배, ○○ 선배, 형, ○ 형, ○○ 형, ○○ 형, 언니, ○○ 언니, ○ 여사, ○○○ 여사, 과장님, ○ 과장님, ○ 과장, ○○○ 과장	○○ 씨, ○○○ 씨, ○ 선생님, ○○○ 선생님, ○ 선생, ○○○ 선생, ○ 형, ○○ 형, ○○○ 형, ○ 여사, ○○○ 여사, ○ 군, ○ 군, ○○○ 군, ○ 양, ○○ 양, ○○○ 양, 과장님, ○ 과장님, ○ 과장, ○○○ 과장, 총무과장

■ 직장 상사에 대한 호칭과 지칭
전통적으로 직장 상사를 부르거나 이를 때는 '○○[직함 이름]님'을 기본으로 하고 그 앞에 이름이나 성, 부서 등을 붙여 해당 상사를 구별해 불러 왔다. 직함이 없는 상사는 '선배님'과 '선생님'으로 부르거나 이를 수 있다. 오늘날에도 이런 방식에는 변함이 없다. 다만 친밀함의 정도가 높은 사이에는 '-님'을 붙여 높여 부르는 것이 서로 어색한 경우가 있다. 그럴 때는 '○○○ 선배', '○ 선배' 등과 같이 부르기도 한다. 이 호칭은 본인보다 나이가 어린 선배에게도 사용할 수 있다.

(2) 상사의 아내, 남편, 자녀에 대한 호칭과 지칭

구분		상사의 아내	상사의 남편	상사의 자녀
호칭		사모님, 아주머님, 아주머니, ○ 선생님, ○○○ 선생님, ○ 과장님, ○○○ 과장님, 여사님, ○ 여사님	선생님, ○ 선생님, ○○○ 선생님, 과장님, ○ 과장님, ○○ 과장님	○○[이름], ○○○ 씨, 과장님, ○ 과장님, ○ 과장
지칭	당사자에게	사모님, 아주머님, 아주머니, ○ 선생님, ○○○ 선생님, ○ 과장님, ○○○ 과장님, 여사님, ○ 여사님	선생님, ○ 선생님, ○○○ 선생님, 과장님, ○ 과장님, ○○ 과장님	○○[이름], ○○○ 씨, 과장님, ○ 과장님, ○ 과장, 아드님, 따님, 자제분
	해당 상사에게	사모님, 아주머님, 아주머니, ○ 선생님, ○○○ 선생님, ○ 과장님, ○○○ 과장님, 여사님, ○ 여사님	바깥어른, 선생님, ○ 선생님, ○○○ 선생님, 과장님, ○ 과장님, ○○○ 과장님	아드님, 따님, 자제분, ○○[이름], ○○○ 씨, 과장님, ○ 과장님, ○ 과장
	그 밖의 사람에게	사모님, 과장님 부인, ○ 과장님 부인, ○○○ 과장님 부인, 과장님 사모님, ○ 과장님 사모님, ○○○ 과장님 사모님	과장님 바깥어른, ○ 과장님 바깥어른, ○○○ 과장님 바깥어른, 과장님 바깥양반, ○ 과장님 바깥양반, ○○○ 과장님 바깥양반, 과장 바깥양반, ○ 과장 바깥양반, ○○○ 과장 바깥양반	과장님 아드님, ○ 과장님 아드님, ○○○ 과장님 아드님, 과장님 따님, ○ 과장님 따님, ○○○ 과장님 따님, 과장님 자제분, ○ 과장님 자제분, ○○ 과장님 자제분

(3) 동료나 아래 직원의 아내, 남편, 자녀에 대한 호칭과 지칭

구분		동료나 아래 직원의 아내	동료나 아래 직원의 남편	동료나 아래 직원의 자녀
호칭		○○ 씨, ○○○ 씨, 아주머님, 아주머니, ○ 선생님, ○○ 선생님, ○ 과장님, ○○ ○ 과장님	○○ 씨, ○○○ 씨, 선생님, ○ 선생님, ○○○ 선생님, 과장님, ○ 과장님, ○○○ 과장님	○○[이름], ○○○ 씨, 과장님, ○ 과장님, ○ 과장
지칭	당사자에게	○○ 씨, ○○○ 씨, 아주머님, 아주머니, ○ 선생님, ○○○ 선생님, ○ 과장님, ○○○ 과장님	○○ 씨, ○○○ 씨, 선생님, ○ 선생님, ○○○ 선생님, 과장님, ○ 과장님, ○○○ 과장님	○○[이름], ○○○ 씨, 과장님, ○ 과장님, ○ 과장, 아드님, 아들, 따님, 딸, 자제분
	해당 동료 및 해당 아래 직원에게	아주머님, 아주머니, 부인, ○ ○ 씨, ○○○ 씨, ○ 선생님, ○○○ 선생님, ○ 과장님, ○ ○○ 과장님	남편, 부군, 바깥양반, ○○ 씨, ○○○ 씨, 선생님, ○ 선생님, ○○○ 선생님, 과장님, ○ 과장님, ○○○ 과장님	아드님, 아들, 따님, 딸, 자제분, ○○[이름], ○○○ 씨, 과장님, ○ 과장님, ○ 과장
	그 밖의 사람에게	과장님 부인, ○ 과장님 부인, ○○○ 과장님 부인, 과장 부인, ○ 과장 부인, ○○○ 과장 부인, ○○○ 씨 부인	과장님 남편, ○ 과장님 남편, ○○○ 과장님 남편, 과장 남편, ○ 과장 남편, ○○○ 과장 남편, ○○○ 씨 남편, 과장님 바깥양반, ○ 과장님 바깥양반, ○○○ 과장님 바깥양반, 과장 바깥양반, ○ 과장 바깥양반, ○○○ 과장 바깥양반, ○○○ 씨 바깥양반	과장님 아드님, ○ 과장님 아드님, ○○○ 과장님 아드님, 과장님 아들, ○ 과장님 아들, ○○○ 과장님 아들, 과장 아들, ○ 과장 아들, ○○○ 과장 아들, ○○○ 씨 아들, 과장님 따님, ○ 과장님 따님, ○○○ 과장님 따님, 과장님 딸, ○ 과장님 딸, ○○○ 과장님 딸, 과장 딸, ○ 과장 딸, ○○○ 과장 딸, ○○○ 씨 딸, 과장님 자제분, ○ 과장님 자제분, ○ ○○ 과장님 자제분

2 지인

(1) 친구의 아내와 친구의 남편에 대한 호칭과 지칭

구분		친구의 아내	친구의 남편
호칭		아주머니, ○○ 씨, ○○○ 씨, ○○[친구 자녀] 어머니, ○○ 엄마, ○ 여사, 여사님, ○ 여사님, 과장님, ○ 과장님, ○ 선생, 선생님, ○ 선생님	○○ 씨, ○○○ 씨, ○○[친구 자녀] 아버지, ○○ 아빠, 과장님, ○ 과장님, 선생님, ○ 선생님
지칭	당사자에게	아주머니, ○○ 씨, ○○○ 씨, ○○[친구 자녀] 어머니, ○○ 엄마, ○ 여사, 여사님, ○ 여사님, 과장님, ○ 과장님, ○ 선생, 선생님, ○ 선생님	○○ 씨, ○○○ 씨, ○○[친구 자녀] 아버지, ○○ 아빠, 과장님, ○ 과장님, 선생님, ○ 선생님
	해당 친구에게	부인, 집사람, 안사람, ○○ 씨, ○○○ 씨, ○○[친구 자녀] 어머니, ○○ 엄마, ○ 과장님	남편, 바깥양반, ○○ 씨, ○○○ 씨, ○○[친구 자녀] 아버지, ○○ 아빠, ○ 과장님
	아내(남편)에게	○○[친구] 부인, ○○[친구] 집사람, ○○[친구] 안사람, ○○[친구] 처, ○○[친구] 씨 부인, ○○[친구 지녀] 어머니, ○○ 엄마, ○ 과장 부인, ○ 과장님	○○[친구] 남편, ○○[친구] 바깥양반, ○○[친구] 씨 남편, ○○[친구 자녀] 아버지, ○○ 아빠, ○ 과장 남편, ○ 과장님
	자녀에게	○○[친구 자녀] 어머니, ○○ 엄마, 아주머니, ○○[지역] 아주머니, ○ 과장님	○○[친구 자녀] 아버지, ○○ 아빠, 아저씨, ○○[지역] 아저씨, ○ 과장님
	다른 친구에게	○○[친구] 부인, ○○[친구] 집사람, ○○[친구] 안사람, ○○[친구] 처, ○○[친구] 씨 부인, ○○ 씨, ○○○ 씨, ○○[친구 자녀] 어머니, ○○ 엄마, ○ 과장 부인	○○[친구] 남편, ○○[친구] 바깥양반, ○○[친구] 씨 남편, ○○ 씨, ○○○ 씨, ○○[친구 자녀] 아버지, ○○ 아빠, ○ 과장 남편

(2) 남편의 친구와 아내의 친구에 대한 호칭과 지칭

구분		남편의 친구	아내의 친구
호칭		○○ 씨, ○○○ 씨, ○○[남편 친구의 자녀] 아버지, 과장님, ○ 과장님, ○○○ 과장님, 선생님, ○ 선생님, ○○○ 선생님	○○ 씨, ○○○ 씨, ○○[아내 친구의 자녀] 어머니, 아주머니, ○ 선생, 선생님, ○ 선생님, ○○○ 선생님, 과장님, ○ 과장님, ○○○ 과장님, ○ 여사, 여사님, ○ 여사님, ○○○ 여사님
지칭	당사자에게	○○ 씨, ○○○ 씨, ○○[남편 친구의 자녀] 아버지, 과장님, ○ 과장님, ○○○ 과장님, 선생님, ○ 선생님, ○○○ 선생님	○○ 씨, ○○○ 씨, ○○[아내 친구의 자녀] 어머니, 아주머니, ○ 선생, 선생님, ○ 선생님, ○○○ 선생님, 과장님, ○ 과장님, ○○○ 과장님, ○ 여사, 여사님, ○ 여사님, ○○○ 여사님
	남편(아내)에게	○○ 씨, ○○○ 씨, ○○[남편 친구의 자녀] 아버지, ○ 과장님, ○○○ 과장님, ○ 선생님, ○○○ 선생님	○○ 씨, ○○○ 씨, ○○[아내 친구의 자녀] 어머니, ○ 과장님, ○○○ 과장님, ○ 선생, ○ 선생님, ○○○ 선생님
	자녀에게	아저씨, ○○[지역] 아저씨, ○○[남편 친구의 자녀] 아버지, ○ 과장님	아주머니, ○○[지역] 아주머니, ○○[아내 친구의 자녀] 어머니, ○ 과장님
	그 밖의 사람에게	○○ 씨, ○○○ 씨, ○○[남편 친구의 자녀] 아버지, ○ 과장님, ○○○ 과장님, ○ 선생님, ○○○ 선생님	○○ 씨, ○○○ 씨, ○○[아내 친구의 자녀] 어머니, ○ 과장님, ○○○ 과장님, ○ 선생님, ○○○ 선생님

■ 친구 가족에 대한 호칭과 지칭
친구의 아내를 '제수' 또는 '제수씨'라고 부르는 경우가 있다. 가족 간에 부르거나 이르는 말의 쓰임이 사회적인 관계로 확장된 사례이다. 그런데 「표준국어대사전」에 '제수'는 '남자 형제 사이에서 동생의 아내'를 이르거나 '남남의 남자끼리 동생뻘이 되는 남자의 아내'를 이르는 말로 한정되어 있어, 친구의 아내를 부르거나 이를 때 '제수'라고 하는 것은 옳지 않다. 그러나 친구 사이가 형제처럼 친밀하고 친구의 아내가 이에 대해 불편한 마음을 느끼지 않는다면 '제수'라는 말을 쓸 수 있다.

(3) 부모님의 친구에 대한 호칭과 지칭

구분	아버지의 친구	어머니의 친구
호칭 및 지칭	아저씨, ○○[지역] 아저씨, ○○[아버지 친구의 자녀] 아버지, 어르신, 선생님, 과장님, ○ 과장님	아주머니, ○○[지역] 아주머니, 아줌마, ○○[지역] 아줌마, ○○[어머니 친구의 자녀] 어머니, 어르신, 선생님, 과장님, ○ 과장님

(4) 친구의 부모님에 대한 호칭과 지칭

구분		친구의 아버지	친구의 어머니
호칭		아저씨, ○○[지역] 아저씨, ○○[친구] 아버지, 아버님, ○○[친구] 아버님, 어르신, ○○[친구의 자녀] 할아버지	아주머니, ○○[지역] 아주머니, 아줌마, ○○[지역] 아줌마, 어머니, ○○[친구] 어머님, ○○[친구] 어머니, ○○[친구] 엄마, 어르신, ○○[친구의 자녀] 할머니
지칭	당사자에게	아저씨, ○○[지역] 아저씨, ○○[친구] 아버지, 아버님, ○○[친구] 아버님, 어르신, ○○[친구의 자녀] 할아버지	아주머니, ○○[지역] 아주머니, 아줌마, ○○[지역] 아줌마, 어머니, ○○[친구] 어머님, ○○[친구] 어머니, ○○[친구] 엄마, 어르신, ○○[친구의 자녀] 할머니
	해당 친구에게	아버님, 아버지, 아빠, 어르신, 부친, 춘부장	어머님, 어머니, 엄마, 어르신, 모친, 자당

3 선생님의 배우자

구분		남자 선생님의 아내	여자 선생님의 남편
호칭		사모님, 선생님, ○ 선생님, ○○○ 선생님, 과장님, ○ 과장님	사부(師夫)님, 선생님, ○ 선생님, ○○ ○ 선생님, 과장님, ○ 과장님
지칭	당사자 및 해당 선생님에게	사모님, 선생님, ○ 선생님, ○○○ 선생님, 과장님, ○ 과장님	사부(師夫)님, 선생님, ○ 선생님, ○○○ 선생님, 과장님, ○ 과장님, 바깥어른

4 직원과 손님

(1) 식당, 상점, 회사, 관공서 등의 직원에 대한 호칭과 지칭

호칭 및 지칭	아저씨, 젊은이, 총각, 아주머니, 아가씨, ○○ 씨, ○○○ 씨, 과장님, ○ 과장님, ○ ○○ 과장님, ○ 과장, ○○○ 과장, 선생님, ○ 선생님, ○○○ 선생님, ○ 선생, ○ ○○ 선생 [주로 식당, 상점 등에서의 호칭]: 여기요, 여보세요

(2) 식당, 상점, 회사, 관공서 등의 손님에 대한 호칭과 지칭

호칭 및 지칭	손님, ○○○ 님, ○○○ 손님

단권화 MEMO

■ 직원과 손님에 대한 호칭과 지칭
예전에는 손님이 직원을 '젊은이', '총각', '아가씨' 등으로 불렀는데, 이러한 말을 사용하는 것은 나이 차이나 손님으로서 갖게 되는 사회적 힘의 차이를 드러내려는 의도로 보일 수 있다. 직원을 '아줌마'로 부르는 경우도 상대방을 낮추는 느낌이 들게 할 수 있다. 요즘은 시민들의 문화 의식이 점차 높아지면서 식당이나 상점 직원을 '아줌마', '아저씨', '젊은이', '총각', '아가씨' 등으로 부르는 관습들이 점차 개선되고 있다.

04 경어법

우리말은 남을 높여서 말하는 경어법이 잘 발달된 언어이다. 올바른 경어법을 사용하기 위해서 어휘를 잘 선택해서 쓸 줄 알아야 한다.

1 가정에서의 경어법

① 용언(동사·형용사)이 여러 개 함께 나타날 경우 대체로 문장의 마지막 용언에 높임 선어말 어미 '-시-'를 쓴다.

> 예
> - 할머니가 책을 읽으시고 계시다. (×)
> - 할머니가 책을 읽고 계시다. (○)

② '야단'은 어른에게 쓸 수 없는 말이다.

> 예
> - 아버지한테 야단을 맞았다. (×)
> - 아버지한테 걱정(꾸중/꾸지람)을 들었다. (○)

③ 존칭의 조사 '께서', '께'는 일상 대화에서는 잘 쓰이지 않는다. 용언의 '-시-'로 높였다고 생각하기 때문이다.

> 예
> - 아버지께서 어머니께 재미있는 이야기를 하셨습니다. (덜 자연스러운 표현)
> - 아버지가 어머니한테 재미있는 이야기를 하셨습니다. (더 자연스러운 표현)

단, 깍듯이 존대해야 할 사람이나 공식적인 자리에서는 '께서', '께' 등으로 높여야 한다.

④ 존경의 어휘를 쓰지 않아야 할 자리에 존경의 어휘를 쓰는 것은 잘못이다.

> 예
> - 아버님은 9층에 볼일이 계시다. (×)
> - 아버님은 9층에 볼일이 있으시다. (○)

⑤ 다른 사람에게 부모를 말할 때는 언제나 높여 말한다.

> 예 저희(우리) 아버지께서 이렇게 말씀하셨습니다. (○)

⑥ 자녀를 손주에게 말할 때는 '아비(아범)/어미(어멈)'보다는 '아버지/어머니'로 가리키고, 서술어에 '-시-'를 넣지 않고 말하는 것이 표준이다.

> 예
> - ○○야, 아비(아범) 좀 오라고 해라. (×)
> - ○○야, 아버지 좀 오라고 해라. (○)

단, 손주에게 부모는 대우해서 표현해야 할 윗사람이라는 것을 가르친다는 교육적인 차원에서 서술어에 '-시-'를 넣어 "○○야, 아버지/어머니 좀 오시라고 해라."라고 할 수도 있다.

2 직장에서의 경어법

① 윗사람에 관해서 말할 때는 듣는 사람이 누구든지 '-시-'를 넣어 말하는 것이 바람직하다. 이것은 가정에서 아버지를 할아버지께 말할 때 "할아버지, 아버지가 진지 잡수시라고 하였습니다."와 같이 아버지를 높이지 않는 것과는 다르다. 곧, 가정과 직장의 언어 예절에는 차이가 있다. 간혹 압존법*을 적용하여 직장에서도 낮추어 말해야 한다고 생각하는 사람이 있으나 이는 우리의 전통 언어 예절과는 거리가 멀다.

> 예
> - (평사원이) 사장님, 이 과장은 은행에 갔습니다. (×)
> - (평사원이) 사장님, 이 과장님은 은행에 가셨습니다. (○)

② 직장에서 직급이 높은 사람 또는 직급이 같거나 낮은 사람에게도 직장 사람들에 관해 말할 때는 '-시-'를 넣어 존대한다.

> 예 (사장이 과장에게) 김 대리 어디에 가셨습니까? (○)

▼ 압존법
윗사람 앞에서 그 사람보다 낮은 윗사람을 낮추는 어법

3 공손법

① 관공서 등의 직원이 손님을 맞을 때는 관공서 등의 직급에 관계없이 "손님, 도장 가지고 오셨습니까?"처럼 정중하게 말하는 것이 바람직하고, 손님도 "이제 다 되었습니까?" 하고 말하는 것이 좋다.

② 버스 등 우연한 자리에서 연세가 위인 분에게는 "좀 비켜 주세요."라는 표현보다는 "제가 지나가도 되겠습니까?", "비켜 주시겠습니까?"처럼 완곡한 표현을 하는 것이 바람직하다.

③ 집에서는 "할아버지 진지 잡수셨습니까?"처럼 '밥'에 대하여 '진지'를 쓰지만, 직장이나 일반 사회에서는 "과장님, 점심 잡수셨습니까?"처럼 '점심(저녁)'이나 '식사'를 쓰는 것이 좋다.

05 인사말

1 아침, 저녁

① 아침에 집에서 윗사람에게 하는 인사로는 "안녕히 주무셨습니까?", "진지 잡수셨습니까?"가 가장 알맞은 말이다. 동년배나 아랫사람에게는 "안녕?", "잘 잤니?"와 같이 인사하면 된다.

② 저녁에 잠자리에 들기 전에 어른들께는 꼭 "안녕히 주무십시오."라고 인사하고 형제들끼리는 "잘 자."라고 인사하면 된다.

2 만나고 헤어질 때

① 아침에 집을 나서면서 "(~에) 다녀오겠습니다.", "다녀오리다.", "다녀오마." 따위로 인사하고, 나갔다가 들어올 때는 "(~에) 다녀왔습니다.", "다녀왔소." 따위로 인사한다.

② 오랜만에 만나게 된 어른에게는 "그동안 안녕하셨습니까?" 하고 인사를 하는 것이 가장 정중한 인사이다. 이웃 사람을 만났을 때는 "안녕하십니까?" 하고 인사하면 된다.

③ 직장에서 먼저 퇴근할 경우에 윗사람에게는 "먼저 (나)가겠습니다.", "내일 뵙겠습니다."로 인사한다. "먼저 실례합니다."나 "수고하십시오."는 윗사람에게 쓰지 않는다. 거래처 등에서 볼일을 마치고 돌아갈 때는 "고맙습니다. 안녕히 계십시오."라고 인사한다.

3 전화 예절

(1) 전화를 받을 때의 말

① 우리나라에서는 전화를 받는 사람이 먼저 말을 시작한다. 집에서 전화를 받을 경우 "여보세요."라고 말하는 것이 표준이며, "네."는 거만한 느낌을 줄 수 있으므로 쓰지 않는다. 직장에서 받을 때는 "네, ○○주식회사입니다." 하고 받으면 된다.

② 전화를 바꾸어 줄 때는 집에서나 직장에서 모두 "(네,) 잠시(잠깐, 조금) 기다려 주십시오. 바꾸어 드리겠습니다."라고 하는 것이 좋다. 만약, 전화를 건 사람이 누구인지 밝히지 않았을 경우에는 "누구(시)라고 전해 드릴까요(여쭐까요)?"라고 할 수 있다.

③ 전화가 잘못 걸려 오면 "아닌데요(아닙니다), 전화 잘못 걸렸습니다."라고 말하는 것이 좋다. 단, "(전화) 잘못 거셨습니다."와 같이 상대방의 잘못으로 돌리는 표현은 하지 않는다.

(2) 전화를 걸 때의 말

① 집에 전화를 걸 때 상대방이 응답을 하면 "안녕하십니까? (저는, 여기는) ○○○입니다. ○○○ 씨 계십니까?"와 같이 인사를 하고 자신의 신분을 밝히는 것이 기본 예절이다.

② 통화하고 싶은 사람이 없을 때는 "말씀 좀 전해 주시겠습니까?", "죄송합니다만(미안합니다만) ○○○한테서 전화 왔었다고 전해 주시겠습니까?"와 같이 말한다.

③ 대화를 마치고 전화를 끊을 때는 "안녕히 계십시오", "고맙습니다. 안녕히 계십시오.", "이만(그만) 끊겠습니다. 안녕히 계십시오."와 같이 인사를 하고 끊는다. 단, "들어가세요."는 쓰지 않는다.

4 소개하기

(1) 자신을 직접 소개할 때

① 먼저 "안녕하십니까?", "처음 뵙겠습니다." 등으로 인사하고 "저는 ○○○입니다."라고 자신의 이름을 밝힌다. 목적에 따라 자신의 직장명, 소속 등을 밝히며 말할 수 있다.

② 부모님의 이름을 빌려 자신을 표현할 때는 "저희 아버지가 ○[姓] ○자 ○자 쓰십니다.", "저희 아버지 함자가 ○[姓] ○자 ○자입니다.", "○○○ 씨[부장(님)]의 아들입니다."와 같이 말한다. '○자 ○자 ○자'와 같이 부모님 성(姓)에 '자'를 붙이는 표현은 사용하지 않는다.

③ 자신의 성(姓)이나 본관(本貫)을 남에게 소개하는 경우에는 "○가(哥)" 또는 "○○[본관] ○가"라고 하는 것이 바람직하고, 남의 성을 말할 때는 "○ 씨(氏)", "○○[본관] ○씨"라고 한다.

(2) 중간에서 다른 사람을 소개할 때의 순서

① 친소 관계를 따져 자기와 가까운 사람을 먼저 소개한다.

② 손아랫사람을 손윗사람에게 먼저 소개한다.

③ 남성을 여성에게 먼저 소개한다.

④ 위와 같은 상황이 섞여 있을 때는 '① → ② → ③'의 순서로 적용한다.

5 편지 쓰는 법

① 직함을 넣을 때는 자신의 이름 뒤에 직함을 써서는 안 된다.
- **예** • ○○주식회사 ○○○ 사장 올림 (×)
  - • ○○주식회사 사장 ○○○ 올림 (○)

② '○○로부터'라는 것은 외국어의 직역이므로 쓰지 않도록 해야 한다.

③ 봉투를 쓸 때는 '○○○ + 직함 + 님(께), ○○○ 좌하, ○○○ 귀하, ○○○ 님(에게), ○○○ 앞, ○○주식회사 귀중, ○○주식회사 ○○○ 사장님, ○○주식회사 ○○○ 귀하' 등처럼 쓴다.

④ 직함 뒤에 다시 '귀하'나 '좌하' 등을 쓰지 않는다.
- **예** • ○○○ 사장님 귀하 (×)
  - • ○○○ 귀하 (○)
  - • ○○○ 사장님께 (○)

⑤ 과거에 고향의 부모님께 편지를 보낼 때 부모님의 함자를 쓰기 어려워 자신의 이름 뒤에 '본제입납(本第入納), 본가입납(本家入納)'이라고 쓰기도 하였으나 오늘날에는 적절하지 않다. 부모님 성함을 쓰고 '○○○ 귀하, ○○○ 좌하'라고 쓴다.

6 전자 우편

형식적으로 편지와 다르지 않다. 단, 전자 우편의 경우 날짜가 자동으로 표시되므로 보내는 사람 이름 앞에 날짜를 쓰지 않아도 된다.

7 특정한 때 인사말

(1) 새해 인사

① 새해 인사로 가장 알맞은 것은 "새해 복 많이 받으십시오."이다. 상대에 따라 "새해 복 많이 받으세요.", "새해 복 많이 받게.", "새해 복 많이 받아라." 등으로 쓸 수 있다.

② 세배할 때는 절하는 것 자체가 인사이기 때문에 어른에게 "새해 복 많이 받으십시오."와 같은 말을 할 필요가 없다.

③ 어른에게 "절 받으세요.", "앉으세요."라고 말하는 것은 예의가 아니다.

④ 어른께 "만수무강하십시오.", "할머니 오래오래 사세요."와 같이 건강과 관련된 말은 쓰지 않는 것이 좋다. 의도와 달리 상대방에게 '내가 그렇게 늙었나?' 하는 서글픔을 느끼게 할 수 있기 때문이다. "올해에도 등산 많이 하세요."와 같이 기원을 담은 인사말을 한다.

(2) 축하와 위로의 인사말

① 어른의 생일일 경우 "생신 축하합니다."라고 인사하고, 상대에 따라 "생일 축하하네.", "생일 축하해."와 같이 쓰면 된다.

② 집안 결혼식에 가서 결혼하는 사람에게도 "축하합니다." 등으로 말하면 된다. 입학시험에 합격한 사람이라면 "합격을 축하합니다." 등과 같이 말한다.

③ 문병을 가게 된 경우에는 "좀 어떠십니까?", "얼마나 고생이 되십니까?" 등으로 인사하고, 불의의 사고일 때는 "불행 중 다행입니다."와 같이 말할 수 있다. 문병을 마치고 나올 때는 "조리(조섭) 잘하십시오.", "속히 나으시기 바랍니다."와 같이 인사를 하면 된다.

(3) 문상

① 문상 가서 가장 예의에 맞는 인사말은 아무 말도 하지 않는 것이다. 굳이 인사말을 해야 한다면 "삼가 조의를 표합니다.", "얼마나 슬프십니까?", "뭐라 드릴 말씀이 없습니다.", "고인의 명복을 빕니다."가 바람직하다.

② 전통적으로 남편 상을 당한 사람에게는 "천붕지통(天崩之痛)이 오죽하시겠습니까?", 아내 상을 당한 사람에게는 "고분지통(鼓盆之痛)이⋯⋯.", 형제 상을 당한 사람에게는 "할반지통(割半之痛)이⋯⋯." 하기도 하였고, 또 자녀 상을 당한 사람에게는 "참척(慘慽)을 당하시어 얼마나 마음이 아프시겠습니까?" 하기도 했지만, 굳이 복잡하게 나누어 인사말을 할 필요는 없다. 다만, 부모 상의 경우에만 전통적인 인사말인 "얼마나 망극(罔極)하십니까?"를 쓸 수 있되, 이 말은 상주와 문상객의 나이가 지긋할 때 쓸 수 있다.

(4) 건배할 때

무엇을 위하는지 불분명한 '위하여'보다는 '우리 회사의 발전을 위하여'처럼 목적어를 명시하는 것이 좋다.

(5) 연하장

대체로 편지 형식과 일치한다. 새해를 축하하기 위한 기원을 담은 인사말로 '새해 복 많이 받으십시오.' 등의 인사말을 사용한다.

＊단자(單子)
부조나 선물 따위의 내용을 적은 종이.
돈의 액수나 선물의 품목, 수량, 보내
는 사람의 이름 따위를 써서 물건과
함께 보낸다.

＊부고(訃告)
사람의 죽음을 알림. 또는 그런 글

(6) 봉투 및 단자＊의 인사말

① **회갑 등**: 회갑 잔치 등에서 축의금을 낼 경우 봉투의 앞면에 '祝 壽宴(축 수연)', '祝 華甲(축 화갑)'과 같이 쓰고 뒷면에 이름을 쓴다. 한글로 써도 무방하며 가로쓰기를 할 수도 있다.

② **청첩**
  ㉠ 청첩장도 편지의 일종이므로 편지와 비슷한 형식으로 쓰면 된다.
  ㉡ 결혼식을 하는 날짜, 시간, 장소를 정확히 밝힌다. 여기에 결혼식 장소로 찾아오기 쉽도록 약도나 찾아가는 방법을 자세히 덧붙이는 것이 좋다.

③ **부고**: 부고＊는 사람들이 쉽게 알 수 있도록 써야 한다는 것이 일반적인 견해이다. 부고는 자녀의 이름이 아닌 호상(護喪: 초상 치르는 데에 관한 온갖 일을 책임지고 맡아 보살피는 사람)의 이름으로 보내야 한다.

④ **결혼식**: 결혼식에는 '祝 婚姻(축 혼인), 祝 結婚(축 결혼), 祝 華婚(축 화혼), 祝儀(축의), 賀儀(하의)' 등을 인사말로 쓸 수 있다.

⑤ **문상**: 문상의 경우 봉투의 인사말은 '賻儀(부의), 謹弔(근조)' 등을 쓴다. '삼가 조의를 표합니다.'라는 문장 형식의 인사말은 단자에는 써도 봉투에는 쓰지 않는다.

⑥ **조장과 조전**: 불가피한 사정으로 문상을 갈 수 없을 때는 편지나 전보를 보낸다. 부고를 받고도 문상을 가지 않거나 편지나 전보조차 보내지 않는 것은 예의에 어긋난다.

⑦ **정년 퇴임**: 정년 퇴임의 경우 봉투나 단자의 인사말로 '謹祝(근축), 頌功(송공), (그동안의) 공적을 기립니다.'처럼 쓸 수 있다.

CHAPTER

02 바른 표현

☐ 1 회독   월   일
☐ 2 회독   월   일
☐ 3 회독   월   일
☐ 4 회독   월   일
☐ 5 회독   월   일

01 잘못된 단어의 사용

단권화 MEMO

001 갈치는 가시를 <u>골라내며</u> 먹어야 한다. → 발라내며
➡ '뼈다귀에 붙은 살을 걷어 내다.'의 의미일 때는 '바르다'를 쓴다.

002 자신의 힘을 <u>빙자하여</u> 오만하게 구는 사람이 있다. → 이용
➡ '빙자(憑藉)'는 남의 힘을 빌려 의지하거나 말막음을 위하여 핑계로 내세우는 행위를 말한다. 따라서 문맥상 맞지 않으므로 '이용'으로 쓰는 것이 적절하다.

003 그가 김 선생님에게서 직접 창을 <u>사숙(私淑)</u>한 지 여러 해가 지났다. → 사사(師事)한
➡ '사숙하다'는 직접 배우지 않은 상황에 쓰이는 말이므로, 이 문장과 같이 직접 배운 경우에는 '사사하다'*를 사용한다.

*사사하다
'사사하다'를 '사사받다'로 쓰는 경우가 있는데, 이는 잘못된 표현이다. '사사하다'는 '스승으로 섬기고 가르침을 받다.'의 의미로, 이미 그 말에 '받다'라는 의미가 내포되어 있기 때문이다.

004 출근할 때 지하철을 <u>사용하는</u> 사람이 많다. → 이용
➡ '사용'은 일정한 목적이나 기능에 맞게 쓰는 것이고, '이용'은 대상을 필요에 따라 이롭게 쓰는 것이다.

005 남을 괴롭힌 사람은 <u>죄</u>를 받아 마땅하다. → 벌
➡ '죄'는 '잘못이나 허물로 인하여 벌을 받을 만한 일'을 뜻한다. 따라서 '죄'는 짓는 것이지 받는 것이 아니다. 남을 괴롭힌 사람은 죄를 지은 사람이므로 '벌'을 받아야 한다.

006 병원에 출산 예정인 <u>임산부</u>들이 많이 있었다. → 임신부
➡ '임산부'는 아이를 가진 여자와 아이를 갓 낳은 여자를 포함하는 말이므로, 이 문장 상황에서는 '임신부'가 더 적절한 말이다.

007 키가 생각보다 <u>굉장히</u> 작아 보인다. → 무척
➡ '굉장히'는 아주 크고 훌륭하다는 의미를 지니므로 '작다'와 같은 형용사와 사용하는 것은 어울리지 않는다. 이 문장 상황에서는 '무척'을 써야 한다.

008 모든 지하자원은 무한대가 아닌 <u>국한된</u> 자원이다. → 한정
➡ '국한'은 범위를 한정하는 것이고, '한정'은 수량이나 범위를 제한해 정하는 것이다.

009 생사의 <u>귀로</u>에서 돌아왔다. → 기로(岐路)
➡ '기로'는 갈림길의 의미이고, '귀로'는 돌아오는 길의 의미이다.

010 <u>귀사</u>를 향한 많은 관심에 임직원들은 감사할 따름입니다. → 폐사(弊社)*
➡ '귀사'는 상대방의 회사를 높여 이르는 말이다. 자신의 회사를 말할 때에는 자기 회사를 낮추어 표현하는 '폐사'를 쓰는 것이 적절하다.

*폐사(弊社)
자신의 회사를 낮출 때 쓰는 말

011 지진 희생자들의 넋을 <u>기리기</u> 위해 많은 분들이 모였습니다. → 위로하기
➡ '기리다'는 뛰어난 업적이나 바람직한 정신 따위를 칭찬하고 기억하다의 의미이다. 사고 희생자에게는 '위로하다'가 적절하다.

012 연말에는 숙취 효과가 있는 약들이 많이 팔린다. → 숙취 제거 효과

  ➡ '숙취'는 다음 날까지 깨지 않는 취기를 뜻하므로 '숙취 제거 효과'라고 해야 적절하다.

013 그는 서서 문턱에 기대고 영희를 기다렸다. → 문설주

  ➡ '문설주'는 '문짝을 끼워 달기 위하여 문의 양쪽에 세운 기둥'을 의미한다. '문턱'은 기댈 수 있는 대상이 아니다.

014 이번 일을 성공적으로 이끈 주모자는 철수다. → 주도자

  ➡ 긍정적 가치를 가진 일에 대해서는 '주도자'를 쓰고, 부정적인 일에 대해서는 '주모자'를 쓴다.

015 다친 학생들을 병원으로 후송했다. → 이송

  ➡ '이송하다'는 다른 곳으로 옮기어 보내다의 의미이고, '후송'은 적군과 맞대고 있는 지역에서 부상자를 후방으로 보내는 것을 의미한다.

016 홀몸도 아닌데, 조심하세요. → 홑몸

  ➡ 임신하지 않은 몸을 의미할 때는 '홑몸'을 사용한다. '홀몸'은 배우자나 형제가 없는 사람을 의미한다.

017 지하철에서 핸드폰을 이용하는 사람이 많다. → 사용

  ➡ '이용'은 대상을 필요에 따라 이롭게 쓰는 것이고, '사용'은 일정한 목적이나 기능에 맞게 쓰는 것이다.

018 철수가 실력이 많이 상승했다. → 향상

  ➡ 실력, 수준, 기술 따위가 나아지는 것은 '향상'이다. '상승'은 낮은 데서 위로 올라가는 것이다.

019 오늘 은행에 공과금을 수납했다. → 납부

  ➡ 세금이나 공과금 따위를 관계 기관에 낸다는 의미일 때는 '납부하다'를 쓴다.

020 기술의 발달은 자연 자원 이용의 효과를 떨어뜨렸다. → 효율

  ➡ 들인 노력과 얻은 결과의 비율은 '효율'을 사용하는 것이 적절하다.

021 새의 꼬리가 화려할수록 수컷일 확률이 높다. → 꽁지

  ➡ 동물의 꽁무니는 일반적으로 '꼬리'라고 하지만, 새의 꽁무니에 붙은 깃은 '꽁지'라고 한다.

022 공무원 시험 난이도가 점점 낮아지고 있다. → 난도

  ➡ '난이도'는 어려움과 쉬움을 동시에 나타내므로 이를 동시에 낮게 할 수는 없다.

023 글이 난잡할수록 의미는 불분명해진다. → 난삽(難澁)

  ➡ '난잡'은 사람의 행동이나 사물의 배치와 관련된 말이다. '난삽'은 말이나 글과 관련되어 쓰이는 말이다.

024 진실이 가려지지 않아 문제가 커졌다. → 밝혀지지

  ➡ '가려지다'는 잘잘못이 구별된다는 의미이다. 앞의 '진실'과 호응하지 않으므로 '밝혀지다'가 적절하다.

025 증세가 많이 개선되었다. → 호전

  ➡ 병세가 나아지는 것은 '호전'이 자연스럽다. '개선'은 잘못된 것을 고쳐 더 좋게 만드는 것이다.

026 오랜 시간에 거친 회의로 모두 피곤해했다. → 걸친

  ➡ '거치다'는 '어떤 과정이나 단계를 밟다.'의 의미이고, '일정한 횟수나 시간, 공간을 거쳐 이어지다.'의 의미일 때는 '걸치다'를 쓴다.

027 너의 도덕성 결핍이 언젠가 문제가 될 것이다. → 결여

  ➡ 도덕성, 타당성, 보편성 등의 말에는 마땅히 있어야 할 것이 모자람을 의미하는 '결여'가 어울린다.

028 무남독녀 고명딸만큼 예쁜 자식도 없다. → 외동딸

  ➡ '고명딸'은 아들 많은 집의 외딸을 의미한다. 무남독녀일 때는 '외동딸'을 쓴다.

029 우리 군이 패배했다는 낭보가 들렸다. → 비보

  ➡ '낭보'는 '기쁜 소식'을 의미하므로 슬픈 소식일 때는 '비보'가 적절하다.

030 그는 여러 고위직을 연임(連任)한 후에 퇴직했다. → 역임(歷任)

  ➡ '연임'은 한 직위가 끝난 후 계속 그 직위에 머무르는 경우에 쓰이는 말이고, 여러 직위를 두루 거친 경우에 쓰일 때는 '역임'을 사용한다.

031 자본가가 갈취하는 노동자들의 노동 성과는 절대 작지 않다. → 착취
➡ 계급 사회에서 타 계급의 노동 성과를 무상으로 취득한다는 의미일 때는 '착취'가 알맞다.

032 비를 맞아 체온이 감소했다. → 내렸다
➡ '감소하다'는 양이나 수치가 준 것을 나타내고, 값이나 수치, 온도 따위가 낮아질 때는 '내리다'를 쓴다.

033 그의 범죄는 미수에 머물고 말았다. → 미수에 그치고
➡ '미수에 그치다.', '미수로 그치다.'와 같이 쓴다. '머물다'라는 표현은 화자의 아쉬움을 나타낼 수도 있기 때문에 이 문장 상황에서는 적절하지 않다.

034 어려서 그런지 심술꽤나 부리더라. → 깨나
➡ '깨나'는 '어느 정도 이상'의 뜻을 나타내는 보조사이다. '심술꽤나'로 쓰지 않도록 한다.

035 철수는 일이 잘못될까 봐 안절부절했다. → 안절부절못했다
➡ '안절부절못하다'가 표준어이다.

036 철수에게 피해를 입은 사람들은 아직도 앙금이 가라앉지 않았다. → 가시지
➡ '앙금'은 부드러운 가루가 가라앉은 층의 의미로 쓰일 때는 '앙금이 생기다.', '앙금이 가라앉다.'처럼 쓰이고, 마음속의 감정을 의미할 때는 '앙금이 남다.', '앙금이 가시다.'와 같이 쓰인다.

037 자식을 잃은 애환을 어떻게 말로 다 할까? → 슬픔
➡ '애환'은 슬픔과 기쁨을 동시에 나타내는 말이다. 자식을 잃은 상황은 기쁠 수 없으므로 '슬픔'을 써야 한다.

038 감기는 보통 비위생적인 습관으로부터 야기되는 질병이다. → 유발
➡ '야기'는 주로 일이나 사건을 대상으로 한다. 감정, 욕구, 질병 등과 함께 쓰일 때는 '유발'이 잘 어울린다.

039 문맥에 맞는 가장 정확한 어휘를 쓰기 위해 노력해야 한다. → 단어
➡ '어휘'는 낱말 전체를 의미한다. 문맥에서 사용되는 특정한 낱말일 때는 '단어'가 적절하다.

040 한글은 세계에서 가장 훌륭한 언어이다. → 문자
➡ 한글은 우리말을 적는 글자의 명칭이지 언어 그 자체가 아니다.

041 청소년 성매매는 우리 사회에서 개선해야 할 과제 중 하나이다. → 근절
➡ '다시 살아날 수 없도록 아주 뿌리째 없애 버리다.'의 의미일 때는 '근절'이 적절하다.

042 범인의 발자국 소리가 들렸다. → 발소리
➡ '발자국'은 발로 밟은 자리에 남은 모양을 의미한다. 모양은 보는 것이지 듣는 것이 아니다.

043 항상 어머니께서 아버지의 병치레를 도맡았다. → 병구완
➡ '병치레'는 병을 앓아 치러 내는 일이다. 남의 병을 돌보는 내용이 들어갈 때는 '병구완'이 적절하다.

044 놀러 오는 친구를 배웅하러 나갔다. → 마중
➡ '배웅하다'는 작별하여 보낼 때 쓰이는 말이다. 놀러 오는 친구를 만나러 간 것이므로 '마중하다'를 쓰는 것이 적절하다.

045 공사장의 불법 행위로 인한 보상을 요구했다. → 배상
➡ '보상'은 합법적 행위에 의해 생긴 피해일 때 쓰이고, 불법적 행위에 의해 생긴 피해에 대해서는 '배상(賠償)'을 사용한다.

046 그는 비가 오는 날마다 강수량을 측정한다. → 강우량
➡ 일정한 기간 동안 내린 비의 총량을 의미할 때는 '강우량'이 적절하다. '강수량'은 일정 기간 동안 내린 비, 눈, 우박, 안개 따위의 총량을 의미한다.

047 한강의 수질 개량 사업을 마련해야 한다. → 개선
➡ 제도나 환경, 근로 조건, 근무 여건 등을 바꿀 때는 '개선'이 적절하다.

048 적금을 유지하려면 외식비를 크게 내려야 하겠다. → 줄여야
➡ 수나 분량이 적어지게 하다의 의미로 사용될 때는 '줄이다'를 사용한다.

049 그는 눈맵시가 있는 편이라 한번 본 것을 잘 따라 한다. → 눈썰미

➡ '눈맵시'는 눈이 생긴 모양새를 뜻한다. 한두 번 보고 곧 그대로 해내는 재주를 나타낼 때는 '눈썰미'를 쓰는 것이 자연스럽다.

050 축제의 대단원의 막을 열었다. → 대단원의 막을 내렸다

➡ '대단원'이란 어떤 일의 맨 마지막. 대미를 의미하므로 '대단원의 막을 내리다.' 등으로 표현한다.

051 고함 소리가 문득 들려왔다. → 갑자기

➡ '문득'은 생각이나 느낌 따위가 갑자기 떠오르는 모양이나 어떤 행위가 갑자기 이루어지는 모양을 뜻한다.

052 지폐를 변조해 사용한 철수는 결국 구속됐다. → 위조

➡ '변조'는 이미 존재하는 물건에 무엇을 첨삭하여 바꾸는 것이고, '위조'는 처음부터 속일 목적으로 아예 진짜 같이 만드는 것이다. 그러므로 지폐를 위조했다는 표현이 알맞다.

053 철수의 유명세를 다들 부러워한다. → 인기

➡ '유명세'는 널리 알려진 이름으로 인하여 겪게 되는 불편을 속되게 이르는 말이므로, 긍정적인 의미로 사용할 때는 '인기'가 더 적절하다.

054 내가 원해서 한 일이라 부득불(不得不) 기분이 좋다. → 미상불(未嘗不)

➡ '부득불'은 '마음이 내키지 아니하나 마지못해 하다.'의 의미이고, '미상불'은 '아닌 게 아니라 과연'의 의미이다.

055 죽음도 불사(不辭)하지 않겠다고 외쳤다. → 불사하겠다

➡ '불사하다'는 '사양하지 아니하다.' 또는 '마다하지 않다.'라는 의미이다. 그러므로 이 문장 상황에서는 '불사하다'를 써야 한다.

056 공사로 여러분께 불편을 드려 죄송합니다. → 불편을 끼쳐

➡ '영향, 해, 은혜 따위를 입거나 당하게 하다.'의 의미로 쓰일 때는 '끼치다'를 사용한다.

057 옷에 묻지 않게 붓뚜껑을 잘 닫아라. → 붓두껍

➡ '붓두껍'은 붓촉에 끼워 두는 뚜껑을 말한다. '붓뚜껑'이라는 단어는 존재하지 않는다.

058 서울에서 제주도까지 비행기 값이 얼마인가? → 삯

➡ 비행기, 버스, 택시 등의 교통수단 요금은 '삯'이라고 한다.

059 군대에 있는 후배에게 문안 편지를 보냈다. → 안부 편지, 위문 편지

➡ '문안'은 웃어른께 안부를 여쭈거나 인사를 하는 것을 의미한다. 이 문장은 후배에게 편지를 쓰는 상황이므로 '위문 편지' 정도가 적절하다.

060 사람들이 거의 모르는 명승지를 찾아다녔다. → 경승지(景勝地)

➡ '명승지'는 경치가 좋기로 이름난 곳이다. 사람들이 거의 모르는 곳은 '경승지'가 적절하다.

061 할머니, 그동안 기체 미령하셨습니까? → 안녕하셨습니까

➡ '미령(靡寧)'은 어른의 몸이 병으로 편치 못한 것을 의미하므로, 이 상황에서는 건강하고 평안하다의 의미인 '안녕하다'를 쓰는 것이 더 적절하다.

062 보수 세력들의 파렴치한 행동에 치가 떨린다. → 수구(守舊)

➡ '보수'는 가치 중립적인 말이다. 부정적 의미로 사용할 때는 '수구(守舊)'가 적절하다.

063 그 일이 빌미가 되어 성공한 사람이 많다. → 원인

➡ '빌미'는 '재앙이나 탈 따위가 생기는 원인'이라는 뜻으로, 부정적인 이미지가 강하다

064 조용한 와중에 벨이 울렸다. → 도중

➡ '와중'은 '일이나 사건 따위가 시끄럽고 복잡하게 벌어지는 가운데'라는 의미이므로, 조용한 상황에서는 어울리지 않는다.

065 그는 어린 나이에 운명을 달리했다. → 유명

➡ '유명'은 어둠과 밝음. 저승과 이승을 아울러 이르는 말이다. '죽다'를 완곡하게 이를 때 '유명을 달리하다. 운명하다'라고 한다.

066 철수가 다른 사람들에 비해 일을 <u>월등히</u> 못한다. → 현저히
➡ '월등하다'는 긍정적인 의미로 사용되기 때문에 이 문장 상황에서는 '뚜렷이 드러나다.'를 뜻하는 '현저하다'가 어울린다.

067 이번 결정은 민주주의 사회에서 <u>의미</u>가 크다. → 의의
➡ '의미'가 대상이 지니는 주관적인 가치의 중요성에 주안점이 있는 반면, '의의'는 객관적인 가치나 중요성에 주안점이 있다.

068 그 정당은 아직 정치적 힘이 <u>빈약(貧弱)</u>하고 대중에 대한 영향력이 약하다. → 미약(微弱)
➡ 힘이나 영향력 등의 세기가 약하다는 의미로 사용할 때는 '미약'이 더 적절하다. '빈약'은 가난하여 힘이 없거나 자료나 근거가 충실하지 못하거나 신체가 제대로 발달하지 못했을 때 주로 사용한다.

069 그 민족의 계속된 사고의 결과가 그 민족을 대표하는 하나의 <u>사유(思惟)</u>로 자리 잡았다. → 사상(思想)
➡ '사유'가 지속적이고 동적인 개념이라면 '사상'은 정적인 측면이 강하다. 이 문장은 일정한 생각으로 자리 잡은 경우이므로 '사상'이 더 적절하다.

070 철수는 오전에 한 말을 좀 더 <u>상술(詳述)</u>했다. → 부연(敷衍)
➡ 처음부터 자세하게 설명하는 것은 '상술'이고, 어떤 말 뒤에 덧붙여 설명하는 것은 '부연'이다.

071 건물도 <u>임대</u>해서 쓰는 처지에 그것은 무리다. → 임차
➡ '임대'는 돈을 받고 자기의 물건을 빌려주는 것을 의미한다. 빌려서 쓰는 것은 '임차'이다.

072 직원을 채용하고 해임할 수 있는 <u>임명권</u>이 필요하다. → 임면(任免)
➡ '임면'은 임명과 해임을 모두 포함하여 이르는 말이다.

073 대표님의 말씀에 <u>의의</u> 있습니다. → 이의(異議)
➡ 다른 의견이나 논의를 뜻하는 말은 '이의'이다.

074 두 물체의 <u>이음새</u>를 잘 고정해라. → 이음매
➡ '두 물체를 이은 자리'의 의미로 쓰일 때는 '이음매'를 사용한다. '이음새'는 두 물체를 이은 모양새를 의미한다.

075 안주 <u>일절</u> 있음. → 일체
➡ '일절'은 부정문에 쓰이고 '일체'는 긍정문에 쓰인다. '전혀'로 바꿀 수 있으면 '일절'을 쓰고, '모든'이나 '전부'로 바꿀 수 있으면 '일체'를 쓴다.

076 여름이라 그런지 날씨가 많이 <u>푹하다</u>. → 덥다
➡ '푹하다'는 겨울 날씨가 퍽 따뜻하다는 뜻이므로 여름과는 어울리지 않는다.

077 도배할 때는 <u>풀솔</u>에 풀을 잘 묻혀야 한다. → 귀얄
➡ 풀이나 옻을 칠할 때 쓰는 솔은 '귀얄'이라고 한다. '풀솔'이라는 단어는 없다.

078 그는 자신의 이름을 <u>한문</u>으로 적지 못한다. → 한자
➡ '한문'은 '중국 고전의 문장 또는 한자만으로 쓰인 문장'을 의미하므로 이름을 적을 때는 '한자'로 쓰는 것이 적절한 표현이다.

079 철수 어머니는 <u>향년</u> 90세를 일기(一期)로 별세하셨다. → 향년(享年)*
➡ 한평생 살아 누린 나이로, 죽을 때의 나이를 말할 때는 '향년'을 쓴다. '향년'은 향년의 잘못된 표기이다.

080 우리 회사는 지금까지와는 완전히 다른 새로운 <u>계기</u>를 맞이하였습니다. → 전기(轉機)
➡ '계기'는 어떤 일을 일으키거나 결정하게 되는 동기나 근거를 말하고, '전기'는 사물의 상태나 모양이 지금까지와는 다른 상태로 바뀌는 기회나 시기를 가리킨다.

081 기존에 살던 <u>입주민</u>들의 반대가 심했다. → 주민
➡ '입주민'은 새로 지은 집에 들어와서 사는 사람을 의미한다. 이 문장과 같이 기존에 살던 사람들은 '주민'으로 표현하는 것이 적질하다.

082 철수는 선생님께 이번 일에 대해 **자문을 구했다.** → 자문(諮問)했다.
➡ '자문'은 일을 함에 있어 남에게 의견을 묻는다는 뜻이다. 우리가 흔히 쓰는 '자문을 구하다'라는 말은 '자문하다'를 잘못 사용한 것이다.

083 철수와 영희는 주변 사람들의 주선으로 **해후(邂逅)**할 수 있었다. → 상봉(相逢)
➡ '해후'는 오랫동안 헤어졌다가 뜻밖에 다시 만난다는 의미이므로, 누군가의 주선으로 만날 때는 '상봉'을 쓴다.

084 미신과 과학을 **혼돈(混沌)**하는 경우가 많다. → 혼동(混同)
➡ '혼돈'은 어찌할 것인지 갈피를 잡지 못하는 상태를 이르는 말이다. 성질이 비슷한 두 가지 사물 등을 구별하지 못할 때는 '혼동'을 사용한다.

085 철수의 실패담은 사람들 입에 항상 **회자된다.** → 오르내린다
➡ '회자되다'는 칭찬을 받으며 사람의 입에 자주 오르내리게 된다는 의미이므로 '실패담'이라는 말과 어울리지 않는다.

086 사람은 현실과 이상 사이에서 항상 **고민하는** 존재이다. → 고뇌
➡ '고민'은 그 대상이 현실적이고 구체적인 문제들일 때 사용되는 말이므로, 인생, 선악, 신의 존재와 같이 추상적인 문제일 때는 '고뇌'를 사용하는 것이 적절하다.

087 미국의 요구를 계속 **거절**할 수는 없었다. → 거부
➡ '거절'은 주로 개인과 개인의 사이에서 사용하는 말이므로, 집단과 집단의 공식적인 관계에서는 '거부'를 사용하는 것이 더 적절하다.

088 기업이 발전하려면 **건강한** 재무 구조를 갖춰야 한다. → 건실
➡ '건강'은 정신적, 육체적으로 튼튼한 상태를 의미한다. 기업의 경영 상태와 성장 가능성을 지칭할 때는 '건실'을 쓴다.

089 일하는 사람은 **작지만** 다들 열심히 한다. → 적지만
➡ 크기가 아닌 사물이나 사람의 수량을 나타낼 때는 '적다'를 사용한다.

090 이번 성과를 달성한 **장본인**이 바로 철수다. → 인물
➡ '장본인'이라는 말은 부정적인 상황이나 문맥에서 주로 사용되는 말이므로, 긍정적인 인물을 가리킬 때는 잘 사용하지 않는다.

091 고인의 숭고한 삶과 뜻을 **추모했다.** → 기렸다
➡ '추모'는 '죽은 사람을 사모함'을 뜻하므로 '삶, 뜻'을 추모한다는 말은 어색하다.

092 그의 생일에 맞춰 훈장이 **추서(追敍)**되었다. → 수여(授與)
➡ '추서'는 죽은 뒤에 관등을 올리거나 훈장 따위를 주는 것을 말한다. 살아 있는 사람에게 훈장을 줄 때는 '수여'가 적절하다.

093 올해도 연일 유가가 하락세로 **치닫고** 있다. → 내리닫고
➡ '치닫다'는 '위로 올라간다.'라는 의미이므로 유가가 내릴 때에는 적절하지 않다.

094 작은아버지, 큰아버지는 나와 **인척(姻戚)** 관계이다. → 친척
➡ '인척'은 혼인으로 맺어진 친척이다. 성과 본이 같은 일가일 때는 '친척'을 사용한다.

095 만유인력의 법칙은 과학적 논리로 **정당하다.** → 타당
➡ '정당'을 정의로우과 관련될 때 주로 쓰이고, 논리적으로 보아 맞는지 틀린지를 따질 때는 주로 '타당'을 사용한다.

096 철수의 성공을 **타산지석** 삼아 나도 꼭 성공하겠다. → 귀감(龜鑑)
➡ '타산지석'은 남의 잘못으로부터 교훈을 얻는 것이므로, 남의 좋은 것으로부터 교훈을 얻을 때는 '귀감'이 적절하다.

097 그의 성공은 어려운 상황에서도 모든 일을 긍정적으로 생각한 **탓이다.** → 덕분
➡ '탓'은 주로 부정적인 상황에 쓰이는 말이므로 긍정적인 상황에서는 '덕분'이 적절하다.

098 김 선배와 나는 두 살 **터울**이다. → 차이
- ➡ '터울'은 한 어머니에게서 태어난 자식의 나이 차이를 뜻하므로 선배와의 나이 차이를 나타내는 말로는 적절하지 않다.

099 이번 여행은 기행문에 **기술**된 대로 일정을 짰기 때문에 많은 것을 느낄 수 있는 좋은 경험이었다. → 서술
- ➡ 어떤 일을 순서에 따라 차례대로 적어 나가는 것을 의미할 때는 '서술'이 더 적절한 표현이다.

100 이미 있는 것을 **이용**하여 더 좋은 것을 만들기 위해 노력한다. → 활용
- ➡ '이용'은 때로 부정적인 의미를 포함하고 있으나, '활용'은 사람이나 물건을 더 적극적으로 사용하여 좋은 결과를 얻는 일을 의미하므로 이 문장에서는 '활용'을 사용하는 것이 더 적절하다.

101 있어도 적용하지 않는 법률은 **폐지(廢止)**해야 마땅하다. → 폐기(廢棄)
- ➡ 법률이 있으나 적용하지 않아서 사실상 사문화된 상태를 없앨 경우 '폐기'를 쓰고, 법률이 효력을 발휘하는 상태를 없앨 때는 '폐지'를 사용한다.

102 범인으로 의심되는 사람이 **피고인** 신분으로 경찰에 체포됐다. → 피의자
- ➡ 수사 기관으로부터 죄를 지었다는 의심을 받는 상태에 있는 사람은 '피의자'이고, 피의자가 검사에 의해서 기소되면 '피고인'이 된다.

103 대홍수로 인해 주민들이 **피란(避亂)**을 떠났다. → 피난(避難)
- ➡ 전쟁을 피해 가는 행위는 '피란'이고, 전쟁뿐만 아니라 재해를 피해 옮겨 가는 것은 '피난'을 사용한다.

104 자동차 시장 개방과 함께 국내 생산 자동차 정가가 평균 15% 이상 **할인**되었다. → 인하
- ➡ '할인'은 특별한 기간 동안 가격을 낮추어 판매하는 것이고, 정가 자체를 낮추는 경우에는 '인하'를 사용한다.

105 이번 훈련의 목표는 북한의 도발을 **억제(抑制)**하는 데 있다. → 억지(抑止)
- ➡ 이미 하고 있는 것을 더 왕성해지지 않게 하는 것은 '억제'이고, 처음부터 억눌러서 하지 못하게 하는 것은 '억지'이다.

106 청나라 대군을 **제지(制止)**하지 못하면 한양도 위험하다. → 저지(沮止)
- ➡ 규모가 작은 행동을 못하게 할 때는 '제지'를, 규모가 큰 행위나 추상적인 행위일 때는 '저지'를 사용한다.

107 흩어진 우리 민족의 정신을 하나로 **종합**해야 한다. → 통합
- ➡ '종합'은 합치더라도 각각의 기능이 살아 있고 존재가 소멸하지 않으나, '통합'은 새로운 하나로 완전히 변하는 것이다. 이 문장은 정신을 합치는 것이므로 '통합'을 사용하는 것이 더 적절하다.

108 여러 모임을 **주최**하다 보면 회원들과 갈등이 생기기도 한다. → 주관
- ➡ '주최'는 어떤 행사나 모임을 기획하여 열리도록 하는 것에 초점이 있는 반면, '주관'은 주최자가 설정해 놓은 목적에 맞게 행사나 모임을 책임지고 관리하는 행위 자체에 초점을 두는 말이다.

109 예전에 없던 것을 새롭게 **지정**할 때는 항상 위험이 따른다. → 설정
- ➡ '지정'은 이미 있는 것들 중에서 일부에 특별한 의미를 주어 정하는 것이라면, '설정'은 예전에 없던 것을 새로 만들어 정할 때 쓰인다.

110 청소년들의 **취미**에 맞추려면 그들 문화를 먼저 알아야 한다. → 취향
- ➡ 일정한 방향성이 없는 기호를 의미할 때는 '취향'을 쓴다.

111 마음의 상처를 **치료**하기 위해 고향을 찾았다. → 치유
- ➡ 마음의 상처나 슬픔과 같이 추상적인 상처를 낫게 한다는 의미로 사용할 때는 '치유'가 더 적절하다.

112 오늘 게시판에 **특이(特異)**할 만한 사건이 올라왔다. → 특기(特記)
- ➡ '특이하다'가 '보통에 비하여 두드러지게 다르다.'의 의미라면, '특별히 다루어 기록하다.'의 의미로 사용할 때는 '특기하다'가 더 적절하다.

113 우리 회사는 그동안 시도하지 않았던 사업을 **계획**하고 개발할 예정입니다. → 기획
- ➡ 아직 없었던 일을 처음으로 고안하여 추진하는 일에는 '기획'을 사용하는 것이 더 적절하다.

단권화 MEMO

■ '피고인'과 '피고'
'피고인'은 형사 소송에서, '피고'는 민사 소송에서 쓰이는 말이다.

114 남과 북이 **공동**의 이익을 얻을 수 있다면 그것보다 좋은 일은 없을 것이다. → 공통

➡ '공동'은 같이하는 행위에 초점을 두는 표현이고, '공통'은 둘 이상의 사이에서 무엇이 관계되거나 통용되는 것에 초점을 두는 표현이므로 이 문장 상황에서는 '공통'이 더 적절하다.

115 철수는 자신의 잠재된 **재간(才幹)**을 찾기 위해 노력했다. → 재능(才能)

➡ '재간'은 주로 신체적인 능력에 한정하여 사용되는 말이므로, 잠재적인 소질이나 자질을 의미할 때는 '재능'을 사용하는 것이 적절하다.

116 그는 남자 사원 중 가장 뛰어난 **재원(才媛)**이다. → 인재(人才)

➡ '재원'은 재주가 있는 젊은 여자를 이르는 말이다.

117 한글이 **창조**된 이후 백성들의 삶은 달라졌다. → 창제(創製)

➡ '처음으로 어떤 것을 만들어 제도화하다.'의 의미로 사용할 때는 '창제'가 적절하다.

118 신호 **체제** 개편으로 교통 혼잡을 줄일 수 있었다. → 체계

➡ '체제'는 사회를 하나의 유기체로 볼 때 그 조직이나 양식 또는 그 상태를 이르는 말이고, '체계'는 일정한 원리에 따라서 낱낱의 부분이 짜임새 있게 조직되어 통일된 전체를 뜻한다.

119 아이들의 물장난으로 방이 **초토**가 되었다. → 엉망

➡ '초토'는 '불에 타서 검게 그을린 땅'을 의미하므로 이 문장 상황에 어울리지 않는다.

120 우리는 조상들로부터 물려받은 좋은 **인습**을 계승해야 한다. → 전통

➡ '인습'은 예로부터 내려온 행동 양식 중 부정적인 것을 의미하므로 물려받을 대상이 아니다.

121 특히 자신보다 부족한 상대에 대한 **교만**은 보기 안 좋다. → 오만

➡ '교만'은 내적 성찰이 부족한 상태를 이르는 말이고, 상대를 무시하거나 업신여기는 것은 '오만'이다.

122 시장 점유율을 높이려고 하는 그 회사의 노력이 **기특하다**. → 가상하다

➡ '기특하다'와 '가상하다'는 둘 다 윗사람이 아랫사람을 칭찬할 때 쓰이지만 '기특하다'는 기대하지 않은 특별하고 뛰어난 행동일 때, 주로 대상이 어린아이일 때 쓰이는 경향이 있다. '가상하다'는 이런 의미 없이 단순히 어떤 행동에 대한 칭찬의 의미가 있을 때 사용된다.

123 인간은 본질적으로 **동등(同等)**한 존재이다. → 평등

➡ '동등'은 겉으로 드러난 모습이 같을 때 쓰이는 말이고, 외형상의 차이와 상관없이 본질적으로 같음을 가리킬 때는 '평등'을 사용한다.

124 이 물건을 구입하려면 먼저 장부에 구입 목적을 **등재(登載)**하시오. → 기재(記載)

➡ 장부나 대장에 현재 올라 있는 상태를 나타낼 때는 '등재'를 쓰고, 기록해야 할 사항을 나타낼 때는 '기재'를 쓴다.

125 문장과 문장 사이의 **맥락**에 따라 의미가 바뀔 수 있다. → 문맥

➡ 글에 표현된 의미의 앞뒤 관계를 의미할 때는 '문맥'이 적절하다.

126 어제 한 회식 때문인지 오늘 하루 종일 **무력**하다. → 무기력

➡ 주로 세력, 능력이 없을 때는 '무력'을 쓰고, 기운이나 힘, 활력 자체가 없을 때는 '무기력'을 쓴다.

127 비리 공무원에 대한 **비판**이 쏟아졌다. → 비난

➡ 상대방의 잘못이나 결점을 책잡아 나쁘게 말한다는 의미로 사용할 때는 '비난'이 더 적절하다.

128 돈에 대한 **욕구**는 사라지지 않는다. → 욕망

➡ '욕구'가 어떤 것을 얻고자 하는 생리적, 심리적 상태를 의미한다면, 욕망은 그러한 마음가짐 자세를 의미한다. 문맥상 부족을 느껴 무엇을 가지고자 탐하는 마음을 의미하는 '욕망'이 적절하다.

129 그 회사의 상황은 다음 주가 고비라는 말이 있을 정도로 매우 **위험**했다. → 위태

➡ '위험'은 안전하지 못한 상태를 의미하고, '위태'는 당장의 급박하고 아슬아슬한 상태를 의미한다.

130 일본은 위안부 기록을 <u>은닉(隱匿)</u>하고자 한다. → 은폐(隱蔽)
➡ '은닉'은 남의 물건이나 범죄를 저지른 사람을 숨기는 것을 의미하고, 사실이나 진실, 군사 기밀 등을 숨길 때는 '은폐'라는 용어를 더 많이 사용한다.

131 모인 사람 모두 올해의 소망을 <u>서명했다.</u> → 적었다
➡ 자기 이름을 문서에 적을 때 '서명'이라는 말을 사용한다.

132 아무리 범인이라도 발에 <u>수갑</u>을 채워서는 안 된다. → 족쇄
➡ 손에 채우는 것이 '수갑'이고, 발에 채우는 것은 '족쇄'이다.

133 그는 관련 서류를 구청에 <u>접수</u>했다. → 제출
➡ '접수'는 문서나 물건 따위를 받는 것을 의미하므로, 서류를 내야 하는 상황에서는 '제출'을 써야 한다.

134 독감 예방 <u>접종</u>을 맞자. → 주사
➡ '접종'은 '주사액을 몸에 주입하다.'의 의미이므로 '맞다'와 의미가 겹친다. 또한 접종을 맞을 수는 없으므로 문장 호응상에도 문제가 있다.

135 바르게 살자는 의식을 <u>조장해야</u> 한다. → 심어 줘야
➡ '조장하다'는 바람직하지 않은 일을 더 심해지도록 부추기는 것을 의미하므로, 긍정적인 의미일 때는 사용하지 않는다.

136 철수는 <u>주위</u>가 산만하다. → 주의
➡ '어떤 한 곳이나 일에 관심을 집중하여 기울이지 못하다.'의 의미일 때는 '주의가 산만하다.'와 같이 사용한다.

137 철수는 성공을 <u>지양</u>한다. → 지향(志向)
➡ 일정한 의도를 가지고 어떤 목표로 나아가는 것은 '지향'이다. '지양(止揚)'은 '어떤 것을 하지 않다.'의 의미이다.

138 <u>차선</u>을 건너자 인도가 나왔다. → 차로
➡ '차선'은 도로에 그어 놓은 선을 의미한다. 이 문장 상황에서는 '차로(車路)'라는 말이 적절하다.

139 스님께서 <u>무식한</u> 사람을 깨우쳐 주셨다. → 무지(無知)
➡ '무식'은 배우지 못했거나 보고 듣지 못하여 아는 것이 없을 때 쓰는 말이고, 깨닫지 못하는 상태는 '무지'이다.

140 철수는 출판사와 함께 사전을 <u>발간(發刊)</u>하였다. → 편찬
➡ '발간'과 '편찬' 모두 책을 만들어 낸다는 의미이지만, 사전을 만들어 낼 때는 '편찬'이 더 적절하다. '편찬'은 여러 가지 자료를 모아 체계적으로 정리하여 책을 만든다는 의미를 갖고 있다. 따라서 책, 신문, 잡지는 '발간'이, 사전은 '편찬'이 어울린다.

141 청소년기에는 정서 <u>발전</u>을 위해 문학책을 많이 읽어야 한다. → 발달
➡ '신체, 정서, 지능 따위가 성장하거나 성숙하다.'의 뜻으로 사용할 때는 '발달'이 더 적절하다.

142 국방비의 집행은 국가 <u>방어</u>에 큰 역할을 한다. → 방위(防衛)
➡ 국가와 같이 큰 단위를 지킨다는 의미일 때는 '방위'가 더 적절하다.

143 마을이 홍수가 나기 전 모습으로 <u>복원</u>되었다. → 복구
➡ '복원'은 완벽하게 이전의 모습으로 되돌린다는 뜻으로 구체적인 것과 추상적인 것 모두에 사용되지만, '복구'는 구체적인 것에 한정하여 사용한다. 이 문장에서는 '마을'이라는 구체적인 대상이 있으므로 '복구'가 더 적절하다.

144 임무 <u>완성</u>만이 우리 회사가 살 길이다. → 완수
➡ '완성'은 미완의 형태를 완전하게 구성한다는 의미이고, '완수'는 과업, 임무, 목표 등을 이루어 낼 때 주로 사용된다.

145 승객을 많이 싣고 비행기가 <u>출격</u>했다. → 출발/이륙
➡ '출격'은 적을 공격하러 나감을 의미하므로, 일반적인 비행기의 비행에 사용하는 것은 적절하지 않다.

146 철수는 <u>혈압이 있어서</u> 군대에 가지 않았다. → 혈압이 높아서/낮아서
➡ 혈압은 누구나 있다. 혈압이 일반적인 수준보다 높거나 낮을 때 문제가 되는 것이다.

147 해외 시장 진출은 그 기업의 숙명(宿命)이었다. → 운명

➡ '숙명'은 주로 사람에게 쓰이는 말이므로, 기업에는 '운명'이라는 말을 사용하는 것이 더 적절하다.

148 애인의 이성 친구 문제로 시기하는 사람이 많다. → 질투

➡ '시기'나 '질투'는 모두 다른 이를 샘내고 미워한다는 의미가 있으나, 삼각관계가 전제된 상황에서는 사랑하는 사이에서 상대가 다른 이를 좋아할 경우에 지나치게 시기하는 것을 의미하는 '질투'를 써야 한다.

149 변호인의 신문(訊問)으로 재판이 시작되었다. → 심문(審問)

➡ '신문'은 법원, 검찰과 같은 국가 기관이 어떤 사건에 관해 말로 물어 조사하는 것을 의미하고, '심문'은 법원이 당사자에게 서면이나 구두로 개별적으로 진술할 기회를 주는 것을 의미한다.

150 소속사와의 분쟁으로 앞으로 남은 기간의 계약은 해제(解除)하기로 했다. → 해지(解止)

➡ '해지'는 이미 계약에 따라 이루어진 행위는 유효하나 앞으로의 계약을 없애는 행위이고, '해제'는 처음부터 소급하여 계약이 없었던 것으로 하는 행위이다.

151 이번 사건으로 우리나라 법률 기반이 얼마나 허약한지 국민들 모두가 알게 되었다. → 취약

➡ '허약'은 주로 사람의 신체와 관련하여 쓰이고, 어떤 기반이나 구조와 연결될 때는 '취약'을 쓰는 것이 더 적절하다.

152 지원서 형식에 맞지 않는 지원은 검토되지 않는다. → 양식(樣式)

➡ 문서나 건축물의 형식에는 '양식'을 쓰는 것이 더 적절하다.

153 재계 1위부터 10위까지 갑부 명단을 살펴보자. → 부자

➡ '갑부'는 첫째가는 부자라는 말이므로 이 문장의 상황에는 적절하지 않다.

154 영업 사원의 능력은 매달 달성하는 업적(業績)에서 드러난다. → 실적(實績)

➡ '업적'은 어떤 사람이 이룬 훌륭한 일을 의미하고, '실적'은 어떤 분야에서 이룬 일을 의미한다. 영업 사원의 능력은 가치 중립적인 성격을 지니므로 '실적'을 사용하는 것이 더 적절하다.

155 연속되는 집중 호우로 논밭이 모두 물에 잠겼다. → 계속

➡ '계속'에는 행위나 현상을 끊지 않고 이어 나간다는 의미와 중간에 끊어진 행위나 현상을 다시 이어 간다는 의미가 있으나, '연속'은 중간에 그러한 끊어짐이 없다.

156 『백범일지』에는 윤봉길 열사(烈士)의 정신이 잘 담겨 있다. → 의사(義士)

➡ '열사'는 어떤 일을 도모하였으나 직접적으로 성취하지 못하고 사망한 경우를 말하고, '의사'는 주로 무력 행동을 통해 큰 공적을 세우고 사망한 경우를 일컫는다.

02 잘못 사용된 문장 구조

1 문장의 병렬

01 아시아인과 백인은 피부색이 다르다. → 황인과 백인은 / 아시아인과 유럽인은 피부색이 다르다.

➡ 아시아인과 백인은 분류 기준이 다르므로 병렬적으로 연결하는 것은 적절하지 않다.

02 그 야구팀은 타격과 수비력이 튼튼해서 이겼다. → 그 야구팀은 타격이 강하고 수비력이 튼튼해서 이겼다.

➡ '타격과 수비력'은 '튼튼하다'라는 하나의 서술어로 묶기에 적절하지 않다.

03 ㉠ 옆 사람과 잡담을 하거나 부정행위를 금지한다. → 옆 사람과 잡담을 하거나 부정행위를 하는 것을 금지한다.

㉡ 자녀에 대한 부모의 사랑이 절대적인 사랑이라면 남녀 간의 사랑은 상대적이라고 할 수 있다. → 자녀에 대한 부모의 사랑이 절대적인 사랑이라면 남녀 간의 사랑은 상대적인 사랑이라고 할 수 있다.

➡ 앞 절에 맞추어 뒤 절의 내용도 풀어 주는 것이 적절하다.

04 민수는 야구를 하고 영희는 얼굴이 예쁘다. → 민수는 야구를 하고 영희는 육상을 한다.

➡ 앞 절과 뒤 절의 내용이 대등하지 않음에도 대등적으로 이어진 문장으로 묶여 있다.

05 고객 서비스 및 수익성을 향상합시다. → 고객 서비스를 개선하고 수익성을 향상합시다.
➡ 고객 서비스와 수익성은 하나의 서술어로 묶기에 적절하지 않다.

06 다음 시간에 다시 만나기를 바라며, 안녕히 계십시오. → 다음 시간에 다시 만나기를 바랍니다. 안녕히 계십시오.
➡ '만나기를 바라는 것'과 '안녕히 계십시오'는 대등한 층위로 묶일 것이 아니다.

07 교육 문제에 대한 단기적인 해결책보다는 장기적인 정책을 수립하는 것이 중요하다고 생각합니다. → 교육 문제에 대한 단기적인 해결책을 마련하는 것보다 장기적인 정책을 수립하는 것이 중요하다고 생각합니다.
➡ 비교를 나타내는 문장이므로 앞 절과 뒤 절이 동일한 층위를 지니도록 수정하는 것이 좋다.

08 저는 잘 가르치고 보람 있게 지내고 있습니다. → 저는 학생들을 잘 가르치고 보람 있게 지내고 있습니다.
➡ '가르치다'는 '보람 있다'와 목적어를 공유하지 않으므로 풀어서 써 주어야 한다.

09 마지막으로 당신의 건강과 가정에 평화를 기원합니다. → 마지막으로 당신의 건강과 가정의 평화를 기원합니다.
➡ '과'를 사이에 둔 앞과 뒤의 구를 평행적으로 맞추는 것이 좋다.

2 주어와 서술어의 호응

01 ㉠ 올해의 경제 성장률은 앞으로 수정이 불가피할 전망입니다. → 경제 성장률은~것으로 전망됩니다.
➡ '경제 성장률'이라는 주어는 전망하는 행위의 주체가 되기에 부적절하다. 전망은 사람이 하는 것이다.
㉡ 미세 먼지는 인체에 유해할 뿐만 아니라 환경에 미치는 심각성을 잘 이해하길 바랍니다. → 인체에 유해할 뿐만 아니라, 환경에 심각한 영향을 미친다는 것을
➡ '미세 먼지'는 이해하는 행위의 주체가 될 수 없다. 따라서 문장 구조를 바꿔야 한다.

02 ㉠ 제가 여러분에게 당부하고 싶은 것은 자신의 한계를 뛰어넘을 수 없다는 생각을 버리길 바랍니다 → 당부하고 싶은 것은 ~ 버리시라는 것입니다.
㉡ 가장 큰 문제는 물가가 지속적으로 상승하고 있다는 보도를 우리가 연일 접하고 있다. → 가장 큰 문제는 ~ 접하고 있다는 것이다.
➡ 주어가 특정한 사실을 지정한다면 서술어에서도 이를 밝히는 것이 좋다.

03 이 사무실은 무단출입자에 대하여는 군사 기밀 보호법에 의거 처벌을 받게 됩니다. → 이 사무실에 무단출입하는 자는
➡ 처벌을 받는 대상은 '이 사무실'이 아니라 사람이어야 한다.

04 경기체가의 쇠퇴는 조선 중기 이후로 볼 수 있다. → 경기체가의 쇠퇴 시기는
➡ 서술부에서 시기를 구체적으로 언급하고 있으므로 주어에서도 시기가 표현되는 것이 좋다.

05 그 지역은 방사능에 노출되었기 때문입니다. → 노출되었다.
➡ 주어가 '이유, 원인'을 나타내지 않으므로 '때문이다'를 쓰는 것이 자연스럽지 않다.

3 부사어의 호응

01 이승엽은 실로 훌륭한 야구 선수가 아니다. → 이승엽은 실로 훌륭한 야구 선수이다.
➡ '실로'는 긍정의 표현과 함께 쓰인다.

02 ㉠ 그들은 결코 그 일을 해냈다. → 그들은 결코 그 일을 해내지 못했다.
㉡ 민수는 아버지를 닮아 그다지 성실하다. → 민수는 아버지를 닮아 그다지 성실하지 못하다.
㉢ 그 영화는 여간 재미있다. → 그 영화는 여간 재미있지 않다.
➡ '결코, 그다지, 여간' 등은 부정 표현과 어울린다. 이런 표현을 '부정극어'라고 한다.

03 그것은 비단 기관 간의 업무 영역에 대한 이야기이며, 예산 배분과 관련된 문제이다. → 비단 ~ 이야기일 뿐만 아니라
➡ '비단'은 '다만, 오직'의 뜻을 지니면서 부정하는 표현과 어울린다.

04　㉠ 인간은 반드시 혼자 살 수 없다. → 인간은 절대로 혼자 살 수 없다.

　　㉡ 그 지역에 가면 절대로 그 식당에 가 보아야 한다. → 그 지역에 가면 반드시 그 식당에 가 보아야 한다.

　　➡ '반드시'는 '틀림없이'의 의미를 지니면서 일반적으로 긍정적 문맥에 사용되고, '절대로'는 일반적으로 부정적
　　　문맥에 사용된다.

05　수험생은 모름지기 열심히 공부한다. → 수험생은 모름지기 열심히 공부해야 한다.

　　➡ '모름지기'라는 부사어는 '–어야/–아야 한다'와 같은 당위를 나타내는 서술어와 어울린다.

06　민수는 슬픔에 빠진 그녀로 하여금 웃었다. → 민수는 슬픔에 빠진 그녀로 하여금 웃게 만들었다.

　　➡ '하여금'은 사동의 의미를 지니므로 사동 표현이 들어간 문장에서 쓰여야 한다.

07　비록 사소한 문제에도 선생님과 의논하는 것이 좋다. → 비록 사소한 문제일지라도 선생님과 의논하는 것
　　이 좋다.

　　➡ '비록'은 '아무리 그러하더라도'의 의미를 지니면서 '–ㄹ지라도', '–지마는' 등과 어울린다.

03　필수적 문장 성분의 생략

01　지하철 파업이 언제 끝나고, 언제 이용할 수 있을지 모른다. → 지하철을 언제 이용할 수 있을지 모른다. /
　　우리가 지하철을 언제 이용할 수 있을지 모른다.

　　➡ '이용하다'와 호응하는 목적어를 넣어야 한다. 또한 주어 '우리가' 등을 상정할 수도 있다.

02　문학은 사회 현실과 밀접한 관련을 맺는 예술 장르로서 문학을 통해서 사회 현실에 대한 인식을 바꿀 수
　　있다. → 인간은 문학을 통해서 사회 현실에 대한 인식을 바꿀 수 있다.

　　➡ 주어가 생략되어 있으므로 주어를 넣어야 한다.

03　㉠ 나는 이번 여행을 통해서 우리나라의 전국을 돌아다녔는데, 나에게 소중한 경험을 주었다. → 여행은 나
　　에게 소중한 경험을 주었다.

　　➡ 뒤 문장의 주어는 '나'가 아님에도 생략되어 있으므로, '이것은' 또는 '여행은'과 같은 적절한 주어를 넣어야
　　　한다.

　　㉡ 정부는 올해의 청년 실업률이 10%가 넘는 것으로 집계했으나 앞으로 더욱 증가할 것이다. → 앞으로 청
　　년 실업률은 더욱 증가할 것이다.

　　➡ 뒤 문장의 주어가 생략되어 있으므로 적절한 주어를 넣어야 한다.

04　모두 흥에 겨워 술과 음식을 먹고 있었다. → 술을 마시고 음식을 먹고 있었다.

　　➡ '술'과 호응하는 적절한 서술어를 넣어야 한다.

05　미국은 군사력과 자원이 많다. → 군사력이 강하고 자원이 많다.

　　➡ '군사력'과 호응할 수 있는 서술어 '강하다'를 넣어야 한다.

06　정부는 국민들의 건강과 깨끗한 자연환경을 조성하기 위해서 환경 관련 법안을 개정하기로 하였다. → 국
　　민들의 건강을 지키고

　　➡ '국민들의 건강'은 '조성하다'의 목적어가 될 수 없으므로 적절한 서술어를 넣어야 한다.

07　○○생수는 알프스의 만년설이 녹아서 된 것이다. → 녹아서 물이 된 것이다. / 녹아서 만들어진 것이다.

　　➡ '되다'는 보어를 요구하므로 보어 '물이'를 넣거나 서술어를 바꾸어야 한다.

08　민수는 상을 받을 예정이다. → 민수는 학교에서 상을 받을 예정이다.

　　➡ '받다'는 필수적 부사어를 요구하므로 적절한 부사어를 넣어야 한다.

04 잘못된 문장의 접속

01 하루 30분 이상의 운동을 하며, 수험생으로 하여금 공부의 효율을 높여 줍니다. → 하루 30분 이상의 운동을 하면, 수험생은 공부의 효율을 높일 수 있습니다.
➡ 인과 관계와 조건을 나타내는 '–면'으로 바꾸는 것이 적절하다. 뒤 절은 주어와 서술어의 호응을 고쳐야 한다.

05 잘못된 시제의 호응

01 내가 최근 살고 있는 동네는 예전에는 농촌이던 곳이었다. → 농촌이던 곳이다.
➡ '예전'과 호응하여 과거 사실의 회상을 나타내는 '–던'이 쓰이는 것은 옳지만, '최근'과 호응하여 '–었–'이 쓰이는 것은 부적절하다.

02 학교를 마치고 집에 왔더니 일곱 시가 넘는다. → 학교를 마치고 집에 왔더니 일곱 시가 넘었다.
➡ 시제로 보았을 때 집에 온 것은 과거의 사실이고 완료된 동작이므로 '–었–'을 쓰는 것이 적절하다.

03 나는 그날 오후에 도착할 소식을 읽으며 초조함을 느꼈었다. → 도착한
➡ 문장의 전체 시제가 과거이므로 미래 시제를 나타내는 '도착할'은 어울리지 않는다. 소식이 도착한 것은 과거의 사실이므로 '도착한'으로 써야 한다.

04 다음 주 화요일에 나는 강릉으로 여행을 가는데 아마 그날은 비가 오겠다. → 비가 올 것이다.
➡ '–겠–', '–ㄹ 것' 모두 미래 시제와 함께 추측, 의지, 가능성 등의 의미를 나타내지만, '날씨'와 같이 추측의 근거가 명확하지 않고 변동 가능성이 높을 때는 '–겠–'보다는 '–ㄹ 것'을 쓰는 것이 더 적절하다.

06 잘못된 수식

01 두 수사 기관의 협력을 지속 추진하여 신속한 수사를 할 수 있도록 노력하겠습니다. → 지속적으로 추진하여
➡ '추진하다'가 서술어이므로 부사어의 형태인 '지속적으로'로 바꾸어 주는 것이 적절하다.

02 학생들이 어려움을 겪는 문제에 대하여 가능한 신속히 조치를 취하겠습니다. → 가능한 한
➡ '가능한'은 관형어이므로 뒤에 체언이 와야 하는데 부사가 왔으므로 적절하지 않다. 그러므로 자립 명사 '한'을 써서 '가능한 한'으로 쓰는 것이 적절하다.

07 모호한 표현

01 청소년들의 인터넷 게임 중독 문제는 어떻게 좀 손을 써야 한다. → 청소년들의 게임 중독 문제는 꼭 해결을 해야 한다.
➡ 의미가 구체적으로 드러나게 수정해야 한다.

02 그때는 제 기분이 좋았던 것 같아요. → 그때는 제 기분이 좋았습니다.
➡ 자신의 심리를 표현하는 데 추측 표현을 사용하는 것은 적절하지 않다.

08 지나친 관형어, 명사화 구성

1 지나친 관형어의 구성

01 그 모델은 <u>화려한 빛나는</u> 의상을 입고 무대에 올랐다. → 화려하고 빛나는

02 그 사람은 <u>젊은 훌륭한 유능한</u> 의사라고 할 수 있다. → 젊고 훌륭하며 유능한

03 이 기술은 <u>안전한 고도의 정밀한</u> 기술이므로 안심해도 된다. → 안전하고 고도로 정밀한

04 이 건물은 <u>세계적인 유명한</u> 건축가의 작품이다. → 세계적으로 유명한
➡ 관형어를 여러 개 반복하는 것은 적절하지 않으며, 관형어 뒤에는 체언이 오는 것이 가장 자연스럽다.

2 지나친 명사화 구성

01 지금 정부가 사고 피해자들에게 보여야 할 자세는 피해자의 마음에 <u>공감함이다.</u> → 공감하려는 노력이다.

02 김 교수는 대학생들이 읽어야 할 <u>필수 도서 목록 선정에</u> 참여하였다. → 김 교수는 대학생들이 필수적으로 읽어야 할 도서 목록을 선정하는 데 참여하였다.

03 관계 기관들은 홍수 <u>방지 대책 마련을 위해서</u> 분주했다. → 홍수를 방지할 대책을 마련하기 위해서
➡ 명사화 구성을 과도하게 사용하면 문장이 어색해지기 때문에 적절한 서술어를 사용하여 풀어 써 주어야 한다.

09 기타 잘못 쓰인 표현

01 그것은 <u>신의 뜻이라고 아니할 수 없었다.</u> → 신의 축복이었다. / 신의 뜻이었다.
➡ 불필요한 이중 부정 표현이다.

02 우리 지역에서는 <u>정화된 폐수만을</u> 내보낸다. → 오염된 물을 정화하여
➡ 정화된 것은 폐수라고 할 수 없다.

03 새로 나온 핸드폰은 <u>방수와 방진에 잘 견디도록</u> 만들어졌다. → 물과 먼지에 잘 견디도록 / 방수와 방진 기능을 포함하여
➡ '방수', '방진'에 이미 '막다'의 의미가 포함되어 있으므로 '잘 견디도록'은 군더더기 표현이 된다.

04 일본의 역사 왜곡 문제에 대해서 <u>참아야 할 이유가 없다고 할 수 있다.</u> → 참아야 할 이유가 없다.
➡ 부정 표현만으로 충분히 의미가 전달된다.

05 국군은 <u>국민의 안전을 보호하기</u> 위해서 힘쓰고 있다. → 국민을 안전하게 보호하기 위해서
➡ 국군의 보호 대상은 '안전'이 아니라 '국민'이다.

06 이 약은 하루에 <u>한 알 이상</u> 복용하면 몸에 해롭습니다. → 두 알 이상
➡ '한 알 이상'에는 '한 알'이 포함되므로 어색한 문장이다.

10 번역 투 표현

1 일본어 번역 투

01 ～에 다름 아니다 → ～이나 다름없다
➡ 예 그는 학생에 다름 아니다. → 그는 학생이나 다름없다.

02 ～ 값하다 → −ㄹ 만하다
➡ 예 그 결과는 우리의 기대에 값한다. → 그 결과는 우리가 기대할 만하다.

03 ~에 있어(서) → 문맥상 맞는 표현으로 수정 또는 생략
　➡ **예** • 학생에게 있어 가장 중요한 것은 공부이다. → 학생에게 가장 중요한 것은 공부이다.
　　　 • 이번 사건을 처리함에 있어 → 이번 사건을 처리할 때

04 ~에 있다 → ~이다
　➡ **예** 우리 목표는 우승에 있다. → 우리 목표는 우승이다.

2 영어, 기타 번역 투

01 ~을 갖다 → ~을 하다
　➡ **예** 회의를 갖다. → 회의를 하다.

02 ~할 계획이 있다 → ~할 계획이다
　➡ **예** 열심히 공부할 계획이 있다. → 열심히 공부할 계획이다.

03 아무리 ~해도 지나치지 않다 → 항상 ~하자
　➡ **예** 건강을 잘 챙기는 것은 아무리 강조해도 지나치지 않다. → 항상 건강을 잘 챙기자.

04 ~에 위치하다 → ~에 있다
　➡ **예** 우리 집은 서울에 위치한다. → 우리 집은 서울에 있다.

05 ~와/과 함께 → ~하여
　➡ **예** 할아버지께서는 건강 악화와 함께 돌아가셨다. → 할아버지께서는 건강이 악화되어 돌아가셨다.

06 가장 ~한 것 중 하나는 ~이다 → ~하려면 ~이 필요하다
　➡ **예** 시험에 합격하기 위해 가장 필요한 것 중 하나는 노력이다. → 시험에 합격하려면 무엇보다 노력이 필요하다.

07 ~을 필요로 한다 → ~이 필요하다
　➡ **예** 노력을 필요로 한다. → 노력이 필요하다.

08 ~을 고려에 넣다 → ~을 고려하다
　➡ **예** 요즘 현실을 고려에 넣는다면 → 요즘 현실을 고려한다면

09 ~이 요구되다 → ~이 필요하다
　➡ **예** 항상 경청하려는 자세가 요구된다. → 항상 경청하려는 자세가 필요하다.

10 ~에 의해 ~되다 → ~이 ~하다
　➡ **예** 철수에 의해 실행된다. → 철수가 실행한다.

11 무생물 주어 → 적절한 주어를 설정
　➡ **예** 이 문서는 범인이 누구인지를 우리에게 알려 주고 있다. → 우리는 이 문서에서 범인이 누구인지 알아냈다.

12 ~한 관계로 → ~해서
　➡ **예** 너무 많이 먹은 관계로 → 너무 많이 먹어서

13 이해가 가다, 납득이 가다, 생각이 들다, 참여가 있다, 주의가 요구되다 → 이해하다, 납득하다, 생각하다,
　 참여하다, 주의하다
　➡ **예** 이제 이해가 갔다. → 이제 이해했다.

14 ~로부터 → ~에게
　➡ **예** 부모님으로부터 들었다. → 부모님에게 들었다.

15 었었다 → 었다
　➡ **예** 오늘 아침에 회의를 했었다. → 오늘 아침에 회의를 했다.

16 ~와/과의 → ~의
　➡ **예** 엄마와 동생과의 문제 → 엄마와 동생의 문제

IV 언어 예절과 바른 표현

교수님 코멘트▶ 높임법이나 문장 수정 등과 관련하여 출제될 수 있는 부분이다. 중요한 부분을 이론적으로 미리 정리해 두는 것이 문제 풀이에 유리할 것이다.

정답과 해설 ▶ P.306

언어 예절

01
2022 지방직(= 서울시) 9급

언어 예절로 가장 적절한 것은?

① 지금부터 회장님의 말씀이 계시겠습니다.
② (시누이에게) 고모, 오늘 참 예쁘게 차려 입으셨네요?
③ (처음 자신을 소개하면서) 처음 뵙겠습니다. 박혜정입니다.
④ (다른 사람에게 자기 아내를 가리키며) 이쪽은 제 부인입니다.

02
2014 국가직 7급

표준 언어 예절에 알맞은 표현은?

① 자기의 본관을 소개할 때 "저는 ○○[본관] ○씨입니다."라고 한다.
② 남편의 친구에게 자신을 소개할 때 "저는 ○○○ 씨의 부인입니다."라고 한다.
③ 텔레비전에서 사회자가 20대의 연예인을 소개할 때 "○○○ 씨를 모시겠습니다."라고 한다.
④ 어머니와 길을 가다 선생님을 만났을 때 "저의 어머니십니다."라고 어머니를 선생님께 먼저 소개한다.

03
2013 국가직 7급

우리말 표현으로 옳은 것은?

① (시청 간부가 외부 전문가에게) 저는 시청에 근무하는 전우치 과장입니다. 교수님께 하반기 경제 전망에 대해 사문을 구하고자 진화를 드렸습니다.
② (간호사가 환자에게) 환자분, 주사 맞게 침대에 누우실게요.
③ (며느리가 시어머니에게) 어머니, 아범은 아직 안 들어왔어요.
④ (한국인이 외국인에게) 저희나라 국민들은 독도 문제에 대해 매우 민감합니다.

04
2013 지방직 7급

어법에 맞는 표현은? (정답 2개)

① (면접을 마친 후 면접관에게) 면접관님, 수고하십시오.
② (문상을 가서 상주에게) 삼가 조의를 표합니다.
③ (점원이 손님에게) 손님께서 찾으시는 물건은 품절이십니다.
④ (아내가 남편에게) 오빠, 외식하러 가요.

05

편지 용어에 대한 설명으로 옳지 <u>않은</u> 것은?

① 친전(親展): 편지를 받을 사람이 직접 펴 보라고 편지 겉봉에 적는 말

② 좌하(座下): 편지를 받을 사람이 아랫사람일 때 붙이는 말

③ 귀중(貴中): 편지나 물품 따위를 받을 단체나 기관의 이름 아래에 쓰는 높임말

④ 본제입납(本第入納): 본가로 들어가는 편지라는 뜻으로, 자기 집으로 편지할 때에 편지 겉봉에 자기 이름을 쓰고 그 밑에 쓰는 말

06

밑줄 친 말이 옳게 쓰인 것은?

① 자네의 선대인께서는 올해 건강하신가?

② 옆집 선배와 나는 두 살 터울이다.

③ 오늘 아버지께 걱정을 들었다.

④ 면접하러 온 사람들은 현관 앞에서 복장을 매무새하였다.

07

전화를 사용할 때, 표준 언어 예절로 바람직하지 <u>않은</u> 것은?

① 아닌데요, 전화 잘못 거셨습니다.

② 네, 잠깐 기다려 주십시오. 바꾸어 드리겠습니다.

③ 지금 안 계십니다. 들어오시면 뭐라고 전해 드릴까요?

④ 잘 알겠습니다. 이만 끊겠습니다. 안녕히 계십시오.

08

다음 중 올바른 우리말 표현은?

① (초청장 문안에서) 귀하를 이번 행사에 꼭 모시고자 하오니 많이 참석해 주시기 바랍니다.

② (전화 통화에서) 과장님은 지금 자리에 안 계십니다. 뭐라고 전해 드릴까요?

③ (직원이 고객에게) 주문하신 상품은 현재 품절이십니다.

④ (방송에 출연해서) 저희나라가 이번에 우승한 것은 국민 여러분의 뜨거운 성원 덕택입니다.

바른 표현

09

〈공공언어 바로 쓰기 원칙〉에 따라 〈공문서〉의 ㉠∼㉣을 수정한 것으로 적절하지 <u>않은</u> 것은?

┤ 공공언어 바로 쓰기 원칙 ├

• 중복되는 표현을 삼갈 것.

• 대등한 것끼리 접속할 때는 구조가 같은 표현을 사용할 것.

• 주어와 서술어를 호응시킬 것.

• 필요한 문장 성분이 생략되지 않도록 할 것.

┤ 공문서 ├

한국의약품정보원

수신 국립국어원

(경유)

제목 의약품 용어 표준화를 위한 자문회의 참석 ㉠ 안내 알림

1. ㉡ 표준적인 언어생활의 확립과 일상적인 국어 생활을 향상하기 위해 일하시는 귀원의 노고에 감사드립니다.

2. 본원은 국내 유일의 의약품 관련 비영리 재단법인으로서 의약품에 관한 ㉢ 표준 정보가 제공되고 있습니다.

3. 의약품의 표준 용어 체계를 구축하고 ㉣ 일반 국민도 알기 쉬운 표현으로 개선하여 안전한 의약품 사용 환경을 마련하기 위해 자문회의를 개최하니 귀원의 연구원이 참석해 주시기를 바랍니다.

① ㉠: 안내

② ㉡: 표준적인 언어생활을 확립하고 일상적인 국어 생활의 향상을 위해

③ ㉢: 표준 정보를 제공하고 있습니다.

④ ㉣: 의약품 용어를 일반 국민도 알기 쉬운 표현으로 개선하여

10

(가)~(라)를 고쳐 쓴 것으로 옳지 않은 것은?

> (가) 오빠는 생김새가 나하고는 많이 틀려.
> (나) 좋은 결실이 맺어졌으면 하는 바람입니다.
> (다) 내가 오직 바라는 것은 네가 잘됐으면 좋겠어.
> (라) 신은 인간을 사랑하기도 하지만 시련을 주기도 한다.

① (가): 오빠는 생김새가 나하고는 많이 달라.
② (나): 좋은 결실을 맺었으면 하는 바램입니다.
③ (다): 내가 오직 바라는 것은 네가 잘됐으면 좋겠다는 거야.
④ (라): 신은 인간을 사랑하기도 하지만 인간에게 시련을 주기도 한다.

11

다음 중 바르게 쓰인 문장은?

① 취직할 생각이 아예 없었기 때문에 그가 여행 갈 시간을 내기란 좀체 쉬운 일이었다.
② 공부를 하지 않았다고 해서 낮은 점수를 받은 그녀에게서 불만이 아주 없었던 것은 아니었다.
③ 다행스러운 것은 그의 노력이 충분한 보상을 받았으며 인류를 위해 연구실에 남아 실험을 계속하기로 결심했다는 점이다.
④ 그가 가사에 몰두했던 것은 단순히 그것이 좋아서라기보다는 그동안 인간관계에서 겪은 아픈 기억을 지우기 위해서였다.

12

다음 중 어법에 가장 적절한 것은?

① 때는 바야흐로 만물이 소생하는 봄이다.
② 인간은 자연에 복종하기도 하고, 지배하기도 한다.
③ 글을 잘 쓰려면 신문과 뉴스를 열심히 시청해야 한다.
④ 철이는 영선이에게 가방을 주었는데, 그 보답으로 철이에게 책을 선물하였다.

13

다음 중 문장의 구성이 자연스럽지 않은 것은?

① 불평등과 양극화가 심해진 지금의 자본주의가 자본과 시장의 폐해를 제대로 규제하고 제어하지 못한 정치 실패이자 민주주의 실패의 결과인 것은 한국만의 문제가 아니다.
② 1980년대 초부터 지난 30년 동안 미국과 유럽의 선진국들이 시장 근본주의적인 자본주의를 추구한 결과로 경제 구조뿐만 아니라 사회 구조에도 부정적 결과들이 구조화되었다.
③ 단순하게는 혼자서 삶을 꾸려 나갈 수 없다는 데서, 나아가 여러 사람과 더불어 살면서 가치 있는 삶을 만들어 간다는 데서 인간이 사회적 동물이라는 진술의 원인 혹은 의미를 찾을 수 있겠다.
④ 현재의 출산 장려 정책은 분만을 전후한 수개월의 짧은 기간에 혜택을 집중시키는데, 가족과 모성의 생애 주기를 고려한 종합적 건강 증진보다는 건강한 신생아를 얻는 것 자체를 목적으로 하기 때문이다.
⑤ 그러나 이러한 높은 수준의 지성적 연구는 예술과 과학 사이에 존재하는 차이점보다 오히려 양자 간의 유사점에 대한 인식을 토대로 하여 성립하기 때문에 예술이나 과학 어느 하나만으로는 지칭될 수 없는 성질의 것이다.

14

2014 지방직 7급

어법상 가장 자연스러운 것은?

① 내가 주장하고 싶은 점은 대중 스타를 맹목적으로 추종하는 것은 바람직하지 않다는 점을 강조하고 싶다.

② 실력 있는 강사진이 수강생 여러분을 직접 교육시켜 드립니다.

③ 이 제품을 사용하다가 궁금한 점이나 작동이 잘 안 될 때는 바로 연락을 주시기 바랍니다.

④ 성과란 것을 무조건 양적인 면만으로 따진다는 것도 문제가 없지는 않다.

15

2021 국가직 9급

가장 자연스러운 문장은?

① 날씨가 선선해지니 역시 책이 잘 읽힌다.

② 이렇게 어려운 책을 속독으로 읽는 것은 하늘의 별 따기이다.

③ 내가 이 일의 책임자가 되기보다는 직접 찾기로 의견을 모았다.

④ 그는 시화전을 홍보하는 일과 시화전의 진행에 아주 열성적이다.

16

2014 지방직 9급

밑줄 친 단어의 쓰임이 적절하지 않은 것은?

① 동아리 활성화를 위한 프로그램 개발이 필요하다.

② 사람들의 후원금이 방송국에 답지하고 있다.

③ 빙산이 바다 위를 부상하는 것은 온난화 때문이다.

④ 세입자에게 밀린 집세를 너무 자주 채근하지 마라.

17

2015 국가직 7급

가장 자연스러운 문장은?

① 그는 이 문제에 대해 가능한 충실히 논의해 왔다.

② 이 물건은 후보 공천 시점에 보낸 것인지도 모른다.

③ 디지털 텔레비전 시대에는 고화질의 화면은 물론 다양한 정보도 손쉽게 얻을 수 있다.

④ 지금까지는 문제를 회피하기만 했지만 이제는 이와 같은 관례를 깨뜨릴 때도 되었다는 생각이다.

18

2014 국가직 7급

문장 성분의 연결이 자연스러운 것은?

① 이 도시의 바람직한 모습은 이 지방의 행정, 문화, 교육 분야의 중심 기능을 담당해야 한다.

② 노사 간에 지속적인 대화를 시도하고 있으나, 불필요한 공방으로 인하여 기약 없이 지연되고 있다.

③ 예전에 한국인은 양만 따진다는 말이 있었으나, 이제는 양뿐 아니라 질을 아울러 따질 수 있게 되었다.

④ 해외여행이나 좋은 영화나 뮤지컬 등은 빼놓지 않고 관람하는 것이 이른바 골드 미스의 전형적인 생활 양식이다.

19

2016 국가직 7급

어법에 맞는 것은?

① 날씨가 내일부터 누그러져 주말에는 예년 기온을 되찾을 것으로 예상됩니다.

② 내가 유학을 떠날 때, 친구가 소개시켜 준 학교는 유명한 학교가 아니었다.

③ 1반 축구팀은 불안한 수비와 문전 처리가 미숙하여 2반 축구팀에 패배하였다.

④ 방송 장비를 휴대한 트럭이 현장에 대기하면서 실시간으로 상황을 중계합니다

다음 밑줄 친 ㉠~㉫ 중 어법에 맞지 <u>않는</u> 것을 모두 고르면?

연못가를 산책하다 보면 새끼 오리들이 어미 오리를 쫓아가는 모습을 흔히 볼 수 있습니다. 새끼 오리들은 어떻게 자기 어미를 알고 쫓아갈 수 있을까요? 1900년대 초반까지만하더라도 오리는 자기 어미를 쫓아다니는 유전인자를 타고나는 것으로 보았습니다. ㉠ <u>또한</u> 콘라트 로렌츠는 실험을 통해 이런 생각을 바꾸어 놓는 새로운 주장을 하였습니다. 로렌츠의 주장에 따르면, 오리는 자기 어미를 쫓아가도록 하는 유전자를 타고난 것이 아닙니다. 단지 자기 어미를 쫓아갈 수 있는 소인(素因)을 가지고 ㉡ <u>태어났을뿐입니다.</u>

이 말이 의미하는 바가 무엇인지 짐작할 수 있겠습니까? 새끼 오리가 자기 어미를 쫓아가도록 학습 경험을 주면 그것을 학습하는 반면, 그 경험이 제공되지 않으면 그렇게 하지 못한다는 뜻입니다. 게다가 이 학습 경험에서는 '타이밍'이 매우 중요합니다. 로렌츠는 부화 후 '12시간 또는 13시간'이 오리의 학습에 결정적이라는 점을 밝혀냈습니다. 병아리와 오리가 자기 어미를 쫓아가는 것은 부화 후 12시간에서 13시간 사이에 학습하게 된다는 것이지요.

그렇다면 오리가 어미를 쫓아가도록 만드는 학습 기제는 어떤 것일까요? 오리들은 부화해서 12시간 또는 13시간 사이에 첫 번째로 보이는 움직이는 물체에 ㉢ <u>각인되어집니다.</u> 즉, 오리들은 부화 후 12시간 또는 13시간 사이에 제일 먼저 보게 되는 움직이는 물체를 따라다니는 행동을 학습하게 되어 있다는 것입니다.

로렌츠의 실험이 이를 보여 주고 있습니다. 그는 오리들을 부화한 후 어미 오리를 ㉣ <u>격리시켰습니다.</u> 대신 자신이 새끼 오리들 주위를 어슬렁거렸죠. 그랬더니 나중에 오리들이 자기 어미를 쫓아가지 않고 로렌츠를 쫓아왔습니다. 결국 오리의 행동은 유전에 의해서만 결정되는 것은 아니라는 것입니다. 하나의 움직이는 물체에 각인될 수 있는 소인, 즉 능력은 타고났지만 그것이 실제 수행으로 나타나기 위해서는 학습이 필요하다는 것이겠지요. 이 학습 시기에 어떤 경험을 주느냐에 따라 오리가 로렌츠를 쫓아갈 수도 있고 자기 어미를 쫓아갈 수도 있다는 말입니다. 로렌츠는 실험을 통해 새끼 오리가 어미를 쫓아가는 데는 유전, 환경, 타이밍 세 가지가 함께 영향을 ㉤ <u>미친다고</u> 주장하였습니다. 그의 실험은 과거 우리가 따로따로 얘기하던 유전, 환경, 그리고 타이밍의 세 요소를 농시에 고려해야 한다는 점을 잘 보여 수고 있습니다.

① ㉠
② ㉠, ㉡
③ ㉡, ㉢
④ ㉠, ㉡, ㉢, ㉣
⑤ ㉡, ㉢, ㉣, ㉤

정답과 해설

PART Ⅰ. 현대 문법

언어와 국어									본문 P.125
01	④	02	③	03	②	04	③	05	①
06	①	07	③	08	②	09	④	10	③

01 ④
㉠의 이론은 사람들은 자신의 언어에 얽매인 채 세계를 경험한다는 것이다. 또한 특정 현상과 관련한 단어가 많을수록 해당 언어권의 화자들은 그 현상에 대해 심도 있게 경험한다는 것이다. 지문에 의하면 'ㄱ'의 경우 눈을 가리키는 단어를 4개 지니고 있는 이누이트족이 1개 지니고 있는 영어 화자들보다 눈을 넓고 섬세하게 경험한다는 것을 알 수 있다. 따라서 이 의견은 ㉠을 강화할 것이다. 'ㄴ'의 경우 수를 세는 단어가 3개뿐인 피라하족이 세 개 이상의 대상을 모두 많다고 인식하는 것은 언어에 얽매인 채 세계를 경험하는 경우이므로 ㉠을 강화할 것이다. 'ㄷ'의 경우 색채 어휘가 적은 자연언어 화자들이 색채 어휘가 많은 자연언어 화자들에 비해 색채를 구별하는 능력이 뛰어나다는 설명이므로 ㉠과 대비되는 설명이라는 것을 알 수 있다. 따라서 이 의견은 ㉠을 약화할 것이다.

02 ③
밑줄 친 부분을 통해 글쓴이가 '생각(사고)'이 '말(언어)'보다 더 우위에 있는 '사고 우위론적 관점'을 말하고 있음을 알 수 있다.
③ 사고 우위론의 적절한 예이다.
| 오답해설 | ① 사고 우위론과 관련이 없다.
② 언어의 자의성, ④ 언어의 분절성과 사회성에 관한 설명이다.

03 ②
국어는 음절 말에서 한 개의 자음만 발음된다. '값'은 자음군 단순화에 따라 [갑]으로 발음된다.
| 오답해설 | ① 국어는 알타이어군에 속한다고 보기도 하는데, 이에 따라 알타이어군의 대표적 특성인 '교착어(첨가어)'적 특성을 보여 준다.
③ 국어는 이야기를 주고받는 담화 중심의 언어로, 주어나 목적어가 흔히 생략되는 특징이 있다.
④ 언어는 문화를 반영하는 특징이 있다. 국어의 경우 가족 관계를 나타내는 친족어가 발달해 있다.

04 ③
'친교적 기능'은 상대방과 친교를 긴밀하게 하는 데 사용되는 기능이다. 소설에서 '계집애'는 '나'에게 관심을 표현하기 위해서 혼자만 일하냐고 묻고 있다.

05 ①
'심지어(甚至於), 어차피(於此彼), 주전자(酒煎子)'는 한자어이다.
| 오답해설 | ② '학교(學校), 공장(工場), 도로(道路), 자전거(自轉車), 자동차(自動車)'는 한자어이다.
③ '고무(프랑스)', '담배, 빵(포르투갈)', '가방(네덜란드)', '냄비(일본)'는 외국에서 들어온 귀화어이다.
④ 순서대로 '눈, 입, 입, 목, 머리'를 낮추어 부르는 비어이다. 참고로 '주둥이'가 사람에게 쓰이면 비어이지만, 동물에게 쓰는 경우는 비어가 아니다.

06 ①
'ㄴ, ㅁ, ㅇ'은 비음이다. 유음은 'ㄹ'이다.
| 오답해설 | ② 'ㅅ, ㅆ'은 치조 마찰음, 'ㅎ'은 후두 마찰음이다.
③ 혀의 앞뒤 위치에 따라 전설 모음과 후설 모음으로 나눌 수 있는데 'ㅡ, ㅓ, ㅏ'는 발음할 때 혀의 최고점이 뒤에 놓이는 후설 모음이다.
④ 발음할 때 입술의 모양에 따라 평순 모음과 원순 모음으로 나눌 수 있는데, 'ㅟ, ㅚ, ㅗ, ㅜ'는 입술을 오므려 발음하는 원순 모음이다.

07 ③
모두 '언어의 분절성'에 대한 설명이다.

08 ②
언어는 고정되지 않고 변화한다. 기존의 언어가 바뀌거나(성장) 사라지며(사멸) 없던 말이 새로 생겨나기도(신생) 한다. 이러한 언어의 특성을 '언어의 역사성'이라고 한다.

09 ④
(라)는 '언어의 자의성'에 대한 예이다. 언어의 자의성이란 언어의 형식과 의미의 관계가 필연적이지 않다는 것이다. 즉, '오늘'이라는 의미가 한국어에서는 '오늘', 영어에서는 'today'와 같이 다르게 나타나는 것은 언어의 자의성과 관계가 있다.
| 오답해설 | (가) - 언어의 역사성(㉡), (나) - 언어의 사회성(㉣), (다) - 언어의 창조성(㉢).

10 ③
제시된 글은 '언어 우위론'과 관련된 설명이다. ③은 언어를 제외한 사고의 영역이 분명히 존재함을 설명하는 것으로 '사고 우위론'과 관련된다.
| 오답해설 | ① 언어에 의해 '쌀'이 다양하게 표현되고 구분되므로, 언어에 의해 사고가 발달하고 있는 모습이다.
② 언어에 의해 다른 색이 같은 색으로 표현되어 구별되지 않고 있음을 설명하는 것으로, 언어에 의해 사고가 제한되고 있음을 보여 준다.
④ 언어에 의해 '수박'이 '박'과 '멜론'으로 나뉘는 것을 보여 주는 것으로, 언어에 의해 사고가 정의되고 제한되고 있음을 보여 준다.

11	⑤	12	④	13	③	14	②	15	③
16	①	17	①	18	①	19	②	20	⑤
21	④								

11 ⑤

15세기 국어의 음절의 끝소리 규칙은 음절의 끝에서 발음될 수 없는 자음이 음절의 끝에 오면 'ㄱ, ㄷ, ㅂ, ㅅ' 중 하나로 바뀌는 현상이다. 따라서 '젛-+-노라'의 경우 먼저 음절의 끝소리 규칙에 의해 '젇노라'가 된 후, 'ㄷ'의 비음화에 의해 '전노라'가 된다. 반면 '빛+나다'의 경우 음절의 끝소리 규칙에 의해 '빗나다'가 되기 때문에 'ㄷ'의 비음화가 일어날 조건이 충족되지 않는다.

|오답해설| ① 지문에서 확인할 수 있듯이 15세기 국어에서는 'ㄷ'의 비음화가 일어난 경우가 대부분이었다. 따라서 '걷는 → 건는'은 평파열음인 'ㄷ'이 비음 'ㄴ' 앞에서 동일한 조음 위치의 비음인 'ㄴ'으로 바뀌는 'ㄷ'의 비음화 현상에 의한 것이다.

② 지문에서 확인할 수 있듯이 현대 국어와 달리 15세기 국어에서는 'ㄱ'의 비음화가 일어나지 않았다. 따라서 '막-+-노라'는 현대 국어에서는 [망노라]와 같이 'ㄱ'의 비음화가 일어날 조건이지만, 15세기 국어에서는 비음화가 일어나지 않았을 것임을 알 수 있다.

③ 비음화는 평파열음이 비음 앞에서 동일한 조음 위치의 비음으로 바뀌는 현상이다. 지문에서 현대 국어에서의 비음화 현상으로 제시한 예시인 '국물 → [궁물]', '받는 → [반는]', '입는 → [임는]'을 통해 'ㄱ-ㅇ', 'ㄷ-ㄴ', 'ㅂ-ㅁ'이 각각 동일한 조음 위치의 '평파열음-비음'에 해당하는 쌍임을 알 수 있다.

④ 지문에서 비음으로 끝나는 용언 어간 뒤에서 일어나는 경음화는 15세기 국어에서는 나타나지 않았음을 알 수 있다. 따라서 '안-+-게', '굼-+-고'에서 어미의 평음 'ㄱ'이 현대 국어와는 달리 15세기 국어에서는 경음 'ㄲ'으로 바뀌지 않았을 것임을 알 수 있다.

12 ④

ⓒ에서 음절 끝의 'ㅊ'이 평파열음인 'ㄷ'으로 바뀌는 음절의 끝소리 규칙이 일어났으며, ⓒ에서도 음절 끝의 'ㅈ'이 평파열음인 'ㄷ'으로 바뀌는 음절의 끝소리 규칙이 일어났다. 이와 마찬가지로 ⑤에서도 음절 끝의 'ㅌ'과 'ㅅ'이 모두 평파열음인 'ㄷ'으로 바뀌는 음절의 끝소리 규칙이 일어났다. 먼저 음절의 끝소리 규칙에 의해 '겉멋만'이 [걷먿만]이 된 후, 비음화 현상에 의해 [건먼만]이 된 것이다.

|오답해설| ① ⑤에서는 겉멋만 → [걷먿만] → [건먼만]과 같이 음절 끝의 자음이 동일한 조음 위치의 비음인 'ㄴ'으로 바뀌는 비음화가 두 번 일어났다.

② ⓒ에서는 음절 끝의 자음 'ㄱ'이 비음인 'ㅁ' 앞에서 동일한 조음 위치의 비음인 'ㅇ'으로 바뀌는 비음화가 한 번 일어났다.

③ ⓒ에서는 먼저 음절의 끝소리 규칙에 의해 음절 끝의 'ㅊ'이 평파열음인 'ㄷ'으로 바뀐다. 그 후 평파열음 'ㄷ' 뒤에서 'ㅅ'의 경음화가 일어나 된소리로 발음되는 것이다. ⓒ에서도 마찬가지로 먼저 음절의 끝소리 규칙에 의해 음절 끝의 'ㅈ'이 평파열음인 'ㄷ'으로 바뀐 후, 평파열음 'ㄷ' 뒤에서 'ㅈ'의 경음화가 일어나 된소리로 발음되는 것이다.

⑤ ⓒ에서는 비음 'ㄴ' 앞에서 평파열음인 'ㅂ'이 동일한 조음 위치의 비음인 'ㅁ'으로 바뀌는 비음화가 일어났다. 따라서 'ㄴ'으로 인해 비음화가 일어난 것이다. 이와 달리 ⑤에서는 음절의 끝소리 규칙에 의해 평파열음이 된 음절 끝 'ㄷ'이 비음인 'ㅁ' 앞에서 동일한 조음 위치의 비음인 'ㄴ'으로 바뀌는 비음화가 일어났으며, ⓒ에서는 평파열음인 'ㄱ'이 비음인 'ㅁ' 앞에서 동일한 조음 위치의 비음인 'ㅇ'으로 바뀌는 비음화가 일어났다. 따라서 ⑤과 ⓒ에서는 모두 'ㅁ'으로 인해 비음화기 일어난 것이다.

13 ③

'밥만'을 발음할 때는 국어의 음운 규칙에 따라 파열음 'ㅂ'이 뒤에 오는 비음 'ㅁ'에 의해 동일한 조음 위치의 비음인 'ㅁ'으로 교체되어 [밤만]이 된다. '밥만 있어'의 '밥만[밤만]'을 듣고 이것을 발음대로 인식하는 것이 아니라 '밥만'이라는 원래의 뜻으로 인식했다면 말을 들을 때 비음화 규칙이 인식의 틀로 작동한 것이다. 그러나 '밥만[밤만]'을 듣고 들리는 그대로 '밤만'으로 알았다면 비음화 규칙이 인식의 틀로 작동하지 못했기 때문이다.

|오답해설| ① 지문에서 알 수 있듯이 국어는 한 음절 내에서 모음 앞이나 뒤에 각각 최대 하나의 자음을 둘 수 있다. '몫'의 경우 모음 뒤에 두 개의 자음이 오기 때문에 국어의 음절 구조를 충족하기 위해 음운 하나가 탈락하는 것으로 이해할 수 있다.

② 지문에서도 언급하고 있듯이 음운은 그 자체로는 뜻이 없다. 따라서 음운인 'ㄹ'은 그 자체에는 뜻이 없다. '갈 곳'을 의미의 최소 단위인 형태소에 따라 분석해 보면 '가-+-ㄹ 곳'이 된다. 따라서 이때 '-ㄹ'은 어간 '가-'에 결합한 어미로 쓰이고 있으므로 뜻을 가진 최소 단위인 하나의 형태소이다.

④ 영어의 'spring[spriŋ]' 한 음절 내에서 자음군이 형성되는데, 이는 국어의 음절 구조와 맞지 않는 소리이다. 국어는 한 음절 내에서 모음 앞이나 뒤에 각각 최대 하나의 자음만 올 수 있기 때문이다. 따라서 이를 국어의 음절 구조에 맞게 3음절 '스프링'으로 바꿔서 인식하는 것은 국어 음절 구조 인식의 틀이 작동한 결과로 볼 수 있다.

⑤ 영어의 'vocal'에서 'v'는 국어에 없는 소리이므로 국어에서는 이를 국어와 가장 가까운 음운으로 바꾸어 인식하게 된다. 따라서 'v'를 가장 비슷한 국어 음운인 'ㅂ'로 바꾸어 인식하므로 'vocal'을 '보컬'로 인식하는 것이다.

14 ②

ⓐ 앞일[암닐]: '앞+일'로 형태소를 분석할 수 있다. 먼저 음절의 끝소리 규칙에 의해 '앞'의 끝음절이 'ㅂ'이 되어 [압일]이 되는데, 이는 '앞' 형태소 내에서 일어난 것이다. 합성어 및 파생어에서, 앞 단어나 접두사의 끝이 자음이고 뒤 단어나 접미사의 첫 음절이 '이, 야, 여, 요, 유'인 경우에는, 'ㄴ'소리를 첨가하여 발음한다. '앞일'은 어근과 어근이 결합한 합성어이다. 따라서 'ㄴ'이 첨가되어 [압닐]이 된다. 그 후 파열음 'ㅂ'이 뒤의 비음 'ㄴ'에 의해 동일 조음 위치의 'ㅁ'으로 교체되어 [암닐]로 발음되는 것이다. 이때 'ㄴ' 첨가와 비음화 현상은 ⑤형태소와 형태소가 만나는 경계에서 일어난 음운 변동이다.

ⓑ 장미꽃[장미꼳]: '장미+꽃'으로 형태소를 분석할 수 있다. 음절의 끝소리 규칙에 의해 '꽃'의 끝음절이 'ㄷ'이 되어 [장미꼳]이 되는데, 이는 '꽃'이라는 하나의 형태소 내에서 일어난 것이므로 형태소와 형태소가 만나는 경계에서 일어난 음운 변동으로 볼 수 없다.

ⓒ 넣고[너코]: '넣-+-고'로 형태소를 분석할 수 있다. 받침 'ㅎ' 뒤에 'ㄱ, ㄷ, ㅈ'이 결합되는 경우에는 두 음운이 축약되어 'ㅋ, ㅌ, ㅊ'으로 발음된다. 따라서 '넣고'의 경우 'ㅎ'과 'ㄱ'이 축약되어 'ㅋ'이 되므로 [너코]가 된다. 이는 ㉠형태소와 형태소가 만나는 경계에서 일어난 음운 변동이다.

ⓓ 걱정[걱쩡]: '걱정'은 하나의 형태소로 이루어진 단일어이다. 받침 'ㄱ, ㄷ, ㅂ' 뒤에 연결되는 'ㄱ, ㄷ, ㅂ, ㅅ, ㅈ'은 된소리로 발음해야 하므로 [걱쩡]으로 된소리되기에 의한 음운 변동이 일어난다. 이는 '걱정'이라는 하나의 형태소 내에서 일어난 것이므로 형태소와 형태소가 만나는 경계에서 일어난 음운 변동으로 볼 수 없다.

ⓔ 굳이[구지]: '굳-+-이'로 형태소를 분석할 수 있다. 국어에서는 구개음화 현상에 의해 받침 'ㄷ, ㅌ(ㄾ)'이 조사나 접미사의 모음 'ㅣ'와 결합되는 경우에는, [ㅈ, ㅊ]으로 바꾸어서 뒤 음절 첫소리로 옮겨 발음한다. '굳이'의 경우 '굳-'이 어근이고, '-이'가 부사 파생 접미사인 파생어로서 구개음화의 조건에 해당하므로 [구지]로 발음된다. 이는 ㉠형태소와 형태소가 만나는 경계에서 일어난 음운 변동이다.

15 ③

㉠은 자음군 단순화에 대한 설명이며, ㉡은 평파열음화(학교 문법에서의 '음절의 끝소리 규칙')에 대한 설명이다. '읊다'의 경우 '읊'에서 종성에 겹받침이 표기되었으므로 'ㄹ'과 'ㅍ' 중 'ㄹ'이 탈락하는 자음군 단순화(㉠)가 일어난다. 종성에 'ㅍ'은 올 수 없으므로 'ㅂ'으로 평파열음화(㉡)가 일어난다. 따라서 ㉠과 ㉡이 모두 적용되는 것은 맞다.

그 후 된소리되기에 의해 'ㅂ'에 연결되는 'ㄷ'은 된소리로 발음하여 [읍따]가 된다. 이때 첫음절은 '모음+자음', 두 번째 음절은 '자음+모음'으로, [읍다]에서 된소리되기가 일어나 [읍따]가 된 것은 맞지만 이 음운 변동으로 인해 음절 유형이 달라지지는 않는다. 따라서 ⓐ에 해당하지 않는다.

| 오답해설 | ① '흙화덕'의 경우 먼저 '흙'에서 종성에 겹받침이 오므로 'ㄹ'과 'ㄱ' 중 'ㄹ'이 탈락하는 자음군 단순화(㉠)가 일어나 [흑화덕]이 된다. 이때 첫음절은 '자음+모음+자음', 두 번째 음절은 '자음+모음', 세 번째 음절은 '자음+모음+자음'이다. [흑화덕]에서 '흑'의 종성 'ㄱ'과 '화'의 초성 'ㅎ'이 만나 축약하는 음운 변동이 일어나 [흐콰덕]이 된다. [흐콰덕]의 음절 유형을 이전과 비교해 보면 첫음절이 '자음+모음'으로 달라진 것을 알 수 있다. 따라서 ⓐ에 해당한다.

② '낱알'의 경우 종성에 'ㅌ'이 올 수 없으므로 평파열음화(㉡)가 적용되어 [낟알]이 된다. 이때 첫음절은 '자음+모음+자음', 두 번째 음절은 '모음+자음'이다. [낟알]은 음운 변동이 아닌 연음에 의해 [나달]로 발음되며, 이때 음절 유형이 첫음절은 '자음+모음', 두 번째 음절은 '자음+모음+자음'으로 이전과 모두 달라진다. 따라서 ⓑ에 해당한다.

④ '솜이불'의 경우 종성에 겹받침이 표기되지도 않았고, '솜'의 'ㅁ'과 '불'의 'ㄹ'은 모두 종성에 올 수 있는 기음이므로 ㉠과 ㉡ 중 어떤 것도 적용되지 않는다. 음운 변동 이전에 음절 유형을 보면 각 음절은 순서대로 '자음+모음+자음', '모음', '자음+모음+자음'의 구성이다. '솜이불'에서는 앞말이 자음으로 끝나고 뒷말이 'ㅣ'로 시작할 때 'ㄴ'이 첨가되는 현상이 일어나 [솜ː니불]이 된다. 따라서 두 번째 음절의 유형이 '자음+모음'으로 변화한다. 이는 음운 변동에 의한 것이므로 ⓐ에 해당한다.

⑤ '훑어'의 경우 종성에 겹받침이 표기된 것은 맞지만 자음군 단순화가 일어나기에 앞서 연음이 먼저 일어난다. '낱알'과는 대조적인데, '낱

알'에서 '알'은 실질 형태소이지만 '훑어'에서 '-어'는 형식 형태소이기 때문에 연음이 먼저 일어난다. 따라서 ㉠과 ㉡ 중 어떤 것도 적용되지 않는다.

음운 변동 또한 일어나지 않고 종성 중 'ㅌ'만 그대로 연음되어 [훌터]가 된다. 이때 두 번째 음절은 연음 전에는 '모음'으로만 이루어져 있었으나 연음에 의해 '자음+모음'으로 음절 유형이 변화하므로 ⓑ에 해당한다.

16 ①

[A]에 따르면 자음 중 공명도가 가장 높은 것은 울림소리 중 유음인 'ㄹ'이다. 울림소리 중 비음인 'ㄴ, ㅁ, ㅇ'이 그 다음으로 공명도가 높고, 안울림소리인 다른 자음들이 공명도가 낮다는 것을 알 수 있다.

'삭막'에서 앞 음절의 종성인 'ㄱ'은 안울림소리로, 뒤 음절의 초성인 'ㅁ'(울림소리 중 비음)보다 공명도가 낮다. 이때 [상막]으로 발음하는 것은 앞 음절 종성을 울림소리 중 비음인 'ㅇ'으로 교체함으로써 기존보다 공명도를 높인 것이므로 ㉮에 해당한다.

'공론'의 경우 앞 음절 종성인 'ㅇ'은 울림소리 중 비음이며, 뒤 음절 초성인 'ㄹ'은 울림소리 중 유음이다. 따라서 앞 음절 종성의 공명도가 뒤 음절 초성보다 낮다. '공론'을 [공논]으로 발음하는 것은 뒤 음절 초성을 앞 음절 종성과 같이 울림소리 중 비음에 해당하는 'ㄴ'으로 교체함으로써 기존보다 공명도를 낮춘 것이므로 ㉯에 해당한다.

| 오답해설 | ② '능력'에서 앞 음절 종성은 울림소리 중 비음인 'ㅇ'이고, 뒤 음절 초성은 울림소리 중 유음인 'ㄹ'이므로 앞 음절 종성의 공명도가 뒤 음절 초성보다 낮다. 이를 [능녁]으로 발음하는 것은 뒤 음절 초성을 앞 음절 종성과 같이 울림소리 중 비음에 해당하는 'ㄴ'으로 교체함으로써 기존보다 공명도를 낮춘 것이므로 ㉮가 아닌 ㉯에 해당한다.

'업무'에서 앞 음절 종성은 안울림소리인 'ㅂ'이고 뒤 음절 초성은 울림소리 중 비음인 'ㅁ'이므로 앞 음절 종성의 공명도가 뒤 음절 초성보다 낮다. 이를 [엄무]로 발음하는 것은 앞 음절 종성을 뒤 음절 초성과 같이 울림소리 중 비음에 해당하는 'ㅁ'으로 교체함으로써 기존보다 공명도를 높인 것이므로 ㉯가 아닌 ㉮에 해당한다.

③ '담론'에서 앞 음절 종성은 울림소리 중 비음인 'ㅁ'이고, 뒤 음절 초성은 울림소리 중 유음인 'ㄹ'이므로 앞 음절 종성의 공명도가 뒤 음절 초성보다 낮다. 이를 [담논]으로 발음하는 것은 뒤 음절 초성을 앞 음절 종성과 같이 울림소리 중 비음에 해당하는 'ㄴ'으로 교체함으로써 기존보다 공명도를 낮춘 것이므로 ㉮가 아닌 ㉯에 해당한다.

'종로'에서 앞 음절 종성은 울림소리 중 비음인 'ㅇ'이고, 뒤 음절 초성은 울림소리 중 유음인 'ㄹ'이므로 앞 음절 종성의 공명도가 뒤 음절 초성보다 낮다. 이를 [종노]로 발음하는 것은 뒤 음절 초성을 앞 음절 종성과 같이 울림소리 중 비음에 해당하는 'ㄴ'으로 교체함으로써 기존보다 공명도를 낮춘 것이므로 ㉯에 해당한다.

④ '신라'에서 앞 음절 종성은 울림소리 중 비음인 'ㄴ'이고, 뒤 음절 초성은 울림소리 중 유음인 'ㄹ'이므로 앞 음절 종성의 공명도가 뒤 음절 초성보다 낮다. 이를 [실라]로 발음하는 것은 앞 음절 종성을 뒤 음절 초성과 같이 울림소리 중 유음에 해당하는 'ㄹ'로 교체함으로써 기존보다 공명도를 높인 것이므로 ㉮에 해당한다.

'밥물'에서 앞 음절 종성은 안울림소리인 'ㅂ'이고, 뒤 음절 초성은 울림소리 중 비음인 'ㅁ'이므로 앞 음절 종성의 공명도가 뒤 음절 초성보다 낮다. 이를 [밤물]로 발음하는 것은 앞 음절 종성을 뒤 음절 초성과 같이 울림소리 중 비음에 해당하는 'ㅁ'으로 교체함으로써 기존보다 공명도를 높인 것이므로 ㉯가 아닌 ㉮에 해당한다.

⑤ '국민'에서 앞 음절 종성은 안울림소리인 'ㄱ'이고, 뒤 음절 초성은 울림소리 중 비음인 'ㅁ'이므로 앞 음절 종성의 공명도가 뒤 음절 초성보다 낮다. 이를 [궁민]으로 발음하는 것은 앞 음절 종성을 뒤 음절 초성과 같이 울림소리 중 비음에 해당하는 'ㅇ'으로 교체함으로써 기존보다 공명도를 높인 것이므로 ㉮에 해당한다.

'난리'에서 앞 음절 종성은 울림소리 중 비음인 'ㄴ'이고, 뒤 음절 초성은 울림소리 중 유음인 'ㄹ'이므로 앞 음절 종성의 공명도가 뒤 음절 초성보다 낮다. 이를 [날:리]로 발음하는 것은 앞 음절 종성을 뒤 음절 초성과 같이 울림소리 중 유음에 해당하는 'ㄹ'로 교체함으로써 기존보다 공명도를 높인 것이므로 ㉯가 아닌 ㉮에 해당한다.

자음의 공명도 차이에 따라 일어나는 음운 변동은 다음과 같이 분류할 수 있다. 앞 음절 종성의 공명도가 뒤 음절 초성의 공명도보다 낮을 때, ㉮앞 음절 종성의 공명도를 높이는 교체가 일어나거나, ㉯뒤 음절 초성의 공명도를 낮추는 교체가 일어난다.

17 ①

'쌓던[싸턴]'에서는 교체는 일어나지 않으며, 축약만 일어난다. '쌓던'은 용언 어간 '쌓-'에 어미 '-던'이 결합한 것으로, 'ㅎ'이 예사소리인 'ㄷ'보다 앞에 놓여 있어서 거센소리되기가 일어나는 경우이다. 따라서 'ㅎ'과 뒤 음절 첫소리인 'ㄷ'이 축약되어 'ㅌ'이 되므로 [싸턴]으로 발음한다.

|오답해설| ② '잃고'는 용언 어간 '잃-'에 어미 '-고'가 결합한 것으로, 'ㅎ'이 예사소리인 'ㄱ'보다 앞에 놓여 있어서 거센소리되기가 일어나는 경우이다. 따라서 'ㅎ'과 뒤 음절 첫소리인 'ㄱ'이 축약되어 [일코]로 발음한다.

③ '끓이다'는 어근 '끓-'에 접미사 '-이-'가 결합한 것이다. 따라서 '끓-'의 'ㅎ'은 모음으로 시작하는 접미사와 결합하며 탈락한다. 그 후 연음이 이루어져 'ㄹ'이 뒤 음절 첫소리로 옮겨지며 [끄리다]로 발음된 것이다.

④ '칡하고'는 체언 '칡'에 조사 '하고'가 결합한 것으로, '칡'에서 먼저 자음군 단순화로 'ㄹ'이 탈락하고 [칙]이 된 후에 'ㄱ'과 뒤 음절 첫소리 'ㅎ'이 합쳐져 'ㅋ'이 되어 [치카고]로 발음된다. 따라서 탈락과 축약이 일어난다.

'하찮은'은 어간 '하찮-'에 어미 '-은'이 결합한 것인데, 어간 말의 'ㅎ' 뒤에 모음으로 시작하는 어미가 결합하였으므로 'ㅎ'이 탈락한 후 'ㄴ'이 뒤 음절 첫소리로 옮겨져 발음되어 [하차는]이 된다. 따라서 탈락이 일어난다. 즉, 두 단어에서 공통적으로 일어난 음운 변동은 탈락이다.

⑤ '먹히다'는 어근 '먹-'에 'ㅎ'으로 시작하는 접미사인 '-히-'가 결합한 것으로, 예사소리인 'ㄱ'과 'ㅎ'이 곧바로 합쳐져 거센소리인 'ㅋ'으로 바뀌어 [머키다]가 된다. 따라서 축약이 한 번 일어난다.

'끊고서'는 어간 '끊-'에 어미 '-고서'가 결합한 것으로, 'ㅎ'이 예사소리보다 앞에 놓인 경우에는 항상 거센소리되기가 우선적으로 적용되므로 'ㅎ'과 뒤 음절 첫소리인 'ㄱ'이 합쳐져 거센소리인 'ㅋ'으로 바뀌어 [끈코서]가 된다. 따라서 마찬가지로 축약이 한 번 일어난다.

18 ①

ⓐ는 둘 이상의 단어를 이어서 한 마디로 발음하는 경우이다. 이때 '낮'에서 먼저 음절의 끝소리 규칙에 의해 'ㅈ'이 'ㄷ'으로 교체되어 [낟]이 되는 음운 변동이 일어난 후, 'ㄷ'이 뒤 음절의 'ㅎ'과 축약되어 'ㅌ'이 되는 거센소리되기를 통해 [나탄때]로 발음된다. 따라서 다른 음운 변동

이 거센소리되기보다 먼저 일어난 경우이므로 ㉠이 아닌 ㉡에 해당한다.

|오답해설| ② ⓑ는 어근 '맺-' 뒤에 접미사 '-히-'가 결합한 경우이다. 이때 'ㅈ'이 'ㅎ'과 합쳐져 'ㅊ'으로 축약되는 거센소리되기가 바로 일어나 [매친]으로 발음되므로 ㉠에 해당한다.

③ ⓒ는 체언 '닭'에 조사 '한테'가 결합한 경우이다. 이때 '닭'에서 먼저 자음군 단순화에 의해 'ㄹ'이 탈락하는 음운 변동이 일어난 후, 남아 있는 'ㄱ'이 뒤 음절의 'ㅎ'과 축약되어 'ㅋ'이 되는 거센소리되기를 통해 [다칸테]로 발음된다. 따라서 ㉡에 해당한다.

④ ⓓ는 체언 '곶'에 조사 '하고'가 결합한 경우이다. 이때 '곶'에서 먼저 음절의 끝소리 규칙에 의해 'ㅈ'이 'ㄷ'으로 교체되어 [곧]이 되는 음운 변동이 일어난 후, 'ㄷ'이 뒤 음절의 'ㅎ'과 축약되어 'ㅌ'이 되는 거센소리되기를 통해 [고타고]로 발음된다. 따라서 ㉡에 해당한다.

⑤ ⓔ는 어근 '넓-' 뒤에 접미사 '-히-'가 결합한 경우이다. 어근에 'ㅎ'으로 시작하는 접미사가 결합하는 경우 거센소리되기가 바로 일어나므로 'ㅂ'과 'ㅎ'이 축약되어 'ㅍ'이 되어 [널피는]으로 발음된다. 따라서 ㉠에 해당한다.

19 ②

음운 변동의 종류에 따른 음운 개수의 변화를 먼저 살펴보면, 교체가 일어나는 경우에는 음운 개수의 변화가 없다. 첨가의 경우 음운 개수가 하나 늘어나고, 탈락과 축약의 경우 음운 개수가 하나 줄어들게 된다. '뚫는'의 경우 먼저 자음군 단순화에 의한 탈락 현상이 일어나 'ㅎ'이 탈락해 [뚤는]이 되고, 앞의 'ㄹ'에 의해 'ㄴ'이 'ㄹ'로 교체되어 [뚤른]이 되므로 교체와 탈락이 일어난다. 따라서 음운 개수 하나가 줄어들게 된다.

|오답해설| ① '국밥'의 경우 'ㄱ'에 의해 'ㅂ'이 'ㅃ'으로 교체되어 [국빱]이 되는 경음화 현상이 일어난다. 'ㅃ'은 하나의 음운으로, 'ㅂ'에 'ㅂ'이 첨가된 것으로 혼동해서는 안된다. 따라서 음운 개수에는 변화가 없다.

③ '막내'의 경우 'ㄴ'에 의해 'ㄱ'이 'ㅇ'으로 교체되어 [망내]가 되는 비음화 현상이 일어난다. 따라서 교체만 일어나 음운 개수에 변화가 없다.

④ 복합어(합성어, 파생어)에서 앞 단어나 접두사의 끝에 받침이 있고 뒤 단어나 접미사의 첫 음절이 'ㅣ, ㅑ, ㅕ, ㅛ, ㅠ'인 경우 'ㄴ'이 첨가된다. '물약'은 '물'과 '약'이 합쳐진 합성어이며, 뒤 단어가 'ㅑ'로 시작하므로 'ㄴ'이 첨가되어 [물냑]이 된다. 그 후 앞의 'ㄹ'에 의해 'ㄴ'이 'ㄹ'로 교체되어 [물략]이 된다. 따라서 첨가, 교체가 일어나며 음운 개수가 하나 늘어나게 된다.

⑤ '밟힌'의 경우 'ㅂ'과 'ㅎ'이 결합해 'ㅍ'이 되는 축약이 일어나 [발핀]이 된다. 따라서 축약으로 인해 음운 개수가 하나 줄어들게 된다.

20 ⑤

'버들잎 → 버들입'에서 'ㅍ'이 음절의 끝소리 규칙에 의해 'ㅂ'이 되며 교체가 한 번 일어난다. '버들입 → 버들닙'에서 앞말이 자음으로 끝나고 뒷말이 'ㅣ'나 'j(=반모음 'ㅣ'를 뜻함.)'로 시작할 때 'ㄴ'이 첨가되는 현상이 일어난다. '버들닙 → [버들립]'이 되며 유음화 현상에 의해 'ㄴ'이 [ㄹ]이 되며 교체가 한 번 더 일어난다.

'덧입어 → 덧니버'에서도 앞말이 자음으로 끝나고 뒷말이 'ㅣ'로 시작하므로 'ㄴ'이 첨가되는 현상이 일어난다. '덧니버 → 덛니버'에서 'ㅅ'이 음절의 끝소리 규칙에 의해 'ㄷ'이 되며 교체가 한 번 일어난다. '덛니버 → [던니버]'에서 'ㄷ'이 비음화 현상에 의해 [ㄴ]이 되며 교체가 한 번 더 일어난다.

| 오답해설 | ① '얽매는'의 경우 '얽매는 → 억매는'에서 자음군 단순화 현상이 일어나며 탈락이 한 번 일어나고, '억매는 → [엉매는]'이 되며 비음화 현상에 의해 'ㄱ'이 [ㅇ]이 되는 교체가 한 번 일어나므로 ㉠을 만족한다.

그러나 '재밌는'의 경우 '재밌는 → 재믿는'에서 음절의 끝소리 규칙에 의해 'ㅆ'이 [ㄷ]이 되는 교체가 한 번 일어나고, '재믿는 → [재민는]'이 되며 비음화 현상에 의해 'ㄷ'이 'ㄴ'이 되는 교체가 한 번 더 일어난다. 'ㅆ'은 하나의 음운이므로 'ㅆ'이 [ㄷ]으로 교체되는 과정에서 탈락이 일어났다고 볼 수 없다.

② '불이익'의 경우 '불이익 → 불니익'이 되며 'ㄴ'이 첨가된다. '불니익 → [불리익]'에서 'ㄴ'이 앞의 'ㄹ'에 의해 [ㄹ]로 교체되는 유음화 현상이 일어나므로 ㉡을 만족한다.

그러나 '견인력'의 경우 '견인력 → [겨닌녁]'에서 'ㄹ'을 제외한 자음 뒤에서 'ㄹ'이 'ㄴ'으로 바뀌는 'ㄹ'의 비음화가 일어나며 교체가 한 번 이루어질 뿐, 첨가는 일어나지 않는다. '견인'을 [겨닌]으로 발음하는 것은 연음하여 발음한 것으로 음운 변동으로 볼 수 없다.

③ '파묻힌'의 경우 '파묻힌 → 파무틴'에서 'ㄷ'과 'ㅎ'이 만나 [ㅌ]으로의 축약이 일어나고, '파무틴 → 파무친'에서 구개음화가 적용되며 'ㅌ'이 [ㅊ]으로 교체되므로 ㉢을 만족한다. (국립국어원의 표준어 규정 제5장의 제17항의 [붙임]에서는 'ㄷ' 뒤에 접미사 '히'가 결합되어 '티'를 이루는 것은 [치]로 발음한다고 언급하고 있다. 이에 대한 해설에서는, 이 경우 먼저 'ㄷ'과 '히'의 'ㅎ'이 [ㅌ]으로 축약되는데, 이는 'ㅌ' 뒤에 'ㅣ'가 결합하는 것과 비슷하기 때문에 구개음화가 적용되어 [ㅊ]이 된다고 설명하고 있다. 따라서 축약 후에 교체가 이루어진다고 보아야 한다.)

그러나 '똑같이'의 경우 '똑같이 → 똑깥이'에서 받침 'ㄱ' 뒤의 'ㄱ'이 [ㄲ]으로 경음화되는 교체가 한 번 일어나고, '똑깥이 → [똑까치]'에서 'ㅌ'이 접미사의 모음 'ㅣ'와 결합되며 [ㅊ]으로 바뀌는 구개음화에 의한 교체가 한 번 더 일어난다.

④ '읊조려'의 경우 '읊조려 → 읖조려'에서 자음군 단순화에 의한 탈락이 한 번 일어난다. '읖조려 → 읍조려'가 되며 음절의 끝소리 규칙에 의해 'ㅍ'이 [ㅂ]으로 교체되고, '읍조려 → 읍쪼려'에서 경음화 현상에 의해 'ㅈ'이 [ㅉ]으로 교체되므로 ㉣을 만족한다.

그러나 '겉늙어'의 경우 '겉늙어 → 걷늘거'에서 음절의 끝소리 규칙에 의해 'ㅌ'이 [ㄷ]으로 교체되고, '걷늘거 → [건늘거]'에서 비음화 현상에 의해 받침 'ㄷ'이 'ㄴ' 앞에서 [ㄴ]으로 교체되므로 교체만 두 번 일어난다. '늙어'를 [늘거]로 발음하는 것은 연음하여 발음한 것으로 음운 변동으로 볼 수 없다.

21 ④

- 흙빛[흑삗]: '빛'의 받침 'ㅊ'은 음절의 끝소리 규칙에 따라 대표음 [ㄷ]으로 발음한다. 자음군 단순화에 의해 '흙'의 겹받침 'ㄺ'은 자음 앞에서 [ㄱ]으로 발음한다. 받침 'ㄱ' 뒤에 연결되는 'ㅂ'은 된소리되기에 의해 [ㅃ]으로 발음한다. 따라서 ⓐ, ⓑ, ⓒ가 모두 적용된다.
- 쑥대밭[쑥때받]: '밭'에서 받침 'ㅌ'은 음절의 끝소리 규칙에 따라 대표음 [ㄷ]으로 발음한다. '쑥대'에서 받침 'ㄱ' 뒤에 연결되는 'ㄷ'은 된소리되기에 의해 [ㄸ]으로 발음한다. 따라서 ⓐ, ⓒ가 적용되지만 ⓑ(자음군 단순화)는 적용되지 않는다.

| 오답해설 | ① · 짓밟다[짇빱따]: '짓'의 받침 'ㅅ'은 음절의 끝소리 규칙에 따라 대표음 [ㄷ]으로 발음한다. 자음군 단순화에 의해 '밟'의 'ㄼ'은 자음 앞에서 [ㅂ]으로 발음한다. (겹받침 'ㄼ'은 어말 또는 자음 앞에서

[ㄹ]로 발음하는 것이 원칙이나 '밟-'은 자음 앞에서 [밥]으로 발음하도록 규정하고 있다.) 받침 'ㅂ' 뒤에 연결되는 'ㄷ'은 된소리되기에 의해 [ㄸ]으로 발음한다. 따라서 ⓐ, ⓑ, ⓒ가 모두 적용된다.

- 늦깎이[늗까끼]: '늦'의 받침 'ㅈ'은 음절의 끝소리 규칙에 따라 대표음 [ㄷ]으로 발음된다. 이 외에 다른 음운 변동 현상은 일어나지 않으므로 ⓐ만 적용된다.

② · 넓디넓다[널띠널따]: 'ㄷ'와 '다'의 'ㄷ'은 받침 'ㅂ' 뒤에 연결되므로 된소리되기에 의해 [ㄸ]로 발음한다. '넓'의 받침 'ㄼ'은 자음군 단순화에 의해 자음 앞에서 [ㄹ]로 발음한다. 따라서 ⓑ, ⓒ만이 적용된다(자음군 단순화가 된소리되기보다 먼저 일어나는 것이 일반적이지만, 이 경우 자음군 단순화가 먼저 이루어지게 되면 된소리되기가 일어날 수 없게 된다. 'ㄹ' 뒤에서 된소리되기가 일어나려면 한자어이거나 관형사형 '-ㄹ' 뒤라는 조건을 만족해야 하기 때문이다. 따라서 위와 같이 된소리되기가 먼저 일어나는 것으로 설명하기도 한다. 표준 발음법에서는 이러한 경우를 설명하기 위해 어간 받침 'ㄼ, ㄾ' 뒤에 결합되는 어미의 첫소리 'ㄱ, ㄷ, ㅅ, ㅈ'은 된소리로 발음한다고 별도로 규정하고 있다).

- 있다[읻따]: 음절의 끝소리 규칙에 의해 '있'의 받침 'ㅆ'은 대표음 [ㄷ]으로 발음된다. 'ㅆ'은 자음군이 아닌 하나의 음운이므로 자음군 단순화에 해당하지 않는다. 된소리되기에 의해 이 뒤에 연결되는 'ㄷ'은 [ㄸ]으로 발음한다. 따라서 ⓐ, ⓒ만이 적용된다.

③ · 읊다[읍따]: 자음군 단순화에 의해 겹받침 'ㄿ'에서 'ㄹ'이 탈락하고 '읖다'가 된다. 음절의 끝소리 규칙에 의해 'ㅍ'은 대표음 [ㅂ]으로 발음되어 '읍다'가 된다. 된소리되기에 의해 'ㅂ'에 연결되는 'ㄷ'은 된소리로 발음하여 [읍따]가 된다. 따라서 ⓐ, ⓑ, ⓒ가 모두 적용된다.

- 높푸르다[놉푸르다]: 음절의 끝소리 규칙에 의해 'ㅍ'은 대표음 [ㅂ]으로 발음되어 '놉푸르다'가 된다. 이 외에 다른 음운 변동은 일어나지 않으므로 ⓐ만 적용된다.

⑤ · 닭갈비[닥깔비]: 자음군 단순화에 의해 '닭'의 겹받침 'ㄺ'은 자음 앞에서 [ㄱ]으로 발음한다. 된소리되기에 의해 연결되는 'ㄱ'은 된소리로 발음하여 [닥깔비]가 된다. 따라서 ⓑ, ⓒ가 적용된다.

- 앞장서다[압짱서다]: 음절의 끝소리 규칙에 의해 '앞'의 받침 'ㅍ'은 대표음인 [ㅂ]으로 발음한다. 된소리되기에 의해 연결되는 'ㅈ'은 된소리로 발음하여 [압짱서다]가 된다. 따라서 ⓐ, ⓒ가 적용된다.

형태론									본문 P.133
22	②	23	③	24	⑤	25	③	26	②
27	②	28	④	29	④	30	③	31	④
32	①	33	⑤	34	④	05	④	36	④
37	③	38	③	39	①	40	①		

22 ②

'흰머리'는 '흰+머리'의 구성이다. 이때 '흰'은 용언 '희다'의 관형사형이 된다. 따라서 용언의 어간이 아니다.

| 오답해설 | ① 지문을 보면 앞 성분이 뒤 성분을 수식하는 경우가 종속 합성어라고 언급하고 있다. 따라서 '큰아버지'는 '큰'이 '아버지'를 수식

하는 경우에 해당하므로 종속합성어이다.

③ 지문에서 합성 명사의 예로 '젊은이'를 제시하고 있다. 따라서 '늙은이' 역시 합성어에 해당한다는 것을 알 수 있다. 그리고 1문단을 보면 어휘 의미를 띤 요소끼리 결합한 단어를 합성어라고 한다고 언급하고 있다. 따라서 '늙은이'는 어휘 의미를 지닌 두 요소가 결합해 이루어진 단어라는 것을 알 수 있다.

④ 2문단을 보면 용언 어간과 명사의 결합은 국어 문장 구성에 없는 단어 배열법이고 이를 비통사적 합성어라고 언급하고 있다. 따라서 동사 '먹다'의 어간인 '먹'과 명사 '거리'가 결합한 '먹거리'는 비통사적 합성어에 해당한다.

23 ③

동사 ⓒ '놓였다'에서 어간은 '놓-'이 아니라 '놓이-'이며, 여기에 과거 시제 선어말 어미 '-었-'이 결합하여 '놓였다'가 된 것이다. '놓였다'의 기본형 '놓이다'는 '놓다'에 피동 접사 '-이-'가 결합한 것이다. 과거 시제 선어말 어미로는 '-았-/-었-'이 있으며, '-였-'은 어간 '하-' 다음에만 결합한다.

|오답해설| ① ⓐ는 동사의 어간 '먹-'에 현재 시제 선어말 어미 '-는-'이 결합한 것이다. 현재 시제 선어말 어미는 동사의 어간 말음이 자음인 경우 '-는-', 모음인 경우 '-ㄴ-'이 결합하는데, '먹-'의 경우 자음으로 끝나므로 '-는-'이 결합한 것이다.

② ⓑ는 동사의 어간 '자라-'에 현재 시제 선어말 어미 '-ㄴ-'이 결합한 것이다. 어간 말음이 모음이기 때문에 '-는-'이 아니라 '-ㄴ-'이 결합하였다.

④ ⓓ는 동사 어간 '입장하-'에 미래 시제 선어말 어미 '-겠-'이 결합한 것이다.

⑤ ⓔ는 동사 어간 '꾸-'에 과거 시제 선어말 어미 '-었-'이 결합한 '꾸었다'가 축약된 형태인 '꿨다'로 나타난 것이다. 동사 어간의 모음이 'ㅜ'로 음성 모음이기 때문에 모음 조화에 따라 '-았-'이 아닌 '-었-'이 결합하였다.

24 ⑤

ⓐ '곧ᄒᆞ다'는 형용사로, 어간 '곧ᄒᆞ-'에 선어말 어미가 결합하지 않고도 현재 시제를 표현하고 있다. 지문에서도 중세 국어에서 형용사는 어간에 선어말 어미를 결합하지 않고 현재 시제를 표현했음을 언급하고 있다.

ⓑ '묻ᄂᆞ다'는 동사로, 어간 '묻-'에 선어말 어미 '-ᄂᆞ-'가 결합하여 현재 시제를 표현하고 있다. 중세 국어에서 동사는 어간에 선어말 어미 '-ᄂᆞ-'가 결합해 현재 시제를 표현하였다.

ⓒ '도죽ᄒᆞ더니'는 동사로, 어간 '도죽ᄒᆞ-'에 회상의 의미가 있는 선어말 어미 '-더-'를 결합하여 과거 시제를 표현하고 있다. 지문에 언급되어 있듯이 중세 국어에서 동사는 선어말 어미를 결합하지 않거나 선어말 어미 '-더-'를 결합하는 방식으로 과거 시제를 표현할 수 있었다.

ⓓ '오뇨'는 동사로, 어간은 '오-'이며 어미는 '-뇨'이다. '-뇨'에 선어말 어미가 결합되어 있는 것으로 혼동할 수 있으나, '-뇨'는 의문형 종결 어미이다. 중세 국어에서 용언의 어간에 어미가 결합하여 서술어가 될 때 판정 의문문에서는 종결 어미 '-녀', 설명 의문문에서는 종결 어미 '-뇨'가 쓰였다.

ⓔ '아니ᄒᆞ리니'는 동사로, 어간 '아니ᄒᆞ-'에 추측의 의미가 있는 선어말 어미 '-리-'가 결합되어 미래 시제를 표현하고 있다. 지문에서도

중세 국어에서 동사와 형용사 모두에 선어말 어미 '-리-'를 통해 미래 시제를 표현했음을 언급하고 있다.

25 ③

㉠/㉡: 〈보기〉의 예문을 보면 의존 명사 '바'가 선행 요소로 용언의 관형사형과만 결합한다는 것을 알 수 있다. 각각의 예문에서 '바'의 선행 요소로 쓰인 것을 보면 '나아갈, 생각한, 아는, 공헌한'인데 이들은 모두 각각 용언인 '나아가다, 생각하다, 알다, 공헌하다'의 관형사형에 해당한다. 세 번째 예문에서 '*그/*생각의 바'와 같이 선행 요소로 관형사나 체언과 조사의 결합형 등이 올 수 없는 것을 통해서도 알 수 있다. 따라서 ㉠과 ㉡ 중 ㉡에 해당한다.

㉢/㉣: 〈보기〉의 예문을 차례대로 살펴보자. 첫 번째 예문에서 의존 명사 '바'는 '바를'에서 목적격 조사 '를'과 결합하였다. 두 번째 예문에서는 '바이다'와 같이 서술격 조사 '이다'와 결합하였다. 세 번째 예문에서는 '바와'와 같이 부사격 조사 '와'와 결합하였다. 네 번째와 마지막 예문에서는 모두 '바가'와 같이 주격 조사 '가'와 결합하였다. 이를 통해 '바'는 다양한 격 조사와 결합하여 여러 문장 성분으로 쓰인다는 것을 알 수 있다.

㉤/㉥: 〈보기〉에서 의존 명사 '바'와 결합한 용언을 보면 '밝혔다, 다르다, 없다, 크다'와 같이 특정 용언과만 결합하는 것이 아니라 다양한 용언과 두루 결합하여 쓰인다는 것을 알 수 있다.

26 ②

ⓐ의 '줄'은 '달옳 주리'에서 '줄'의 선행 요소인 '달옳'과 같이 용언의 관형사형과 결합할 수 있다.

지문에서 중세 국어 '것'은 '어느 거시 이 가온ᄃᆡ 가뇨[어느 것이 이 가운데 감인가]', '奇異한 거슬 머구머[기이한 것을 머금어]' 등과 같이 여러 유형의 선행 요소 및 후행 요소와 두루 결합하여 쓰였다고 언급되어 있다. '어느 거시'에서 '것'의 선행 요소인 '어느'는 관형사에 해당하고, '奇異한 거슬'에서 '것'의 선행 요소인 '奇異ᄒᆞᆫ'은 용언 '奇異하다'의 관형사형에 해당한다. 따라서 중세 국어 '것' 또한 ⓐ의 '줄'과 마찬가지로 선행 요소로 용언의 관형사형과 결합할 수 있었다.

|오답해설| ① 지문을 통해 현대 국어에서 '줄'은 특정 격 조사와만 결합하는 의존 명사로, 주로 목적격 조사나 부사격 조사와 결합하여 목적어나 부사어로 쓰이고 주어로는 쓰이지 않는다는 것을 알 수 있다. 이에 반해 ⓐ의 '줄'은 '주리(줄+이)'와 같이 주격 조사 '이'와 결합할 수 있다.

③ ⓑ의 '듸'는 선행 요소로 '붉근'과 결합하고 있다. '붉근'의 현대어 풀이인 '밝은'에서 파악할 수 있듯이, ⓑ의 '듸'는 선행 요소로 용언 '붉다[밝다]'의 관형사형과 결합할 수 있다. 현대 국어 '데' 또한 지문의 예시인 '가 본 데'와 같이 선행 요소로 관형사형과만 결합하는 의존 명사이다.

④ 지문을 통해 현대 국어의 '지'에 해당하는 중세 국어 '디'는 후행 요소와의 결합에 제약이 있었음을 알 수 있다. 'ᄆᆞᆯ 돌여 ᄃᆞ니건 디 스믈 히니[말 달려 다닌 지 스물 해니]', '여희연 디 ᄒᆞ마 다ᄉᆞᆺ 히로ᄃᆡ[헤어진 지 벌써 다섯 해로되]'와 같이 '디'는 문장에서 주어로만 쓰였다. 목적격 조사는 결합한 체언이 목적어의 역할을 하도록 하는 역할을 하므로 '디'는 목적어와 결합할 수 없다. 반면 ⓑ의 '듸'는 '듼'과 같이 쓰였으며 현대 국어로 [데를]과 같이 풀이되는 것으로 보아 목적격 조사와 결합해 문장에서 목적어로 쓰일 수 있었다.

⑤ 지문에서 알 수 있듯이 '뿐'은 '읽을 뿐이다'처럼 서술격 조사 '이다'와 결합하거나 '그럴 뿐(이) 아니라'처럼 보격 조사와만 결합하여 쓰인다. 반면 ⓒ의 '쑨'은 '쑉네'에서 부사격 조사 '에'와 결합한 것으로 보아 부사격 조사와도 결합할 수 있었음을 알 수 있다.

27 ②

㉠ 새우볶음: 합성 명사로, 직접 구성 요소가 모두 어근인 '새우'와 '볶음'이다. 이를 형태소 단위까지 분석하면 '새우', '볶-', '-(으)ㅁ'이 된다. '새우'는 단일어, '볶음'은 어근 '볶-'에 접미사 '-(으)ㅁ'이 결합한 파생어이다. 즉, '새우볶음'의 내부 구조는 [어근]+[어근+접사]이다.

㉡ 집안싸움: 합성 명사로, 직접 구성 요소가 모두 어근인 '집안'과 '싸움'이다. 이를 형태소 단위까지 분석하면 '집', '안', '싸우-', '-ㅁ'이 된다. '집안'은 어근 '집'과 '안'이 합쳐진 합성어, '싸움'은 어근 '싸우-'에 접미사 '-ㅁ'이 결합한 파생어이다. 즉, '집안싸움'의 내부 구조는 [어근+어근]+[어근+접사]이다.

㉢ 논밭갈이: 합성 명사로 직접 구성 요소가 모두 어근인 '논밭'과 '갈이'이다. 이를 형태소 단위까지 분석하면 '논', '밭', '갈-', '-이'가 된다. '논밭'은 어근 '논'과 '밭'이 합쳐진 합성어, '갈이'는 어근 '갈-'에 접미사 '-이'가 결합한 파생어이다. 즉, '논밭갈이'의 내부 구조는 [어근+어근]+[어근+접사]이다.

㉣ 탈춤놀이: 합성 명사로 직접 구성 요소가 모두 어근인 '탈춤'과 '놀이'이다. 이를 형태소 단위까지 분석하면 '탈', '추-', '-ㅁ', '놀-', '-이'가 된다. '탈춤'은 어근 '탈'과 '춤'이 합쳐진 합성어이고, '춤'은 다시 어근 '추-'와 접미사 '-ㅁ'으로 이루어져 있다. '놀이'는 어근 '놀-'에 접미사 '-이'가 결합한 파생어이다. 즉, '탈춤놀이'의 내부 구조는 [어근+[어근+접사]]+[어근+접사]이다.

따라서 내부 구조가 동일한 단어는 '㉡ 집안싸움'과 '㉢ 논밭갈이'이다.

28 ④

'입꼬리'의 어근은 '입'과 '꼬리'이다. 이때 '입'은 중심적 의미로 사용되었고, '꼬리'는 '양쪽 구석'을 의미하는 주변적 의미로 사용되었으므로 ⓑ를 나타내는 어근의 위치는 후행 어근이다.

'도끼눈'의 어근은 '도끼'와 '눈'이다. 이때 '도끼'는 지문에서 알 수 있듯이 '매섭거나 날카로운 것'이라는 주변적 의미로 사용되었고, '눈'은 중심적 의미로 사용되었다. 따라서 ⓑ를 나타내는 어근의 위치는 선행 어근이므로 '입꼬리'와 그 위치가 다르다.

| 오답해설 | ① '칼잠'의 어근은 '칼'과 '잠'이다. 이때 '칼'은 '칼'이 자립적으로 쓰일 때 갖는 중심적 의미인 '사물을 베거나 썰거나 깎는 데 쓰는 도구'가 아니라, 불편함의 의미를 나타내는 주변적 의미로 사용되었다. '잠'의 경우 중심적 의미로 사용되었으므로 ⓐ를 나타내는 어근은 후행 어근이다.

'구름바다'는 지문에서 알 수 있듯이 '넓게 깔린 구름'을 뜻하며, 어근은 '구름'과 '바다'이다. 이때 '구름'이 중심적 의미로 사용되었으며, '바다'는 '무엇이 넓게 많이 모여 있는 곳'이라는 주변적 의미로 사용되었다. 따라서 ⓐ를 나타내는 어근은 선행 어근이고, 그 위치가 '칼잠'과는 다르다.

② '머리글'의 어근은 '머리'와 '글'이다. 이때 '머리'는 첫 부분의 의미를 나타내는 주변적 의미로 사용되었다. '글'은 중심적 의미로 사용되었으므로 ⓐ를 나타내는 어근은 후행 어근이다.

'물벼락'의 어근은 '물'과 '벼락'이다. 지문에서 알 수 있듯이 '물'은

중심적 의미이고, '벼락'은 주변적 의미로 사용되었다. 따라서 ⓐ를 나타내는 어근은 선행 어근이고, 그 위치가 '머리글'과는 다르다.

③ '일벌레'의 어근은 '일'과 '벌레'이다. 이때 '일'이 중심적 의미를 나타내고, '벌레'는 '무언가를 지나치게 열심히 하는 사람'이라는 주변적 의미로 사용되었다. 따라서 ⓑ를 나타내는 어근은 후행 어근이다.

'벼락공부'의 어근은 '벼락'과 '공부'이다. 지문에서 알 수 있듯이, '벼락'이 주변적 의미로 사용된 것이며 '공부'는 중심적 의미로 사용되었다. 따라서 ⓑ를 나타내는 어근은 선행 어근으로 그 위치가 '일벌레'와는 다르다.

⑤ '꼬마전구'의 어근은 '꼬마'와 '전구'이다. 이때 '꼬마'는 '조그맣다'라는 주변적 의미로 사용되었고, '전구'는 중심적 의미로 사용되었으므로 ⓑ를 나타내는 어근의 위치는 선행 어근이다.

'꿀잠'의 어근은 '꿀'과 '잠'이며, 지문에서 알 수 있듯이 '아주 달게 자는 잠'이라는 '꿀'의 주변적 의미가 사용되었고, '잠'은 중심적 의미로 사용되었다. 따라서 ⓑ를 나타내는 어근의 위치는 선행 어근이다.

29 ④

'가방과 신발을 샀다.'에서 '과'는 부사격 조사가 아닌 접속 조사이다. '가방과'를 생략해도 '신발을 샀다.'로 문장이 성립되는 것에서 이를 알 수 있다. '과'가 부사격 조사라면 '가방과'가 필수적 부사어로 생략할 수 없어야 한다. '가방과 신발을 샀다.'에서 '과'는 '가방'과 '신발'을 같은 자격으로 이어 주어 하나의 명사구로 만들어 목적어로 기능하도록 하는 접속 조사이다.

| 오답해설 | ① '나는 시와 음악을 좋아한다.'에서 '와'는 접속 조사로 '시'와 '음악'을 같은 자격으로 이어 줌으로써 하나의 명사구로 만들어 준다. 이에 목적격 조사 '을'이 결합하였으므로 문장에서 목적어로 기능한다.

② '네가 벼루와 먹을 가져오너라.'에서 '와'는 접속 조사로 '벼루'와 '먹'을 같은 자격으로 이어 줌으로써 하나의 명사구로 만들어 준다. 따라서 '벼루와'를 생략하더라도 '벼루와'는 필수적 부사어가 아니기 때문에 '네가 먹을 가져오너라.'와 같이 문장이 성립된다.

③ '친구랑 나랑 함께 꽃밭을 만들었다.'에서 '랑'은 체언인 '친구'와 '나'를 같은 자격으로 이어 주는 접속 조사이다. [A]에서도 알 수 있듯이 '랑'은 체언이 나열될 때 마지막 체언에까지 결합할 수 있다.

⑤ '수박하고 참외하고 먹자.'에서 '수박'은 자음으로 끝난 체언이고 '참외'는 모음으로 끝나는 체언으로 그 음운 환경이 다르지만, 두 체언에 모두 '하고'가 결합 가능한 것을 알 수 있다. 따라서 체언의 끝음절의 음운 환경이 달라도 '하고'의 형태가 변하지 않는다는 것을 확인할 수 있다.

30 ③

ⓒ에서는 접속되는 마지막 체언인 '낮'에도 접속 조사인 '과'가 결합해 있다. 따라서 '와/과'가 마지막 체언에까지 결합하는 것이 일반적이었음을 확인할 수 있는 사례이다. '法'을 마지막 체언으로 오인할 수 있으나, 현대어 풀이를 보면 '밤과 낮'이 접속 조사 '과'에 의해 이어진 하나의 명사구로 문장에서 동일한 문장 성분(부사어)으로 기능하고 있으며, '法'은 이와 별개로 목적격 조사 '을'과 결합하여 문장에서 목적어의 기능을 하고 있음을 확인할 수 있다. '法'이 마지막 체언이라면 '밤과 낮과 法'이 하나의 명사구로 동일한 문장 성분으로 기능해야 한다.

| 오답해설 | ① ⓐ에서 '와/과'는 체언 '옷'과 '베'를 같은 자격으로 이어

주어 하나의 명사구가 되도록 하는 접속 조사이다. 지문에서 중세 국어에서도 접속 조사는 현대 국어의 접속 조사와 같은 기능을 하였음을 알 수 있다. '옷과 뵈와'는 하나의 명사구가 되어 문장에서 동일한 문장 성분(부사어)으로 기능하고 있다.

② 지문에서 '(이)며'는 '열거'의 방식으로 접속의 기능을 나타내었음을 알 수 있다. ⓑ에서 '이며'는 열거의 방식으로 체언 '子息'과 체언 '죵'을 같은 자격으로 이어 주는 접속 조사이다. '子息이며 죵이며 집았 사람'이 하나의 명사구가 되어 문장에서 모두 목적어로 기능하고 있음을 통해 이를 알 수 있다.

④ ⓐ에서 '뵈와로'를 통해 마지막 체언인 '뵈'와 결합한 '와' 뒤에 부사격 조사 '로'가 추가적으로 결합하였음을 확인할 수 있다. ⓓ에서도 '니왜'를 통해 마지막 체언인 '니'와 결합한 '와' 뒤에 주격 조사 'ㅣ'가 추가적으로 결합하였음을 확인할 수 있다. ⓓ의 현대어 풀이에서 '니왜'가 '이가'로 해석된 것을 통해 이를 알 수 있다. 중세 국어에서 주격 조사는 앞에 결합하는 체언의 끝소리에 따라 달라졌는데, 체언의 끝소리가 모음 'ㅣ'나 반모음 'ㅣ'(j)가 아닌 모음일 때는 주격 조사의 형태가 'ㅣ'로 나타났다.

⑤ 지문을 통해 중세 국어에서 '와'는 모음이나 'ㄹ'로 끝나는 체언과 결합하고 '과'는 'ㄹ'을 제외한 자음으로 끝나는 체언과 결합했음을 알 수 있다. ⓒ에서 '밤', '낮'은 'ㄹ'이 아닌 자음으로 끝나는 체언이므로 '과'가 결합한 것을 확인할 수 있다. ⓓ에서 '입시울'은 'ㄹ'로 끝나는 체언이고, '혀'와 '니'는 모음으로 끝나는 체언이므로 '와'가 결합하였으며 '엄'은 'ㄹ'이 아닌 자음으로 끝나는 체언이므로 '과'가 결합하였다.

31 ④

ㄹ은 명사절을 안은 문장으로, '작가에 대해서 많이 앎'이 명사절에 해당한다. 이때 '앎'은 명사절 내에서 서술어의 기능을 하고 있으며, 부사어인 '많이'의 수식을 받고 있다. '앎'의 품사가 명사라면 부사어의 수식을 받을 수 없으며 서술어의 기능을 할 수도 없다. 따라서 '앎'은 용언 어간 '알-'에 명사형 어미 '-ㅁ'이 결합한 것으로, 그 품사는 기본형 '알다'와 마찬가지로 동사이다.

| 오답해설 | ① ㄱ에서 '고난도의'는 명사 '고난도'에 관형격 조사 '의'가 결합한 관형어로 체언을 수식한다. 따라서 '고난도의 춤'에서의 '춤'은 관형어의 수식을 받는 체언으로 어근 '추-'에 명사 파생 접미사 '-ㅁ'이 결합한 것이다. 반면 '잘'은 부사이자 부사어이므로 '잘 춤'에서 '춤'은 어간 '추-'에 명사형 어미 '-ㅁ'이 결합한 것이며 그 품사는 기본형 '추다'와 마찬가지로 변함없이 동사이다.

② 지문에서 알 수 있듯이 한글 맞춤법에서는 어간에 '-(으)ㅁ'이 붙어 명사로 된 것은 그 어간 원형을 밝혀 적도록 규정하고 있다. ㄴ에서 '죽음'은 관형어인 '그의'의 수식을 받는 명사이므로, 어근 '죽-'에 명사 파생 접미사 '-음'이 결합한 것임을 알 수 있다. 따라서 어간인 '죽-'의 원형을 밝혀서 적는 것이다. '주검'은 기원적으로 어근 '죽-'에 '-엄'이 결합하여 명사가 된 단어이다. 그러나 '-엄'은 현대 국어에서는 새로운 단어를 만들지 못하므로 어간의 원형을 밝혀 적지 않는 것이다.

③ ㄷ은 명사절을 안은 문장으로, '그를 조용히 도움'이라는 명사절에서 '도움'은 서술어로 기능하고 있다. 부사어인 '조용히'의 수식을 받는다는 점에서도 '도움'이 동사 어간 '돕-'에 명사형 어미 '-음'이 결합한 동사의 명사형임을 알 수 있다.

⑤ ㅁ은 명사절을 안은 문장으로, '그를 전적으로 믿음'이라는 명사절에서 '믿음'은 서술어로 기능하고 있으므로 동사 어간 '믿-'에 명사형 어미 '-음'이 결합한 것임을 알 수 있다. 어간과 어미 사이에는 선어말 어미가 결합할 수 있으므로, '믿-'과 '-음' 사이에 '-었-'이 끼어들어 '그를 전적으로 믿었음에도'와 같이 사용할 수도 있다.

32 ①

지문을 통해 중세 국어에서 명사 파생 접미사 '-(ᄋ/으)ㅁ'과 명사형 어미 '-옴/움'이 형태상으로 구분되었으며, 모음 조화에 따라 양성 모음 뒤에서는 접미사 '-(ᄋ)ㅁ'과 어미 '-옴'이, 음성 모음 뒤에서는 접미사 '-(으)ㅁ'과 어미 '-움'이 쓰였음을 알 수 있다.

'얼다'에서 어간의 모음 'ㅓ'는 음성 모음에 해당한다. 따라서 명사 파생 접미사로는 '-(으)ㅁ'이 결합하고, 명사형 어미로는 '-움'이 결합한다. 파생 명사의 경우 '얼-+-(으)ㅁ'이므로 '어름'이 되고, 명사형 어미가 결합한 용언의 활용형의 경우 '얼-+-움'이므로 '어룸'이 된다.

| 오답해설 | ② '걷다'에서 어간의 모음 'ㅓ'는 음성 모음에 해당한다. 따라서 명사 파생 접미사로는 '-(으)ㅁ'이 결합하고, 명사형 어미로는 '-움'이 결합한다. 파생 명사의 경우 '걷-+-(으)ㅁ'에서 ㄷ 불규칙 현상(어간이 'ㄷ' 받침으로 끝나고 그 뒤에 모음으로 시작하는 어미가 올 때 받침 'ㄷ'이 'ㄹ'로 바뀌게 되는 현상으로, '걷다'는 이에 해당하는 용언이다.)에 의해 '거름'이 되고, 명사형 어미가 결합한 용언의 활용형의 경우 '걷-+-움'에서 ㄷ 불규칙 현상에 의해 '거룸'이 된다.

③ '열다'에서 어간의 모음 'ㅕ'는 음성 모음에 해당한다. 따라서 명사 파생 접미사로는 '-(으)ㅁ'이 결합하고, 명사형 어미로는 '-움'이 결합한다. 파생 명사의 경우 '열-+-(으)ㅁ'이므로 '여름'이 되고, 명사형 어미가 결합한 용언의 활용형의 경우 '열-+-움'이므로 '여룸'이 된다.

④ '살다'에서 어간의 모음 'ㅏ'는 양성 모음에 해당한다. 따라서 명사 파생 접미사로는 '-(ᄋ)ㅁ'이 결합하고, 명사형 어미로는 '-옴'이 결합한다. 파생 명사의 경우 '살-+-(ᄋ)ㅁ'이므로 '사람'이 되고, 명사형 어미가 결합한 용언의 활용형의 경우 '살-+-옴'이므로 '사롬'이 된다.

⑤ '곱다'에서 어간의 모음 'ᄋ'는 양성 모음에 해당한다. 따라서 명사 파생 접미사로는 '-(ᄋ)ㅁ'이 결합하고, 명사형 어미로는 '-옴'이 결합한다. 파생 명사의 경우 '곱-+-(ᄋ)ㅁ'이므로 'ᄀ롬'이 되고, 명사형 어미가 결합한 용언의 활용형의 경우 '곱-+-옴'이므로 'ᄀ롬'이 된다.

33 ⑤

'울렸네'에서 어간은 '울리-'이며, 선어말 어미는 '-었-', 어말 어미는 '-네'이다. 따라서 '울렸네'는 ㉡에 속한다. 이때 선어말 어미(Y)는 과거 시제를 표현하는 기능을 하고 있다.

| 오답해설 | ① '끝내겠습니다'에서 어간은 '끝내-'이며, 선어말 어미는 '-겠-', 어말 어미는 '-습니다'이다. '-습니다'가 하나의 어말 어미가 아니라고 혼동할 수 있으나, '-습니다'를 더 작은 단위의 형태소로 분석하기 어렵다. 이때 선어말 어미(Y) '-겠-'은 미래 시제를 표현하는 기능을 하고, 어말 어미(Z) '-습니다'는 하십시오체로 대화의 상대방인 '선생님'을 높이는 기능을 한다.

② '준비하기'에서 어간은 '준비하-'이며, 어말 어미는 '-기'이다. 이때 어말 어미(Z) '-기'는 명사형 어미로서 용언을 명사처럼 기능하게 한다. 문장에서 명사형 어미 '-기'를 통해 '이번 주제는 저희들끼리 준비하기'가 명사절로 안긴 문장으로 기능하고 있다. '사실 이번 주

제는 저희들끼리 준비하기가 너무 어려워요.'와 같이 '준비하기'에 격 조사를 결합할 수 있다는 것을 통해서도 '-기'가 용언을 명사처럼 기능하게 하고 있음을 확인할 수 있다.

③ '들어가신'에서 어간은 '들어가-'이며, 선어말 어미는 '-시-', 어말 어미는 '-ㄴ'이다. 이때 선어말 어미(Y) '-시-'는 주체 높임의 기능을 하고, 어말 어미(Z) '-ㄴ'은 관형사형 어미로서 용언을 관형사처럼 기능하게 한다. '방금 교무실로 들어가신'은 관형절로, 주어 '선생님이'가 생략되어 있다. 이는 관형절의 주어와 관형절의 수식을 받는 대상이 모두 '선생님'으로 동일하기 때문에 생략된 것이다. 관형절의 주어인 '선생님'은 '라온, 해람'에게 높임의 대상이므로 주체 높임 선어말 어미 '-시-'가 사용되었다.

④ '계신'에서 어간은 '계시-'이며, 어말 어미는 '-ㄴ'이다. '계신'에서 '-시-'를 주체 높임의 선어말 어미로 혼동하여 분리해내기 쉬우나, '계시-'를 '*계-'와 '-시-'로 분리하게 되면 '*계-'는 하나의 형태소로 기능하지 못하기 때문에 '계시-' 전체를 하나의 형태소이자 어간으로 보아야 한다. 이때 어말 어미(Z) '-ㄴ'은 관형사형 어미로 용언을 관형사처럼 기능하게 하여 관형절인 '창가 쪽에 서 계신'이 뒤의 체언인 '분'을 수식하게 한다.

34 ④

㉮ 둘 이상의 용언이 결합하여 서술어를 이루는 경우 앞의 것을 본용언, 뒤의 것을 보조 용언이라고 한다. '원숭이가 바나나를 먹고 있다.'에서 '먹고 있다'는 결합하여 하나의 서술어를 이루고 있으므로 이때 '-고'는 본용언인 '먹다'와 보조 용언인 '있다'를 이어 주는 보조적 연결 어미에 해당한다.

㉯ '김이 습기를 먹어 눅눅해졌다.'는 앞 문장인 '김이 습기를 먹다.'와, 뒤 문장인 '(김이) 눅눅해졌다.'로 나눌 수 있다. 이때 앞 문장이 뒤 문장의 원인이 되므로 연결 어미인 '-어'는 종속적 연결 어미가 된다.

㉰ '형은 빵을 먹고 동생은 과자를 먹었다.'는 앞 문장인 '형은 빵을 먹다.'와 뒤 문장인 '동생은 과자를 먹었다.'로 나눌 수 있다. 이때 두 문장은 대등하게 나열되어 있는데, '동생은 과자를 먹었고 형은 빵을 먹는다.'와 같이 앞뒤 문장의 순서를 바꿔도 의미 차이가 없다는 점에서 이를 알 수 있다. 따라서 이때 '-고'는 대등적 연결 어미가 된다.

㉱ '우리는 상대편에게 한 골을 먹고 당황했다.'는 앞 문장인 '우리는 상대편에게 한 골을 먹었다.'와, 뒤 문장인 '(우리는) 당황했다.'로 나눌 수 있다. 이때 앞 문장과 뒤 문장의 두 사실 간에 계기적인 관계가 있음을 나타내므로 연결 어미인 '-고'는 종속적 연결 어미가 된다.

㉲ '그는 경기가 시작되기도 전에 겁을 먹어 버렸다.'에서 '먹어 버렸다.'는 결합하여 하나의 서술어를 이루고 있으므로 이때 '-어'는 본용언인 '먹다'와 보조 용언인 '버리다'를 이어 주는 보조적 연결 어미에 해당한다.

따라서 ㉰는 대등적 연결 어미(ⓐ)이고, ㉯와 ㉱는 종속적 연결 어미(ⓑ)이며, ㉮와 ㉲는 보조적 연결 어미(ⓒ)다.

35 ④

㉠은 '_' 탈락이 나타나는 규칙 활용 용언에 해당한다. '들르다'는 '들르-+-어 → 들러'와 같이 모음으로 시작하는 어미와 결합할 때 어간의 모음 '_'가 탈락하는 규칙 활용 용언에 해당한다.

→ 잠그다: '잠그-+-고 → 잠그고'와 같이 자음으로 시작하는 어미와

결합할 때는 어간과 어미에 변화가 없으나, '잠그-+-어 → 잠가'와 같이 모음으로 시작하는 어미와 결합할 때는 어간에서 모음 '_'가 탈락하였으므로 '_' 탈락이 나타나는 규칙 활용 용언에 해당한다.

→ 다다르다: '다다르-+-고 → 다다르고'와 같이 자음으로 시작하는 어미와 결합할 때는 어간과 어미에 변화가 없으나, '다다르-+-어 → 다다라'와 같이 모음으로 시작하는 어미와 결합할 때는 어간에서 모음 '_'가 탈락하였으므로 '_' 탈락이 나타나는 규칙 활용 용언에 해당한다.

→ 부르다: '부르-+-고 → 부르고'와 같이 자음으로 시작하는 어미와 결합할 때는 어간과 어미에 변화가 없으나, '부르-+-어 → 불러'와 같이 모음으로 시작하는 어미와 결합할 때는 어간의 '르'가 'ㄹㄹ'로 바뀌게 된다. 이와 같은 활용은 일반적 음운 규칙으로 설명할 수 없는 불규칙 활용으로, '르' 불규칙이라고 한다.

→ 머무르다: '머무르-+-고 → 머무르고'와 같이 자음으로 시작하는 어미와 결합할 때는 어간과 어미에 변화가 없으나, '머무르-+-어 → 머물러'와 같이 모음으로 시작하는 어미와 결합할 때는 어간의 '르'가 'ㄹㄹ'로 바뀌게 된다. 따라서 이 또한 '르' 불규칙 활용 용언이다.

㉡ '푸르다'는 '푸르-+-어 → 푸르러'와 같이 모음으로 시작하는 어미와 결합할 때 어미가 '러'로 바뀌는 '러' 불규칙 활용 용언에 해당한다.

㉢ '묻다[問]'는 '묻-+-어 → 물어'와 같이 모음으로 시작하는 어미와 결합할 때 어간 말음 'ㄷ'이 'ㄹ'로 바뀌는 'ㄷ' 불규칙 활용 용언에 해당한다.

36 ④

(가)의 '즐거본'이 (나)에서 '즐거운'으로 나타나는 것은 'ㅸ'이 탈락한 것이 아니라 'ㅸ'이 '_'와 결합하여 'ㅜ'로 바뀌어 현대 국어에서 'ㅂ' 불규칙으로 나타난 결과이다.

|오답해설| ① 지문의 '젓다'의 예시와 마찬가지로 (가)의 '지서'는 '짓다'의 어간 '짓-'이 모음으로 시작하는 어미 '-어'와 결합하며 '짓-'으로 교체된 것이다.

② 지문의 '돕다'의 예시와 마찬가지로 (가)의 '즐겁'은 '즐겁다'의 어간 '즐겁-'이 모음으로 시작하는 어미 '-은'과 결합하며 '즐겁-'으로 교체된 것이다.

③ 지문에서도 언급하고 있듯이 'ㅿ'은 소실되어 현대 국어에서 'ㅅ' 불규칙으로 나타난다. 현대 국어에서 '짓다'의 어간 '짓-'의 'ㅅ'이 모음 어미와 결합할 때 탈락하는 것은 'ㅅ' 불규칙에 해당한다.

⑤ 지문에서도 언급하고 있듯이 중세 국어에서 어간이거나 어간의 일부인 'ㅎ-'에 모음으로 시작하는 어미가 결합할 때는 어미가 '-아'가 아니라 '-야'로 나타나게 되는데, 이는 현대 국어의 '여' 불규칙으로 이어진다. 현대 국어의 '여' 불규칙 또한 어간이거나 어간의 일부인 '하-' 뒤에서 모음으로 시작하는 어미가 '-여'로 나타나는 것이므로, (가)의 '변ㅎ야'와 (나)의 '변하여'는 모두 활용할 때 어미의 기본 형태가 달라진 것이다.

37 ③

주어진 문장의 형태소를 분석하면 아래와 같다.

비로소+바라-+-던+것+을+이루-+-자+형+은+기쁘-+-ㅁ +에+젖-+-어+추-+-ㅁ+을+추-+-었-+-다

이를 먼저 실질적인 의미를 갖는 실질 형태소와 문법적인 의미를 갖는

형식 형태소로 구분하면 다음과 같다.

- **실질 형태소**: 비로소, 바라-, 것, 형, 기쁘-, 젖-, 추-, 추-
- **형식 형태소**: -던, 을, -자, 은, -ㅁ, 에, -어, -ㅁ, 을, -었-, -다

자립할 수 있는 자립 형태소와 자립해서 쓰이지 못하는 의존 형태소로 나누면 다음과 같다.

- **자립 형태소**: 비로소, 것, 형
- **의존 형태소**: 바라-, -던, -을, 이루-, -자, -은, 기쁘-, -ㅁ, 에, 젖-, -어, 추-, -ㅁ, 을, 추-, -었-, -다

'기쁨'과 '춤'은 실질 형태소이자 자립 형태소로만 이루어진 명사처럼 보이지만 파생 명사임을 잊지 말아야 한다. '기쁨'은 어근 '기쁘-'와 명사 파생 접사 '-ㅁ'이 결합한 것이며, '춤' 또한 어근 '추-'와 명사 파생 접사 '-ㅁ'이 결합한 것이다. 어근인 '기쁘-'와 '추-'는 실질 형태소이자 의존 형태소이므로 ⓛ에 해당하고, 접사인 '-ㅁ'은 형식 형태소이자 의존 형태소이므로 ⓒ에 해당한다.

|오답해설| ① '비로소'와 '것'은 모두 실질 형태소이자 자립 형태소이므로 ⓤ에 해당한다. '것'이 의존 명사이므로 의존 형태소로 생각하기 쉬우나, 띄어쓰기가 불가한 조사, 어간과 어미, 접사 등과는 다르게 앞말과 띄어 써야 하므로 자립 형태소로 본다.

② '바라던'의 '바라-'와 '이루자'의 '이루-'는 모두 용언의 어간으로 실질적인 의미를 가진 부분이지만, 어미와 결합해서 쓰여야 하므로 자립해서 쓰이지 못하는 의존 형태소에 해당한다. 따라서 ⓛ에 속한다.

④ '형은'은 명사 '형'과 조사 '은'으로 이루어져 있다. '형'은 실질 형태소이자 자립 형태소이므로 ⓤ에 해당하고, '은'은 형식 형태소이자 의존 형태소로 ⓒ에 해당한다.

⑤ '젖어'와 '추었다'에서 용언의 어간인 '젖-'과 '추-'는 실질 형태소이자 의존 형태소이므로 ⓛ에 해당한다. 어미인 '-어', '-었-', '-다'는 모두 형식 형태소이자 의존 형태소로 ⓒ에 해당한다.

38 ③

어근은 단어에서 실질적인 의미를 나타내는 중심 부분이고, 접사는 어근에 붙어 그 뜻을 제한하거나 문법적 기능을 하는 부분을 말한다. '놀이터'는 의미상 어근 '놀이'와 어근 '터'로 먼저 나뉜다. '놀이'는 다시 어근 '놀-'과 접사 '-이'로 나뉜다. '-이'는 용언 어근에 결합해 명사를 만드는 기능을 하는 명사 파생 접사에 해당한다. 따라서 '놀이터'는 '(어근+접사)+어근'의 구조로 된 합성어이다.

|오답해설| ① '집안일'은 의미상 어근 '집안'과 어근 '일'로 먼저 나뉜다. '집안'은 다시 어근 '집'과 어근 '안'으로 나뉜다. '집'과 '안'과 '일'은 모두 실질적인 의미를 가지고 있다. 따라서 '집안일'은 '(어근+어근)+어근'의 구조로 된 합성어이다.

② '내리막'은 의미상 어근 '내리-'와 접미사 '-막'으로 나뉜다. '-막'은 '오르막'과 같이 어근에 붙어 '그렇게 된 곳'이라는 뜻을 더해 준다. 어근 '내리-'는 다시 쪼개지지 않으므로 '내리막'은 '어근+접미사'의 구조로 되어 있는 파생어이다. 단일어나 합성어에 접사가 결합해 만들어진 단어를 파생어라고 한다.

④ '코웃음'은 의미상 어근 '코'와 어근 '웃음'으로 먼저 나뉜다. '웃음'은 다시 어근 '웃-'과 접미사 '-음'으로 나뉜다. '-음'은 용언 어근에 결합하여 명사를 만드는 기능을 하는 명사 파생 접미사이다. 따라서

'코웃음'은 '어근+(어근+접미사)'의 구조로 된 합성어이다.

⑤ '울음보'는 의미상 어근 '울음'과 접미사 '-보'로 먼저 나뉜다. '-보'는 '심술보'와 같이 어근에 붙어 '그것이 쌓여 모인 것'의 뜻을 더해 준다. 어근 '울음'은 다시 어근 '울-'과 접미사 '-음'으로 나뉜다. '-음'은 '웃음'과 마찬가지로 명사 파생 접미사에 해당한다. 따라서 '울음보'는 '(어근+접미사)+접미사'의 구조로 된 파생어이다.

39 ①

ⓤ-1은 불규칙 활용 중 양성 모음끼리의 모음 조화가 적용된 경우, ⓤ-2는 불규칙 활용 중 음성 모음끼리의 모음 조화가 적용된 경우이다. 반면 ⓛ은 불규칙 활용 중 모음 조화가 적용되지 않는 경우이다. ⓒ-1은 규칙 활용 중 활용형의 줄어듦이 불가능한 경우, ⓒ-2는 규칙 활용 중 활용형의 줄어듦이 가능한 경우이다. '조그맣-+-아 → 조그매'는 ⓤ-1과 활용의 유형이 같다. 반면 '이렇-+-어서 → 이래서'는 음성 모음이 만나 양성 모음 'ㅐ'가 되었으므로 모음 조화가 적용되지 않은 ⓛ 유형에 해당한다.

|오답해설| ② '꺼멓-+-어 → 꺼메', '뿌옇-+-었다 → 뿌옜다'는 모두 불규칙 활용이며, 음성 모음끼리 만나 음성 모음으로 모음 조화가 이루어졌으므로 ⓤ-② 유형에 속한다.

③ '둥그렇-+-었다 → 둥그렜다', '멀겋-+-어 → 멀게'는 모두 불규칙 활용이며, 음성 모음끼리 만나 음성 모음으로 모음 조화가 이루어졌으므로 ⓤ-② 유형에 속한다. 따라서 ⓛ과 활용의 유형이 같지 않다.

④ '낳-+-아서 → 낳아서', '땋-+-았다 → 땋았다'는 모두 규칙 활용이며, 각각 '*나서, *땄다'와 같이 활용형의 줄어듦이 불가능하므로 ⓒ-① 유형에 속한다.

⑤ '넣-+-어 → 넣어', '쌓-+-아 → 쌓아'는 모두 규칙 활용이며, 각각 '*너, *싸'와 같이 활용형의 줄어듦이 불가능하므로 ⓒ-① 유형에 속한다. 따라서 ⓒ-②와 활용의 유형이 같지 않다.

40 ①

'중간에 아무것도 개재시키지 아니하고 바로'라는 의미의 부사 '직접'을 사용한 것은 맞지만, 학생회장이 학생들에게 직접 전달하고자 하는 것은 자신의 방송 출연 사실이 아니라 학습실 사용 원칙을 정하겠다는 공약에 관한 내용이다.

|오답해설| ② 연결 어미 '-어서'는 선행절이 후행절의 이유라는 화자의 생각을 나타낸다. ⓑ에서 화자는 '-어서'를 활용해 우리 학교 학습실이 인기가 많은 이유가 개별 및 조별 학습이 가능하고 다양한 기자재를 쓸 수 있기 때문임을 밝히고 있다.

③ 선어말 어미 '-겠-'은 문장에 따라 미래 시제, 추측, 의도, 가능성 등 다양한 의미를 나타낼 수 있다. ⓒ에서는 '여러분'도 '이런 상황'에 공감할 것이라는 추측의 의미를 드러내기 위해 사용되었다. '여러분'은 문맥상 '학생들'이며 '이런 상황'은 '동주'와 같은 상황, 즉 학습실 사용의 불편과 관련된 것이다.

④ 보조사 '부터'는 어떤 일이나 상태 따위에 관련된 범위의 시작임을 나타낸다. 따라서 ⓓ에서는 새로운 사용 원칙에 따라 학습실 사용을 신청할 수 있는 시작 시점을 묻기 위해 '부터'가 사용되었다.

⑤ 연결 어미 '-면'은 조건, 가정 등을 나타낸다. ⓔ에서는 새로운 사용 원칙에 따라 학습실 사용 신청을 받기 위해서는 그 전에 먼저 다음 대위원회에서 안건이 통과되어야 한다는 조건이 갖춰져야 함을 언급하기 위해 '-면'이 사용되었다.

41	③	42	②	43	①	44	④	45	②
46	④	47	④	48	②	49	③	50	④
51	②	52	⑤	53	④						

41 ③

지문을 보면 존경의 대상과 긴밀한 관련을 가지는 인물이나 사물 등을 높이는 '간접존경'을 언급하고 있다. 선택지 ③의 경우에는 이런 간접존경을 찾기 어렵다.

| 오답해설 | ① 직접존경의 대상인 고모와 긴밀한 관련을 가지는 '자식'을 높이고 있으므로 간접존경에 해당한다.

② 직접존경의 대상인 할머니와 긴밀한 관련을 가지는 '다리'를 높이고 있으므로 간접존경에 해당한다.

④ 직접존경의 대상인 할아버지와 긴밀한 관련을 가지는 '수염'을 높이고 있으므로 간접존경에 해당한다.

42 ②

'선생님께서는 여전히 학교 근처에 사시는지요?'는 현재 살고 있는지를 묻는 것이므로 현재 시제만 쓰인 문장이다. 이와 같은 해요체 문장에서는 현재 시제 형태소가 별도로 나타나지 않는 경우가 많다. 또한 서술어인 '사시는지요(기본형 '살다')'는 'A가 B에 살다'와 같이 주어와 필수적 부사어를 요구하는 두 자리 서술어이다. 따라서 ⓐ, ⓑ를 모두 만족한다.

| 오답해설 | ① '그 집 마당에는 감나무 한 그루가 자란다.'는 현재 감나무가 자라고 있는 것이므로 현재 시제만 쓰인 문장이다. 동사 '자라다'의 어간에 현재 시제 선어말 어미 '-ㄴ-'이 결합한 것을 통해서도 이를 알 수 있다. 해라체 문장에서는 이와 같이 동사 어간에 현재 시제 선어말 어미가 붙어 현재 시제임을 드러낸다.

그러나 서술어 '자란다(기본형'자라다')'는 'A가 자라다'와 같이 주어만을 필수적으로 요구하는 한 자리 서술어이다. 따라서 ⓐ는 만족하지만 ⓑ는 만족하지 않는다.

③ '산중에 있으므로 여기는 도시보다 조용합니다.'는 현재 여기가 조용하다는 것이므로 현재 시제만 쓰인 문장이다. 이와 같은 하십시오체 문장 역시 ②의 해요체 문장과 마찬가지로 현재 시제 형태소가 별도로 나타나지 않는 경우가 많다.

그러나 이 문장에는 안긴문장이 없다. 종속적 연결 어미 '-(으)므로'를 활용해 '여기는 산중에 있습니다.'와 '여기는 도시보다 조용합니다.'를 연결한 이어진문장이기 때문이다. 따라서 ⓐ는 만족하지만 ⓒ는 만족하지 않는다.

④ '오늘부터 아침으로 과일만 먹기로 마음먹었니?'는 명사절을 안은 문장이다. '오늘부터 아침으로 과일만 먹기'에서 명사형 어미 '-기'가 사용되었음을 찾을 수 있다. 명사절은 명사화되어 문장 성분의 일부로 쓰이는 절을 이르는데, 이 문장에서는 명사절 뒤에 부사격 조사 '로'가 결합하여 안긴문장이 부사어로 기능하고 있다.

그러나 이 문장에는 과거 시제도 쓰였다. 안은 문장의 서술어 '마음먹었니?'에 과거 시제 선어말 어미 '-었-'이 사용되었기 때문이다. 따라서 ⓒ는 만족하지만 ⓐ는 만족하지 않는다.

⑤ '오래전 큰아버지께 받은 책에 곰팡이가 슬었어.'의 서술어 '슬었어(기본형 '슬다')'는 'A가 B에 슬다'와 같이 주어와 필수적 부사어를

요구하는 두 자리 서술어이다.

이 문장은 관형절을 안은 문장이다. '오래전 큰아버지께 (책을) 받'에 관형사형 어미 '-은'이 결합하였으며, 명사 '책'을 수식하는 관형어의 역할을 하고 있기 때문이다. 즉, 안긴문장은 부사어가 아닌 관형어로 기능한다. 따라서 ⓑ는 만족하지만 ⓒ는 만족하지 않는다.

(관형절인 '오래전 큰아버지께 받은'은 전체 문장에서 관형어의 역할을 하는데, 안긴문장 자체를 분석하면 이때 안긴문장의 서술어는 '받다'이다. '받다'는 'A가 B를 C에게 받다.'와 같이 주어, 목적어, 필수적 부사어를 요구하는 세 자리 서술어이다.)

43 ①

지문에서 사동사, 피동사, 접미사 '-하다'로 파생된 일부 용언이나 보조적 연결 어미를 매개로 한 합성 동사는 어떤 제약도 없이 짧은 부정문을 만들 수 있다고 설명하고 있다. '그가 모기에 뜯기다'에서 '뜯기다'는 '뜯다'에 피동 접미사 '-기-'가 결합한 피동사이다. 주어인 '그'가 '모기'에게 동작을 당하거나 영향을 받게 하는 의미를 갖기 때문이다. 따라서 '뜯기다'가 합성 동사라는 설명은 적절하지 않다.

| 오답해설 | ② '값싸다'는 체언(명사) '값'과 용언(형용사) '싸다'가 결합한 합성어이다. 지문에서 알 수 있듯이 서술어로 쓰인 용언이 파생어나 합성어인 경우 짧은 부정문을 만들면 자연스럽지 않은 문장이 된다.

③ '그가 약속 시간을 늦추다.'에서 '늦추다'는 '늦다'에 사동 접미사 '-추-'가 결합한 사동사이다. 주어인 '그'가 약속 시간을 늦게끔 만드는 의미를 갖도록 하므로 사동사임을 알 수 있다. 사동사는 짧은 부정문을 만들 수 있는 서술어이다.

④ '보따리가 한 손으로 들리다.'에서 '들리다'는 '들다'에 피동 접미사 '-리-'가 결합한 피동사이다. 주어인 '보따리'가 드는 동작을 당하거나 영향을 받게 하는 의미를 갖기 때문이다. 피동사는 짧은 부정문을 만들 수 있는 서술어이다.

⑤ '드넓다'는 어근인 형용사 '넓다'에 접두사 '드-'가 결합한 파생어이다. '드-'는 일부 용언 앞에 결합하여 '심하게'라는 뜻을 더한다. 지문에서 서술어로 쓰인 용언이 파생어인 경우 짧은 부정문을 만들면 자연스럽지 않은 문장이 된다는 것을 알 수 있다.

44 ④

ⓑ에서 '안' 부정문은 관형사에 대한 부정을 나타내는 데 사용되고 있다. '여러' 앞에 '아니'가 위치하였는데, '여러'는 체언인 '날'을 수식하고 있는 관형사이기 때문이다.

그러나 ⓔ를 통해 '안' 부정문이 관형사나 부사에 대한 부정을 나타낸다는 것을 확인할 수 없다. ⓔ에서 '아니'는 어근인 '시름'과 접미사 '-ᄒ다' 사이에서 짧은 부정문을 만들고 있으며, 용언 '호리라'를 부정하고 있다. 지문에서 설명하고 있듯이 접미사 '-ᄒ다'가 결합한 동사의 어근이 명사나 한자어일 경우 이와 같은 부정문을 만들 수 있는데, 어근 '시름'은 명사에 해당한다.

| 오답해설 | ① ⓐ에서 '노티 아니ᄒ다라'는 용언의 어간 '놓-'에 보조적 연결 어미인 '-디'가 결합하며 보조 용언 '아니ᄒ다'를 활용한 긴 부정문이다. 따라서 '안' 부정문이 용언 '노티'를 부정하고 있음을 알 수 있다. ⓒ에서 용언인 '아니며'는 체언(수사) '둘'을 부정하고 있다. 또한 용언 '아닐씨'는 체언(수사) '세'를 부정하고 있다. 따라서 '안' 부정문이 체언에 대한 부정을 나타내는 데 사용되었음을 알 수 있다.

② ⓐ는 평서문이며, ⓓ는 의문문이다. ⓐ에서는 '안' 부정문으로 보조 용언 '아니ᄒ다'가 사용되었으며, ⓓ에서는 '안' 부정문으로 서술어

앞에 부정 부사 '아니'가 사용되었다.

③ ⓓ는 보조적 연결 어미 '-지'와 보조 용언 '아니ᄒ다'를 활용해 '-지 아니ᄒ다'의 형태로 나타난 긴 부정문이다. 반면 ⓔ는 서술어인 '오리잇가' 앞에 부정 부사 '아니'가 사용되었으므로 짧은 부정문에 해당한다.

⑤ 지문에서 설명하고 있듯이, 단순 부정은 객관적인 사실을 부정하는 것이고 의지 부정은 주어의 의지를 부정하는 것이다. ⓒ에서 '아니며'와 '아닐씨'는 '묘법'이 각각 '둘'과 '셋'이 아니라는 객관적인 사실을 부정하고 있으므로 단순 부정을 나타내고 있다. ⓔ에서 '아니'는 주어 '나'가 시름하지 않겠다는 의지를 나타내므로 주어의 의지를 부정하는 의지 부정에 해당한다.

45 ②

'-이, 히, 리, 기-'는 피동 접미사로도 쓰이고 사동 접미사로도 쓰이기 때문에 문장에서의 쓰임을 바탕으로 피동인지 사동인지 판단해야 한다. 〈보기〉에서 언급하고 있듯이 피동은 <u>주어가 다른 주체에 의해 어떤 동작을 당하거나 영향을 받게 하는 것</u>이고, 사동은 <u>주어가 다른 대상에게 어떤 동작을 하게 하는 것</u>이다. 피동은 '-어지다', 사동은 '-게 하다'의 의미를 갖는다고 생각하면 구분하기 좀 더 수월하다. (그러나 피동문을 만들시 '-어지다'의 형태, 사동문을 반드시 '-게 하다'의 형태로 바꿀 수 있는 것은 아니다. 따라서 의미적 판단에 도움을 받는 정도로 사용하는 것이 좋다.)

또한 피동문은 능동문에서 자릿수가 하나 줄어든 문장이므로 행위의 주체(능동문에서의 주어)가 부사어로 나타나거나 생략되기도 한다. 예) 경찰이 도둑을 잡았다. → 도둑이 (경찰에게) 잡혔다.

따라서 목적어가 없는 경우가 많다. 그러나 목적어를 가지고 있는 피동문도 존재하므로 늘 그런 것은 아니다. 사동문의 경우 주동문에서 자릿수가 하나 늘어난 문장이므로 목적어가 존재하는 것이 일반적이다. 예) 아기가 잔다. → 엄마가 아기를 재운다.

②에서 '우리 직원들은 다른 부서에 약점을 잡혔다.'의 경우 주어인 '(우리) 직원들'이 다른 주체인 '(다른) 부서'에 의해 약점을 잡힘 당했다는 의미를 갖기 때문에 피동문임을 알 수 있다. (이 문장의 경우 목적어가 있음에도 불구하고 피동문이 된다.) 이때 '잡히다'는 '말 따위가 문제로 삼아지다'라는 의미의 피동사이다.

반면 '그는 마지못해 은행에 주택마저 담보로 잡혔다.'의 경우 주어인 '그'가 다른 대상인 은행'에게 주택을 담보로 잡게 하는 의미를 갖기 때문에 사동문임을 알 수 있다. 이때 '잡히다'는 '담보로 맡기다'라는 의미의 사동사이다. '그가 당하는 입장처럼 해석되어 피동문으로 착각하기 쉽지만, 은행이 주택을 담보로 잡도록 하는 주체가 '그'이기 때문에 사동문이다.

|오답해설| ① '욕심 많은 사람들은 제 배만 불렸다.'의 경우 주어인 '사람들'이 대상인 '배'를 부르게 하는 의미를 갖기 때문에 사동문임을 알 수 있다. '나는 아이들에게 돌아가며 노래를 불렸다.' 또한 주어인 '나'가 대상인 '아이들'로 하여금 노래를 '부르게 하는' 의미를 갖기 때문에 사동문이다.

③ '어머니는 집을 나서는 딸의 손에 책을 들렸다.'의 경우 주어인 '어머니'가 대상인 '딸(딸의 손)'에게 책을 들게 하는 의미를 갖기 때문에 사동문이다. 반면 '팔에 힘을 주니 무거운 가방이 번쩍 들렸다.'의 경우 주어인 '가방'이 다른 주체인 '(나의) 팔'에 의해 들림을 당했다는 의미를 갖기 때문에 피동문이다.

④ '저녁을 준비하던 형은 나에게 찌개 맛부터 보였다.'의 경우 주어인

'형'이 대상인 '나'로 하여금 찌개를 맛보게 했다는 의미를 갖기 때문에 사동문이다. 반면 '그 일이 있고 난 뒤부터 그가 다시 예전처럼 보였다.'의 경우 주어인 '그'가 예전처럼 생각되거나 판단되었다는 의미를 갖기 때문에 피동문이다.

⑤ '직원이 일을 잘못 처리해서 회사에 손해만 안겼다'의 경우 주어인 '직원'이 대상인 '회사'로 하여금 손해를 안게 했다는 의미를 갖기 때문에 사동문이다. '막냇동생은 자기가 들고 있던 짐마저 나에게 안겼다.'의 경우 주어인 '막냇동생'이 대상인 '니'로 하여금 짐을 안게 했다는 의미를 갖기 때문에 사동문이다.

46 ④

두 명사가 나란히 올 때 앞 명사는 관형사가 아닌 관형어가 될 수 있다. 관형어는 관형사, 체언과 관형격 조사의 결합, 용언의 어간과 관형사형 어미의 결합, 체언 자체로도 쓰일 수 있다. '관형사'는 품사의 한 종류이고 '관형어'는 문장 성분의 한 종류이므로 그 문법 단위가 엄연히 다르며, '명사'는 '관형사'와 마찬가지로 국어의 아홉 품사 중 한 종류이다.

|오답해설| ① 국어의 아홉 품사는 형태에 따라 형태를 활용할 수 있는 가변어와, 형태가 고정되어 변하지 않는 불변어로 나눌 수 있다. 동사와 형용사는 가변어에 속하며 명사, 대명사, 수사, 관형사, 부사, 조사, 감탄사는 불변어에 속한다. 관형사는 불변어로 (가)의 '헌'과 같이 고정된 형태로 쓰인다.

② 관형사는 체언인 명사, 수사, 대명사 앞에서 해당 체언을 꾸며 주는 역할을 한다. 관형어 또한 문장 안에서 체언을 꾸며 주는 역할을 한다. 따라서 관형사와 관형어는 모두 체언을 꾸며 준다.

③ 관형어는 관형사, 체언과 관형격 조사의 결합, 용언의 어간과 관형사형 어미의 결합으로도 실현될 수 있다.

⑤ (나)의 '예쁜'과 같이 형용사에 관형사형 어미가 결합하면 체언을 꾸며 줄 수 있으나, 이는 관형사가 된 것이 아니라 관형어가 된 것이다. 어미는 품사를 바꾸는 역할을 할 수 없다. 형용사에 관형사형 어미가 결합한 관형어의 품사는 여전히 형용사이다.

47 ④

ㄷ의 안긴문장은 '수업이 끝나기'로 명사절이고, ㄹ의 안긴문장은 '조종사가 된'으로 관형사절이다. 필수 성분이란 문장 성분 중 문장을 이루는 데 필수적으로 필요한 성분을 말한다. 주어, 서술어, 목적어, 보어가 있는데 주어와 서술어는 언제나 문장에서 반드시 필요한 성분이고, 목적어와 보어의 필요 여부는 서술어에 따라 달라진다.

ㄷ의 안긴문장인 '수업이 끝나기'에는 주어 '수업이'와 서술어 '끝나기'가 존재하고, 서술어가 목적어나 보어를 필요로 하지 않기 때문에 생략된 필수 성분이 없다. 반면 ㄹ의 안긴문장인 '조종사가 된'에는 보이인 '조종사가', 서술어인 '된'이 있으나 필수 성분인 주어 '소년이'가 생략되어 있다. 즉, 생략되지 않은 원래의 문장은 '소년이 조종사가 된'이지만 안은문장과 안긴문장의 주어가 동일하기 때문에 생략된 것이다.

|오답해설| ① ㄱ의 안긴문장은 '여행을 가기'로 명사절이다. '여행을 가기'는 목적어 '여행을'과 서술어 '가기'로 이루어져 있으며 주어인 '내가'가 생략되어 있다. 이는 안은문장과 안긴문장의 주어가 동일하기 때문에 생략된 것이다.

② ㄴ의 안긴문장은 '그녀가 착함'으로 명사절이다. 이 안긴문장의 주어는 '그녀가'이고, 안은문장인 '우리는 그녀가 착함을 아주 잘 안다.'의 주어는 '우리는'이므로 안긴문장과 안은문장의 주어가 다르다.

③ ㄴ의 안긴문장인 '그녀가 착함'과 ㄷ의 안긴문장인 '수업이 끝나기'
　는 모두 명사절이며, 각각 목적격 조사 '을', '를'과 결합하여 안은
　문장에서 목적어로 기능하고 있다.
⑤ ㄱ의 안긴문장은 '여행을 가기'로 명사절이며, 안은문장에서 명사인
　'전'을 수식하는 기능을 하므로 관형어로 쓰인다. ㄹ의 안긴문장은
　'조종사가 된'으로 관형절이며, 안은문장에서 명사인 '소년'을 수식하
　는 기능을 하므로 관형어로 쓰인다. 따라서 ㄱ과 ㄹ의 안긴문장은 그
　종류는 다르지만 안은문장에서의 문장 성분은 모두 관형어로 같다.

48 ②

ㄴ에서 '신으실'의 선어말 어미 '-으시-'는 주어인 '어머니'를 높이기
위해 쓰인 주체 높임을 위한 문법적 수단이다. 반면 '있을까요?'의 조사
'요'는 청자인 '점원'을 높이기 위해 쓰인 문법적 수단이다.

|오답해설| ① ㄱ에서 '어머니께'의 '께'는 부사어의 지시 대상인 '어머니'
　를 높이기 위해 사용된 객체 높임법이다. '께'는 조사이므로 문법적 수
　단에 해당한다. '드릴(드리다)'은 부사어의 지시 대상인 '어머니'를 높이
　기 위해 사용된 객체 높임의 특수 어휘이므로 어휘적 수단에 해당한다.
③ ㄷ에서 동사 '모시다'는 목적어의 지시 대상인 '부모님'을 높이기 위
　해 사용된 객체 높임의 특수 어휘(어휘적 수단)이다. '손님들께서'의
　'께서'는 주어의 지시 대상인 '손님들'을 높이기 위해 사용된 주체 높
　임의 조사이다. 따라서 서로 다른 대상을 높이기 위해 쓰이고 있다.
④ ㄹ에서는 어미 '-ㅂ니다'를 통해 대화의 상대방(청자)인 '손님'을 높
　이고 있다. 어미는 문법적 수단에 해당한다.
⑤ ㅁ에서 ' 뵙고(뵙다)'는 특수 어휘로 목적어의 지시 대상인 '어머니'
　를 높이기 위해 사용된 객체 높임법이다.

49 ③

보조 용언 '못하다'는 보조 동사로 쓰일 때 동사 뒤에서 '-지 못하다'의
구성으로 쓰이며, 앞말이 뜻하는 행동에 대하여 그것이 이루어지지 않
거나 그것을 이룰 능력이 없음을 나타낸다. 따라서 어문 규범이 언어
현실을 반영하는 일이 지속될 수 없음이 아니라, 그동안 어문 규범이
언어 현실을 충분히 반영하는 것이 이루어지지 않았음을 나타낸다.

|오답해설| ① ㄱ의 '본 적'에서 관형사형 어미 '-ㄴ'을 사용하고 있는데
　관형사형 어미 '-ㄴ'은 이와 같이 동사를 관형사형으로 바꿀 경우 동작
　이나 행위가 과거에 일어났음을 나타낸다. 이 발화에서는 이전 발화에
　서 '전문가'가 언급한 '자장면도 표준어로 인정됐다는 사실'을 본 적 있
　다는 '진행자'의 과거 경험을 드러낸다.
② ㄴ에서는 누가 짜장면을 2011년 8월 31일에서야 복수 표준어로 인
　정했는지는 드러나지 않는다. 즉, 행위의 주체를 드러내지 않고 있
　다. 복수 표준어로 인정하는 행위의 대상인 '짜장면'에 초점을 맞추
　기 위해 서술어에 피동 접사 '-되다'를 사용하였다.
④ '-ㄹ 수 있다'는 가능성의 의미를 가지며, ㄹ에서 표준어가 아닌 말
　도 표준어가 될 가능성이 있다는 것을 나타내기 위해 사용되었다.
⑤ '-고 보다'는 앞의 말이 나타내는 행동을 하고 난 후에 뒤의 말이 나
　타내는 사실을 새로 깨달음을 나타내는 표현으로, '전문가'의 말을
　들은 후에 '진행자'가 짜장면이 표준어가 된 나름의 이유에 대한 사
　실을 알게 되었음을 드러낸다.

50 ④

'전혀'는 관형어인 '딴'을 수식하기 위해 쓰인 부사이므로 ㉢에 해당한
다. '한순간에'는 서술어인 '해결했다'를 수식하기 위해 쓰인 체언+조

사('한순간'+'에')이므로 ㉣에 해당한다.
|오답해설| ① '방긋이'는 관형어인 '웃는'을 수식하기 위해 쓰인 부사이
　므로 ㉢에 해당한다. '참'은 부사어인 '귀엽게'를 수식하기 위해 쓰인 부
　사이므로 ㉠에 해당한다.
② '조금'은 관형어인 '굵은'을 수식하기 위해 쓰인 부사이므로 ㉢에 해
　당한다. '세로로'는 서술어인 '그었다'를 수식하기 위해 쓰인 체언+
　조사('세로'+'로')이므로 ㉣에 해당한다.
③ '무턱대고'는 관형어인 '싫어하는'을 수식하기 위해 쓰인 부사이므로
　㉢에 해당한다. '많이'는 서술어인 '있다'를 수식하기 위해 쓰인 부사
　이므로 [조건]에 해당하지 않는다. '많이'는 용언의 활용형으로 혼동
　하기 쉬우나 부사 파생 접미사 '이'가 결합한 부사이다.
⑤ '원칙대로'는 서술어인 '처리했다'를 수식하기 위해 쓰인 체언+조사
　('원칙'+'대로')이므로 ㉣에 해당한다. '깔끔히'는 서술어인 '처리했
　다'를 수식하기 위해 쓰인 부사이다. '깔끔히'를 용언의 활용형으로
　혼동하기 쉬우나 부사 파생 접미사 '히'가 결합한 부사이다.

51 ②

ⓒ에서 '동생'을 '할머니'로 바꾸면 '나는 할머니께 책을 읽었다.'가 된
다. 이때 주체는 '나'로 높임의 대상이 아니고, 객체는 '할머니'로 높임
의 대상이다. 따라서 '할머니께'와 같이 객체 높임의 부사격 조사를 사
용하는 것은 적절하지만 주체 높임의 선어말 어미인 '-시-'를 사용하
는 것은 적절하지 않다.

|오답해설| ① ⓐ에서 '형'을 높임의 대상인 '어머니'로 바꾸면 '어머니께
　서 동생을 업으셨다.'가 되고, ⓑ에서 '형'을 높임의 대상인 '어머니'로
　바꾸면 '동생이 어머니께 업혔다.'가 된다. ⓐ의 경우 주체가 '형'에서
　높임의 대상인 '어머니'로 바뀌지만, ⓑ에서는 주체가 '동생'으로 높임
　의 대상이 아닌 것에 변화가 없다. 따라서 ⓐ에만 서술어에 주체 높임
　의 선어말 어미 '-으시-'를 넣어야 한다.
③ ⓓ에서 '동생'을 '할머니'로 바꾸면 '나는 할머니께서 책을 읽으시게
　했다.'가 된다. '읽다'라는 행위의 주체는 높임의 대상인 '할머니'이
　므로 '할머니'에 높임의 주격 조사 '께서'를 결합해야 하며, '읽다'에
　도 주체 높임의 선어말 어미 '-으시-'를 넣어야 한다.
④ ⓐ, ⓑ의 서술어에서 '-었-'을 '-고 있-'으로 바꾸면 각각 '형이 동
　생을 업고 있다.', '동생이 형에게 업히고 있다.'라는 문장이 된다.
　'형이 동생을 업고 있다.'의 경우 형이 동생을 업은 후 그 상태가 지
　속되고 있다는 완료상의 의미로도 해석할 수 있고, 형이 지금 동생
　을 업는 중이라는 진행상의 의미로도 해석할 수 있다. 반면 '동생이
　형에게 업히고 있다.'는 동생이 형에게 지금 업히는 중이라는 진행
　상의 의미로만 해석 가능하다.
⑤ ⓐ, ⓒ의 서술어에서 '-었-'을 '-고 있-'으로 바꾸면 각각 '형이 동
　생을 업고 있다.', '나는 동생에게 책을 읽고 있다.'가 된다. '형이
　동생을 업고 있다.'는 ④에서 언급했듯이 진행상의 의미로도 해석
　가능하며, '나는 동생에게 책을 읽고 있다.' 또한 내가 지금 동생
　에게 책을 읽게 하는 중이라는 진행상의 의미로 해석할 수 있다.

52 ⑤

말씀은 '남의 말을 높여 이르는 말'이라는 뜻으로 쓰이기도 하지만, '자
기의 말을 낮추어 이르는 말'로 쓰이기도 한다. ⓔ의 '말씀'은 화자인 여
행가가 자신을 낮춰서 겸손하게 표현한 것으로 화자인 여행가의 말을
높인 것이 아니다.

|오답해설| ① 종결 어미 '-ㅂ니다'는 하십시오체로, 아주 높임의 상대

높임법이다. 국어에서는 다중을 높임의 대상으로 본다. 따라서 방송을 듣고 있는 불특정 다수의 청자를 하십시오체를 활용해 높인 것이다.
② '모시다'는 '데리다' 대신 사용되는 객체 높임의 특수 어휘이다. ⓑ에서는 목적어(객체)인 '여행가'를 높이기 위해 사용되었다.
③ ⓒ에서 표면적으로는 주어가 생략되어 있지만, 주어는 참가 신청을 위해 여권을 선택하는 주체인 불특정 다수의 청자이다. 따라서 주체를 높이기 위해 주체 높임의 선어말 어미 '-시-'가 사용되었다.
④ 간접 높임은 높임의 대상이 아니지만 높임 대상과 관계가 깊은 것을 높임으로써 주체를 간접적으로 높이는 것이다. ⓓ에서 '있으시다'의 주어(주체)는 '궁금증'으로, 그 자체로는 높임의 대상이 아니다. 그러나 이 궁금증은 높임의 대상인 '6789 님'이 제시한 것으로 높임 대상과 관계가 깊다. 따라서 주체 높임 선어말 어미 '-시-'를 사용하여 궁금증이 있는 주체인 '6789 님'을 간접적으로 높이고 있는 것이다.

53 ④
'돋우다'는 동사 '돋다'와 사동 접미사 '-우-'가 결합한 사동사로, 이중 사동에 해당하지 않는다.
|오답해설| ① '세우다'는 동사 '서다'와 사동 접미사 '-이-'와 '-우-'가 결합한 사동사로, 이중 사동에 해당한다.
② '띄우다'는 동사 '뜨다'와 사동 접미사 '-이-'와 '-우-'가 결합한 사동사로, 이중 사동에 해당한다.
③ '태우다'는 동사 '타다'와 사동 접미사 '-이-'와 '-우-'가 결합한 사동사로, 이중 사동에 해당한다.
⑤ '채우다'는 동사 '차다'와 사동 접미사 '-이-'와 '-우-'가 결합한 사동사로, 이중 사동에 해당한다.

의미론과 화용론
본문 P.150

54	⑤	55	④	56	⑤	57	②	58	③
59	①	60	②	61	①	62	⑤	63	③

54 ⑤
지시 표현은 담화 장면을 구성하는 요소를 직접 가리키는 표현이다. 그러나 ⓕ는 '작년에 같이 갔던 수목원'이라는 장소를 직접 가리키는 표현이 아니라, '작년에 같이 갔던 수목원'이라는 말을 대신해 쓰인 표현이므로 대용 표현에 해당한다.
|오답해설| ① 지문에서 알 수 있듯이 담화가 그 내용 면에서 완결성을 갖추기 위해서는 담화를 이루는 발화나 문장들이 일관된 주제 속에 내용상 유기적인 관련을 맺고 있어야 한다. ⓐ에서 '선희'는 '주말 나들이 장소 정하기'를 담화 주제로 제시하였으나 '영선'이 이와 부합하지 않는 답변을 했기 때문에 담화의 완결성을 떨어뜨리고 있다.
② 대용 표현은 담화에서 언급된 말, 혹은 뒤에서 언급될 말을 대신하는 표현이다. ⓑ는 담화에서 언급된 말인 '놀이동산'을 대신하는 표현이므로 대용 표현에 해당한다.
③ 지문에서 언급하고 있듯이 발화 간의 관련성을 높이는 형식적 장치로는 지시, 대용, 접속 표현이 있다. ⓒ와 ⓓ는 뒤에서 언급될 말인 '해수욕장'을 대신해서 쓰인 대용 표현에 해당한다. 따라서 형태는 다르지만 동일한 장소를 나타내며 발화 간의 관련성을 높이고 있다.

④ 접속 표현은 문장과 문장, 발화와 발화를 연결해 주는 표현이다. '그리고'는 접속 부사로서 앞의 발화인 '해수욕장은 아직 좀 춥잖아.'와 '너무 멀잖아.'를 이어 주고 있으며, 이 둘은 '해수욕장'과 관련된 대등한 내용이므로 ⓔ는 대등하게 이어 주는 접속 표현에 해당한다.

55 ④
'드리다'는 '주다'의 높임말이므로 높임의 의도를 갖고 있는 것은 맞지만, 문장의 주체가 아니라 객체인 '할아버지'를 높이고 있다. "할아버지께서 마침 방에 계셨구나!"라는 발화에서 문장의 주체는 '할아버지'이지만, 다음 발화인 "과일 좀 드리고 오렴."에서는 "과일 좀 (할아버지께) 드리고 오렴."과 같이 '할아버지'가 생략된 것이므로 '할아버지'는 부사어로 문장의 객체가 된다.
|오답해설| ① '할아버지가' 대신 '할아버지께서'가 쓰인 것은 문장의 주체인 '할아버지'를 높이기 위한 것으로, '께서'는 주체 높임을 위해 사용되는 주격 조사이다.
② '계시다'는 '있다'의 높임말이다. '있구나' 대신 '계셨구나'가 쓰인 것은 문장의 주체인 '할아버지'를 높이기 위한 것이다.
③ '계셨구나'의 종결 어미 '-구나'는 화자가 어떠한 사실을 새롭게 알게 되었다는 점을 두드러지게 나타내기 위해 사용되었다. 해당 발화에서는 '할아버지께서 마침 방에 계셨다.'라는 사실을 새롭게 알게 되었음을 부각하고 있다.
⑤ 어미 '-렴'은 해라체의 종결 어미로, 부드러운 명령이나 허락을 나타낸다. "과일 좀 드리고 오렴."에서는 '-렴'을 통해 화자가 청자에게 할아버지께 과일을 드리고 오는 행동을 하도록 요구하고 있다.

56 ⑤
사람의 감각 기관을 뜻하는 '눈'의 의미는 '눈'의 중심 의미이다. '눈이 나빠져서 안경의 도수를 올렸다'에서의 '눈'의 의미는 주변 의미로 '시력'을 뜻한다. 지문의 3문단에서 주변 의미는 기존의 의미가 확장되어 생긴 의미로 기존 의미보다 추상성이 강화된다는 것을 확인할 수 있다. '시력'의 의미 또한 감각 기관으로서의 '눈'의 의미보다 추상적이므로, 확장된 의미가 기존 의미보다 구체적이라고 볼 수 없다.
|오답해설| ① '별'은 다의어로 '천체의 일부'라는 의미가 중심 의미에 해당하고, '군인의 계급장'이라는 의미는 주변 의미에 해당한다. 지문의 1문단에서 알 수 있듯이 중심 의미는 일반적으로 주변 의미보다 언어 습득의 시기가 빠르므로 대부분의 아이들이 '천체의 일부'라는 의미를 먼저 배울 것이라고 추론할 수 있다.
② '앉다'는 다의어로 '착석하다'라는 의미가 중심 의미이고, '직위나 자리를 차지하다'의 의미는 주변 의미에 해당한다. 지문의 1문단에서 알 수 있듯이 중심 의미는 주변 의미보다 사용 빈도가 높다. 따라서 '착석하다'라는 의미가 사용 빈도가 더 높을 것이라고 추론 가능하다.
③ '결론에 이르다'에서 '이르다'는 '어떤 정도나 범위에 미치다'라는 뜻이고, '포기하기에는 아직 이르다'에서 '이르다'는 '대중이나 기준을 잡은 때보다 앞서거나 빠르다'는 의미이므로 서로 관련성이 없다. 따라서 이 두 의미는 중심 의미와 주변 의미의 관계가 아니라, 서로 다른 단어이지만 우연히 소리가 같은 단어이므로 동음이의 관계에 해당한다.
④ '돌다'는 다의어로 '팽이가 돌다'에서와 같이 '물체가 일정한 축을 중심으로 원을 그리면서 움직이다'라는 의미가 중심 의미이고, '군침이 돌다'에서와 같이 '눈물이나 침 따위가 생기다'의 의미는 주변 의미이다. 지문의 2문단에서 알 수 있듯이 주변 의미로 사용되었을 때는

문법적 제약이 나타나는 경우가 있다. '팽이를 돌리다'와 같이 '돌다'가 중심 의미로 사용될 때는 사동 접사 '-리-'가 결합할 수 있지만, '군침을 돌리다'처럼 주변 의미로 사용될 때는 결합할 수 없는 것은 이와 같은 문법적 제약에 의한 것이다.

57 ②

- 빚쟁이: 민수의 발화에서 '빚쟁이'는 '빌려준 돈을 받으러 온 사람'이라는 의미로 사용된 반면, 영희의 발화에서 '빚쟁이'는 '돈을 빌린 사람'이라는 의미로 사용되었다. 따라서 두 의미는 서로 관련성은 있지만 대립적 관계를 맺고 있으므로 ⊙에 해당한다.
- 금방: 영희의 발화에서 '금방'은 '말하고 있는 시점보다 바로 조금 전'이라는 의미로 사용된 반면, 민수의 발화에서 '금방'은 '말하고 있는 시점보다 바로 조금 뒤'라는 의미로 사용되었다. 따라서 두 의미는 서로 관련성은 있지만 대립적 관계를 맺고 있으므로 ⊙에 해당한다.
- 돈: 영희와 민수의 발화에서 사용된 '돈'은 둘 다 '사물의 가치를 나타내며, 상품의 교환을 매개하고, 재산 축적의 대상으로도 사용하는 물건'이라는 '돈'의 중심 의미로 사용되었으므로 두 '돈'이 다의 관계에 있다고 볼 수 없고, 대립적 관계를 맺지도 않는다.
- 뒤: 영희의 두 발화에서 사용된 '뒤'는 둘 다 '시간이나 순서상으로 다음이나 나중'을 의미한다. 따라서 두 발화에서의 '뒤'가 서로 다의 관계에 있다고 볼 수 없고, 대립적 관계를 맺지도 않는다.

58 ③

지금의 '돼지'는 '예전'의 '돝'이 나타내는 개념과 같다. '예전'의 '도야지'는 '돝의 새끼'를 의미하는 단어였으므로 지금의 '돼지'와는 그 개념이 다르다.

|오답해설| ① '예전'의 '도야지'는 '돝의 새끼'를 의미했는데, 지금은 그 개념 자체가 사라진 것이 아니라 '어린 돼지'라는 개념은 여전히 존재하지만 '어린 돼지'를 의미할 수 있는 고유어 단어가 사라진 것이다.

② '예전'의 '도야지'는 '돝의 새끼'를 의미하므로 '돝'은 '도야지'의 하의어가 아니라 상의어이다. 상의어와 하의어 중 의미가 더 한정적인 쪽은 하의어이므로, '돝'보다 '도야지'의 의미가 더 한정적이다.

④ '예전'에는 지금의 '어린 돼지'에 해당하는 고유어 단어로 '도야지'가 있었으므로 어휘적 빈자리가 존재하지 않았다. 지금은 '어린 돼지'를 인식은 하지만 이를 가리키는 고유어 단어가 존재하지 않으므로 '어휘적 빈자리'가 존재하게 되었다.

⑤ '예전'의 '도야지'의 개념을 나타내기 위해 지금은 '아기 돼지, 새끼 돼지' 등의 표현을 활용한다. 이는 하나의 고유어 단어가 아니라 구에 해당한다.

59 ①

- ㄱ: '맏사위', '막냇사위'라는 단어와 달리 두 번째, 세 번째 사위를 구별하여 가리키는 단어가 없는 것은 어휘 체계 내에서 개념은 존재하지만 실제 단어가 존재하지 않는 경우에 해당하므로 '어휘적 빈자리'가 있는 것이다. 두 번째 사위를 '둘째 사위', 세 번째 사위를 '셋째 사위'라고 표현하는 것은 단어가 아닌 구를 만들어 어휘적 빈자리를 채우는 방식이다.
- ㄴ: 꿩의 새끼를 나타내는 단어로 '꺼병이'라는 고유어가 존재하는 것은 해당 의미에 어휘적 빈자리가 없는 것이다.
- ㄷ: '금성'은 한자어로, 이를 나타내는 고유어가 없다면 어휘적 빈자리를 한자어로 채운 것이지만 '금성'의 고유어로 '샛별', '개밥바라기'

가 존재한다는 것은 해당 의미에 어휘적 빈자리가 존재하지 않는다는 것이다.

60 ②

'그 책을 줘.'에서 '그'는 체언인 '책'을 수식하고 있으므로 대명사가 아닌 관형사이다. '그는 여기 있다.'의 '그'는 대명사에 해당한다. 따라서 관형사 '그'와 대명사 '그'는 모두 형태 변화가 없는 불변어이지만 품사가 달라 문법적 성질이 동일하지 않으므로 절대 동음이의어가 아닌 부분 동음이의어이다.

|오답해설| ① '반드시 약속을 지켜라'의 '반드시'와 '반듯이 앉아 있다.'의 '반듯이'는 모두 [반드시]로 발음되기 때문에 표기는 다르지만 소리가 같으므로 이형 동음이의어에 해당한다.

③ '전등을 갈다'의 '갈다'와 '칼을 갈다'의 '갈다'는 모두 동사로 품사가 동일하다. 활용 양상 또한 '전등을 갈다/갈고/갈아/가니', '칼을 갈다/갈고/갈아/가니'와 같이 동일하므로 문법적 성질과 형태가 모두 동일한 절대 동음이의어에 해당한다.

> **동사와 형용사를 구분하는 방법**
> 동사와 형용사는 모두 형태가 변하는 가변어이며, 문장에서 용언의 기능을 한다. 그러나 동사는 '움직임'을 의미하고, 형용사는 '상태나 성질'을 의미한다는 점에서 다르다. 의미만으로 동사와 형용사를 구분하기 어려울 때는 활용 양상을 비교해 보는 것이 좋다. 동사는 명령형, 청유형으로 활용할 수 있고 어미 '-ㄴ다'를 결합했을 때 자연스러우나, 형용사는 명령형, 청유형으로 활용할 수 없고 어미 '-ㄴ다' 또한 결합할 수 없다.

④ '커튼을 걷다'의 '걷다'와 '비를 맞으며 걷다'의 '걷다'는 모두 동사에 해당하므로 문법적 성질이 동일하다. 그러나 '커튼을 걷다'의 '걷다'는 '커튼을 걷다/걷고/걷어/걷으니'와 같이 활용하는 반면 '비를 맞으며 걷다'의 '걷다'는 '비를 맞으며 걷다/걸어/걷고/걸으니'와 같이 활용하기 때문에 활용하는 양상이 언제나 동일하지는 않다. 따라서 두 '걷다'는 부분 동음이의어에 해당한다.

⑤ '한 사람이 왔다.'의 '한'은 체언 '사람'을 수식하는 기능을 하는 관형사이다. '힘이 닿는 한 돕겠다.'의 '한'은 명사에 해당한다. 따라서 두 '한'은 형태가 언제나 동일하지만 각각 관형사과 명사로 문법적 성질이 동일하지 않아 부분 동음이의어에 해당한다.

61 ①

⊙에 해당하려면 동음이의어가 각각 동사와 형용사이면서 활용 양상이 언제나 동일하지는 않아야 한다. 먼저 '누르다'의 경우 '누르다 1'은 동사에 해당하고, '누르다 2'는 형용사에 해당한다. '누르다 1'은 '누르다/누르고/눌러/누르니'와 같이 활용하고, '누르다 2'는 '누르다/누르고/누르러/누르니'와 같이 활용하므로 활용 양상이 각각 '눌러'와 '누르러'와 같이 언제나 동일하지는 않다. 따라서 ⊙에 해당한다.

'이르다'의 경우 '이르다 1'은 동사에 해당하고, '이르다 2'는 형용사에 해당한다. '이르다 1'은 '이르다/이르고/이르러/이르니'와 같이 활용하고, '이르다 2'는 '이르다/이르고/일러/이르니'와 같이 활용하므로 활용 양상이 각각 '이르러'와 '일러'와 같이 언제나 동일하지는 않다. 따라서 역시 ⊙에 해당한다.

|오답해설| ② '누르다 1'과 '누르다 2'에 대한 설명은 정답 해설의 내용과 같다. '이르다'의 경우 '이르다 1'은 동사에 해당하고, '이르다 3' 또한 동사에 해당한다. 따라서 품사(문법적 성질)가 동일하기 때문에 ⊙

에 해당하지 않는다. (활용형의 경우 '이르다 1'은 '이르다/이르고/이르러/이르니', '이르다 3'은 '이르다/이르고/일러/이르니'와 같이 활용하므로 활용 양상이 언제나 동일하지는 않다.)

③ '누르다 1'과 '누르다 2'에 대한 설명은 정답 해설의 내용과 같다. '바르다'의 경우 '바르다 1'은 동사에 해당하고, '바르다 2' 또한 동사에 해당한다. 따라서 품사(문법직 성질)가 동일하기 때문에 ㉠에 해당하지 않는다. 활용형 또한 '바르다 1'과 '바르다 3' 모두 '바르다/바르고/발라/바르니'로 그 양상이 동일하다.

62 ⑤

'굵다'는 '지름'에 관한 것이고 '두껍다'는 '두께'에 관한 것이다. 손가락의 경우 두께가 아닌 지름의 길이를 재는 것이므로, '굵은 손가락'은 '물체의 지름이 보통의 경우를 넘어 길다'는 뜻의 '굵다[1]'의 용례에 해당한다.

|오답해설| ① 다의어는 하나의 단어가 여러 개의 의미를 갖고 있는 단어이다. 〈보기〉에서 '가늘다', '굵다', '두껍다' 모두 [1]과 [2]의 의미를 가지고 있기 때문에 다의어에 해당한다.

② '가늘다[2]'는 '소리의 울림이 보통에 미치지 못하고 약하다'는 뜻이므로 '열차의 기적 소리가 보통에 미치지 못하고 약하게 들려왔다.'는 의미로 '열차의 기적 소리가 가늘게 들려왔다.'를 용례에 추가할 수 있다.

③ '두껍다[2]'는 '층을 이루는 사물의 높이나 집단의 규모가 보통의 정도보다 크다'는 의미를 가지고 있다. '그 책은 수요층이 두껍다.'는 것은 책의 수요층, 즉 집단의 규모가 보통보다 크다는 뜻이다. 따라서 '두껍다[2]'의 용례에 추가할 수 있다.

④ '굵다'와 '가늘다'는 서로 의미가 반대되는 반의어에 해당한다. 따라서 '나뭇가지가 굵다'를 '나뭇가지가 가늘다'로 바꾸면 나뭇가지의 지름이 보통의 경우에 미치지 못하고 짧다는 의미가 되므로 '가늘다[1]'의 용례로 사용할 수 있다.

63 ③

ⓒ은 영화 시간인 6시를 의미한다. '지혜'의 발화에서 ⓒ은 영화가 시작하는 시간인 6시보다 일찍 만나자는 의미이다. 다음 발화에서 '평화'는 앞선 '지혜'의 말에 동의하고 있으므로 ⓑ은 영화 시간인 6시보다 이른 시간을 의미한다.

|오답해설| ① ㉠과 ⓒ은 모두 영화가 시작하는 시간인 6시를 가리키므로 상이하지 않다.

② ⓒ은 '평화'가 어제 진로 상담을 받았다는 것과 관련이 있으므로 발화 시점을 기준으로 과거이다. 그러나 ⓜ의 경우, '지혜'와 '평화'가 저녁을 먹는 일은 아직 일어나지 않았으며 영화가 시작하는 시간을 기준으로 '미리'라고 이야기한 것이므로 발화 시점을 기준으로 미래이다.

④ ㉣의 출발 장소는 '지혜'와 '평화'의 저녁 식사 장소이다. 반면 ㉵의 출발 장소는 '영민'의 진로 상담 장소이다.

⑤ ⓗ과 ⓐ은 각각 영화관을 등지고 볼 때의 방향, 영화관을 마주 볼 때의 방향을 가리키므로 기준으로 삼은 방향이 다른 것은 맞지만 둘 다 동일한 곳인 '분식집'을 의미한다.

01 ⑤

활용할 때 어간이나 어미가 일정한 모습을 보이지 않는 용언을 불규칙적으로 활용하는 용언이라고 한다. '캐묻다'는 '캐물어, 캐물으니, 캐묻는'과 같이 활용하는데 '캐물어(캐묻-+-어)', '캐물으니(캐묻-+-으니)'와 같이 활용 시 어간의 받침 'ㄷ'이 'ㄹ'로 바뀌는 현상이 일어나는 경우가 있으므로 'ㄷ' 불규칙 용언에 해당한다. 이와 마찬가지로 '엿듣다' 또한 '엿들어, 엿들으니, 엿듣는'과 같이 활용하는데 '엿들어(엿듣-+-어)', '엿들으니(엿듣-+-으니)'와 같이 활용 시 어간의 받침 'ㄷ'이 'ㄹ'로 바뀌는 현상이 일어나는 경우가 있으므로 'ㄷ' 불규칙 용언에 해당한다.

|오답해설| ① '구르다'는 '굴러, 구르니, 구르는'과 같이 활용하는데 이때 '굴러(구르-+-어)'와 같이 어간의 일부인 '르'가 'ㄹㄹ'로 바뀌는 현상이 일어나는 경우가 있으므로 '르' 불규칙 용언에 해당한다. '잠그다'는 '잠가, 잠그니, 잠그는'과 같이 활용하는데 '잠가(잠그-+-아)'와 같은 활용에서 어간의 모음 'ㅡ'가 탈락하는 것은 '예쁘다, 바쁘다, 모으다' 등 다른 용언에서도 일정하게 나타나는 현상이므로 이를 규칙적인 용언의 활용 양상으로 본다. (어미 '-어/아'의 선택은 모음 조화에 의한 것이다.)

② '흐르다'는 '흘러, 흐르니, 흐르는'과 같이 활용하는데 이때 어간의 일부인 '르'가 'ㄹㄹ'로 바뀌는 현상이 일어나는 경우가 있으므로 '르' 불규칙 용언에 해당한다. '푸르다'는 '푸르러, 푸르니' 등으로 활용하는데 이때 '푸르러(푸르-+-어)'와 같은 교체에서 어미가 '러'로 교체되므로 '러' 불규칙 용언에 해당한다.

③ '뒤집다'는 '뒤집어, 뒤집으니, 뒤집는'과 같이 활용하고, '껴입다'는 '껴입어, 껴입으니, 껴입는'과 같이 활용하는데 두 용언 모두 규칙적으로 활용하므로 규칙 용언에 해당한다.

④ '붙잡다'는 '붙잡아, 붙잡으니, 붙잡는'과 같이 활용하는 규칙 용언에 해당한다. '정답다'는 '정다워, 정다우니, 정다운'과 같이 활용하는데 이때 '정다워(정답-+-어)', '정다우니(정답-+-니)', '정다운(정답-+-은)'과 같이 어간의 받침 'ㅂ'이 'ㅜ'로 교체되므로 'ㅂ' 불규칙 용언에 해당한다.

02 ④

'쌓으니'는 '쌓-+-으니'로, 발음할 때 어간 끝소리 'ㅎ'이 모음으로 시작하는 어미와 결합하며 탈락하는 음운 현상이 일어나 [싸으니]와 같이 발음한다. 그러나 표기에는 이러한 현상이 반영되지 않았으므로 탈락이 나타나지만 그 결과가 표기에 반영되지 않았다고 설명해야 한다.

|오답해설| ① '서'는 '서-+-어'로 어간과 어미의 모음이 'ㅓ'로 동일하여 동일 모음 탈락이 일어나 [서]와 같이 발음하고, 이러한 탈락 현상이 표기에도 반영되었다.

② '꺼'는 '끄-+-어'로 어간의 모음 'ㅡ'가 탈락하여 [꺼]와 같이 발음

하고, 이러한 탈락 현상이 표기에도 반영되었다.

③ '푸니'는 '풀-+-니'로 어간의 모음 'ㄹ'이 탈락하여 [푸니]로 발음하는데, 이와 같이 어간의 끝소리 'ㄹ'은 'ㄴ, ㅂ, ㅅ, 오' 앞에서 규칙적으로 탈락한다. 이러한 탈락 현상은 표기에도 반영되었다.

⑤ '믿는'은 '믿-+-는'으로, 발음할 때 어간 받침 'ㄷ'이 이어지는 비음 'ㄴ'에 동화되어 같은 조음 위치의 비음인 'ㄴ'으로 교체되어 [민는]으로 발음한다. 그러나 이와 같은 교체 현상은 표기에는 반영되지 않아 '믿는'으로 표기한다.

03 ⑤

'부릴'은 어간 '부리-'에 어미 '-ㄹ'이 결합한 것이다. '부릴'은 발음 또한 [부릴]로 그 형태와 동일하다. 따라서 '부릴'의 어간 '부리-'는 실제 발음에서 나타나는 형태를 대표 형태로 선택해서 소리대로 표기한 것이다.

|오답해설| ① '들어'는 [드러]로 발음되는데, 이러한 연음은 음운 현상에 포함되지 않는다. '들어'와 [드러]의 음운은 모두 [ㄷ], [ㅡ], [ㄹ], [ㅓ]로 변동이 없기 때문이다.

② '너운'은 어간 '덥-'에 어미 '-은'이 결합한 것이고, '덥고'는 어간 '덥-'에 어미 '-고'가 결합한 것이다. 따라서 '더운'과 '덥고'는 그 어간이 모두 '덥-'으로 그 의미도 같다. 그러나 '덥-+-은'을 '덥은'이 아닌 '더운'으로 적은 것은 형태를 하나로 고정하여 밝혀 적지 않고 표준어를 소리대로 적은 예시에 해당한다.

③ '여름'과 '장마'는 각각 [여름], [장마]로 발음되므로 모두 표준어를 소리대로, 즉 발음되는 대로 표기한 것이다.

④ '끝이'는 받침 'ㄷ, ㅌ(ㄾ)'이 조사나 접미사의 모음 'ㅣ'와 결합되는 경우에는, [ㅈ, ㅊ]으로 바꾸어서 뒤 음절 첫소리로 옮겨 발음하도록 하는 구개음화 현상에 의해 [끄치]로 발음된다. 그러나 이를 '끄치'라고 소리대로 적지 않고 '끝이'로 적는 것은 대표 형태로 '끝'을 선택하여 어법에 맞도록 적게 한 것이다.

04 ②

대표 형태가 '달-'일 때는 '달-+-고'가 [달코], '달-+-지만'이 [달치만]으로 발음될 이유가 없어 이를 음운 변동으로 설명할 수 없다. 그러나 대표 형태가 '닳-'이라면 '닳-+-고'가 [달코]로 발음되는 것을 'ㅎ'과 'ㄱ'이 축약되어 'ㅋ'이 되는 것으로 설명할 수 있고, '닳-+-지만'이 [달치만]으로 발음되는 것을 'ㅎ'과 'ㅈ'이 축약되어 'ㅊ'이 되는 것으로 설명할 수 있다.

|오답해설| ① 대표 형태가 '깍-'일 때도 '깍-+-지만'이 [깍찌만]이 되는 것을 받침 'ㄱ' 뒤에 연결되는 'ㅈ'이 'ㅉ'으로 된소리되기에 의한 교체가 일어나는 것으로 설명할 수 있다. '깍-+-는'이 [깡는]이 되는 것 또한 'ㄱ'이 'ㄴ' 앞에서 같은 조음 위치의 비음인 'ㅇ'으로 비음화 현상에 의한 교체가 일어나는 것으로 설명할 수 있다.

대표 형태가 '깎-'일 때도 둘 다 탈락이 아닌 교체로 설명할 수 있다. 먼저 '깎-'에서 받침 'ㄲ'이 음절의 끝소리 규칙에 의해 'ㄱ'으로 교체된 후 대표 형태가 '깍-'일 때와 마찬가지의 음운 변동이 일어나기 때문이다. 'ㄲ'과 'ㄱ'은 모두 하나의 음운이므로 'ㄲ'이 'ㄱ'이 되는 것은 탈락이 아니다.

③ 대표 형태가 '싼-'이라면 '싼-+-고'가 [싸코], '싼-+-아서'가 [싸아서]로 발음될 이유가 없어 이를 음운 변동으로 설명할 수 없다.

대표 형태가 '쌓-'이라면 '쌓-+-고'에서 'ㅎ'과 'ㄱ'이 축약되어 'ㅋ'으로 발음되는 음운 현상에 의해 [싸코]가 된다고 설명할 수 있고,

'쌓-+-아서'에서는 'ㅎ' 뒤에 모음으로 시작하는 어미가 오는 경우 'ㅎ'이 탈락하는 음운 현상에 의해 [싸아서]가 된다고 설명할 수 있다.

④ 대표 형태가 '할-'이라면 '할-+-고'가 [할꼬], '할-+-지만'이 [할찌만]으로 발음될 이유가 없어 이를 음운 변동으로 설명할 수 없다. 대표 형태가 '핥-'이라면 '핥-+-고'에서 먼저 음절의 끝소리 규칙에 의해 음절 말의 'ㅌ'이 'ㄷ'으로 교체되고 이 'ㄷ'에 의해 'ㄱ'이 된소리인 'ㄲ'으로 교체되는 현상이 일어난 후 자음군 단순화에 의해 자음군 중 하나가 탈락하여 'ㄹ'만 남아 [할꼬]가 되는 것으로 설명할 수 있다. '핥-+-지만' 또한 같은 원리로 평파열음화, 된소리되기, 자음군 단순화를 통해 설명할 수 있다. 따라서 둘 다 교체와 탈락으로 설명할 수 있다.

⑤ 대표 형태가 '갑-'이라면 '갑-+-고'에서 음절 말의 'ㅂ'에 의해 'ㄱ'이 된소리인 'ㄲ'으로 교체됨으로써 [갑꼬]가 된다고 설명할 수 있다. '갑-+-는'에서는 'ㄴ'에 의해 앞의 'ㅂ'이 같은 조음 위치의 비음인 'ㅁ'으로 교체되어 [감는]이 된다고 설명할 수 있다. 따라서 둘 다 음운 변동 중 교체 현상으로 설명할 수 있다.

대표 형태가 '갚-'일 때도 음절의 끝소리 규칙에 의해 먼저 '갚-'의 'ㅍ'이 'ㅂ'으로 교체된 후 '갑-'일 때와 같은 원리의 음운 변동(교체)이 일어난다.

05 ①

'선생님'의 설명에 따르면 '하' 앞의 받침의 소리가 [ㄱ, ㄷ, ㅂ]인 경우에는 '하'가 통째로 준다. '깨끗하지 않다'에서 '하' 앞의 받침은 [깨끋]으로 발음하므로 소리가 [ㄷ]이다. 따라서 '하'가 통째로 줄기 때문에 '깨끗지 않다'로 써야 한다.

|오답해설| ② '연구하도록'에서 '하' 앞에는 받침이 없으므로 '하'의 'ㅏ'가 줄어들고 'ㅎ'이 남는다. 따라서 'ㅎ'이 'ㄷ'과 어울려 거센소리가 되어 '연구토록'으로 써야 한다.

③ '간편하게'에서 '하' 앞의 받침의 소리는 [ㄴ]이다. 따라서 '하'의 'ㅏ'가 줄어들고 'ㅎ'이 남는다. 따라서 'ㅎ'이 'ㄱ'과 어울려 거센소리가 되어 '간편케'로 써야 한다.

④ '생각하다 못해'에서 '하' 앞의 받침의 소리가 [ㄱ]이므로 '하'가 통째로 줄어들어 '생각다 못해'로 써야 한다.

⑤ '답답하지 않다'에서 '하' 앞의 받침의 소리가 [ㅂ]이므로 '하'가 통째로 줄어들어 '답답지 않다'로 써야 한다.

06 ⑤

지문에서 둘 이상의 구성 성분으로 이루어진 표제어에는 가장 나중에 결합한 구성 성분들 사이에 붙임표가 한 번만 쓰인다는 것을 파악할 수 있다. '논둑길'은 '논', '둑', '길'의 세 구성 성분으로 이루어진 복합어이고, '논'과 '둑'이 먼저 결합하여 '논둑'이 된 후 이것이 다시 '길'과 결합한 것이다. 따라서 가장 나중에 결합한 구성 성분들 사이에 '논둑-길'과 같이 붙임표가 한 번만 쓰여야 한다.

|오답해설| ① '맨발'은 접두사 '맨-'에 어근 '발'이 결합한 파생어이다. 접두사는 자립적으로 쓰일 수 없고 언제나 다른 말과 결합해야 하므로 뒤에 붙임표가 쓰인다. 따라서 표제어 '맨-'을 통해 '맨발'의 접두사의 뜻풀이를 확인할 수 있다.

② '나만 비를 맞았다.'에서 쓰인 격 조사는 '를'이다. '만'은 특별한 뜻을 더해 주므로 격 조사가 아닌 보조사에 해당한다. 지문에서 알 수 있듯이 조사는 자립적으로 쓰이지는 않지만 하나의 단어이기 때문에 그 앞에 붙임표가 쓰이지 않는다. 따라서 격 조사 '를'의 뜻풀이

를 표제어 '를'에서 확인할 수 있다.

③ '저도 학교 앞에 삽니다.'에서 동사는 '삽니다'이다. 지문에서 알 수 있듯이 용언의 경우 어간이 어미 '-다'와 결합한 기본형이 표제어가 되고, 용언 어간과 어미 '-다' 사이에는 붙임표가 쓰이지 않는다. 따라서 '삽니다'의 뜻풀이는 기본형 표제어인 '살다'에서 확인할 수 있다.

④ '앞'과 '집'이 결합한 단어는 '앞집'으로 하나의 단어이다. 이처럼 둘 이상의 구성 성분으로 이루어진 표제어의 경우 가장 나중에 결합한 구성 성분들 사이에 붙임표가 한 번 쓰이므로 '앞-집'과 같이 붙임표가 쓰일 수 있다. 또한 지문에서 언급하고 있듯이 복합어의 붙임표는 구성 성분들을 반드시 붙여 써야 한다는 점을 알려주기 때문에 '앞집'처럼 띄어 쓰면 안 된다는 정보를 표제어를 통해 확인할 수 있다.

07 ④

• 조차: '조차'는 '이미 어떤 것이 포함되고 그 위에 더함'을 뜻하는 보조사이다. 그 어원이 되는 용언인 '좇다'는 '목표, 이상, 행복 따위를 추구하다.' 등을 의미한다. 따라서 '조차'는 그 의미가 어근 '좇-'의 본뜻과 멀어졌기 때문에 단어를 소리대로 적고, 표제어에 붙임표가 쓰이지 않는다.

• 자주: '자주'는 '같은 일을 잇따라 잦게'를 뜻하는 부사이다. 그 어원이 되는 용언인 '잦다'는 '잇따라 자주 있다'를 의미한다. 따라서 '자주'는 그 의미가 어근 '잦-'의 본뜻과 여전히 관련이 있다. 따라서 ㉠에 해당하지 않는다. '자주'를 소리대로 적고 표제어에 붙임표를 사용하지 않은 이유는 접미사 '-우'가 더 이상 현대 국어에서 새로운 단어를 만들지 못하기 때문이다.

• 차마: '차마'는 '부끄럽거나 안타까워서 감히'를 뜻하는 부사이다. 그 어원이 되는 용언인 '참다'는 '충동, 감정 따위를 억누르고 다스리다'를 의미한다. 따라서 '차마'는 그 의미가 어근 '참-'의 본뜻과 멀어졌기 때문에 단어를 소리대로 적고, 표제어에 붙임표가 쓰이지 않는다.

• 부터: '부터'는 '어떤 일이나 상태 따위에 관련된 범위의 시작임'을 뜻하는 보조사이다. 그 어원이 되는 용언인 '붙다'는 '맞닿아 떨어지지 아니하다'를 의미한다. 따라서 '부터'는 그 의미가 어근 '붙-'의 본뜻과 멀어졌기 때문에 단어를 소리대로 적고, 표제어에 붙임표가 쓰이지 않는다.

08 ④

'(잡초를) 베-+-었-+-다'와 '(베개를) 베-+-었-+-다'의 경우 모두 어간 끝 모음이 'ㅔ'로 끝나며 그 뒤에 '-었-'이 어울려 줄고 있다. 이 경우 지문에서 설명하고 있듯이 준 대로 적으며, 반드시 준 대로 적지 않아도 된다. 따라서 준말의 형태인 '벴다'와 준 대로 적지 않은 형태인 '베었다' 모두 한글 맞춤법에 맞는 표기이다.

|오답해설| ① '(밭을) 매다'의 어간은 '매-'이므로 모음 'ㅐ'로 끝난다. 이 뒤에 '-어'가 어울려 줄게 되면 준 대로 적으며, 준 대로 적지 않아도 된다. 따라서 '매'와 '매어' 모두 한글 맞춤법에 적합하다.

② '(병이) 낫-+-아'의 경우, 어간인 '낫-'의 끝 자음 'ㅅ'이 활용 시 불규칙적으로 탈락된다. 따라서 원래 그 자음이 있었음이 고려되어 'ㅏ'가 줄지 않고 '나아'로만 적어야 한다.

③ '(땅이) 패다'의 어간인 '패-'는 '파-'와 피동 접미사 '-이-'의 모음이 줄어든 것이다. 이처럼 모음이 줄어들어서 'ㅐ'가 된 경우에는 '-어'가 결합하더라도 다시 줄지 않는다. 따라서 '패'가 아닌 '패어'로 적어야 한다.

⑤ '(강을) 건너-+-어'와 '(줄을) 서-+-어'의 경우, 모두 모음 'ㅓ'로 끝난 어간에 어미 '-어'가 어울리고 있으므로 준 대로 적어야 한다. 따라서 '건너, 서'와 같이 적어야 하고 '*건너어, *서어'로 적으면 한글 맞춤법에 어긋난다.

09 ③

㉠ '걷다'는 '거두다'에서 모음 'ㅜ'가 줄어들고 남은 자음인 'ㄷ'을 앞 음절의 받침으로 적은 준말이다. ㉡ '외다'는 '외우다'에서 모음 'ㅜ'가 줄어들고 나면 남는 자음이 없다. ㉢ '서툴다'는 '서투르다'에서 모음 'ㅡ'가 줄어들고 남은 자음인 'ㄹ'을 앞 음절의 받침으로 적은 준말이다. ㉣ '머물다' 또한 '머무르다'에서 모음 'ㅡ'가 줄어들고 남은 자음인 'ㄹ'을 앞 음절의 받침으로 적은 준말이다. 따라서 [탐구 과정]의 첫 번째 단계에서 '예'에 해당하는 것은 ㉠, ㉢, ㉣이다.

㉠ '걷다'의 경우 모음 어미 '-어, -었-'이 결합된 형태의 활용형인 '걷어, 걷었다'가 표준으로 인정된다. 반면 ㉢ '서툴다'는 '*서툴어, *서툴었다'가 표준어로 인정되지 않는다. ㉣ '머물다' 또한 '*머물어, *머물었다'가 표준어로 인정되지 않는다. 따라서 [A]에 해당하는 예는 ㉢, ㉣이다.

10 ③

'별내'는 초성 위치인 'ㄴ'이 앞의 유음 'ㄹ'에 의해 'ㄹ'로 교체되는 유음화가 일어나 [별래]로 발음된다. 따라서 'Byeollae'로 표기한다.

|오답해설| ① '대관령'은 종성 위치인 'ㄴ'이 뒤의 유음 'ㄹ'에 의해 'ㄹ'로 교체되는 유음화가 일어나 [대:괄령]으로 발음된다. 그런데 장모음의 표기는 따로 하지 않으므로 'Daegwallyeong'으로 표기해야 한다. 'Daek:wallyeong'은 장모음의 표기는 따로 하지 않으며, 모음 앞에서는 'ㄱ'을 'g'로 표기한다는 표기법을 지키지 않은 표기이다.

② '백마'는 초성 위치가 아니라 종성 위치인 'ㄱ'이 뒤의 비음 'ㅁ'에 의해 같은 조음 위치의 비음인 'ㅇ'으로 교체되는 비음화가 일어나 [뱅마]로 발음된다. 'Baengma'는 음운 변화의 결과를 잘 반영한 올바른 표기이다.

④ '삼목묘'는 종성 위치인 'ㅂ'이 뒤의 비음 'ㅁ'에 의해 같은 조음 위치의 비음인 'ㅁ'으로 교체되는 비음화가 일어나고, 역시 종성 위치인 'ㄱ'이 뒤의 비음 'ㅁ'에 의해 같은 조음 위치의 비음인 'ㅁ'으로 교체되는 비음화가 일어나 [삼몽묘]로 발음된다. 즉, 초성 위치와 종성 위치가 아니라 두 곳 모두 종성 위치에서 비음화가 일어난다. 'sammongmyo'는 음운 변화의 결과를 잘 반영한 올바른 표기이다.

⑤ '물난리'는 초성 위치인 'ㄴ'이 앞의 유음 'ㄹ'에 의해 'ㄹ'로 교체되는 유음화가 일어나고, 종성 위치인 'ㄴ'에서도 뒤의 유음인 'ㄹ'에 의해 'ㄹ'로 교체되는 유음화가 일어나 [물랄리]로 발음된다. 'ㄹㄹ'이 연속되는 경우 'll'로 적어야 하므로 'mullalli'로 표기해야 한다.

11 ①

• 곤란[골:란]: '곤란'은 뒤의 유음 'ㄹ'에 의해 앞의 'ㄴ'이 'ㄹ'로 바뀌는 유음화 현상이 일어나 [골:란]이 된다. 따라서 동화음인 'ㄹ'이 피동화음 'ㄴ'에 후행하며, 피동화음 'ㄴ'이 'ㄹ'로 바뀌어 동화음과 완전히 같아지므로 ㉠, ㉡이 모두 일어난다.

• 국민[궁민]: '국민'은 뒤의 비음 'ㅁ'에 의해 앞의 'ㄱ'이 같은 조음 위치의 비음 'ㅇ'으로 바뀌는 비음화 현상이 일어나 [궁민]이 된다. 따라서 동화음인 'ㅁ'이 피동화음 'ㄱ'에 후행하는 동화(㉠)이지만, 피동화음이 동화음인 'ㅁ'과 완전히 같아지지는 않으므로 ㉡은 일어나지 않는다.

- 읍내[음내]: '읍내'는 뒤의 비음 'ㄴ'에 의해 앞의 'ㅂ'이 같은 조음 위치의 비음 'ㅁ'으로 바뀌는 비음화 현상이 일어나 [음내]가 된다. 따라서 동화음인 'ㄴ'이 피동화음 'ㅂ'에 후행하는 동화(㉠)이지만, 피동화음이 동화음인 'ㄴ'과 완전히 같아지지는 않으므로 ㉡은 일어나지 않는다.
- 입문[임문]: '입문'은 뒤의 비음 'ㅁ'에 의해 앞의 'ㅂ'이 같은 조음 위치의 비음 'ㅁ'으로 바뀌는 비음화 현상이 일어나 [임문]이 된다. 따라서 동화음인 'ㅁ'이 피동화음 'ㅂ'에 후행하며, 피동화음 'ㅂ'이 'ㅁ'으로 바뀌어 동화음과 완전히 같아지므로 ㉠, ㉡이 모두 일어난다.
- 칼날[칼랄]: '칼날'은 앞의 유음 'ㄹ'에 의해 뒤의 'ㄴ'이 'ㄹ'로 바뀌는 유음화 현상이 일어나 [칼랄]이 된다. 따라서 피동화음이 동화음과 완전히 같아지기(㉡)는 하지만 동화음인 'ㄹ'이 피동화음 'ㄴ'에 선행하여 ㉠이 일어나지 않는다.

PART Ⅲ. 고전 문법

고전 문법
본문 P.232

01	②	02	③	03	①	04	④	05	④
06	①	07	③	08	⑤				

01 ②

'두'는 '사람'을 수식하는 기능을 하는데, '사람'은 명사이므로 체언이다. 따라서 '두'는 체언을 수식하므로 관형사에 해당한다. '두'가 수사라면 체언에 해당하므로 뒤에 조사가 결합할 수 있어야 하는데 불가능하다는 사실도 품사 구분에 도움이 된다.

| 오답해설 | ① '과연'은 '두 사람이 만날 수 있을까?'라는 문장 전체를 수식한다. 부사는 용언, 다른 부사, 문장 전체 등을 수식하는 기능을 한다.
③ '웃었다'는 문장의 서술어로 용언에 해당하며, '그'의 동작을 나타내는 의미이기 때문에 동사에 해당한다. 동사와 혼동하기 쉬운 형용사의 경우 대상의 성질이나 상태를 나타낸다.
④ '학생'은 '학예를 배우는 사람'이라는 대상의 이름을 나타내는 단어이므로 명사에 해당한다.
⑤ '는'은 체언인 '식사' 뒤에 결합하고 있으며, '식사'를 강조하는 뜻을 나타내므로 조사 중에서도 보조사에 해당한다. 특별한 의미를 더하는 조사는 보조사, 문법적 관계를 표시하는 조사는 격 조사라고 한다.

02 ③

(나)에서 중세 국어에 쓰인 '새'의 예문을 보면, '새 투스리 나며'에서 '새'는 체언 '투슬'을 수식하는 관형사로 쓰였고, '이 나래 새를 맛보고'에서는 조사가 결합할 수 있는 체언 중에서도 '새것'의 이름을 나타내는 명사로 쓰였으며, '새 出家흔 사루미니'에서는 용언인 '出家흔'을 수식하는 부사로 쓰였음을 알 수 있다. 따라서 대명사로는 쓰이지 않았다.

| 오답해설 | ① (가)를 보면 현대 국어에서 '이보다 더 좋을 수는 없다.'에서는 '이'가 조사 '보다'와 결합할 수 있는 체언으로서 '말하는 이에게 가까이 있거나 말하는 이가 생각하고 있는 대상'을 가리키므로 어떠한 명사를 대신해서 쓰이는 대명사임을 알 수 있다. 또한 '이 사과는 맛있

다.'에서는 체언인 '사과'를 수식하는 관형사임을 알 수 있다.
② ①에서 확인하였듯이 현대 국어에서 '이'는 대명사와 관형사로 통용된다. (나)를 보면 중세 국어에서 '내 이룰 爲ㅎ야'에서 '이'는 조사 '룰'이 결합하는 체언으로서 명사를 대신할 수 있는 대명사로 쓰였음을 알 수 있고, '내 이 도눌 가져가'에서는 '이'가 체언 '돈'을 수식하므로 관형사로 쓰였음을 알 수 있다. 따라서 품사 통용 양상이 현대 국어와 같다.
④ ③에서 확인하였듯이 중세 국어에서 '새'는 관형사, 명사, 부사로 통용되었다. (가)를 통해 현대 국어에서 '새 학기가 되다.'와 같이 '새'가 체언인 '학기'를 수식하는 관형사로 쓰임을 알 수 있다. 따라서 중세 국어에서와 현대 국어에서 '새'가 모두 관형사로 쓰였음을 알 수 있다.
⑤ 중세 국어에서 '새'는 관형사, 명사, 부사로 통용되었지만 현대 국어에서는 관형사로만 쓰이고 있으므로 품사 통용이 나타나지 않는다.

03 ①

중세 국어에서 양성 모음으로는 'ㆍ, ㅏ, ㅗ, ㆎ, ㅐ, ㅚ, ㅑ, ㅛ, ㅘ'가 있고 음성 모음으로는 'ㅡ, ㅓ, ㅜ, ㅢ, ㅔ, ㅟ, ㅕ, ㅠ, ㅝ'가 있다. 'ㅂ룻매'에는 모두 양성 모음이 사용되었고, 'ㆍ뿌ㆍ메'에는 모두 음성 모음이 사용되었으므로 ㉠과 ㉡의 사례로 각각 적절하다.

| 오답해설 | ② 'ㆍ뿌ㆍ메'에는 모두 음성 모음이 사용되었으므로 ㉡에 해당한다. '쁘ㆍ들'에서 'ㅡ'는 음성 모음이므로 ㉡에 해당한다.
③ '쁘ㆍ들'에서 'ㅡ'는 음성 모음이므로 ㉡에 해당한다. '거부븨'에는 모두 음성 모음이 사용되었으므로 ㉡에 해당한다.
④ 'ㅁ슨물'에서 'ㆍ'는 양성 모음이므로 ㉠에 해당한다. '바ᄂ롤'에는 모두 양성 모음이 사용되었으므로 ㉠에 해당한다.
⑤ '나룰'에는 모두 양성 모음이 사용되었으므로 ㉠에 해당한다. '도즈기'에도 모두 양성 모음이 사용되었으므로 ㉠에 해당한다.

04 ④

〈초성자 용자례〉 중 아음 이체자인 'ㆁ'의 예시 단어는 '러울'이다. '러울'에는 반설음자인 'ㄹ'이 각각 '러'의 초성과 '울'의 종성에 사용되었으므로 초성자의 반설음자와 종성자의 반설음자의 예시 단어로 쓸 수 있다.

| 오답해설 | ① 훈민정음 초성자의 기본자 5자는 발음 기관을 본떠 만든 것이지만, 중성자의 기본자는 하늘, 땅, 사람의 모습을 본떠서 만든 것이다.
② 용자례 예시 단어의 종성은 8종성자로 'ㄱ, ㆁ(아음 이체자), ㄴ, ㄷ, ㅁ, ㅂ, ㅅ, ㄹ'이 쓰이고 있다. 초성자 기본자는 'ㄱ, ㄴ, ㅁ, ㅅ, ㅇ'으로 후음 기본자인 'ㅇ'은 초성자 기본자이지만 종성에는 쓰이지 않는다.
③ 훈민정음 초성자의 가획자는 9자이지만 〈초성자 용자례〉에 단어가 예시된 자음 가획자는 8자이다. 단어가 예시되지 않은 가획자는 후음 기본자 'ㅇ'에 가획의 원리를 적용한 'ㆆ(여린히읗)'으로, 아음이 아닌 후음에 속한다.
⑤ 〈중성자 용자례〉 중 초출자 'ㅓ'의 예시 단어는 '브섭'이다. 반치음 이체자는 'ㅿ', 종성자 순음 기본자는 'ㅁ'이다. '브섭'은 반치음 이체자의 예시 단어로는 사용 가능하나 종성자 순음 기본자의 예시 단어에는 해당하지 않는다.

05 ④

'거믜'(>거미)는 근대 국어 후기에 자음 뒤에서 이중 모음 'ㅢ'가 'ㅣ'로 변화한 것이며, 지문의 ⓐ~ⓔ로는 설명할 수 없는 예시이다.

|오답해설| ① '벼리 딘'(>별이 진)의 '딘'(>진)은 'ㄷ'이 모음 'ㅣ' 앞에서 'ㅈ'으로 바뀌는 구개음화를 겪은 것이므로 ⓐ에 해당한다.

② '셔울 겨샤'(>서울 계셔)의 '셔울'(>서울)은 이중 모음 'ㅕ'가 'ㅅ' 뒤에서 'ㅓ'로 단모음화한 것이므로 ⓑ에 해당한다.

③ '플 우희'(>풀 위에)의 '플'(>풀)은 비원순모음인 'ㅡ'가 양순음 'ㅍ' 뒤에서 원순모음 'ㅜ'로 바뀌는 원순모음화를 겪은 것이므로 ⓒ에 해당한다.

⑤ '닥 닙'(>닥나무 잎)의 '닥'(>닥나무)는 '닥'에 단어 '나무'가 결합한 것이므로 ⓔ에 해당한다.

06 ①

부속 성분에는 관형어, 부사어가 속한다. (부속 성분과 반대되는 개념인 주성분에는 주어, 목적어, 보어, 서술어가 속한다.) 따라서 체언과 조사가 결합하여 이루어진 관형어나 부사어가 있는 문장을 고르면 된다.

ⓐ '내히'는 주어, '이러'는 서술어, '바ᄅᆞ래'는 부사어, '가ᄂᆞ니'는 서술어이므로 ⓐ는 '바ᄅᆞ래 [바다에]'라는 부속 성분을 포함하고 있다. '바ᄅᆞ래'는 체언인 '바ᄅᆞᆯ'에 부사격 조사 '애'가 결합한 것이므로 문제의 조건을 만족한다.

ⓑ '나랏'은 관형어, '말ᄊᆞ미'는 주어, '中國에'는 부사어, '달아'는 서술어이므로 ⓑ는 '나랏[우리나라의]', '中國에'라는 부속 성분을 포함하고 있다. '나랏'은 체언 '나라'에 관형격 조사 'ㅅ'이 결합한 것이고, '中國에'는 체언 '中國'에 부사격 조사 '에'가 결합한 것이므로 조건을 만족한다.

ⓒ '生人이'는 부사어, '소리'는 주어, '잇도소니'는 서술어이므로 ⓒ는 '生人이'라는 부속 성분을 포함하고 있다. '生人이'는 체언 '生人'에 관형격 조사 '이'가 결합한 것이므로 조건을 만족한다. 참고로 '소리'는 체언 '소리'에 형태가 없는 주격 조사(∅)가 결합한 것으로, 현대 국어로 해석했을 때 '소리가'가 되는 것을 통해 주성분인 주어임을 알 수 있다.

|오답해설| ⓓ '나혼'은 관형어, '子息이'는 주어, '양즉'도 주어, '端正ᄒᆞ야'는 서술어이다. 이 중 '나혼'만이 부속 성분에 속하지만, '나혼'은 '낳-(용언 어간) + -오-(선어말 어미) + -ㄴ(관형사형 어미)'로 분석되는 용언의 관형사형으로 체언과 조사가 결합하여 이루어진 것이 아니다.

ⓔ '내'는 주어, '닐오리니'는 서술어, '네'는 주어, '이대'는 부사어, '드르라'는 서술어이다. 이 중 '이대'만이 부속 성분에 속하지만, '이대'는 그 자체로 부사이므로 체언과 조사가 결합하여 이루어진 것이 아니다.

07 ③

지문의 2문단에서는 중세 국어의 부사격 조사에 대해 설명하고 있다. 중세 국어에서 시간이자 장소를 나타내는 부사격 조사로는 '애/에/예'가 쓰이는 것이 원칙이나, '의/의'가 쓰이는 경우도 있음을 설명하며 그 예로 ⓒ을 언급하고 있다. 따라서 '나조히(나조ㅎ + 의)'는 현대 국어로도 부사격 조사를 붙여 '저녁에'로 해석해야 한다. 이때 쓰인 '의'는 관형격 조사가 아니라 예외적인 경우의 부사격 조사이기 때문이다. '저녁의'와 같이 해석하는 것은 '의'를 관형격 조사로 오인한 것이다.

|오답해설| ① 시간이나 장소를 나타내는 부사격 조사는 결합하는 선행 체언의 끝음절이 모음 '이'나 반모음 'ㅣ'로 끝날 경우 '예'로 쓰인다. ㉠은 '뉘+예'로, 이때 선행 체언인 '뉘'의 끝음절은 반모음 'ㅣ'이다. 'ㅟ'는 현대 국어에서는 단모음 /ü/로 발음되며 이중 모음인 /wi/로 발음되는 것도 허용되지만, 중세 국어에서는 이중 모음 /uj/로 발음되었다.

② '애/에/예'가 쓰일 위치에 예외적으로 쓰이는 부사격조사인 '이/의'는 체언의 모음과의 모음 조화에 따라 선택되어 쓰인다. '봄, 나조ㅎ'의 경우 양성 모음인 'ㅗ'와의 모음 조화에 따라 '이'가 선택되고, '우ㅎ, 밑'의 경우 음성 모음인 'ㅜ'와의 모음 조화에 따라 '의'가 선택된다. ('밑'의 'ㅣ'는 중성 모음으로 분류되었다.) 따라서 '우ㅎ'에 시간이나 장소를 나타내는 부사격 조사가 결합하면 '우ㅎ + 의'로 '우희'가 된다.

④ '익그에'는 관형격 조사 '이'에 '그에'가 결합된 형태임이 지문의 3문단에 언급되고 있다.

⑤ '께'는 중세 국어의 'ㅅ긔'에서 비롯되었으며, 'ㅅ긔'는 관형격 조사 'ㅅ'에 '긔'가 결합한 부사격 조사임을 지문의 3문단에서 설명하고 있다. 1문단을 보면 'ㅅ'이 무정 체언 또는 존칭의 유정 체언에 결합하는 중세 국어의 관형격 조사임을 알 수 있다. 따라서 현대 국어에서 'ㅅ긔'로부터 이어진 '께'가 '어머니께', '할머니께' 등과 같이 존칭의 유정 체언에 사용되는 것이 중세 국어의 관형격 조사 'ㅅ'의 영향임을 추측할 수 있다.

08 ⑤

'공자의 남기신 글이다'는 공자가 글을 남겼다는 의미이므로 '공자가 남기신 글이다'와 같은 의미이다. 따라서 '孔子의 [공자의]'는 '기티신 [남기신]'의 의미상 주어이다. 중세 국어의 관형격 조사의 결합 원칙에 따르면 '孔子 [공자]'는 존칭의 유정 체언이므로 'ㅅ'이 결합하여야 하는데, 'ㅅ'이 쓰일 자리에 '孔子의'와 같이 관형격 조사 '의'가 쓰였으므로 [A]에서 설명하는 예외적 결합에 해당한다.

|오답해설| ① '神靈(신령)'이 존칭의 유정 명사인 것은 맞지만, '수플'에 'ㅅ'이 결합한 것과는 무관한 사실이다. '수플'에 'ㅅ'이 결합한 것은 '수플'이 무정 체언이기 때문이다.

② '놈'이 평칭의 유정 명사인 것은 맞지만, 끝음절 모음은 'ㆍ'로 양성 모음에 해당한다. '이'에도 양성 모음이 사용되었으므로 양성 모음에 따른 모음 조화를 위해 'ᄂᆞ미'와 같이 결합한 것이다. 끝음절 모음이 음성 모음이었다면 '이'가 아닌 '의'가 결합했을 것이다.

③ '世界(세계)'는 무정 체언이기 때문에 관형격 조사로 'ㅅ'이 결합한 것이므로 예외적 결합이 아니다. 그뿐 아니라 '世界(세계)ㅅ'은 '보샤'의 의미상 주어가 아니다. 누가 '세계의 일을 보시'는 행위를 하는 주어인지는 주어진 문장에 드러나지 않았다.

④ '이 사ᄅᆞ미'가 '잇ᄂᆞ'의 의미상 주어인 것은 맞다. '이 사람의 있는 방면을'은 '이 사람이 있는 방면을'과 같은 의미이기 때문이다. 그러나 '사ᄅᆞ미'에서 '사ᄅᆞᆷ'은 평칭의 유정 체언이며 끝음절 모음이 양성 모음인 'ㆍ'이기 때문에 모음 조화에 따라 '이'가 관형격 조사로 결합한 것으로, 예외적 결합으로 볼 수 없다.

PART Ⅳ. 언어 예절과 바른 표현

언어 예절

본문 P.280

01	③	02	④	03	③	04	②④	05	②
06	③	07	①	08	②				

01 ③

상대방에게 자신을 처음 소개할 때 '처음 뵙겠습니다. ○○○입니다.'라고 말하는 것은 언어 예절에 맞는 표현이다. 이 외에도 '인사드리겠습니다. ○○○입니다.'라고 하거나 '안녕하십니까? ○○○입니다.' 등과 같이 말할 수 있다.

|오답해설| ① 회장님과 관련된 '말씀'을 높이는 경우로 간접 높임의 상황이다. 따라서 '계시겠습니다'가 아닌 '있으시겠습니다'라고 해야 한다.

② 시누이가 남편의 누나인 경우는 '형님'이라 하고, 남편의 여동생인 경우는 '아가씨'로 호칭한다. 또한 자녀의 이름을 빌려 '○○(자녀 이름) 고모'로 부를 수도 있다.

④ '부인'은 남의 아내를 높여 이르는 말이다. 자신의 아내를 지칭할 때는 '아내, 안사람, 집사람, 처' 등으로 불러야 한다.

02 ④

언어 예절상 자신과 더 가까운 사람을 먼저 소개하는 것이 알맞다.

|오답해설| ① 본관을 소개할 때는 '저는 ○○[본관] ○가입니다.'라고 한다.

② '부인'은 남의 아내를 높여 부르는 말이다. 따라서 본인이 자신을 지칭할 때는 '아내'가 적절하다.

③ '모시다'는 '데리다'의 높임말이므로 '소개하다'를 쓰는 것이 적절하다.

03 ③

며느리가 시부모에게 남편을 말할 때 아이가 있으면 '아범'이라는 표현을 사용할 수 있다.

|오답해설| ① '이름＋직함'은 높임이고 '직함＋이름'은 낮춤이다. 따라서 자신을 표현할 때는 '직함＋이름'으로 표현하는 것이 더 적절하다.

'~ㄹ게요.'의 주체는 항상 말하는 이로 고정된다. 즉, 말하는 이가 자신의 행동에 대하여는 쓸 수 있지만 상대방의 행동에 대하여 쓰는 것은 어색하다. 따라서 청자에게는 쓸 수 없다. '누우세요.'로 수정한다.

④ 절대적 대상인 '국가, 겨레'는 낮추지 않는다. 따라서 '우리나라'로 수정한다.

04 ②④

② 문상을 가서는 아무 말도 하지 않는 것이 예의에 맞다. 그러나 혹 조의를 표하고자 한다면 "삼가 조의를 표합니다.", "뭐라 드릴 말씀이 없습니다.", "고인의 명복을 빕니다." 정도로 말한다.

④ 기존의 표준 언어 예절에서는 부부 사이에 '오빠'라는 표현은 적절하지 않은 것이었다. 하지만 2020년 개정 내용에 따르면 부부 사이의 호칭은 부부가 자유롭게 사용할 수 있는 것으로 보고 있다. 이에 따라 출제 당시에는 틀린 내용이었지만 현재는 부부 사이의 호칭으로 '오빠'도 얼마든지 사용할 수 있다.

|오답해설| ① '수고하세요.'는 윗사람에게 쓰는 표현이 아니다. 따라서 '고맙습니다.' 정도로 수정한다.

③ 간접 높임의 경우도 청자와 밀접한 관련이 없으면 굳이 높임 표현을 쓸 필요가 없다. 따라서 '품절이십니다.'는 과도하게 높인 것이고, '품절입니다.'가 적절하다.

05 ②

'좌하'는 편지를 받는 사람을 높여 그의 이름이나 호칭 아래에 붙여 쓰는 말이다.

06 ③

'어른께 꾸중을 들었다.'라는 의미로 '걱정을 들었다.'라고 표현할 수 있다.

|오답해설| ① '선대인'은 '돌아가신 남의 아버지'를 이르는 말이다. '살아 계신 남의 아버지'를 높이는 표현인 '춘부장'으로 고쳐 써야 한다.

② '터울'은 한 어머니가 낳은 자녀들의 나이 차이를 표현할 때 쓸 수 있는 말이다. 따라서 남의 경우 '차이'를 써야 한다.

④ '매무새'는 '옷, 머리 따위를 수습하여 입거나 손질한 모양새'이므로 문맥상 옷을 입을 때 매고 여미는 따위의 뒷단속'을 의미하는 '매무시'를 써야 한다.

07 ①

전화를 잘못 건 주체는 상대방이다. 따라서 '전화 잘못 거셨습니다.'와 같이 말하는 것은 상대의 잘못을 지적하는 느낌을 줄 수 있다. 따라서 '전화 잘못 걸렸습니다.' 정도로 수정해야 한다.

08 ②

직장에서는 압존법을 사용하지 않으므로 전화를 받는 사람은 전화를 건 상대방의 지위에 관계 없이 전화 건 사람과 과장님을 모두 높여서 표현해야 한다.

|오답해설| ① 서로 다른 두 개의 주어가 무리하게 생략되었다. 즉 '(제가) 귀하를 모시고자 합니다.'와 '(귀하가) 참석해 주시기 바랍니다.'의 주어가 생략되어 주체와 서술어가 호응하지 않는 문장이다.

③ 사물은 높일 필요가 없다. 따라서 '품절이십니다.'는 잘못된 표현이다.

④ 어떤 경우라도 '저희나라'는 사용할 수 없는 표현이다. '우리나라'로 수정한다.

바른 표현

본문 P.281

09	②	10	②	11	④	12	①	13	①
14	④	15	①	16	③	17	②	18	③
19	①	20	④						

09 ②

원칙을 보면 대등한 것끼리 접속할 때는 구조가 같은 표현을 사용하라고 언급하고 있다. 따라서 '표준적인 언어 생활을 확립하고'에 맞는 구조는 '일상적인 국어 생활을 향상하기'가 되어야 한다. '표준적인 언어 생활을 확립하고 일상적인 국어 생활을 향상하기 위해'로 수정해야 한다.

| 오답해설 | ① 원칙을 보면 중복되는 표현을 삼가라고 언급하고 있다. '안내 알림'의 경우 모두 '알린다'는 의미가 있으므로 '안내' 정도로 표현하는 것이 적절하다.

③ 원칙을 보면 주어와 서술어를 호응시키라고 언급하고 있다. '본원'이 하고 있는 행위는 표준 정보를 제공하고 있는 것이지 제공되고 있는 것이 아니다. 따라서 '표준 정보를 제공하고 있습니다'가 적절한 표현이 된다.

④ 원칙을 보면 필요한 문장 성분이 생략되지 않도록 하라고 언급하고 있다. '개선하다'는 '~가 ~을 개선하다'의 구성이 되어야 한다. 따라서 목적어를 정확하게 제시해 주어야 한다. '의약품 용어를 일반 국민도 알기 쉬운 표현으로 개선하여'와 같이 목적어를 넣어 표현하는 것이 적절한 표현이 된다.

10 ②

'바람'은 '어떤 일이 이루어지기를 기다리는 간절한 마음'이라는 뜻이다. 반면, '바램'은 '바래다'의 명사형으로 '볕이나 습기를 받아 색이 변하다.'라는 뜻이다. 따라서 맥락을 고려하면 '바람'이 맞다. 참고로, '결실을 맺다'의 경우 학자의 견해에 따라 의미 중복으로 보기도 한다.

| 오답해설 | ① '틀리다'는 '셈이나 사실 따위가 그르게 되거나 어긋나다.'라는 뜻이다. 반면 '다르다'는 '비교가 되는 두 대상이 서로 같지 아니하다.'라는 뜻이다. 따라서 '오빠와 나는 틀린 것이 아니라 다른 것'이 맞는 표현이다.

③ 주어인 '내가 바라는 것은'과 서술어인 '좋겠어'가 서로 호응하지 않는다. 따라서 '~은 ~이다' 또는 '~은 ~는 것이다'의 구성으로 바꾸어 표현하는 것이 좋다.

④ 서술어 '주다'는 '~가 ~에게 ~을 주다'의 구성으로 쓰인다. 따라서 필수적 부사어인 '인간에게'가 들어가야 한다.

11 ④

주어와 서술어의 호응이나 문맥상의 해석에 있어서 적절한 문장이다.

| 오답해설 | ① '좀체'는 부정적 표현과 어울리므로 '좀체'를 삭제한다.

② 불만의 주체가 분명히 드러나도록 '그녀에게서'를 '그녀가'로 바꾼다.

③ '결심하다'라는 서술어의 주어를 넣어 주어야 한다.

12 ①

부족한 문장 성분도 없고 문맥도 적절한 문장이다.

| 오답해설 | ② 서술어 '지배하다'의 목적어 '자연을'을 넣어 주어야 한다.

③ '시청하다'는 뉴스에는 적절히 호응하는 서술어이지만 신문에는 어울리지 않으므로 '신문을 읽고 뉴스를 열심히 시청해야 한다.' 정도로 바꾸어 준다.

④ 앞 절과 뒤 절의 주어가 같지 않은데 뒤 절의 주어가 생략되었으므로, 뒤 절에 주어 '영선이는'을 넣어 준다.

13 ④

뒤의 절에 '때문이다'라는 서술어가 사용되고 있으므로 앞 절에는 결과나 현재의 상황을 분명히 드러내는 내용이 와야 한다. 그러므로 전제를 나타내는 '-ㄴ데'를 인과 관계를 분명히 나타낼 수 있는 '집중시키고 있는데, 그 이유는 ~'이나 '집중시키고 있다. 왜냐하면 ~'으로 수정한다.

14 ④

이중 부정이 쓰이긴 하였으나 빠진 문장 성분이 없고 문장 성분 간의 호응도 맞으므로 가장 자연스러운 문장이다.

| 오답해설 | ① '~은 ~이다'의 구조가 적절하다. 따라서 뒷부분을 '바람직하지 않다는 점이다' 정도로 수정한다.

② 주동의 의미인 '직접'과 사동인 '시키다'가 호응하지 않는다. 따라서 '교육해 드립니다'로 수정한다.

③ '궁금한 점'에 대한 서술어가 없다. 따라서 '궁금한 점이 있거나' 정도로 수정한다.

15 ①

앞 절과 뒤 절이 호응하는 자연스러운 문장이다.

| 오답해설 | ② '읽는' 주체도 제시되어 있지 않고, '속독'과 '읽는'의 의미가 중복된다.

③ '찾기'의 목적어가 제시되어 있지 않다. 누구를(또는 무엇을) 찾는 것인지 정확하게 표현해 주어야 한다.

④ '시화전을 홍보하는 일'의 구성과 동위문이 되게 하려면 '시화전의 진행'을 '시화전을 진행하는 일'로 수정해야 한다.

16 ③

'바다 위로'가 아닌 '바다 위를'이라고 했으므로 '물 위로 떠오르다.'의 의미인 '부상하다'보다는 '물 위나 물속, 또는 공기 중을 떠다니다.'의 뜻을 지닌 '부유하다'가 더 알맞은 표현이다.

| 오답해설 | ① '개발'은 '토지나 천연자원 따위를 유용하게 만듦', '지식이나 재능 따위를 발달하게 함', '산업이나 경제 따위를 발전하게 함', '새로운 물건을 만들거나 새로운 생각을 내어놓음'의 의미이다. 반면, '계발'은 '슬기나 재능, 사상 따위를 일깨워 줌'의 의미이다. 여기서 주의할 점은 '일깨워 줌'에 있다. 즉, '개발'이 좀 더 단순한 의미의 발달을 뜻한다면, '계발'은 숨겨진 재능 따위를 발달시킨다는 의미이다. 따라서 문맥상 '개발'이 맞는 표기이다.

② '답지하다'는 '한군데로 몰려들거나 몰려오다.'의 의미로 문맥상 맞는 표기이다.

④ '채근하다'는 '어떻게 행동하기를 따지어 독촉하다.'의 의미로 문맥상 적절하다.

17 ②

'이 물건은 ~ 것인지도'는 '명사(물건)는 명사(것)이다.'의 구조이므로 자연스럽다. '~인지도 모른다'도 관용구로 일반적으로 사용할 수 있는 문장 구조이다. 하지만 서술어 '보내다'는 '~가 ~에게 ~을 보내다'의 구성으로 3자리 서술어인데, 이 문장에서는 목적어 '이 물건은'을 제외한 주어, 필수적 부사어가 생략되어 있다. 따라서 '~가 ~에게' 보낸 것인지를 분명하게 밝혀 적어야 좀 더 자연스러운 문장이 된다.

| 오답해설 | ① 가능한 충실히(×) → 가능한 한 충실히(○): '가능한'은 '가능하다'의 관형사형이므로 뒤에 수식받는 명사가 와야 한다. 따라서 의존 명사 '한'을 넣어 주는 것이 적절하다.

③ 고화질의 화면은 물론 다양한 정보도 손쉽게 얻을 수 있다(×) → 고화질의 화면을 볼 수 있는 것은 물론 다양한 정보도 손쉽게 얻을 수 있다(○): '고화질의 화면'과 호응하는 서술어를 넣어 주어야 한다.

④ 되었다는 생각이다(×) → 되었다(○): '생각이다'에 해당하는 주어가 '이제는'이므로 어색한 문장이다. 따라서 주어 '이제는'을 고정하려면 '생각이다'를 빼고 '되었다'만을 남겨 두는 것이 자연스럽다.

18 ③

뒤 절의 주어가 없지만 이는 앞 절과 동일하여 생략된 것으로, 자연스러운 문장이다.

| **오답해설** | ① '모습은 ~이다'의 구조가 자연스럽다. 따라서 '담당하는 것이다' 정도로 수정한다.

② '불필요한 공방'의 주체가 모호하다. 따라서 '노사 간의 불필요한 공방'으로 수정한다. 그리고 무엇이 지연되는지 부정확하다.

④ 문맥상 '해외여행을 관람한다'가 되어서 어색하다. 따라서 '해외여행'과 호응하는 서술어를 추가하여 '해외여행을 다니고' 정도로 수정한다.

19 ①

앞 절과 뒤 절, 문장 성분의 호응 등이 가장 자연스러운 문장이다.

| **오답해설** | ② 소개시켜(×) → 소개해(○): 접사 '-시키다'를 '-하다'로 교체해도 문맥상 지장이 없는 경우 '-시키다'는 불필요한 표현이다.

③ 불안한 수비와 문전 처리가 미숙하여(×) → 수비가 불안하고 문전 처리가 미숙하여(○): '불안한'이 수식하는 범위가 '수비'와 '문전 처리' 둘 다 해당되어 정확하지 않은 문장이 되었다.

④ 휴대한(×) → 실은(○): '휴대하다'는 '손에 들거나 몸에 지니고 다니다.'라는 뜻이다. 따라서 '싣다'의 활용형인 '실은'으로 교체하는 것이 바람직하다.

20 ④

㉠의 뒤 문장은 ㉠의 앞 문장의 내용을 전환하는 내용으로 ㉠에는 '그런데'가 들어가야 하며, ㉡의 '뿐'은 의존 명사로 관형어인 '태어났을'과 띄어 써서 '태어났을 뿐입니다'로 써야 한다. ㉢의 '각인되어집니다'는 이중 피동으로 '각인됩니다'로 수정해야 한다. ㉣에서 '격리하다'는 '다른 것과 통하지 못하게 사이를 막거나 떼어 놓다'의 의미를 지닌 동사로, 사동의 의미를 이미 지니고 있으므로 사동의 뜻을 더하는 '-시키다'를 붙이는 것은 적절하지 않다. 따라서 '격리했습니다'로 수정해야 한다.

| **오답해설** | ㉤ 간접 인용임을 나타내는 격 조사 '고'로 연결하는 것은 적절한 표기이다

끝이 좋아야 시작이 빛난다.

– 마리아노 리베라(Mariano Rivera)

인용 출처

1) 임지룡·이은규·김종록·송창선·황미향·이문규·최웅환, 《학교문법과 문법교육》, ㈜박이정출판사, 2023년, p.42~44

2) 상동, p.60

3) 상동, p.61~62

4) 상동, p.80~81

5) 상동, p.89~90

6) 상동, p.96~98

7) 상동, p.101~102

8) 상동, p.109~111

9) 상동, p.125~126

10) 상동, p.129~131

11) 상동, p.137

12) 상동, p.138

13) 상동, p.139~141

14) 상동, p.159

15) 상동, p.164~165

16) 상동, p.176

17) 상동, p.225~226

18) 상동, p.237~238

19) 상동, p.252~254

20) 상동, p.257

21) 상동, p.263~264

22) 상동, p.284~285

23) 상동, p.287~289

24) 상동, p.492~494

25) 상동, p.339

26) 상동, p.374

27) 상동, p.394

28) 상동, p.395~396

29) 상동, p.403~405

30) 상동, p.427~428

여러분의 작은 소리
에듀윌은 크게 듣겠습니다.

본 교재에 대한 여러분의 목소리를 들려주세요.
공부하시면서 어려웠던 점, 궁금한 점,
칭찬하고 싶은 점, 개선할 점, 어떤 것이라도 좋습니다.

에듀윌은 여러분께서 나누어 주신 의견을
통해 끊임없이 발전하고 있습니다.

에듀윌 도서몰 book.eduwill.net
· 부가학습자료 및 정오표: 에듀윌 도서몰 → 도서자료실
· 교재 문의: 에듀윌 도서몰 → 문의하기 → 교재(내용, 출간) / 주문 및 배송

2025 에듀윌 9급공무원 기본서 국어 문법

발 행 일	2024년 7월 1일 초판
편 저 자	배영표
펴 낸 이	양형남
펴 낸 곳	(주)에듀윌
등록번호	제25100-2002-000052호
주　　소	08378 서울특별시 구로구 디지털로34길 55
	코오롱싸이언스밸리 2차 3층

www.eduwill.net

대표전화 1600-6700

에듀윌에서 꿈을 이룬
합격생들의 진짜 합격스토리

에듀윌 강의·교재·학습시스템의 우수성을
합격으로 입증하였습니다!

에듀윌만의 탄탄한 커리큘럼 덕분에 공시 3관왕 달성

혼자서 공부하다 보면 지금쯤 뭘 해야 하는지, 내가 잘하고 있는지 걱정이 될 때가 있는데 에듀윌 커리큘럼 은 정말 잘 짜여 있어 고민할 필요 없이 그대로 따라가면 되는 시스템이었습니다. 커리큘럼이 기본이론-심 화이론-단원별 문제풀이-기출 문제풀이-파이널로 풍부하게 구성되어 인강만으로도 국가직, 지방직, 군무 원 3개 직렬에 충분히 합격할 수 있었습니다. 혼자 공부하다 보면 내 위치를 스스로 가늠하기 어려운데, 매 달 제공되는 에듀윌 모의고사를 통해서 제 수준이 어느 정도인지 파악할 수 있어서 좋았습니다.

에듀윌 교수님들의 열정적인 강의는 업계 최고 수준!

에듀윌 교수님들의 강의가 열정적이어서 좋았습니다. 타사의 유명 행정법 강사분의 강의를 잠깐 들은 적이 있었는데, 그분이 기대만큼 좋지 못해서 열정적인 강의의 에듀윌로 돌아온 적이 있습니다. 그리고 수험생들 은 금전적으로 좀 어려움이 있을 수밖에 없는데 에듀윌이 타사보다는 가격 대비 강의가 매우 뛰어나다고 생 각합니다. 에듀윌 모의고사도 좋았습니다. 내가 맞혔는데 남들이 틀린 문제나, 남들은 맞혔는데 내가 틀린 문제를 분석해줘서 저의 취약점을 알게 되고, 공부 방법에 변화를 줄 수 있는 계기를 마련해 줍니다. 에듀윌 의 꼼꼼한 모의고사 시스템 덕분에 효율적인 공부를 할 수 있었습니다.

초시생도 빠르게 합격할 수 있는 에듀윌 공무원 커리큘럼

에듀윌 공무원 커리큘럼은 기본 강의, 심화 강의, 문제풀이 강의가 참 적절하게 배분이 잘 되어 있었어요. 그 리고 제가 공무원 시험에 대해서 하나도 몰랐는데 커리큘럼을 따라만 갔는데 바로 시험을 치를 수 있는 실 력이 만들어진다는 것이 너무 신기한 경험이었습니다. 에듀윌 공무원 교재도 너무 좋았습니다. 기본서가 충 실하게 만들어져 있어서 기본서만 봐도 기초를 쌓을 수 있었습니다. 그리고 기출문제집이나 동형 문제집도 문제 분량이 굉장히 많았어요. 가령, 기출문제집의 경우 작년에 7개년 기출문제집이라서 올해도 7개년 기출 문제집인줄 알았는데 올해는 8개년 기출문제로 확장되었더라고요. 이러한 꼼꼼한 교재 구성 덕분에 40대 에 공부를 다시 시작했음에도 빠르게 합격할 수 있었어요.

다음 합격의 주인공은 당신입니다!

더 많은
합격스토리

합격자 수 2,100% 수직 상승!
매년 놀라운 성장

에듀윌 공무원은 '합격자 수'라는 확실한 결과로 증명하며
지금도 기록을 만들어 가고 있습니다.

합격자 수
2,100%
수직 상승

2017 2018 2019 2020 2021 2022

합격자 수를 폭발적으로 증가시킨 합격패스

합격 시 수강료 100% 환급	+	합격할 때까지 평생 수강	+	교재비 부담 DOWN 에듀캐시 지원

※ 환급내용은 상품페이지 참고. 상품은 변경될 수 있음.

상품
페이지

* 2017/2022 에듀윌 공무원 과정 최종 환급자 수 기준

에듀윌 직영학원에서
합격을 수강하세요

언제나 전문 학습 매니저와 상담이 가능한 안내데스크

고품질 영상 및 음향 장비를 갖춘 최고의 강의실

재충전을 위한 카페 분위기의 아늑한 휴게실

에듀윌의 상징 노란색의 환한 학원 입구

에듀윌 직영학원 대표전화

공인중개사 학원 02)815-0600	공무원 학원 02)6328-0600	편입 학원 02)6419-0600
주택관리사 학원 02)815-3388	소방 학원 02)6337-0600	세무사·회계사 학원 02)6010-0600
전기기사 학원 02)6268-1400	부동산아카데미 02)6736-0600	

공무원 학원
바로가기